JN269160

# スポーツ外傷障害からみた
# テーピングの実技と理論 第5版

著
日本体育大学教授 山本 郁榮
了德寺大学教授 野田 哲由
日本体育大学教授 平沼 憲治

文光堂

## 第5版にあたって

　私とテーピングの出会いは，1968年にアメリカ東ミシガン州立大学教育学部に留学した時であった．当時レスリング選手だった私にとって，「けが」のため試合を断念しなければならないときや，再発の恐れを感じたことが何度もあった．そのような事態に直面したとき，チームのトレーナーから施されたテーピングによって，痛みのため動かすことのできなかった足首が，テープで固められた後は痛みを感じない範囲で動かせるようになり，試合に臨めたことはただただ驚きであった．

　1972年のミュンヘンオリンピック大会を最後に選手生活を退いた私は，アメリカで得た知識をもとに，選手としての経験，また年間4,500名，25～30競技の学生選手や，日本レスリング協会のナショナルコーチの立場からナショナル選手に対し，また近年はプロの格闘技選手に対して施術できる立場を活かし，日本人の体型に合ったテーピング技術・技法の研究に取り組み，テーピングによる身体機能や運動能力，そして競技の技術に対する影響力がないことを証明してきた．

　私がアメリカから初めてテーピングを日本に導入して，今年ではや40年が経つが，当初はテーピングという言葉すら知られておらず，説明をするのに苦労をしたものであった．本書は長年研究し続けた技法を集大成したもので，"スポーツマンのための実践に役立つテーピング"を目指し，競技の特性にあった技法の解説ばかりではなく，テーピングや運動に必要な機能解剖やスポーツ外傷・障害についても述べている．

　テーピングを正しく理解し，テーピング技術を向上させることによって，保健・体育などの教育の場やスポーツに携わる人々がスポーツに対して正しく安全に取り組めることを願ってやまない．

　また，「けが」の予防を目的としたテーピングが定着してきた今日，私自身が競技者であった頃の願いである"ベストコンディションで試合に臨む"ために，身体面・精神面でのコンディションをいかにするかが，スポーツ医学および選手の指導に携わる私の課題であったが，現在ではいろいろな企業の方々のご協力により，スポーツマンのためのトータルコンディショニングの研究もさらに進んでいる．

　今回の改訂版はテーピングの新しい技術・技法がよりわかりやすい解説となっており，自身を切磋琢磨しているスポーツマン諸君や指導者・トレーナーならびにスポーツ医学に携わる多くの方々の一助になれば幸いである．

　本書の出版に際し，多くの方々にご協力をいただき，それらの方々の協力なくしては出版できなかったことを銘記して，深く感謝申し上げたい．

2010年3月

山本　郁榮

## はじめに（初版）

　私とテーピングの出会いは，1968年にアメリカ東ミシガン州立大学教育学部に留学しているときであった．1968年レスリング全米選手権大会に優勝した私は，同大学にフルスカラシップの学生として招かれ約2年間過ごした．当時レスリング選手だった私にとって，怪我のため試合を断念しなければならないときや，再発の恐れを感じたことも何度かあった．そのような事態に直面したとき，チームのトレーナーから施されたテーピングによって，痛みのため動かすことのできなかった足首が，テープで固められた後は，痛みを感じない範囲で動かせるようになり試合に臨めたことは，ただただ驚きであった．いつか日本のスポーツマンにもテーピングの技術を教えたい，そう思いながら講義や実習においてテーピングの理論や技法について学び，チームトレーナーの指導のもとで実践を重ねていた．

　1972年ミュンヘンオリンピック大会を最後に選手生活を退いた私は，アメリカで得た知識をもとに，選手としての経験をも活かし，日本人の体型に合ったテーピング技法の研究に取り組み始めた．また，10年年間延べ人数4,500名，25～30競技の学生選手や日本アマチュアレスリング協会（現日本レスリング協会）のナショナルチームの選手に対して施術できる立場を活かし，競技の特性を活かす技法の研究を進め，テーピングが運動能力や身体機能に及ぼす影響についても実験を重ね，学会や論文などに発表してきた．

　今回，この「運動解剖からみたテーピングの実技と理論」は，長年の希望であった"スポーツマンのための実践に役立つテーピング"を目差し，研究し続けた技法を集大成したもので，技法の解説ばかりでなく，テーピングや運動に必要な機能解剖やスポーツ外傷・障害についても述べている．それらを理解した上でテーピングを学ぶことが，目的に合った技法，正しい技術の習得に繋がるものと確信している．

　テーピングを正しく理解し，テーピング技術を向上させることによって，保健・体育など教育の場やスポーツに携わる人々が，スポーツに対して正しく安全に取り組めることを願ってやまない．テーピングの技法・技術は，スポーツ技術の高度化とともに変化するものであり，本著の出版を機に一層の努力を重ね，より優れた技法の開発に努めていきたい．

　本著の出版に際し，モデル，図・表の作成など色々な方面で多くの方々にご協力を得た．個々のお名前は省略させていただくが，それらの方々のご協力なくしては出版できなかったことを銘記して，深く感謝申し上げたい．また，技法の研究・開発にあたっては，学生諸君の意見をいただいたこともあわせてお礼申し上げたい．

1987年3月

山本 郁榮

## 序（初版）

　昭和20年代の暗い戦後にスポーツは爽やかな歓喜をもたらした．その後，祖国の復興に伴いスポーツの隆盛もまた著しく，昭和39年の第18回東京オリンピックを契機に観る楽しみから行なう喜びに変わっていった．スポーツは今や燎原の火の如く，多くの人々に受け入れられている．それと同時にスポーツによる外傷そして障害もまた増加してきた．その中で四肢関節系の外傷防止のために行なわれてきたテーピングの技法はその適応範囲を拡大し，アスレティック・リハビリテーションの分野でも重要な方法として定着し普遍化している．特に体育スポーツの専門指導者，トレーナー，コーチおよび選手達にとっては必須の技術として，正しい適応および運用が問われている．

　私がニューヨークの神経研究所で仕事をしていた頃，コロンビア大学の学生達がアメリカン・フットボールの練習をしているのを見て奇妙な印象を受けたことを想い出す．肩，頭頸関節および四肢の関節に白いテープを貼り，トレーニングが終わると簡単に取りはずしているのである．絆創膏メーカーとして有名なハーバート・ジョンソン社がスポーツ外傷の防止のためテープを作っていることを知ったのはその頃であった．皮膚の上からテープを巻いて運動しても関節運動の神経・筋機構とは関係のない，単なる心情的な安心感のみで生理学的な関節運動の制限を加えることは却って危険ではないか等と脳波室の午後，親しい友人と語り合ったものだ．15年前の懐しい思い出である．その程度の認識しかなかった私を啓蒙して，ひそかに抱いていた危惧を取り払ってくれたのは著者の業績である．本書を手にして感ずることは全頁の隅々に汗と埃にまみれて会得した体験に基づく記述が見られることである．本学スポーツ医学研究室の山本郁榮助教授はこの領域の第一人者として活躍中であるが，"ローマは一日にして成らず"の喩の如く学生時代に2年間休学して東ミシガン州立大学へ留学し，トレーニングに関する勉強をした．その間にテーピングの実際につきその理論から実技に至る貴重な習得をして帰国，昭和45年本学卒業後助手として研究室に残り今日に至っている．その間，昭和47年ミュンヘンオリンピックにグレコローマンの選手として出場している．その後はモントリオールオリンピックの強化コーチとして遠征し，輝かしい日本レスリング界の発展に尽くした．最近では昭和61年ソウルにおけるアジア大会でもナショナルチームの指導を行ない，現在もレスリング強化コーチとして多忙な研究生活と同時に自分の体験に基づく生きた指導をしている貴重な存在である．この書は山本助教授の学生時代から今日に至る集大成であり，彼の青春を賭けた記念碑である．

　体育系の学生諸君，さらに広く体育指導者およびトレーナー，コーチの諸氏およびパラメディカルの多くの諸賢に一読をすすめる．

1987年早春

日体大スポーツ医学研究室にて

**青山 一夫**

# 目　次

**理論編**
- Ⅰ テーピングの原理 …………………………………………………………… 2
- Ⅱ テーピングの目的 …………………………………………………………… 3
- Ⅲ テーピングの一般的心得 💿 ………………………………………………… 5
- Ⅳ テープおよびテーピング用品 ……………………………………………… 7

**実技編**

## Ⅰ 足部・足関節 —————————————————————— 10
足部の構造と機能 ……………………………………………………………… 10
足部のスポーツ外傷・障害 …………………………………………………… 12

- 1 アンダーラップの巻き方 💿 …………………………………………… 14
- 2 全固定のテーピング　再発予防・軽度の痛み …………………………… 17
  - Ⓐ 基本型 💿 ……………………………………………………………… 17
  - Ⓑ 内反制限 💿 …………………………………………………………… 20
  - Ⓒ 外反制限 💿 …………………………………………………………… 22
  - Ⓓ ヒールロック 💿 ……………………………………………………… 23
  - Ⓔ 運動しないとき（日常生活など）の技法 …………………………… 25
- 3 全固定のテーピング（粘着伸縮性テープを使用した場合）　再発予防 …… 27
  - Ⓐ 基本型 ………………………………………………………………… 27
  - Ⓑ 内反制限―その１ …………………………………………………… 29
  - Ⓒ 内反制限―その２ …………………………………………………… 30
  - Ⓓ 外反制限 ……………………………………………………………… 31
- 4 前開きのテーピング　再発予防・軽度の痛み …………………………… 33
- 5 後開きのテーピング　再発予防・軽度の痛み …………………………… 36
- 6 アーチ（土ふまず）のテーピング（中足骨のテーピング）
  　再発予防・軽度の痛み ……………………………………………………… 39
- 7 踵部のテーピング（踵部の痛み）　軽度の痛み ………………………… 42
- 8 第１趾のテーピング―その１　軽度の痛み ……………………………… 44
- 9 第１趾のテーピング―その２　外反母趾 ………………………………… 47
- 10 足趾（第２～５趾）のテーピング　軽度の痛み ………………………… 48
- 11 アキレス腱・背屈制限のテーピング　再発予防・軽度の痛み―その１ …… 51
- 12 アキレス腱・背屈制限のテーピング　再発予防・軽度の痛み―その２ …… 55
- 13 アキレス腱・底屈制限のテーピング　軽度の痛み ……………………… 59

## Ⅱ 膝関節・大腿部・下腿部 ————————————————— 62
膝関節・大腿部・下腿部の構造と機能 ……………………………………… 62
膝関節・大腿部・下腿部のスポーツ外傷・障害 …………………………… 63

- 1 内側側副靱帯のテーピング―その１　再発予防・軽度の痛み―基本形 💿 … 66

| | | |
|---|---|---|
| 2 | 内側側副靱帯のテーピング—その2<br>再発予防・軽度の痛み—ねじり入り | 68 |
| 3 | 内側側副靱帯のテーピング—その3<br>再発予防・軽度の痛み—ねじり入り応用 | 71 |
| 4 | 外側側副靱帯のテーピング　再発予防・軽度の痛み | 73 |
| 5 | 内側・外側半月のテーピング　再発予防・軽度の痛み | 76 |
| 6 | 過伸展制限のテーピング　再発予防・軽度の痛み | 79 |
| 7 | 前十字靱帯のテーピング　再発予防・軽度の痛み | 81 |
| 8 | 膝蓋靱帯（ジャンパー膝）のテーピング　再発予防・軽度の痛み | 85 |
| 9 | 脛骨粗面の痛み（オスグッド・シュラッター病）のテーピング<br>陳旧性の場合 | 88 |
| 10 | 後大腿部（ハムストリングス）肉ばなれのテーピング　軽度の痛み | 90 |
| 11 | 後大腿部（ハムストリングス）肉ばなれのテーピング　再発予防 | 93 |
| 12 | 後大腿部肉ばなれ（上方）のテーピング　軽度の痛み | 95 |
| 13 | 後大腿部肉ばなれ（下方）のテーピング　軽度の痛み | 98 |
| 14 | 前大腿部（大腿四頭筋）肉ばなれのテーピング　軽度の痛み | 101 |
| 15 | 下腿三頭筋肉ばなれのテーピング　軽度の痛み | 103 |
| 16 | 下腿三頭筋肉ばなれのテーピング　再発予防 | 106 |
| 17 | 下腿内側の痛み（Shin splints）のテーピング　軽度の痛み | 109 |

## Ⅲ　手関節・手指関節 — 113

手関節・手指関節の構造と機能 …… 113
手関節・手指関節のスポーツ外傷・障害 …… 115

| | | |
|---|---|---|
| 1 | 手関節・回内方向の制限のテーピング　軽度の痛み | 117 |
| 2 | 手関節・回外方向の制限のテーピング　軽度の痛み | 119 |
| 3 | 手関節・背屈制限のテーピング　再発予防・軽度の痛み | 121 |
| 4 | 手関節・掌屈制限のテーピング　再発予防・軽度の痛み | 123 |
| 5 | 手関節・尺屈制限のテーピング　軽度の痛み | 125 |
| 6 | 手関節・橈屈制限のテーピング　軽度の痛み | 127 |
| 7 | 第1指橈側外転制限のテーピング　再発予防—その1 | 129 |
| 8 | 第1指橈側外転制限のテーピング　再発予防—その2 | 131 |
| 9 | 第1指中手指節関節のテーピング　再発予防 | 133 |
| 10 | 第1指中手指節関節のテーピング　中等度の痛み | 135 |
| 11 | 第3指中手指節関節屈曲制限のテーピング　軽度の痛み | 138 |
| 12 | 第3指中手指節関節過伸展制限のテーピング　再発予防・軽度の痛み | 140 |
| 13 | 第4指近位指節間関節・内側側副靱帯のテーピング<br>再発予防・軽度の痛み | 142 |
| 14 | 近位指節間関節のテーピング　再発予防 | 145 |
| 15 | 近位指節間関節のテーピング　再発予防・軽度の痛み | 147 |

16　爪を保護するテーピング　一次傷害発生の予防 ……………………… 149

## Ⅳ 肘関節・肩・鎖骨　151

肘関節の構造と機能 ……………………………… 151
肩・鎖骨の構造と機能 …………………………… 152
肘関節のスポーツ外傷・障害 …………………… 155
肩・鎖骨のスポーツ外傷・障害 ………………… 156

1　肘関節・内側側副靱帯のテーピング　再発予防・軽度の痛み―その1 … 158
2　肘関節・内側側副靱帯のテーピング　再発予防・軽度の痛み―その2 …… 160
3　肘関節・外転位方向・過伸展制限のテーピング　中等度の痛み ………… 162
4　肘関節・過伸展制限のテーピング　軽度の痛み …………… 165
5　肘関節・肘障害（テニス肘・上腕骨外側上顆部）のテーピング
　　再発予防・軽度の痛み ……………………………………………… 167
6　肩関節・外旋制限のテーピング　再発予防・軽度の痛み ………… 169
7　肩関節屈曲・外転・外旋制限のテーピング　再発予防・軽度の痛み … 171
8　胸鎖関節のテーピング　軽度の痛み ………………………… 174
9　肩鎖関節のテーピング　再発予防・軽度の痛み …………… 177

## Ⅴ 股関節・胸部・腰部　181

股関節の構造と機能 ……………………………… 181
腰部の構造と機能 ………………………………… 182
胸部の構造と機能 ………………………………… 182
股関節のスポーツ外傷・障害 …………………… 184
腰部のスポーツ外傷・障害 ……………………… 185
胸部・頸部のスポーツ外傷・障害 ……………… 187

1　股関節過伸展制限のテーピング　再発予防 ………………… 188
2　肋骨のテーピング　再発予防・軽度の痛み ………………… 192
　　Ⓐ　肋骨のテーピング―その1 …………………………… 192
　　Ⓑ　肋骨のテーピング―その2 …………………………… 195
3　腰部のテーピング　再発予防・軽度の痛み ………………… 196

## 救急処置とアスレティックリハビリテーション

### Ⅰ 救急処置とテーピング　200

1　足関節内反捻挫の救急処置のテーピング
　　直ちに医師の診察を受けなければならない場合の救急処置 ……………… 200
2　アキレス腱損傷の救急処置のテーピング
　　直ちに医師の診察を受けなければならない場合の救急処置 ……………… 204
3　膝関節損傷の救急処置のテーピング
　　直ちに医師の診察を受けなければならない場合の救急処置 ……………… 206

- 4 肩関節損傷の救急処置のテーピング
  直ちに医師の診察を受けなければならない場合の救急処置 ................... 208
- 5 肘関節損傷の救急処置のテーピング
  直ちに医師の診察を受けなければならない場合の救急処置 ................... 212
- 6 手関節損傷の救急処置のテーピング
  直ちに医師の診察を受けなければならない場合の救急処置 ................... 215
- 7 腰部損傷の救急処置のテーピング
  直ちに医師の診察を受けなければならない場合の救急処置 ................... 218
- 8 大腿部（ハムストリングス）損傷の救急処置のテーピング
  直ちに医師の診察を受けなければならない場合の救急処置 ................... 221
- 9 裂傷を保護するテーピング ................... 223
- 10 耳介血腫を保護するテーピング ................... 225

## II 受傷時に運動を続行する場合のテーピング ─ 227

「けが」をしても，試合を続行しなければならない場合，体力テストに
参加しなければならない場合などに行なうテーピング　足関節捻挫の例 ........ 227

## III アスレティック・リハビリテーションとテーピング ─ 232

1 足関節捻挫の場合　第1段階～第4段階 ................... 232
  - Ⓐ 足関節捻挫の症状「第1段階」でのテーピング ................... 232
  - Ⓑ 足関節捻挫の症状「第2段階」でのテーピング ................... 236
  - Ⓒ 足関節捻挫の症状「第3段階」でのテーピング ................... 237
  - Ⓓ 足関節捻挫の症状「第4段階」でのテーピング　—基本型＋その1 ...... 238
  - Ⓔ 足関節捻挫の症状「第4段階」でのテーピング　—その2 ............. 240
  - Ⓕ 足関節捻挫の症状「第4段階」でのテーピング
    —その3（ヒールロック） ................... 241

2 膝関節内側側副靱帯の捻挫の場合　第1段階 ................... 242
  - Ⓐ 膝関節内側側副靱帯捻挫の症状「第1段階」でのテーピング ............. 242
  - Ⓑ 捻挫発生後の救急処置とアスレティック・リハビリテーション ........... 245

## IV 運動フォーム矯正のためのテーピング ─ 248

1 野球のバッティングフォームの矯正とテーピング　膝の角度の固定 ...... 248
2 ゴルフのスイングの矯正とテーピング　手首の角度の固定 ................. 250
  - Ⓐ 第1段階でのテーピング ................... 250
  - Ⓑ 第2段階でのテーピング ................... 252

**付録** 実験データ／参考資料 ................... 253
  実験データ ................... 253
  参考文献 ................... 260
**索引** ................... 261

💿の項目は付録DVDにテーピングの手技の動画が収録されています．

理論編

# I テーピングの原理

　テーピングとは，人体の各関節部や身体部位にテープを巻いたり，貼ったりすることをいう．その意図する第一は，関節を固定して骨格構造を保持することにあり，第二は，関節運動を意図的に制限して，その範囲内で運動を行なわせようとすることにある．第三は，毛細血管からの出血を抑える（救急処置の場合）．また，運動の際1箇所に集中する力を圧迫により分散させ，痛みの緩和を図る（肉ばなれの場合）．

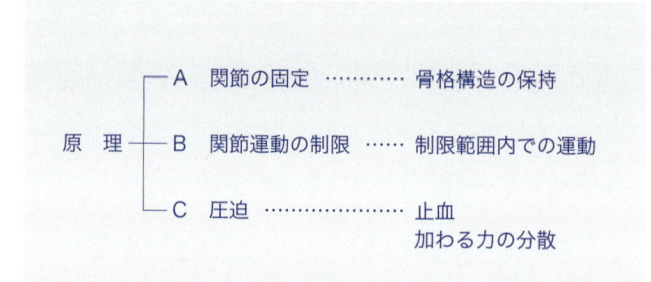

原　理 ─┬─ A　関節の固定 ………… 骨格構造の保持
　　　　├─ B　関節運動の制限 …… 制限範囲内での運動
　　　　└─ C　圧迫 ……………… 止血
　　　　　　　　　　　　　　　　　加わる力の分散

## A　関節の固定……骨格構造の保持

**例：膝関節内側側副靱帯損傷**

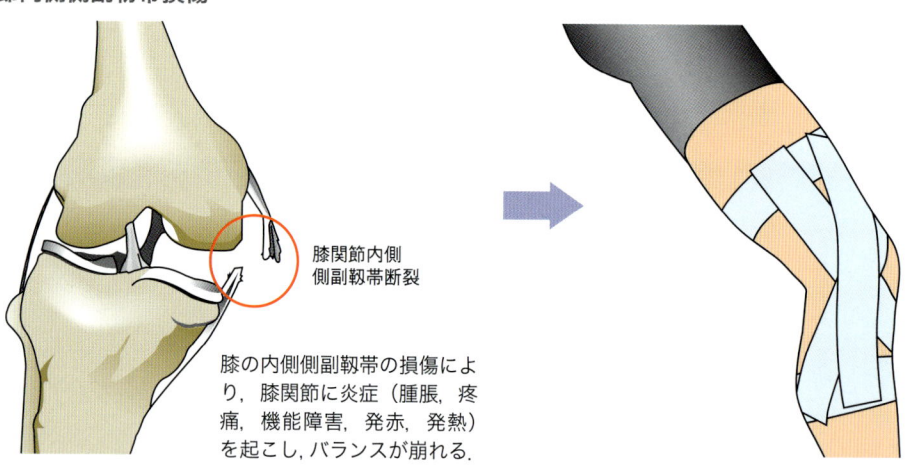

膝関節内側側副靱帯断裂

膝の内側側副靱帯の損傷により，膝関節に炎症（腫脹，疼痛，機能障害，発赤，発熱）を起こし，バランスが崩れる．

内側側副靱帯の代わりになるように膝の内側に蝶形テーピングを施して関節を固定し，骨格構造を保持する．

## B　関節運動の制限……制限範囲内での運動

**例：肘関節過伸展**

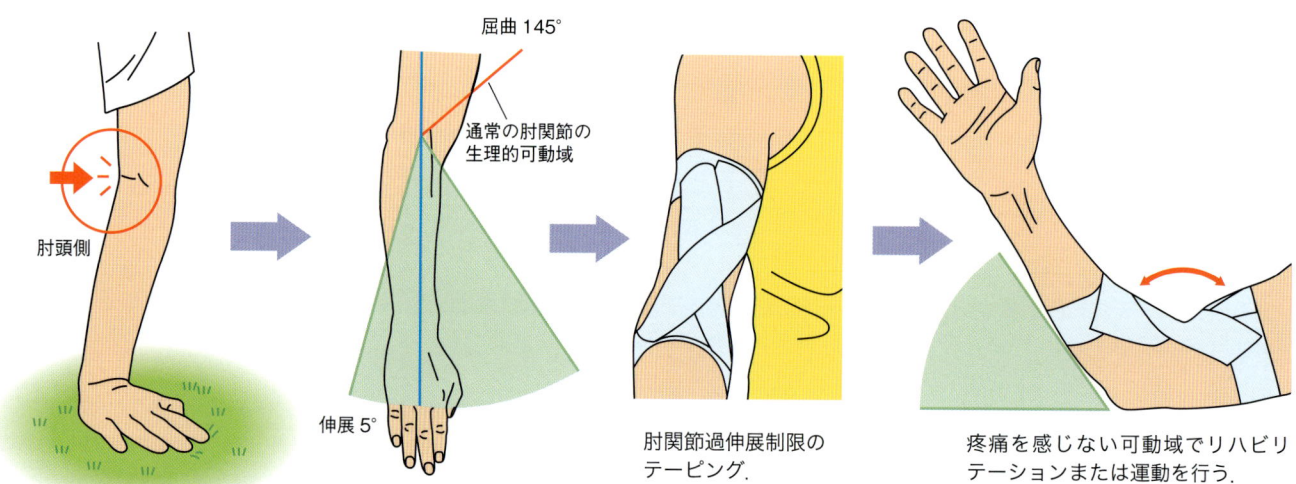

肘頭側

外力により過伸展して肘関節を損傷（柔道の受身など）．

屈曲145°
通常の肘関節の生理的可動域
伸展5°

関節損傷による疼痛や機能障害のため，損傷部分の角度は伸展することができない．

肘関節過伸展制限のテーピング．

疼痛を感じない可動域でリハビリテーションまたは運動を行う．

## C 圧迫

**1 圧迫……加わる力の分散　例：後大腿部（ハムストリングス）肉ばなれ**

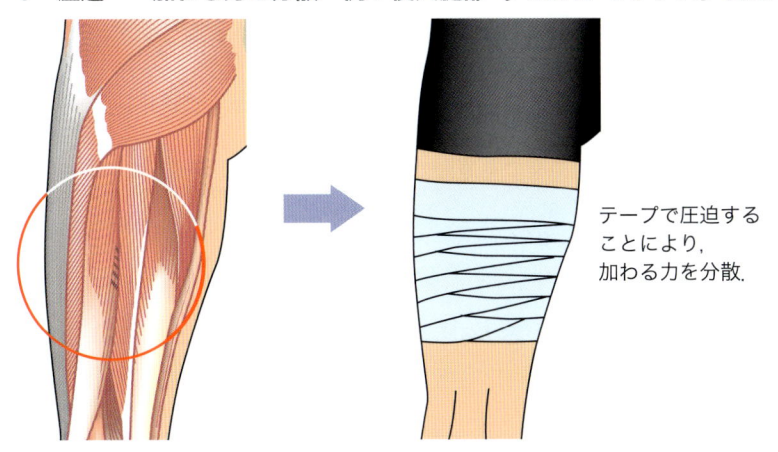

テープで圧迫することにより，加わる力を分散．

**2 止血　例：足関節捻挫（受傷後すぐに RICE 処置）**

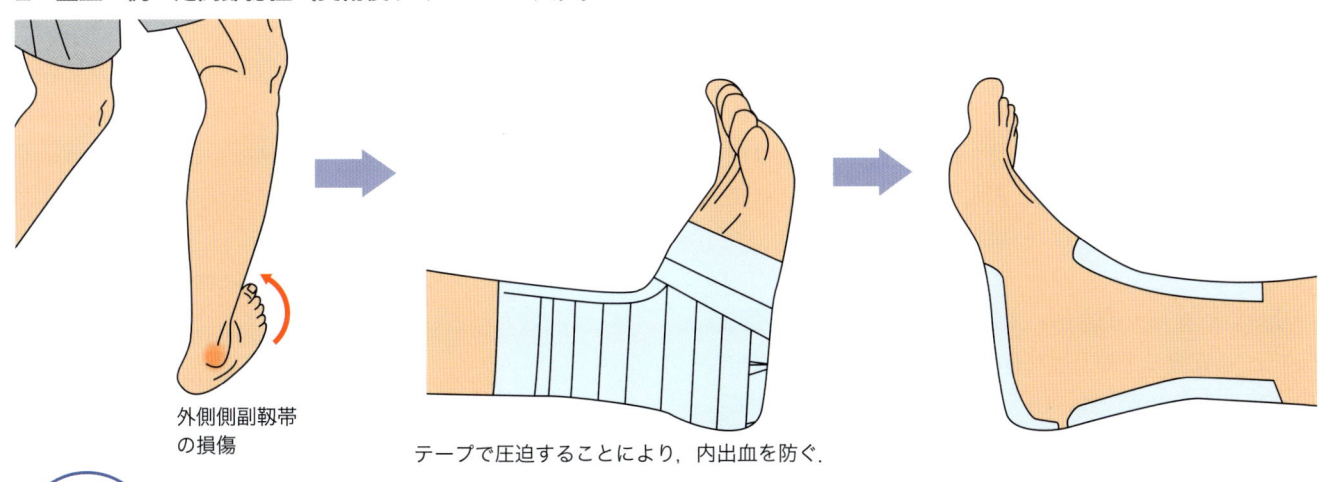

外側側副靱帯の損傷

テープで圧迫することにより，内出血を防ぐ．

# II テーピングの目的

テーピングは次の目的で行なわれる．

A 「けが」の予防
B 救急処置
C 「けが」をしても試合を続行しなければならないとき，体力テストに参加しなければならないときなどの場合
D アスレティック・リハビリテーション
E 運動フォームの矯正

## A 「けが」の予防とテーピング

### 1 一次傷害発生の予防としてのテーピング

**1）身体健全なスポーツマンに実施するテーピング**

「けが」をしていない身体健全なスポーツマンが，これからスポーツを行なうというときに，そのスポーツで起こりやすい傷害の「身体部位」に行なう．

**2）筋骨薄弱な人に実施するテーピング**

筋骨薄弱な人は，筋肉や骨格が細い．そのためスポーツなどによる物理的な衝撃・捻挫などに対応する抵抗力が弱い．この抵抗力の弱さは各関節部において顕著で，それが骨折や捻挫などの傷害に結びつきやすい．また，筋骨薄弱な人の中には，関節の可動域が異常に大きいため，運動中に適切な姿勢がとれず（バランスを失い），転倒などして「けが」する人がよくいる．

このような人に，あらかじめテープで関節部を緊縛することによって，関節部の抵抗力を補強したり，また，テープで関節部の可動域を制限することによって，バランスを保つようにしたりして，スポーツによる「けが」の発生を

予防する．

### 2　傷害再発の予防処置としてのテーピング

以前に「けが」をし，その「けがによる傷害」は今では治っているのだが，不用意にスポーツを行なうと，その「傷害」が再発すると予想される場合，補強（予防）すべき身体部位に行なう．

### 3　二次傷害発生の予防処置とテーピング

ある身体部位に，骨折・捻挫・靱帯断裂などによる機能的後遺症があると，運動中に全身のバランスを失い，そのために新たな傷害（二次傷害）を引き起こすことがよくある．この二次傷害を予防するため，その後遺症のある身体部位に行なう．

## B　救急処置とテーピング

救急処置としてテーピングが行なわれるのは捻挫・肉ばなれ・脱臼・骨折などの場合で，捻挫・肉ばなれにはテーピングによる患部への圧迫と固定が，脱臼・骨折にはテーピングによる患部の固定が行なわれる．

〈付記〉

救急処置では，①冷却，②包帯などによる圧迫・固定，③挙上，④安静の手順で行なわれているが，運動中の「けが」に対する救急処置では，①テーピングによる圧迫・固定，②冷却，③挙上，④安静の手順で行なうと効果的である．

すなわち，テーピングの利用によって，手順の①と②が逆になったのである．このことは，次の理由による．

スポーツ外傷の中で，多く起こっている足関節の捻挫を例にとると，「捻挫した際」に生じる患部における内出血量が少ないと，一般に早期に治癒する．このため，捻挫したら一刻も速く患部における毛細管からの内出血を防ぐ必要がある．

内出血を防ぐ救急処置としては，患部への圧迫・固定と冷却とがある．

まず圧迫・固定であるが，運動によって心拍数の増加と体温の上昇が起こり，血液の流れが速くなっている患部に対して，旧来の包帯などを使用していたのでは緊縛度が弱い（圧迫・固定の度合いも弱い）ので，内出血防止の効果が小さい．しかるにテーピングでは緊縛度が強く（そのため圧迫・固定の度合いも強く），内出血防止の効果が大きい．

次に冷却であるが，これによる血管の縮小→内出血防止の方法は，効果が出るまで時間がかかる．この点テーピングによる内出血防止は，速効性において，冷却よりもはるかに勝る．このことから，最近行なわれているテーピングをしたうえでの冷却の意義は，「内出血の防止」よりも，「痛み止め」のほうが主目的になったといえよう．

こうして，運動中の捻挫などの救急処置では，まず，内出血防止のために①テーピングによる圧迫・固定，次に痛み止めのために②冷却という手順になった．

### RICE 応急処置

救急処置の4原則であり，英語の頭文字をとっている．
- **R**est ────── 安静にする
- **I**cing ────── 冷やす
- **C**ompression ── 圧迫する
- **E**levation ──── 高く上げておく

であり，腫れを最小限に抑えることを目的としている．

## C　「けが」をしても試合を続行しなければならない場合，体力テストに参加しなければならない場合などに行なうテーピング

けがをしたら運動を中止し，ひたすら治療に専念するのがよいのだが，現実には，試合続行や体力テストへの参加をしなければならないことがよくある．この場合には，専門医の診断を経たあと，所要のテーピングをして，運動に参加する．

このテーピングは，手首の関節，膝関節や足関節などに対して行なわれることが多い．

## D　アスレティック・リハビリテーションとテーピング

### 1　アスレティック・リハビリテーションの内容

アスレティック・リハビリテーションは，けがをしたスポーツマンに対して行なわれるもので，その目的は，けがの回復を図るとともに，治療期間中に低下した身体機能力をも回復させて，早くスポーツに参加できるようにすることにある．

アスレティック・リハビリテーションは，次の順で進めていく．

① 関節の可動域を段階的に制限解除していく．
② 軽度のトレーニングにより，患部および全身の筋力を，どうにかスポーツを行なえる程度，そして「けが」の再発を予防できる程度にまで回復させる．
③ 中等度のトレーニングにより，そのスポーツで特に必要な筋力・瞬発力・筋持久力・敏捷性などの体力を回復させる．

### 2　アスレティック・リハビリテーション実施上の注意

このリハビリテーションで特に注意しなければならない

のは，「けが」の再発を予防するということである．「けが」の再発が繰り返されると，完全回復が困難になり，やがては患部の変形が起こり，それがさらに新たなスポーツ障害の発生につながることにもなり，ついにはスポーツ・ライフをも断念しなければならなくなる．

したがって，アスレティック・リハビリテーションのプログラム作成にあたっては，医師とトレーナーが充分話し合って，きわめて慎重に行なわなければならない．なかでも，負荷の設定は漸増的に行なうことが最も大切である．

## 3 アスレティック・リハビリテーションにおけるテーピングの効用

アスレティック・リハビリテーションにおいてテーピングを活用すると，次のような効果がある．

① テーピングは患部の可動域を制限することができるので，それによってトレーニングによる患部の悪化や傷害の再発を防止できる．

② テーピングは，トレーニングの際，身体の可動域を患部に疼痛を感じる一歩手前の範囲内に制限することができるので，トレーニング実施者は不安なくトレーニングできる．

③ ②の効用に関連し，リハビリテーションの効果を高めることができる．

### E 運動フォームの矯正とテーピング

テーピングが特に有効なのは，野球のバッティング，ゴルフのスイング，円盤投げのフォームなどを矯正する場合である．これらのフォームの矯正にテーピングを活用すると，該当箇所の関節運動が制限されるので，誤ったフォームにならない範囲内で，打つ・投げるなどの動作を繰り返すことができる．

この「関節の運動制限」をある期間続けていると，やがてその動作が身につき，ついにフォームの矯正に成功する．正しいフォームで打ったり投げたりすることは，技術の向上につながり，やがては記録の向上に結びつく．

# III テーピングの一般的心得

## A 技法の選択

テーピングの効果を上げるには，これから行なうスポーツなど運動の力学的特性，被施術者の体型，傷害の程度などから，テープを貼付する位置，方向，強さ，その幅，枚数などをよく考え，最も効果的な技法を選ぶ．

## B テーピング前の診断

次の観点から，施術部位にテーピングが可能かどうかをチェックする．

### 1 テーピング部位の状態の確認

テーピング部位に腫れや痛みがあるときは，その主因をよくつきとめ，テーピングで「事足れり」としてよいものかどうかを慎重に判断する．

また，テーピング部位に裂傷や強度の擦過傷などの外傷があるかどうかを確かめる．そのような外傷があった場合，そこへ粘着スプレーを吹きつけたりテープを貼付すると，傷を悪化させるおそれが多分にあるので，この点によく留意する．

### 2 テーピング部位の皮膚の確認

テーピング部位の皮膚が，シャワー，渦流浴，その他の理学療法などによって，毛穴が開いている（皮膚が弛緩している）かどうかをよく確かめる．皮膚の毛穴が開いているのにテーピングをすると，擦過傷などを起こしやすい．

### 3 テーピング前に行なう施療処置

**1** テーピング部位の体毛をバリカンで刈ったり，カミソリで剃ったりする．これはテープの粘着効果をより有効にするためと，テープを剥がすときに痛くないという効果もある．

**2** テーピング部位を石鹸，アルコールなどでよく洗浄する．そして水気をよく拭きとる（水気をよく拭きとらないと，テープの粘着効果を弱めてしまう）．

**3** テーピング部位に外傷があるときは，止血，消毒，薬剤の塗布などの医療処置をし，その上へガーゼなどを当て，アンダーラップで覆う．

**4** テーピング部位に皮膚の弱いところ（腋窩部，膝窩部，足背部，アキレス腱部など）がある場合には，その部位へワセリンなどを塗布したガーゼや脱脂綿，スポンジラ

■テーピング前に行う施療処置

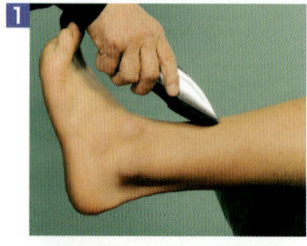

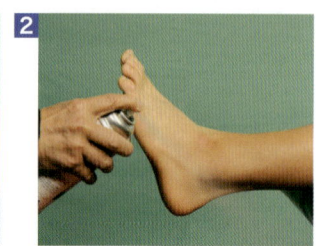

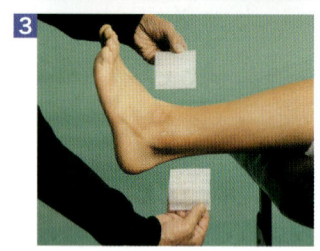

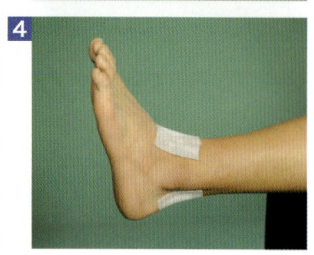

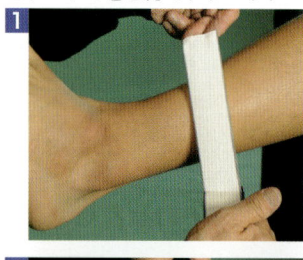

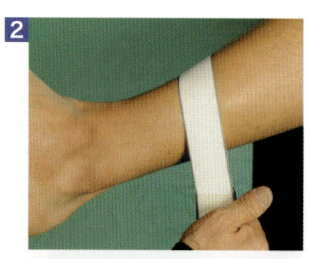

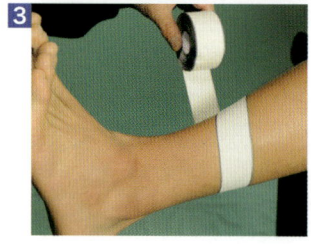

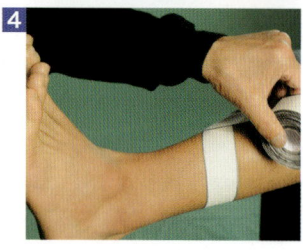

■テープの切り方

バーなどを当てがう．
5 刺激に対して皮膚が過敏な反応を起こす人（アレルギー体質など）には，テーピング部位をアンダーラップなどで覆う．

## C テープの扱い方

### 1 テープの巻き方のテクニック

1）皮膚に貼る際には，切れ端に同じ圧がかかるようにテープに均等に圧をかける．原則として，テープはその一部を重ねて巻く．テープとテープの間に皮膚が露出すると，多くの場合好ましくない皮膚刺激を起こす．ただし，後述する「前開きの技法」などのように「皮膚を露出させるテープの巻き方」もある．

2）テープに「ねじれ」や「しわ」などができないようにする．このためには，テーピング部位の体型に沿って，

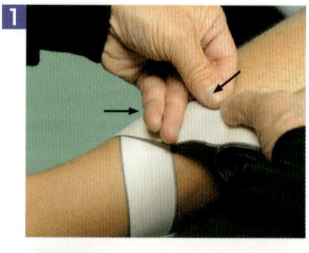

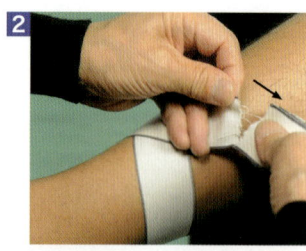

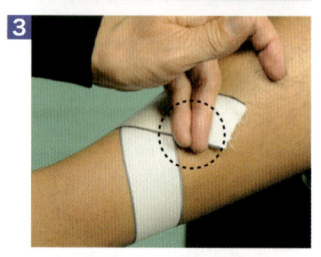

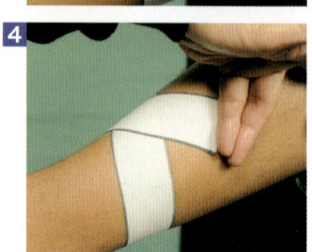

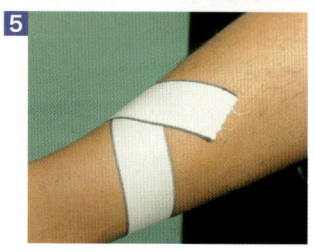

常に体表面とテープのロールを平行に保ちながら巻くようにするとよい．下腿部を例にあげると，テープが後下腿部にかかる際，手首を回内（左下 2 参照）させながら貼付する．

### 2 テープの切り方

＜右利きの場合＞
1）指の位置
　右手：第1指と2指でロールとテープの上端を押さえる．
　左手：第2指と3指の指先（近位指節間関節より先端）をテープの粘着面に置く（この際，指先を必要以上に深く入れない．深く入りすぎるとテープが切れにくくなるため，テープが引っ張られ，強く巻きすぎてしまう）．

2）切り方
　左手は動かさないようにするため，テーピング部位に固定する．ロールを持った右手は，手首のスナップを利かせながら右斜め前へ動かす．もし前後に動かすと，テープに「ねじれ」や「しわ」が生じるばかりでなく，テープが切れなくなるので注意する．
　テープを切ったあとは，テープ（体に貼付したテープ）の表面に左手の手の第4指と5指の背側部を滑らせるようにして押さえ，テープを皮膚に密着させる．

■テープの巻き方のテクニック

### D　テーピング後の確認

テーピング部位に巻いたテープの固定度合い，あるいは身体運動をする場合の可動域が適当であるかどうかを確認する．それには，次の観点で検討するとよい．
1) テープの緊縛によって，血管や神経の正常な生理機能が妨げられてはいないか．それが妨げられている場合には，疼痛を覚えることが多い．
2) 運動動作が妨げられていないか．緊縛の度が強すぎると，運動動作が不自由になる．

### E　テープの巻き替えと除去

1) 巻き替え

テーピングをしたあとは，その部位の皮膚炎症などの防止のため，適時巻き替えることが必要である（テープを巻いたままでの時間の適否には個人差がある．また，競技や練習の時間あるいは競技種目によっても異なるので，これらの条件を総合判断したうえで適時巻き替える）．

2) 除去

テープの除去は慎重に行なう．無理に引っ張ったり裂いたりして剥がすことのないようにする．それには，「皮膚からテープを剥がす」のではなく，「テープから皮膚を剥がす」といった気持ちで剥がすとよい．

テープを乱暴に剥がすとカブレの原因となるので，写真右上 **2** ～ **4** のように皮膚を押さえながらやさしく除去する．

テープの除去でカッターやはさみ（シザーズ）を使用する場合には，筋肉の走行方向や関節の構造などをよく考慮して，無理のないようにする．

3) 除去後の処理

テープ除去後は，皮膚に付いた粘着物（スプレー液など）をリムーバースプレーでよく拭きとる．

■テープの除去

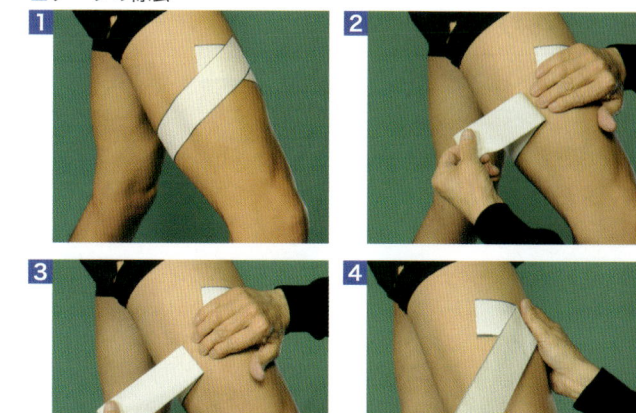

### F　テーピングと運動

テーピングは，目的によって技法を選択し，テープの枚数・位置・方向・強さを決めるのは前述のとおりである．さらにテーピングの効果をより高める，あるいは適応を誤まらない（二次傷害を防ぐ）ためには，テーピングの目的，「けが」の程度，回復の度合いなどを充分考慮したうえで，決められた（許可された）運動の量・強さ・頻度を厳守しなければならない．これによって，スポーツ外傷・障害のさまざまな状況に対応できるテーピングとなるのである．

また，身体部位の可動域が制限あるいは固定された状態で運動をする際，競技に必要な動きをできる限り発揮するためには，固定肢位も充分考慮しなければならない．特に，上肢では，これから行なおうとする競技の運動フォームを作ってから施術するとより効果的である．

## IV　テープおよびテーピング用品

### A　テープの種類とその性質・保管ついて

テーピングに使用するテープの種類や幅は，施術部位の形態や技法によって決める．テープの幅が適切でないと，可動域の制限が強すぎたり，固定力が低下したり，テープが切れたりする原因となる．たとえば，手の中手指関節にテーピングを施す場合，テープの幅が広すぎると必要のない部位まで制限してしまったり，膝関節のように動きが激しく広い施術部位に対して幅の狭いテープを用いると，運動によってテープが切れてしまい固定力が低下するなど，競技に支障をきたすことが多分にある．そこで，施術部位の形態やテーピングの技法に最も適したテープを選択する．

## 1 粘着非伸縮性テープ（ホワイトテープ，コットンテープともいう）

粘着非伸縮性テープは，関節の「固定」と「可動域の制限」や身体部位の「圧迫」を目的に，すべてのテーピングに使用される．

・粘着非伸縮性テープの幅と使用する部位の例・

| テープの幅 | 使用する部位 |
| --- | --- |
| 約 13mm | 指（手・足）など |
| 約 19mm | |
| 約 25mm | 足底（アーチ）など |
| 約 38mm | 足関節・アキレス腱・肘関節・手関節・下腿部など |
| 約 50mm | 膝関節・肩関節・腰部・大腿部など |

## 2 粘着伸縮性テープ（エラスチコン，エラスコットともいう）

粘着伸縮性テープは，施術部位の動きに合わせて伸縮する．このため，次のような場合に使用すると，テーピングの効果を上げることができる．また，ハンディカット（ソフト）タイプとハードタイプがあるので，前述の「Fテーピングと運動」をよく理解してテープを選択する．

① 筋肉が多く，筋肉の収縮・弛緩が大きい部位（大腿部・肩関節）などに粘着非伸縮性テープだけを全周させると，テープによる圧迫が強すぎるため，運動による筋疲労が起こりやすい場合．

② 粘着非伸縮性テープで巻いたりすると，血管や神経を圧迫しすぎるために血行障害や神経障害を起こすおそれがある場合．

③ 粘着非伸縮性テープだけでは違和感のあるとき（手掌・膝関節・足底部など），フィット感を与えたい場合．

・粘着伸縮性テープの幅と使用する部位の例・

| テープの幅 | 使用する部位 |
| --- | --- |
| 約 25mm | 指（手・足）など |
| 約 50mm | 足関節・アキレス腱・肘関節・手関節・下腿部など |
| 約 75mm | 膝関節・肩関節・腰部・大腿部など |

＜付記＞
本文における技法の解説では，テープの枚数を粘着非伸縮性テープは数字（1，2，3…）で，粘着伸縮性テープは英字（A，B，C…）で表記した．

## 3 テープの保管

① 使用途中のテープは，保管棚かキャビネットに入れておく．このとき，テープのロール軸を垂直にしておくことが必要である．もし垂直にしておかないとロールが変形し，テープの剥離が円滑にいかないようになる．

② テープは高温や多湿の影響を敏感に受ける．特に高温に弱く，直射日光の当たる場所や暑い場所に放置すると，湿気を失ってテープの両面が硬化してしまう．その結果，テープをロールから引き剥がすのが困難になり，テーピングの際に支障をきたす．

テープを大量に保管する場合には，暗室で保存し，温度や湿度に注意する．

## B テーピング用品について

施術部位の皮膚の保護，テープの粘着効果を高めるため，あるいはテープ除去などの目的でいろいろなテーピング用品が使用される．ここでは，最もよく使用されるテーピング用品について述べる．

1）アンダーラップ

皮膚が刺激に対して過敏に反応を起こす人（アレルギー体質など）や，テーピングが長期にかけて行なわれたため皮膚が荒れてしまった場合に皮膚を保護する．

2）粘着スプレー

皮膚とテープの粘着力を高め，運動による発汗で生じるテープのゆるみを防ぐと同時に，テーピングの作業能力を高める．

3）リムーバースプレー

粘着スプレーやテープの粘着物および皮膚を保護するために使用した軟膏（ワセリンなど）を除去する．

テープを除去するときには，テープの上から吹き付けるが，その他の粘着物を除去するときには皮膚に直接吹き付ける．

4）コールドスプレー

吹き付けた箇所を瞬間的に冷やすもので，運動によって上昇した体温を一時的に下げることを目的とする．受傷直後の救急処置のために使用しても，その効果はあまり期待できない．

5）スポンジラバー

施術部位の皮膚や腱の保護，衝撃の緩和，救急処置の際の損傷部位の圧迫のために使用する．

6）テープカッター，はさみ（シザーズ）

テープの除去のために使用する．

7）アイスパック（コールドパック）

局所の急冷のために使用する（化学変化による一時的な氷袋）．使用する際には凍傷に注意する．

8）ワセリン

施術部位の皮膚の保護のために使用する．

## 実技編

# Ⅰ 足部・足関節

## 足部の構造と機能

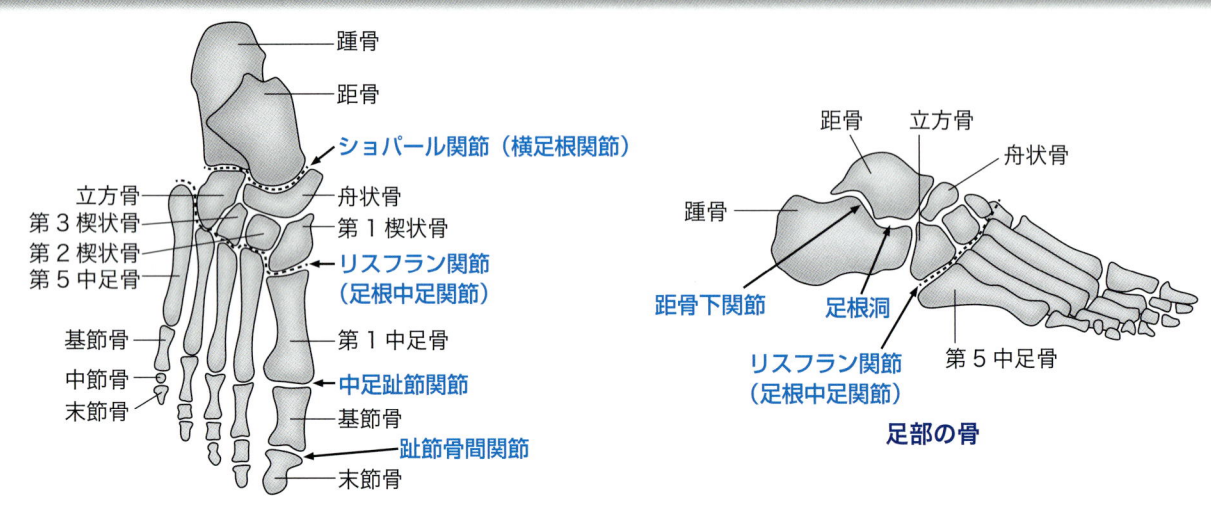

**足部の骨**

踵骨／距骨／ショパール関節（横足根関節）／立方骨／第3楔状骨／第2楔状骨／第5中足骨／舟状骨／第1楔状骨／リスフラン関節（足根中足関節）／基節骨／中節骨／末節骨／第1中足骨／中足趾節関節／基節骨／趾節骨間関節／末節骨

**足部の骨**

距骨／立方骨／舟状骨／踵骨／距骨下関節／足根洞／リスフラン関節（足根中足関節）／第5中足骨

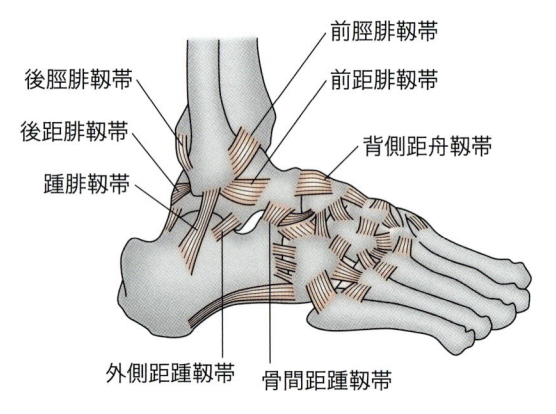

**足部の靱帯（外側）**

後脛腓靱帯／後距腓靱帯／踵腓靱帯／前脛腓靱帯／前距腓靱帯／背側距舟靱帯／外側距踵靱帯／骨間距踵靱帯

**足部の靱帯（内側）**

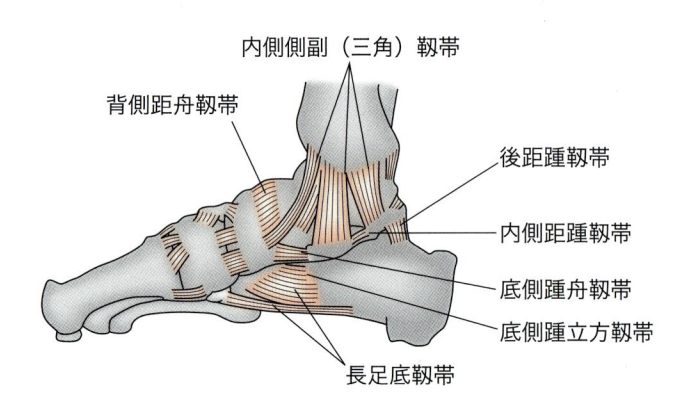

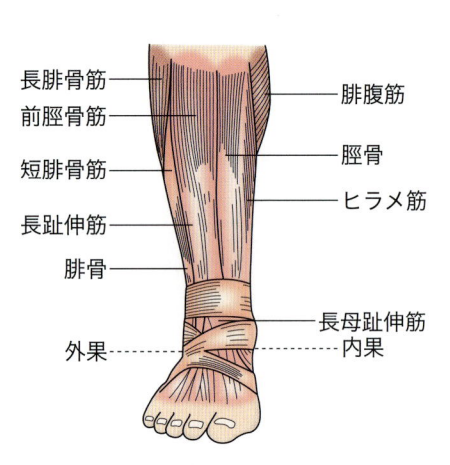

内側側副（三角）靱帯／背側距舟靱帯／後距踵靱帯／内側距踵靱帯／底側踵舟靱帯／底側踵立方靱帯／長足底靱帯

**下腿の筋（前面）**

長腓骨筋／前脛骨筋／短腓骨筋／長趾伸筋／腓骨／外果／腓腹筋／脛骨／ヒラメ筋／長母趾伸筋／内果

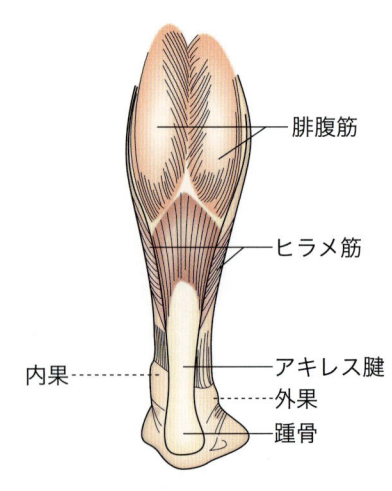

**下腿の筋（後面）**

腓腹筋／ヒラメ筋／内果／アキレス腱／外果／踵骨

## 関節可動域の表示と測定法

### 足

| 部位名 | 運動方向 | 参考可動域角度 | 基本軸 | 移動軸 | 測定肢位および注意点 | 参考図 |
|---|---|---|---|---|---|---|
| 足 ankle | 屈曲（底屈） flexion (plantar flexion) | 45 | 腓骨への垂直線 | 第5中足骨 | 膝関節を屈曲位で行なう． | |
| | 伸展（背屈） extension (dorsiflexion) | 20 | | | | |

### 足部

| 部位名 | 運動方向 | 参考可動域角度 | 基本軸 | 移動軸 | 測定肢位および注意点 | 参考図 |
|---|---|---|---|---|---|---|
| 足部 foot | 外がえし eversion | 20 | 下腿軸への垂直線 | 足底面 | 膝関節を屈曲位で行なう． | |
| | 内がえし inversion | 30 | | | | |
| | 外転 abduction | 10 | 第1，第2中足骨の間の中央線 | 同左 | 足底で足の外縁または内縁で行なうこともある． | |
| | 内転 adduction | 20 | | | | |

### 母指（趾），足指

| 部位名 | 運動方向 | 参考可動域角度 | 基本軸 | 移動軸 | 測定肢位および注意点 | 参考図 |
|---|---|---|---|---|---|---|
| 足部 foot | 外がえし eversion | 20 | 下腿軸への垂直線 | 足底面 | 膝関節を屈曲位で行なう． | |
| | 内がえし inversion | 30 | | | | |
| | 外転 abduction | 10 | 第1，第2中足骨の間の中央線 | 同左 | 足底で足の外縁または内縁で行なうこともある． | |
| | 内転 adduction | 20 | | | | |
| 足指 toes | 屈曲（MTP） flexion | 35 | 大2〜5中足骨 | 大2〜5基節骨 | | |
| | 伸展（MTP） extension | 40 | | | | |
| | 屈曲（PIP） flexion | 35 | 第2〜5基節骨 | 第2〜5中節骨 | | |
| | 伸展（PIP） extension | 0 | | | | |
| | 屈曲（DIP） flexion | 50 | 第2〜5中節骨 | 第2〜5末節骨 | | |
| | 伸展（DIP） extension | 0 | | | | |

# 足部のスポーツ外傷・障害

## 1 足関節捻挫

### ①内返し（内反）捻挫

足関節捻挫の多くは内返し捻挫であり，外側の靱帯（前距腓靱帯，踵腓靱帯）を損傷する（p10 足部の靱帯（外側）参照）．

### ②外返し（外反）捻挫

足関節に外返し（外反）強制により内側の靱帯（三角靱帯），および遠位前下脛腓靱帯を損傷する．特に遠位前下脛腓靱帯損傷を起こしている場合は，競技復帰まで長い期間を要することがある（p10 足部の靱帯（内側）及び外側参照）．

**症状** 靱帯損傷部の腫脹，疼痛，圧痛．
重度の靱帯損傷や軟骨損傷の場合は，受傷当日（数日）は荷重ができないことが多い．

**治療** 急性期は RICE．
初回受傷で重度の靱帯損傷があり不安定性が大きい場合は，固定（ギプス，u 字ブレース）したほうが良い．捻挫を繰り返す場合は，固定をしても不安定性の改善は期待できず，足関節周囲の筋力強化（特に腓骨筋腱の強化）を行なう．

## 2 腓骨筋腱脱臼

足関節を過度に背屈した際に，腓骨筋腱が脱臼することが多い．初回発生時に適切な処置をしないと反復性腓骨筋腱脱臼に移行する．

**症状** 足関節外果の腫脹，圧痛．反復性に移行すると腫脹，圧痛は軽度であるが，踏ん張る動作で腱が脱臼する．

**治療** 急性期は RICE 処置，固定．
反復性で脱臼時に疼痛を伴いスポーツに支障を来たせば，手術の適応となる．

## 3 アキレス腱炎，周囲炎

アキレス腱炎はランニングやジャンプ動作においてねじれ（回内）や張力により発症する．アキレス腱炎は腱自体の部分断裂，瘢痕化であり，アキレス腱周囲炎はパラテノン（腱を栄養する膜）の炎症，肥厚，腱との癒着を起こすものであり，腱自体は正常である．

**症状** アキレス腱の腫脹，圧痛，ストレッチ痛，抵抗下足関節底屈での痛み，アキレス腱ストレッチでの痛み，時に足関節底背屈での握雪音（雪を握るときのような音）を触診できる．

**治療** 局所の安静，ストレッチ，足底板（5mm 程度踵部を高くして腱の緊張を緩和する）．ステロイドの局注は腱の脆弱化や腱周囲との癒着が起こるので避けるべきである．

## 4 アキレス腱断裂

ジャンプ，着地，強い踏み込み動作，方向転換などの動作で，腓腹筋の急激に収縮するときにアキレス腱に過度の負荷が加わり，アキレス腱は断裂する．受傷時は「後ろから誰かに蹴られた」と感じることが多い．

**症状** 圧痛，断裂部の陥凹があり，診断は容易である．Thompson squeeze test（腹臥位で膝を 90 度屈曲位にして，腓腹筋の筋腹部を強く握ると，アキレス腱が正常な場合は足関節が底屈するが，断裂していると足関節は動かない）が陽性であれば，診断は確定する．

**治療** 保存療法（ギプス固定，下肢装具）と手術療法（腱縫合術）があるが，スポーツ選手の場合，筋力低

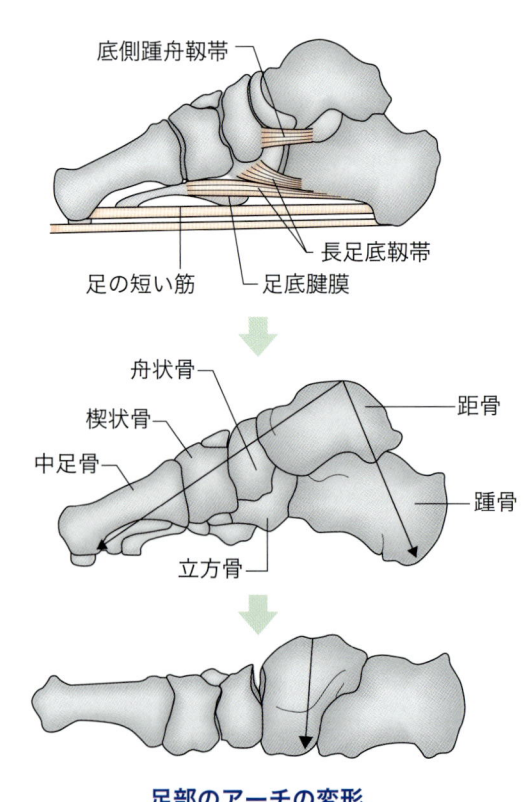

**足部のアーチの変形**

（底側踵舟靱帯，長足底靱帯，足の短い筋，足底腱膜，舟状骨，楔状骨，中足骨，距骨，踵骨，立方骨）

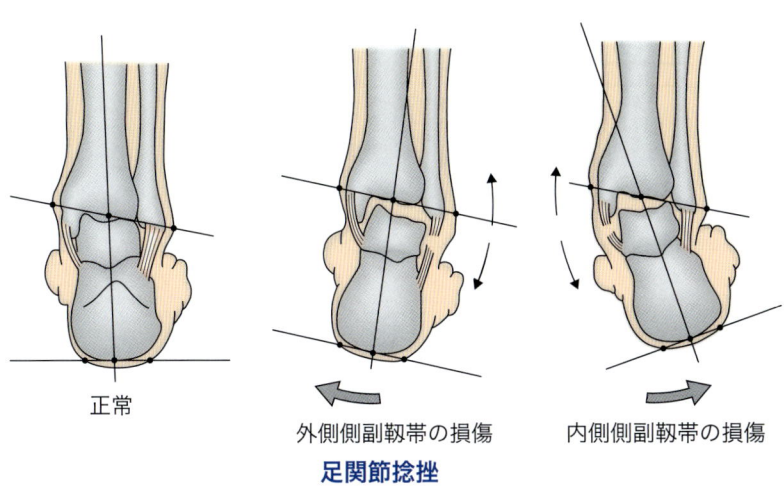

正常　　外側側副靱帯の損傷　　内側側副靱帯の損傷

**足関節捻挫**

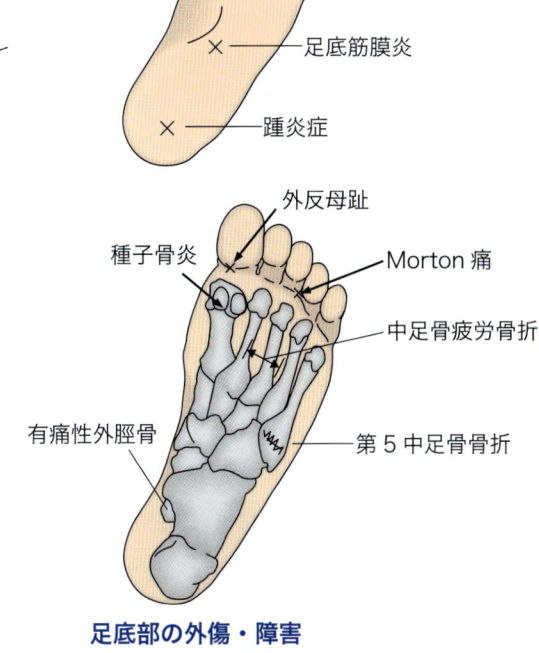

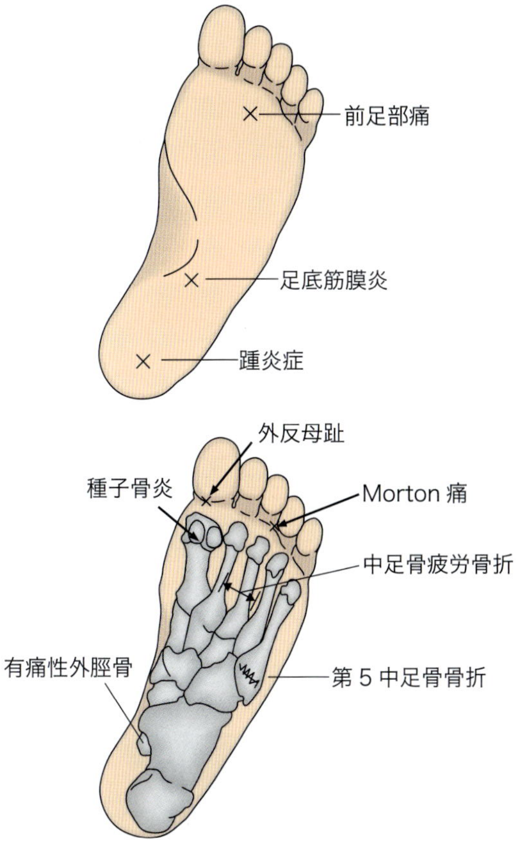

前足部痛
足底筋膜炎
踵炎症

外反母趾
種子骨炎　　Morton痛
中足骨疲労骨折
有痛性外脛骨　　第5中足骨骨折

**足底部の外傷・障害**

下を予防し，早期の競技復帰ができるように手術療法が勧められる．

## 5　足趾の外傷，障害

### ①中足骨骨折

第5中足骨基底部に短腓骨筋腱が付着しており，前足部に急激な内転・内旋の強制力が加わると第5中足骨基底部の裂離骨折が発生する．

中足骨骨幹部骨折は，直達外力やつま先からの軸圧によって発生する．キックで過度の負荷が加わり亀裂骨折を起こすことがある．

**症状**　患部の疼痛，圧痛，腫脹．

**治療**　アイシング，固定．固定期間は，骨折の程度によるが，軽度の亀裂骨折であれば，2〜3週間の固定で，受傷後6週で競技復帰できる．

### ②有痛性外脛骨

外脛骨（舟状骨の副骨）に付着している後脛骨筋腱の緊張により，外脛骨周囲の軟部組織に炎症を生じて発症する．

**症状**　足（舟状骨）の内側に運動時痛と同部の骨性隆起，圧痛．

### ③外反母趾

母趾が中足趾節関節で外側に偏位した変形をいう．扁平足を高率に合併する．

**症状**　母趾の外側扁位と第1中足骨頭の内側隆起部の疼痛が主訴となる．同部の滑液包炎（バニオン）を伴うことがある．

**治療**　扁平足を矯正するアーチサポート，1・2趾間にはさみ装具を使用する．

### ④Morton病

つま先立ちなどで中足趾節関節の背屈強制が加わると，趾神経が伸展され，緊張した靱帯に圧しつけられ，趾神経に障害を起こす．反復する神経障害により，趾神経に有痛性の神経腫を形成する．解剖学的特徴から3・4趾間の趾神経に発症する．

**症状**　3・4趾間の知覚障害，中足骨頭間の足底側寄りの疼痛および圧痛．

**治療**　シューズの調整，足底板の装着などの保存療法を行なう．

### ⑤種子骨障害

ランニングなどの負荷により，第1趾の付け根にある2個の種子骨の障害（炎症，疲労骨折および分裂種子骨）を起こす．

**治療**　衝撃を吸収するようなシューズに変えることや，足底板装着の保存療法を行なう．

### ⑥中足骨疲労骨折

ランニングによって起こる第2，3中足骨疲労骨折と，サイドステップ，切り返し動作などで外荷重になると発症する第5中足骨疲労骨折（Jones骨折）がある．

**治療**　前者はスポーツ禁止のみで骨癒合が得られ予後良好であるが，後者は難治性であり，手術を行なうことが多い．手術後の負荷軽減および再発予防に内反制限のテーピングが有効である．

## 実技編 I-1 アンダーラップの巻き方
### 足関節の場合

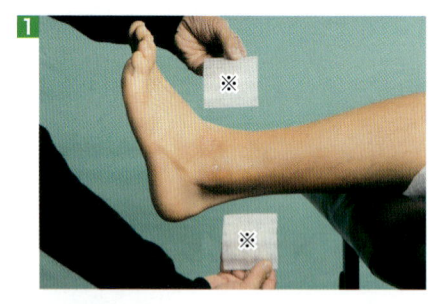

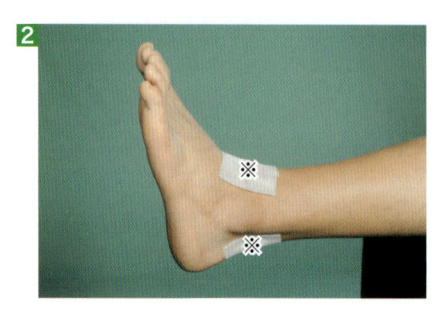

**1 2** 足首をほぼ直角にする．足背部とアキレス腱部の皮膚や腱を保護するために、ワセリンを塗布した脱脂綿などを当てがう．

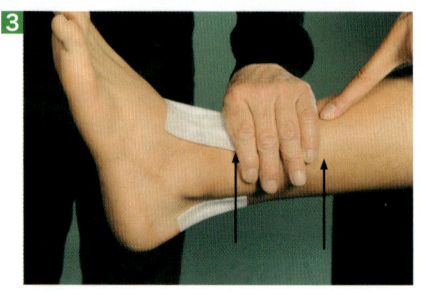

**3** アンダーラップの巻き始めは腓腹筋の下約2～3cmのところから始める．足首の一番細いところより4横指分を目安とする．

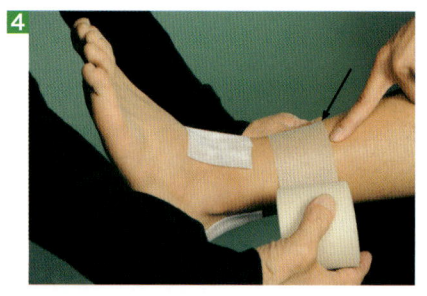

**4** アンダーラップは粘着性がないので下腿を1周させる．

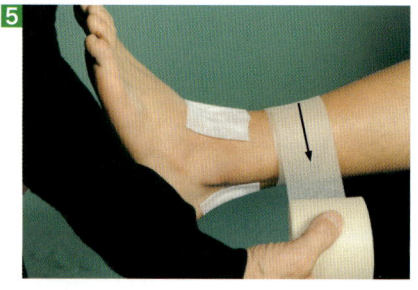

**5 6** その後、徐々に足首の方へ下りながら巻く．

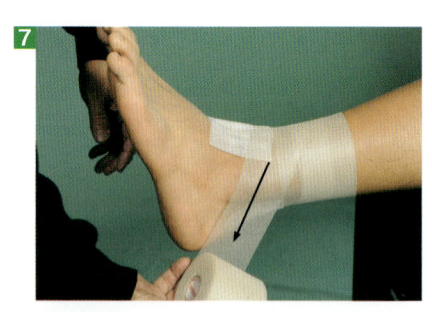

**7** 足首のところでは、アンダーラップを踵部に向け斜め下方へ巻く．

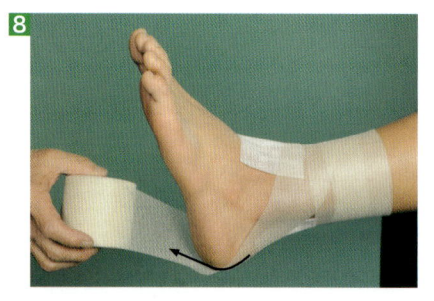

**8** 踵をねじりながら（ヒールロックの技法）内側を巻く．

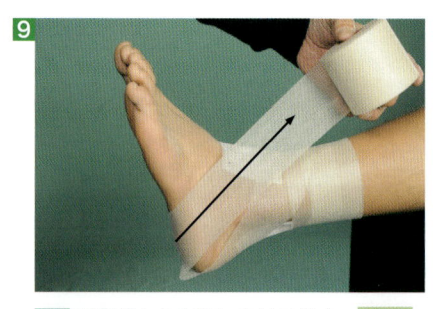

**9** 足背部から内果に向けて巻く．　普通

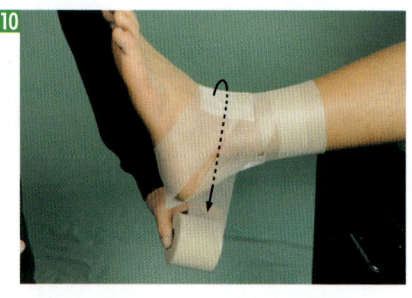

**10** アンダーラップをねじりながら、方向を踵部に向けて斜め下方へ巻く．

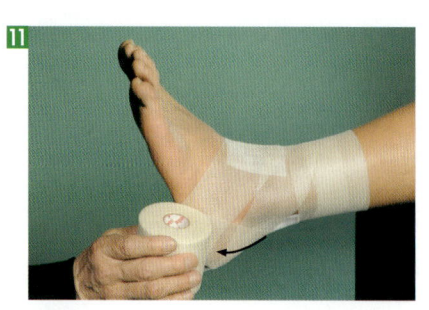

**11** 踵の外側にヒールロックを行なう．

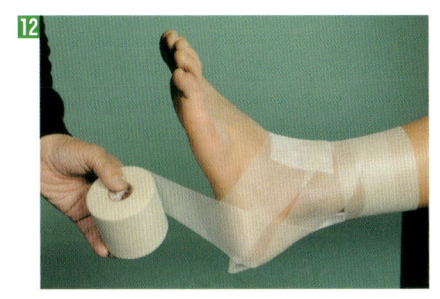

**12 13** 足底から足背部へ．

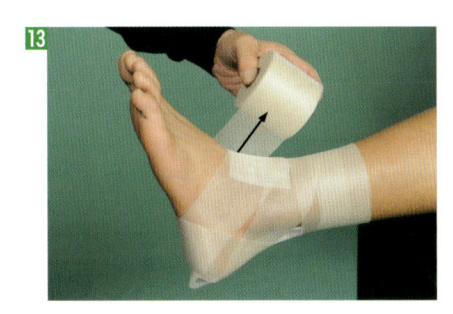

**14** さらに踵部を覆う．

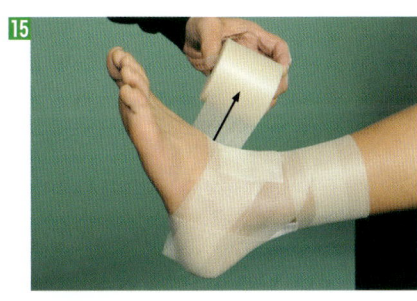

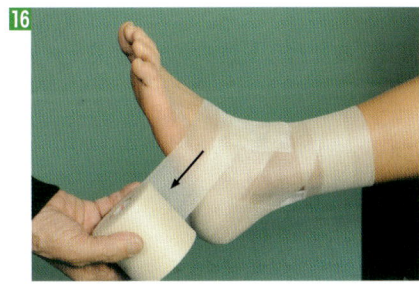

**15 16** リスフラン関節あたりまで巻き，足背部中央へ戻る．

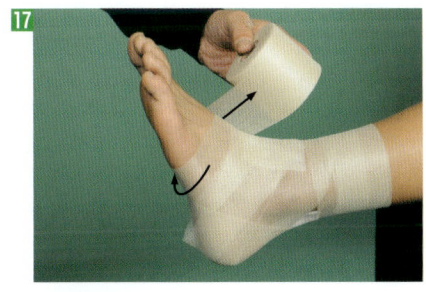

**17 18** 足部を覆う．

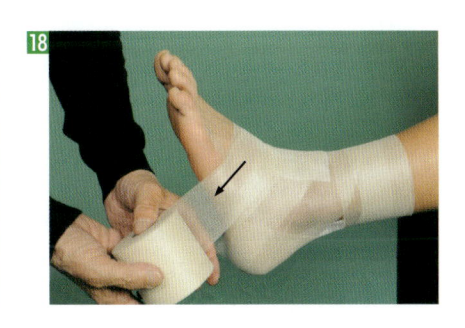

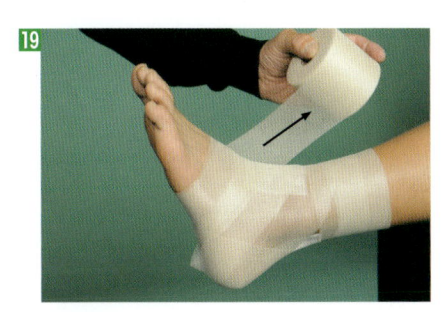

**19 20** 足背部から下腿部へ巻く．

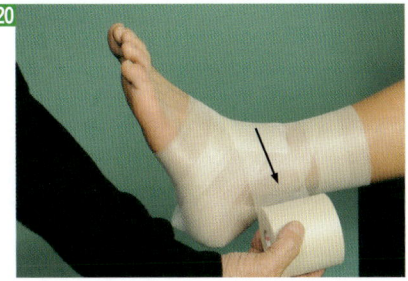

**21** 下腿部を1〜2週して巻き終わる．

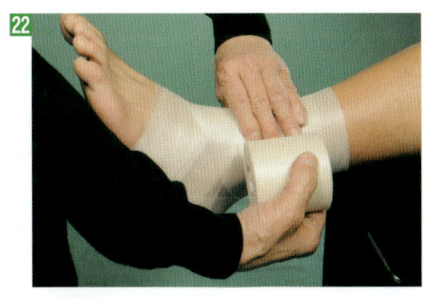

**22 23** アンダーラップに左手を添えて固定し，右手でねじり切る．

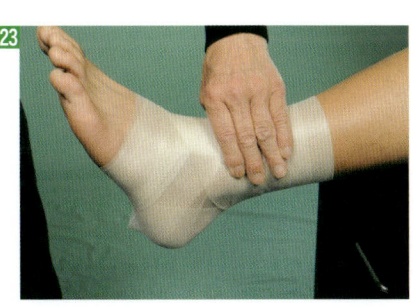

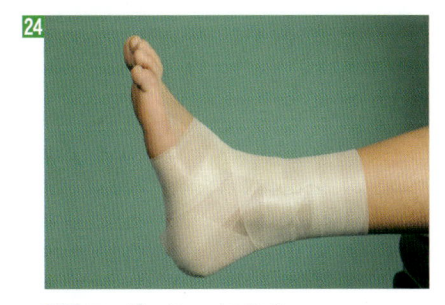

**24** アンダーラップの完成．

I 足部・足関節

## 足関節にアンカーテープを巻く場合の原則

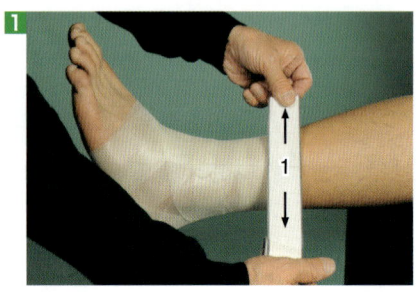

**1** 通常，腓腹筋より2～3cm下が目安となる．アンダーラップにテープの1/2，皮膚にテープの1/2がかかるように巻く（テープに対してアレルギー疾患やかぶれやすい体質の人は，アンダーラップ上にアンカーテープを巻く）．　やや強く

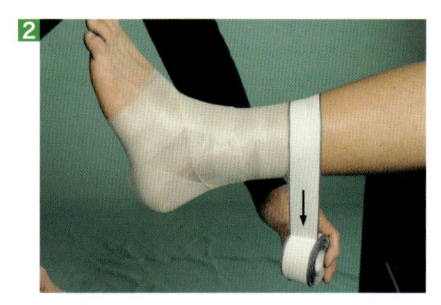

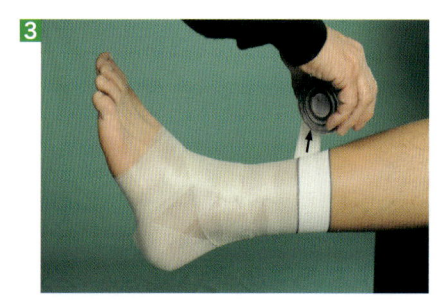

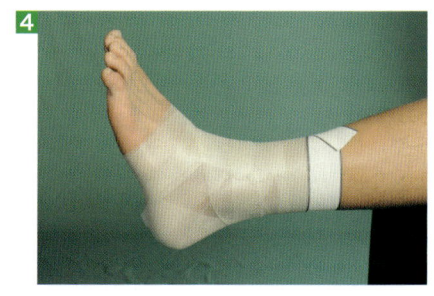

**2 3 4** しわができないようにロールをねじりながら，体型に沿って常に体表面とテープのロールを平行に保ちながら巻くようにする．　やや強く

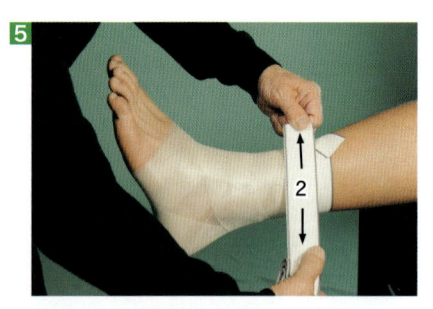

**5** 2のテープは，1のテープ上にテープ幅の1/2～1/3程度を重ねて巻く．

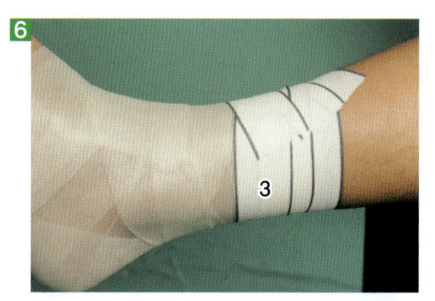

**6** 3枚のアンカーテープを筒状に巻くことにより，運動中にテープがずれたり，ゆるんだりしないようにする．強く圧迫し過ぎないように注意する．　やや強く

## 実技編 I-2 全固定のテーピング
### 再発予防・軽度の痛み

対人接触の激しい競技の場合，一部を開けた技法や粘着伸縮性テープによる技法では，運動によってテープがゆるみ固定力が弱くなる．このため，粘着非伸縮テープによって足首全体を覆い固定する．

**固定肢位**
- 足関節をほぼ直角に．
(ただし，本項の写真は撮影角度の関係で90°に見えていない)

**テープ**
- 粘着非伸縮性テープ　約38mm幅
- アンダーラップ
- 脱脂綿(ワセリンを塗ったもの)
- 粘着スプレー

## A 基本型

**・ポイント・**

- 3本のあぶみ状のテープは，下腿の上部でいくらか広く，足底でいくらか狭い「扇をいくらか開いたような形」にする．これは，足底でテープがリスフラン関節(足根中足関節)(※印)のところにかかると，底屈が妨げられるうえ，テープが食い込んで痛みを覚えるのを防ぐためである．
そこで，テープが足底を経て外側にかかる際，テープで弧を描くようにして方向を変えると，テープがしわにならず，しかも扇状に貼付することができる．

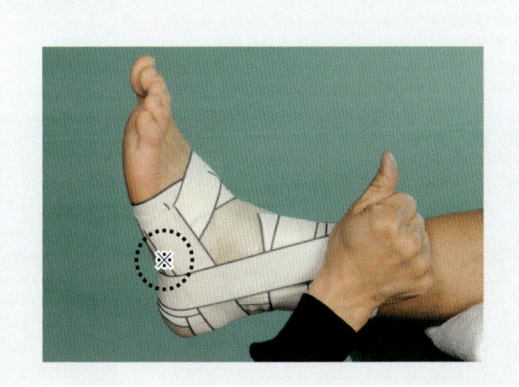

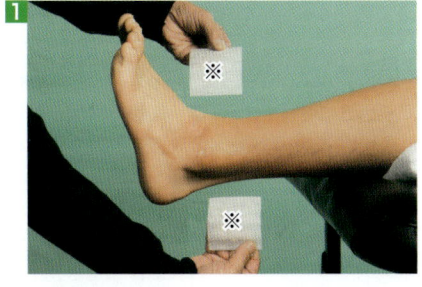

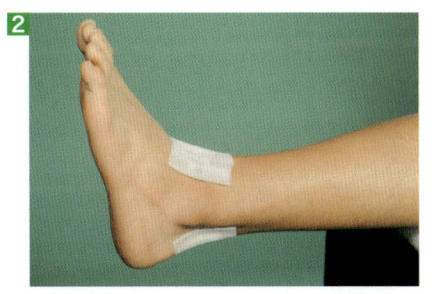

**1 2** 足背部とアキレス腱部にワセリンを塗布した脱脂綿を当てがう．これは，足部とアキレス腱部の皮膚と腱を保護するためである．

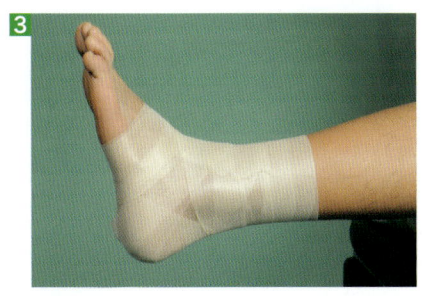

**3** テーピング部位全体にアンダーラップを巻く(p.14, 15参照)．

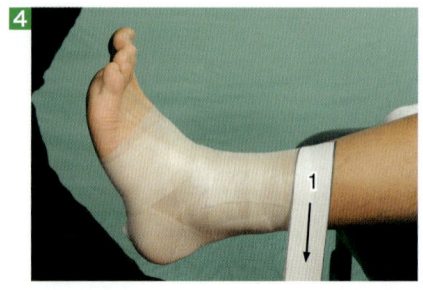

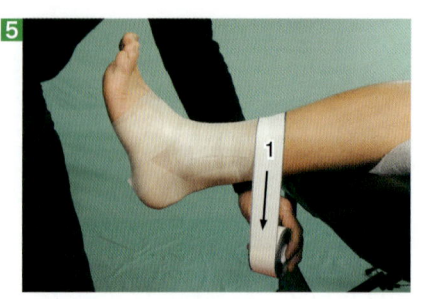

**4〜7** 1のテーピングは，アンダーラップの脱落防止と，その後に行なうテープの「土台形成」である（以後，貼付する2〜4のテープも同様である）．このため1のテープは腓腹筋の下約2〜3cmのところに，1/2が皮膚に，1/2がアンダーラップにかかるように巻き，貼付する．これは運動中に起こりやすい腓腹筋の痙攣を防ぐためである．
`やや強く`

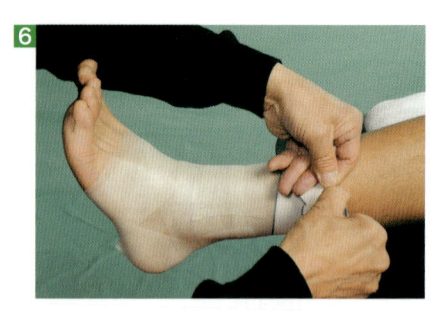

**6** （テープの切り方 p.6 参照）

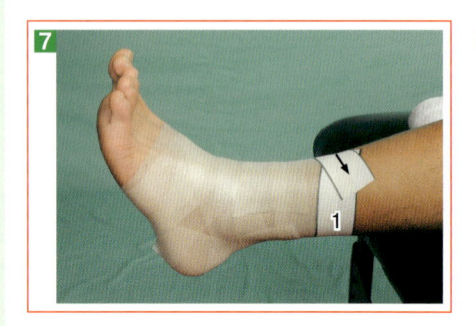

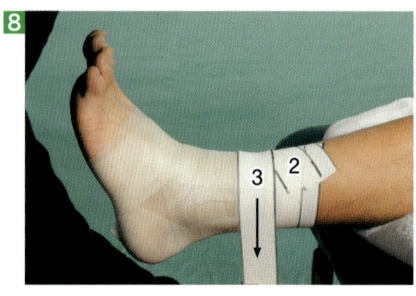

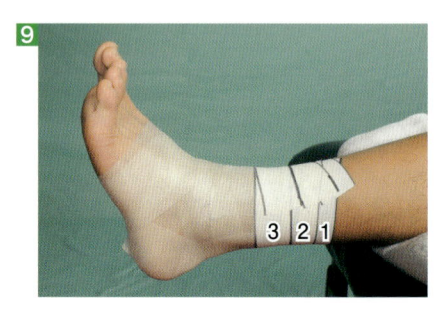

**8 9** 2のテープは1のテープ上（7参照）に，3のテープは2のテープ上に，それぞれテープ幅の1/2〜1/3程度を重ねて巻き，貼付する．

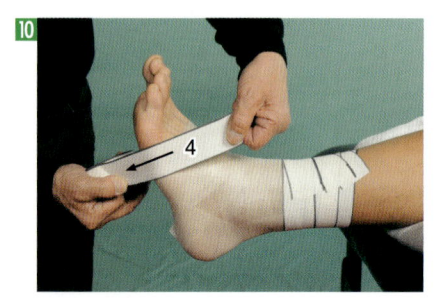

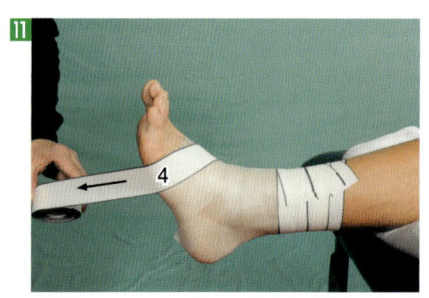

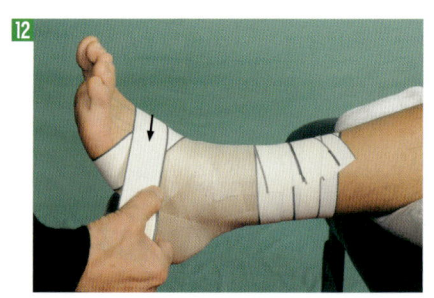

**10〜13** 4のテープは中足骨の周りに，1/2が皮膚に，1/2がアンダーラップにかかるように巻き，貼付する． `やや強く`

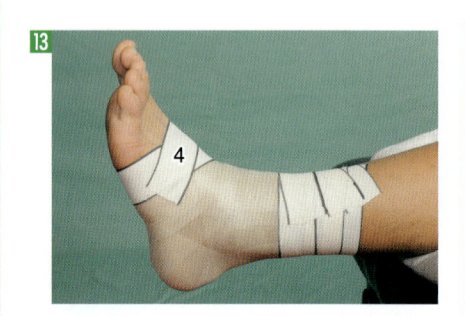

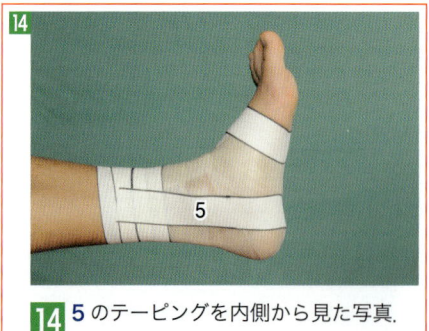

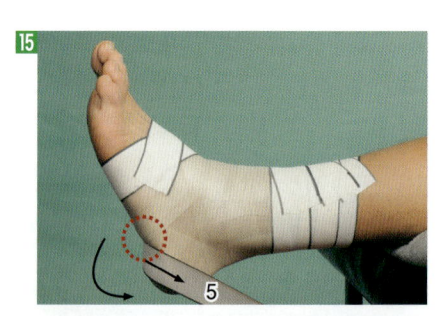

**14** 5のテーピングを内側から見た写真．

**15** 5のテーピングは，捻挫の原因となる足首の側方向への動きを制限するために行なうものである．このため5のテープは，1のテープ（7参照）の内側部の上端からアキレス腱に沿い，踵部を経て矢印の方向へ1のテープの外側部の上端まで貼付する（以後8，11のテープも同様である）．

実技編

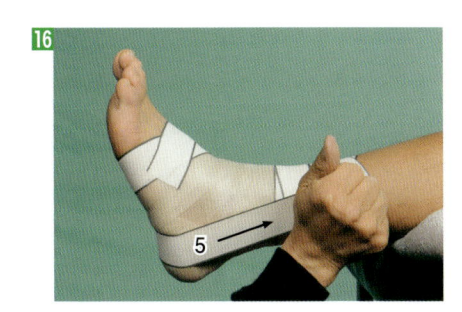

**16** このとき，テープが内果および外果の後方の部分をそれぞれ 1/3 程度が覆うようにする．
**強く（ただし，足底はやや強く）**

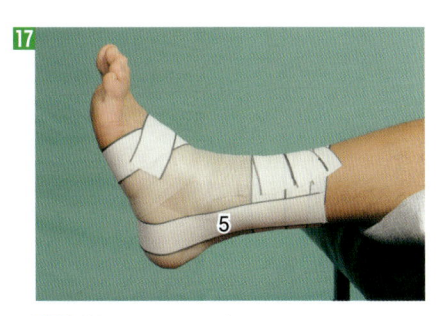

**17** 外側から見た写真．

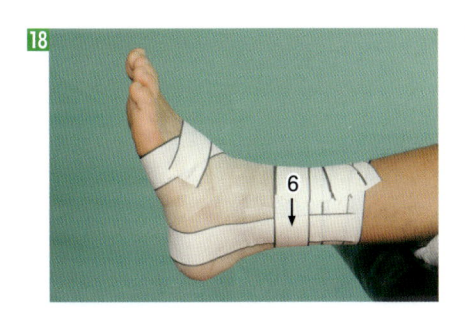

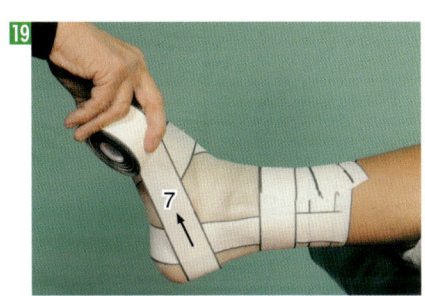

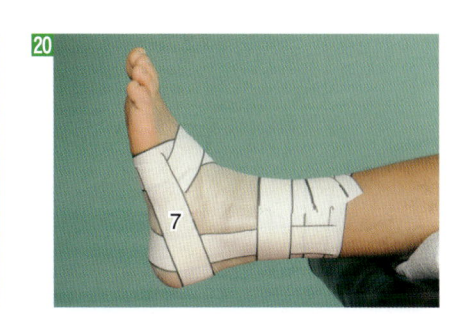

**18 19 20** 6・7 のテーピングは，5 のテープ（**17**参照）を固定するために行なうものである．このため，6 のテープは 3 のテープ上（**8**参照）に，テープの幅 1/2 ～ 1/3 程度を重ねて巻き，貼付する．7 のテープは 4 のテープ（**10**参照）の内側から貼り始め，踵部を経て 4 のテープの外側まで貼付する． **やや強く**

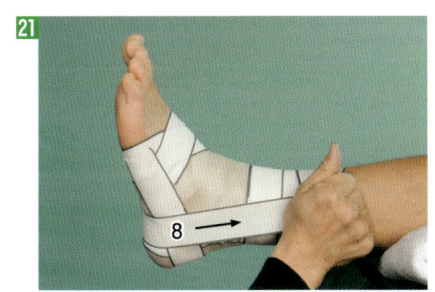

**21** 8 のテープは 5 のテープ上（**17**参照）に，テープ幅の 1/2 ～ 1/3 程度を重ねて貼付する．
**強く（ただし，足底はやや強く）**

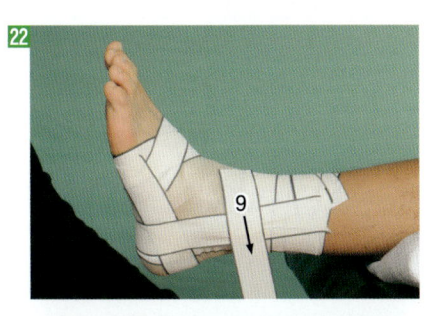

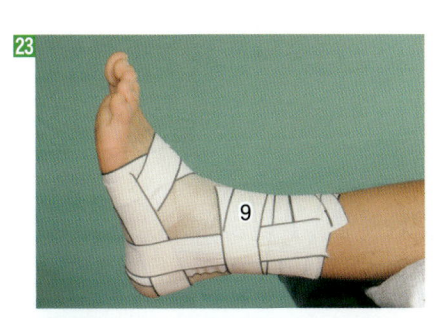

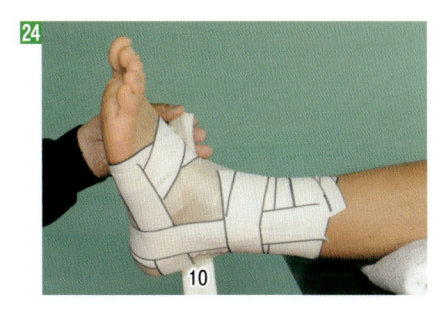

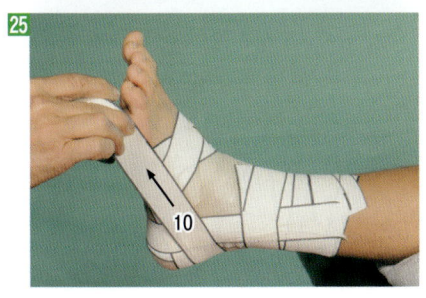

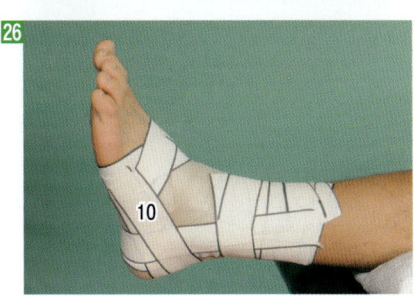

**22～26** 9，10 のテーピングは，8 のテープ（**21**参照）を固定するために行なうものである．このため，9 のテープは 6 のテープ上（**18**参照）に，10 のテープは 7 のテープ上に，それぞれテープ幅の 1/2 ～ 1/3 程度を重ねて貼付する． **やや強く**

Ⅰ 足部・足関節

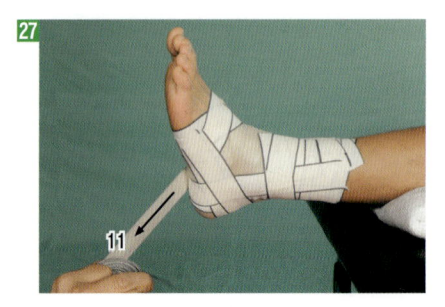

**27** 11のテープは，8のテープ上（21参照）に，テープ幅の1/2～1/3程度重ねて貼付する．
強く（ただし，足底はやや強く）

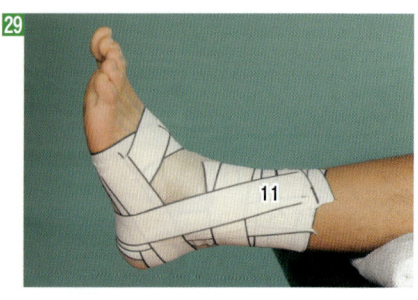

**28 29** 足根中足関節にかからないように注意する（15参照）．

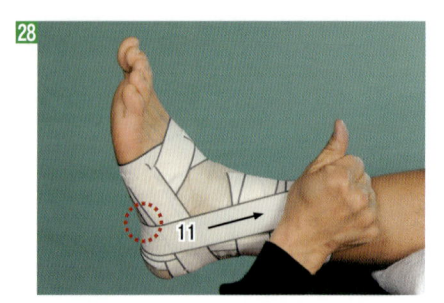

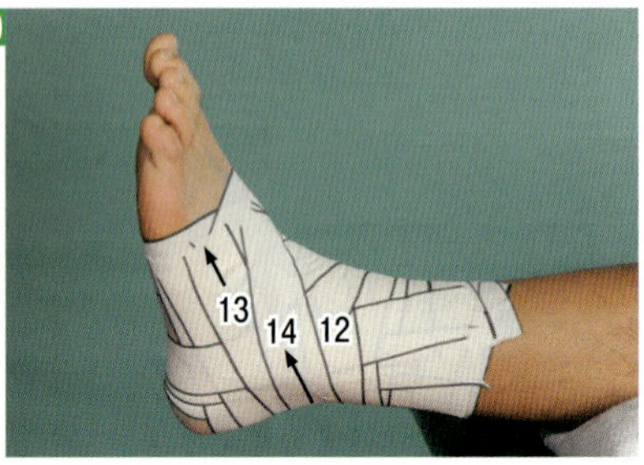

**30** 12・13のテーピングは，11のテープを固定するために行なうものである（以後，貼付する14のテープも同様である）．このため，12のテープは9のテープ上に，13のテープは10のテープ上（26参照）に，それぞれテープ幅の1/2～1/3程度を重ねて貼付する．やや強く

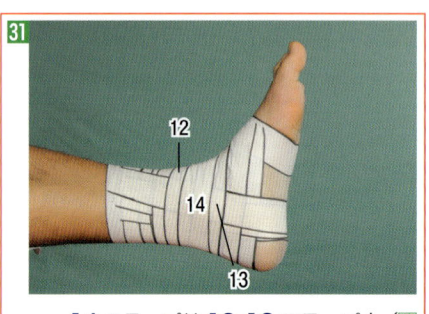

**31** 14のテープは12・13のテープ上（30参照）に，テープ幅の1/2～1/3程度を重ねて貼付する．やや強く

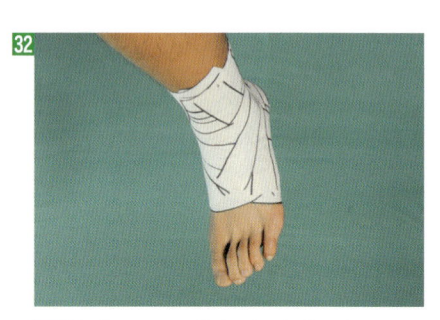

**32** 上方から見た基本形の完成写真．

以上で，全固定のテーピングの基本形が完了する．以後は，競技種目に応じて競技の特性を生かす技法を行なう．

## B 内反制限

全固発のテーピングによって，側方向への動きを制限された足関節に，3本のテープを足部の外側——アキレス腱部——前下腿部へとらせん状に巻き上げ，内反をより強く制限する技法である．この技法は，対人接触の激しいラグビー，アメリカンフットボールなどやレスリング，柔道の格闘技に適した技法である．

### ・ポイント・

- らせん状に巻き上げる3本のテープは，外果を通る際，テープの上端が外果の中心（✢印）より足背寄りにかからないようにする．これは，足関節を底屈する際，アキレス腱部を通るテープが，アキレス腱に食い込むのを防ぐためである．
- この技法は，全固定のテーピングⒶ基本型（p.17～20）に引き続き行なう．

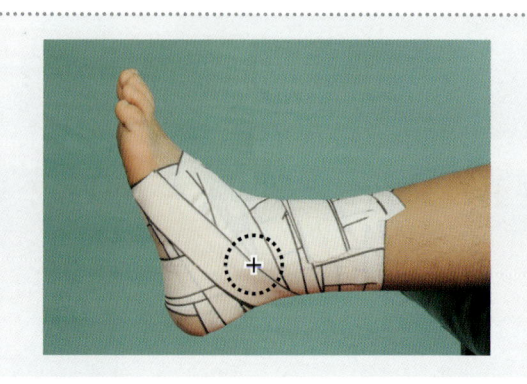

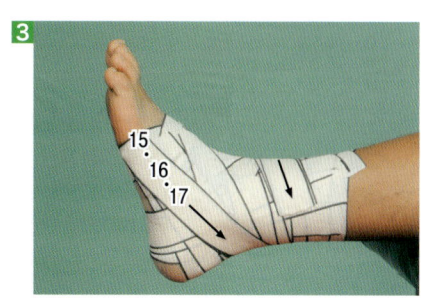

**1 2 3** 15〜17のテーピングは，足関節の内反をより強く制限するために行なうものである．このため，15のテープは足部の外側，第5中足骨のところから貼り始め，外果の上（中心より足底寄り）を通り，アキレス腱部を経て前下腿部までらせん状に巻き，貼付する．16のテープは15のテープ上に，17のテープは16のテープ上に重ねて巻き，貼付する．
足部――アキレス腱部――前下腿部
**強く　　普通　　やや強く**

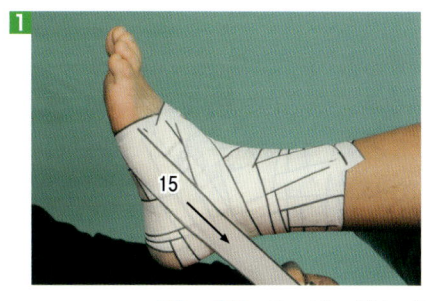

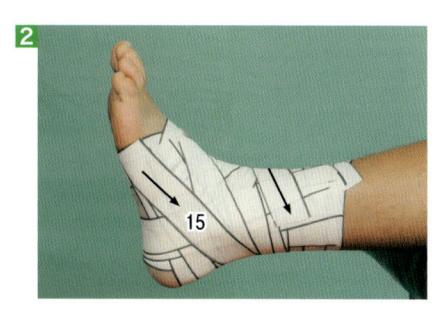

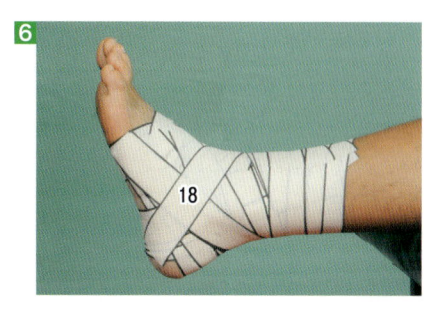

**4 5 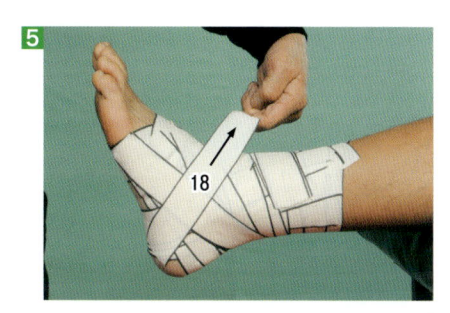 6** 18のテーピングは，15〜17のテープが剥がれないようにするために行なうものである．このため，18のテープは外側踵部――外果前方――足首中央――内側下腿部へと貼付する．**普通**

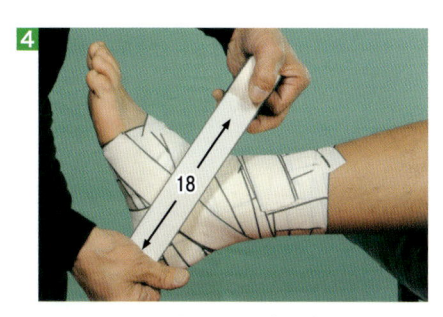

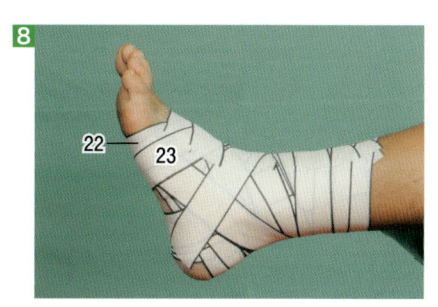

**7 8** 19〜21と22・23のテーピングは，これまでに貼付したテープが剥がれないようにするために行なうものである．このため，19のテープは1のテープ上（p.18 足関節全固定Ⓐ基本形7参照）に重ねて巻き貼付する．20のテープは19のテープ上に，21のテープは20のテープ上に，それぞれテープ幅の1/2〜1/3程度を重ねて巻き，貼付する．22のテープは4のテープ上（p.18 足関節全固定Ⓐ基本形13参照）に重ねて巻き，貼付する．23のテープは22のテープ上にテープ幅の1/2〜1/3程度を重ねて巻き，貼付する．
**普通**

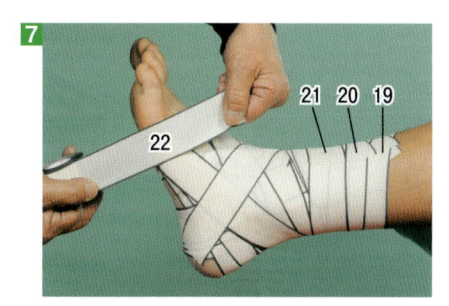

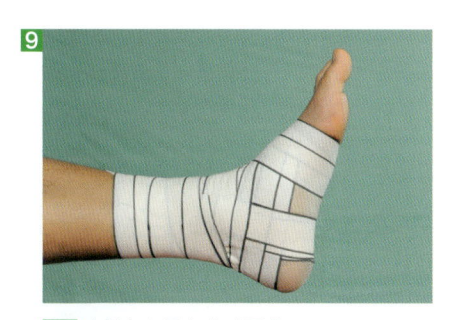

**9** 内側から見た完成写真．

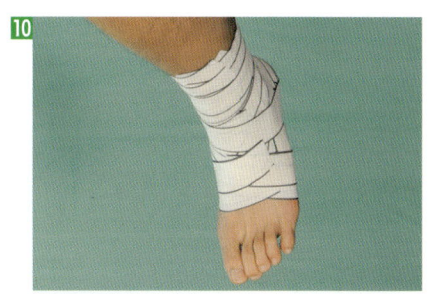

**10** 上から見た完成写真．

以上で，全固定のテーピング・内反制限が完了する．

Ⅰ　足部・足関節

## C 外反制限

全固定のテーピングによって，側方向への動きを制限された足関節に，3本のテープを，足部の内側——アキレス腱部——前下腿部へとらせん状に巻き上げ，外反をより強く制限する技法である．この技法は，対人接触の激しいラグビー，アメリカンフットボールなどや，レスリング・柔道などの格闘技などの外側から乗られ内側の靱帯を損傷しやすい競技に適した技法である．

### ・ポイント・

- らせん状に巻き上げる3本のテープは，内果を通る際，テープの上縁が内果の中心（✛印）より足背寄りにかからないようにする．これは，足関節を底屈する際，アキレス腱部を通るテープがアキレス腱に食い込むのを防ぐためである．

この技法は，全固定のテーピング④基本型（p.17～20）に引き続き行なう．

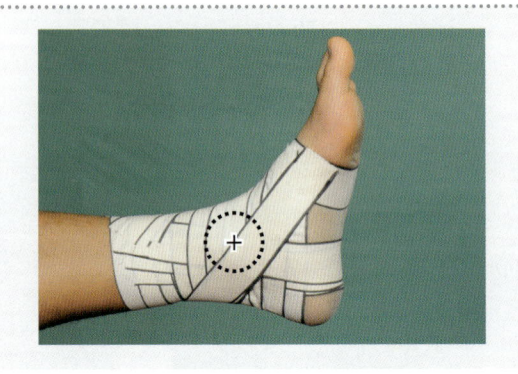

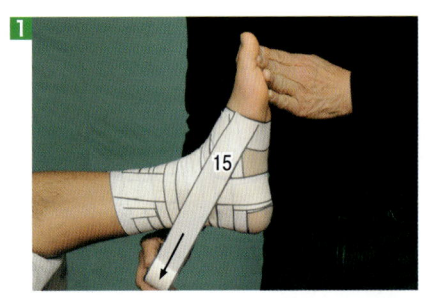

**1** 15～17のテーピングは，足関節の外反をより強く制限するために行なうものである．このため，15のテープは，足部の内側・第1中足骨のところから貼り始め，内果の上（中心より足底寄り）を通り，アキレス腱部を経て前下腿部までらせん状に巻き，貼付する．
足部——アキレス腱部——前下腿部
 強く　　　普通　　　やや強く

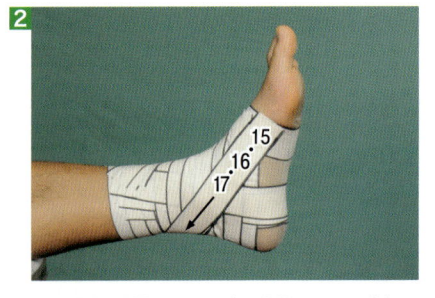

**2** 16・17のテープは15のテープ上に重ねて巻き，貼付する．

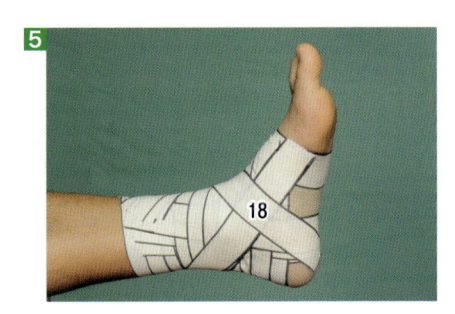

**3 4 5** 18のテーピングは，15～17のテープが剥がれないようにするために行なうものである．このため，18のテープは内側踵部——内果前方——足首中央——外側下腿部へと貼付する．　普通

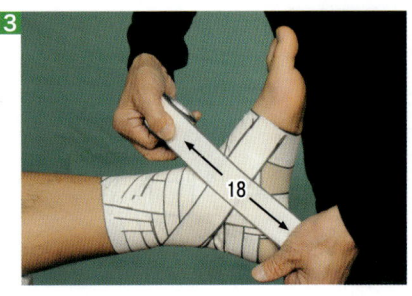

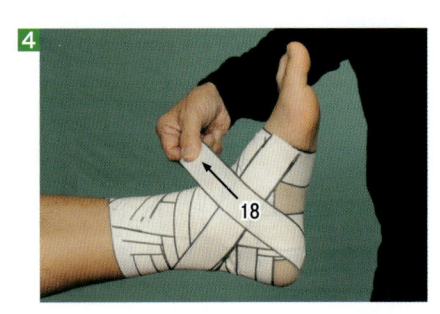

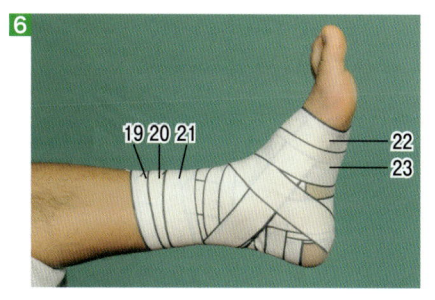

**6** 19～21 と 22・23 のテーピングは，これまでに貼付したテープが剥がれないようにするために行なうものである．このため，19 のテープは 1 のテープ上（p.18 足関節全固定Ⓐ基本形7参照）に重ねて巻き，貼付する．20 のテープは 19 の上に，21 のテープは 20 のテープ上に，それぞれテープ幅の 1/2〜1/3 程度を重ねて貼付する．22 のテープは 4 のテープ上（p.18 足関節全固定Ⓐ基本形13参照）に重ねて巻き，貼付する．23 のテープは 22 のテープ上にテープ幅の 1/2〜1/3 程度を重ねて貼付する．　普通

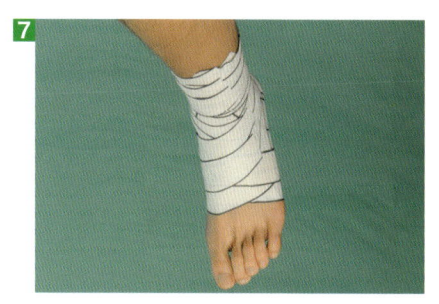

**7** 上から見た完成写真．

以上で，全固定のテーピング・外反制限が完了する．

## D ヒールロック

全固定のテーピングによって側方向への動きを制限された足関節に，内側と外側のヒールロックを行ない，足関節の動き（底屈・背屈・内反・外反）を均等に制限する技法である．この技法は，他の技法より動きを制限するため，運動能力や身体機能を低下させるが，「けが」の予防には最も効果的な技法である．

### ・ポイント・

- 内側と外側に行なうヒールロックでは，踵を引っ掛けた後，テープの角度をアキレス腱の付着部で方向を変える．これは，誤った位置でテープの方向を変えると，運動によってアキレス腱部にストレスがかかり，腱や皮膚に痛みを覚えるのを防ぐためと，固定力の低下を防ぐための処置である．
- この技法は，全固定のテーピングⒶ基本型（p.17〜20）に引き続き行なう．

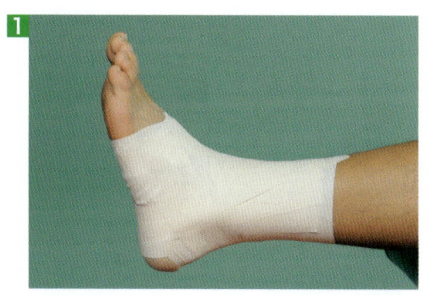

**1** ヒールロックのテープの位置を明確にするために，これまでに貼付したテープのラインを消したものである．

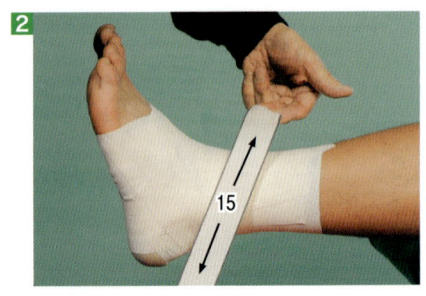

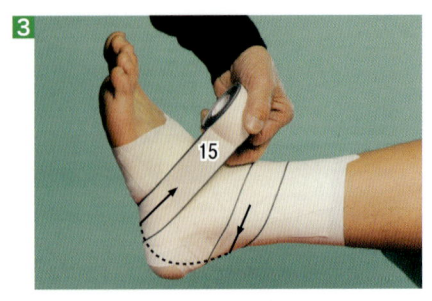

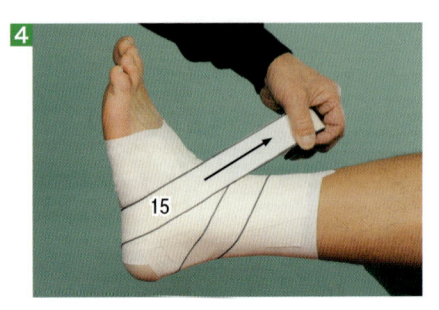

**2 3 4** 15のテーピングは，足関節の側方向への動きをより強く制限するために行なうものである（以後，貼付する16のテープも同様である）．このため，15のテープは前下腿部より貼り始め，外果の上方を通り，アキレス腱部から踵の内側を引っ掛けるようにして足部の外側――足背――前下腿部へと貼付する． やや強く

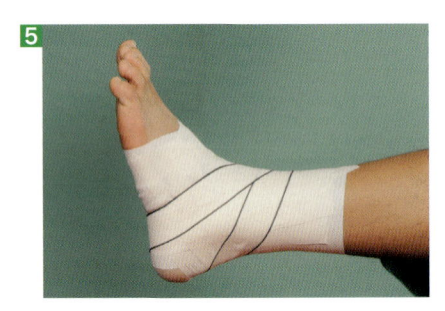

**5** 外側から見た内ヒールロック．

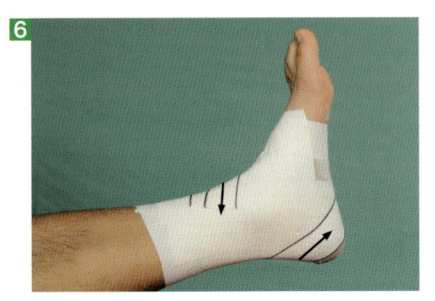

**6** 内側から見た内ヒールロック．

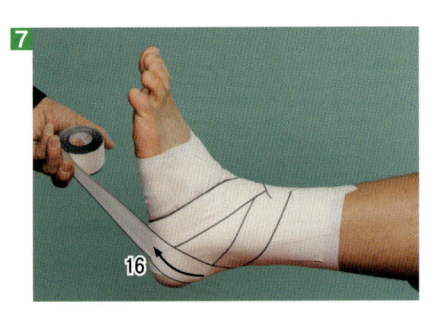

**7 8** 16のテープは前下腿部より貼り始め，内果の上方を通り，アキレス腱部から踵の外側を引っ掛けるようにして足部の内側――足背――前下腿部へと貼付する． やや強く

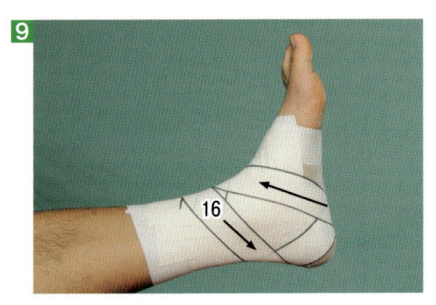

**9** 内側から見た外ヒールロック．

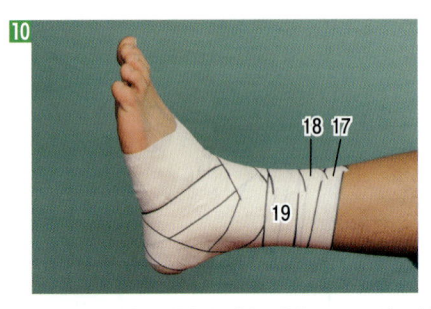

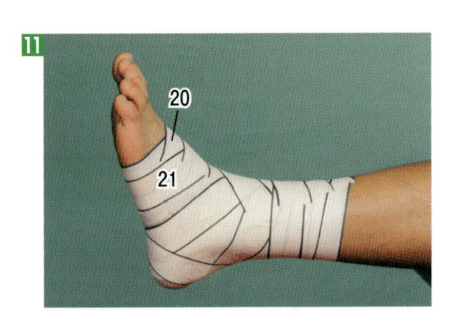

**10 11** 17～19と20・21のテーピングは，これまでに貼付したテープが剥がれないようにするために行なうものである．このため，17のテープは1のテープ上（p.18足関節全固定Ⓐ基本形7参照）に重ねて巻き，貼付する．18のテープは17のテープ上に，19のテープは18のテープ上に，それぞれテープ幅の1/2～1/3程度を重ねて巻き，貼付する．20のテープは4のテープ上（p.18足関節全固定Ⓐ基本形13参照）に重ねて巻き，貼付する．21のテープは20のテープ上に，テープ幅の1/2～1/3程度を重ねて巻き，貼付する． 普通

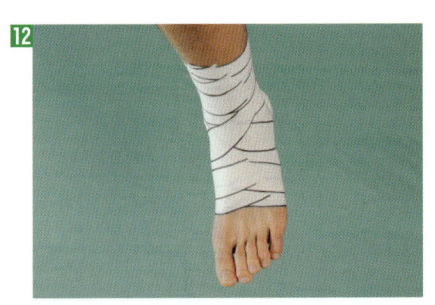

**12** 上から見た完成写真．

以上で，全固定のテーピング・ヒールロックの技法が完了する．

## E 運動しないとき（日常生活など）の技法

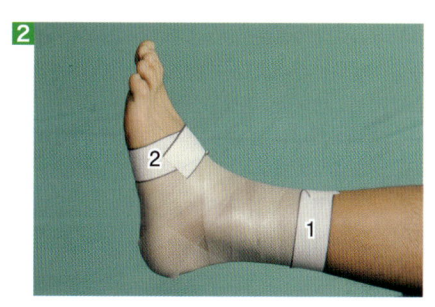

**1** テーピング部位全体にアンダーラップを巻く．（p.14, 15参照）

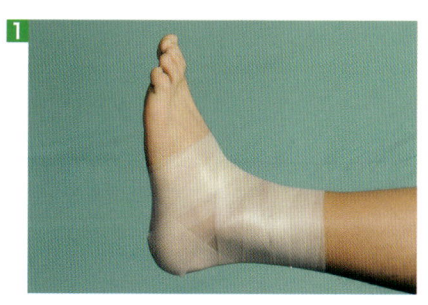

**2** 1のテーピングは，アンダーラップの脱着防止と，その後に行なうテープの「土台形成」である．このため，1のテープは腓腹筋の下約2〜3cmのところに，1/2が皮膚に，1/2がアンダーラップにかかるように巻き，貼付する． やや強く
2のテープは中足骨の周りに，1/2が皮膚に1/2がアンダーラップにかかるように巻き，貼付する． 普通

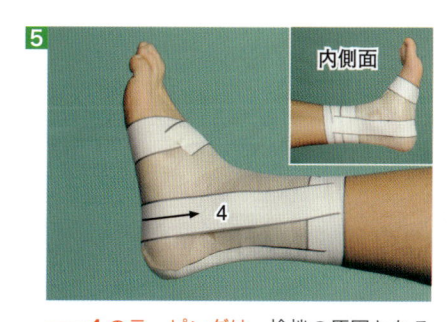

**3 4** 3のテーピングは，足首の背屈運動を制限するために行なうものである．このため，3のテープは1のテープ上，後下腿部中央から踵部を経て2のテープ上，足底中央部まで貼付する． 強く

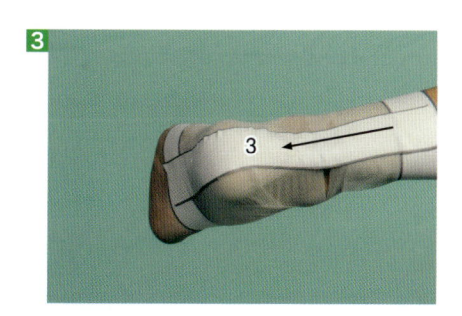

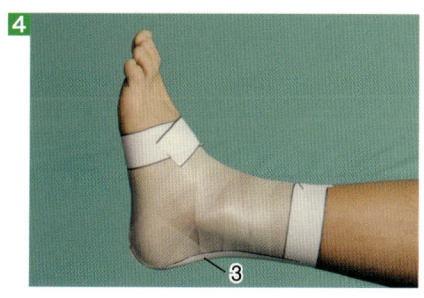

**5** 4のテーピングは，捻挫の原因となる足首の側方向への動きを制限するために行なうものである．1のテープ内側部の上端からアキレス腱に沿い踵部を経て矢印の方向へ，1のテープの外側部の上端まで貼付する．このとき，テープが内果および外果の中央部分を覆うようにする．
強く（ただし，足底はやや強く）

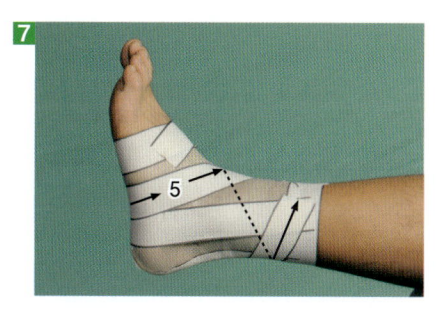

**6 7** 5のテーピングは，足関節の内反を制限するために行なうものである．このため，5のテープは内側下腿部から貼り始め，内果の上を通り，足底──足部の外側──足背──前下腿部──内側下腿部──外側下腿部へと巻き，貼付する．
強く（ただし，足底はやや強く）

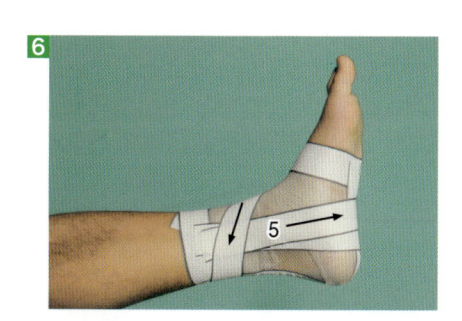

I 足部・足関節　25

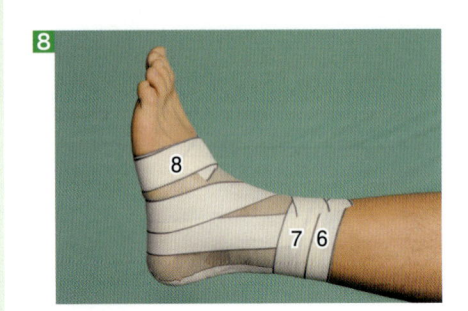

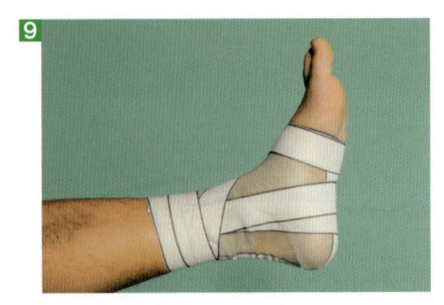

**8 9** 6・7と8のテーピングは，3〜5のテープが剥がれないようにするために行なうものである．このため，6のテープは1のテープ上（**2**参照）に重ねて巻き，貼付する．7のテープは6のテープ上にテープ幅の1/2〜1/3程度を重ねて巻き，貼付する．8のテープは2のテープ上（**2**参照）に重ねて巻き，貼付する．**9**は内側から見た完成写真． **普通**

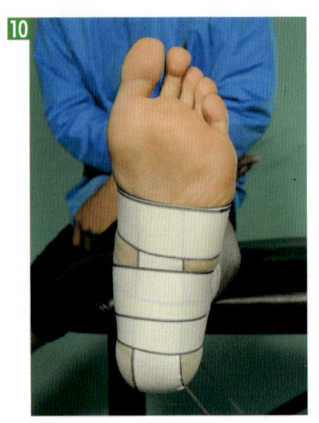

**10** 足底から見た完成写真．

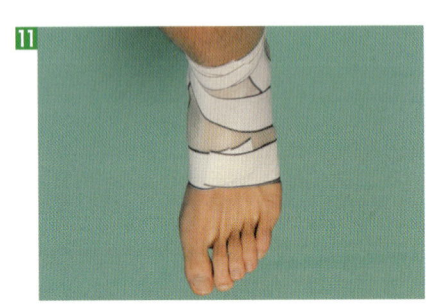

**11** 足背から見た完成写真．

以上で，運動しないとき（日常生活など）の技法が完了する．

| 実技編 I-3 | 全固定のテーピング（粘着伸縮性テープを使用した場合）再発予防 |

下腿部から足部にかけて巻くテープは粘着伸縮性テープを使用するため，動きの制限が少ない技法である．足首の側方向への制限など必要とする可動域の制限は，粘着非伸縮性テープによって行なう．

**固定肢位**
- 足関節をほぼ直角に保つ．

**テープ**
- 粘着非伸縮性テープ 約38mm幅
- 粘着伸縮性テープ 約50cm幅
- アンダーラップ
- 脱脂綿（ワセリンを塗布したもの）
- 粘着スプレー

## A 基本型

**・ポイント・**

- 3本のあぶみ状のテープは，下腿の上部でいくらか広く，足底でいくらか狭い「扇をいくらか開いたような形」にする．これは，足底でテープがリスフラン関節（※印）のところにかかると，底屈が妨げられるうえ，食い込んで痛みを覚えるのを防ぐためである．そこで，テープが足底を経て外側にかかる際，テープで弧を描くようにして方向を変えるとテープがしわにならず，しかも扇状に貼付することができる．

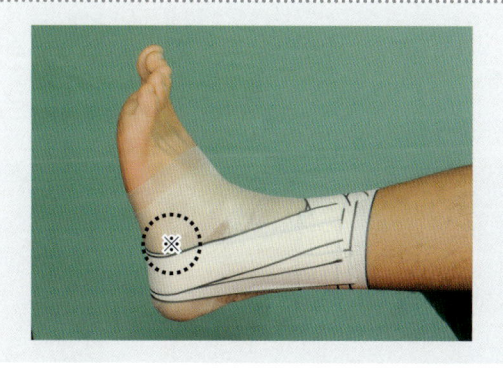

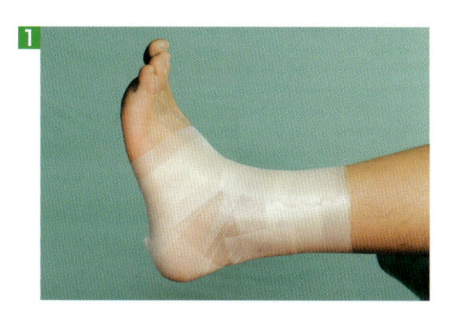

**1** テーピング部全体にアンダーラップを巻く．（p.14, 15参照）

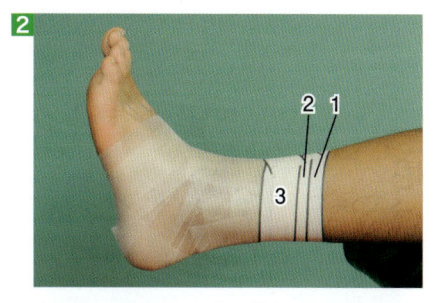

**2** 1〜3のテーピングは，アンダーラップの脱落防止と，その後に行なうテープの「土台形成」である．このため，1のテープは腓腹筋の下2〜3cmのところに，1/2が皮膚に，1/2がアンダーラップにかかるように巻き，貼付する．2のテープは1のテープ上に，3のテープは2のテープ上に，それぞれのテープ幅の1/2〜1/3程度を重ねて巻き，貼付する．　やや強く

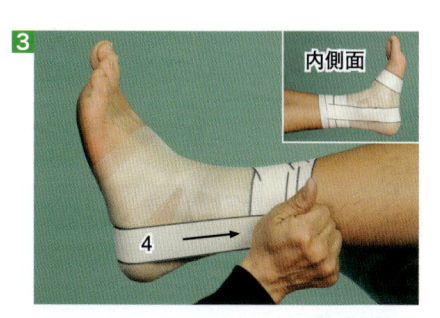

**3** 4のテーピングは，捻挫の原因となる側方向への動きを制限するために行なうものである．このため，4のテープは1のテープ（2参照）の内側部の上端からアキレス腱に沿い，踵部を経て矢印の方向へ，1のテープの外側部の上端まで貼付する（以後5・6のテープも同様である）．このとき，テープの内果および外果の後方の部分を，それぞれ1/3程度覆うようにする．

I 足部・足関節

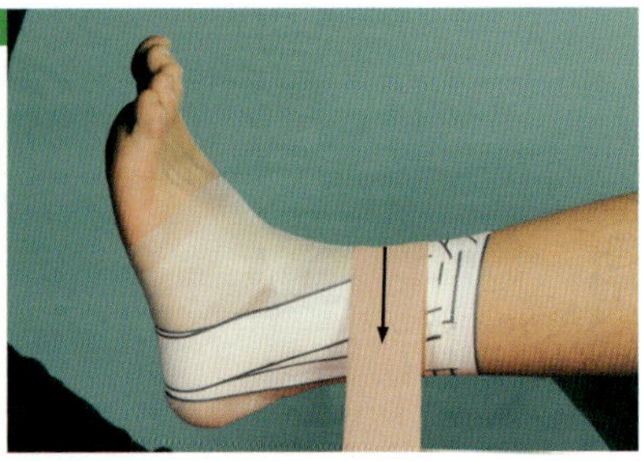

**4** 5のテープは4のテープ上（3参照）に，テープ幅の1/2〜1/3程度を重ねて貼付する．6のテープは5のテープ上に，テープ幅の1/2〜1/3程度を重ねて貼付する．
3 4 ともに強く（ただし，足底はやや強く）

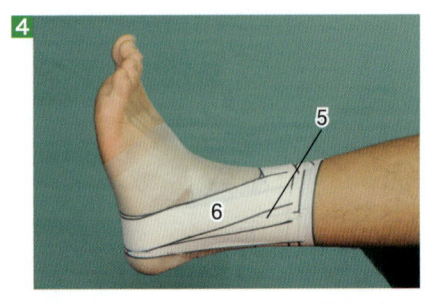

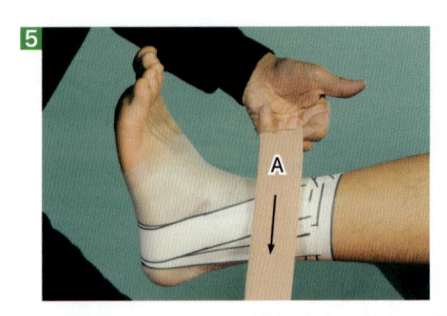

**5 6** Aのテーピングは，あぶみ状テープの固定力を持続させるために行なうものであり，14まで一連のテープによってヒールロックとフィギュアエイトの技法を行なう．このため，Aのテープは内側下腿部から貼り始め，外側下腿部まで貼付する．
やや強く

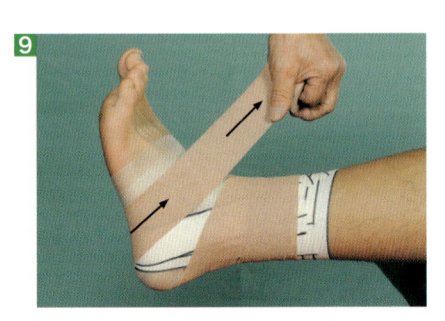

**7** 引き続き，Aのテープは内側下腿部──前下腿部──外果部へと巻き，貼付する． やや強く

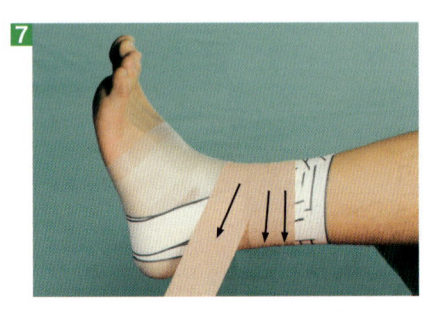

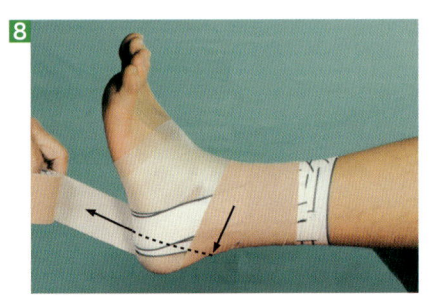

**8** 引き続き，Aのテープは踵部の内側を引っ掛けた後，足底へと貼付する．
やや強く

**9** 引き続き，Aのテープは足背へと貼付する． やや強く

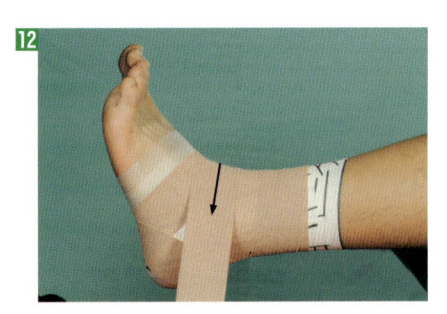

**10** 引き続き，Aのテープは内果を通り，アキレス腱部を経て踵部の外側へと貼付する． やや強く

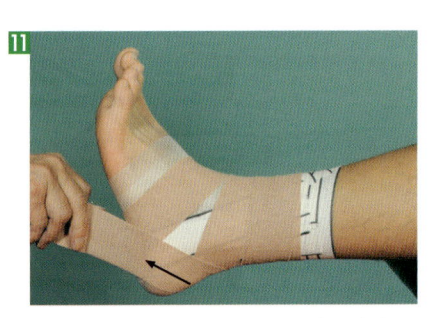

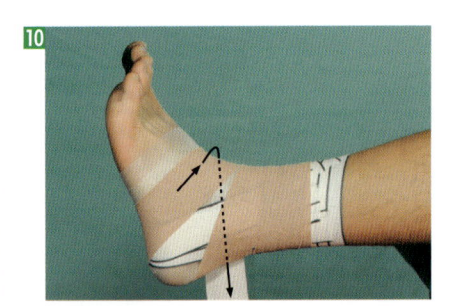

**11** 引き続き，Aのテープは踵部の外側を引っ掛けた後，足底を経て足部の内側へと貼付する． やや強く

**12** 引き続き，Aのテープは足背へと貼付する． やや強く

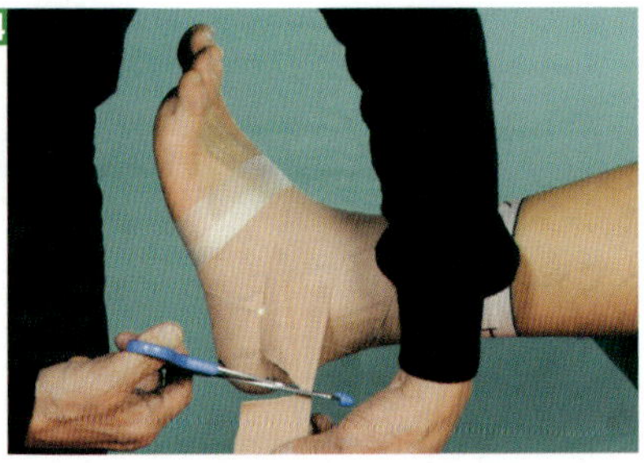

**13 14** ヒールロックとフィギュアエイトの技法を終えて，外果後方にてはさみ（シザーズ）で切って貼付する． やや強く

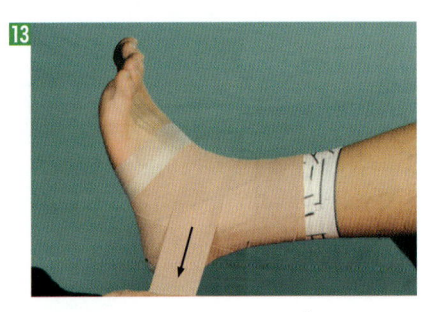

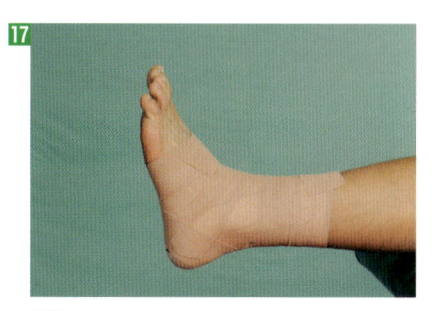

**15** Bのテーピングは，1（写真2参照）のテープを覆うために行なうものである．このためBのテープは1のテープ上に重ねて巻き，貼付する． やや強く

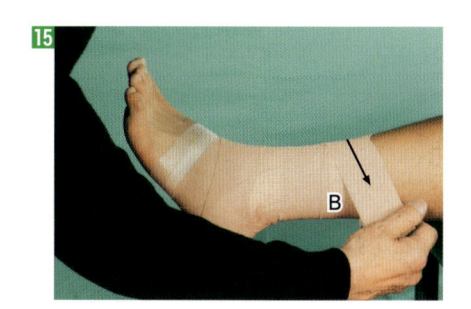

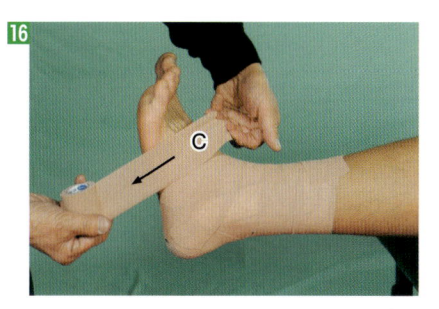

**16** Cのテーピングは，足先のアンダーラップを覆うために行なうものである．このため，Cのテープは中足骨の周りに巻き，貼付する． やや強く

**17** 完成写真．

> 以上で，全固定のテーピング（粘着伸縮性テープを使用した場合）の基本型が完了する．
> 以後は，競技種目に応じて競技の特性を生かす技法を行なう．

## B 内反制限──その1

3本のあぶみ状テープによって側方向への動きを制限された足関節を，足部の外側──アキレス腱部──前下腿部へとらせん状に巻き上げる3本のテープによって，内反をより強く制限する技法である．この技法は，器械体操・徒手体操・ダンス・トランポリンなどのように，足部の可動域（底屈・背屈）を広く使って表現する競技に適している．

### ・ポイント・

- らせん状に巻き上げる3本のテープは，外果部を通る際，テープの上端が外果の中心（✚印）より足背寄りにかからないようにする．これは，足関節を底屈する際，アキレス腱部を通るテープがアキレス腱に食い込むのを防ぐためである．

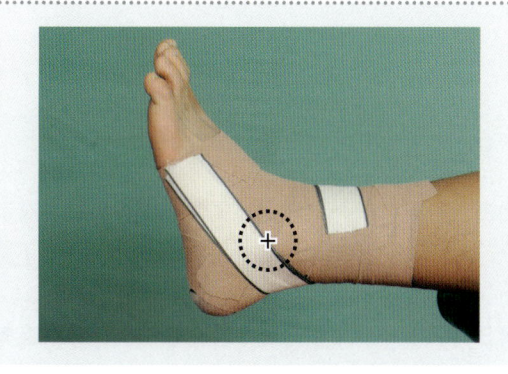

この技法は全固定のテーピング（粘着伸縮性テープを使用した場合）Ⓐ基本型（p.27〜29）に引き続き行なう．

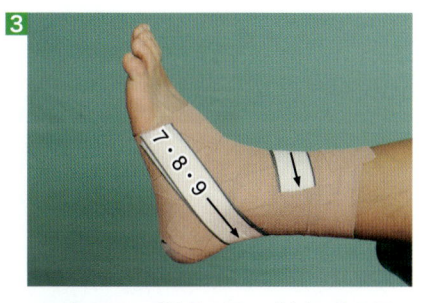

**1・2** 7のテーピングは，足関節の内反をより強く制限するために行なうものである．このため，足部の外側，第5中足骨のところから貼り始め，外果の上（中心より足底寄り）を通り，アキレス腱部を経て前下腿部までらせん状に巻き，貼付する．
足部──アキレス腱部──前下腿部
強く　　普通　　やや強く

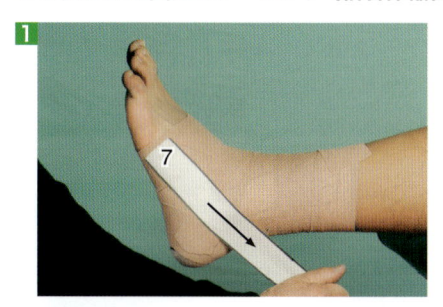

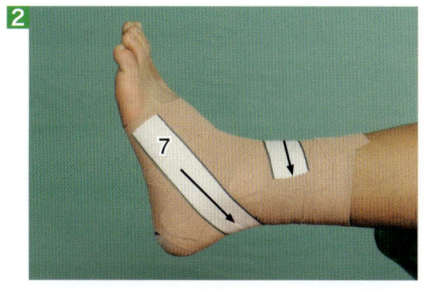

**3** 8のテープは7のテープ上に，9のテープは8のテープ上に重ねて貼付する．
足部──アキレス腱部──前下腿部
強く　　普通　　やや強く

I 足部・足関節

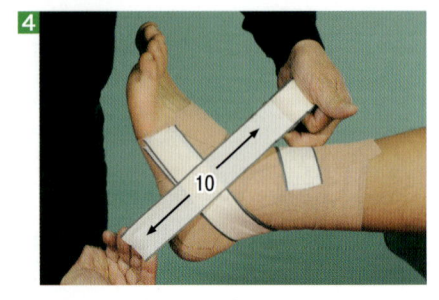

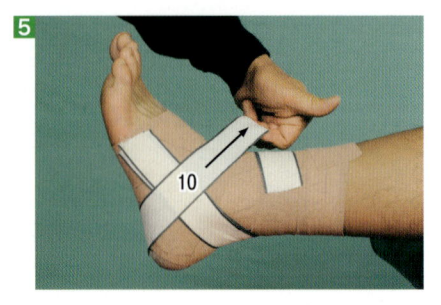

**4 5** 10のテーピングは，7～9のテープを剥がれないようにするために行なうものである．外側踵部——外果前方——足首中央——内側下腿部へと貼付する． 普通

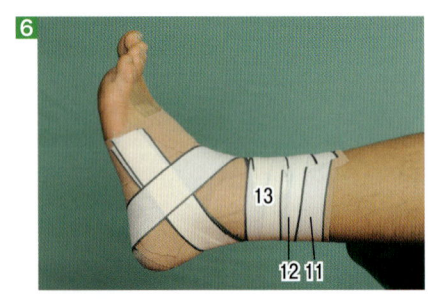

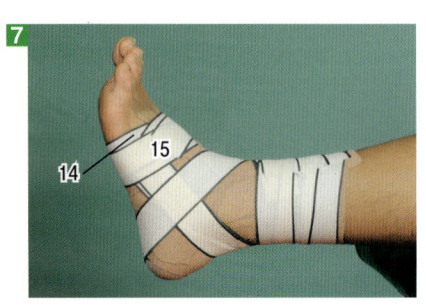

**6 7** 11～13と14・15のテーピングは，内反制限のためのテープが剥がれないようにするために行なうものである．このため，11のテープはBのテープ上（p.29 15 参照）に，重ねて巻き，貼付する．12のテープは11のテープ上に，13のテープは12のテープ上に，それぞれテープ幅の1/2～1/3程度を重ねて巻き，貼付する．14のテープはCのテープ上（p.29 16 参照）に，重ねて巻き貼付する．15のテープは14のテープ上に，テープ幅の1/2～1/3程度を重ねて巻き，貼付する． 普通

以上で，全固定のテーピング（粘着伸縮性テープを使用した場合）・内反制限その1が完了する．

## Ⓒ 内反制限——その2

3本のあぶみ状のテープによって側方向への動きを制限された足関節に，4本のテープで内側下腿部（内顆の上方）——内果——足底——外果の前方（足背寄り）——前下腿部（足背寄り）——内果の上方まで巻き，貼付する．その際，1本のテープはより内反制限を増すために，テープをねじり貼付する．

この技法は，テープで中足骨を圧迫しないため，足先の運動が比較的妨げられずにできる．このため，サッカーのように足先を使いボールをコントロールするような競技に適した技法である．

この技法は，全固定のテーピング（粘着伸縮性テープを使用した場合）Ⓐ基本型（p.27～29）に引き続き行なう．

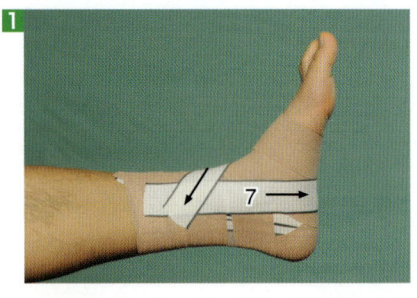

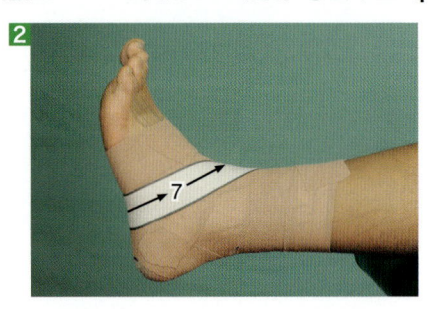

**1 2** 7のテーピングは，足関節の内反をより強く制限するために行なうものである．このため，7のテープは内側下腿部から貼り始め，内果の上を通り足底——足部の外側——足背——前下腿部——内側下腿部へと巻き貼付する． 強く（ただし足底はやや強く）

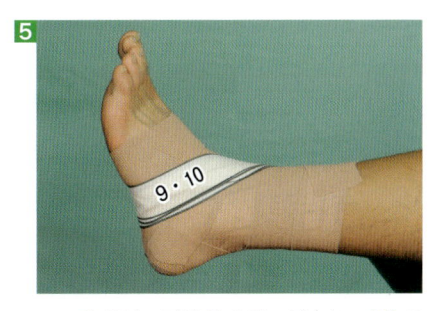

**3** **4** 8のテーピングは，7のテープの上に重ねて貼付する．その際，より内反制限を強固なものにするため，足部の外側——外果前方までテープをねじりながら貼付する．足背——前下腿部——内側下腿は7のテープの上に貼付する．**強く（ただし足底はやや強く）**

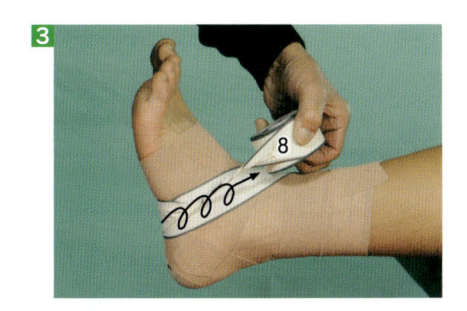

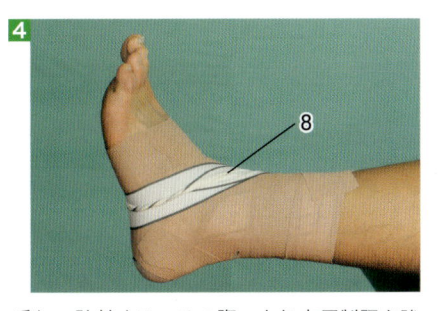

**5** 9のテープは8のテープ上に，10のテープは9のテープの上に重ねて貼付する．**強く（ただし足底はやや強く）**

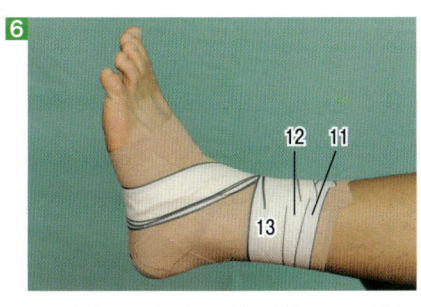

**6** 11～13のテーピングは，内反を制限するテープが剥がれないようにするために行なうものである．このため，11のテープはBのテープ上（p.29 15参照）に重ねて巻き，貼付する．12のテープは11のテープ上に，13のテープは12のテープ上に，それぞれテープ幅の1/2～1/3程度を重ねて巻き，貼付する．**普通**

以上で，全固定のテーピング(粘着伸縮性テープを使用した場合)・内反制限その2が完了する．

## D 外反制限

3本のあぶみ状テープによって，側方向への動きを制限された足関節に，3本のテープを足部の内側——アキレス腱部——前下腿部へとらせん状に巻き上げて，外反をより強く制限する技法である．この技法は，陸上競技の走り高跳び・ハードルなどのように，踏み切りの際，足部に回内性（外反性）の負荷がかかる競技や，サッカーなどのように足首の動きによってボールをコントロールする競技に適している．テープをねじることにより，外反制限を強固にすることができる．

### ・ポイント・

● らせん状に巻き上げる3本のテープは，内果部を通る際，テープの上端が内果の中心（⊕印）より足背寄りにかからないようにする．これは，足関節を底屈する際，アキレス腱部を通るテープがアキレス腱に食い込むのを防ぐためである．

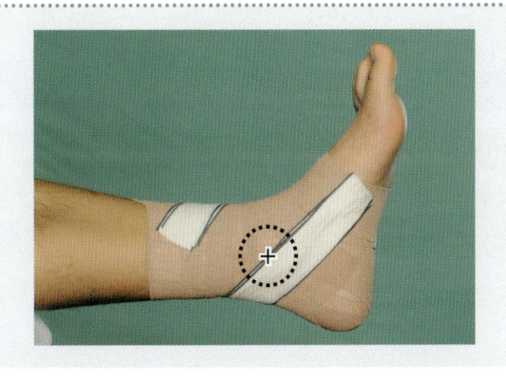

I 足部・足関節

この技法は全固定のテーピング（粘着伸縮性テープを使用した場合）Ⓐ基本型（p.27〜29）に引き続き行なう．

**1**

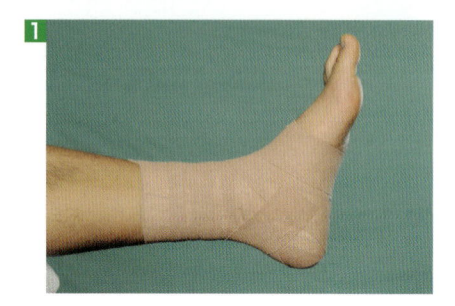

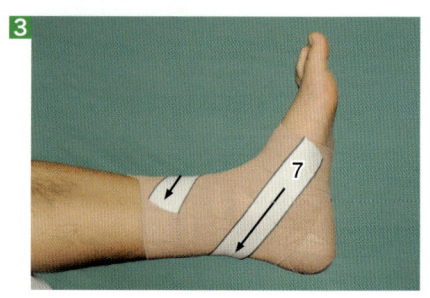

**2 3** 7のテーピングは，足関節の外反をより強く制限するために行なうものである．このため，7のテープは足部の内側・第1中足骨のところから貼り始め，内果の上（足底寄り）からアキレス腱部を通り，前下腿部までらせん状に巻き貼付する．
足部──アキレス腱部──前下腿部
強く　　　普通　　　やや強く

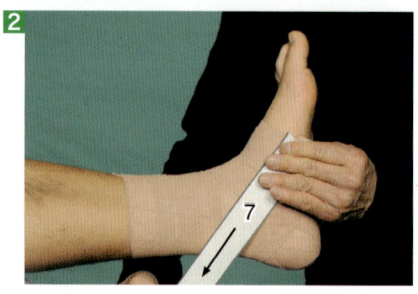

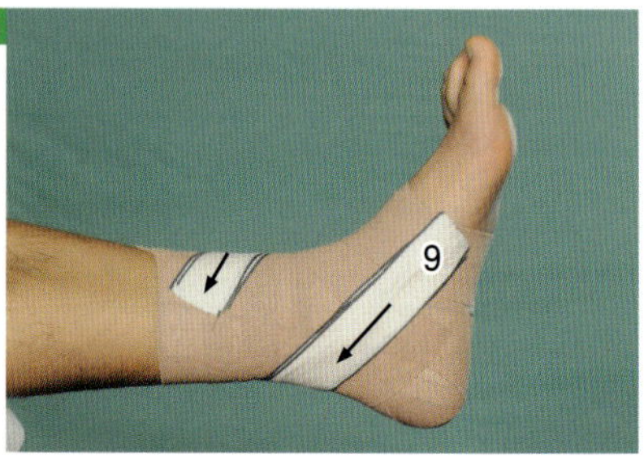

**4 5** 8のテープは7のテープ上に貼付する．その際，より外反制限を強固なものにするため，中足骨部から内果までテープをねじり，貼付する．

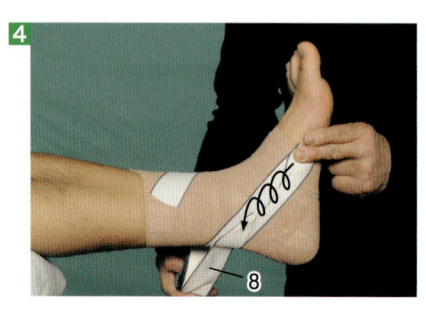

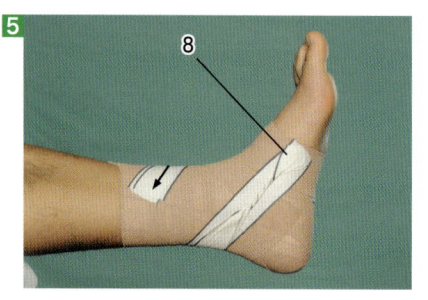

**6** 9のテープは8のテープ上に重ねて巻き，貼付する．

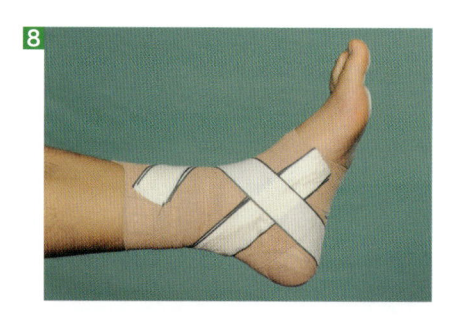

**7 8** 10のテーピングは，7〜9のテープが剥がれないようにするために行なうものである．内側踵部──内果前方──足首中央──外側下腿部へと貼付する．　普通

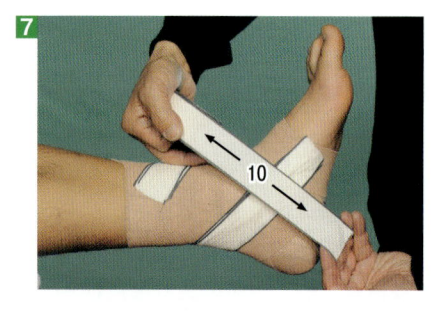

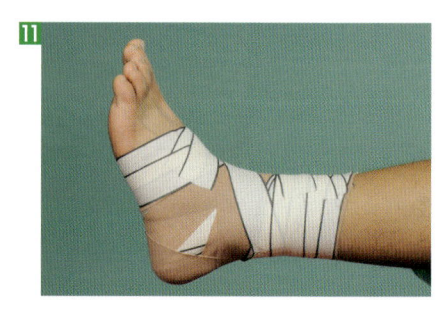

**9 10** 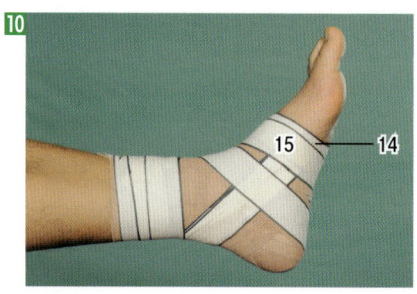 11〜13と14・15のテーピングは，外反を制限するテープが剥がれないようにするために行なうものである．このため，11のテープはBのテープ上（p.29 15参照）に重ねて巻き，貼付する．12のテープは11のテープ上に，13のテープは12のテープ上に，それぞれテープ幅の1/2〜1/3程度を重ねて巻き，貼付する．14のテープはCのテープ上（p.29 16参照）に重ねて巻き，貼付する．15のテープは14のテープ上に，テープ幅の1/2〜1/3程度を重ねて巻き，貼付する．　普通

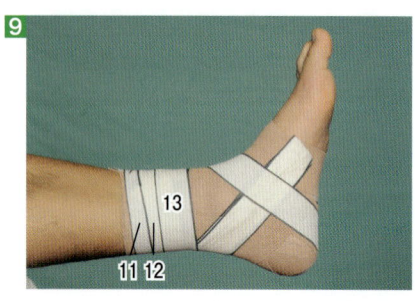

**11** 外側から見た完成写真．

以上で，全固定のテーピング（粘着伸縮性テープを使用した場合）・外反制限が完了する．
「Ｂ内反制限」のようにねじりテープを入れない場合も含め，競技特性やケガの回復具合を考慮して技法を選択する．

## 実技編 I-4 前開きのテーピング
### 再発予防・軽度の痛み

前開きのテーピングは，足背を「開けて」あるため，底屈運動を妨げない技法である．
捻挫を起こしやすい側方向への動きを，3本のあぶみ状テープによって制限し，さらに，足部から下腿部へらせん状に巻き上げたテープによってより強く制限する．

**固定肢位**
- 足関節をほぼ直角に保つ．

**テープ**
- 粘着非伸縮性テープ 約38mm幅
- 脱脂綿（ワセリンを塗ったもの）
- 粘着スプレー

**・ポイント・**

- 3本のあぶみ状テープは，下腿の上部でいくらか広く，足底部でいくらか狭い「扇をいくらか開いたような形」にする．これは，足底部でテープがリスフラン関節（※印）のところにかかると，底屈が妨げられるうえ，テープが食い込んで痛みを覚えるのを防ぐためである．そこで，テープが足底部を経て外側にかかる際，テープで弧を描くようにして方向を変えると，テープがしわにならず，しかも扇状に貼付することができる．

- 足部外側から斜めに巻き上げるテープは，外果の上を通る際に，テープの上端が外果の中心（✚印）より足背に寄らないようにする．これは，底屈によってアキレス腱部のテープが，アキレス腱に食い込むのを防ぐためである．

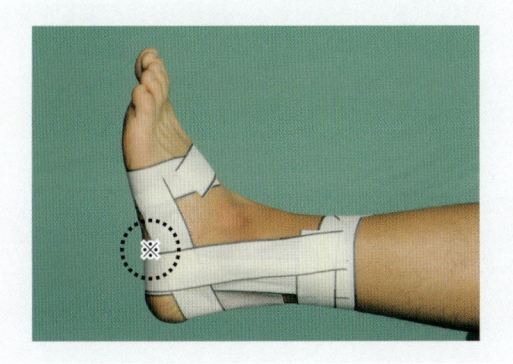

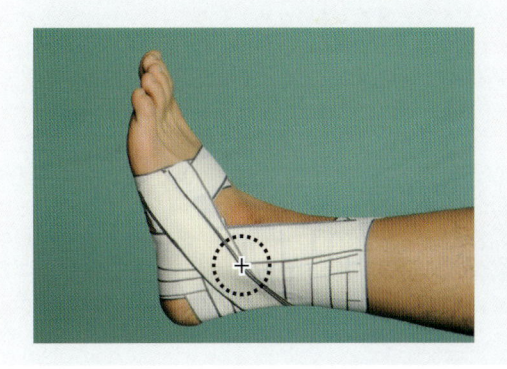

I 足部・足関節

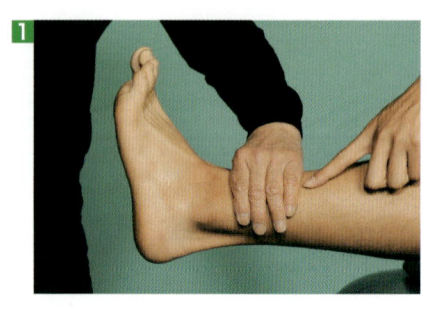

**1** 1のアンカーテープは腓腹の下約2〜3cmのところから始める．足首の一番細いところより4横指分を目安とする．

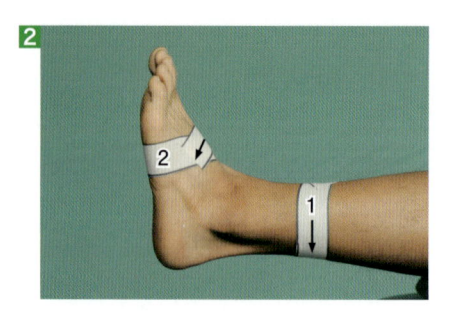

**2** 1，2のアンカーテープを下腿部と中足骨の周りに巻き，貼付する．このとき，1のテープは腓腹筋の下約2〜3cmのところを脛骨前面の部位より，矢印の方向へ巻き貼付する．これは，運動中に起こりやすい腓腹筋の痙攣を防ぐためである．
2のテープは，きつく巻き過ぎないように注意する．これは足部に体重がかかる際，第1趾〜第5趾の中足骨（アーチ）が広がるため，テープがきつくなり痛みを覚えるのを防ぐためである． 普通

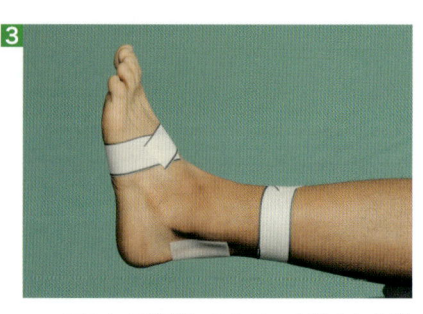

**3** アキレス腱部にワセリンを塗布した脱脂綿を当てがう．これは，アキレス腱部の皮膚と腱を保護するために行なうものである．

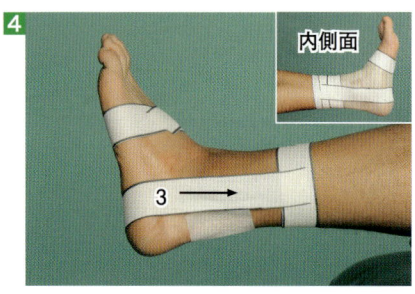

**4** 3のテーピングは，捻挫の原因となる足首の側方向への動きを制限するために行なうものである．このため，3のテープは1のテープ（2参照）の内側部の上端からアキレス腱に沿い，踵を経て矢印の方向へ，1のテープの外側部の上端まで貼付する（以後6・9のテープも同様である）．このとき，テープが内果および外果の後方の部分を，それぞれ1/3程度が覆うようにする． 強く（ただし，足底はやや強く）

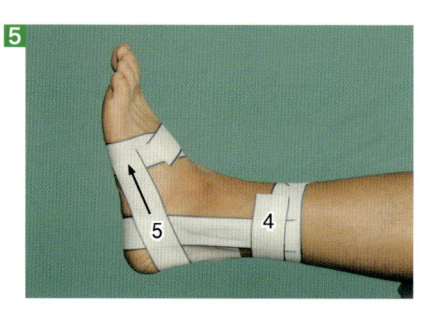

**5** 4のテーピングは，3のテープ（4参照）を固定するために行なうものである．このため，4のテープは1のテープ上（2参照）に，テープ幅の1/2〜1/3程度を重ねて，下腿内側面より下腿外側面へと巻き，貼付する．なお，このテーピングでは，前下腿部の脛骨を中心に3cm程度開けておく． やや強く
5のテーピングは，3のテープを固定するために行なうものである．このため，5のテープは2のテープ（2参照）の内側から貼り始め，踵部を経て矢印の方向へ2のテープの外側まで貼付する． やや強く

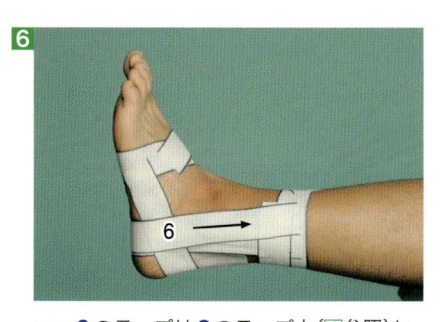

**6** 6のテープは3のテープ上（4参照）に，テープ幅の1/2〜1/3程度を重ねて貼付する． 強く（ただし，足底はやや強く）

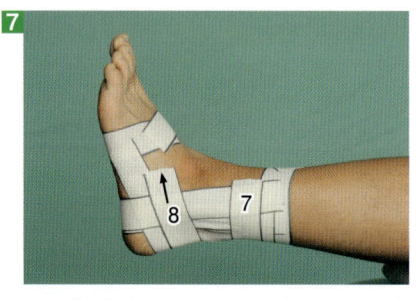

**7** 7・8のテープは，3・6のテープを固定するために行なうものである．このため，7のテープは4のテープ上に，8のテープは5のテープ上（5参照）に，それぞれテープの幅の1/2〜1/3程度を重ねて貼付する． やや強く

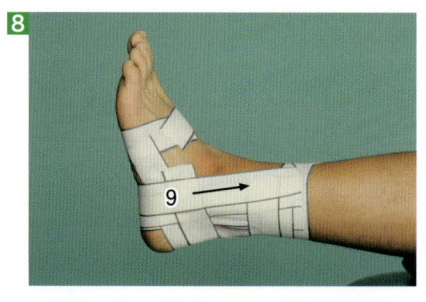

**8** 9のテープは6のテープ上（6参照）に，テープの幅の1/2〜1/3程度を重ねて貼付する． 強く（ただし，足底はやや強く）

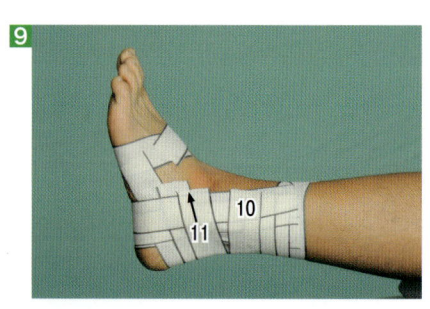

**9** 10・11のテープは，3・6・9のテープを固定するために行なうものである．このため，10のテープは7のテープ上（7参照）に，11のテープは，8（7参照）のテープ上に，それぞれテープ幅の1/2〜1/3程度を重ねて貼付する． やや強く

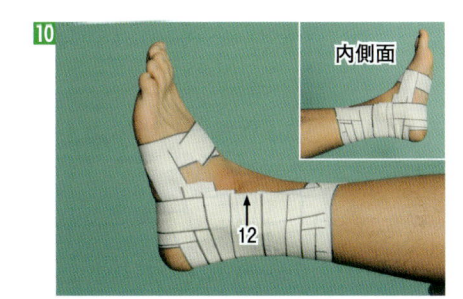

**10** 12のテーピングは9のテープを固定するために行なうものである．このため，10・11のテープ上（9参照）に，テープ幅の1/2～1/3程度を重ねて貼付する．

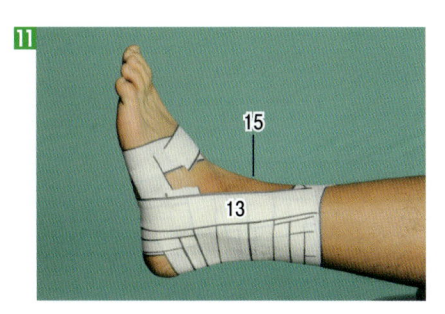

**11** 13のテーピングは，これまでに貼付した馬蹄形テープ群が剥がれないようにするため行なうものである（内側にも同様に15のテープを貼付する）．このため，13のテープは9のテープ上（8参照）の下腿外側に重ねて貼付するが，足底には貼付しない． 普通

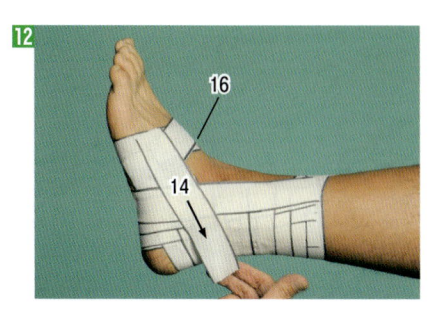

**12** 14のテーピングは13のテープが剥がれないようにするために行なうものである．このため，14のテープは2のテープ上，足部外側から外果を通り，矢印の方向へアキレス腱部まで貼付する（内側にも同様に16のテープを貼付する）． 普通

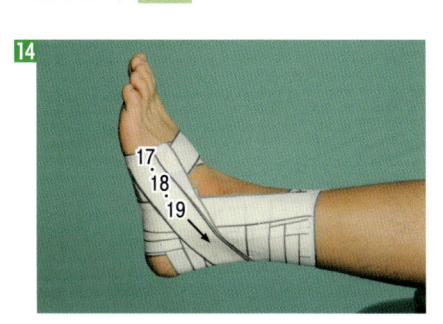

**13 14** 17～19のテーピングは，足関節の内反をより強く制限するために行なうものである．このため，17のテープは，2のテープ上（2参照），足部の外側，第5中足骨のところから貼り始め，以後，外果を通りアキレス腱部――下腿内側部（15のテープの内側端）へ斜めに巻き上げて貼付する．18のテープは17のテープ上に，19のテープは18のテープ上に重ねて貼付する．
なお，17～19のテーピングでは，テープをアキレス腱部で強く巻き過ぎないようにすることが大切である．テープを強く巻き過ぎると，アキレス腱部にテープが食い込み痛いだけでなく，足関節の底屈，背屈を妨げてしまう．
足部――アキレス腱部――下腿部
強く　　普通　　やや強く

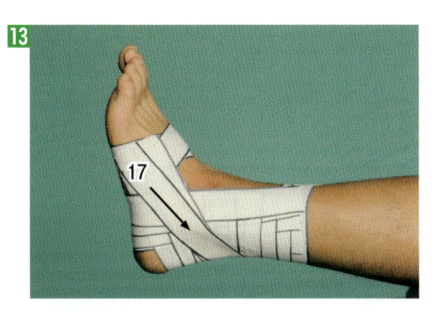

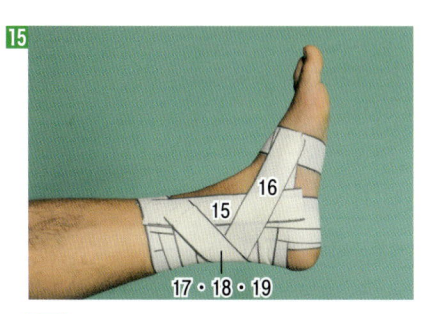

**15** 内側から見た写真．

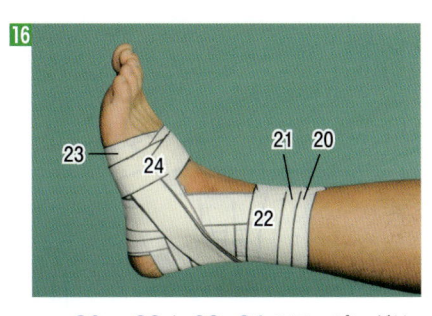

**16** 20～22と23・24のテーピングは，これまでに貼付したテープが剥がれないようにするために行なうものである．このため，20のテープは1のテープ上（2参照）に重ねて巻き，貼付する．21のテープは20のテープ上に，22のテープは21のテープ上に，それぞれテープ幅の1/2～1/3程度を重ねて巻き，貼付する．23のテープは，2のテープ上（2参照）に，重ねて巻き貼付する．24のテープは23のテープに，テープ幅の1/2～1/3程度を重ねて巻き，貼付する． 普通

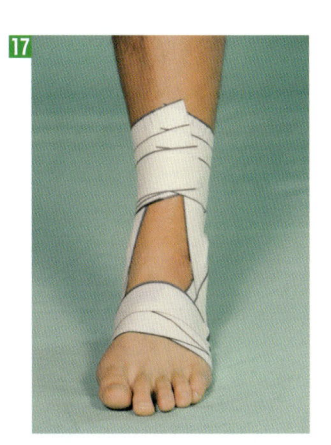

**17** 前から見た完成写真．

以上で，前開きのテーピングが完了する．

I 足部・足関節

## 実技編 I-5 後開きのテーピング
### 再発予防・軽度の痛み

後ろ開きのテーピングは，アキレス腱部を「開けて」あるため，下腿を前傾（かがむ姿勢）させたり，足関節を背屈させる運動を妨げない技法である．
捻挫を起こしやすい側方向への動きを3本のあぶみ状テープによって制限し，さらに，踵部の内側――足背――外側下腿部，踵部の外側――足背――内側下腿部に貼付するテープによってより強く制限する．

**固定肢位**
- 足関節をほぼ直角に保つ．

**テープ**
- 粘着非伸縮性テープ　約38mm
- 脱脂綿（ワセリンを塗布したもの）
- 粘着スプレー

### ・ポイント・

- 3本のあぶみ状テープは，足底で狭く，下腿部で広い扇状になるように貼付する．これは，足底でテープがリスフラン関節（足根中足関節）（写真左※印）のところにかかると，テープが食い込んで痛みを覚えるためである．そこで，テープが足底部を経て外側にかかる際，テープで弧を描くようにして方向を変えると，テープがしわにならず，しかも扇状に貼付することができる．
- テーピング完了後は，貼付したすべてのテープがアキレス腱部にかからないことを確認する（写真右○印）．もし，テープがアキレス腱部にかかると，足首の背屈が妨げられ，この技法の特徴が失われてしまう．

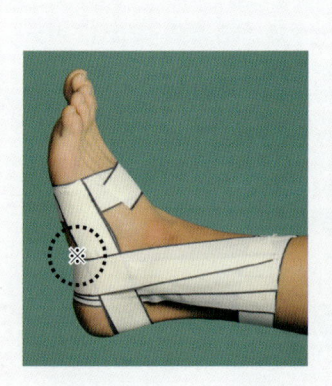

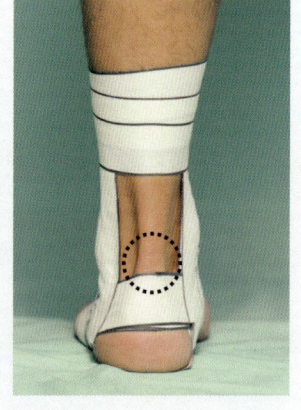

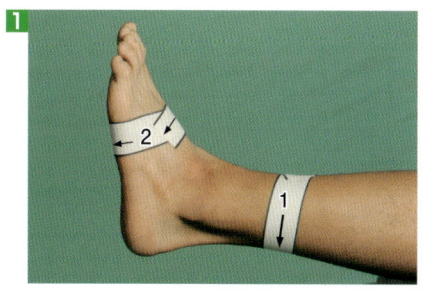

**1** 1・2のアンカーテープを下腿部と中足骨の周りに巻き，貼付する．このとき，1のテープは腓腹筋下約2～3cmのところを，脛骨前面の部位より矢印の方向に巻き，貼付する．これは，運動中に起こりやすい腓腹筋の痙攣を防ぐためである．2のテープは，きつく巻きすぎないように注意する．これは，体重が足部にかかる際，第1趾～5趾の中足骨（アーチ）が広がるため，テープがきつくなり過ぎて，痛みを覚えるのを防ぐためである． 普通

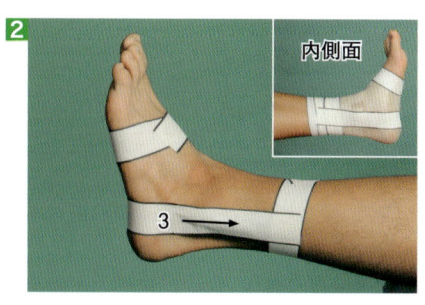

**2** 3のテーピングは，捻挫の原因となる足関節の側方向への動きを制限するために行なうものである（以後，貼付する5・7のテープも同様である）．このため，3のテープは，1のテープ（①参照）の内側部の上端からアキレス腱に沿い，踵を経て矢印の方向へ1のテープの外側部の上端まで貼付する．このとき，テープが内果および外果の後方の部分を，それぞれ1/3程度が覆うようにする． 強く（ただし，足底はやや強く）

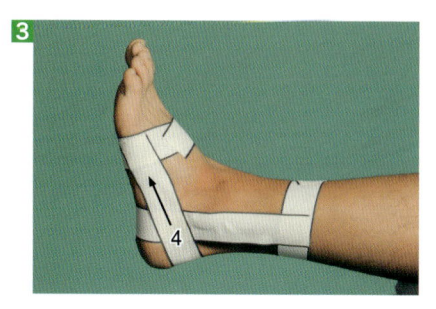

**3** 4のテーピングは，3のテープ（②参照）を固定するために行なうものである．このため，4のテープは，2のテープ（①参照）の内側から貼り始め，踵部を経て矢印の方向へ2のテープの外側まで貼付する．このとき，テープがアキレス腱部にかからないように注意する． やや強く

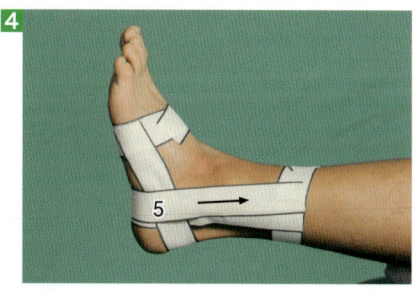

**4** 5のテープは3のテープ上（②参照）に，テープ幅の1/2～1/3程度を重ねて貼付する． 強く（ただし，足底はやや強く）

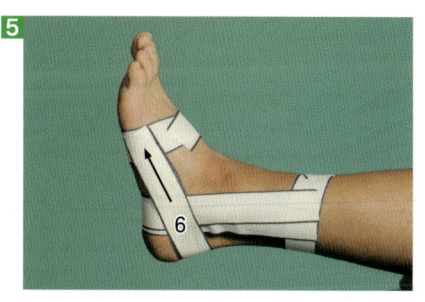

**5** 6のテーピングは，3・5のテープを固定するために行なうものである．このため，6のテープは4のテープ上（③参照）に重ねて貼付する． やや強く

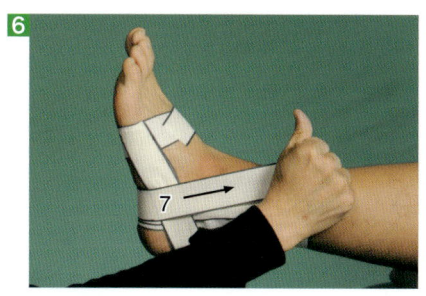

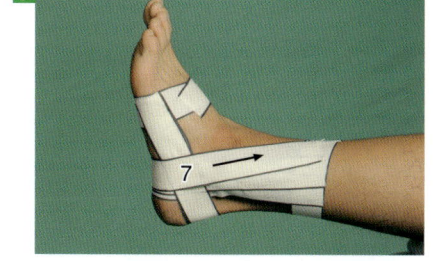

**6 7** 7のテープは，5のテープ上（④参照）に，テープ幅の1/2～1/3程度を重ねて貼付する． 強く（ただし，足底はやや強く）

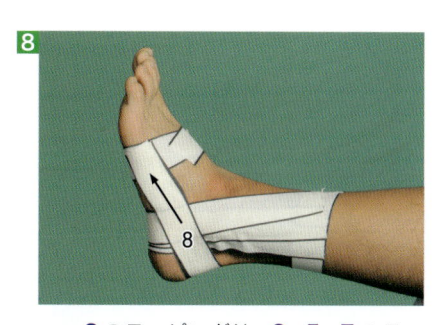

**8** 8のテーピングは，3・5・7のテープ（⑦参照）を固定するために行なうものである．このため，8のテープは6のテープ上（⑤参照）に重ねて貼付する． やや強く

I 足部・足関節

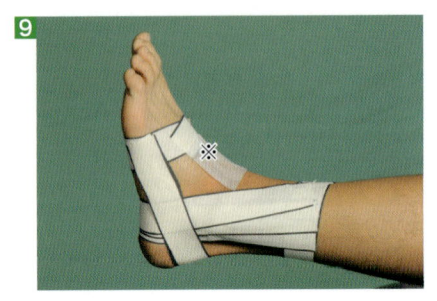

**9** 足背部の中央に，ワセリンを塗布した脱脂綿を当てがう．これは，足背部の腱と皮膚を保護するために行なうものである．

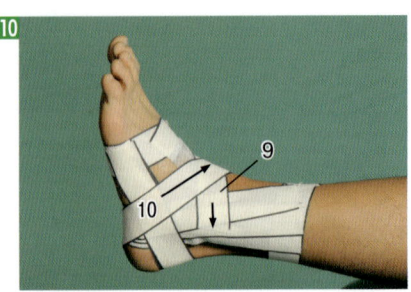

**10 11** 9のテーピングは，足関節の側方向への動きをより強く制限するために行なうものである（以後，貼付する14のテープまで同様である）．このため，9のテープは踵部の内側から貼り始め，足背の中央を経て外側下腿部まで貼付する．
10のテープは踵部の外側から貼り始め，足背の中央を経て，内側下腿部まで貼付する．
やや強く

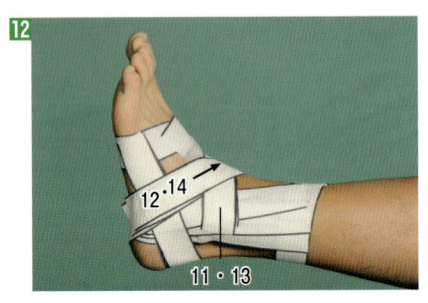

**12** 11のテープは，9のテープ上（10参照）に重ねて貼付する．12のテープは，10のテープ上（10参照）に重ねて貼付する．13のテープは，11のテープ上（12参照）に重ねて貼付する．14のテープは，12のテープ上（12参照）に重ねて貼付する．
やや強く

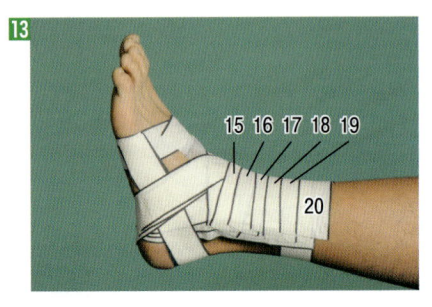

**13** 15〜20のテーピングは，これまでに貼付したあぶみ状テープと，9〜14のテープ（10〜12参照）を固定するために行なうものである．このため，15のテープは，前下腿部の13・14のテープ上（12参照）に，内側下腿部──前下腿部──外側下腿部へとアキレス腱部を開けて貼付する．16のテープを15のテープ上に，17のテープを16のテープ上に，18のテープを17のテープ上に，19のテープを18のテープ上に，20のテープを19のテープ上に，それぞれテープ幅の1/2〜1/3程度を重ねて貼付する．普通

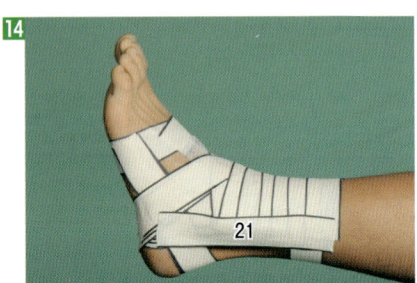

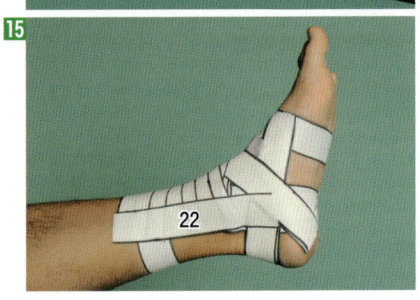

**14 15** 21・22のテーピングは，15〜20のテープ（13参照）が剥がれないようにするために行なうものである．このため，20・21のテープは，15〜20のテープの端に重ねて貼付する．このとき，踵部には貼らずに開けておく．
普通

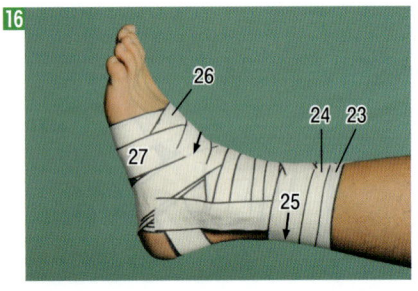

**16** 23〜25と26・27のテーピングは，これまでに貼付したテープが剥がれないようにするために行なうものである．このため23のテープは1のテープ上（1参照）に重ねて巻き，貼付する．24のテープは23のテープに，25のテープは24のテープ上にそれぞれテープ幅の1/2〜1/3程度を重ねて巻き，貼付する．
26のテープは，2のテープ上（1参照）に，重ねて巻き，貼付する．27のテープは26のテープ上に，テープ幅の1/2〜1/3程度を重ねて巻き，貼付する．普通

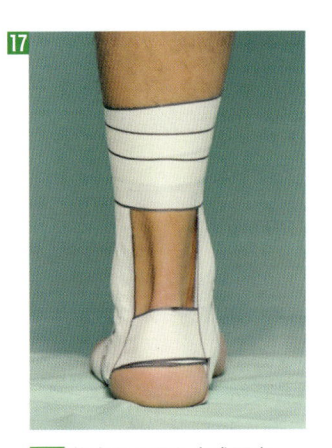

**17** 後方から見た完成写真．

以上で，後開きのテーピングが完了する．

## 実技編 I-6 アーチ（土ふまず）のテーピング（中足骨のテーピング）
### 再発予防・軽度の痛み

テープを中足骨頭から踵にかけて強く引っ張るようにして貼付し，アーチを保たせる技法である．

**固定肢位**
- 足関節をほぼ直角に保つ．

**テープ**
- 粘着非伸縮性テープ 約25mm幅，約38mm幅
- 粘着伸縮性テープ 約50mm幅
- 脱脂綿

**・ポイント・**
- アンカーテープに粘着伸縮性テープを使用するのは，足に重心がかかる際に，中足骨が広がる動きに対応するためである．
- 4本のテープはアーチを保たせるために行なうものである．その際，4本のテープが踵を中心に扇状になるようにする．

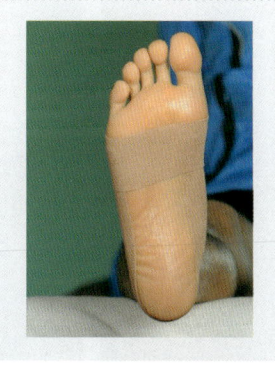

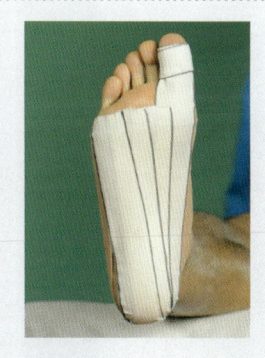

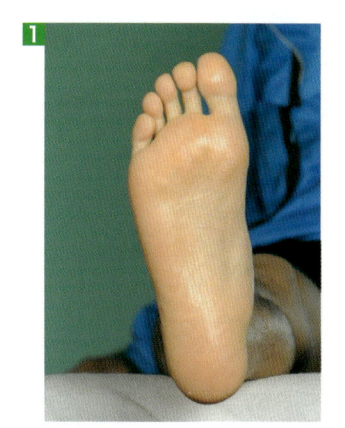

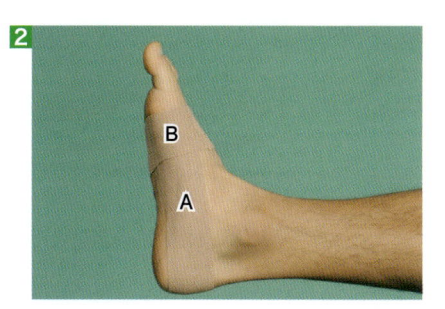

**1**

**2** AのアンカーテープをⅠ第1中足骨部から足底と平行に貼り始め，踵部を経て，第5中足骨部まで貼付する．BのテープはAのテープを覆うように，足背の中央から貼り始め，中足骨の周りに巻き，貼付する．　やや強く

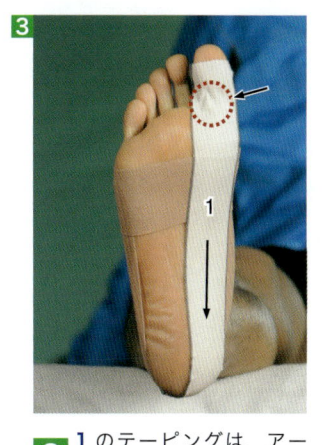

**3** 1のテーピングは，アーチを保たせるために行なうものである（以後，貼付する3〜5のテープまで同様である）．1のテープは第1趾から貼り始め，強く引っ張るようにして踵まで貼付する．その際，テープを強く引っ張り過ぎて，第1趾が曲がらないようにするため，第1趾の中足指節関節（MP関節）にて片方の手で第1趾を押さえながら貼付する．　強く

Ⅰ 足部・足関節　39

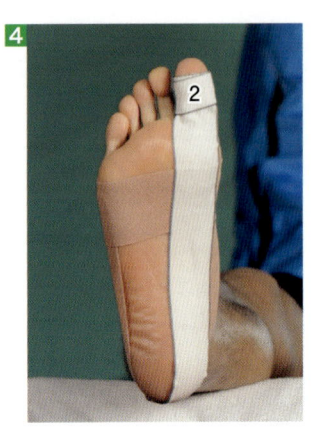

**4** ②のテープは，第1趾基節骨部を軽く1周するように巻き，貼付する．これは，①のテープが剥がれないようにするためのものである．
普通

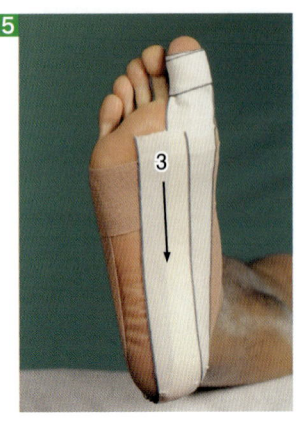

**5** ③のテープはAのテープ上（②参照）から貼り始め，①のテープ（③参照）と同様足底部中央を踵まで強く引っ張るようにして貼付する．
強く

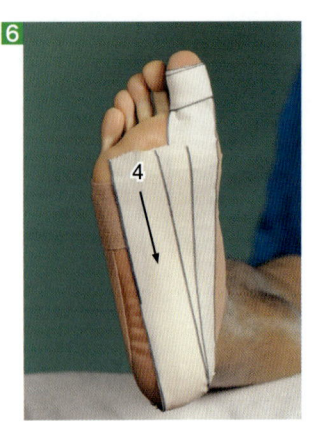

**6** ④のテープは③のテープ（⑤参照）と同様，足底部中央に貼付する．
強く

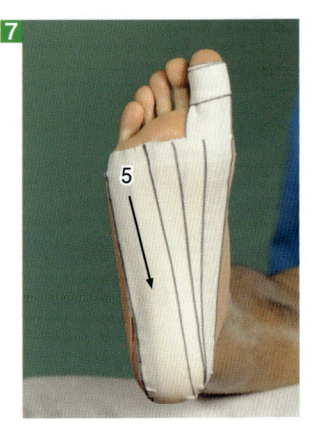

**7** ⑤のテープは④のテープ（⑥参照）と同様，足底部外側に貼付する．
強く

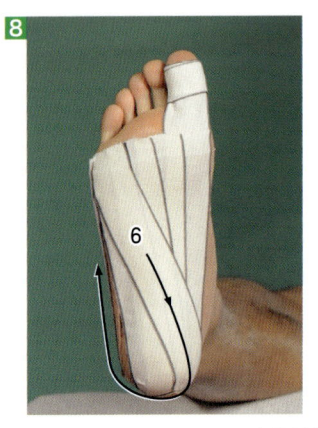

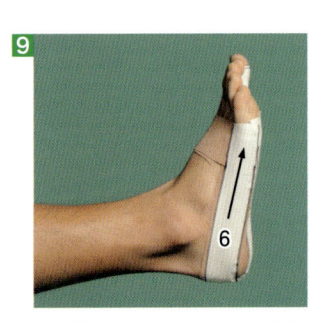

**8 9** ⑥のテープは足底部外側（小趾球）から矢印の方向へ踵部内側へ貼り，踵を引っ掛けるようにして足部外側のBのテープ（②参照）上まで貼付する．
　足底──踵──足部外側
強く　普通　強く

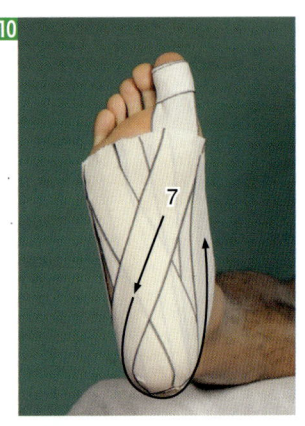

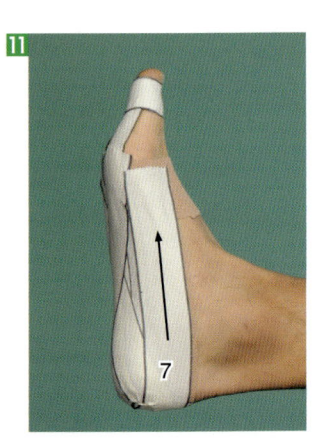

**10 11** ⑦のテープは⑥のテープ（⑧⑨参照）と同様，足底部内側（母趾球）から矢印の方向へ貼り始め，土ふまずで⑥のテープと交差させ，踵を引っ掛けるようにして足部内側のBのテープ（②参照）上まで貼付する．
　足底──踵──足部内側
強く　普通　強く

40　実技編

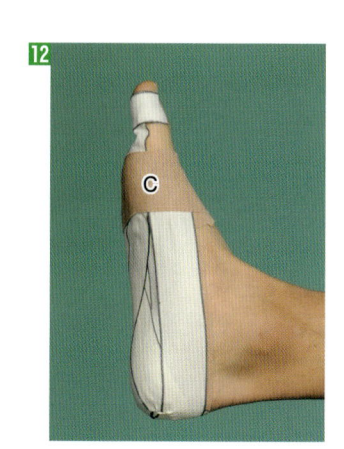

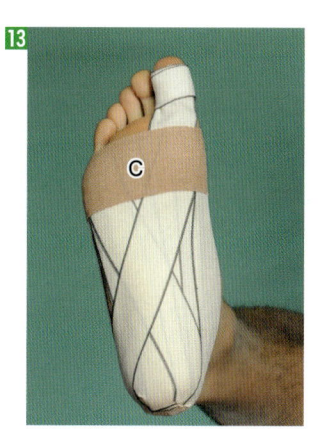

**12 13** Cのテーピングは，これまでに貼付したテープの固定力を持続させるために行なうものである（以後，貼付する8〜10のテープまで同様である）．このため，CのテープはBのテープ上（2参照）に，足背の中央から貼り始め，中足骨の周りに巻き，貼付する．　やや強く

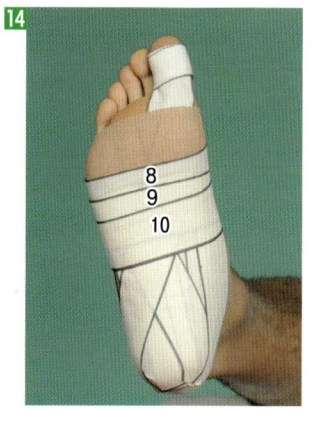

**14** 8のテープは，Cのテープ上（13参照）に，9のテープは8のテープ上に，10のテープは9のテープ上に，それぞれテープ幅の1/2〜1/3程度を重ねて巻き，貼付する．　やや強く

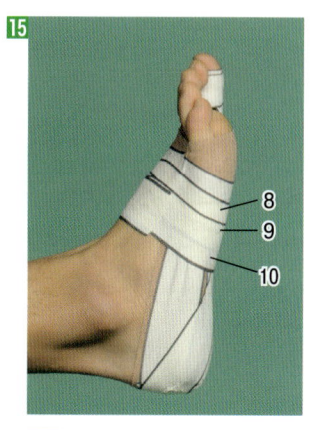

**15** 足外側から見た完成写真．

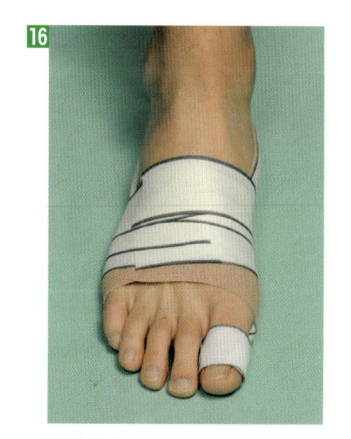

**16** 前方から見た完成写真．

以上で，アーチ（中足骨）のテーピングが完了する．

I 足部・足関節　41

## 実技編 I-7 踵部のテーピング（踵部の痛み）
### 軽度の痛み

踵部にスポンジラバーを当てがい，踵に加わる衝撃を吸収し，踵から足を着くことによる痛みを軽減させる技法である．

**固定肢位**
- 踵部を上にして，足関節をほぼ直角に保つ．

**テープ**
- 粘着非伸縮性テープ　約19mm幅，約38mm幅
- スポンジラバー
- 粘着スプレー

**・ポイント・**

- 踵部に貼付するテープは，テープがアキレス腱部にかからないようにする（◌印）．これは，運動の際にアキレス腱の動きによって皮膚に擦過傷を起こさないためである．
- スポンジラバーを当てがう前にテープで踵部全体を覆うのは，スポンジラバーが発汗によってずれないようにするためである．
- スポンジラバーに穴をあけるのは，踵に加わる衝撃を分散させ，他の（痛みのない）部分で吸収させるためである．
- スポンジラバーを押さえるテープは，強く押さえ過ぎると，衝撃を吸収する効果が減少するので注意する．

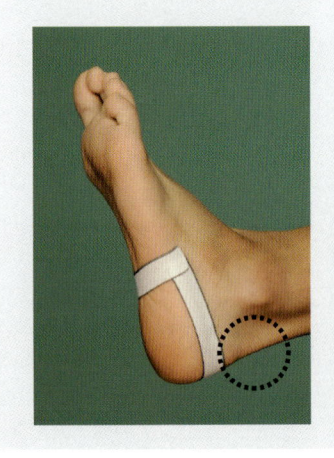

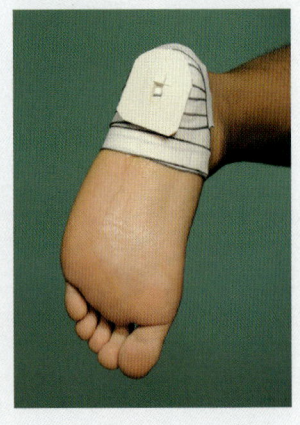

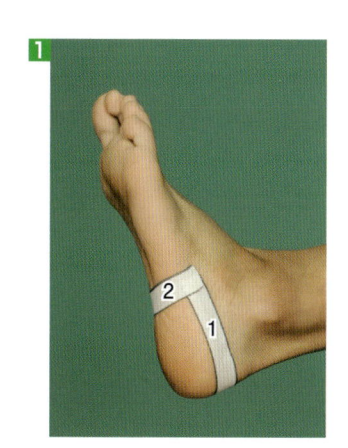

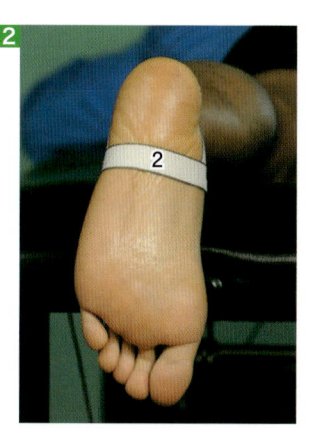

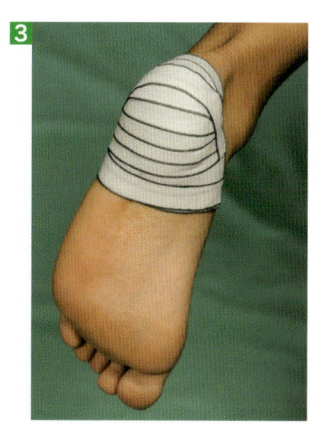

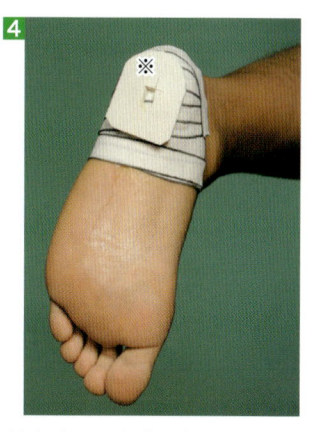

| **1** | **1**のアンカーテープを踵部の上方に貼付する．普通

| **2** | **2**のアンカーテープを足底に貼付する．普通

| **3** | **4** | **1**・**2**のテープと同様に踵部側方と踵部底を交互に，それぞれテープ幅の1/2～1/3程度を重ねて貼付する．踵骨隆起（踵の部分）は，**1**・**2**のテープが交わる外側まで斜めに貼付する．（テープ番号は省略する）．写真のように踵部全体をテープにて覆う．スポンジラバーの中央（保護したい部分※）に1cm程度の穴をあけ，踵に当てがう．やや強く

| **5** | **6** | **1**・**2**のテープ同様に，スポンジラバー全体を粘着非伸縮性テープにて覆うように貼付する（テープ番号は省略）．やや強く

| **7** | **8** | **3**のテーピングは，これまでに貼付したテープの固定力を持続させるために行なうものである．このため**3**のテープは足底に平行に中足骨内側部――踵――中足骨外側部まで貼付する．普通

| **9** | **10** | **4**・**5**のテーピングは**3**のテープ同様，これまでに貼付したテープの固定力を持続させるために行なうものである．このため，**4**・**5**のテープは**3**のテープを覆うように中足骨の周りに巻き貼付する．**10**は外側から見た完成写真．普通

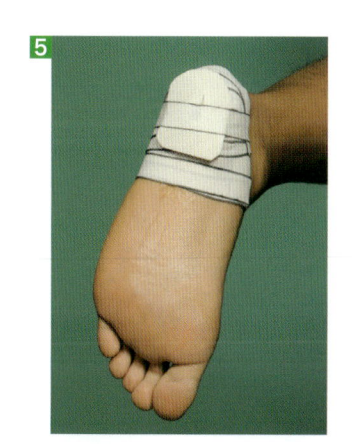

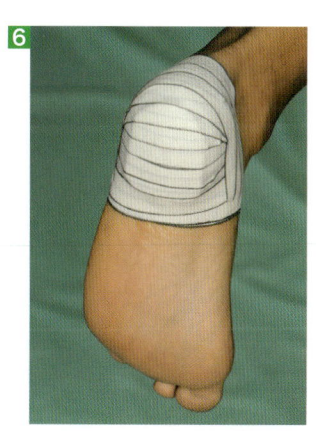

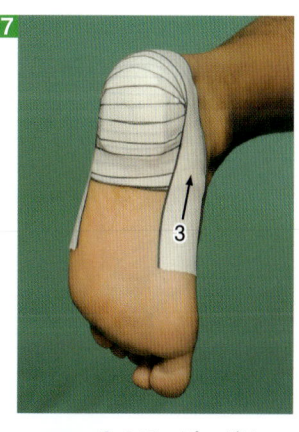

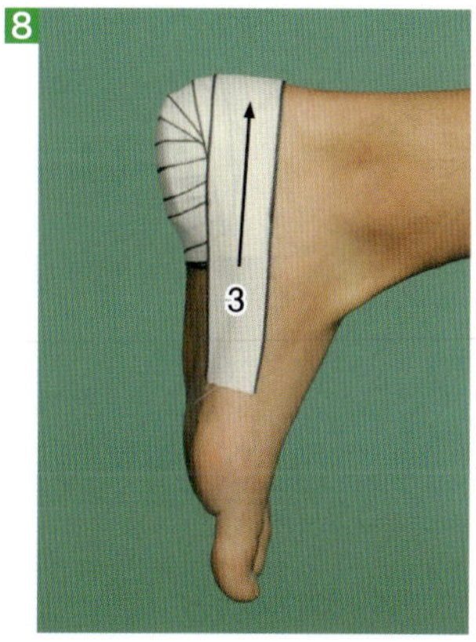

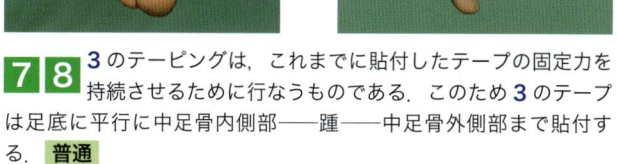

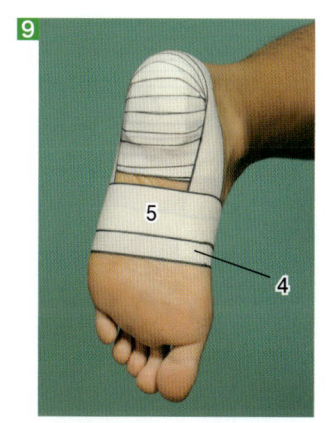

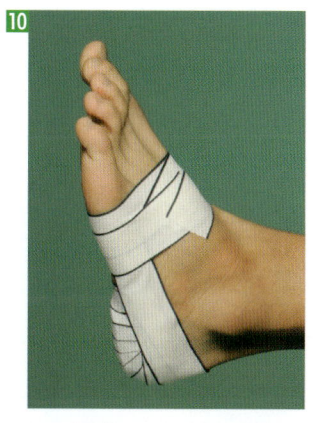

以上で，踵部のテーピングが完了する．

I　足部・足関節

## 実技編 I-8　第1趾のテーピング——その1
### 軽度の痛み

第1趾の伸展を生理的可動域あるいは，痛みを感じる一歩手前の範囲内に制限するテーピングである．また，その2は外反母趾の痛みを軽減させる技法である．

**固定肢位**
- 痛む一歩手前の角度．

**テープ**
- 粘着非伸縮性テープ　約19mm幅，約38mm幅
- 脱脂綿

**・ポイント・**
- テープをきつく巻き過ぎると，血行障害や神経障害を起こしやすくなるので注意する．
- テープを強く引っ張り過ぎて第1趾が曲がらないようにするため，片方の手で第1趾を押さえながら貼付する（○印）．

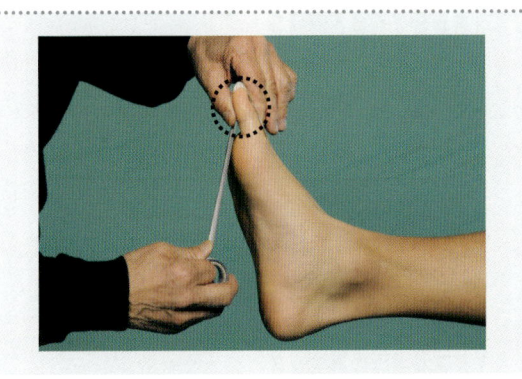

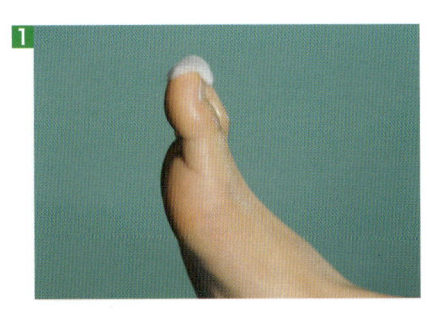

**1** 第1趾のつま先に脱脂綿を当てがい保護する．

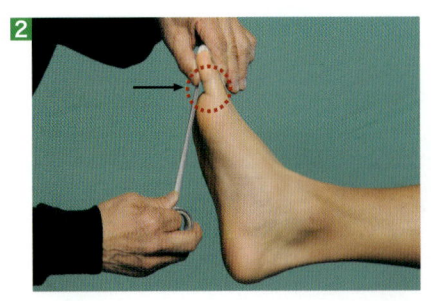

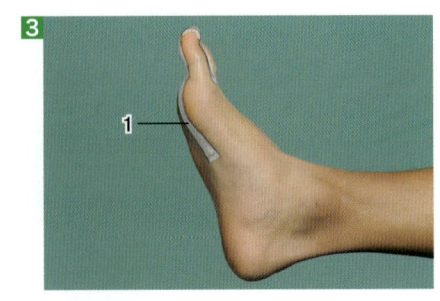

**2 3** 1のテーピングは，第1趾の伸展を制限するために行なうものである．1のテープを第1趾中足趾節関節（MP関節）上から貼り始め，つま先を経て第1中足骨部（土ふまず）中央まで足底に貼付する．その際，テープを強く引っ張り過ぎて第1趾が曲がらないようにするため，片方の手で第1趾を押さえながら貼付する．　やや強く（つま先は普通）

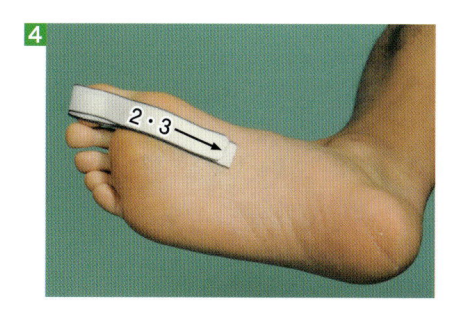

**4** ２・３のテープは，**1**のテープ上に重ねて貼付する．
やや強く（つま先は普通）

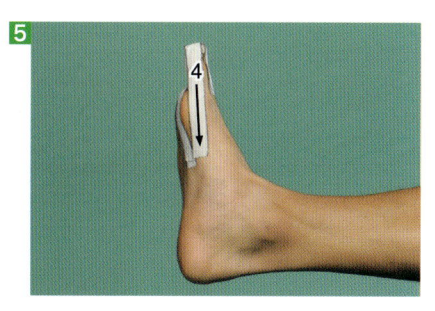

**5** **4**のテープは第１趾外側（第１，２趾間）から貼り始め，つま先を経て第１中足骨部（土ふまず）中央まで貼付する．
やや強く（つま先は普通）

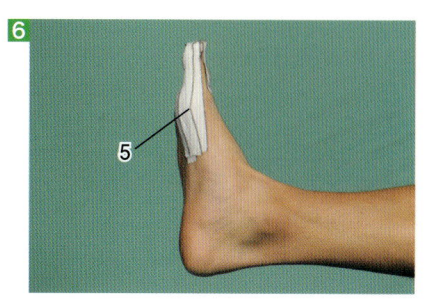

**6** **5**のテープは**4**のテープ同様，第１趾外側（第１，２趾間）から貼り始め，つま先を経て第１中足骨部（土ふまず）中央まで貼付する．その際，**4**のテープ（**5**参照）の足底寄りに，テープ幅の1/2〜1/3程度を重ねて貼付する．
やや強く（つま先は普通）

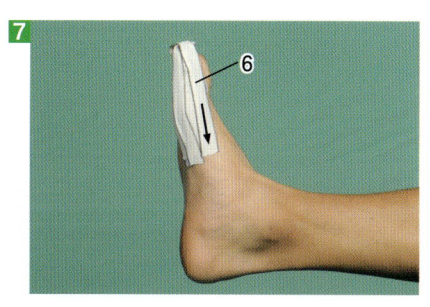

**7** **6**のテープも**4・5**のテープ同様，第１趾外側（第１，２趾間）から貼り始め，つま先を経て第１中足部中央まで貼付する．その際，**4**のテープ（**5**参照）の足背寄りに，テープ幅の1/2〜1/3程度を重ねて貼付する．
やや強く（つま先は普通）

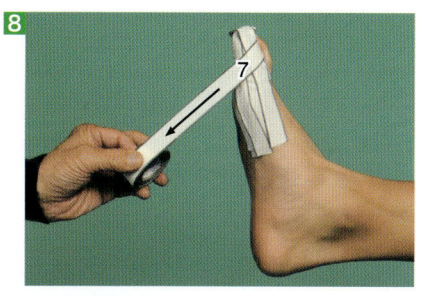

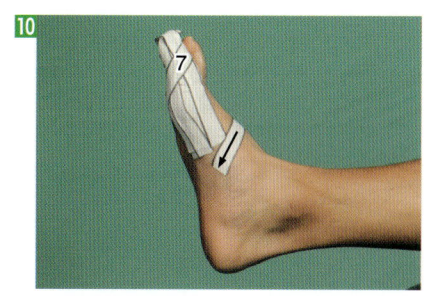

**8 9 10** **7**のテーピングは，１〜６のテープ（**2**〜**7**参照）の固定力をより強くするために行なうものである．第１趾の基節骨部から貼り始め，中足趾節関節──小趾球──足背を経て足部内側まで，らせん状に巻き，貼付する． やや強く

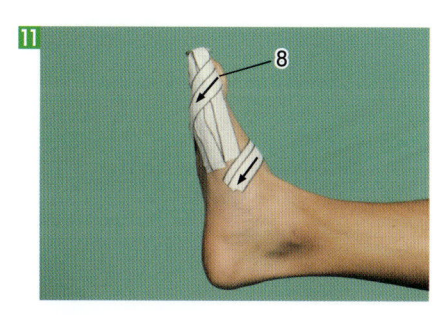

**11** **8**のテープは**7**のテープ上（**10**参照）に，テープ幅の1/2〜1/3程度を重ねて貼付する． やや強く

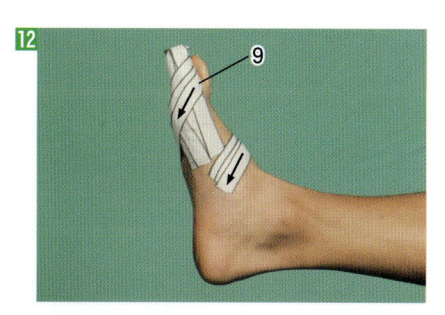

**12** **9**のテープは**8**のテープ（**11**参照）上に，テープ幅の1/2〜1/3程度を重ねて貼付する． やや強く

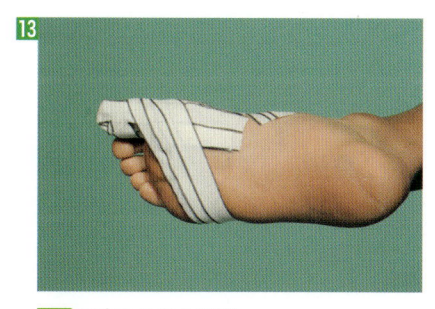

**13** 足底から見た写真．

Ⅰ　足部・足関節

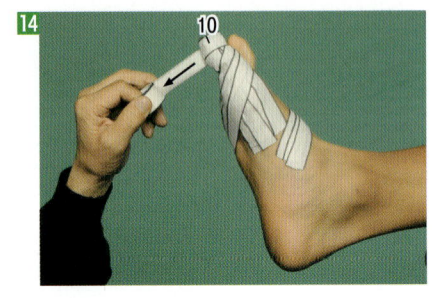

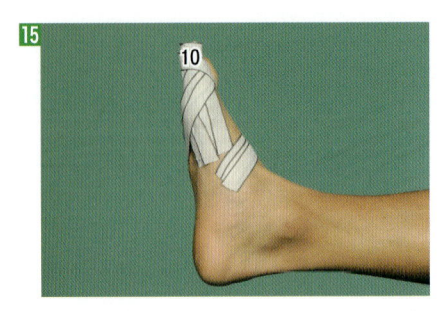

**14 15** 10のテーピングは，これまでに貼付したテープが剥がれないようにするために行なうもので，第1趾周りを巻き，貼付する． 普通

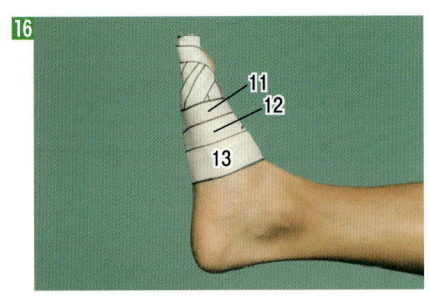

**16** 11〜13のテーピングは，これまでに貼付したテープが剥がれないようにするために行なうもので，中足骨部をそれぞれテープ幅の1/2〜1/3程度を重ねて巻き，貼付する． 普通

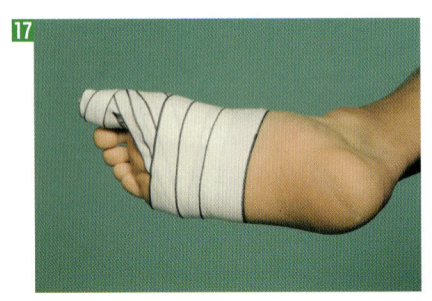

**17** 足底から見た完成写真．

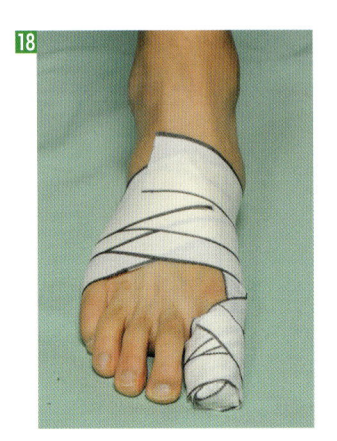

**18** 前方から見た完成写真．

以上で，第1趾のテーピングが完了する．

## 実技編 I-9 第1趾のテーピング──その2
### 外反母趾

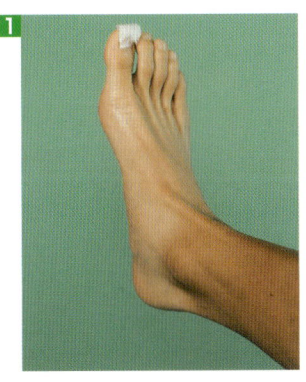

**1** 第1趾のつま先に脱脂綿を当てがい，保護する．

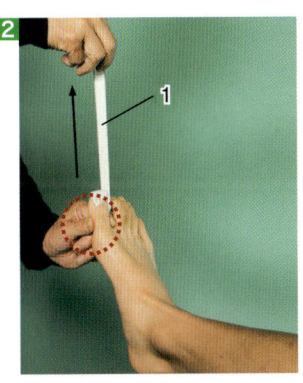

**2 3** 1のテーピングは第1趾外側（第1,2趾間）から貼り始め，つま先を経て足部内側の中央まで貼付する．その先，片方の手で第1趾のつま先を押さえながら（第1趾を内反させるように）貼付する．**強く**

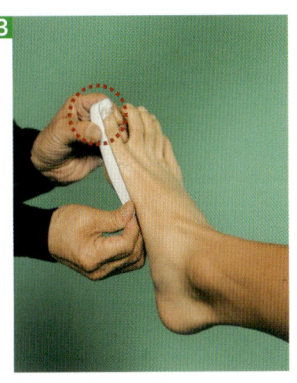

**4** 2・3のテーピングは，1のテープ上に重ねて貼付する．これは，より外反制限を持続させるため行なうものである．**強く**

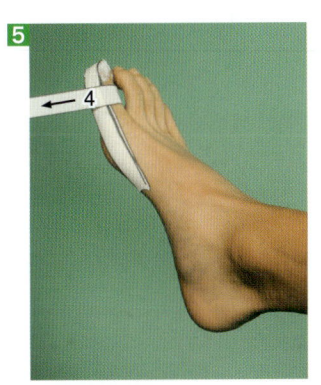

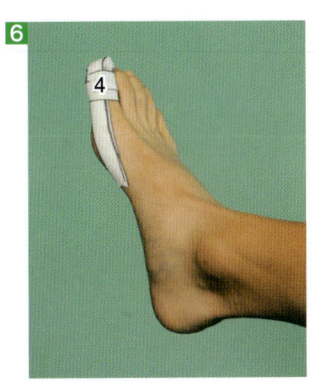

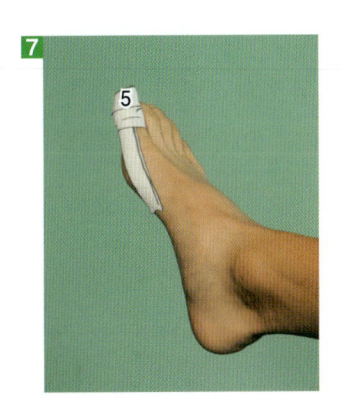

**5 6 7** 4・5のテーピングは，1〜3のテープが剥がれないようにするために行なうものである．このため，4のテープは第1指基節骨部に巻き，貼付する．5のテープは，4のテープ上にテープ幅の1/2〜1/3程度を重ねて末節骨部に巻き，貼付する．**普通**

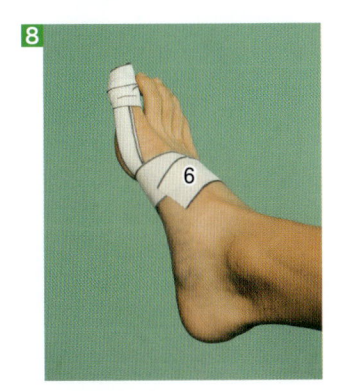

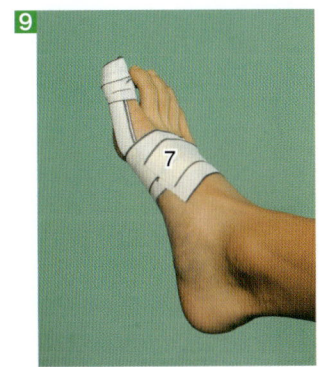

**8 9** 6・7のテーピングは，これまでに貼付したテープが剥がれないようにするために行なうものである．このため，6のテープは足背の中央から貼り始め，中足骨の周りに巻き，貼付する．7のテープは6のテープに，テープ幅の1/2〜1/3程度を重ねて巻き，貼付する．**普通**

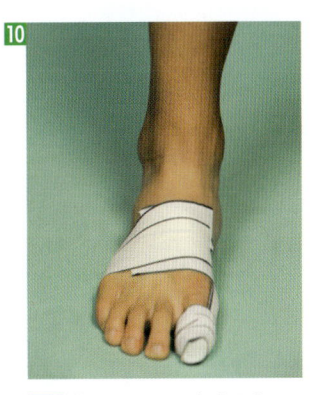

**10** 前方から見た完成写真．

以上で，外反母趾のテーピングが完成する．

I 足部・足関節

## 実技編 I-10 足趾（第2～5趾）のテーピング
### 軽度の痛み

第2～5趾のいずれか1趾を損傷した場合，加わる力を分散させるために（第2～5趾全体に力が加わるように），第2～5趾全体に伸展の制限をするテーピングである．

**固定肢位**
- 痛む一歩手前の角度．

**テープ**
- 粘着非伸縮性テープ　約19mm幅，約38mm幅
- 脱脂綿，粘着スプレー

**・ポイント・**
- テープを引っ張り過ぎて，足趾が曲がらないようにするため，片方の手でつま先を伸ばしながら貼付する（⃝印）．

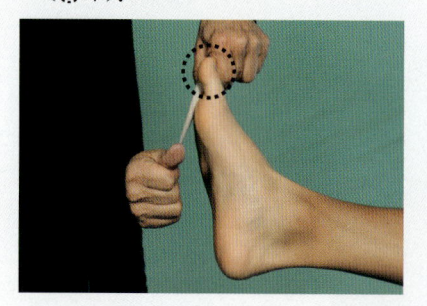

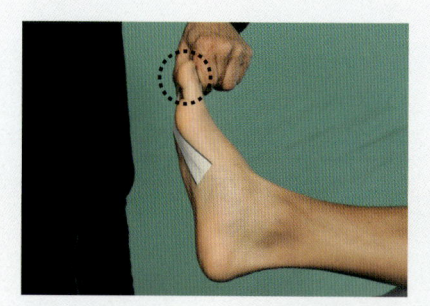

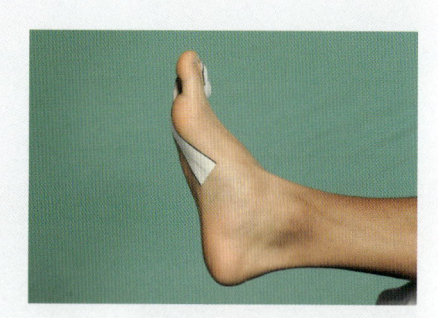

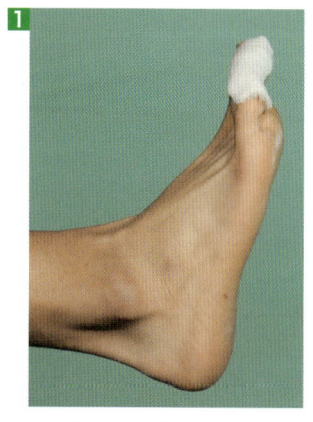

**1** 第2趾～5趾のつま先に脱脂綿を当てがい保護する．

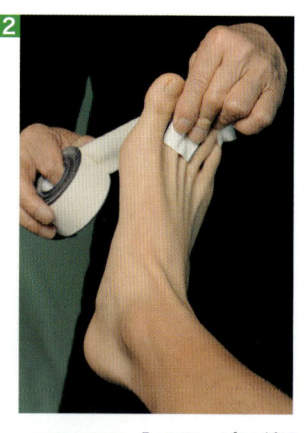

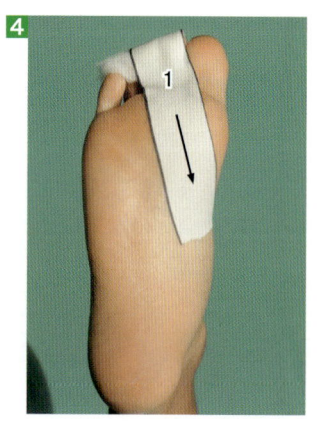

**2 3 4** 1のテーピングは，足趾の伸展を制限するために行なうものである（以後，貼付する4のテープまで同様である）．このため，1のテープは第2・3趾の中足趾指関節上より貼り始め，第2・3趾のつま先を経て，足底部の中央まで貼付する．
中足趾節関節上――つま先――足底
やや強く　　普通　　やや強く

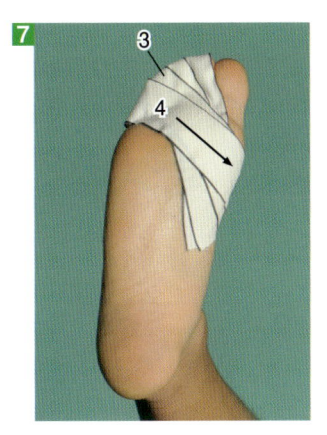

**5 6 7** 2～4のテーピングも1のテープ（**3 4**参照）と同様に，中足趾節関節上──第3・4・5趾──足底──足部内側へと貼付する．このとき，貼り始めと貼り終わりを1のテープ上に重ね，つま先のところは，1のテープ幅の1/2～1/3程度を重ねるようにして貼付する．その際，1～4のテープが扇状になるようにする．
中足趾節関節上──つま先──足底
　やや強く　　普通　　やや強く

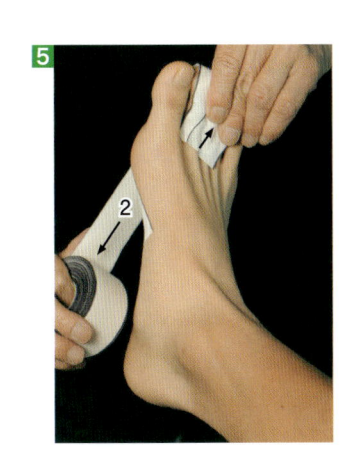

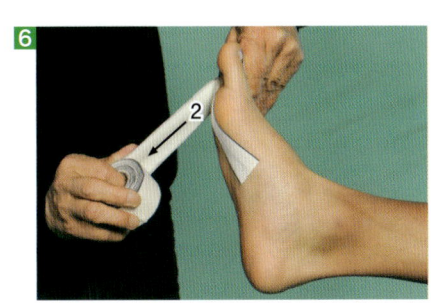

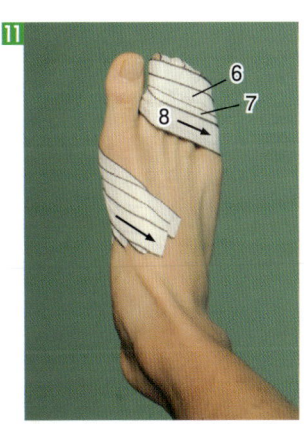

**8 9 10** 5のテーピング（粘着非伸縮性テープ19mm幅）は，1～4のテープ（**2**～**7**参照）の固定力を持続するために行なうものである（以後，貼付する6～8のテープも同様である）．このため，5のテープは第5趾の底側部から貼り始め，第5～第2趾の底側部──第2～第5趾の背側部──前足底部──足部内側──足背へと矢印の方向へ，らせん状に巻き，貼付する．　やや強く

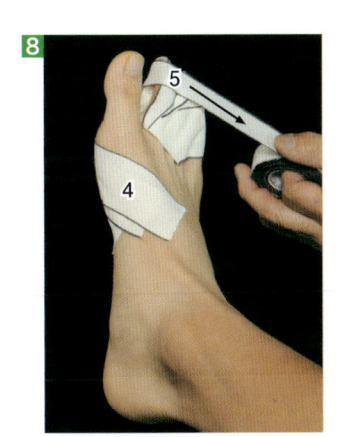

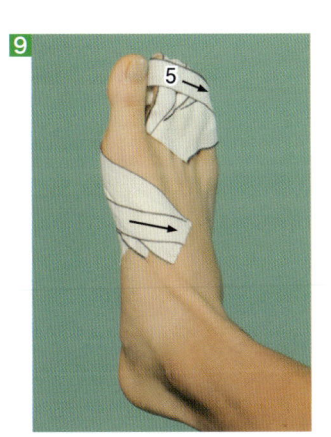

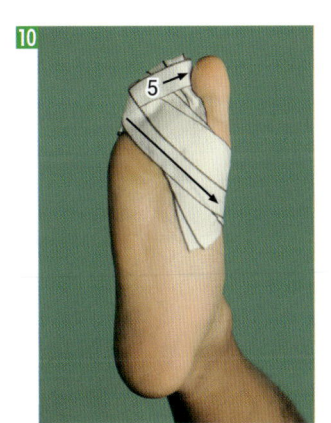

**11** 6のテープは5のテープ上（**9 10**参照）に，7のテープは6のテープ上に，8のテープは7のテープ上に，それぞれテープ幅の1/2～1/3程度を重ねて貼付する．　やや強く

**13** 9・10のテーピングは，これまでに貼付したテープが剥がれないようにするために行なうものである．このため，9のテープは足背の中央から貼り始め，中足骨の周りに巻き貼付する．10のテープは9のテープ上に，テープ幅の1/2～1/3程度を重ねて巻き，貼付する．
　普通

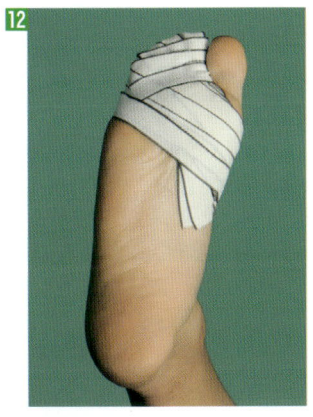

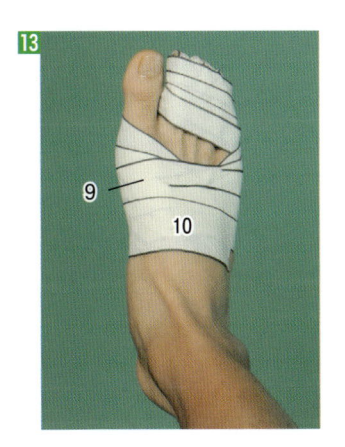

**12** 足底から見た写真．

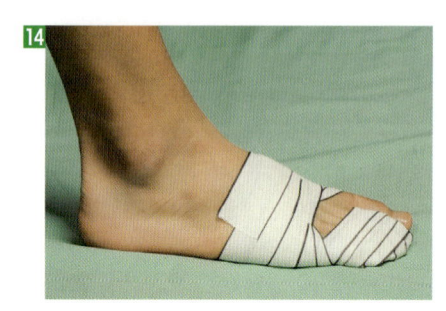

**14** 側面から見た完成写真.

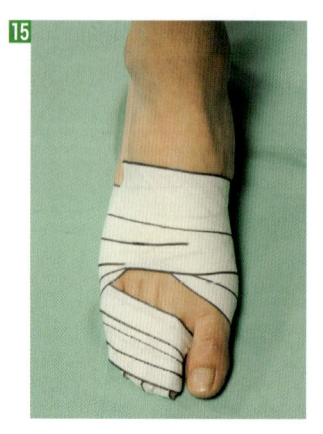

**15** 上面から見た完成写真.

以上で，第2〜5趾のテーピングが完了する．

## 実技編 I-11 アキレス腱・背屈制限のテーピング
### 再発予防・軽度の痛み──その1

足首の背屈を制限するテーピングによって，着地やダッシュなどの際アキレス腱の伸展によって起こる痛みを軽減させる．

**固定肢位**
- アキレス腱部を上に向け，足関節をほぼ直角に保つ．

**テープ**
- 粘着非伸縮性テープ 約38mm幅
- 脱脂綿（ワセリンを塗布したもの）
- スポンジラバー
- 粘着スプレー

**・ポイント・**
- アキレス腱全体を覆う3〜11のテープ群（⑤〜⑭参照）は，テープがリスフラン関節（足根骨と中足骨の間の関節：下駄の鼻緒がかかるあたり）にかからないようにする．これは底屈運動を妨げないためである．
- テープを脛骨前面でつまみ，テープに余裕を持たせる（※印）．こうすると，足首の背屈による筋肉の動きに合わせて，テープが適度にゆるむため，テープによる圧迫感が緩和される（このテープのゆるみは，アキレス腱の伸展制限には影響しない）．

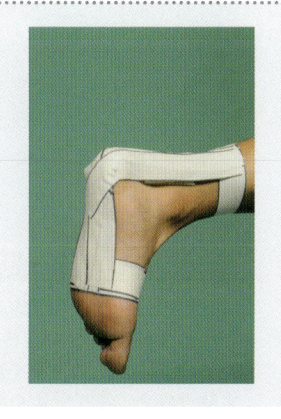

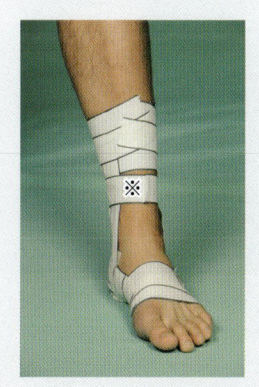

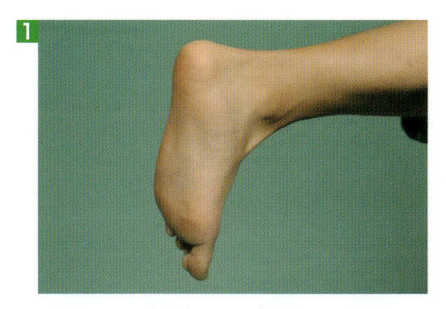

**1** アキレス腱部を上に向け，足関節をほぼ直角（90°）に保たせる．

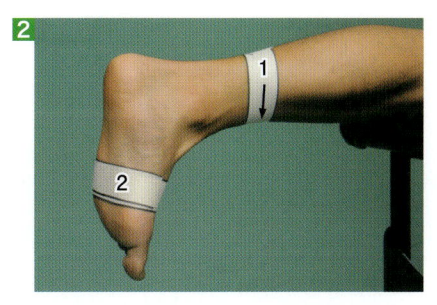

**2** 1のアンカーテープを腓腹筋の下約2〜3cmのところへ巻き，貼付する．2のアンカーテープを中足骨の周りに巻き，貼付する． 普通

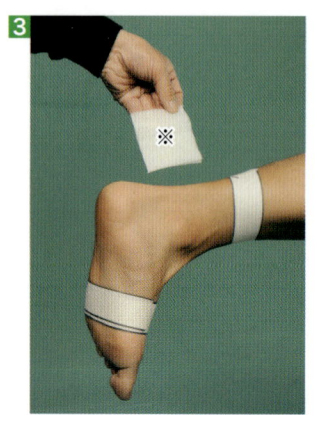

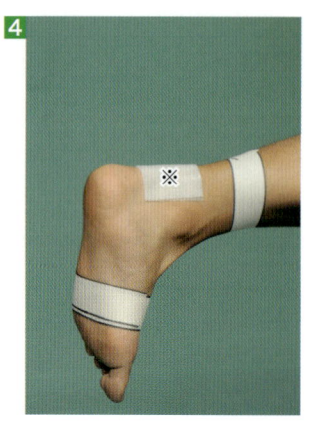

**3**|**4** アキレス腱部の皮膚と腱を保護するため，ワセリンを塗布した脱脂綿を当てがう．

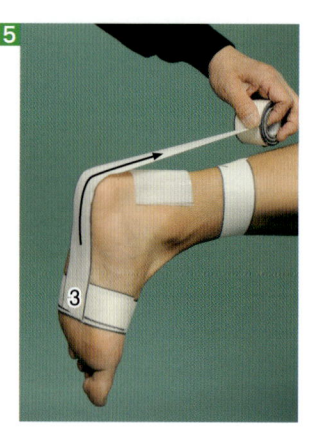

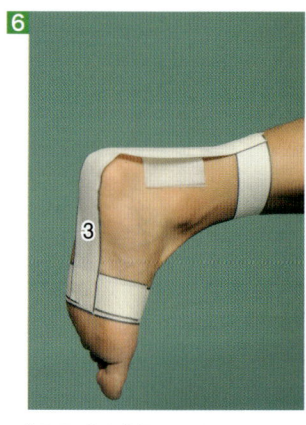

**5**|**6** 3のテーピングは，足首の背屈運動を制限するためのものである（以後，貼付する11のテープまで同様である）．このため，3のテープは足底中央の2のテープ（2参照）から踵部──アキレス腱を経て，後下腿部の1のテープ（2参照）まで貼付する．　やや強く

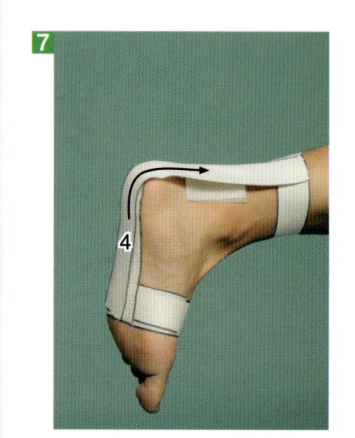

**7** 4のテープは，足底中央の3のテープ（6参照）にテープ幅の1/2程度を重ねて貼り始め，踵部で3のテープと交差させ，後下腿部中央の3のテープにテープ幅の1/2程度を重ねて貼付する．　やや強く

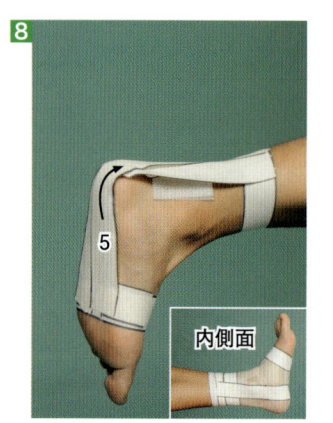

**8** 5のテープは，足底中央の3のテープ（6参照）にテープ幅の1/2程度を重ねて貼り始め，踵部で4のテープ（7参照）と交差させ，後下腿部中央の3のテープに，テープ幅の1/2程度を重ねて貼付する．　やや強く

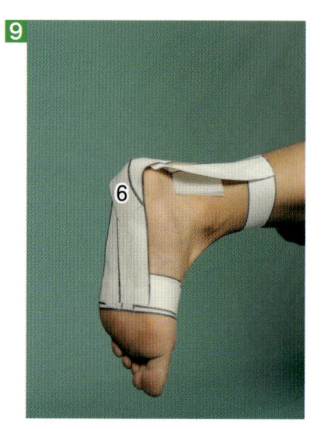

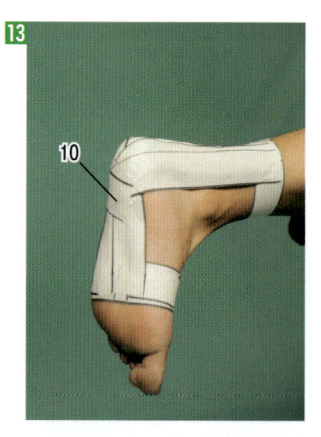

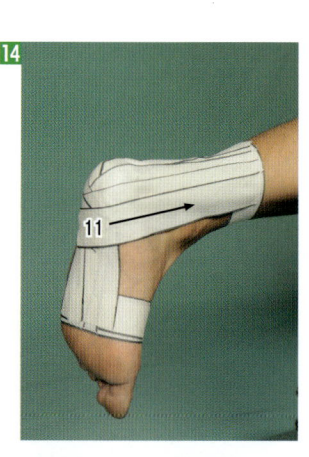

**9** 6のテープは踵部から貼り始め，5の外側部のテープ（8参照）にテープ幅の1/2〜1/3程度を重ねて貼付する．　やや強く

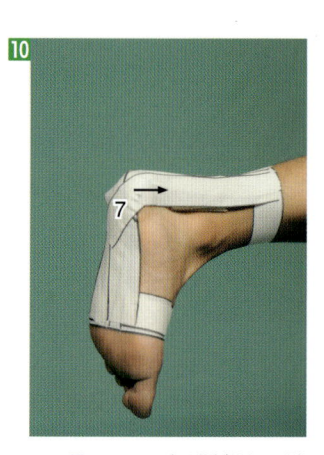

**10** 7のテープは踵部から貼り始め，4のテープ（7参照）にテープ幅の1/2〜1/3程度を重ねて貼付する．　やや強く

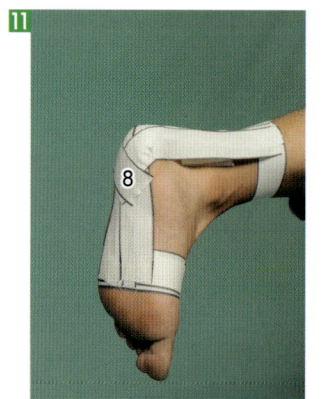

**11** 8のテープは踵部から貼り始め，6の外側部のテープ（9参照）にテープ幅の1/2〜1/3程度を重ねて貼付する．　やや強く

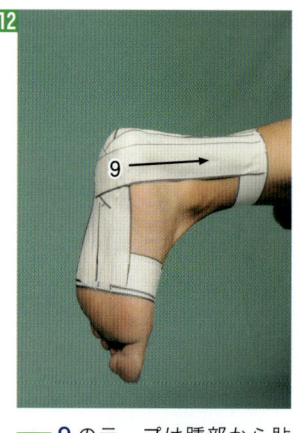

**12** 9のテープは踵部から貼り始め，7のテープ（10参照）にテープ幅の1/2〜1/3程度を重ねて貼付する．　やや強く

**13** 10のテープは踵部から貼り始め，8の外側部のテープ（11参照）にテープ幅の1/2〜1/3程度を重ねて貼付する．　やや強く

**14** 11のテープは踵部から貼り始め，9のテープ（12参照）にテープ幅の1/2〜1/3程度を重ねて貼付する．　やや強く

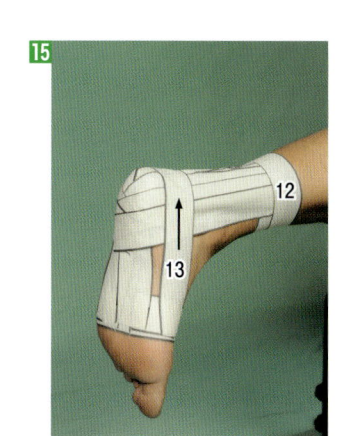

**15** 12・13のテーピングは，アキレス腱を覆うテープ群の固定力を持続させるために行なうものである（以後，貼付する14〜19のテープも同様である）．12のテープは下腿部に，13のテープは足部に貼付する． やや強く

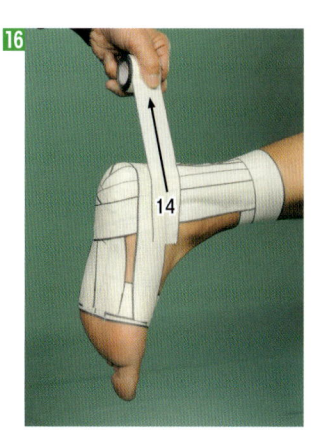

**16 17** 14のテープは，内果部からアキレス腱を経て外果部まで，13のテープ（15参照）にテープ幅の1/2〜1/3程度を重ねて貼付する． やや強く

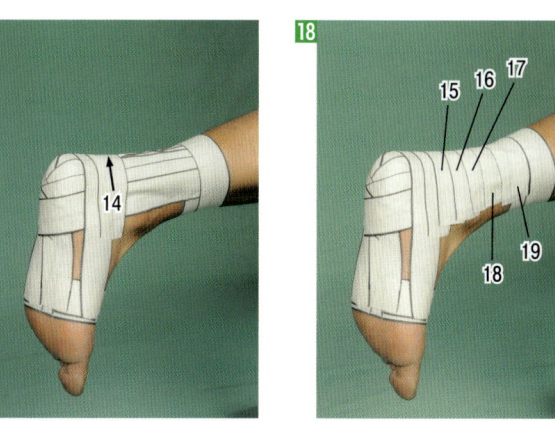

**18** 15〜19のテープは14のテープ（17参照）と同様に，それぞれテープ幅の1/2〜1/3程度を重ねて貼付する． やや強く

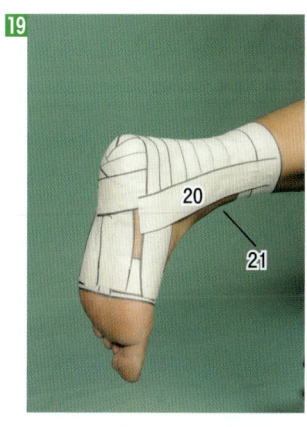

**19** 20・21のテーピングは，14〜19のテープ群が剥がれないようにするために行なうものである． 普通

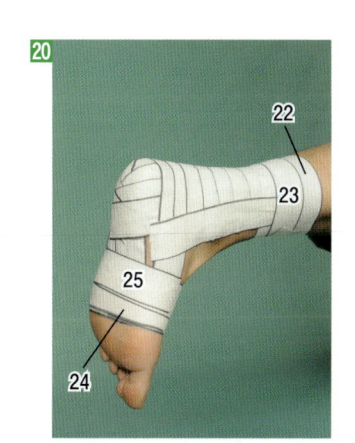

**20** 22〜25のテーピングは，これまで貼付したテープが剥がれないようにするために行なうものである．このため，22・23のテープは下腿部に，24・25のテープは足部に巻き，貼付する． 普通

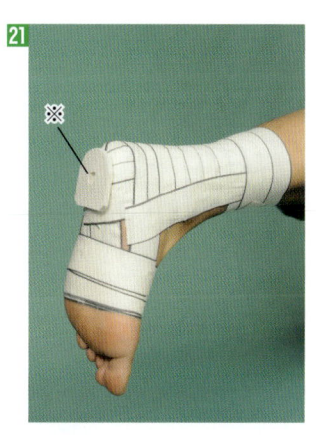

**21** 踵部にスポンジラバーを当てがう．これはアキレス腱の緊張を緩和させるためのものである．

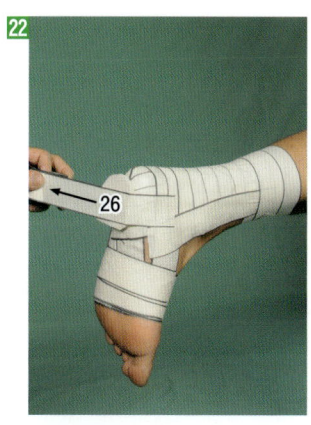

**22 23** 26のテーピングは，スポンジラバーを固定するために行なうものである（以後，貼付する28のテープまで同様である）． やや強く

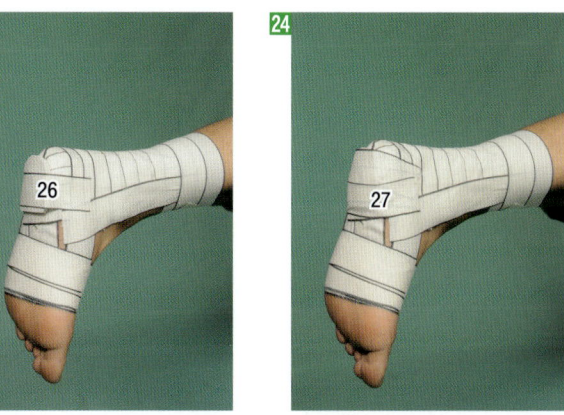

**24 25** 27・28のテープは，26のテープと同様にスポンジラバーを固定するために貼付する． やや強く

I　足部・足関節

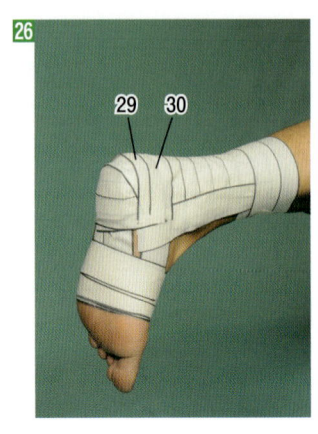

26 29・30のテーピングは、スポンジラバーを固定するためのテープが剥がれないようにするために行なうものである. やや強く

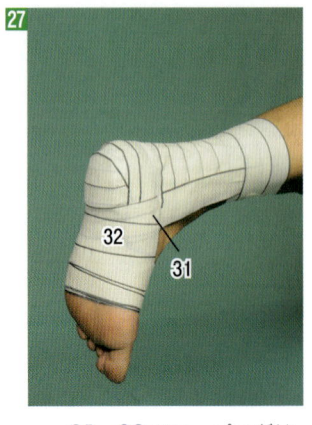

27 31・32のテーピングは、29・30のテープ（26参照）が剥がれないようにするために行なうものである. やや強く

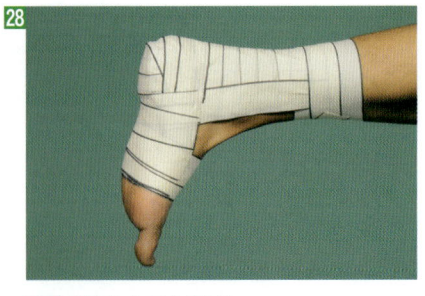

28 側面から見た写真.

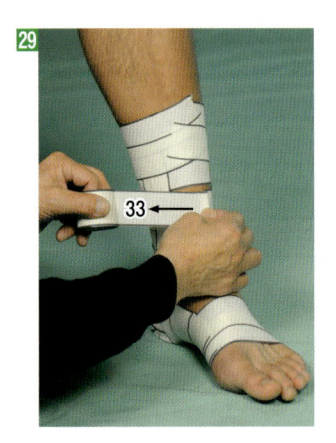

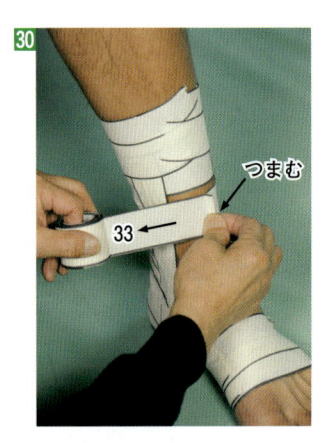

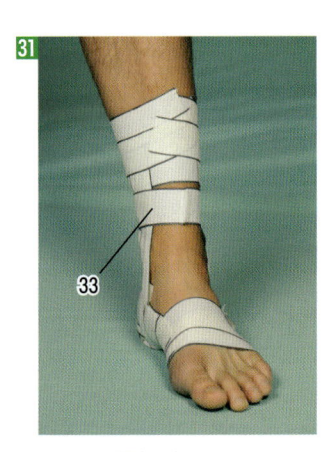

29 30 31 33のテーピングは立位で行なう．このテープは20・21のテープ（19参照）が剥がれないようにするためと、伸展制限のためのテープ群の固定力を持続させるために行なうもので、内果部・外果部の上方に巻き貼付する．その際、テープを5mm位つまんでおく．これは、運動時に33のテープがきつくならないようにするためのものである．

以上で、アキレス腱のテーピング（伸展制限）が完了する．

## 実技編 I-12 アキレス腱・背屈制限のテーピング
### 再発予防・軽度の痛み──その2

足底からアキレス腱部にかけて貼付するテープと，ヒールロックによって，足首の背屈を制限し，アキレス腱にかかるストレスを軽減する技法である．

**固定肢位**
- 足関節をほぼ直角に保つ．

**テープ**
- 粘着非伸縮性テープ 約38mm幅
- 粘着伸縮性テープ 約50mm幅
- 脱脂綿（ワセリンを塗布したもの）

### ・ポイント・

- 足首の背屈を制限するために，足底からアキレス腱部にかけて貼付するテープは，粘着非伸縮性テープによって制限の角度を調節する．競技種目や被施術者の体重などによって，テープを貼り終える位置やテープの枚数を調節する．例えばAのように，粘着非伸縮性テープをアキレス腱部の途中まで貼付すると，足首の背屈制限が比較的少ないため，器械体操，徒手体操などのように，屈伸を深く行なう競技に適する．

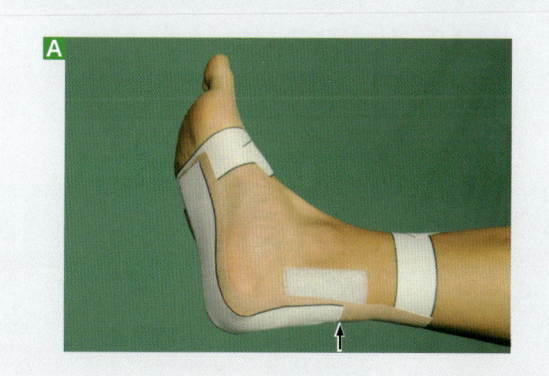

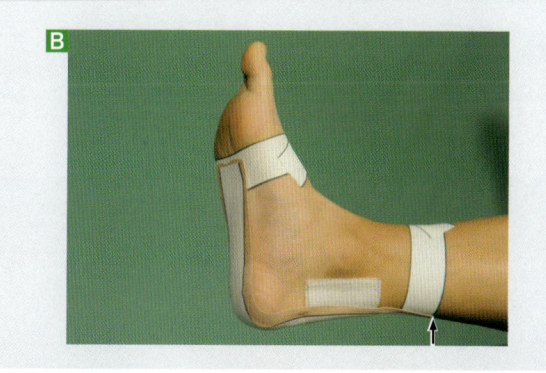

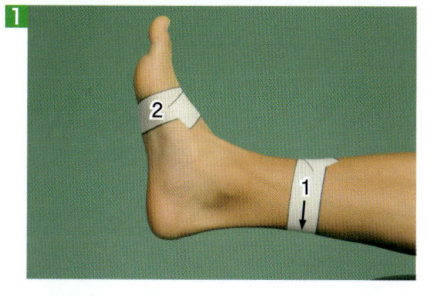

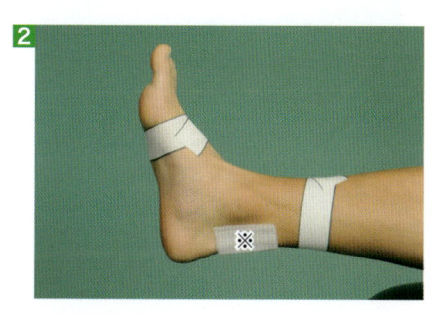

**1 2** 1・2のアンカーテープを下腿部と中足骨の周りに巻き，貼付する．このとき，1のテープは腓腹筋の下2～3cmのところを，脛骨前面の部位より矢印の方向へ巻き，貼付する．これは，運動中に起こりやすい腓腹筋の痙攣を防ぐためである．2のテープはきつく巻き過ぎないようにする．これは，体重が足部にかかる際，第1趾～5趾の中足骨（アーチ）が広がるため，テープがきつくなり過ぎて痛みを覚えるのを防ぐためである．アキレス腱部にワセリンを塗布した脱脂綿を当てがう．これは，アキレス腱部の皮膚や腱を保護するために行なうものである．　普通

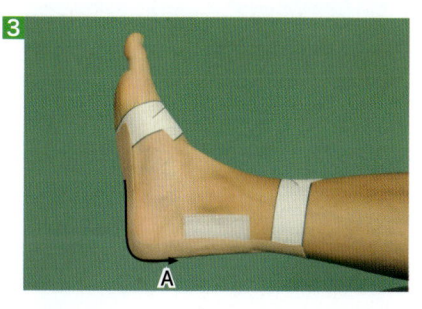

**3** Aのテーピングは，足首の背屈を制限するために行なうものである．このため，Aのテープは2のテープ（1参照）の足底側から貼り始め，踵部を経て，1のテープ（1参照）の後下腿部まで貼付する．粘着伸縮性テープを使用するのは，フィット感を与えるためと背屈の際の衝撃を和らげるためである．　強く

I 足部・足関節

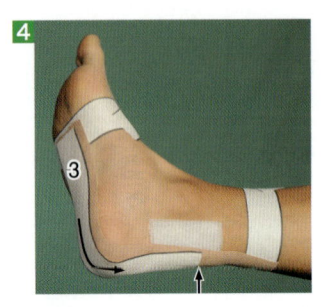

**4** ③のテーピングは，足首の背屈をより制限するために行なうものである．このため，③のテープはAのテープ上（③参照）に重ねて，足底から内果・外果下のアキレス腱のところまで貼付する． やや強く

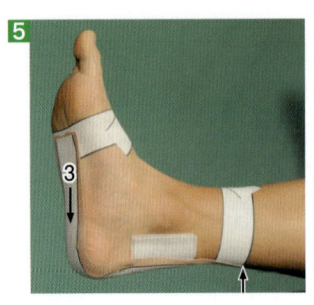

**5** より強く背屈を制限したい場合は，③のテープを①のテープ上まで貼付する．

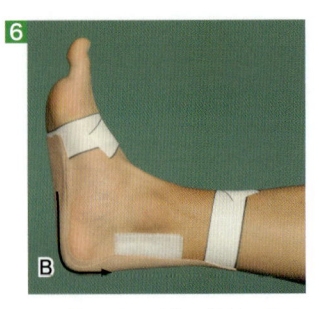

**6** Bのテーピングは，③のテープ（④⑤参照）が切れたり剥がれたりしないようにするために行なうものである．このため，BのテープはAのテープ上に重ねて巻き，貼付する． 強く

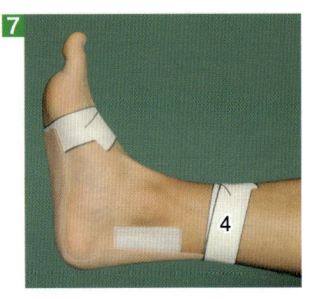

**7** ④のテーピングは，Bのテープ（⑥参照）が剥がれないようにするために行なうものである．このため，④のテープは①のテープ上（①参照）に重ねて巻き，貼付する．

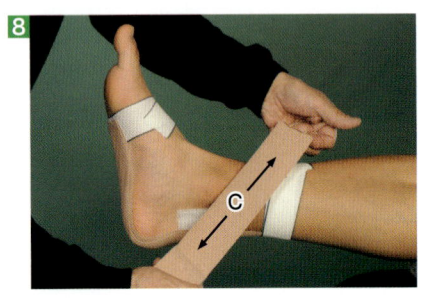

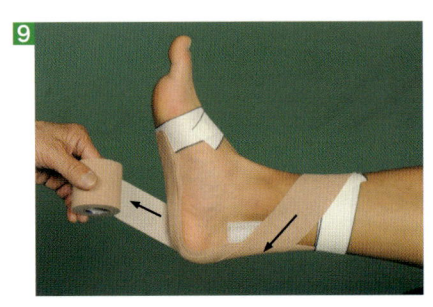

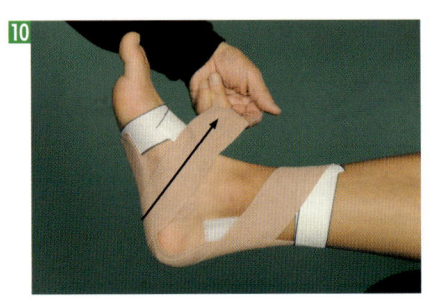

**8 9 10** Cのテーピングは，足首の背屈を制限するテープを固定するためと，痛みを感じる一歩手前の可動域に制限するために行なうものである．（以後，貼付するD〜Fと⑤・⑥のテープも同様である）．このため，Cのテープは外側下腿部から内側下腿部──アキレス腱部へと貼り始め，踵部の外側を引っ掛け──足底──足背へと貼付する． やや強く

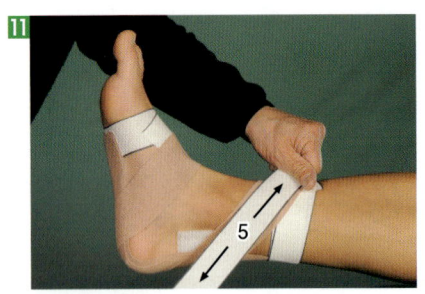

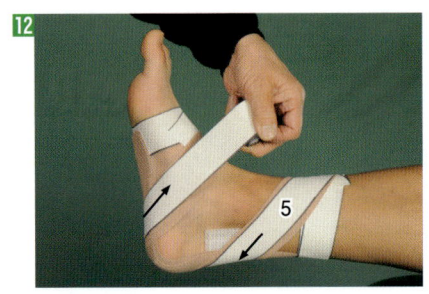

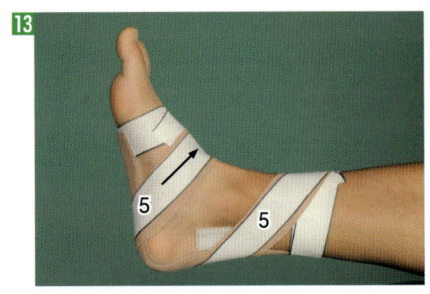

**11 12 13** ⑤のテーピングは，Cのテープを固定するためと，可動域の制限をより強くするために行なうものである．このため，⑤のテープはCのテープ上（⑧〜⑩参照）に重ねて貼付する． やや強く

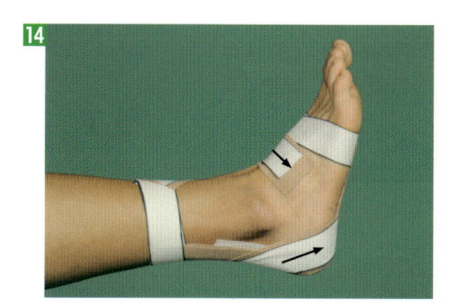

**14** 外側から見た写真.

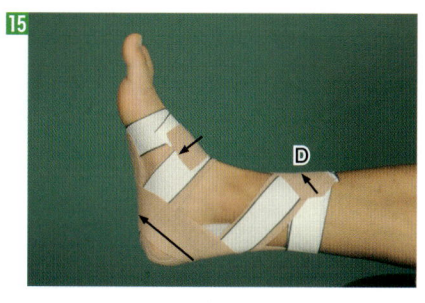

**15** Dのテープは内側下腿部から貼り始め，外側下腿部──アキレス腱部を通り，踵部の内側を引っ掛け──足底──足背へと貼付する． やや強く

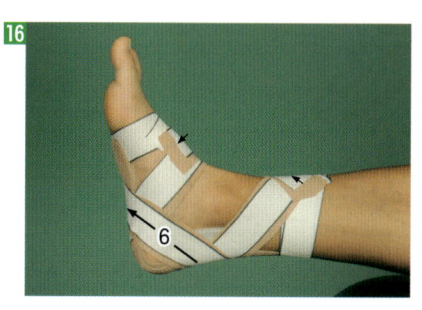

**16** 6のテーピングは，Dのテープ（15参照）を固定するためと，可動域の制限をより強くするために行なうものである．このため，6のテープはDのテープ上に重ねて貼付する． やや強く

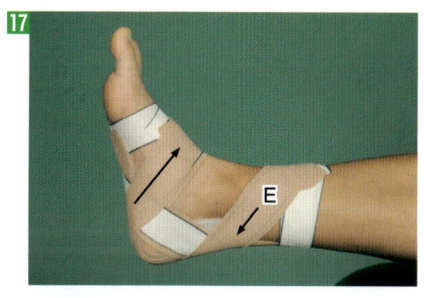

**17** Eのテーピングは，Aのテープ（3参照）と3のテープ（4 5参照）の固定力を持続させためと，フィット感を与えるために行なうものである（以後貼付するFのテープも同様である）．このため，Eのテープは5のテープ上（13参照）に重ねて貼付する． やや強く

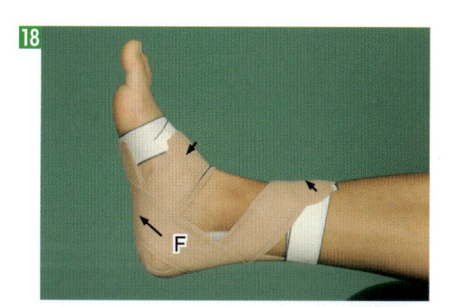

**18** Fのテープは6のテープ上（16参照）に重ねて貼付する． やや強く

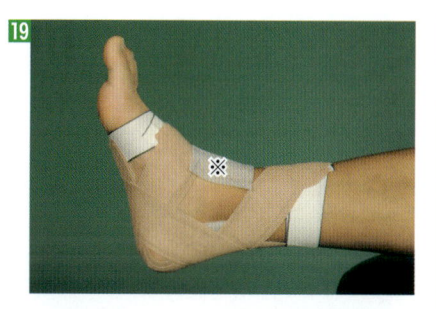

**19** 足背にワセリンを塗布した脱脂綿を当てがう．これは足背の腱や皮膚を保護するためのものである．

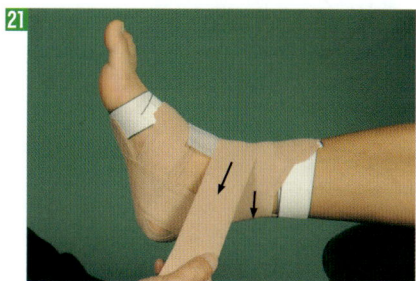

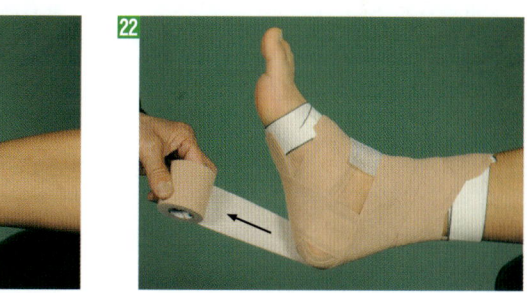

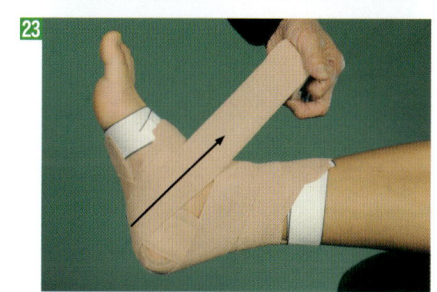

**20〜23** Gのテーピングは，これまで貼付したテープの固定力を持続させるためと，足部全体を適度に圧迫させるために行なうものである．このため，Gのテープは踵部の外側と内側のヒールロックおよびフィギュアエイトを27まで一連のテープで行なう．Gのテープは外側下腿部から貼り始め，内側下腿部──アキレス腱部──踵部の外側を引っ掛け──足底──足背へと貼付する（外側ヒールロック）．

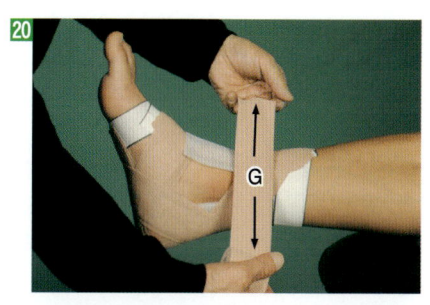

I 足部・足関節 57

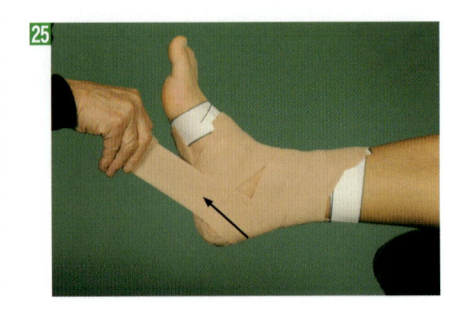

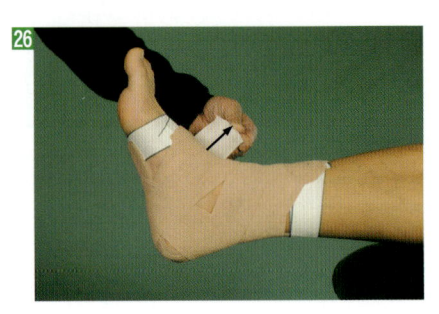

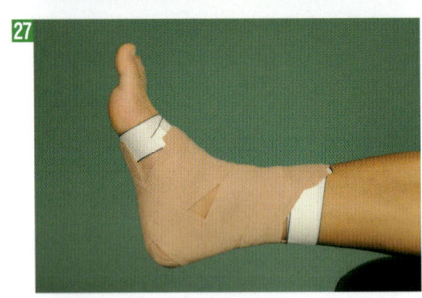

**24〜27** 引き続き，Gのテープはアキレス腱──踵部内側を引っ掛け──足底──足背へと貼付する（内側ヒールロック）． やや強く

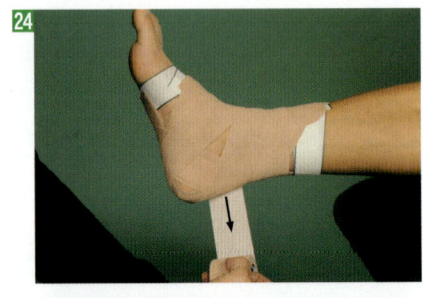

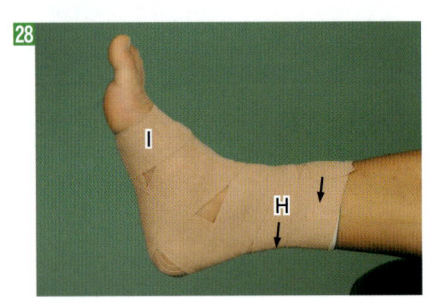

**28** H・Iのテーピングは，これまでに貼付したテープが剥がれないようにするために行なうものである．このためHのテープは1のテープ上（1参照）に，Iのテープは2のテープ上（1参照）と重ねて巻き，貼付する． 普通

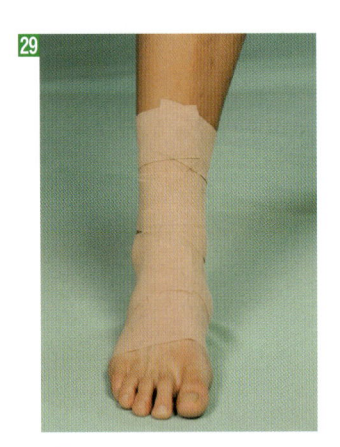

**29** 前方から見た完成写真．

以上で，アキレス腱のテーピング（背屈制限）が完了する．

## 実技編 I-13 アキレス腱・底屈制限のテーピング
### 軽度の痛み

足首の底屈を制限するテーピングと，アキレス腱部を圧迫するテーピングで，ジャンプやランニングで路面をキックする際，アキレス腱に瞬間的に加わる力を軽減させる技法である．サッカー，走り高跳びなどで使われる．

**固定肢位**
- アキレス腱を上にして，足関節をほぼ直角（90°）に保つ．

**テープ**
- 粘着非伸縮性テープ 約19mm幅，約38mm幅
- 粘着伸縮性テープ 約50mm幅
- 粘着スプレー

**・ポイント・**
- アキレス腱部に貼付するテープは角度を付け過ぎると，テープの枚数が少なかったり，テープの交差する位置がテーピング部位全体の中央に集中してしまい，正しい圧迫ができなくなるので注意する．

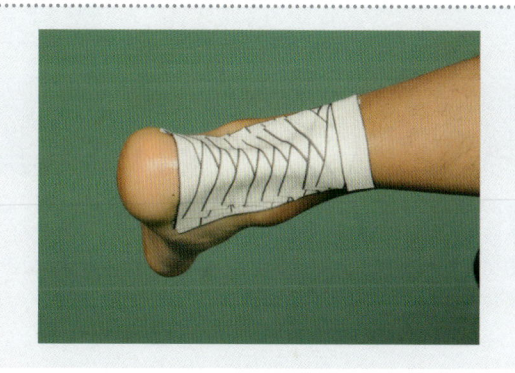

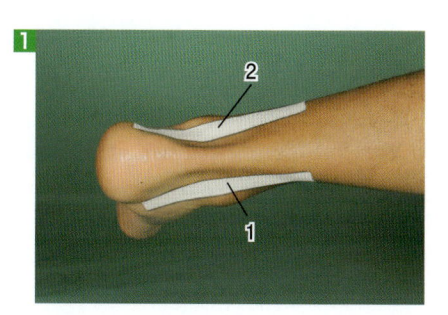

**1** 1・2のアンカーテープはアキレス腱部の両側（内側下腿部と外側下腿部）に貼付する．　普通

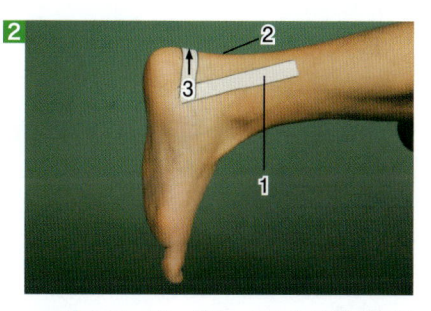

**2** 3のテーピングは，アキレス腱部を圧迫するために行なうものである（以後，貼付する20のテープまで同様である）．このため，3のテープは1のテープ（1参照）の下端から2のテープ（1参照）の下端まで貼付する．　やや強く

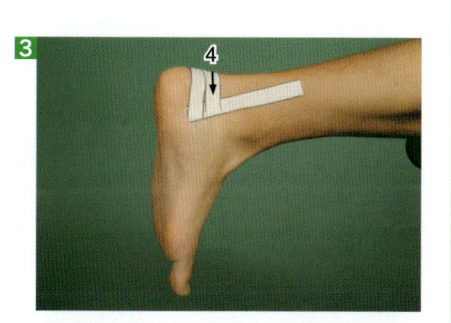

**3** 4のテープは3のテープ上（2参照）の外側から貼り始め，矢印の方向へやや斜め上方に貼付する．　やや強く

I 足部・足関節　59

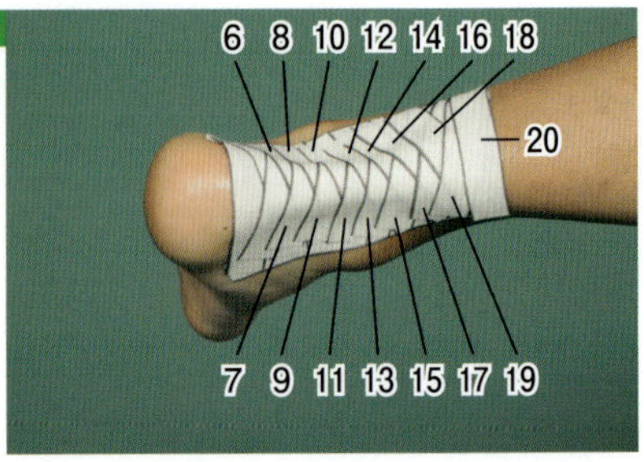

**4** 5のテーピングは3のテープ上（②参照）の内側から貼り始め，アキレス腱部の中央で4のテープ（③参照）と交差させ，矢印の方向へやや斜め上方に貼付する．
やや強く

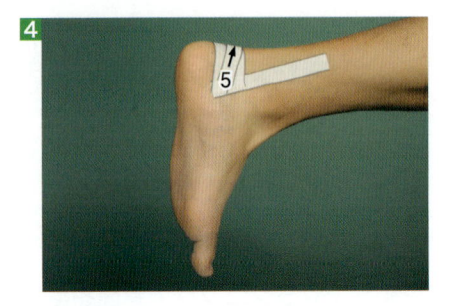

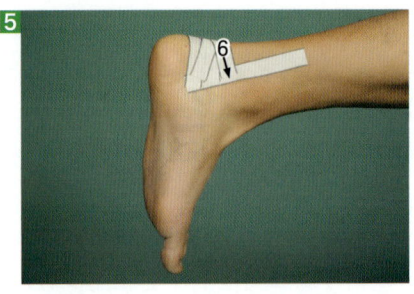

**5 6** 6のテープは4のテープ上に，7のテープは5のテープ上に，8のテープは6のテープ上に，9のテープは7のテープ上に，10のテープは8のテープ上に，11のテープは9のテープ上に，12のテープは10のテープ上に，13のテープは11のテープ上に，14のテープは12のテープ上に，15のテープは13のテープ上に，16のテープは14のテープ上に，17のテープは15のテープ上に，18のテープは16のテープ上に，19のテープは17のテープ上に，それぞれテープ幅の1/2〜1/3程度を重ねて貼付する．20のテープは，1のテープ（①参照）の上端から2のテープ（①参照）の上端まで貼付する．
やや強く

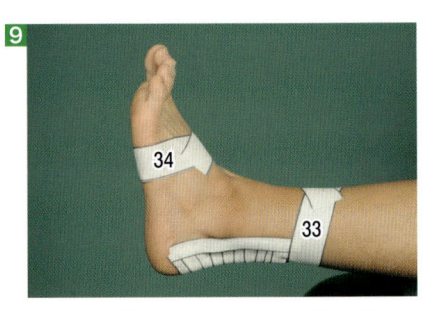

**7** 21〜30のテーピングはアキレス腱部の圧迫をより強くするために行なうもので，それぞれテープ幅の1/2〜1/3程度を重ねて貼付する．
やや強く

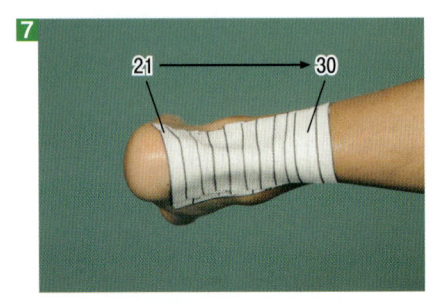

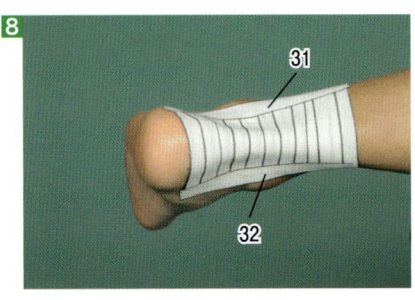

**8** 31・32のテーピングは，これまでに貼付したテープが剥がれないようにするために行なうものである．
普通

**9** 33・34のアンカーテープを下腿部と中足骨の周りに巻き，貼付する．このとき，33のテープを腓腹筋の下約2〜3cmのところに貼付するのは，運動中に起こりやすい筋肉の痙攣を防ぐためである．このとき，34のテープはきつく巻き過ぎないようにする．これは，足部に体重がかかる際，第1趾〜第5趾の中足骨（アーチ）が広がるためテープがきつくなり，痛みを覚えるのを防ぐためである．
普通

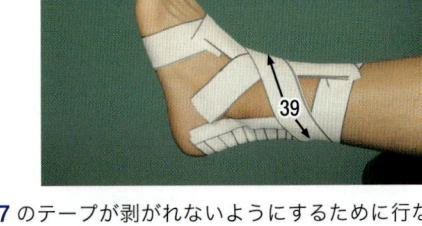

**10** 35〜37のテーピングは，足首の底屈を制限してアキレス腱の収縮による痛みを軽減するために行なうものである．このため，35のテープは前下腿部の中央33のテープ（⑨参照）から足背の中央34（⑨参照）のテープまで，軽く引っ張るような気持ちで貼付する．36・37のテープは35のテープ上に重ねて貼付する．
やや強く

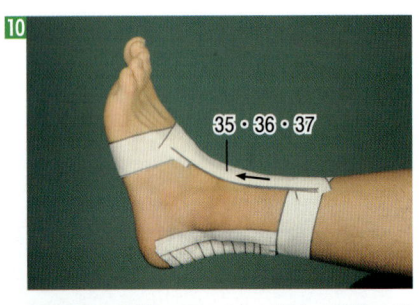

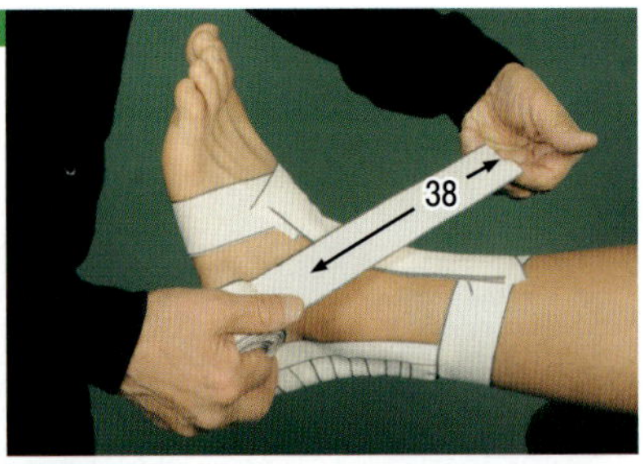

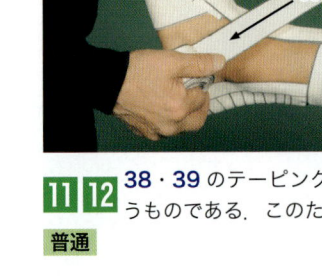

**11 12** 38・39のテーピングは，35〜37のテープが剥がれないようにするために行なうものである．このため，38・39のテープは足首の中央で交差させて貼付する．
普通

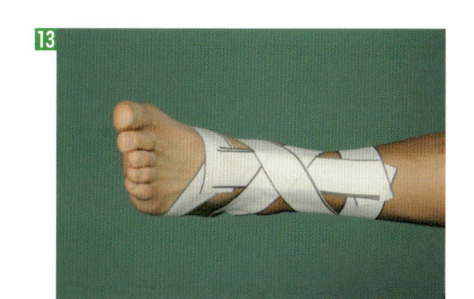

**13** 前方から見た写真.

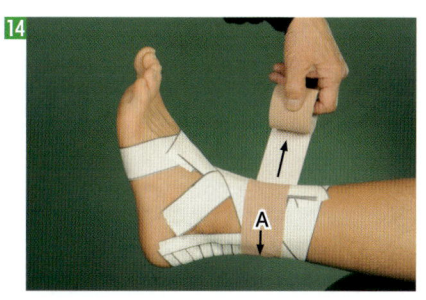

**14** **A**のテーピングは，これまで貼付したテープが剥がれないようにするために行なうものである．このため，**A**のテープは内側下腿部から貼り始め，下腿部を1周させ，19までヒールロックとフィギュアエイトを一連のテープで行なう．　やや強く

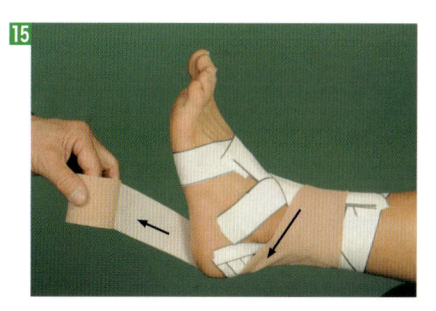

**15** 下腿外側部——踵部内側を引っ掛けて，足底部——足背部へと貼付する．

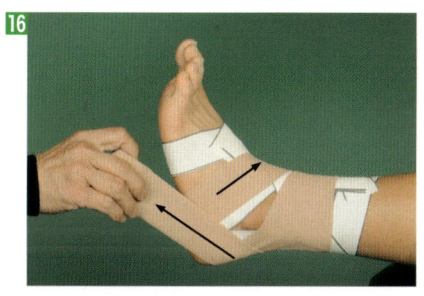

**16** 引き続き，内側下腿部——踵部の外側を引っ掛けて，足底——足背へと貼付する．

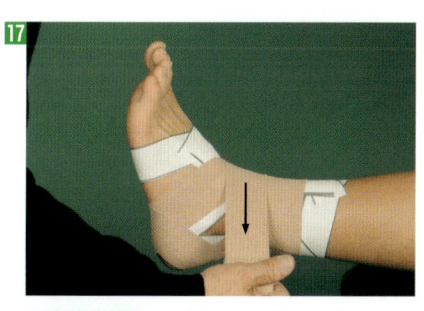

**17 18 19** 引き続き，足背から外果の下まで貼付する．

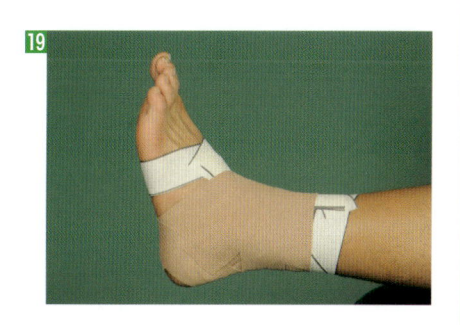

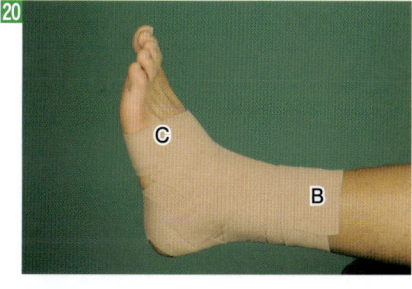

**20** **B・C**のテーピングは，これまでに貼付したテープが剥がれないようにするため行なうものである．**B**のテープは，33のテープ上（9参照）に重ねて巻き，貼付する．**C**のテープは，34のテープ上（9参照）に重ねて巻き，貼付する．　やや強く

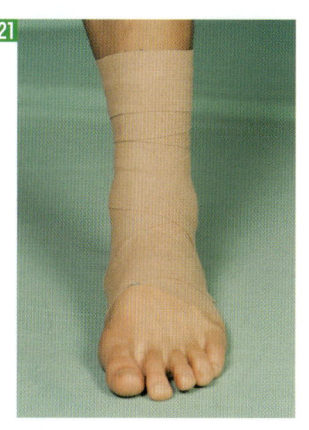

**21** 前方から見た完成写真．

以上で，アキレス腱・底屈制限のテーピングが完了する．

I　足部・足関節　61

# Ⅱ 膝関節・大腿部・下腿部

## 膝関節・大腿部・下腿部の構造と機能

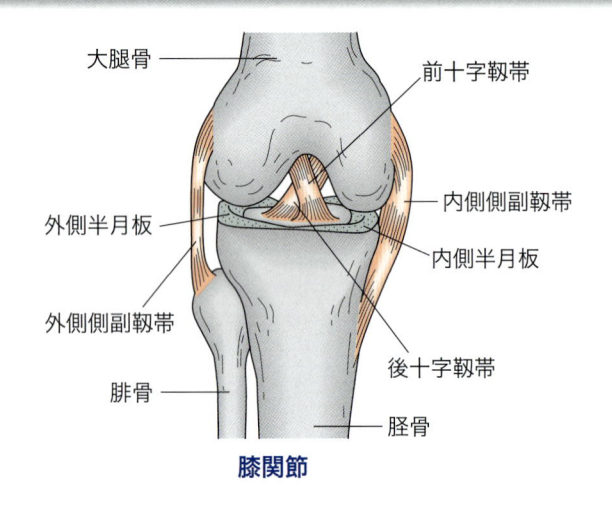

**膝関節**
- 大腿骨
- 前十字靱帯
- 内側側副靱帯
- 内側半月板
- 後十字靱帯
- 脛骨
- 腓骨
- 外側側副靱帯
- 外側半月板

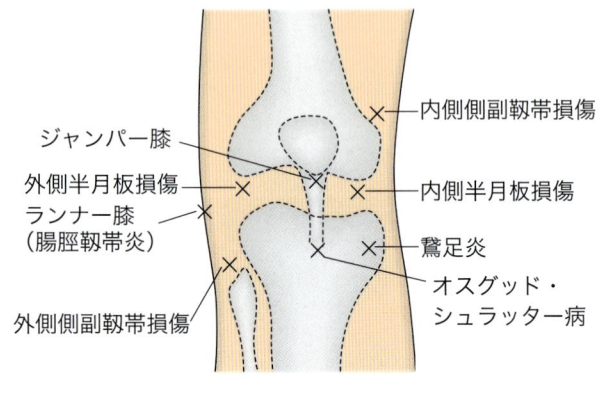

**スポーツ障害による圧痛部位** 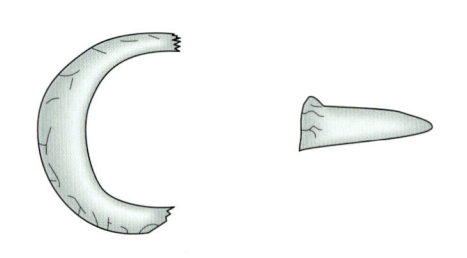
- ジャンパー膝
- 外側半月板損傷
- ランナー膝（腸脛靱帯炎）
- 外側側副靱帯損傷
- 内側側副靱帯損傷
- 内側半月板損傷
- 鵞足炎
- オスグッド・シュラッター病

**半月板の血行**
（半月板の外側より1/3くらいまで血管が入り込んでいる）

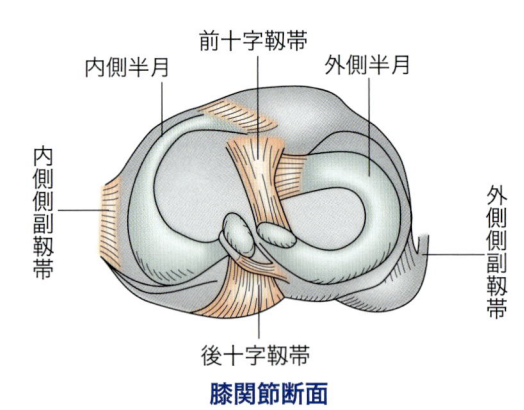

**膝関節断面**
- 内側半月
- 前十字靱帯
- 外側半月
- 内側側副靱帯
- 外側側副靱帯
- 後十字靱帯

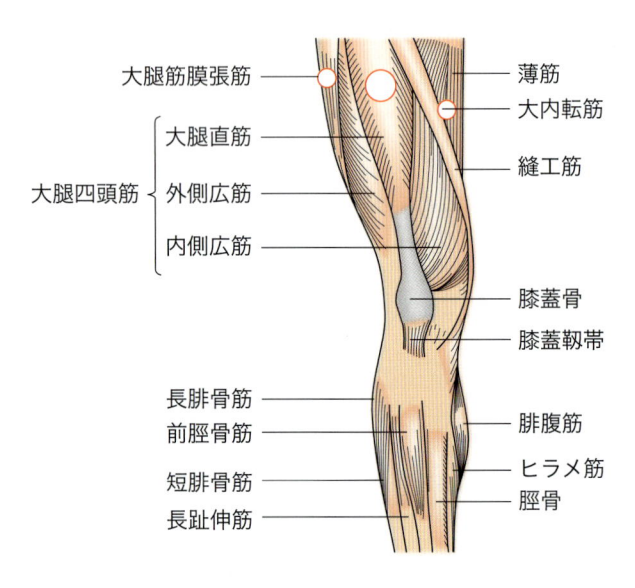

**膝関節・大腿部・下腿部の筋（前面）**
- 大腿筋膜張筋
- 薄筋
- 大内転筋
- 大腿直筋
- 縫工筋
- 大腿四頭筋
  - 外側広筋
  - 内側広筋
- 膝蓋骨
- 膝蓋靱帯
- 長腓骨筋
- 前脛骨筋
- 腓腹筋
- 短腓骨筋
- ヒラメ筋
- 長趾伸筋
- 脛骨

○印は肉ばなれの好発部位

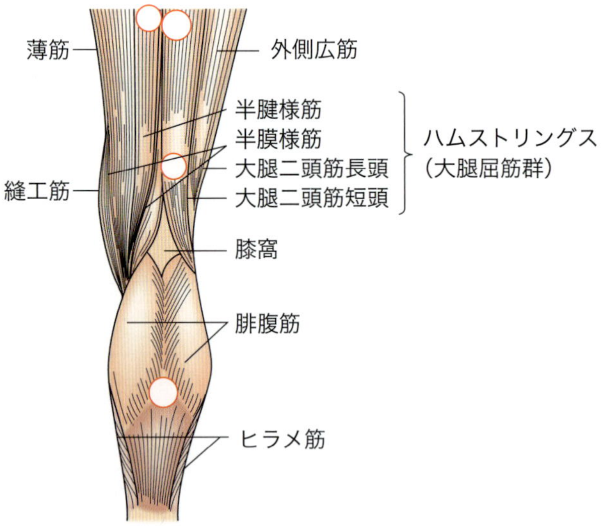

**膝関節・大腿部・下腿部の筋（後面）**
- 薄筋
- 外側広筋
- 半腱様筋
- 半膜様筋
- 大腿二頭筋長頭
- 大腿二頭筋短頭
- ハムストリングス（大腿屈筋群）
- 縫工筋
- 膝窩
- 腓腹筋
- ヒラメ筋

○印は肉ばなれの好発部位

#### 関節可動域の表示と測定法

| 部位名 | 運動方向 | 参考可動域角度 | 基本軸 | 移動軸 | 測定肢位および注意点 | 参考図 |
|---|---|---|---|---|---|---|
| 膝 knee | 屈曲 flexion | 130 | 大腿骨 | 腓骨（腓骨頭と外果を結ぶ線） | 屈曲は股関節を屈曲位で行なう． | 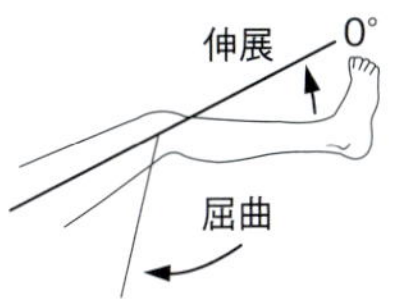 |
| | 伸展 extension | 0 | | | | |

# 膝関節・大腿部・下腿部のスポーツ外傷・障害

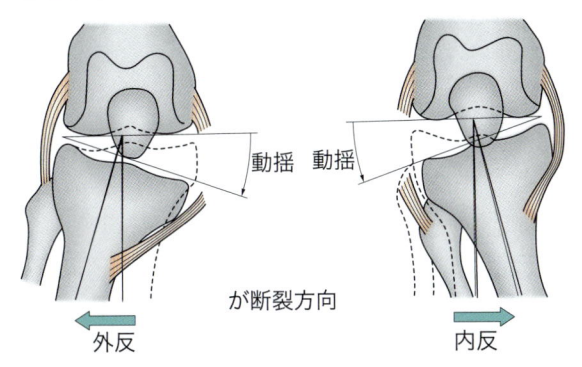

**内側側副靱帯の損傷**　**外側側副靱帯の損傷** 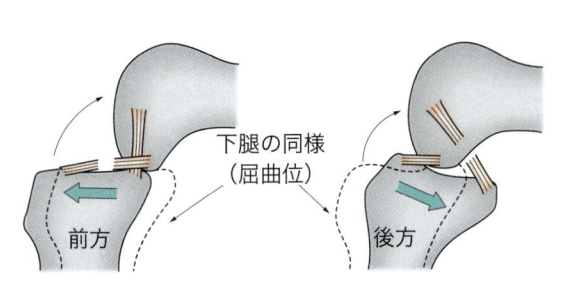　**前十字靱帯の損傷（前方引き出し）**　**後方後十字靱帯の損傷（後方へ押し込み）**

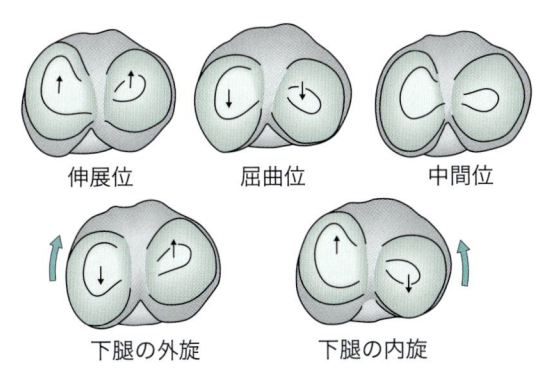

**膝関節の動きに伴う内側・外側半月のメカニズム**

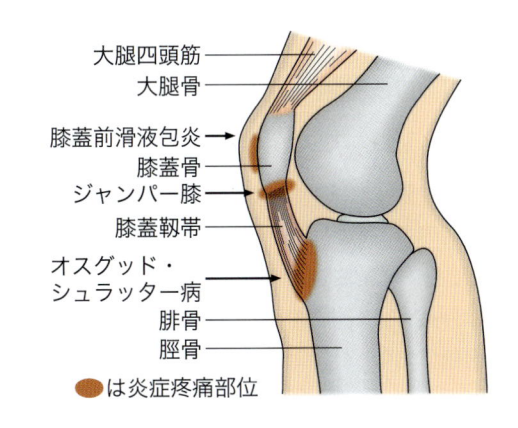

**膝関節障害**

　膝関節損傷の応急処置，テーピングを適切に行なうためには，膝関節の機能解剖をよく知ることが重要である．

　膝関節の安定性は，周囲の靱帯，半月板，軟骨，筋肉による．膝には主に，次の4つの靱帯がある．

①前十字靱帯（ACL）
②後十字靱帯（PCL）
③内側側副靱帯（MCL）
④外側側副靱帯（LCL）

　ACLとPCLは，膝の前後方向の安定性を，MCLとLCLは膝の側方方向の安定性をつかさどっている．

　また，脛骨と大腿骨面に軟骨が，脛骨の軟骨面上に内側半円板，外側半円板があり，荷重の分散，伝達などショックアブソーバの役割を果たしている．

## 1　前十字靱帯損傷

　受傷機転は，アメリカンフットボール，ラグビーなどのコンタクトスポーツで他の選手との接触により膝に大きな外力が直接加わり発生する接触型と，バスケットボール，体操競技などのスポーツでジャンプの着地などの動作で膝が内反して自分の大腿四頭筋の収縮力により発生する非接触型がある．接触型は他の靱帯損傷を合併するが，非接触

型は前十字靱帯単独損傷のことが多い．

- 症状　急性期は，断裂音，疼痛，可動域制限，関節血症があり，慢性期では前方不安定性による膝くずれ現象がおきてスポーツ復帰の妨げとなる．膝くずれ現象を繰りかえすと半月板損傷を合併し膝痛，関節水腫が起こる．
- 治療　急性期はRICE処置，痛みの強い場合はシーネ固定，松葉杖による免荷をする．
  スポーツ復帰をする場合は，手術（靱帯再建術）が必要である．術後は再受傷予防のためブレース装着を行なう．

## 2　後十字靱帯損傷

受傷機転は，ジャンプの着地時に膝を強く打ち，下腿が後方に押し下げられて後十字靱帯を損傷することが多い．

- 症状　疼痛，後方不安定性，脛骨後方落ち込み現象（sagging）．
- 治療　急性期はRICE処置．ほとんどが保存療法で競技復帰が可能であり，手術を必要とする症例は少ない．リハビリでは，後方不安定性に対しては大腿四頭筋の筋力強化が大切である．

## 3　膝内側側副靱帯損傷

膝関節に大きな外反力が加わって損傷する．重傷度からⅠ，Ⅱ，Ⅲ度に分類される．Ⅰ度では外反不安定性はないが，痛みと圧痛のある軽症損傷．Ⅱ度は伸展位で外反不安定性はないが，30度屈曲位で外反不安定性のある中等度損傷．Ⅲ度は伸展位，屈曲30度で両方とも外反不安定性のある重度損傷である．

- 症状　損傷部の疼痛，圧痛，腫脹，膝外反不安定性（Ⅱ，Ⅲ度）．
- 治療　急性期はRICE処置．ほとんどの損傷は保存療法で復帰できるが，Ⅲ度損傷で伸展位での外反不安定性が残ると競技復帰困難となるので，慎重にリハビリを行なう必要がある．

## 4　膝外側側副靱帯損傷

膝関節に大きな内反力が加わって損傷する．重度損傷（複合靱帯損傷を含む）の場合，腓骨神経損傷を合併することがある．

- 症状　損傷部の疼痛，圧痛，腫脹，膝内反不安定性．
- 治療　急性期はRICE処置．保存療法で治癒するが，完全断裂で前十字靱帯損傷と合併している場合は，手術（縫合術）を行なうことがある．

## 5　半月板損傷

半月板はソケット状になっており，膝関節の安定とショック吸収の役割をしている軟骨である．半月板は，ねじりや衝撃で損傷する単独損傷と前十字靱帯損傷に合併する場合がある．

- 症状　運動時痛，圧痛，ロッキング（損傷した半月板の一部が関節軟骨の間に挟まり，関節可動域制限を起こした状態）．
- 治療　症状が軽い場合は筋力強化，足底板を試みる．保存療法で効果がない場合やロッキングしている症例では，関節鏡視下手術を行なう．手術法は半月板の部分切除術を行なうことが多いが，血流が良く半月板の変性が軽度であれば縫合術を行なう．

## 6　膝蓋靱帯炎（ジャンパー膝）

バレーボールのようにジャンプ動作の繰り返しにより，膝蓋靱帯に負荷が加わり発症する．

- 症状　ジャンプ時の膝蓋骨周囲の痛み，同部の圧痛．
- 治療　冷却により炎症を抑え，大腿四頭筋のストレッチを行なう．またジャンパーズ膝の発症因子としてハムストリングスの柔軟性の欠如と股関節屈曲制限が挙げられており，股関節周囲のストレッチをすることが予防も含め大切である．

## 7　オスグッド・シュラッター（Osgood-Schlatter）病

10歳代前半の成長期の脛骨粗面部（膝蓋靱帯付着部）に疼痛，腫脹を生じる骨端炎である．脛骨粗面の骨化が完了する前の力学的に弱い時期に，スポーツ活動における大腿四頭筋の収縮の繰り返しによって発生する．

- 症状　脛骨粗面の膨隆，同部の圧痛および運動時痛．
- 治療　局所の安静，アイシング，大腿四頭筋およびハムストリングスのストレッチ．

## 8　肉ばなれ

筋肉に強い張力（伸張性収縮）が働くことにより，筋組織に損傷をきたす病態が肉ばなれである．発生部位では，ハムストリングス，大腿四頭筋，下腿三頭筋（腓腹筋）の

順に多い．ハムストリングスは短距離走，大腿四頭筋はサッカーのキックで肉ばなれを発生しやすい．腓腹筋の肉ばなれはテニスのサーブ＆ダッシュで発生しやすく，テニス脚と呼ばれる．

|症 状| 圧痛，ストレッチ痛，損傷筋の抵抗痛，重度の損傷では陥凹が触診される．

|治 療| 急性期は RICE 処置．安静から症状をみながら徐々に負荷を加えていく．競技復帰は圧痛，ストレッチ痛，抵抗痛が消失することが必要条件であるが，筋力が十分に回復していないと再受傷しやすい．リハビリで筋力強化することが大切である．

## 9 疲労骨折

下肢の疲労骨折の多くは，ランニングによって発症するが，ジャンプ動作の繰り返しによって起こる跳躍型疲労骨折は脛骨前方中 1/3（中央）と腓骨近位に発症する．腓骨近位の疲労骨折はウサギ跳びの練習で発症することが知られている．

|症 状| 疼痛，圧痛．

|治 療| スポーツ禁止 2〜3 か月で治癒するが，脛骨の跳躍型疲労骨折は難治性であり，手術を必要とすることが多い．

## 10 シンスプリント（脛骨過労性骨膜炎）

ランニングやジャンプ動作に伴う足関節の底背屈により，脛骨中下 1/3 内側後縁に圧迫と張力が交互に応力として働くことやヒラメ筋の張力により同部への機械的炎症が起こることが考えられる．また，回内足に発症しやすいことが知られている．

|症 状| 脛骨中下 1/3 内側後縁の疼痛，圧痛．

|治 療| 症状の強い場合は安静，アイシング．ヒラメ筋のストレッチ，内側楔状足底板が有効である．

## 実技編 II-1 内側側副靱帯のテーピング——その1
### 再発予防・軽度の痛み——基本形

膝関節の内側側副靱帯に沿って蝶形テーピングを行なう．これは，内側側副靱帯損傷の原因となる膝関節の内側方向へのねじれを防ぐためである．

**固定肢位**
- 膝関節を軽屈曲位に保ち，体重を少しかけて，大腿部と下腿部の筋をある程度緊張させる．

**テープ**
- 粘着非伸縮性テープ 約50mm幅
- 粘着スプレー

**・ポイント・**
- 蝶形テーピングを行なうテーピングのうち2本のテープは，膝蓋骨に近いほうの辺縁部を5mm程度折り曲げる．これは，テープの緊縛効果をより強くするためである．
- 蝶形テーピングの中心が膝関節の中心線（運動軸）より1cm程度，膝蓋骨寄りを通るようにする．もし，蝶形テーピングの中心が膝関節の中心にかかると，膝関節を屈曲する際にテープが移動し，固定力が低下してしまうからである．

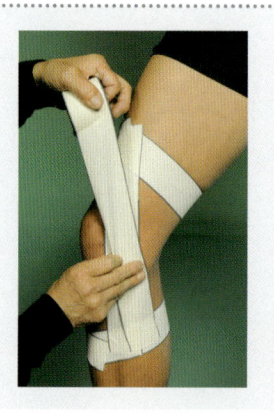

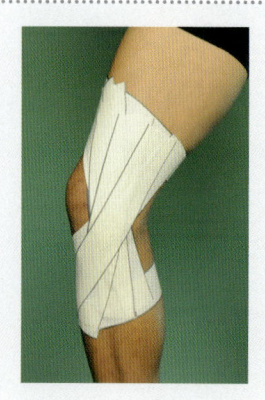

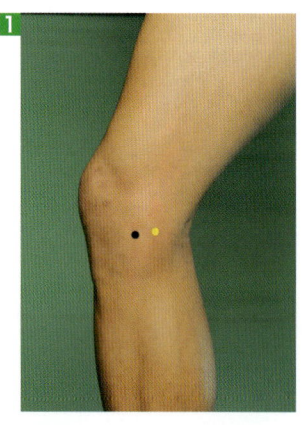

**1** 黒色●印は膝関節の中心線より1cmほど膝蓋骨寄りの点，黄色○印は内側側副靱帯上を示す．
[黄色○印…中心線（運動軸）]
[黒色●印…テーピングの軸]

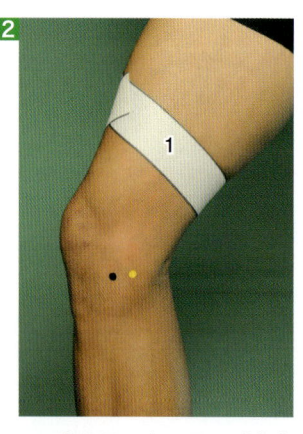

**2** 1のアンカーテープを大腿部に巻き，貼付する（目安は大腿部中下1/3のところ）．普通

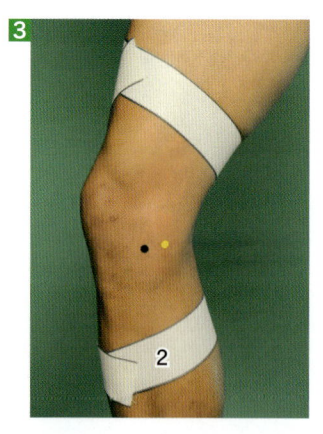

**3** 2のアンカーテープを下腿部に巻き，貼付する（目安は，テープ下端が腓腹筋最大周径囲の上）．普通

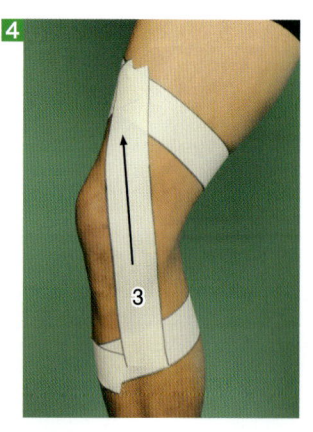

**4** 3のテープは，2のテープの内側下端から矢印の方向へ（黒色●印を通るように），1のテープの内側上端まで貼付する．強く

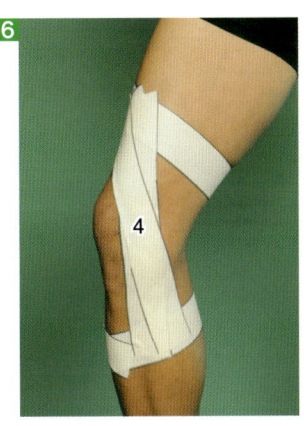

**5 6** 4のテープは，2のテープ（3参照）の内側下端から内側側副靱帯の上を通り，テープが膝蓋骨にかからないようにしながら前大腿部の1のテープ（2参照）の上端まで貼付する．このとき，膝蓋骨と近いほうの辺縁部を5mm程度折り曲げる．強く

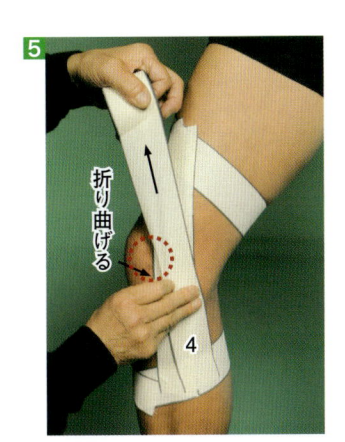

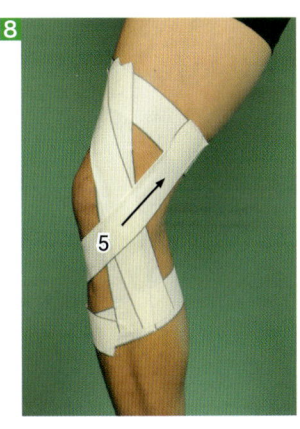

**7 8** 5のテープは，前下腿部外側寄りの2のテープ（3参照）の下端から貼り始め，膝蓋靱帯の上を通り，1のテープ（2参照）の内側上端まで貼付する．このとき，膝蓋骨に近いほうの辺縁部を5mm程度折り曲げる．強く

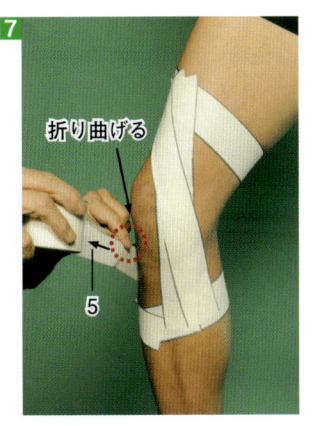

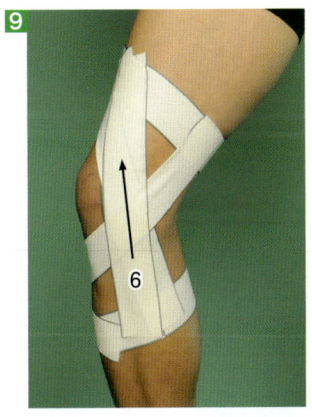

**9** 6のテープは，2のテープ（3参照）の内側下端から1のテープ（2参照）の内側上端まで貼付する．強く

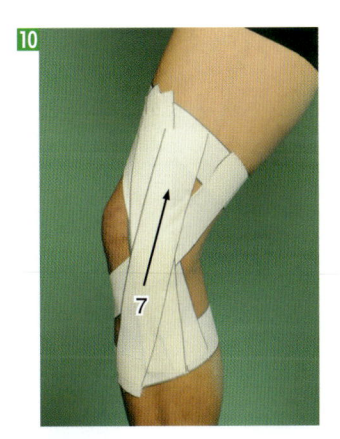

**10** 7のテープは，前下腿部の2のテープ（3参照）の下端から1のテープ（2参照）の内側上端まで貼付する．強く

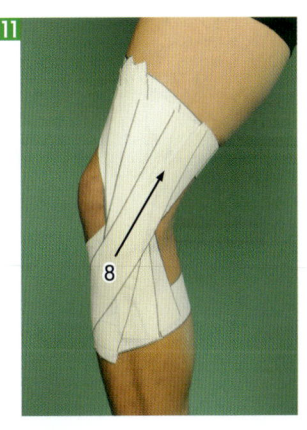

**11** 8のテープは，前下腿部外側寄りの2のテープ（3参照）の下端から，1のテープ（2参照）の上端まで貼付する．強く

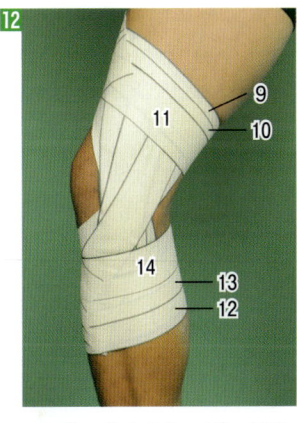

**12** 9〜14のテーピングは，これまでは貼付したテープが剥がれないようにするため行なうものである．このため，9〜11のテープは大腿部に，12〜14のテープは下腿部に，それぞれテープ幅の1/2〜1/3程度を重ねて巻き，貼付する．普通

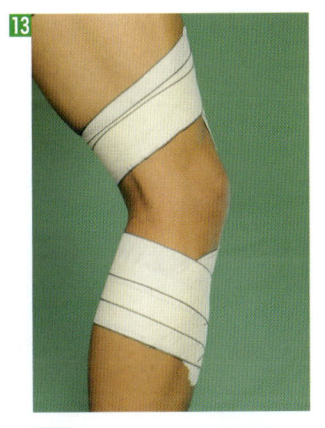

**13** 外側から見た完成写真．

以上で，内側側副靱帯のテーピングが完了する．

## 実技編 II-2 内側側副靱帯のテーピング──その2
### 再発予防・軽度の痛み──ねじり入り

その1・基本形（p.66，67）のテーピングをより強固にするためにテープをねじり，蝶形のテーピングを行なう．

**固定肢位**
- 膝関節を軽屈曲位に保ち，体重をかけて，大腿部と下腿部の筋をある程度緊張させる．

**テープ**
- 粘着非伸縮性テープ 約50mm幅
- 粘着スプレー

**・ポイント・**
- 膝関節内側方向へのねじれを防ぐ蝶形テーピングをより強く制限するために，粘着非伸縮性テープを"ねじり"ながら貼付する．

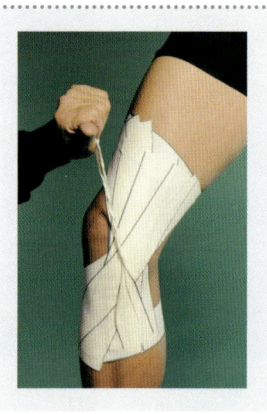

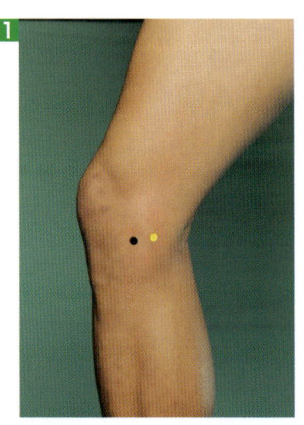

**1** 黒色●印は膝関節の中心線より1cmほど膝蓋骨寄りの点，黄色〇印は内側側副靱帯上を示す．
[黄色〇印…中心線（運動軸）]
[黒色●印…テーピングの軸]

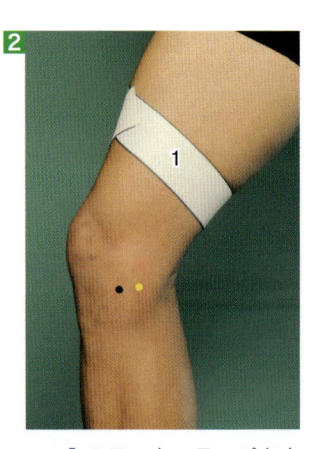

**2** 1のアンカーテープを大腿部に巻き，貼付する（目安は大腿部中下1/3のところ）．普通

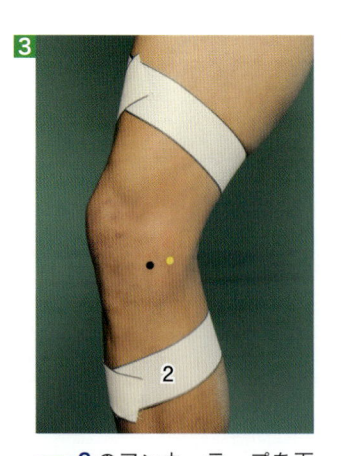

**3** 2のアンカーテープを下腿部に巻き，貼付する（目安は，テープ下端が腓腹筋最大周径囲の上）．普通

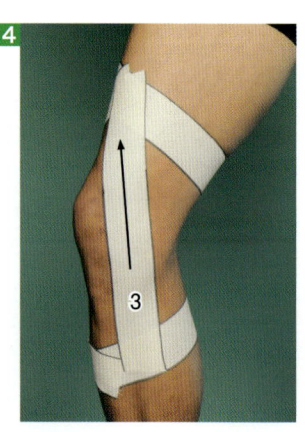

**4** 3のテープは，2のテープの内側下端から矢印の方向へ（黒色の印を通るように），1のテープの内側上端まで貼付する．強く

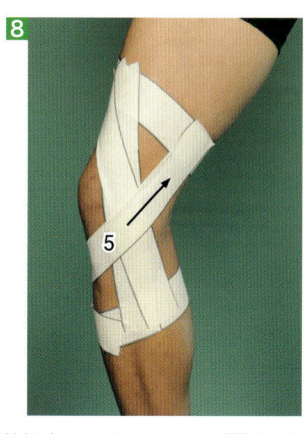

**5 6** 4のテープは，2のテープ（3参照）の内側下端から内側側副靱帯の上を通り，テープが膝蓋骨にかからないようにしながら前大腿部の1のテープ（2参照）の上端まで貼付する．このとき，膝蓋骨に近いほうの辺縁部を5mm程度折り曲げる．**強く**

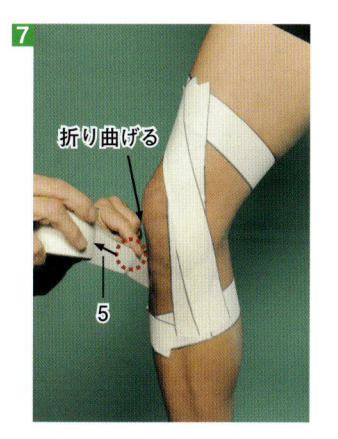

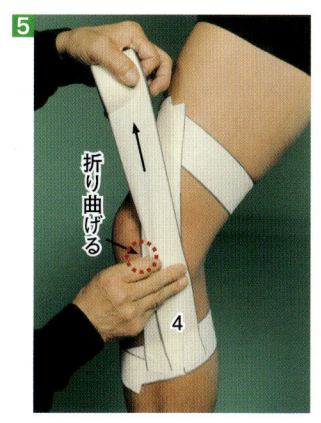

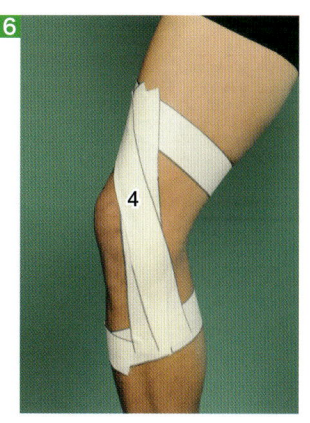

**7 8** 5のテープは，前下腿部外側寄りの2のテープ（3参照）の下端から貼り始め，膝蓋靱帯の上を通り1のテープ（2参照）の内側上端まで貼付する．このとき，膝蓋骨に近いほうの辺縁部を5mm程度折り曲げる．**強く**

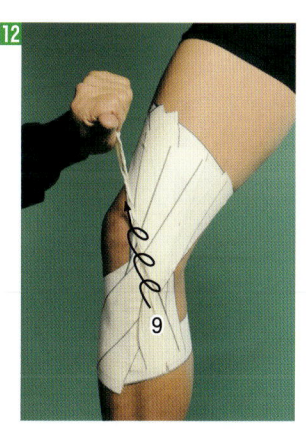

**9** 6のテープは，2のテープ（3参照）の内側下端から1のテープ（2参照）の内側上端まで貼付する．**強く**

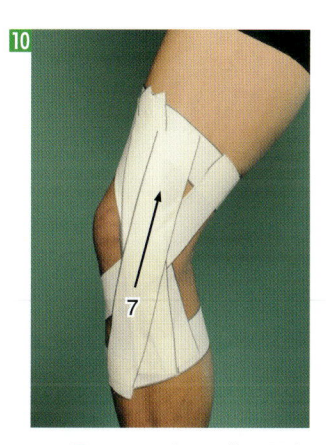

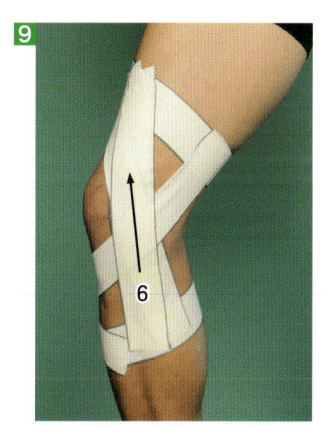

**10** 7のテープは，前下腿部の2のテープ（3参照）の下端から1のテープ（2参照）の内側上端まで貼付する．**強く**

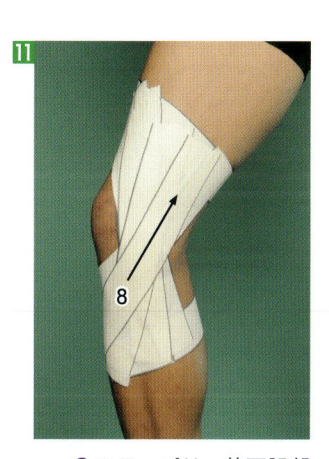

**11** 8のテープは，前下腿部外側寄りの2のテープ（3参照）の下端から1のテープ（2参照）の上端まで貼付する．**強く**

**12** 9のテープは，3～8までの膝関節内側方向へのねじれを防ぐ蝶形テーピングを，より強く制限するために行なうものである．このため，9のテープは3のテープ（4参照）上に重ねて貼り，2のテープの内側下端から貼り始め，膝関節にかかる部分をテープをねじりながら巻き，前大腿部の1のテープ（2参照）の上端まで貼付する（以後，貼付する10～12まで同様である）．**強く**

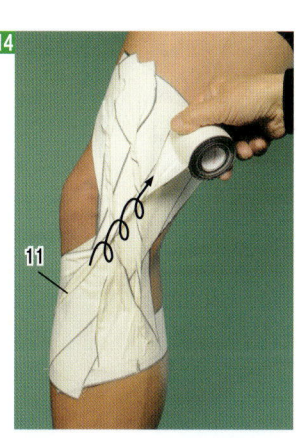

**13** 10のテープは4のテープ（6参照）の上に重ねて貼り，2のテープ（3参照）の内側下端から貼り始め，ねじりながら巻き，前大腿部の1のテープ（2参照）上端まで貼付する．**強く**

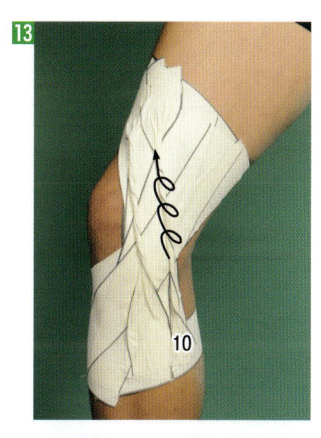

**14** 11のテープは5のテープ（8参照）上に重ねて貼り，前下腿部外側寄りの2のテープ（3参照）の下端から貼り始め，1のテープ（2参照）の内側上端部まで貼付する．**強く**

II 膝関節・大腿部・下腿部

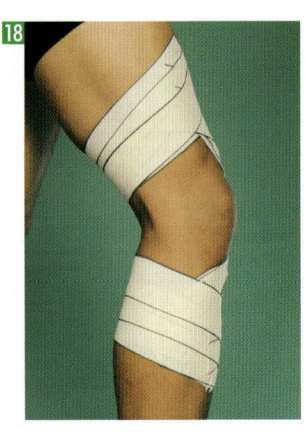

**15** 12のテープは8のテープ（**11**参照）上に重ねて貼り，前下腿部外側寄りの2のテープ（**3**参照）の下端から貼り始め，1のテープ（**2**参照）の内側上端部まで貼付する．強く
ねじりテープ完成写真．

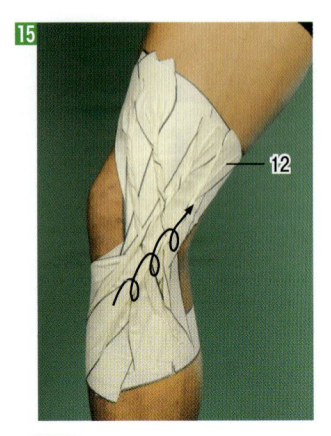

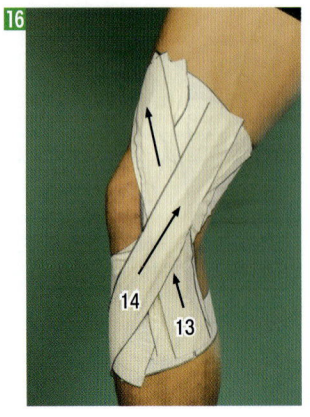

**16** 13・14のテーピングは，9〜12のねじりテープを剥がれないようにするために行なうものである．このため，13のテープは9・10のねじりテープ上に，14のテープは11・12のねじりテープ上に重ねて貼付する．強く

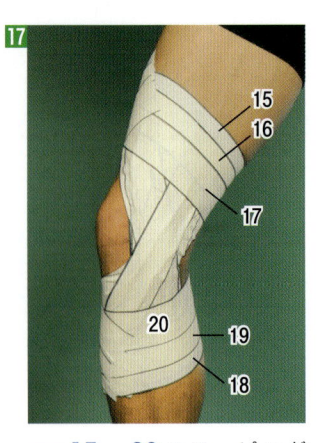

**17** 15〜20のテーピングは，これまでに貼付したテープが剥がれないようにするために行なうものである．このため，15〜17のテープは大腿部に，18〜20のテープは下腿部に，それぞれテープ幅の1/2〜1/3程度を重ねて巻き，貼付する．普通

**18** 外側から見た完成写真．

以上で，内側側副靱帯（ねじり入り）のテーピングが完了する．

## 実技編 II-3 内側側副靱帯のテーピング──その3
### 再発予防・軽度の痛み──ねじり入り応用

その2・ねじり入り（p.68〜70）のテーピングをより強固にするためと，固定力の持続を目的に粘着伸縮性テープを使用する．

**固定肢位**
- 膝関節を軽屈曲位に保ち，体重をかけて，大腿部と下腿部の筋をある程度緊張させる．

**テープ**
- 粘着非伸縮性テープ 約50mm幅
- 粘着伸縮性テープ 約75mm幅
- 脱脂綿（ワセリンを塗布したもの）
- 粘着スプレー

本項15までのテーピングについての詳細は，前項「内側側副靱帯のテーピング──その2」p.68〜70を参照のこと．ここでは写真を掲示するにとどめる．

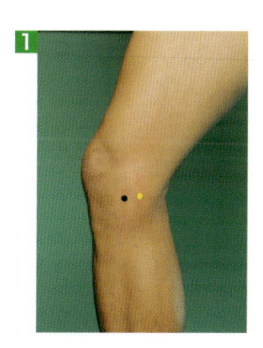

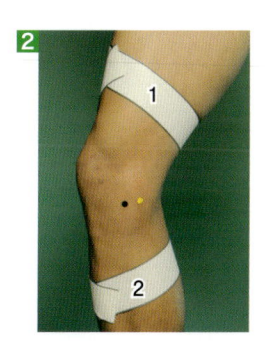

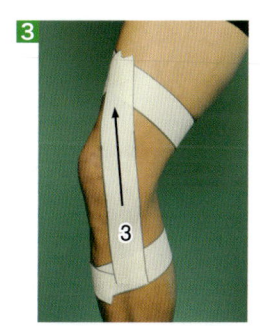

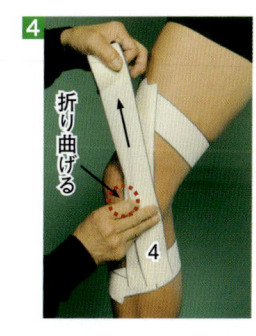

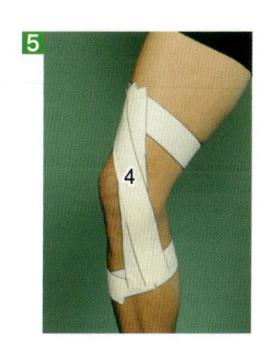

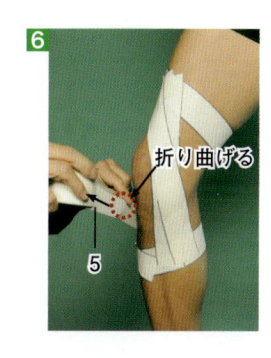

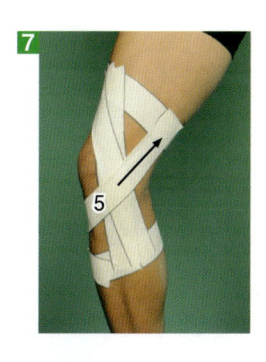

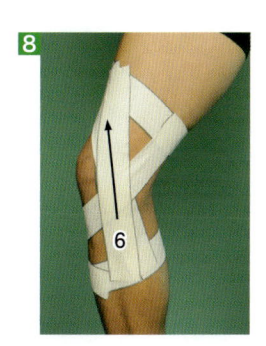

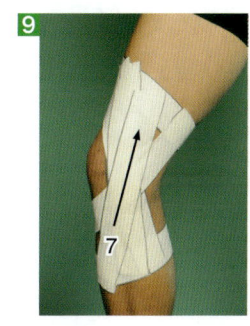

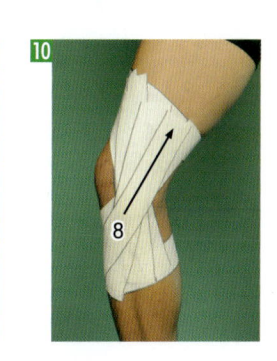

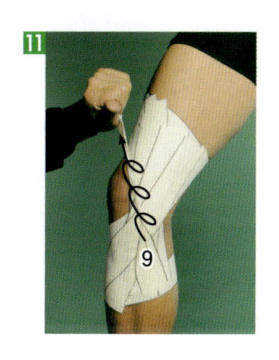

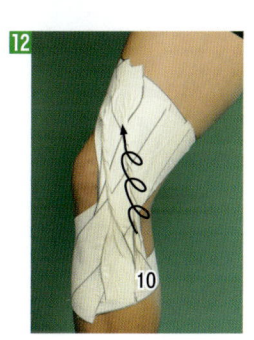

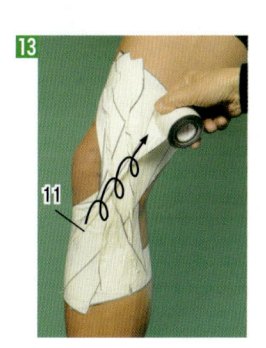

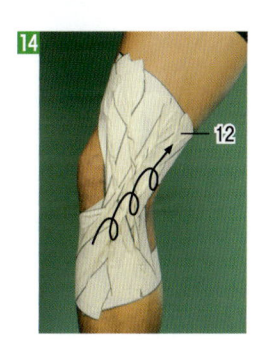

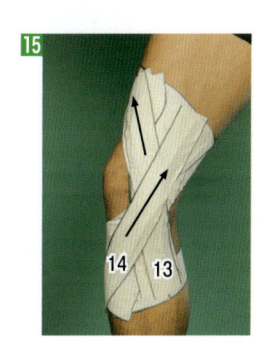

II 膝関節・大腿部・下腿部

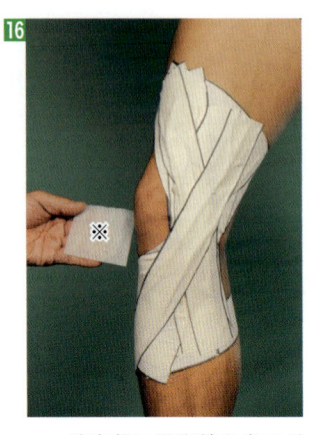

**16** 膝窩部に脱脂綿を当てがう．これは，テープと皮膚の摩擦を防ぐためと，テーピング後の身体運動をしやすくするためである．

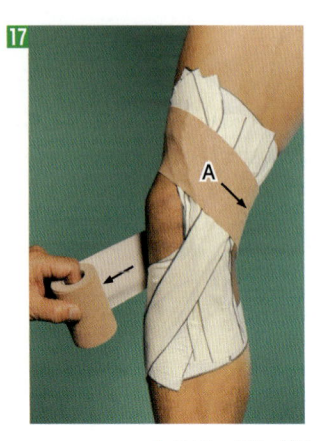

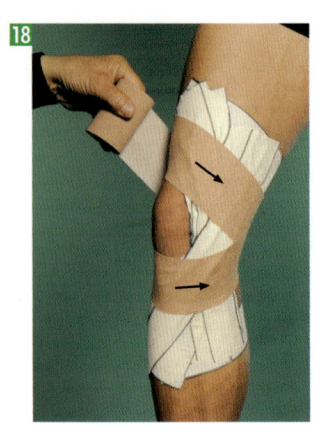

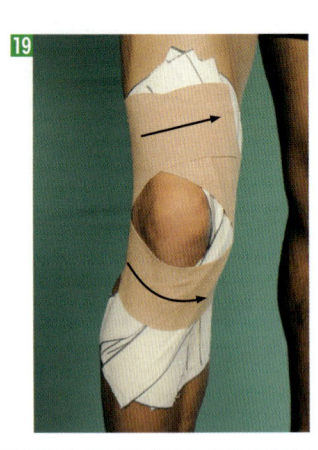

**17 18 19** Aのテーピングは，これまでに貼付した蝶形テーピングの固定力を持続させるために行なうもので，フィギュアエイトの技法を一連のテープで行なう．このため，Aのテープは外側大腿部の1のテープ（p.71 2 参照）上端から貼り始め，前大腿部――内側大腿部――膝窩部を経て，外側下腿部――膝蓋靱帯部――内側下腿部――膝窩部――外側大腿部――内側大腿部へと巻き，貼付する． やや強く

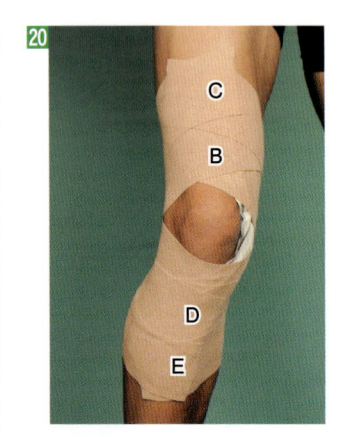

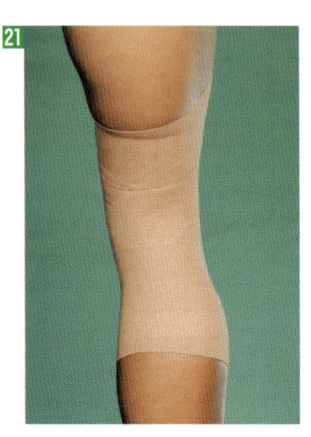

**20 21** B・CとD・Eのテーピングは，これまでに貼付したテープが剥がれないようにするために行なうものである．このため，Bのテープは大腿部に貼付したAのテープ（フィギュアエイト）に重ねて巻き，貼付する．Cのテープは，1のテープ上（p.71 2 参照）に重ねて巻き，かつBのテープ上にテープ幅の1/2～1/3程度を重ねて巻き，貼付する．

Dのテープは下腿部に貼付したAのテープ（フィギュアエイト）に重ねて巻き，貼付する．Eのテープは2のテープ（p.71 2 参照）上に重ねて巻き，かつDのテープ上にテープ幅の1/2～1/3程度を重ねて巻き，貼付する． やや強く

**21** は後方から見た完成写真．

以上で，内側側副靱帯（ねじり入り応用）のテーピングが完了する．

## 実技編 II-4　外側側副靱帯のテーピング
### 再発予防・軽度の痛み

膝関節の外側側副靱帯と内側側副靱帯に沿って蝶形テーピングを行なう．
これは，外側側副靱帯損傷の原因となる膝関節の外側方向へのねじれを防ぐためである．

**固定肢位**
- 膝関節の軽屈曲位に保ち，体重を少しかけて，大腿部と下腿部の筋をある程度緊張させる．

**テープ**
- 粘着非伸縮性テープ　約50mm幅
- 粘着伸縮性テープ　約75mm幅
- 脱脂綿（ワセリンを塗布したもの）
- 粘着スプレー

**・ポイント・**
- アンカーテープに，粘着伸縮性テープを使用するのは，運動の際，テープの圧迫によって筋疲労を起こさないためである（1参照）．
- 蝶形テーピングの中心が，膝関節の中心線（運動軸）より1cm程度膝蓋骨に寄ったところを通るようにする．もし，蝶形テーピングの中心が膝関節の中心線にかかると，膝関節を屈曲する際にテープが移動し固定力が低下してしまう．また，テープが膝蓋骨にかかると，膝関節の伸展が妨げられてしまうので注意する．

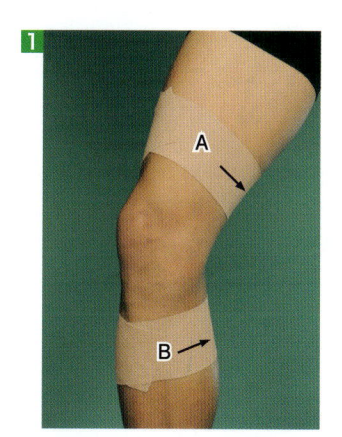

**1** A・Bのアンカーテープを大腿部と下腿部に巻き，貼付する．**やや強く**

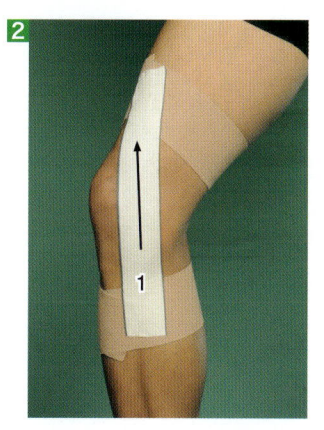

**2** 1のテープは，Bのテープ（1参照）の内側下端から矢印の方向へ，Aのテープ（1参照）の内側上端まで貼付する．**強く**

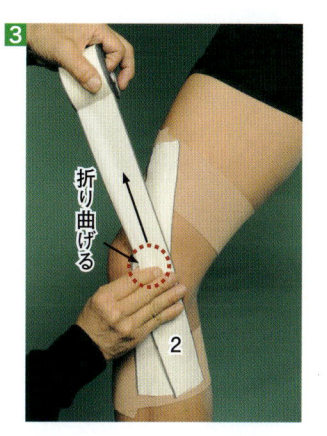

**3** 2のテープは，Bのテープ（1参照）の内側下端から内側側副靱帯の上を通り，テープが膝蓋骨にかからないようにしながら，前大腿部Aのテープ（1参照）の上端まで貼付する．このとき，テープの緊縛効果を高めるために，膝蓋骨に近いほうの辺縁部を5mm程度内側へ折り曲げる．**強く**

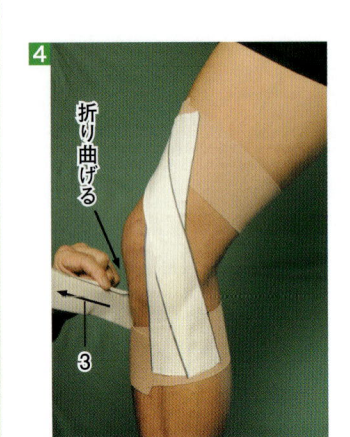

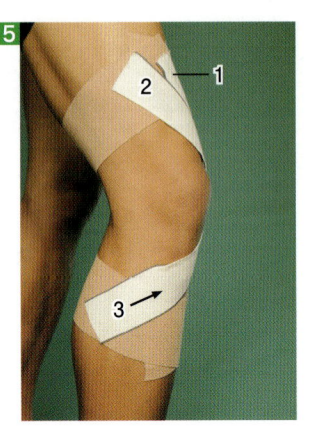

**4 5** 3のテープは，前下腿部外側寄りのBのテープ（1参照）の下端から貼り始め，膝蓋靱帯の上を通り，Aのテープ（1参照）の内側上端まで貼付する．このとき，膝蓋骨に近いほうの辺縁部を5mm程度折り曲げる．  強く

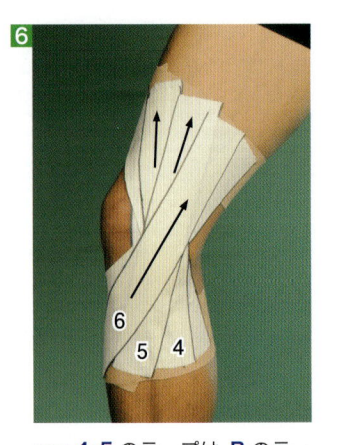

**6** 4・5のテープは，Bのテープ（1参照）の内側下端からAのテープ（1参照）の内側上端まで貼付する．6のテープは，前下腿部外側寄りのBのテープ（1参照）の下端から内側大腿部のAのテープ（1参照）の上端まで貼付する．  強く

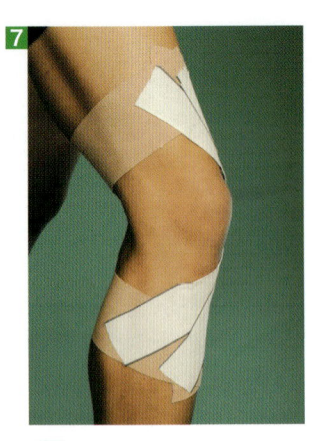

**7** 外側から見た写真．

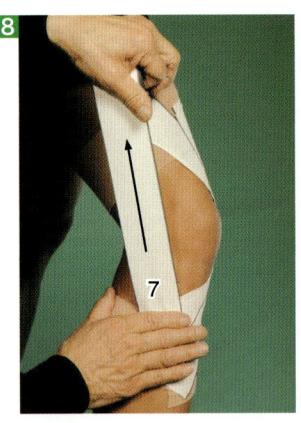

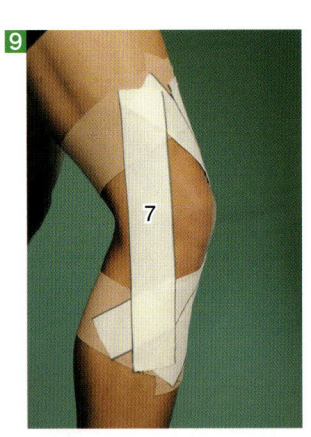

**8 9** 7のテープは，Bのテープ（1参照）の外側下端から矢印の方向へ，Aのテープ（1参照）の外側上端まで貼付する．  強く

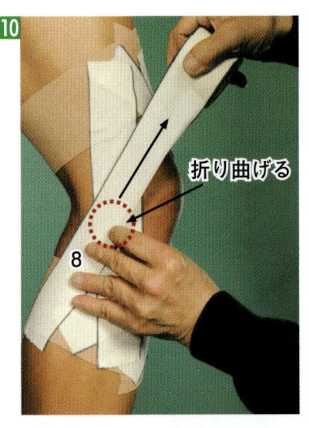

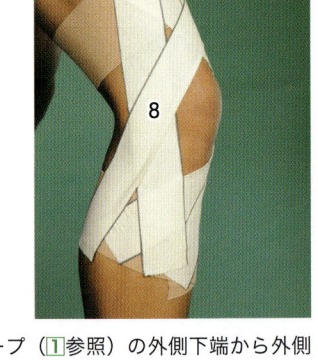

**10 11** 8のテープは，Bのテープ（1参照）の外側下端から外側側副靱帯の上を通り，テープが膝蓋骨にかからないようにしながら，前大腿部Aのテープ（1参照）の上端まで貼付する．このとき，テープの緊縛効果を高めるために，膝蓋骨に近いほうの辺縁部を5mm程度折り曲げる．  強く

74　実技編

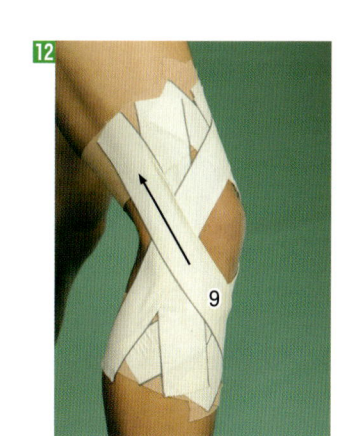

**12** 9のテープは，前下腿部内側寄りのBのテープ（①参照）の下端から貼り始め，膝蓋靱帯の上を通りAのテープ（①参照）の外側上端まで貼付する．このとき，膝蓋骨に近いほうの辺縁部を5mm程度折り曲げる． 強く

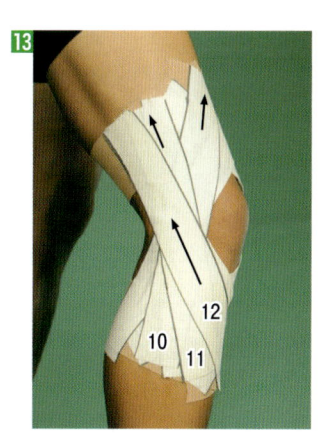

**13** 10・11のテープは，Bのテープ（①参照）の外側下端から，Aのテープ（①参照）の外側上端まで貼付する．12のテープは，前下腿部内側寄りのBのテープ（①参照）の下端から貼り始め，9のテープ（12参照）にほぼ重ねて，Aのテープ（①参照）の上端まで貼付する． 強く

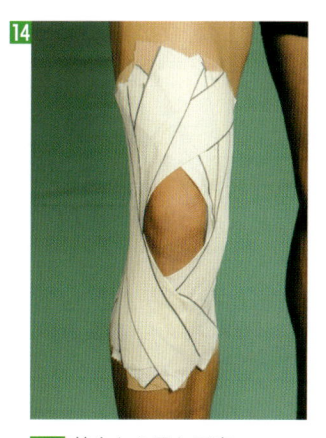

**14** 前方から見た写真．

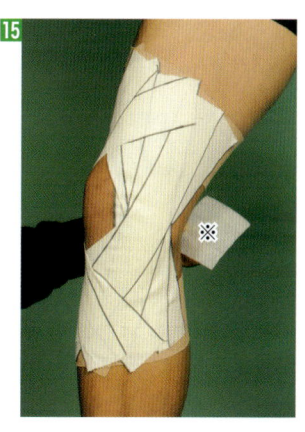

**15** 膝窩部にワセリンを塗布した脱脂綿を当てがう．これは，テープと皮膚の摩擦を防ぐためと，テーピング後の身体運動をしやすくするためである．

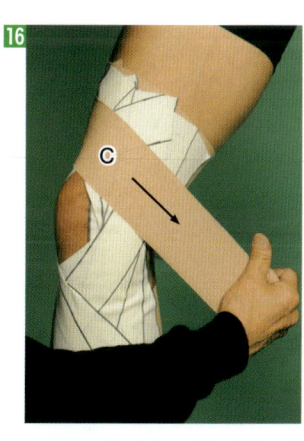

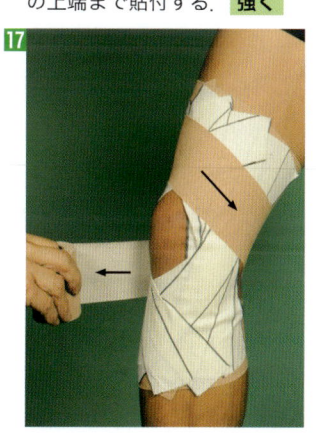

**16 17** Cのテーピングは，内側と外側に貼付した蝶形テーピングの固定力を持続するために行なうもので，20までフィギュアエイトの技法を一連のテープで行なう．
Cのテープは外側大腿部のAのテープ（①参照）の上端から貼り始め，前大腿部――内側大腿部――膝窩部を経て外側下腿部まで巻き，貼付する． やや強く

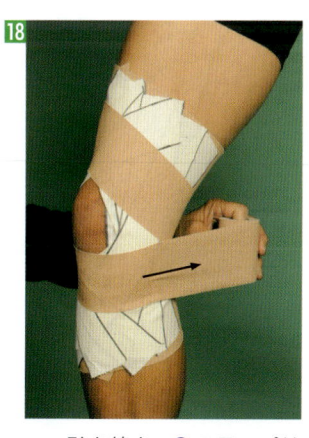

**18** 引き続き，Cのテープは前下腿部――膝窩部――外側大腿部――内側大腿部へと巻き，貼付する． やや強く

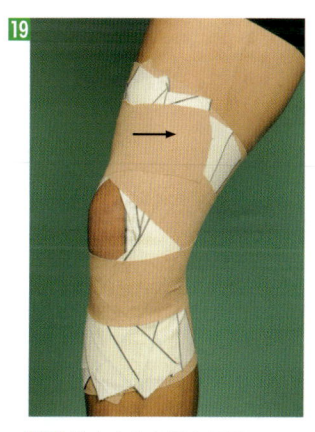

**19** 前内方から見た写真．

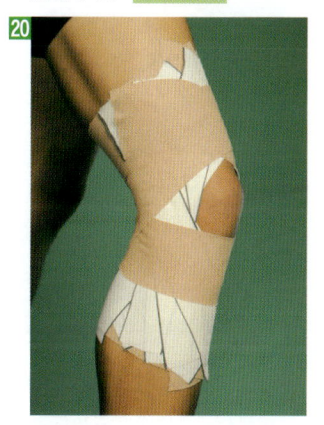

**20** 前外方から見た写真．

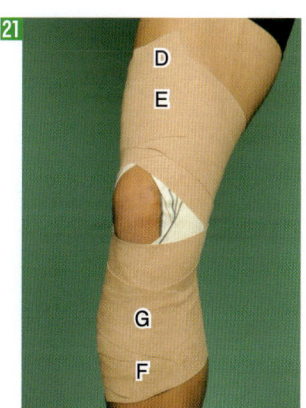

**21** D・EとF・Gのテーピングは，これまでに貼付したテープが剥がれないようにするために行なうものである．このため，DのテープはAのテープ上（①参照）に重ねて巻き，貼付する．EのテープはDのテープ上に，テープ幅の1/2〜1/3程度を重ねて巻き，貼付する．FのテープはBのテープ上（①参照）に重ねて巻き，貼付する．GのテープはFのテープ上にテープ幅の1/2〜1/3程度を重ねて巻き，貼付する． やや強く

以上で，外側側副靱帯のテーピングが完了する．

II 膝関節・大腿部・下腿部

## 実技編 II-5 内側・外側半月のテーピング
### 再発予防・軽度の痛み

膝関節の外側側副靱帯と内側側副靱帯に沿って蝶形テーピングを行なう．これは，関節半月損傷の原因である膝関節のねじれを防ぐためである．また，膝関節へのショックを和らげるため，踵にスポンジラバーを当てがう．

**固定肢位**
- 踵部のテーピング：踵部を上に，足関節をほぼ直角に保つ．
- 膝のテーピング：膝関節を軽屈曲位に保ち，体重を少しかけて，大腿部の筋をある程度緊張させる．

**テープ**
- 粘着非伸縮性テープ　約19mm幅，約38mm幅，約50mm幅
- 粘着伸縮性テープ　約75mm幅
- 脱脂綿（ワセリンを塗布したもの）
- スポンジラバー，粘着スプレー

**・ポイント・**
- 踵部に当てがうスポンジラバーは，直接当てがわずに，テープで踵部を覆った上に当てがう．これは，運動による発汗などで，スポンジラバーがずれないようにするためである（4参照）．
- 蝶形テーピングの中心が，膝関節の中心線（運動軸）より1cm程度膝蓋骨に寄ったところを通るようにする．もし，蝶形テーピングの中心が膝関節の中心線にかかると，膝関節を屈曲する際に，テープが移動し固定力が低下してしまう．また，テープが膝蓋骨にかかると，膝関節の伸展が妨げられてしまうので注意する．

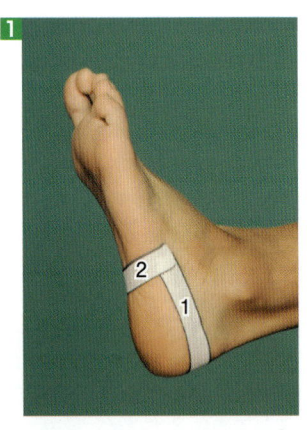

**1** 1のアンカーテープを踵部の上方に貼付する．　普通

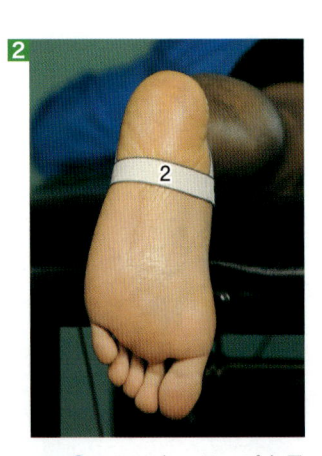

**2** 2のアンカーテープを足底に貼付する．　普通

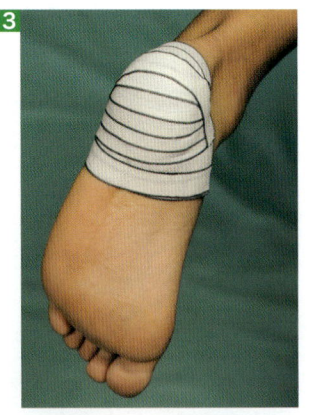

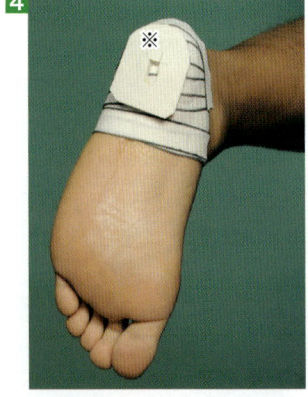

**3・4** 1・2のテープと同様に踵部側方と踵部底を交互に，それぞれテープ幅の1/2〜1/3程度を重ねて貼付する．踵骨隆起（踵の部分）は，1・2のテープが交わる外側まで斜めに貼付する．（テープ番号は省略する）．写真のように踵部全体をテープにて覆う．スポンジラバーの中央（保護したい部分※）に1cm程度の穴をあけ，踵に当てがう．　やや強く

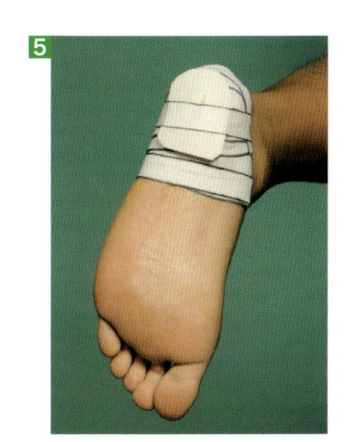

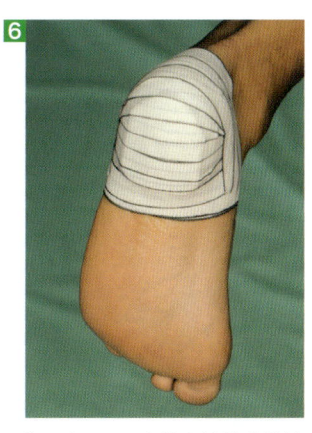

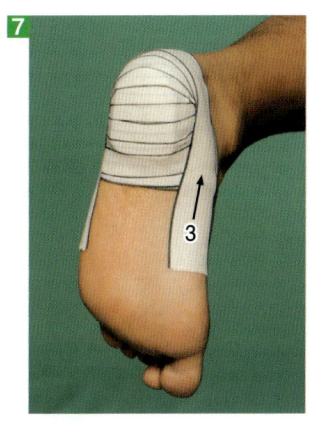

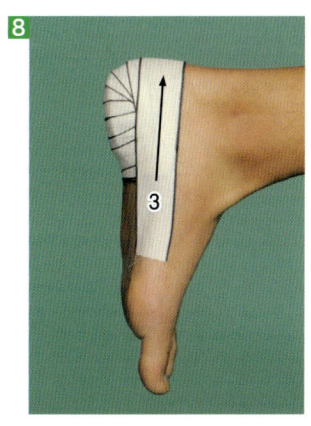

**5 6** 1・2のテープ同様に，スポンジラバー全体を粘着非伸縮性テープにて覆うように貼付する（テープ番号は省略）．
やや強く

**7 8** 3のテーピングは，これまでに貼付したテープの固定力を持続させるために行なうものである．このため3のテープは足底に平行に中足骨内側部——踵——中足骨外側部まで貼付する． 普通

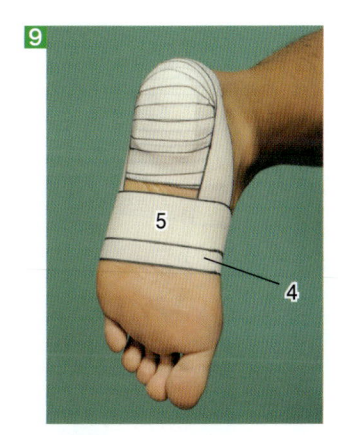

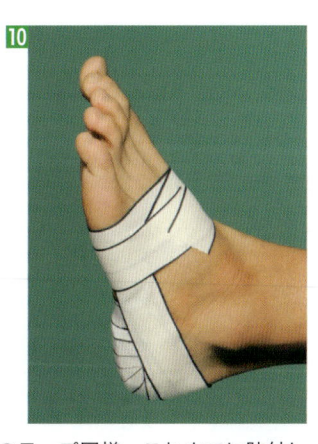

**9 10** 4・5のテーピングは3のテープ同様，これまでに貼付したテープの固定力を持続させるために行なうものである．このため，4・5のテープは3のテープを覆うように中足骨の周りに巻き貼付する．10は外側から見た完成写真． 普通

以後は膝関節の内側と外側に蝶形テーピングを行なうため，固定肢位を立位に変え，被施術部位の膝関節を軽屈曲位に保ち，体重を少しかける．

**11** 以後のテーピングについての詳細は，前項Ⅱ-4「外側側副靭帯のテーピング」p.73～75を参照のこと．ここでは写真を掲載するにとどめる．

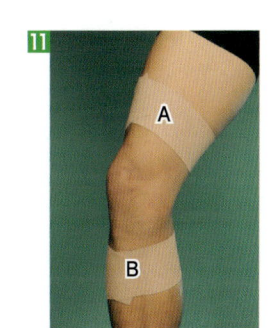

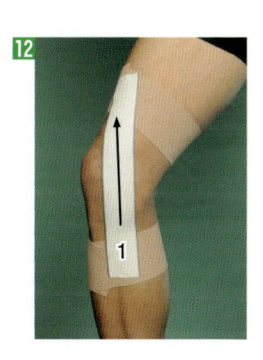

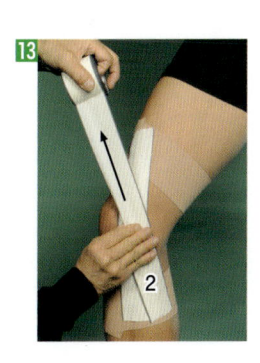

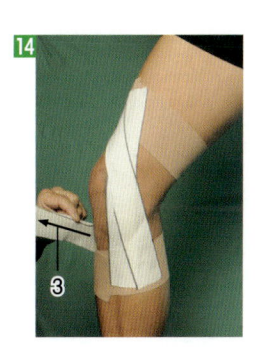

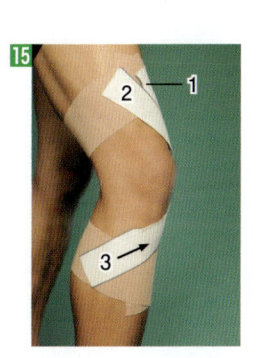

Ⅱ 膝関節・大腿部・下腿部

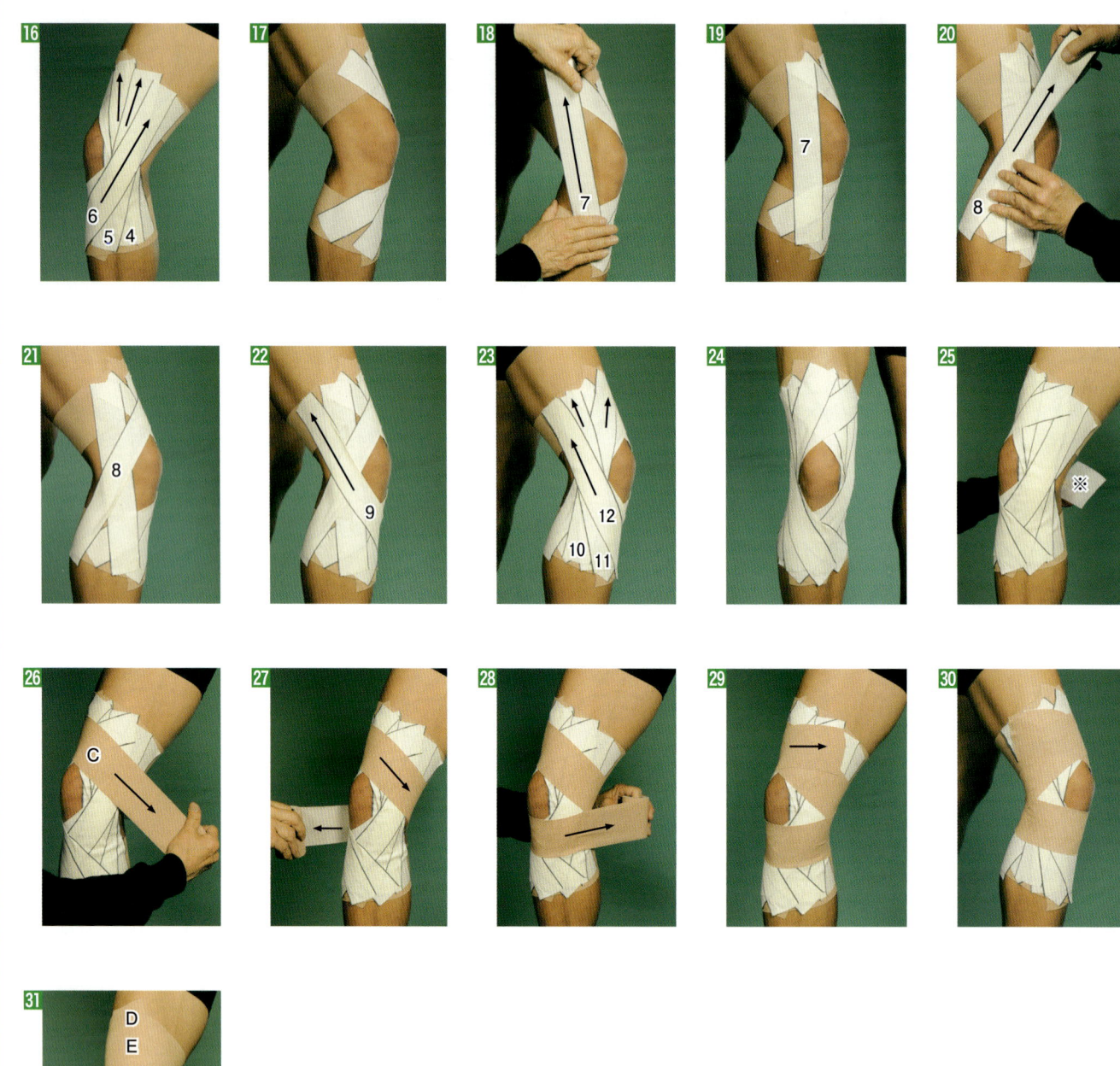

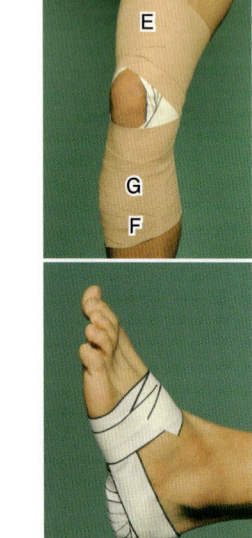

以上で，内側・外側半月のテーピングが完了する．

78 実技編

## 実技編 II-6 過伸展制限のテーピング
### 再発予防・軽度の痛み

膝窩部にテープを貼付して、膝関節の伸展を、生理的可動域あるいは痛みを感じる一歩手前の可動域に制限する技法である．

**固定肢位**
- 膝関節を軽屈曲位あるいは痛みを感じる一歩手前の角度に保ち，体重を少しかけ，大腿部と下腿部の筋を軽く緊張させる．

**テープ**
- 粘着非伸縮性テープ　約50mm幅
- 粘着伸縮性テープ　約75mm幅
- 脱脂綿（ワセリンを塗布したもの）
- 粘着スプレー

**・ポイント・**
- アンカーテープに，粘着伸縮性テープを使用するのは，運動の際，テープの圧迫によって筋疲労を起こさないためである（1参照）．
- 大腿部と下腿部に貼付するテープは，たるまないように注意する．もしテープにたるみがあると，膝関節の伸展制限が弱くなるためである（7参照）．

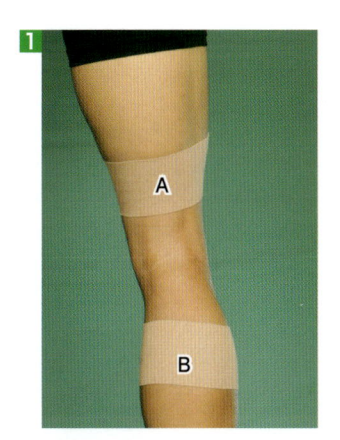

**1** A・Bのアンカーテープを大腿部と下腿部に巻き，貼付する．　やや強く

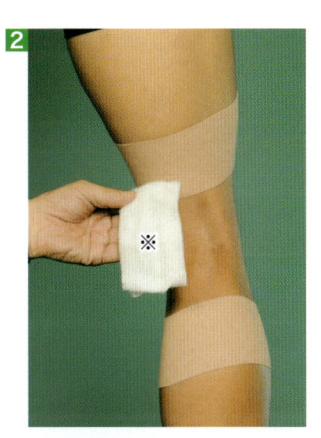

**2** 膝窩部にワセリンを塗布した脱脂綿を当てがう．これはテープと皮膚の摩擦を防ぐためと，テーピング後の身体運動をしやすくするためである．

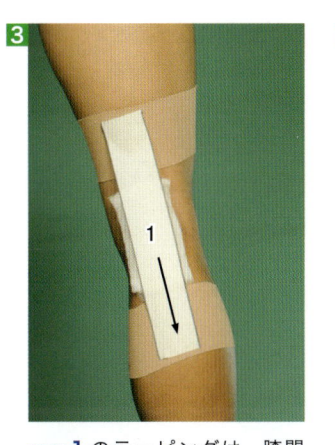

**3** 1のテーピングは，膝関節の伸展を制限するために行なうものである（以後，貼付する5のテープまで同様である）．このため，1のテープは，Aのテープ（1参照）の上端から膝窩部を経て，Bのテープ（1参照）の下端まで貼付する．　強く

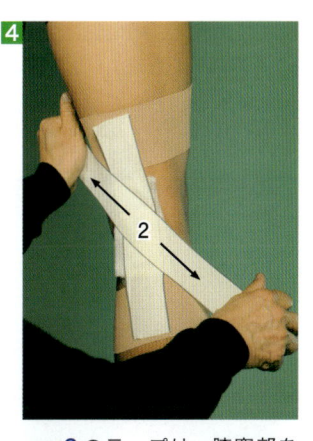

**4** 2のテープは，膝窩部を中心に，後大腿部内側のAのテープ（1参照）の上端から，後下腿部外側のBのテープ（1参照）の下端まで貼付する．　強く

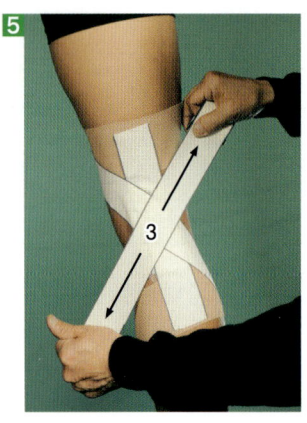

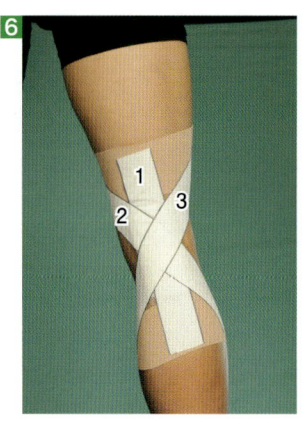

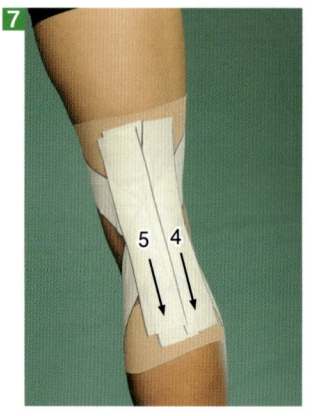

**5** 3のテーピングは2のテープ同様に膝窩部を中心に，後下腿部内側のBのテープ（[1]参照）の下端から，膝窩部で2のテープ（[4]参照）と交差し，後大腿部のAのテープ（[1]参照）まで貼付する．　強く

**6** 1～3のテーピング．

**7** 4のテーピングは後大腿部——後下腿部の外側に，5のテーピングは後大腿部——後下腿部の内側に，膝窩部を中心に，Aのテープ（[1]参照）の上端からBのテープ（[1]参照）の下端まで貼付する．　強く

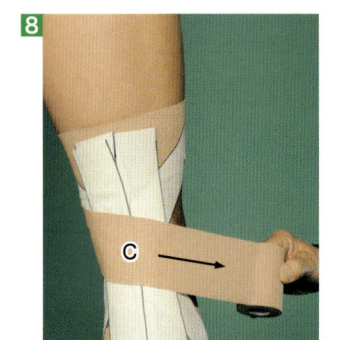

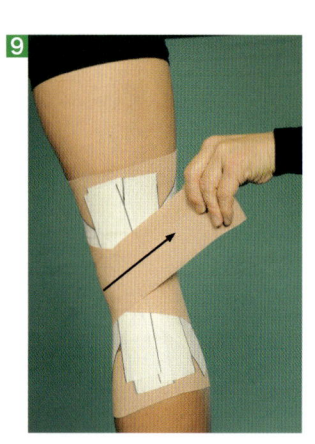

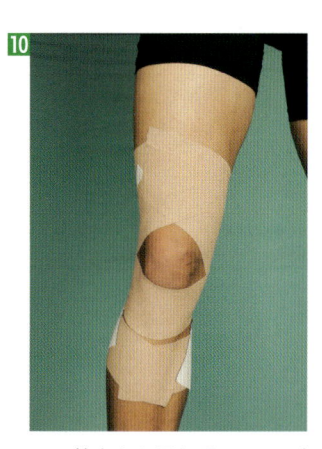

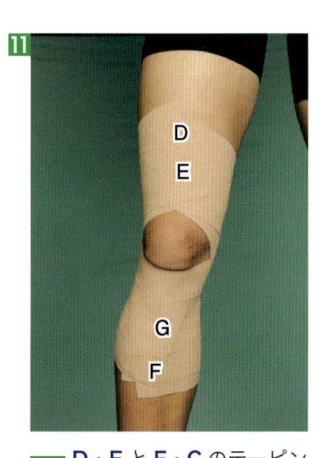

**8 9** Cのテーピングは1～5のテープの固定力を持続させるために行なうもので，フィギュアエイトの技法を一連のテープで行なう．このため，Cのテープは外側大腿部のAのテープ（[1]参照）の上端から貼り始め，前大腿部——内側大腿部——膝窩部——前下腿部——膝窩部——外側大腿部——前大腿部——内側大腿部のAのテープの上端まで貼付する．　やや強く

**10** 前方から見たCのテーピング（フィギュアエイト）．

**11** D・EとF・Gのテーピングは，これまでに貼付したテープが剥がれないようにするために行なうものである．このため，DのテープはAのテープ上（[1]参照）に重ねて巻き，貼付する．EのテープはDのテープ上に，テープ幅の1/2～1/3程度を重ねて巻き，貼付する．FのテープはBのテープ上（[1]参照）に重ねて巻き，貼付する．GのテープはFのテープ上にテープ幅の1/2～1/3程度を重ねて巻き，貼付する．　やや強く

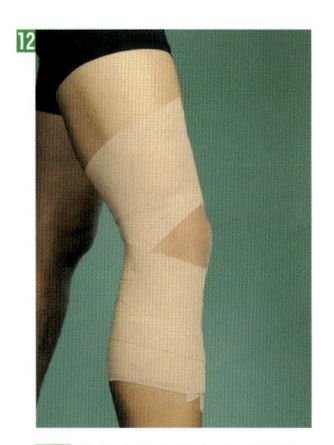

**12** 前外方から見た完成写真．

以上で，過伸展制限のテーピングが完了する．

# 実技編 II-7 前十字靱帯のテーピング
## 再発予防・軽度の痛み

内側大腿部──前下腿部──外側下腿部と内側下腿部──前下腿部──外側下腿部へテープを貼付し，下腿を外旋させた状態を保たせる．また，内側大腿部──外側大腿部──膝窩部──前下腿部──外側下腿部と内側下腿部──外側下腿部──膝窩部──内側大腿部──前大腿部へ，らせん状にテープを巻き，膝関節の動揺を防ぐ技法である．

**テープ**
- 粘着非伸縮性テープ　約50mm幅
- 粘着伸縮性テープ　約75mm幅
- 脱脂綿（ワセリンを塗布したもの）
- 粘着スプレー

### ・ポイント・

- 前大腿部と前下腿部から，らせん状に巻くテープは，必ず下腿を外旋させるようにして巻く．これは，N-テスト（中嶋テスト）──例えば，膝を見るとき患者の右側に立ち，術者の右手で下腿を持ち，左手で外反を加えたまま膝屈曲から下腿を内旋軸圧を加え伸展してくる．20〜40°で大腿が亜脱臼すれば陽性（「スポーツ外傷と障害」p.103〜104, 文光堂, 中嶋寛之, 1983引用）──と反対の方向へ固定して，正常な位置を保持するという目的のためである．

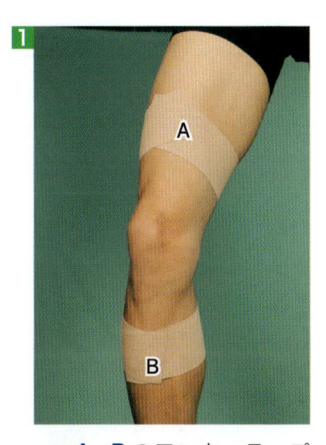

**1** A・Bのアンカーテープを大腿部と下腿部に巻き，貼付する．　やや強く

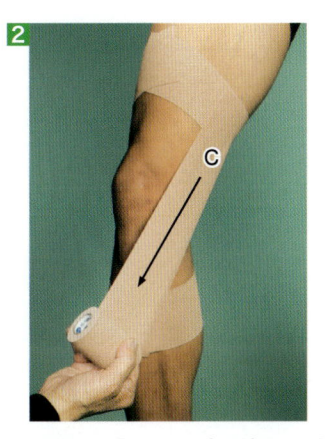

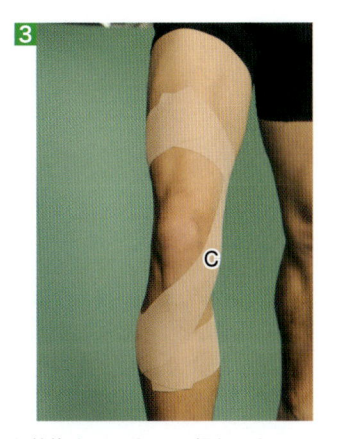

**2 3** Cのテーピングは，下腿を外旋させるために行なうものである（以後，貼付する6のテープまで同様である）．このため，Cのテープは内側大腿部のAのテープ（1参照）上端から外側下腿部のBのテープ（1参照）まで貼付する．このとき，テープが膝窩部と膝蓋骨にかからないように注意する．これは，膝関節の屈曲・伸展を妨げないようにするためである（以後，貼付する6のテープまで同様である）．　強く

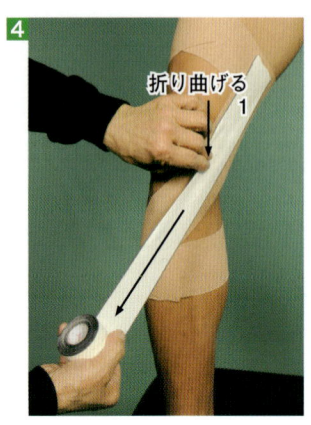

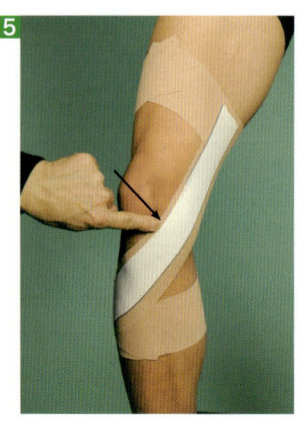

**4 5** 1のテーピングは，**C**のテープ上（3参照）に重ねて貼付する．その際，膝蓋骨に近い辺縁部を5mm程度折り曲げる．これはテープの緊縛効果をより強くするためである．　強く

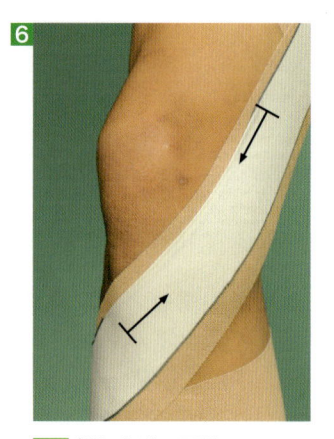

**6** 折り曲げる区間．

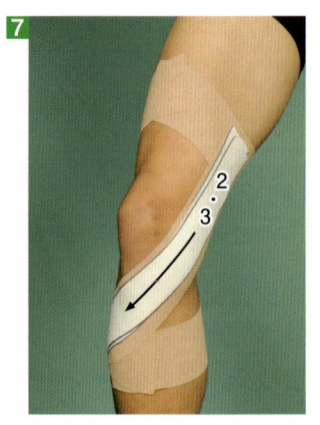

**7** 2・3のテープは，1のテープ上（4 5参照）にほぼ重ねて貼付する．　強く

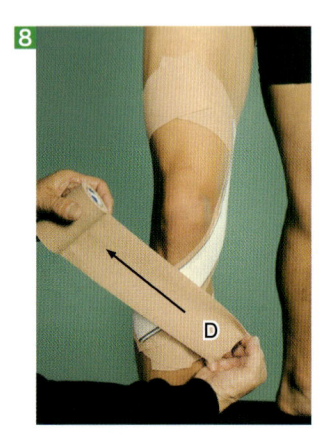

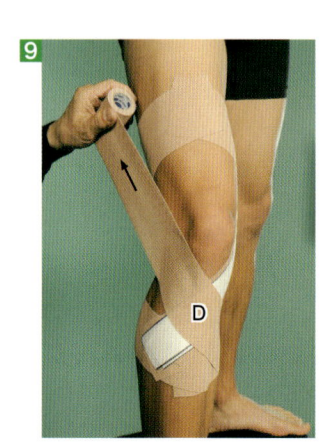

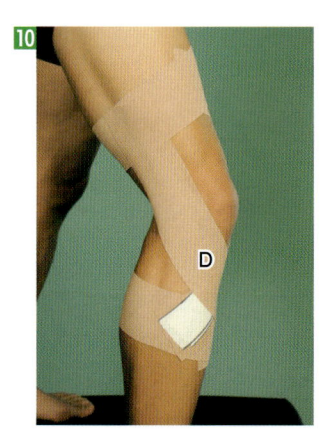

**8 9 10** **D**のテープは，内側下腿部の**B**のテープ（1参照）の下端から外側大腿部の**A**のテープ（1参照）の上端まで貼付する．　強く

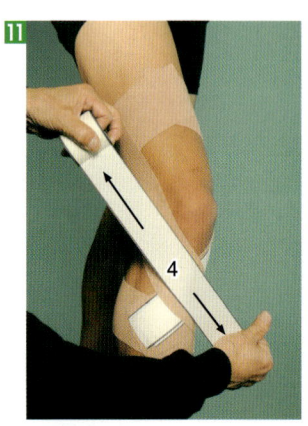

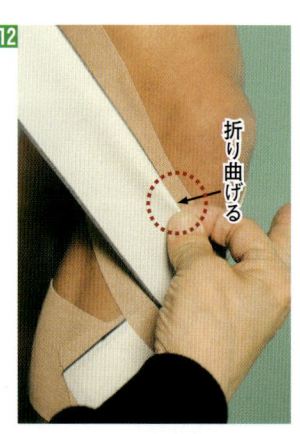

**11 12** 4のテーピングは，**D**のテープ上（10参照）に重ねて貼付する．その際，膝蓋骨に近い辺縁部を5mm程度折り曲げる．　強く

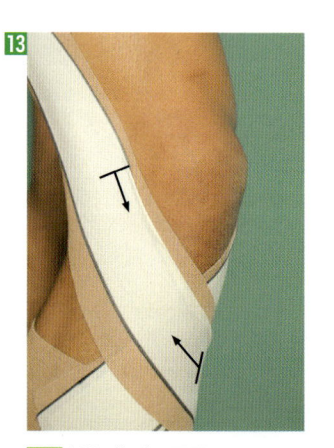

**13** 折り曲げる区間．

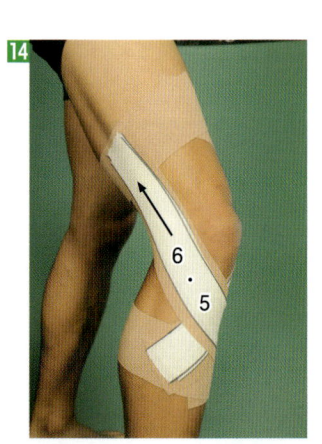

**14** 5・6のテーピングは，4のテープ上（11参照）にほぼ重ねて貼付する．　強く

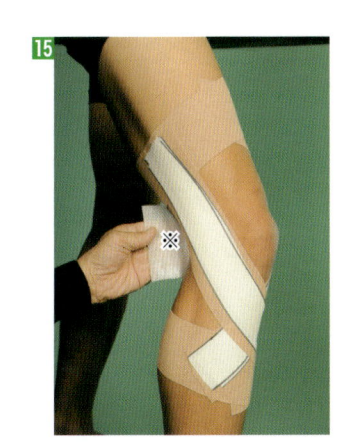

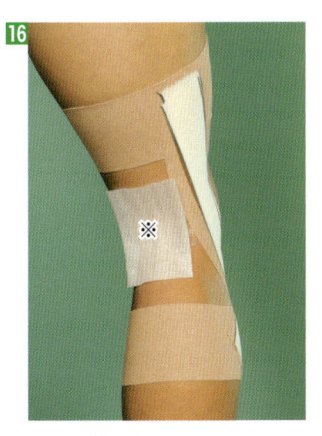

**15 16** 膝窩部にワセリンを塗布した脱脂綿を当てがう．これは，テープと皮膚の摩擦を防止したり，テーピング後の身体運動をしやすくするためのものである．

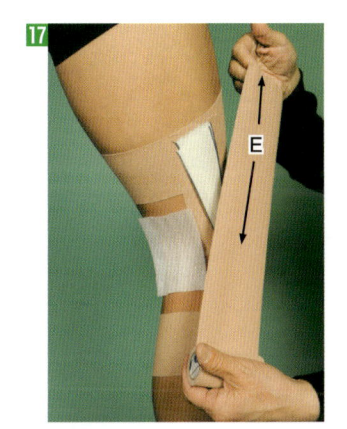

**17** Eのテーピングは，これまでに貼付したC・Dと1〜6のテープ（ 2 〜 14 参照）の固定力を持続させるためと，下腿部の動揺を防ぎ，膝関節を正常な位置に保持させるために行なうものである（以後，貼付する8のテープまで同様である）．

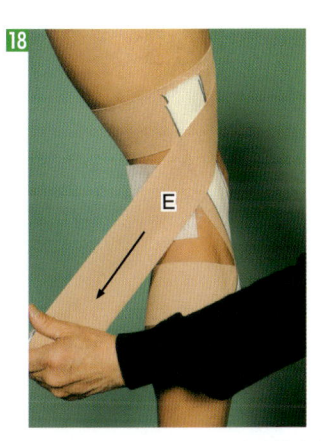

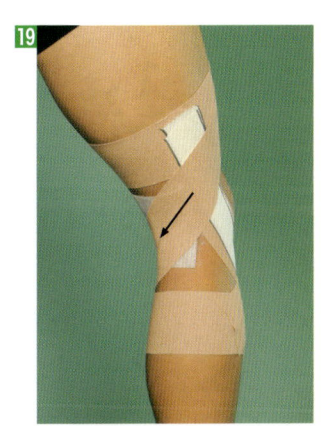

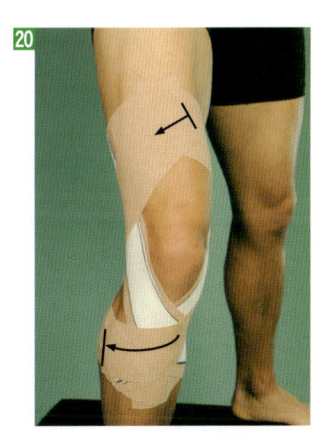

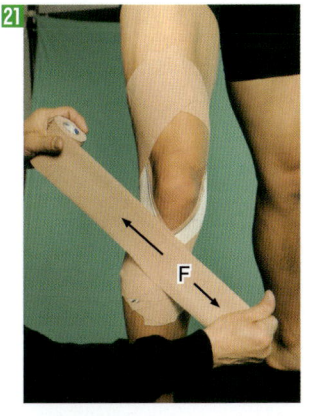

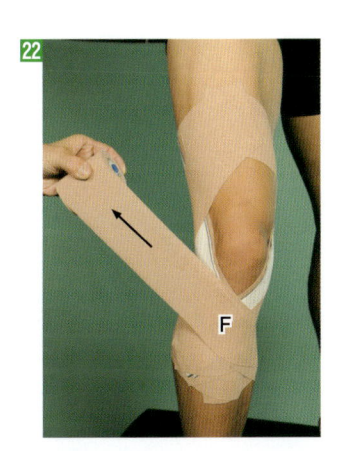

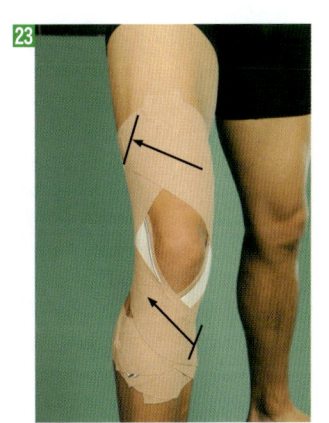

**18 19 20** Eのテープは前大腿部から貼り始め，外側大腿部——膝窩部——内側下腿部——外側下腿部まで，らせん状に貼付する．　やや強く

**21 22 23** Fのテーピングは内側下腿部から貼り始め，前下腿部——外側下腿部——膝窩部——内側大腿部——外側大腿部までらせん状に巻き，貼付する．　やや強く

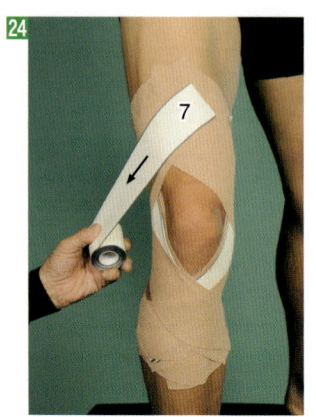

**24 25** 7のテーピングはEのテープ上に重ねて巻き，貼付する．
やや強く

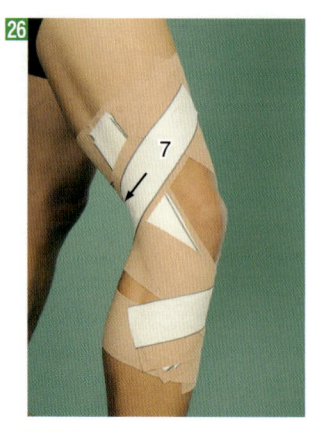

**26** 前外方から見た写真．

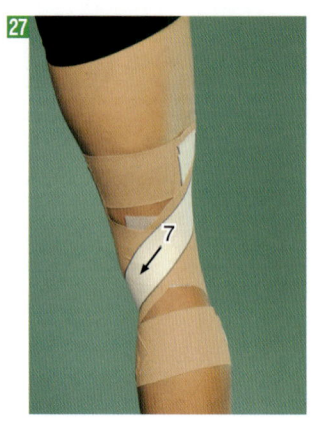

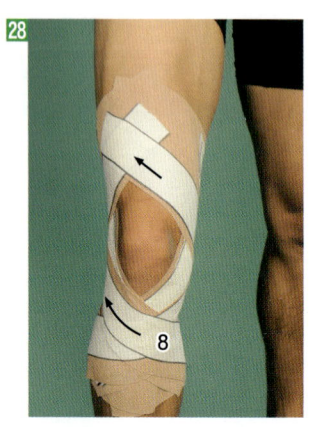

**27** 後方から見た写真．

**28 29 30** 8のテーピングはFのテープ上に重ねて巻き，貼付する．
やや強く

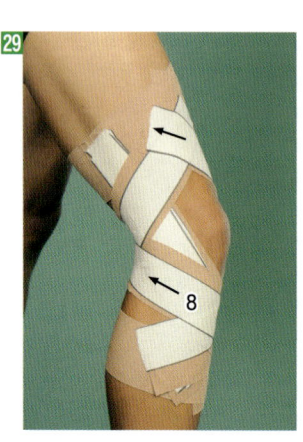

**29** 前外方から見た写真．

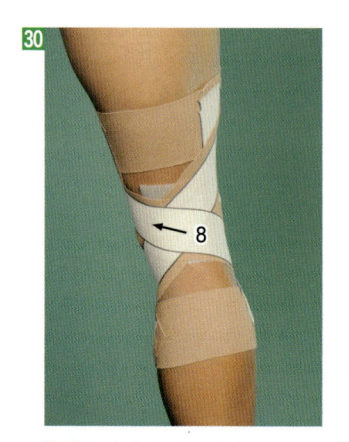

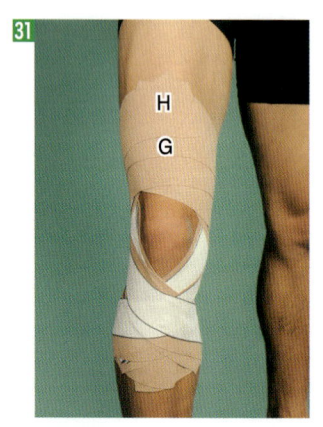

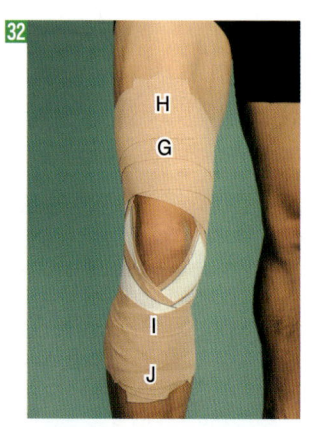

**30** 後方から見た写真．

**31 32** G・HとI・Jのテーピングは，これまで貼付したテープが剥がれないようにするために行なうものである．このため，G・Hのテープは大腿部に，I・Jのテープは下腿部に巻き，貼付する．
普通

以上で，前十字靱帯のテーピングが完了する．

## 実技編 II-8 膝蓋靱帯（ジャンパー膝）のテーピング
### 再発予防・軽度の痛み

膝蓋靱帯部および膝蓋骨周囲に圧迫するテーピングで，ジャンプの着地やボールをキックする際，膝蓋靱帯に瞬間的に加わる力を軽減させる技法である．

**固定肢位**
- 膝関節を軽屈曲に保ち，体重を少しかけ，大腿部と下腿部の筋を軽く緊張させる．

**テープ**
- 粘着非伸縮性テープ 約19mm幅
- 粘着伸縮性テープ 約75mm幅
- 脱脂綿（ワセリンを塗布したもの）
- 粘着スプレー

**・ポイント・**
- 粘着非伸縮性テープは，膝蓋骨にかからないようにする．
- 膝蓋靱帯部に貼付するテープは角度や，テープの交差する位置に注意する．

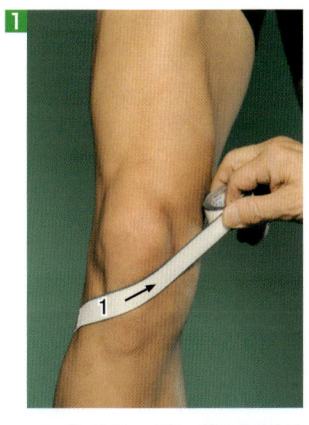

**1** 1のテーピングを下腿外側部から貼り始め，膝蓋靱帯上を通り，膝蓋骨の辺縁に沿って，膝関節内側部まで斜めに貼付する．その際，テープが膝蓋骨にかからないように注意する．このテープは，膝蓋靱帯を圧迫するとともに膝蓋骨の動きを制限するために行なうものである（以後，貼付する2〜14のテープまで同様である）．**強く**

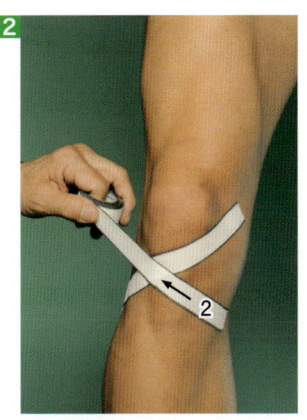

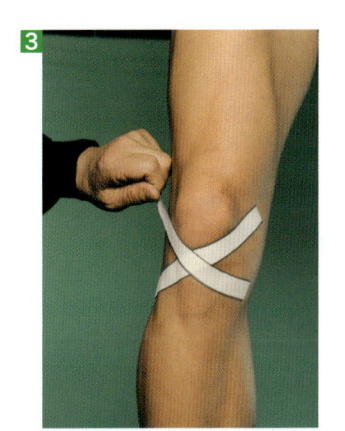

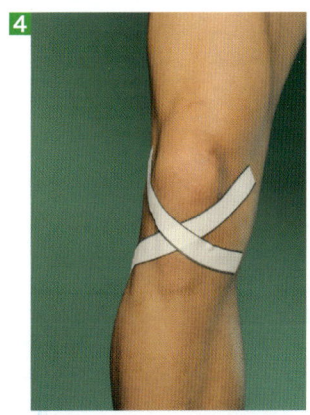

**2 3 4** 2のテーピングは下腿内側部から貼り始め，1のテープと膝蓋靱帯上で交差し，膝蓋骨の辺縁に沿って，膝関節外側部まで斜めに貼付する．その際，テープが膝蓋骨にかからないように注意する．**強く**

II 膝関節・大腿部・下腿部

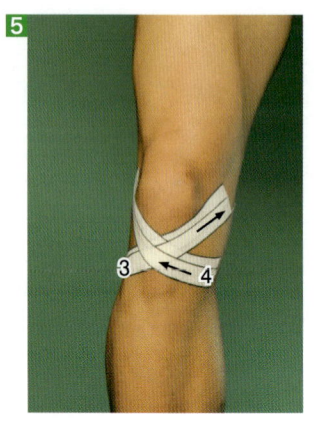

**5** 3のテープは，1のテープ上（1参照）に，4のテープは2のテープ上（2参照）に，それぞれテープ幅の1/2〜1/3程度を重ねて貼付する．**強く**

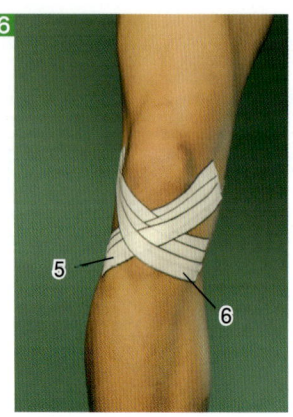

**6 7** 5のテープは3のテープ上（5参照）に，6のテープは4のテープ上（5参照）に，7のテープは5のテープ上（6参照）に，8のテープは6のテープ上（6参照）に，それぞれテープ幅の1/2〜1/3程度を重ねて貼付する．**強く**

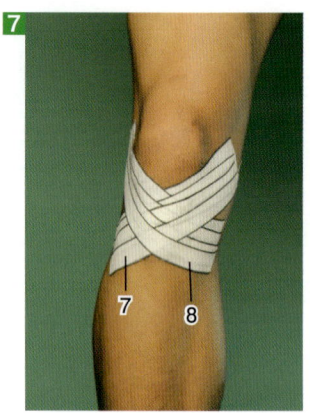

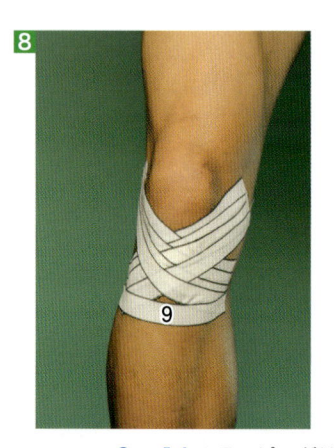

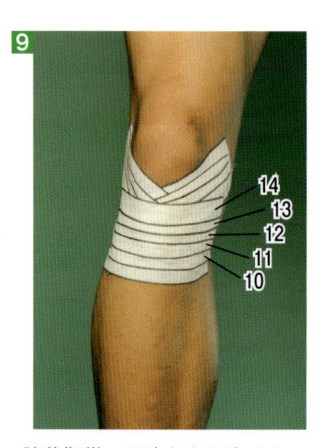

**8 9** 9〜14のテーピングは，膝蓋靱帯の圧迫をより強くするためと1〜8のテープの固定力を持続させるために行なうものである．このため，9のテープは膝骨粗面の前下腿部から貼り始め，10のテープは9のテープ上（8参照）に，11のテープは10のテープ上に，12のテープは11のテープ上に，13のテープは12のテープ上に，14のテープは13のテープ上に，それぞれテープ幅の1/2〜1/3程度を重ねて貼付する．**強く**

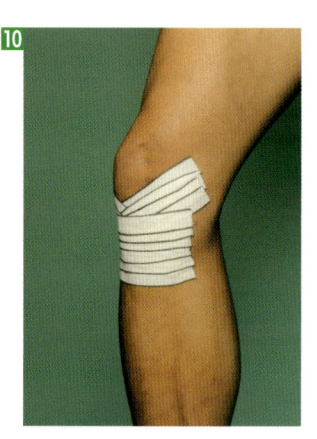

**10** 前内方から見た写真．

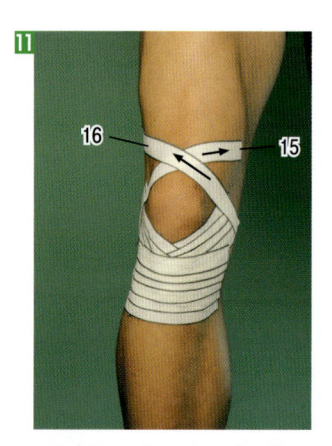

**11** 15・16のテーピングは，膝蓋骨をより安定させるために行なうものである．このため，15のテープは膝関節外側から貼り始め，膝蓋骨の辺縁に沿って，内側大腿部まで貼付する．16のテープは膝関節内側から膝蓋骨辺縁に沿って貼り始め，15のテープと膝蓋骨底の上で交差させ，外側大腿部まで貼付する．**強く**

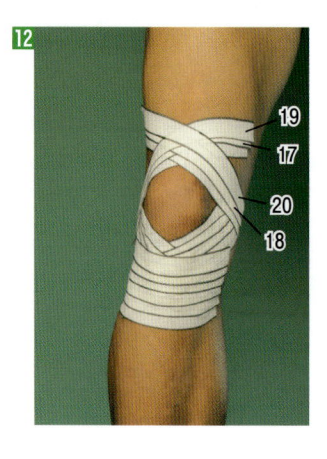

**12** 17のテープは15のテープ上（11参照）に，18のテープは16のテープ上（11参照）に，19のテープは17のテープ上に，20のテープは18のテープ上に，それぞれテープの幅1/2〜1/3程度を重ねて貼付する．**強く**

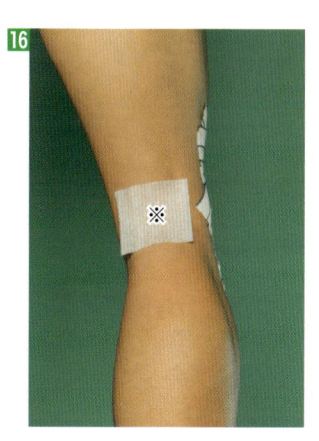

**13 14** 21〜24のテーピングは，膝蓋骨をより強く安定させるためと15〜20のテープの固定力を持続させるために行なうものである．このため，21のテープは15・16のテープが膝蓋骨底の上で交差したところを，平行に圧迫しながら貼付する．22のテープは21のテープ上に，23のテープは22のテープ上に，24のテープは23のテープ上に，それぞれテープ幅の1/2〜1/3程度を重ねて貼付する．強く

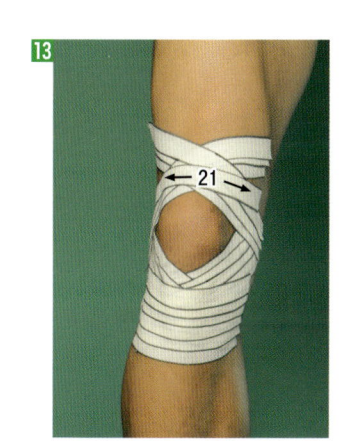

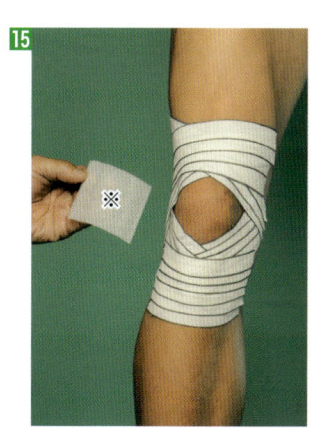

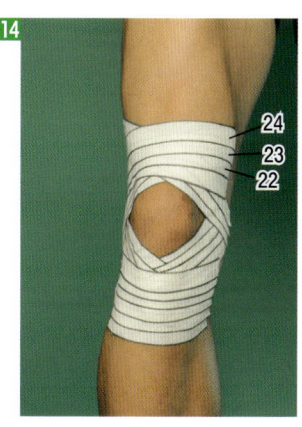

**15 16** 膝窩部にワセリンを塗布した脱脂綿を当てがう．これは，テープと皮膚の摩擦を防ぐためと，テーピング後の身体運動をしやすくするためである．

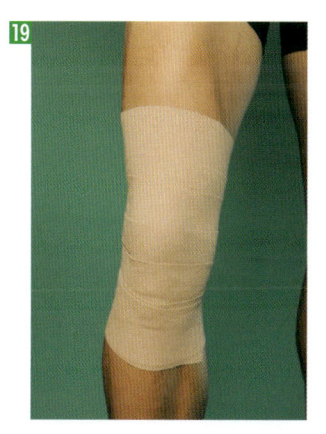

**17 18 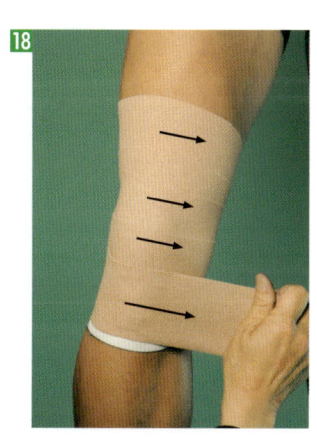 19** Aのテーピングは，これまでに貼付したテープが剥がれないようにするために行なうものである．このため，Aのテープは大腿部から貼り始め，膝関節──下腿部へと巻き，貼付する．やや強く

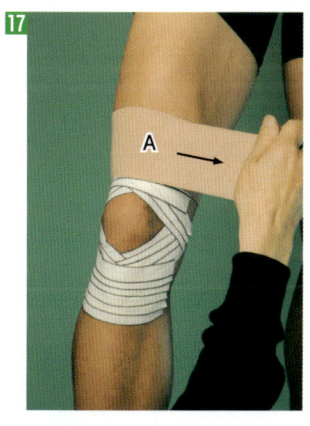

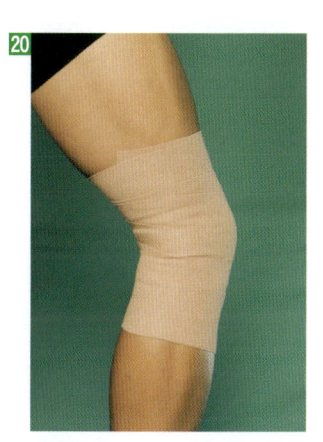

**20** 外側から見た完成写真．

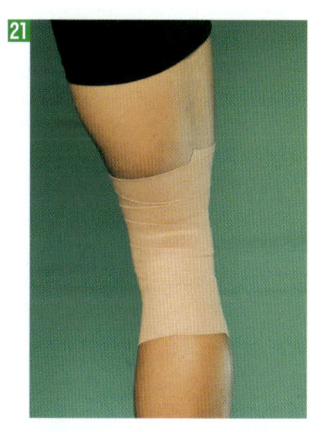

**21** 後方から見た完成写真．

以上で，膝蓋靱帯（ジャンパー膝）のテーピングが完了する．

II 膝関節・大腿部・下腿部

## 実技編 II-9 脛骨粗面の痛み(オスグッド・シュラッター病)のテーピング
### 陳旧性の場合

脛骨粗面の痛み（オスグッド・シュラッター病）のテーピングは，陳旧性の場合に行なう．前膝部に貼付するテープとフィギュアエイトの技法によって，痛みの原因となるジャンプやランニングの際の膝関節の屈曲を制限し，下腿部に巻くテープによって，筋や腱に加わる衝撃を緩和する．

**固定肢位**
- 膝関節を軽屈曲位に保ち，体重を少しかけ，大腿部と下腿部の筋を軽く緊張させる．

**テープ**
- 粘着非伸縮性テープ　約38mm幅，約50mm幅
- 粘着伸縮性テープ　約75mm幅
- 脱脂綿（ワセリンを塗布したもの）
- 粘着スプレー

**・ポイント・**
- 前大腿部――前膝部――前下腿部に貼付して，膝関節の屈曲を制限するテープに粘着伸縮性テープを使用するのは，屈曲の際にある程度可動性を保たせ，身体運動をしやすくするためである（2参照）．
- 下腿部に巻く粘着非伸縮性テープは，膝蓋骨にかからないようにする．これは，膝関節の屈曲を妨げないようにするためである（10参照）．

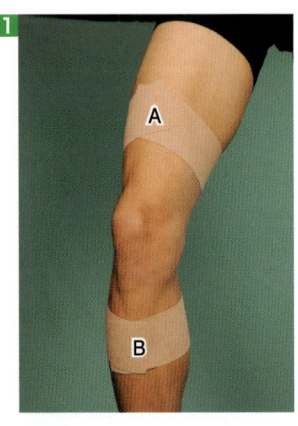

**1** A・Bのアンカーテープを大腿部と下腿部に巻き，貼付する．**やや強く**

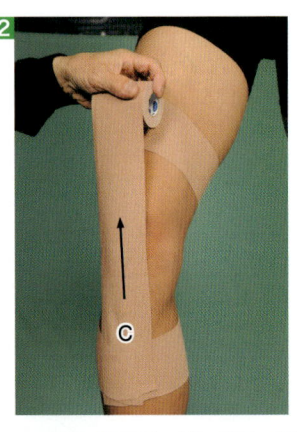

**2 3** Cのテーピングは，膝関節の屈曲を制限するために行なうものである．このため，Cのテープは前下腿部のBのテープ（1参照）の下端から膝蓋骨上――前大腿部のAのテープ（1参照）の上端まで貼付する．**強く**

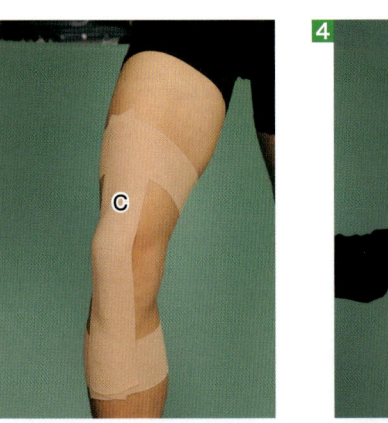

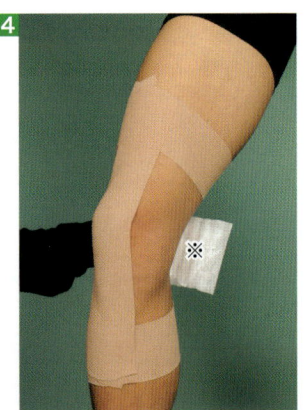

**4** 膝窩部にワセリンを塗布した脱脂綿を当てがう．これはテープと皮膚の摩擦を防ぐためと，テーピング後の身体運動をしやすくするためである．

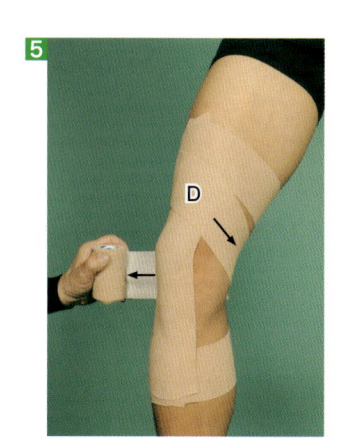

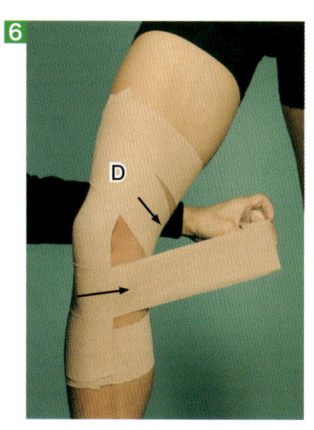

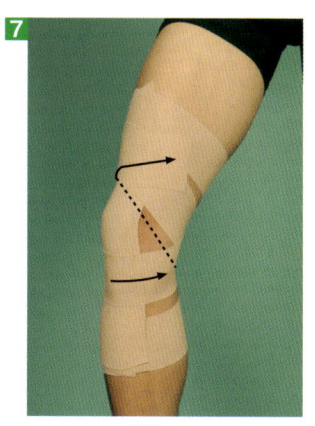

**5 6 7** Dのテーピングは，Cのテープの固定力を持続させるためと，膝関節の屈曲を制限するために行なうものである（以後，貼付する1のテープも同様である）．このため，Dのテープでフィギュアエイトの技法を行なう．外側大腿部から貼り始め，内側大腿部──膝窩部──前下腿部──膝窩部──内側大腿部と巻き，貼付する． やや強く

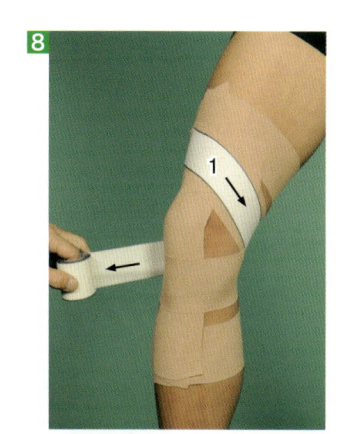

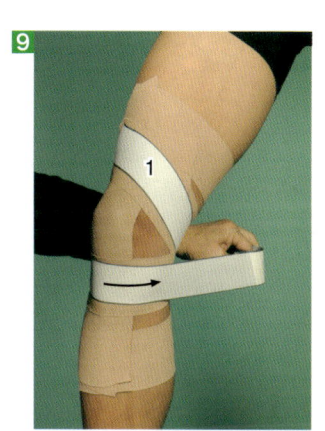

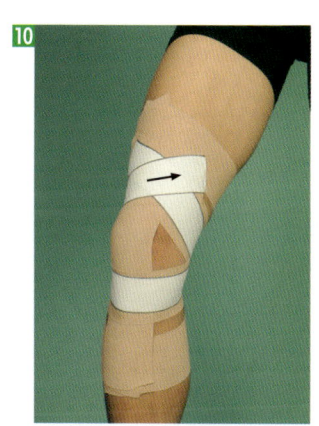

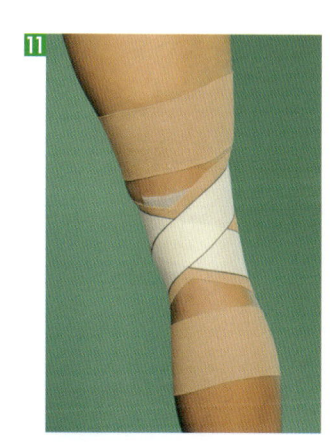

**8 9 10** 1のテーピングは，Dのテープ上（5〜7参照）に重ねて巻き，貼付する． 普通

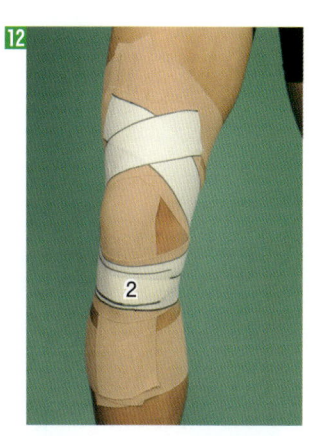

**11** 後方から見た写真．

**12** 2〜4のテーピング（粘着非伸縮性テープ約38mm幅）は，前下腿部の筋や腱に加わる衝撃を軽減するために行なうものである．このため，2のテープは膝蓋靱帯部（膝蓋骨尖のすぐ下）に巻き，貼付する． やや強く

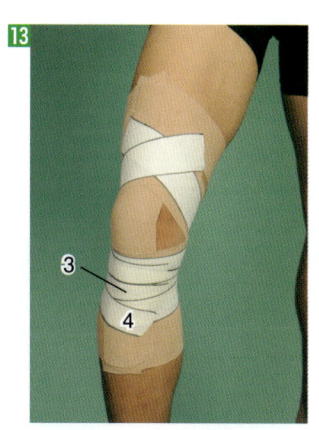

**13** 3のテープは，2のテープにテープ幅の1/2〜1/3程度を重ねて巻き，貼付する．4のテープは3のテープと同様に重ねて巻き，貼付する． やや強く

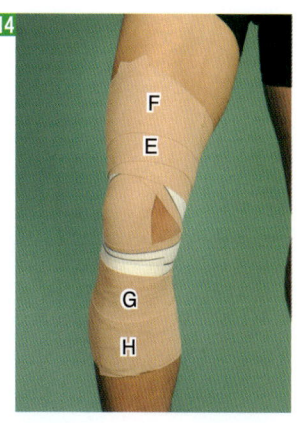

**14** E〜Hのテーピングは，これまでに貼付したテープが剥がれないようにするために行なうものである．このため，E・Fのテープは大腿部に，G・Hのテープは下腿部に巻き，貼付する． やや強く

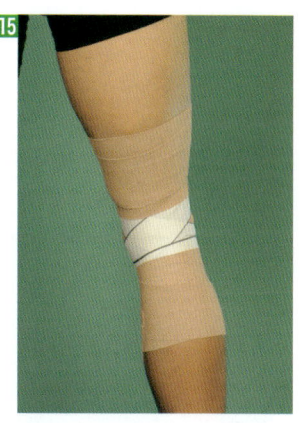

**15** 後方から見た完成写真．

以上で，脛骨粗面の痛み（オスグッド・シュラッター病）のテーピングが完了する．

II 膝関節・大腿部・下腿部

## 実技編 Ⅱ-10 後大腿部（ハムストリングス）肉ばなれのテーピング
### 軽度の痛み

後大腿部の屈筋群全体を圧迫して，運動の際の急激な力などによって，損傷部に加わるストレスを軽減させる技法である．

**固定肢位**
- 膝を軽屈曲位に保つ．

**テープ**
- 粘着非伸縮性テープ　約19mm幅，約50mm幅
- 粘着伸縮性テープ　75mm幅
- 粘着スプレー

**・ポイント・**
- 後大腿部の中央で交差させるテープを，やや斜め上方に軽く引っ張って貼付するのは，テープを一方向に引っ張ることで筋肉や皮膚が片寄るのを防ぎ，バランス良く圧迫するためである．このとき，テープの角度を付け過ぎると，テープの枚数が少なすぎたり，交差する位置がテーピング部位全体の中央に集中してしまうため，正しい圧迫ができなくるため注意する．
- 適度な圧迫を持続させるために，粘着非伸縮性テープを貼付する際には，前大腿部を開けておく．

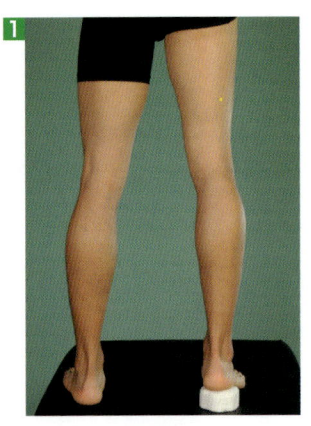

**1** 膝関節を軽度屈曲位に保ち，後大腿部の筋を弛緩させる（踵部を5cm程度の台に乗せてもよい）．

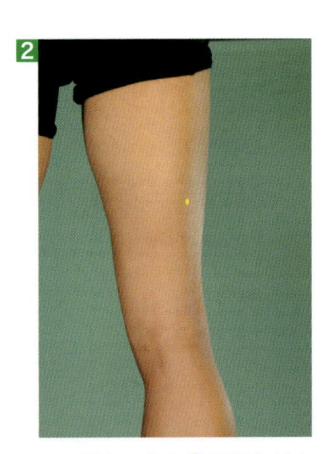

**2** 写真の黄色◯印部分が肉ばなれした部位を示す．

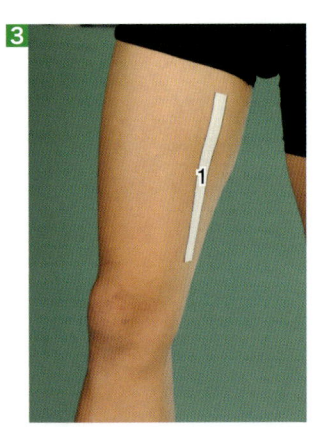

**3 4** 1・2の19mm幅アンカーテープを内側大腿部と外側大腿部に貼付する．　普通

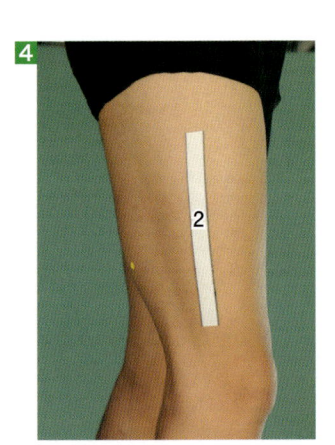

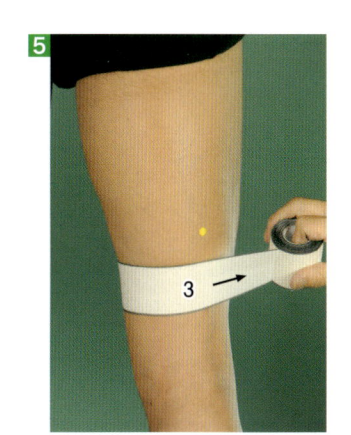

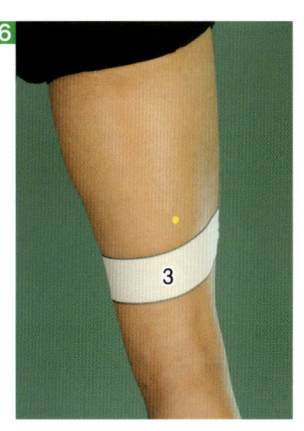

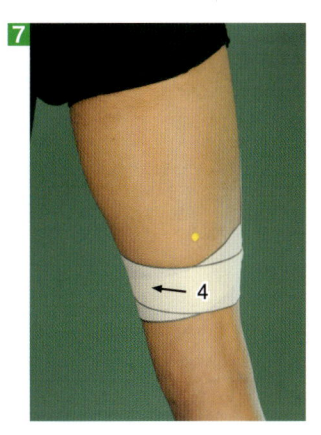

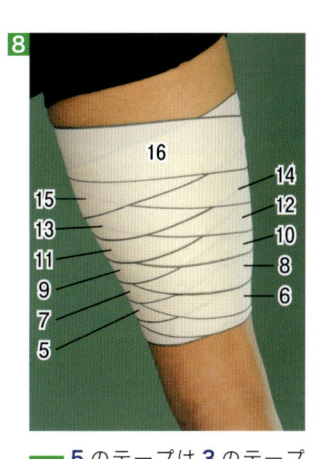

**5 6** 3のテーピングは，後大腿部の屈筋群を圧迫するために行なうものである（以後，貼付する16のテープまで同様である）．このため，3のテープは，内側大腿部下方の1のテープ上（3参照）から貼り始め，後大腿部を矢印の方向へやや斜め上方に向けながら2のテープ上（4参照）まで貼付する．やや強く

**7** 4のテーピングは，外側大腿部下方の2のテープ上（4参照）から貼り始め，後大腿部中央で3のテープ（6参照）と交差させ，1のテープ上（3参照）まで貼付する．やや強く

**8** 5のテープは3のテープ上（6参照）に，6のテープは4のテープ上（7参照）に，7のテープは5のテープ上に，8のテープは6のテープ上に，9のテープは7のテープ上に，10のテープは8のテープ上に，11のテープは9のテープ上に，12のテープは10のテープ上に，13のテープは11のテープ上に，14のテープは12のテープ上に，15のテープは13のテープ上に，16のテープは14のテープ上に，それぞれテープ幅の1/2〜1/3程度を重ねて貼付する．やや強く

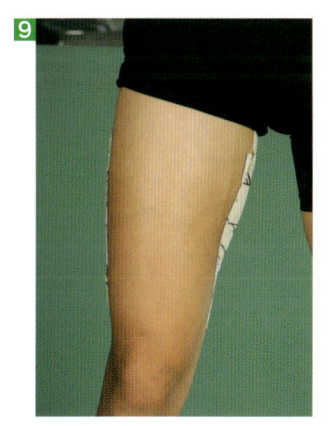

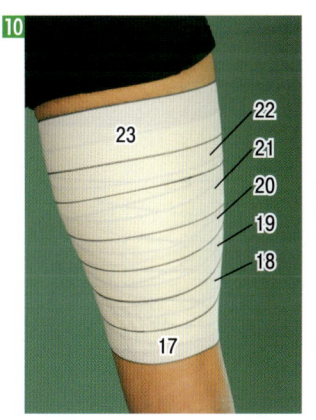

**10** 17〜23のテーピングは，後大腿部の屈筋群の圧迫をより強くするために行なうものである．このため，17のテープを3・4のテープ上（6 7参照）から貼り始め，23のテープまでそれぞれテープ幅の1/2〜1/3程度を重ねて巻き，貼付する．やや強く

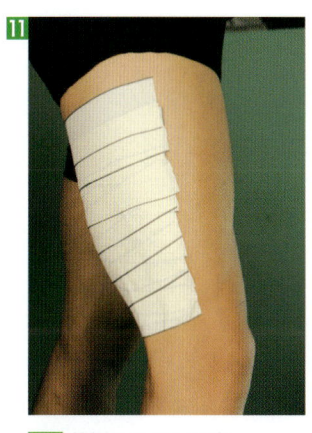

**9** 前方から見た写真．

**11** 外側から見た写真．

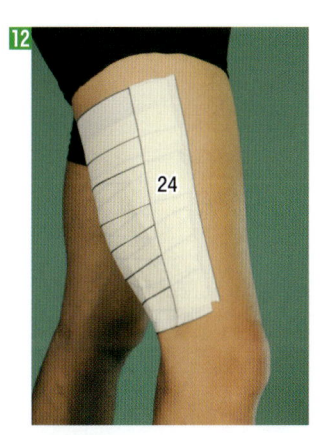

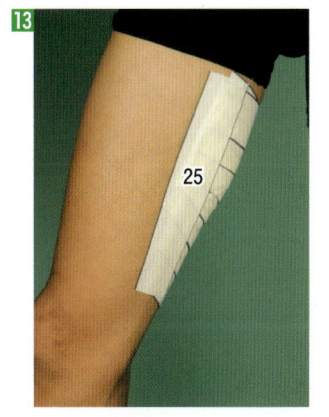

**12 13** 24・25のテーピングは，これまでに貼付してテープが剥がれないようにするために行なうものである．このため，24・25のテープはこれまでに貼付したテープ群の端に，1/2が皮膚に，1/2がテープにかかるように貼付する．普通

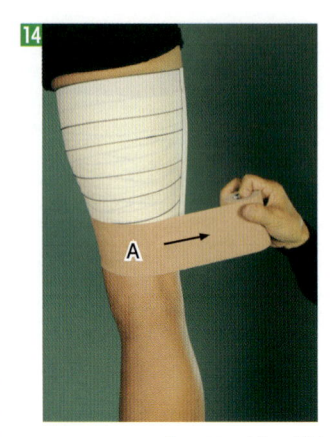

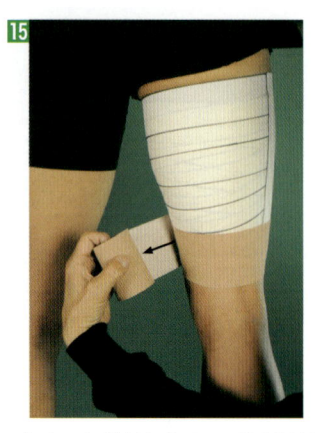

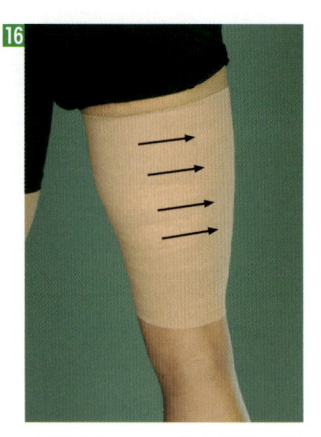

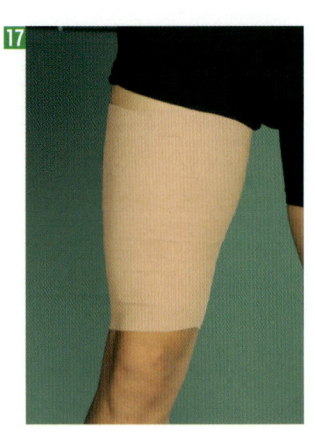

**14 15 16** Aのテーピングは，これまでに貼付したテープが剥がれるのを防ぐためと，後大腿部の屈筋群全体に適度な圧迫を加えて，フィット感を与えるために行なう．このため，Aのテープは，テーピング部位全体に巻き，貼付する． やや強く

**17** 前方から見た完成写真．

以上で，後大腿部（ハムストリングス）肉ばなれ軽度の痛みのテーピングが完了する．

## 実技編 Ⅱ-11 後大腿部（ハムストリングス）肉ばなれのテーピング
### 再発予防

後大腿部の屈筋群全体に適度な圧迫を加え，運動によって加わるストレスを軽減させて再発を防ぐ．

**固定肢位**
- 膝関節を軽屈位に保つ．

**テープ**
- 粘着非伸縮性テープ　約19mm幅，約50mm幅
- 粘着伸縮性テープ　約75mm幅
- アンダーラップ

**・ポイント・**
- テーピング部位全体を粘着伸縮性テープで巻く．これは，運動中にアンダーラップが切れて，テープが剥がれるのを防ぐためと，後大腿部全体に適度な圧迫を加えて，フィット感を与えるためである．

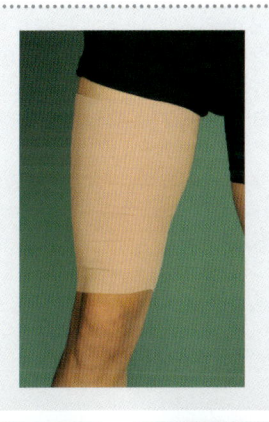

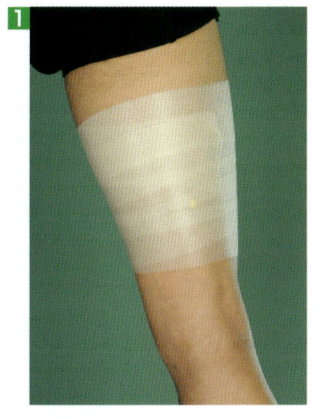

**1** テーピング部位全体にアンダーラップを巻く．

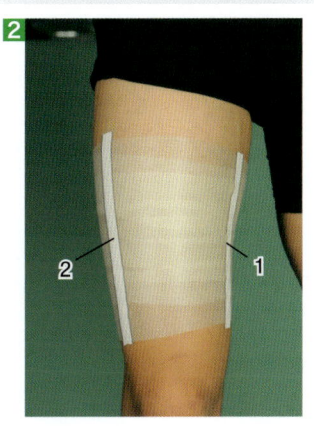

**2** 1・2のアンカーテープを，内側大腿部と外側大腿部に貼付する．

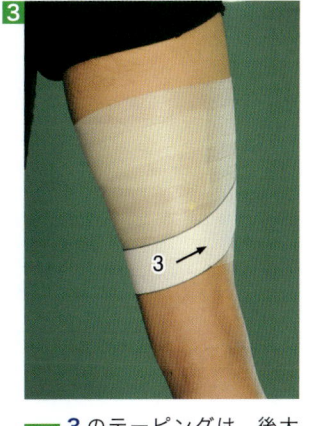

**3** 3のテーピングは，後大腿部の屈筋群を圧迫するために行なうものである（以後，貼付する16のテープまで同様である）．このため，3のテープは内側大腿部下方の1のテープ上（2参照）から貼り始め，後大腿部を矢印の方向へやや斜め上方に向けながら，2のテープ上（2参照）まで貼付する．このとき，テープの1/2が皮膚に，1/2がアンダーラップにかかるようにする．**強く**

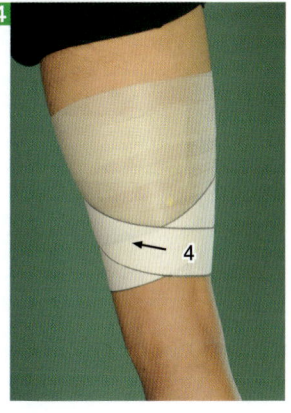

**4** 4のテーピングは，外側大腿部2のテープ上（2参照）から貼り始め，後大腿部の中央で3のテープと交差させ，1のテープ上（2参照）まで貼付する．4のテープも3のテープ同様，1/2が皮膚に，1/2がアンダーラップにかかるように貼付する．**強く**

Ⅱ　膝関節・大腿部・下腿部

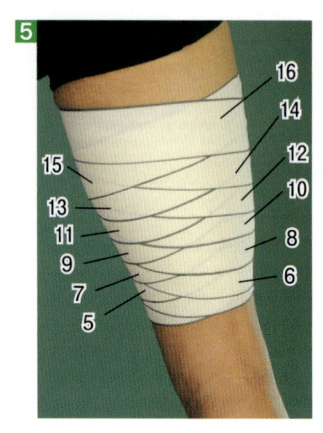

**5** 5のテープは3のテープ上（3参照）に，6のテープは4のテープ上（4参照）に，7のテープは5のテープ上に，8のテープは6のテープ上に，9のテープは7のテープ上に，10のテープは8のテープ上に，11のテープは9のテープ上に，12のテープは10のテープ上に，13のテープは11のテープ上に，14のテープは12のテープ上に，15のテープは13のテープ上に，16のテープは14のテープ上に，それぞれテープ幅の1/2〜1/3程度を重ねて貼付する． 強く

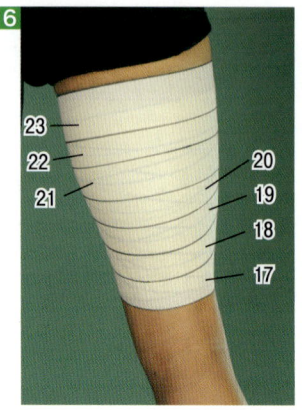

**6** 17〜23のテーピングは，後大腿部の屈筋群の圧迫をより強く行なうものである．このため，17〜23のテープは，17のテープを3・4のテープ上（3 4参照）から貼り始め，23のテープを15・16のテープ上まで，それぞれテープ幅の1/2〜1/3程度を重ねて貼付する． 強く

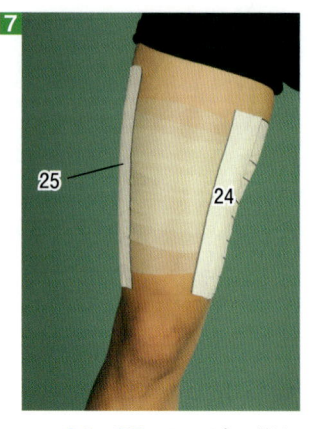

**7** 24・25のテーピングは，これまでに貼付したテープが剥がれないようにするために行なうものである．このため，24・25のテープはこれまでに貼付したテープ群の端に，1/2がテープに，1/2がアンダーラップにかかるように貼付する． 普通

**8** 26〜31のテーピングは，これまでに貼付したテープの固定力を持続させるために行なうものである．このため，26〜31のテープは前大腿部のアンダーラップを覆うように貼付する．26のテープは24・25のテープの前大腿部下方より貼り始め，31のテープまでそれぞれテープ幅の1/2〜1/3程度を重ねて貼付する． 普通

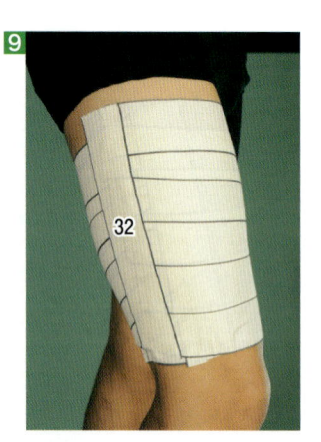

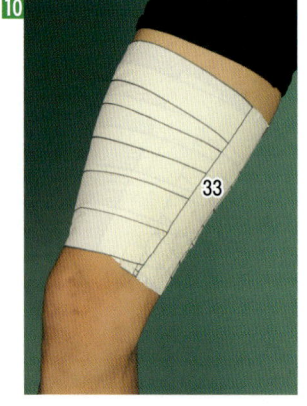

**9 10** 32・33のテーピングは，26〜31のテープが剥がれないようにするために行なうものである．このため，32・33のテープはこれまで貼付したテープ群の端に，1/2がテープに，1/2が17〜23のテープ群にかかるように貼付する． 普通

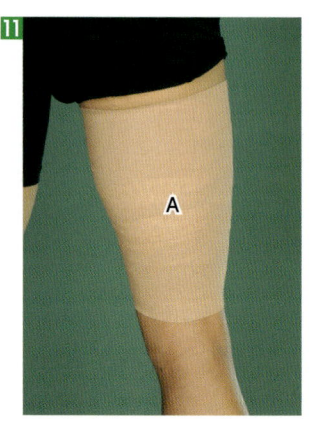

**11** Aのテーピングは，これまでに貼付したテープが剥がれるのを防ぐためと，後大腿部の屈筋群全体に適度な圧迫を加えてフィット感を与えるために行なう．このため，Aのテープはテーピング部位全体に巻き，貼付する． やや強く

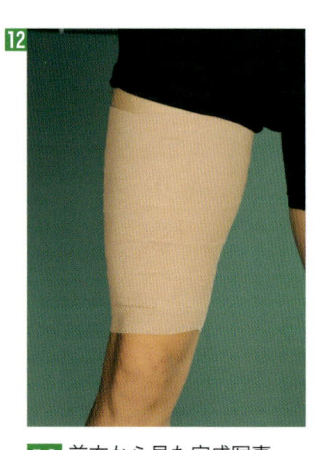

**12** 前方から見た完成写真．

以上で，後大腿部（ハムストリングス）肉ばなれ再発予防のテーピングが完了する．

## 実技編 II-12 後大腿部肉ばなれ（上方）のテーピング
### 軽度の痛み

後大腿部の上方（半腱様筋・半膜様筋の起始部に近いほう）に起こる肉ばなれの痛みを防ぐため，腰部から後大腿部にかけて粘着伸縮性テープによる屈曲制限を行ない，さらに後大腿部をテープで圧迫・固定する技法である．

**固定肢位**
- 台の上に足を乗せ，股関節を屈曲させる．

**テープ**
- 粘着非伸縮性テープ　約50mm幅
- 粘着伸縮性テープ　約75mm幅
- 粘着スプレー

**・ポイント・**
- 足を台の上に乗せ，股関節を屈曲させた状態でテーピングを行なう．これは，走る動作などを妨げないようにするためである．また，粘着伸縮性テープを使用するのは，可動域内での運動の際に違和感をなくすためである．

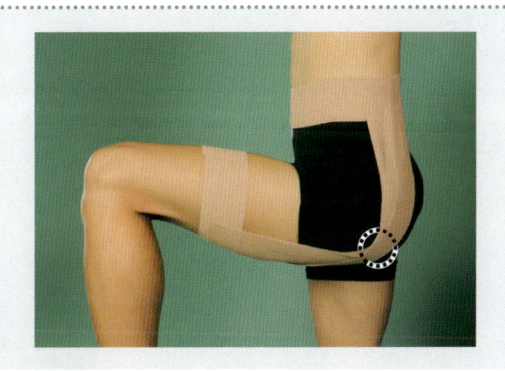

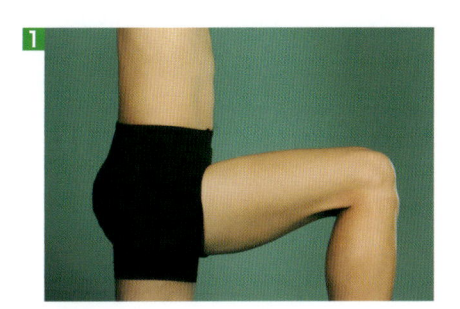

**1** 足を台に乗せ，股関節を屈曲させる．

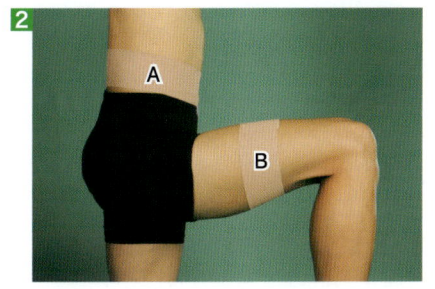

**2** A・Bのアンカーテープを体幹と大腿部に巻き，貼付する．　普通

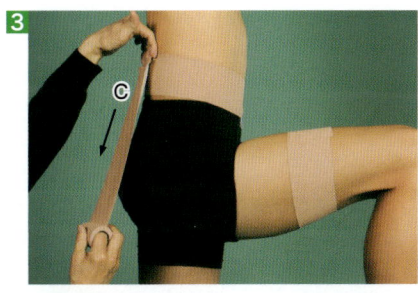

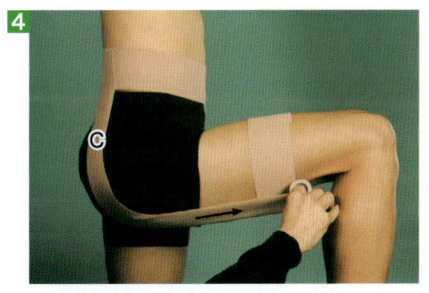

**3 4** Cのテーピングは，股関節の屈曲を制限するために行なうものである（以後，貼付するDのテープまで同様である）．このため，CのテープはAのテープ（2参照）の上端から貼り始め，後大腿部中央を通り，Bのテープ上（2参照）まで貼付する．
やや強く

II　膝関節・大腿部・下腿部

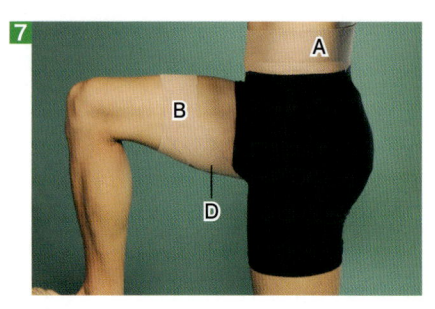

**5 6** Dのテーピングは，Cのテープ（4参照）の外側寄りにテープ幅の1/3程度を重ねて貼り始め，後大腿部でCのテープと交差させ，Bのテープ上（2参照）まで貼付する． やや強く

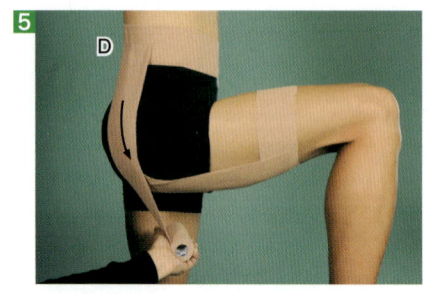

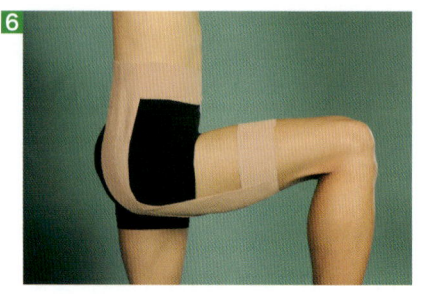

**7** 右大腿部内側から見た写真．

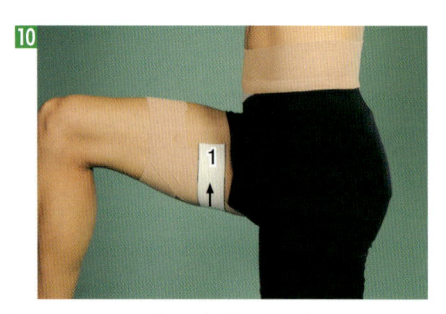

**8 9 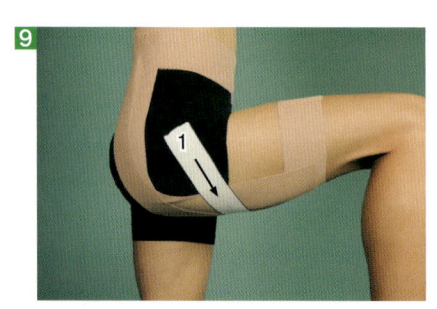 10** 1のテーピングは，大腿屈筋群を圧迫するために行なうものである（以後，貼付する11のテープまで同様である）．このため，1のテープは外側大腿部から貼り始め，内側大腿部まで貼付する． 強く

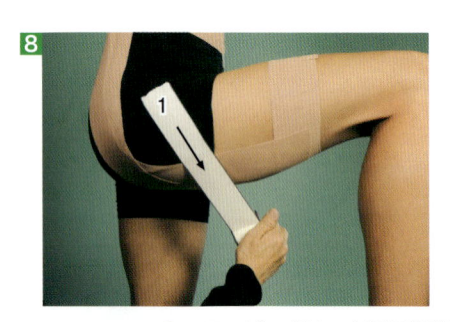

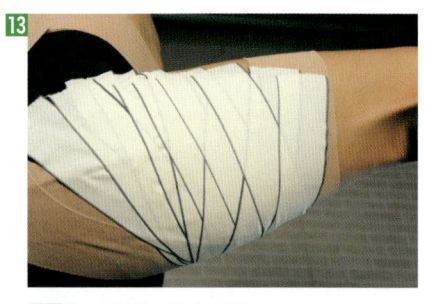

**11** 2のテープは，外側大腿部から貼り始め，後大腿部中央で1のテープ（9 10参照）と交差させ，内側大腿部まで貼付する． 強く

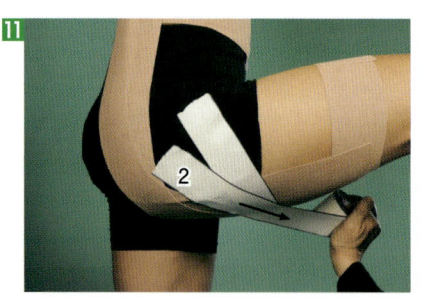

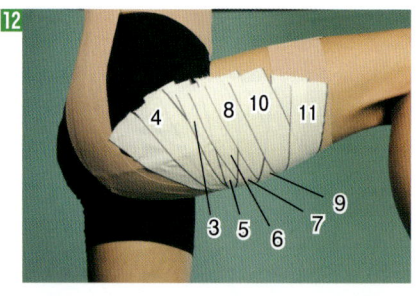

**12** 3のテープは1のテープ上（9 10参照）に，4のテープは2のテープ上（11参照）に，5のテープは3のテープ上に，6のテープは4のテープ上に，7のテープは5のテープ上に，8のテープは6のテープ上に，9のテープは7のテープ上に，10のテープは8のテープ上に，11のテープは9のテープ上に，それぞれテープ幅の1/2～1/3程度を重ねて貼付する． 強く

**13** 貼付状態の拡大写真．

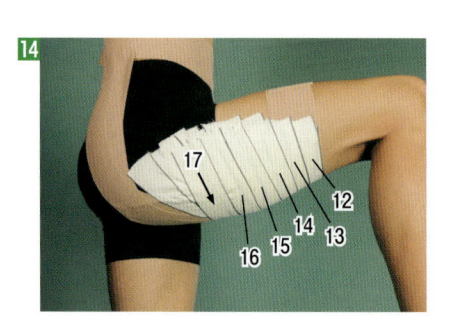

**14** 12～17のテーピングは，1～11のテープ（12参照）の圧迫を持続させるために行なうものである．このため，12のテープは10・11のテープ上（12参照）に重ねて貼付する．13のテープは12のテープ上に，14のテープは13のテープ上に，15のテープは14のテープ上に，16のテープは15のテープ上に，17のテープは16のテープ上に，それぞれテープ幅の1/2～1/3程度を重ねて貼付する． 強く

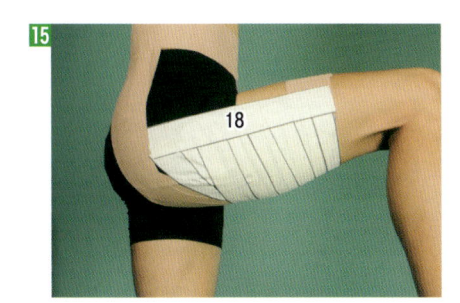

**15** 18のテーピングは，これまでに貼付したテープが剥がれないようにするために行なうものである（以後，貼付する19のテープも同様である）．このため，18のテープは外側大腿部に，1/2が皮膚に，1/2がテープにかかるように貼付する． 普通

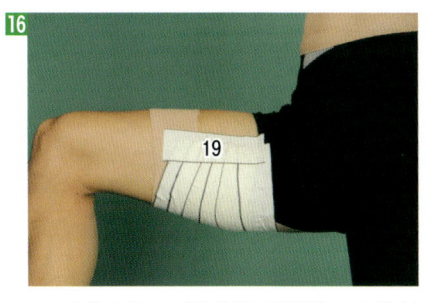

**16** 19のテープは内側大腿部に，1/2が皮膚に，1/2がテープにかかるように貼付する． 普通

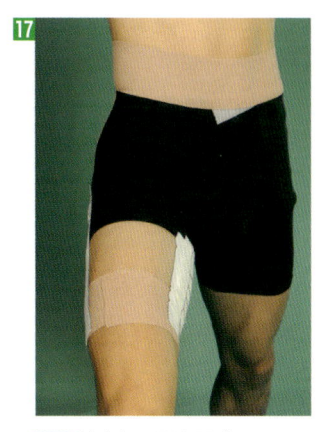

**17** 前方から見た写真．

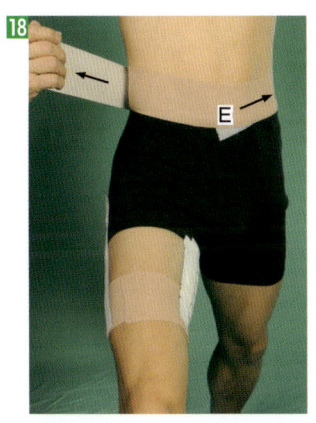

**18** Eのテーピングは，これまでに貼付したテープが剥がれないようにするためと，過度な圧迫を加えるために行なうものである（以後，貼付するFのテープも同様である）．

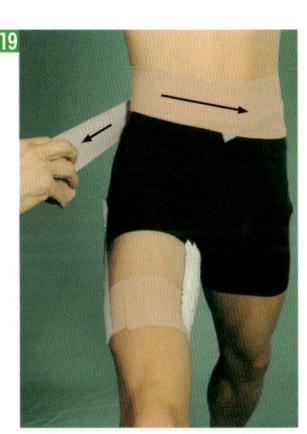

**19 20** このため，Eのテープ（24まで一連のテープ）は体幹を一周させ，側腹部からそ径下部を通り，内側大腿部へと貼付する． やや強く

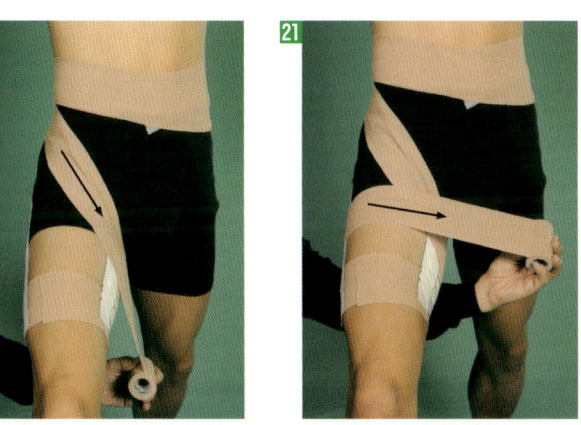

**21 22 23** 引き続き，大腿部を一周させ，外側大腿部を通り，そ径下部で交差させ，矢印の方向へ巻き貼付する． やや強く

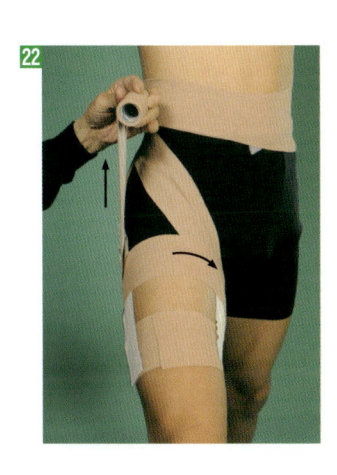

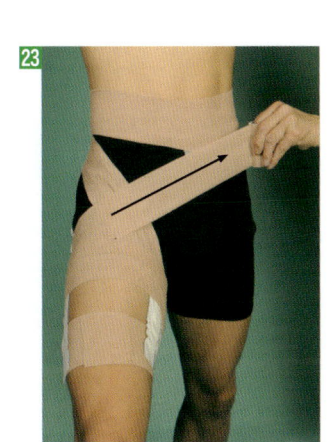

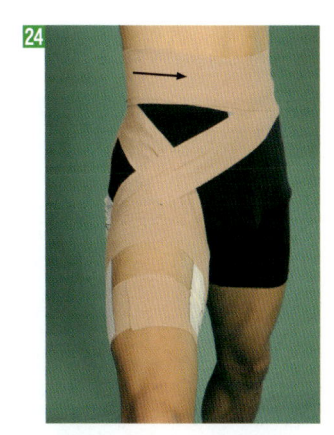

**24** 引き続き，体幹部に巻き，貼付する．

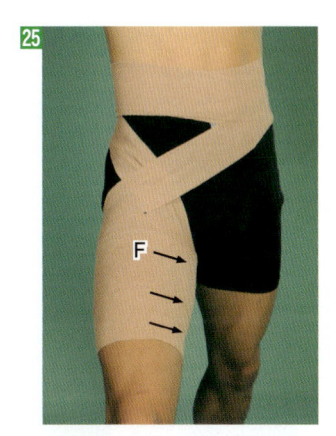

**25** Fのテーピングは大腿部に巻き，貼付する． やや強く

以上で，後大腿部肉ばなれ（上方）のテーピングが完了する．

II 膝関節・大腿部・下腿部

## 実技編 II-13 後大腿部肉ばなれ（下方）のテーピング
### 軽度の痛み

後大腿部（大腿二頭筋）の下方（後膝部に近いほう）に起こる肉ばなれの痛みを防ぐため，下腿三頭筋から後大腿部の上方までテープで圧迫して，ダッシュやジャンプなどで筋肉に加わる力を軽減させる技法である．

**固定肢位**
- 軽屈曲位．

**テープ**
- 粘着非伸縮性テープ　約19mm幅，約50mm幅
- 粘着伸縮性テープ　約50mm幅，約75mm幅
- 粘着スプレー

### ・ポイント・

- テープによる圧迫を，下腿部から行なうのは，腓骨および脛骨が大腿屈筋群の停止部であるためである．
- 後下腿部と後大腿部の中央で交差させるテープは，やや斜め上方に軽く引っ張りながら貼付すると，筋肉や皮膚が片寄らずにバランス良く圧迫できる．このとき，角度を付け過ぎると，テープの枚数が少な過ぎたり，交差する位置がテーピング部位全体の中央に集中してしまい，正しい圧迫ができなくなるため注意する．
- 適度な圧迫を持続させるために粘着非伸縮性テープを貼付する際には，大腿部と下腿部の前面を開けておく．

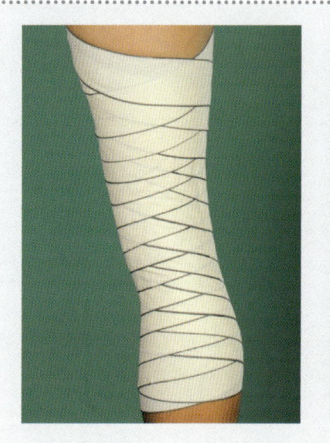

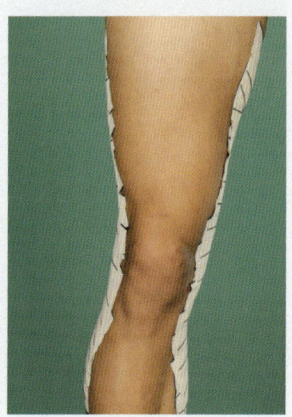

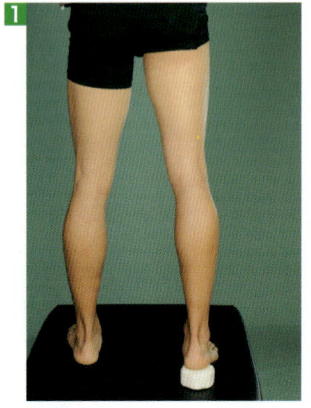

**1** 踵を5cm程度の台に乗せ，脚を軽度屈曲位に保ち，施術部位の筋肉を弛緩させる．

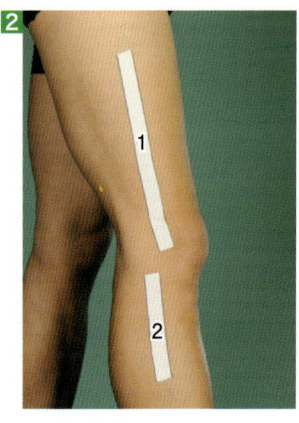

**2** 黄色◯印が肉ばなれ部位を示す．1・2のアンカーテープを外側大腿部と外側下腿部に貼付する． 普通

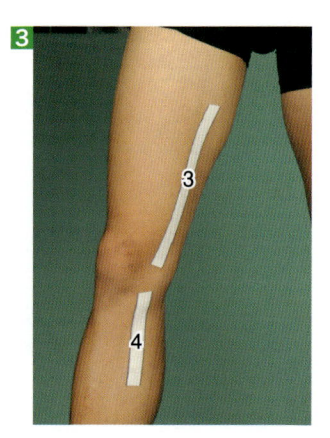

**3** 3・4のアンカーテープを内側大腿部と内側下腿部に貼付する． 普通

**4**

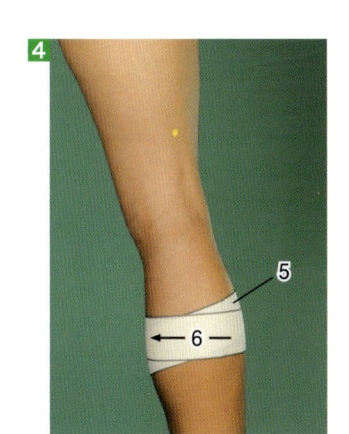

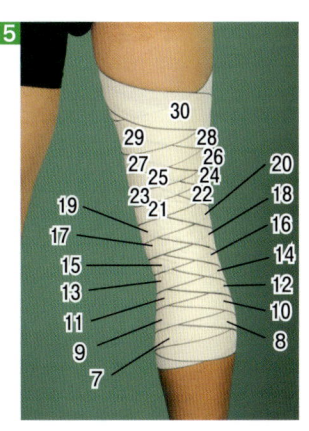

**5** 5・6のテーピングは，大腿屈筋群を圧迫するために行なうものである（下腿部のこの位置から貼り始めるのは，大腿屈筋群は二関節筋であり，停止部が下腿の腓骨頭，脛骨の外側顆・内側顆，下腿外側深筋膜にあるからである．以後，貼付する30のテープまで同様である．

このため，5のテープは4のアンカーテープ上（**3**参照）から貼り始め，やや斜め上方に向け2のアンカーテープ上（**2**参照）まで貼付する．6のテープは2のアンカーテープ上（**2**参照）から貼り始め，後下腿部中央で5のテープと交差させ，4のアンカーテープ上（**3**参照）まで貼付する．7のテープは5のテープ上に，8のテープは6のテープ上に，9のテープは7のテープ上に，10のテープは8のテープ上に，11のテープは9のテープ上に，12のテープは10のテープ上に，13のテープは11のテープ上に，14のテープは12のテープ上に，15のテープは13のテープ上に，16のテープは14のテープ上に，17のテープは15のテープ上に，18のテープは16のテープ上に，19のテープは17のテープ上に，20のテープは18のテープ上に，21のテープは19のテープ上に，22のテープは20のテープ上に，23のテープは21のテープ上に，24のテープは22のテープ上に，25のテープは23のテープ上に，26のテープは24のテープ上に，27のテープは25のテープ上に，28のテープは26のテープ上に，29のテープは27のテープ上に，30のテープは28のテープ上に，それぞれテープ幅の1/2〜1/3程度を重ねて貼付する．　やや強く

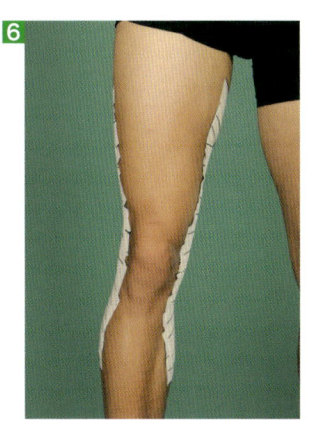

**6** 前方から見た写真．

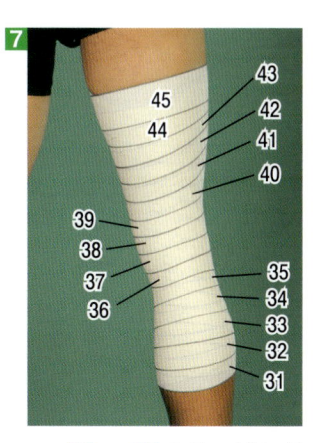

**7** 31〜45のテーピングは，後下腿部と後大腿部に貼付したテープの圧迫を持続させるために行なうものである．このため，31のテープは5と6のテープ上（**4**参照）に重ねて貼付する．32のテープは31のテープ上に，33のテープは32のテープ上に，34のテープは33のテープ上に，35のテープは34のテープ上に，36のテープは35のテープ上に，37のテープは36のテープ上に，38のテープは37のテープ上に，39のテープは38のテープ上に，40のテープは39のテープ上に，41のテープは40のテープ上に，42のテープは41のテープ上に，43のテープは42のテープ上に，44のテープは43のテープ上に，45のテープは44のテープ上に，それぞれテープ幅の1/2〜1/3程度を重ねて貼付する．　やや強く

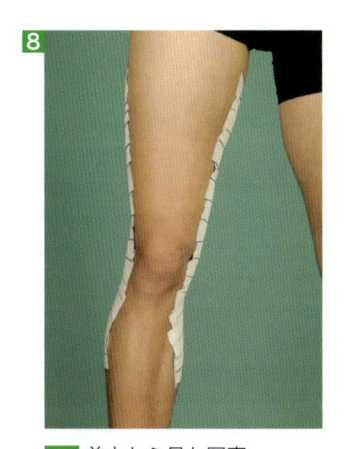

**8** 前方から見た写真．

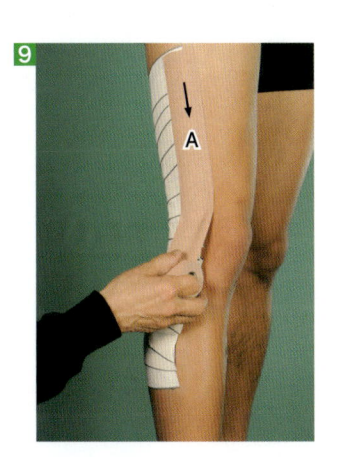

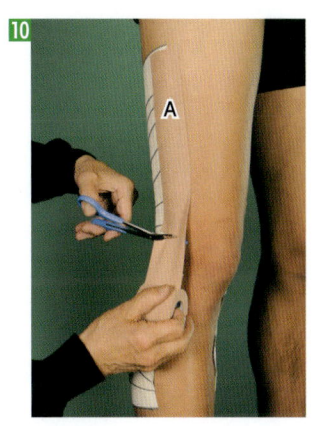

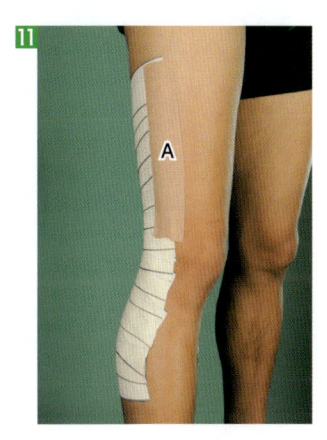

**9〜13** A〜Dのテーピング（粘着伸縮性テープ約50mm幅を使用）は，これまでに貼付したテープが剥がれないようにするために行なうものである．このため，A・Bのテープは前大腿部に，C・Dのテープは前下腿部に，それぞれ1/2が皮膚に，1/2がテープにかかるようにして貼付する．　普通

II　膝関節・大腿部・下腿部

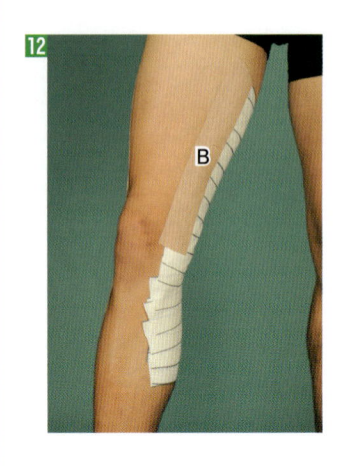

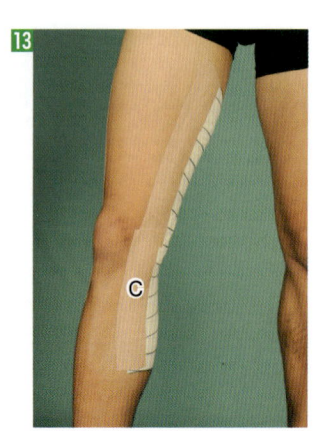

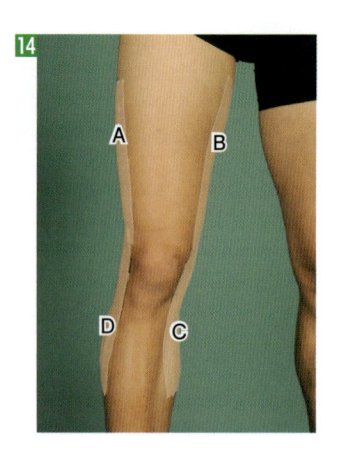

**14** 前方から見た **A・B, C・D** のテーピング.

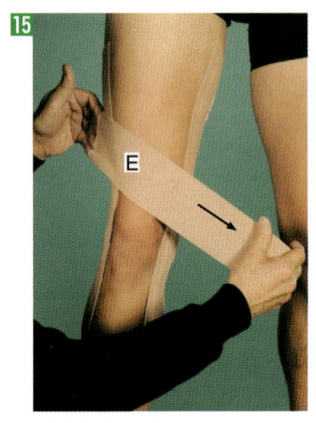

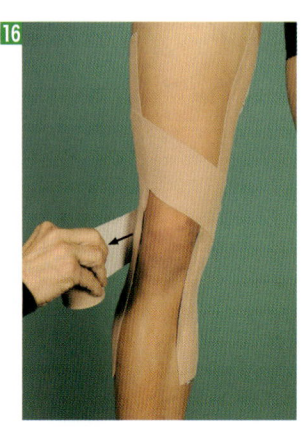

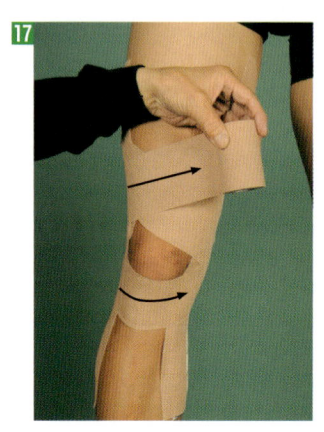

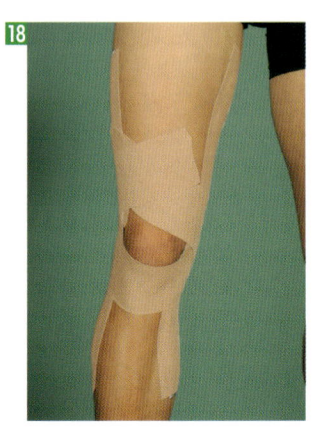

**15～18** **E** のテーピングは，これまでに貼付したテープが運動によって剥がれないようにするためと，適度な圧迫と固定を持続させるために行なうものである（以後，貼付する **G** のテープまで同様である）．
このため，**E** のテープは前大腿部外側から貼り始め，矢印の方向へ膝窩部──前下腿部──膝窩部──外側大腿部を経て，前大腿部まで貼付し，フィギュアエイトの技法を行なう． やや強く

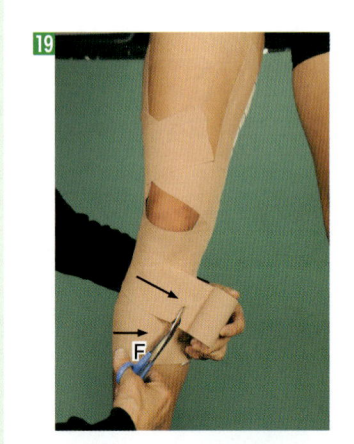

**19** **F** のテープは下腿部に巻き，貼付する． 普通

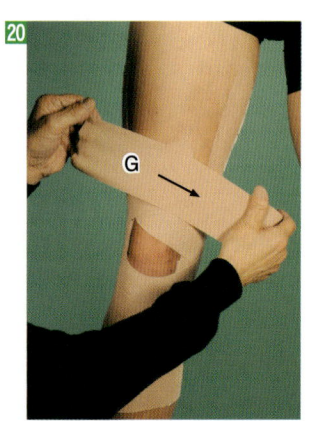

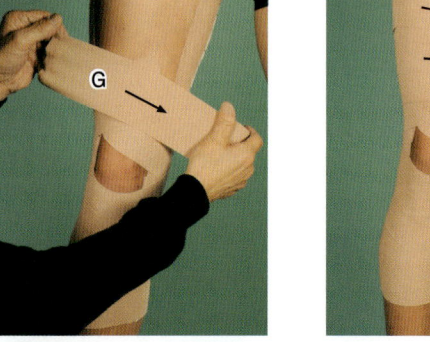

**20 21** **G** のテープは大腿部に巻き，貼付する． 普通

以上で，後大腿部肉ばなれ（下方）のテーピングが完了する．

## 実技編 Ⅱ-14 前大腿部（大腿四頭筋）肉ばなれのテーピング
### 軽度の痛み

大腿四頭筋全体を圧迫して，運動の際の急激な力などによって損傷部に加わるストレスを軽減させる技法である．

**固定肢位**
- 膝関節を軽屈曲位に保つ．

**テープ**
- 粘着非伸縮性テープ 約19mm幅，約50mm幅
- 粘着伸縮性テープ 約75mm幅
- 粘着スプレー

**・ポイント・**
- 前大腿部の中央で交差させるテープは，やや斜め上方に軽く引っ張りながら貼付すると，筋肉や皮膚が片寄らずにバランス良く圧迫できる．このとき，テープの角度を付け過ぎると，テープの枚数が少なすぎたり，交差する位置がテーピング部位全体の中央に集中してしまい，正しい圧迫ができなくなるので注意する．

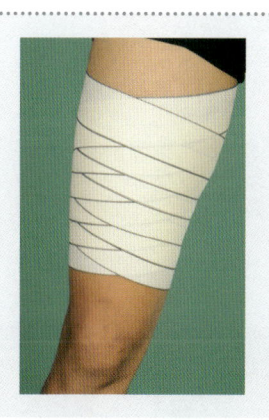

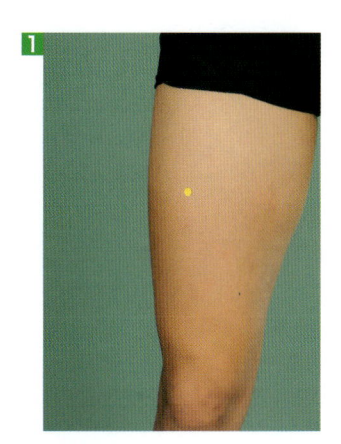

**1** 黄色◯印が肉ばなれの部位を示す．

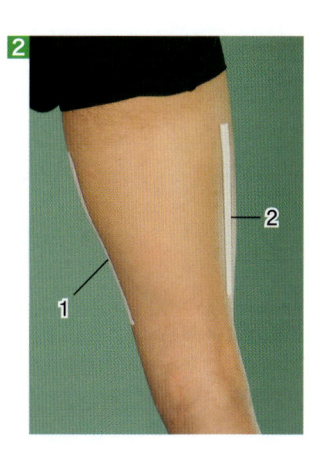

**2** 1・2のアンカーテープを外側大腿部と内側大腿部に貼付する（大腿後方から見た写真）． 普通

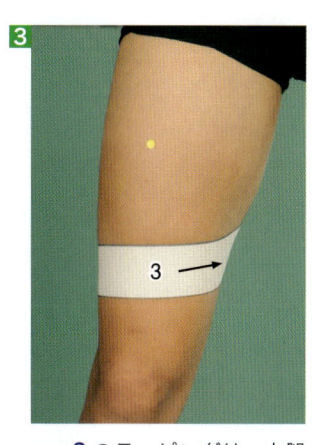

**3** 3のテーピングは，大腿四頭筋を圧迫するために行なうものである（以後，貼付する14のテープまで同様である）．このため，3のテープは外側大腿部2のテープ上（2参照）から貼り始め，前大腿部，矢印の方向へやや斜め上方位に向けながら，1のテープ上（2参照）まで貼付する． やや強く

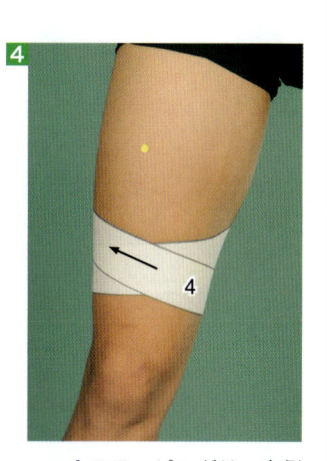

**4** 4のテーピングは，内側大腿部の1のテープ上（2参照）から貼り始め，前大腿部の中央で3のテープ（3参照）と交差させ，2のテープ上（2参照）まで貼付する． やや強く

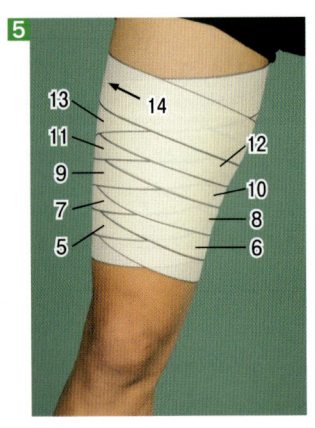

**5** 5のテープは3のテープ上（3参照）に，6のテープは4のテープ上（4参照）に，7のテープは5のテープ上に，8のテープは6のテープ上に，9のテープは7のテープ上に，10のテープは8のテープ上に，11のテープは9のテープ上に，12のテープは10のテープ上に，13のテープは11のテープ上に，14のテープは12のテープ上に，それぞれテープ幅の1/2〜1/3程度を重ねて貼付する．
やや強く

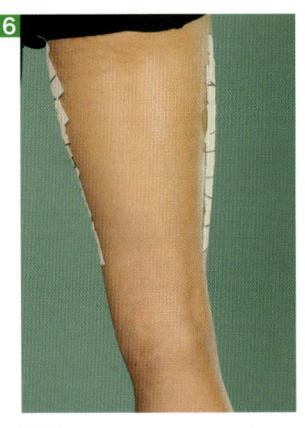

**6** 大腿後方から見た写真．

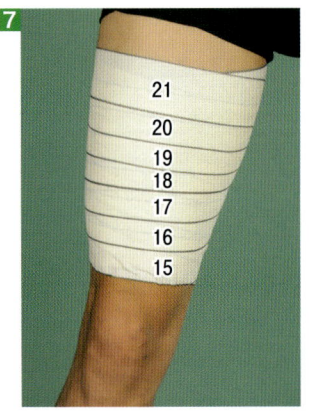

**7** 15〜21のテーピングは，大腿四頭筋の圧迫をより強くするために行なうものである．このため，15〜21のテープは3・4のテープ上（3・4参照）から貼り始め，13・14のテープ上（5参照）まで，それぞれテープ幅の1/2〜1/3程度を重ねて貼付する．
やや強く

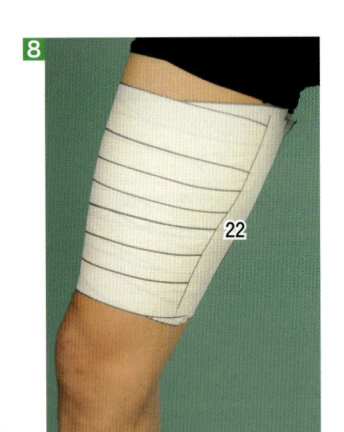

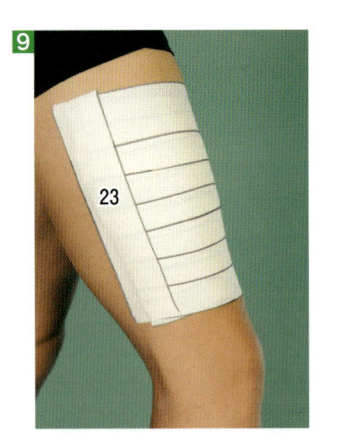

**8 9** 22・23のテーピングは，これまでに貼付したテープが剥がれないようにするために行なうものである．このため，22・23のテープはこれまで貼付したテープ群の端に，1/2が皮膚に，1/2がテープにかかるように貼付する．　普通

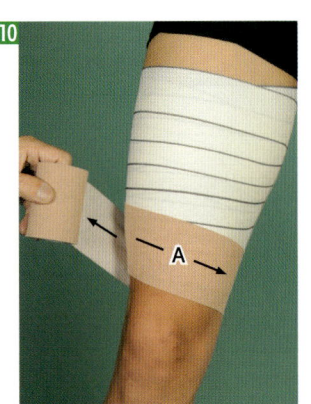

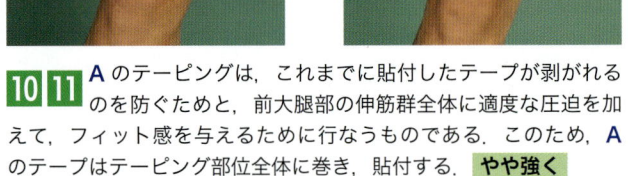

**10 11** Aのテーピングは，これまでに貼付したテープが剥がれるのを防ぐためと，前大腿部の伸筋群全体に適度な圧迫を加えて，フィット感を与えるために行なうものである．このため，Aのテープはテーピング部位全体に巻き，貼付する．　やや強く

以上で，前大腿部（大腿四頭筋）肉ばなれのテーピングが完了する．

## 実技編 Ⅱ-15 下腿三頭筋肉ばなれのテーピング
### 軽度の痛み

下腿三頭筋全体を圧迫して，運動の際の急激な力などによって損傷部に加わるストレスを軽減させる技法である．

**固定肢位**
- 踵を5cm程度上げ，膝を軽屈曲位に保つ．

**テープ**
- 粘着非伸縮性テープ 約19mm幅，約38mm幅
- 粘着伸縮性テープ 約50mm幅
- 粘着スプレー

### ・ポイント・

- 被施術部位の踵を5cm程度上げ，膝関節を軽屈曲位（約15度）に保ち，下腿三頭筋を弛緩させておく．
- 下腿後面の中央で交差させるテープは，やや斜め上方に軽く引っ張りながら貼付すると，筋肉や皮膚が片寄らずにバランス良く圧迫できる．このとき，テープの角度を付け過ぎると，テープの枚数が少なすぎたり，交差する位置がテーピング部位全体の中央に集中してしまうため，正しい圧迫ができなくなるので注意する（8 9 参照）．
- 適度な圧迫を持続させるために粘着非伸縮性テープを貼付する際には，下腿部の前面は開けておく（10 参照）．

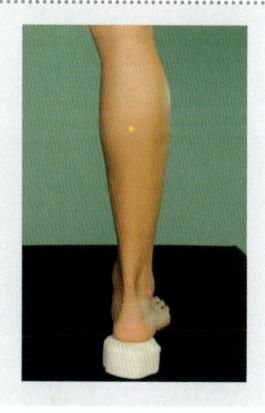

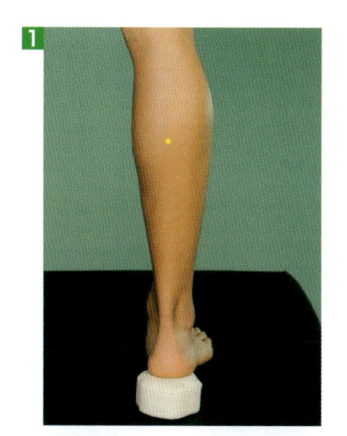

**1** 黄色〇印が肉ばなれ部位を示す．

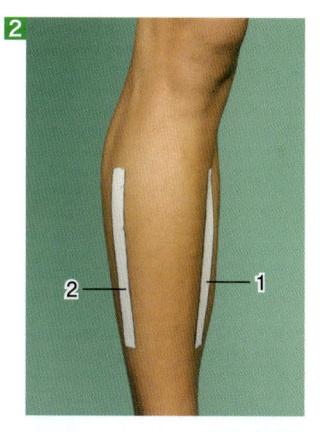

**2** 1のアンカーテープは脛骨に，2のアンカーテープは前脛骨筋外側の1/3程度のところに貼付する．　普通

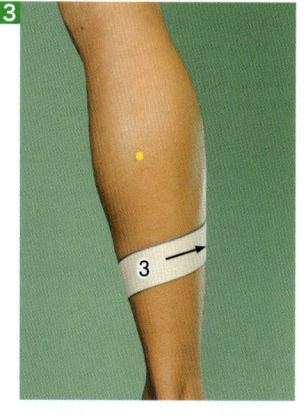

**3** 3のテーピングは，下腿三頭筋を圧迫するために行なうものである（以後，貼付する18のテープまで同様である）．このため，3のテープは内側下腿部1のテープ上（2 参照）から貼り始め，後下腿部を矢印の方向へ，やや斜め上方に向けながら2のテープ上（2 参照）まで貼付する．　やや強く

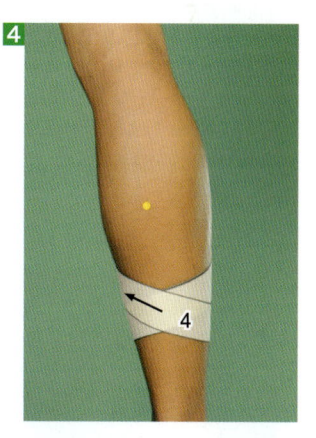

**4** 4のテーピングは，外側下腿部の2のテープ上（2 参照）から貼り始め，後下腿部の中央で3のテープ（3 参照）と交差させ，1のテープ上（2 参照）まで貼付する．　やや強く

Ⅱ 膝関節・大腿部・下腿部

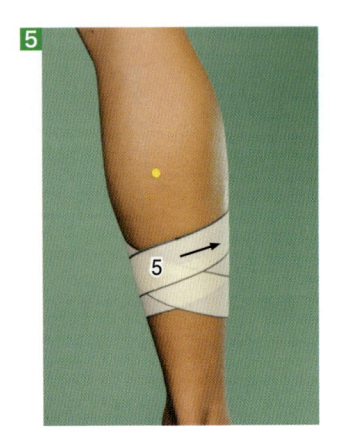

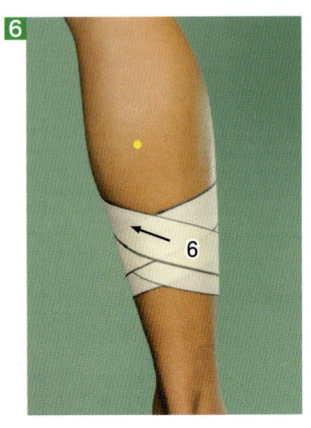

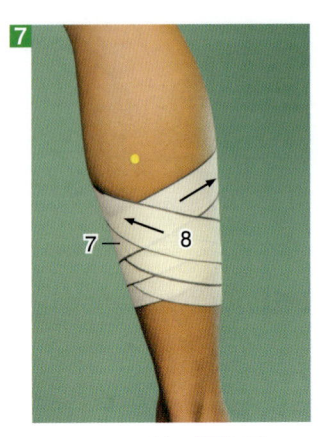

**5 6 7** 5のテーピングは，3のテープ上（3参照）に，6のテープは4のテープ上（4参照）に，7のテープは5のテープ上に，8のテープは6のテープ上に，それぞれテープ幅の1/2〜1/3程度を重ねて貼付する．やや強く

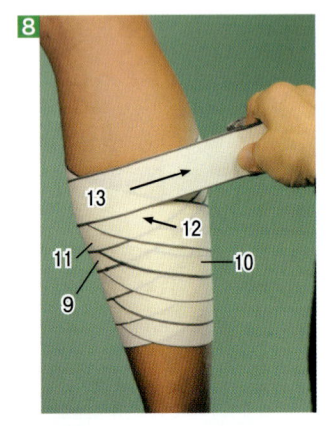

**8** 9のテープは7のテープ上（7参照）に，10のテープは8のテープ上（7参照）に，11のテープは9のテープ上に，12のテープは10のテープ上に，13のテープは11のテープ上に，それぞれテープ幅の1/2〜1/3程度を重ねて貼付する．やや強く

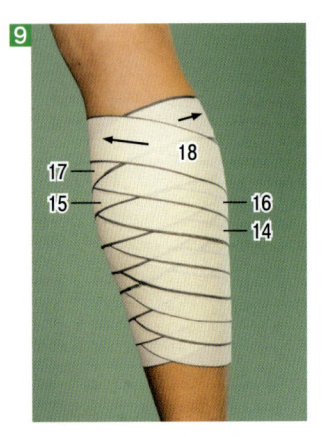

**9** 14のテープは12のテープ上（8参照）に，15のテープは13のテープ上（8参照）に，16のテープは14のテープ上に，17のテープは15のテープ上に，18のテープは16のテープ上に，それぞれテープ幅の1/2〜1/3程度を重ねて貼付する．やや強く

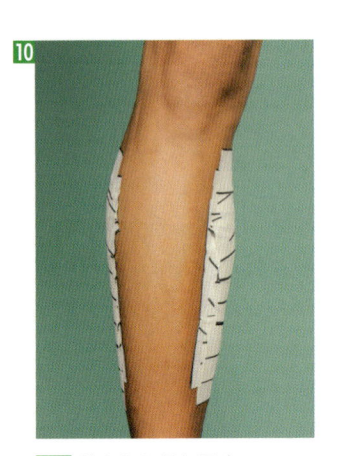

**10** 前方から見た写真．

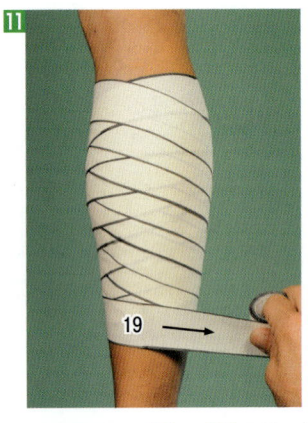

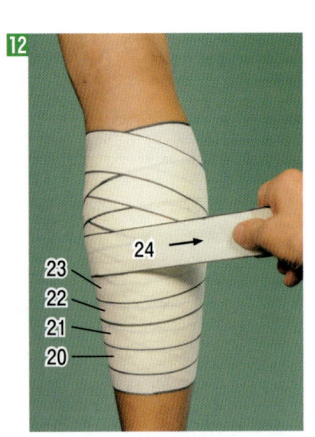

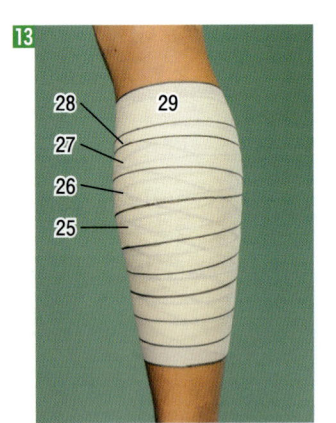

**11 12 13** 19〜29のテーピングは，下腿三頭筋の圧迫をより強くするために行なうものである．このため，19〜29のテープは3・4のテープ上（4参照）から17・18のテープ上（9参照）まで，それぞれテープ幅の1/2〜1/3程度を重ねて貼付する．やや強く

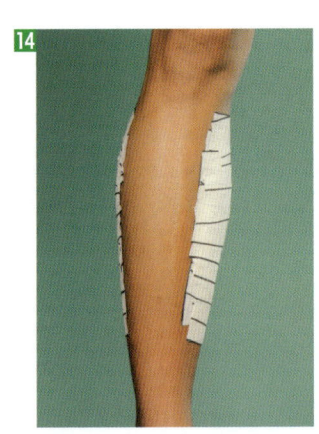

**14** 前方から見た写真．

104 実技編

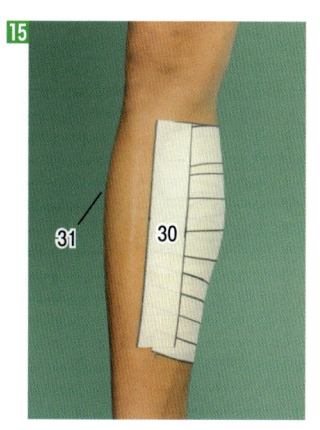

**15** 30・31 のテーピングは，これまでに貼付したテープが剥がれないようにするために行なうものである．このため 30・31 のテープは，これまでに貼付したテープ群の端に，1/2 が皮膚に，1/2 がテープにかかるように貼付する． 普通

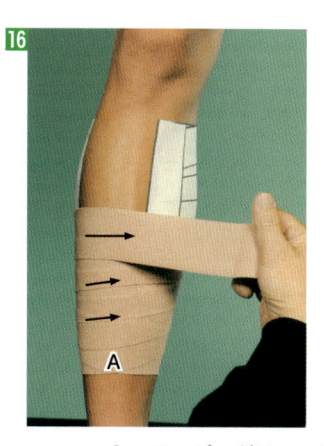

**16 17** A のテーピングは，これまでに貼付したテープが剥がれるのを防ぐためと，下腿三頭筋に適度な圧迫を加えて，フィット感を与えるために行なう．このため，A のテープはテーピング部位全体に巻き，貼付する． やや強く

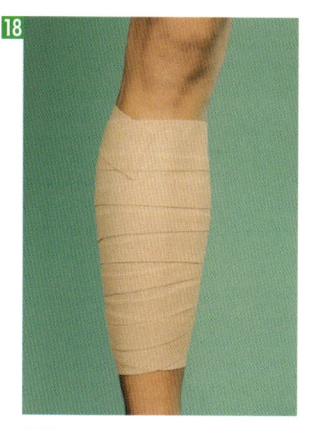

**18** 前方から見た完成写真．

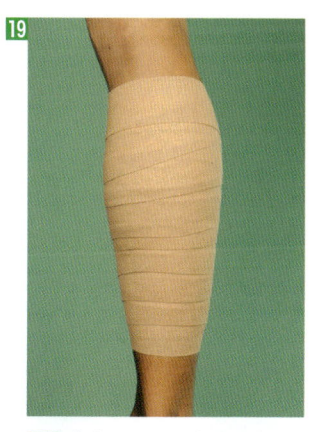

**19** 後方から見た完成写真．

以上で，下腿三頭筋肉ばなれのテーピングが完了する．

II 膝関節・大腿部・下腿部

# 実技編 Ⅱ-16 下腿三頭筋肉ばなれのテーピング
## 再発予防

下腿三頭筋に適度な圧迫を加え，運動によって加わるストレスを軽減させて再発を防ぐ技法である．

**固定肢位**
- 踵を5cm程度上げ，膝を軽屈曲位に保つ．

**テープ**
- 粘着非伸縮性テープ　約19mm幅，約38mm幅
- 粘着伸縮性テープ　約50mm幅
- アンダーラップ
- 粘着スプレー

**・ポイント・**
- テーピング部位全体を粘着伸縮性テープで巻く．これは，運動中にアンダーラップが切れてテープが剥がれるのを防ぐためと，下腿三頭筋全体に適度な圧迫を加えてフィット感を与えるためである（17 18 参照）．

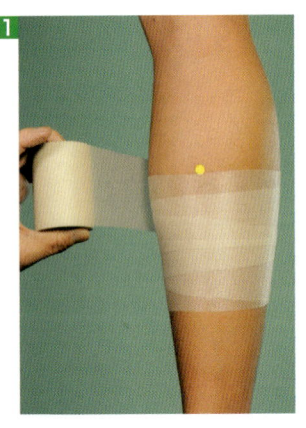

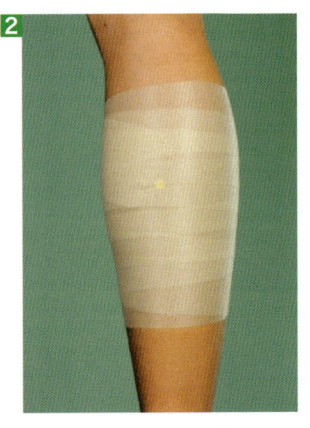

**1 2** 黄色○印が肉ばなれの部位を示す．テーピング部位全体にアンダーラップを巻く．

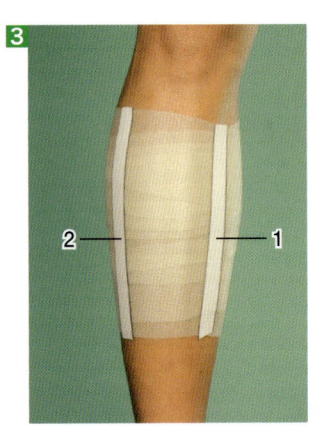

**3** 1のアンカーテープは脛骨に，2のアンカーテープは前脛骨筋外側の1/3程度のところに貼付する．

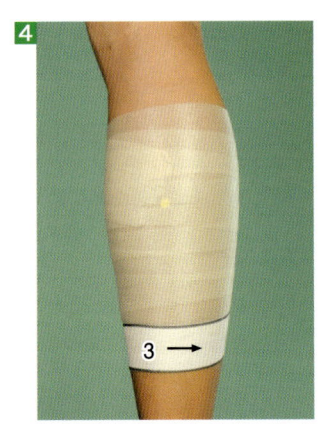

**4** 3のテーピングは，下腿三頭筋を圧迫するために行なうものである（以後，貼付する18のテープまで同様である）．このため，3のテープは内側下腿部の1のテープ上（3参照）から貼り始め，後下腿部を矢印の方向へ，やや斜め上方に向けながら2のテープ上（3参照）まで貼付する．このとき，テープの1/2が皮膚に，1/2がアンダーラップにかかるように貼付する．**強く**

**5** ❹のテープは，外側下腿部の❷のテープ上（**3**参照）から貼り始め，後下腿部の中央で❸のテープ（**4**参照）と交差させ，❶のテープ上（**3**参照）まで貼付する．❹のテープも❸のテープと同様，1/2が皮膚に，1/2がアンダーラップにかかるようにする． 強く

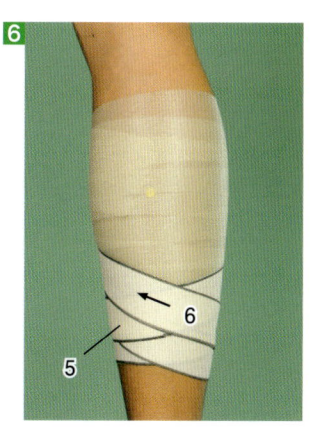

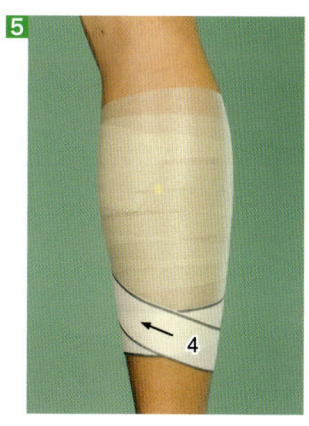

**6** ❺のテープは❸のテープ上（**4**参照）に，❻のテーピングは❹のテープ上（**5**参照）に，それぞれテープ幅の1/2〜1/3程度を重ねて貼付する． 強く

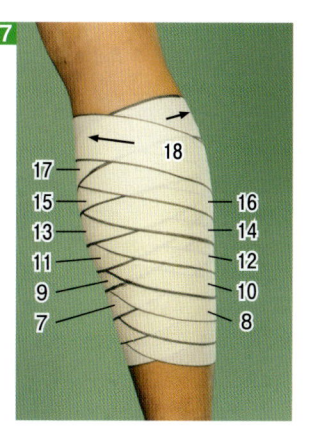

**7** ❼のテープは❺のテープ上（**6**参照）に，❽のテープは❻のテープ上（**6**参照）に，❾のテープは❼のテープ上に，❿のテープは❽のテープ上に，⓫のテープは❾のテープ上に，⓬のテープは❿のテープ上に，⓭のテープは⓫のテープ上に，⓮のテープは⓬のテープ上に，⓯のテープは⓭のテープ上に，⓰のテープは⓮のテープ上に，⓱のテープは⓯のテープ上に，⓲のテープは⓰のテープ上に，それぞれテープ幅の1/2〜1/3程度を重ねて貼付する． 強く

**8 9 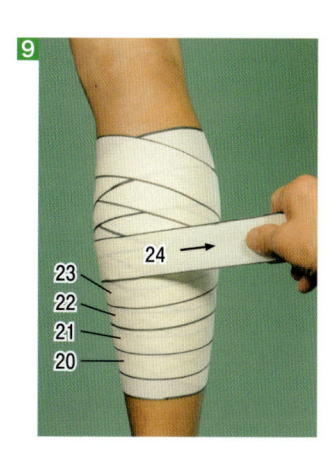 10** ⓳〜㉙のテーピングは，下腿三頭筋の圧迫をより強くするために行なうものである．このため，⓳〜㉙のテープは❸・❹のテープ上（**4 5**参照）から⓱・⓲のテープ上（**7**参照）まで，それぞれテープ幅の1/2〜1/3程度を重ねて貼付する． 強く

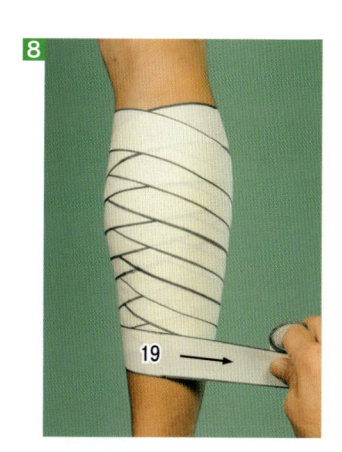

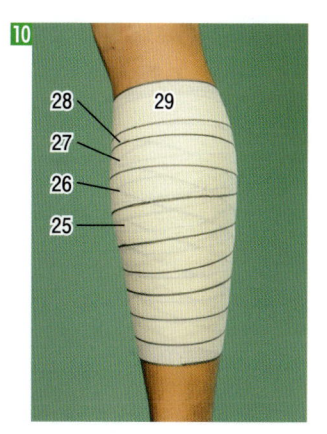

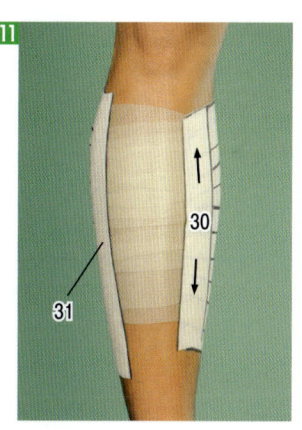

**11** ㉚・㉛テーピングは，これまでに貼付したテープが剥がれないようにするために行なうものである．このため，㉚・㉛のテープはこれまでに貼付したテープ群の端に，1/2がアンダーラップに，1/2がテープにかかるように貼付する． 普通

Ⅱ 膝関節・大腿部・下腿部

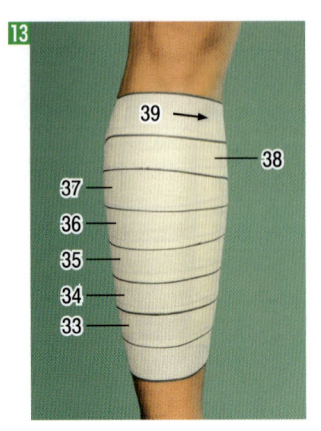

**12 13** 32～39のテーピングは，これまでに貼付したテープの固定力を持続させるために行なうものである．このため，32～39のテープは前下腿部のアンダーラップを覆うように貼付する．32のテープは30・31のテープの前下腿部下方より貼り始め，39のテープまでそれぞれテープ幅で貼付する． やや強く

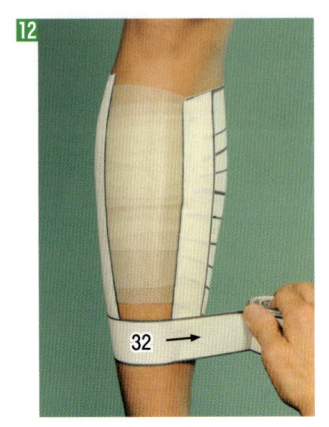

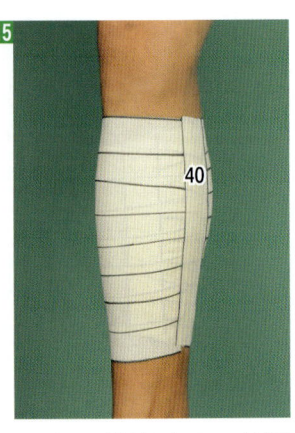

**14 15** 40・41のテーピングは，これまでに貼付したテープが剥がれないようにするために行なうものである．このため，40・41テープはこれまでに貼付したテープ群の端に，1/2がテープに，1/2が19～29のテープ群にかかるように貼付する． 普通

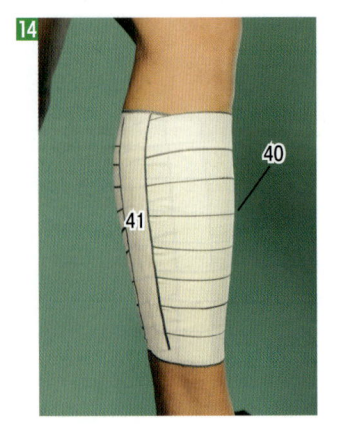

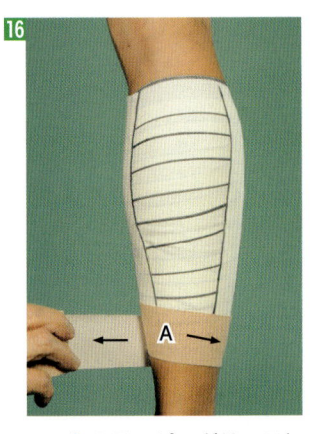

**16** Aのテーピングは，これまでに貼付したテープが剥がれるのを防ぐためと，下腿三頭筋全体に適度な圧迫を加えてフィット感を与えるために行なう．このため，Aのテープはテーピング部位全体に巻き，貼付する． やや強く

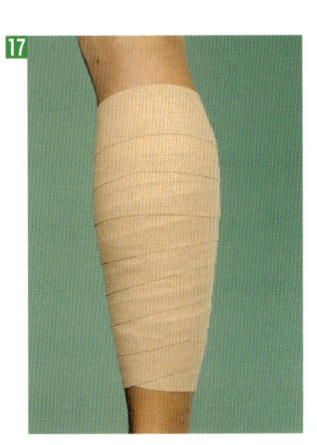

**17** 後方から見た完成写真．

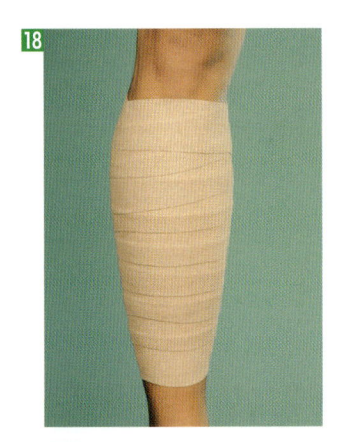

**18** 前方から見た完成写真．

以上で，下腿三頭筋肉ばなれのテーピングが完了する．

## 実技編 II-17 下腿内側の痛み(Shin splints)のテーピング
### 軽度の痛み

後脛骨筋と足の内反筋群の起始部の使いすぎによる炎症である．後脛骨筋の起始部である脛骨と腓骨，停止部である足部のアーチ（舟状骨・楔状骨・立方骨・中足骨の足底面）を圧迫し，筋に加わるストレスを軽減する．

**固定肢位**
- 足関節をほぼ直角に保つ．
  （ただし，本項の写真は撮影角度の関係で90°に見えていない）
- 膝関節は軽屈曲位に保つ．

**テープ**
- 粘着非伸縮性テープ　約38mm幅
- 粘着伸縮性テープ　約50mm幅
- 粘着スプレー

**・ポイント・**
- 3本のあぶみ状テープと足部に巻くテープによって，足部のアーチ（舟状骨・楔状骨，立方骨，中足骨の足底面）を圧迫する．

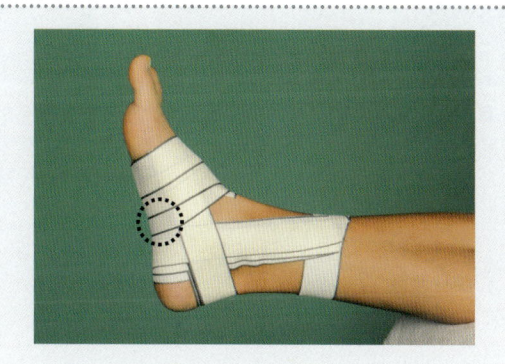

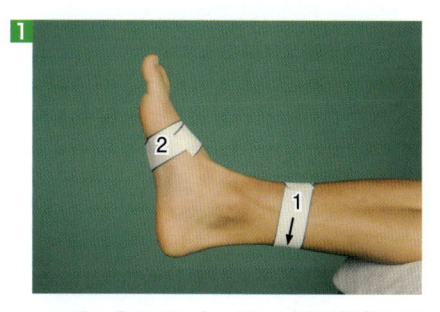

**1** 1・2のアンカーテープを下腿部と足部に巻き，貼付する．　普通

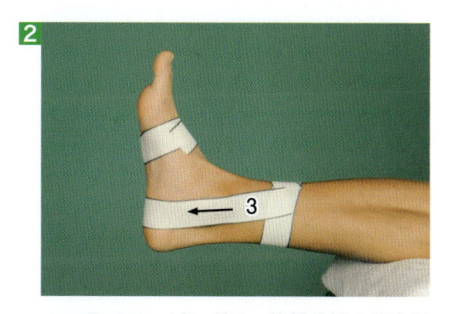

**2** 3のテーピングは，後脛骨筋の停止部を圧迫するために行なうものである．このため，3のテープは下腿部内側の1のテープ上（1参照）から貼り始め，足底を経て，下腿部外側の1のテープ上（1参照）まで貼付する（以後貼付する5・7のテープも同様である）．　強く（ただし足底はやや強く）

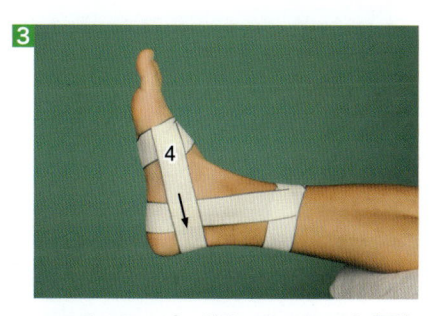

**3** 4のテーピングは，3のテープ（2参照）の固定力を持続させるために行なうものである（以後，貼付する6・8のテープも同様である）．このため，4のテープは足部内側の2のテープ上（1参照）から貼り始め，踵部を経て足部外側の2のテープ上（1参照）まで貼付する．　やや強く

II 膝関節・大腿部・下腿部

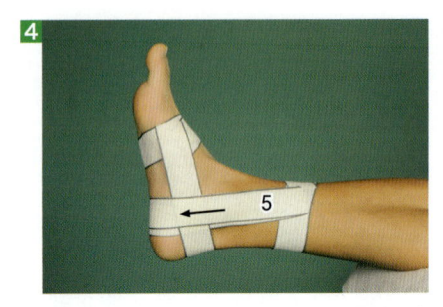

**4** 5のテープは3のテープ上（2参照）に，テープ幅の1/2〜1/3程度を重ねて貼付する．強く（ただし足底はやや強く）

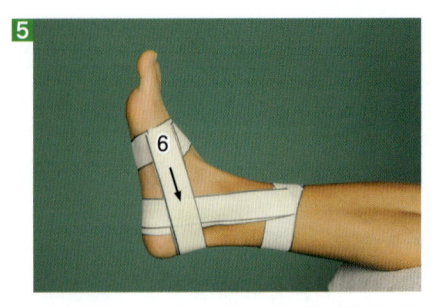

**5** 6のテープは4のテープ上（3参照）に重ねて貼付する．やや強く

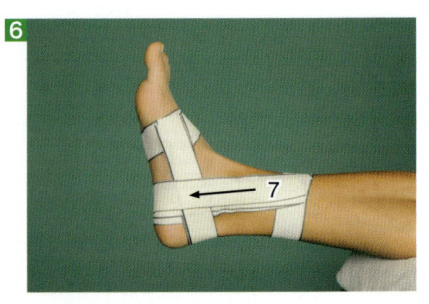

**6** 7のテープは5のテープ上（4参照）に，テープ幅の1/2〜1/3程度を重ねて貼付する．強く（ただし足底はやや強く）

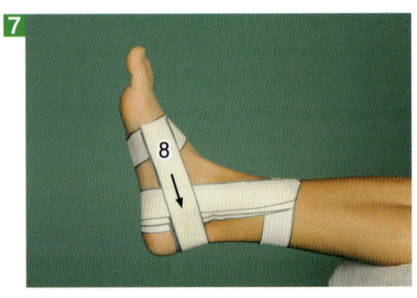

**7** 8のテープは6のテープ上（5参照）に重ねて貼付する．やや強く

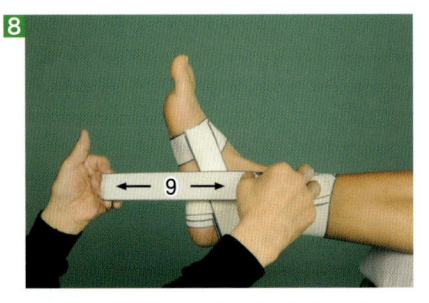

**8** 9のテーピングは，後脛骨筋の停止部である舟状骨粗面を圧迫固定するために足部に巻き，貼付する．やや強く

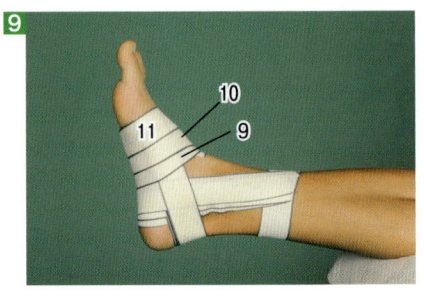

**9** 10・11のテーピングは，4・6・8のテープを剥がれないようにするためと，足部のアーチを圧迫するために行なうものである．このため，10のテープは9のテープ上（8参照）に，11のテープは10のテープ上に，それぞれテープ幅の1/2〜1/3程度を重ねて巻き，貼付する．

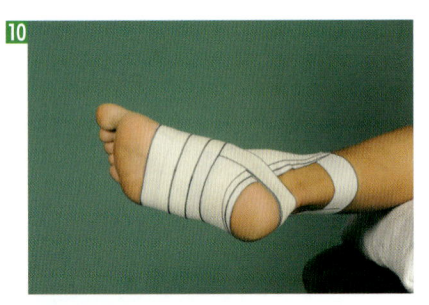

**10** 後内方から見た写真．

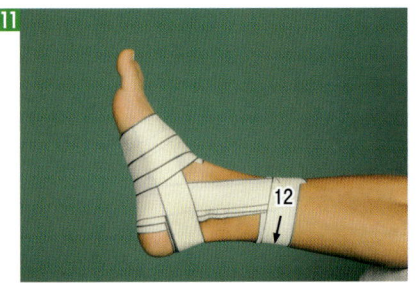

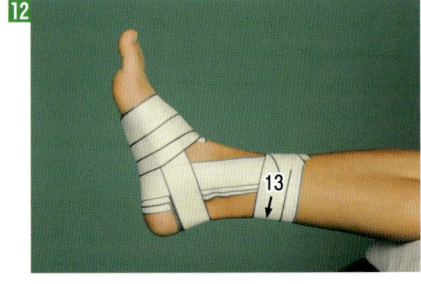

**11 12** 12・13のテーピングは，3・5・7のテープが剥がれないようにするために行なうものである．このため，12のテープは1のテープ（1参照）上に重ねて巻き，貼付する．13のテープは12のテープ上に，テープ幅の1/2〜1/3程度を重ねて巻き，貼付する．普通

110　実技編

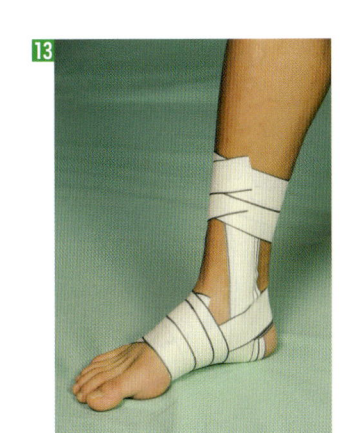

**13** 以後，後脛骨筋の起始部を圧迫するテープを下腿部に貼付するため，固定肢位を立位に変え，被施術部位の膝関節を軽屈曲位に保ち，体重を少しかける．

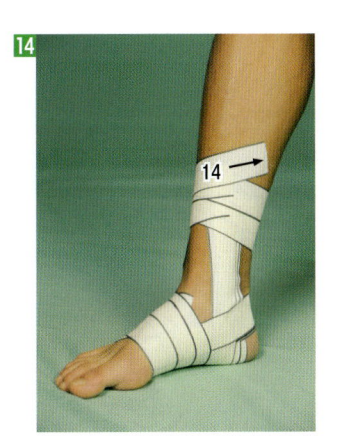

**14 15** 14のテーピングは，後脛骨筋の起始部を圧迫するために行なうものである．このため，14のテープは下腿を全周するのではなく，下腿部外側（腓腹筋外側部）を開けて貼付する（以後，貼付する27のテープまで同様である）．14のテープは，12のテープ（11参照）の前下腿部外側寄りにテープ幅の1/2〜1/3程度を重ねて貼り始め，矢印の方向に斜め上方，下腿部の内側まで貼付する．**強く**

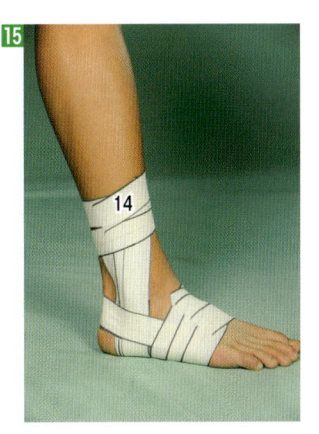

**16** 15のテーピングは，12のテープ上（11参照）の後下腿部内側寄りにテープ幅の1/2〜1/3程度を重ねて貼り始め，14のテープと交差させ，斜め上方に前下腿部の外側まで貼付する．**強く**

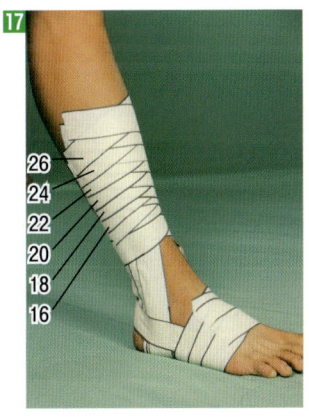

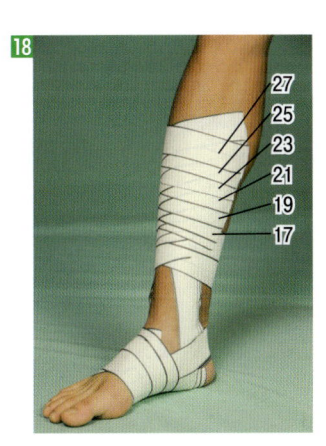

**17 18** 16のテープは14のテープ上（14 15参照）に，17のテープは15のテープ上（16参照）に，18のテープは16のテープ上に，19のテープは17のテープ上に，20のテープは18のテープ上に，21のテープは19のテープ上に，22のテープは20のテープ上に，23のテープは21のテープ上に，24のテープは22のテープ上に，25のテープは23のテープ上に，26のテープは24のテープ上に，27のテープは25のテープ上に，それぞれテープ幅の1/2〜1/3程度を重ねて貼付する．**強く**

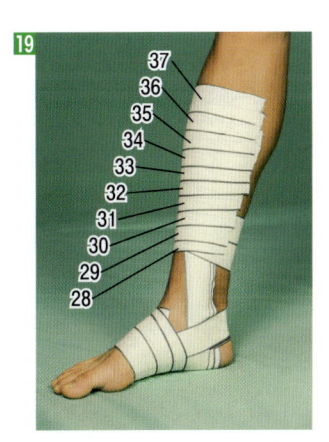

**19** 28〜37のテーピングは，14〜27のテープ（14〜18参照）の圧迫をより強くするために行なうものである（以後，貼付する37のテープまで同様である）．このため，28のテープは13のテープ（12参照）上に重ねて前下腿部に貼付する．29のテープは28のテープ上に，30のテープは29のテープ上に，31のテープは30のテープ上に，32のテープは31のテープ上に，33のテープは32のテープ上に，34のテープは33のテープ上に，35のテープは34のテープ上に，36のテープは35のテープ上に，37のテープは36のテープ上に，それぞれテープ幅の1/2〜1/3程度を重ねて貼付する．**強く**

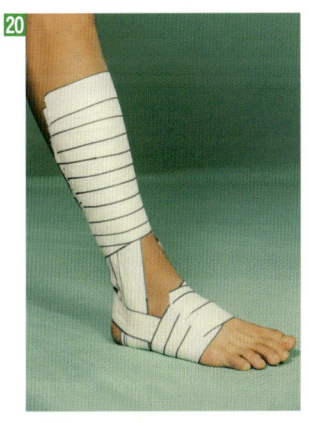

**20** 外側から見た写真．

II 膝関節・大腿部・下腿部

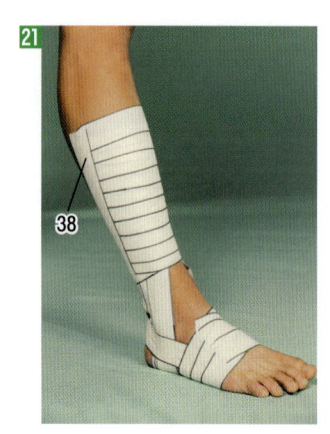

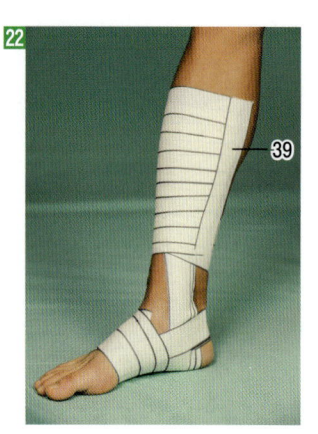

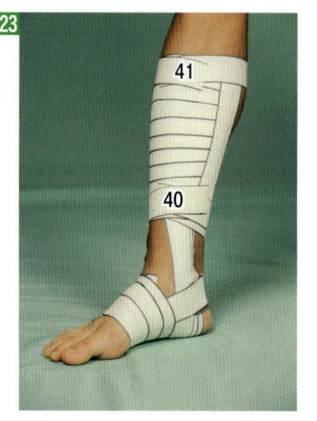

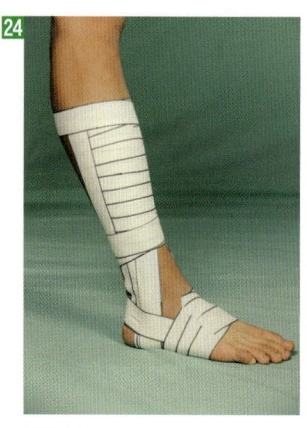

**21 22** 38・39のテーピングは，14〜37のテープが剥がれないようにするため行なうものである．このため，38・39のテープは14〜37のテープの貼り始めと終わりに，1/2が皮膚に，1/2がテープにかかるように貼付する． 普通

**23** 40・41のテーピングは，38・39のテープの固定力を持続させるために行なうものである．このため，40のテープは28のテープ（19参照）上に，41のテープは37のテープ（19参照）上に貼付する． 普通

**24** 外側から見た写真．

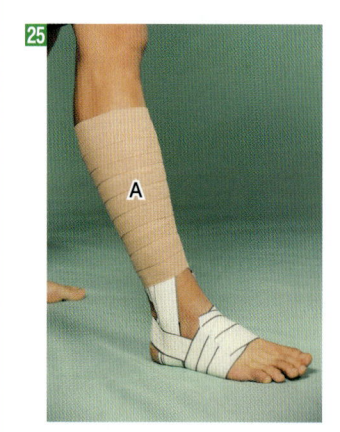

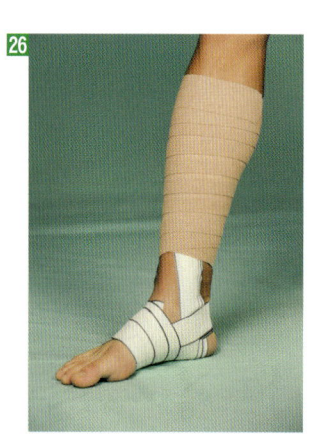

**25 26** Aのテーピングは，下腿部・後脛骨筋の起始部を圧迫するために貼付したテープが剥がれないようにするために行なうものである．このため，Aのテープは下腿の腓腹筋部全体に巻き，貼付する． やや強く

以上で，下腿内側の痛み（Shin splints）のテーピングが完了する．

# Ⅲ 手関節・手指関節

## 手関節・手指関節の構造と機能

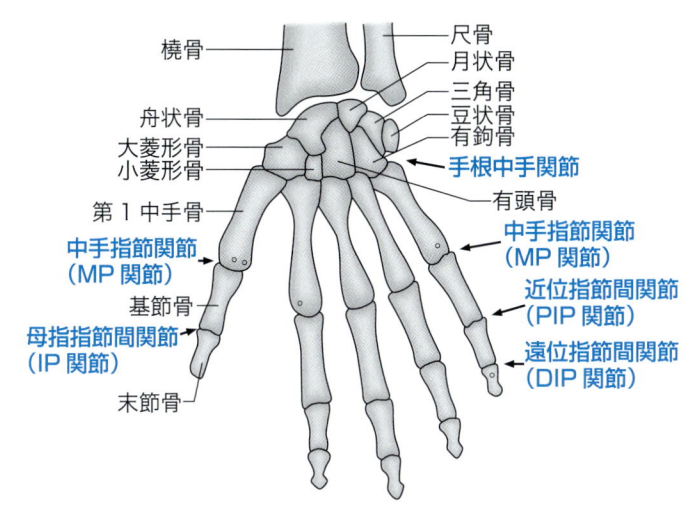

**手関節・手指関節の骨**

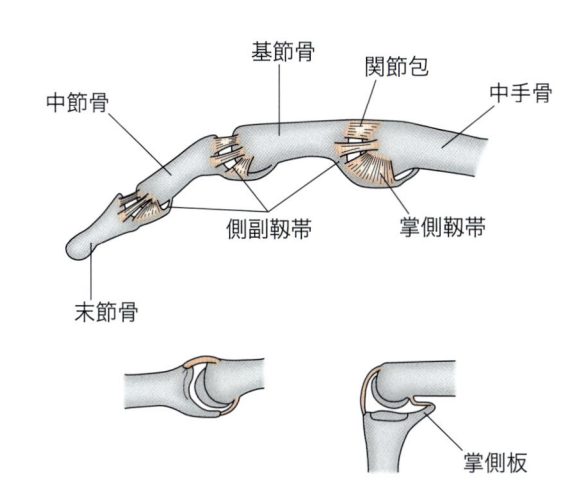

- 橈骨
- 尺骨
- 月状骨
- 三角骨
- 豆状骨
- 有鉤骨
- 舟状骨
- 大菱形骨
- 小菱形骨
- 手根中手関節
- 有頭骨
- 第1中手骨
- 中手指節関節（MP関節）
- 中手指節関節（MP関節）
- 近位指節間関節（PIP関節）
- 基節骨
- 遠位指節間関節（DIP関節）
- 母指指節間関節（IP関節）
- 末節骨

**手関節・手指関節の骨・靱帯**

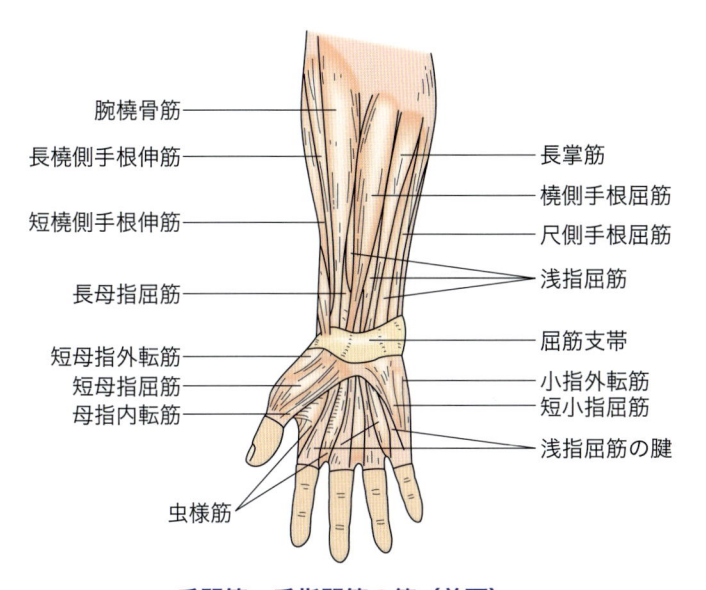

- 基節骨
- 関節包
- 中手骨
- 中節骨
- 側副靱帯
- 掌側靱帯
- 末節骨
- 掌側板

**手関節・手指関節の筋（前面）**

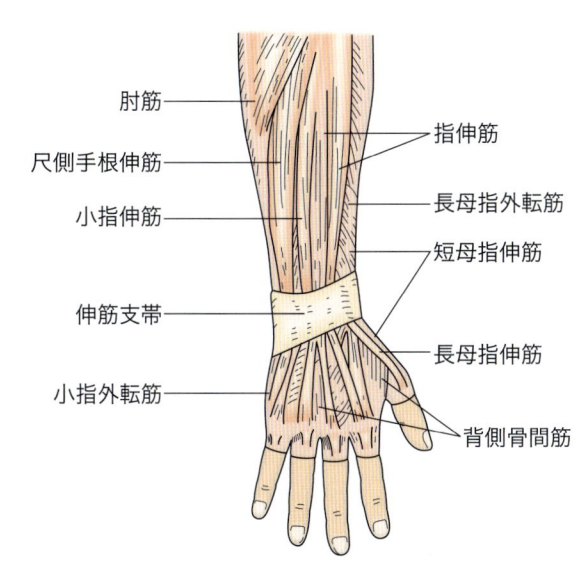

- 腕橈骨筋
- 長橈側手根伸筋
- 短橈側手根伸筋
- 長母指屈筋
- 短母指外転筋
- 短母指屈筋
- 母指内転筋
- 虫様筋
- 長掌筋
- 橈側手根屈筋
- 尺側手根屈筋
- 浅指屈筋
- 屈筋支帯
- 小指外転筋
- 短小指屈筋
- 浅指屈筋の腱

**手関節・手指関節の筋（後面）**

- 肘筋
- 尺側手根伸筋
- 小指伸筋
- 伸筋支帯
- 小指外転筋
- 指伸筋
- 長母指外転筋
- 短母指伸筋
- 長母指伸筋
- 背側骨間筋

## 関節可動域の表示と測定法

### 母指

| 部位名 | 運動方向 | 参考可動域角度 | 基本軸 | 移動軸 | 測定肢位および注意点 | 参考図 |
|---|---|---|---|---|---|---|
| 母指<br>thumb | 橈側外転<br>radial abduction | 60 | 示指<br>(橈骨の延長上) | 母指 | 運動は手掌面とする．<br>以下の手指の運動は，原則として手指の背側に角度計を当てる． | |
| | 尺側内転<br>ulnar adduction | 0 | | | | |
| | 掌側外転<br>palmar abduction | 90 | | | 運動は手掌面に直角な面とする． | |
| | 掌側内転<br>palmar adduction | 0 | | | | |
| | 屈曲（MCP）<br>flexion | 60 | 第1中手骨 | 第1基節骨 | | |
| | 伸展（MCP）<br>extension | 10 | | | | |
| | 屈曲（IP）<br>flexion | 80 | 第1基節骨 | 第1末節骨 | | |
| | 伸展（IP）<br>extension | 10 | | | | |

### 指

| 部位名 | 運動方向 | 参考可動域角度 | 基本軸 | 移動軸 | 測定肢位および注意点 | 参考図 |
|---|---|---|---|---|---|---|
| 指<br>fingers | 屈曲（MCP）<br>flexion | 90 | 第2〜5中手骨 | 第2〜5基節骨 | | |
| | 伸展（MCP）<br>extension | 45 | | | | |
| | 屈曲（PIP）<br>flexion | 100 | 第2〜5基節骨 | 第2〜5中節骨 | | |
| | 伸展（PIP）<br>extension | 0 | | | | |
| | 屈曲（DIP）<br>flexion | 80 | 第2〜5中節骨 | 第2〜5末節骨 | | |
| | 伸展（DIP）<br>extension | 0 | | | DIPは10°の過伸展をとりうる． | |
| | 外転<br>abduction | | 第3中手骨延長線 | 第2, 4, 5指軸 | 中指の運動は橈側外転，尺側外転とする． | |
| | 内転<br>adduction | | | | | |

## 上肢測定(3) 肘-手

| 部位名 | 運動方向 | 参考可動域角度 | 基本軸 | 移動軸 | 測定肢位および注意点 | 参考図 |
|---|---|---|---|---|---|---|
| 手 wrist | 屈曲（掌屈）flexion (palmarflexion) | 90 | 橈骨 | 第2中手骨 | 前腕は中間位とする． | |
| | 伸展（背屈）extension (dorsiflexion) | 70 | | | | |
| | 橈屈 radial deviation | 25 | 前腕の中央線 | 第3中手骨 | 前腕を回内位で行なう． | |
| | 尺屈 ulnar deviation | 55 | | | | |

### その他の検査法

| 部位名 | 運動方向 | 参考可動域角度 | 基本軸 | 移動軸 | 測定肢位および注意点 | 参考図 |
|---|---|---|---|---|---|---|
| 母指 thumb | 対立 opposition | | | | 母指先端と小指基部（または先端）との距離（cm）で表示する． | |
| 指 fingers | 外転 abduction | | 第3中手骨延長線 | 2, 4, 5指軸 | 中指先端と2, 4, 5指先端との距離（cm）で表示する． | |
| | 内転 adduction | | | | | |
| | 屈曲 flexion | | | | 指尖と近位手掌皮線（proximal palmar crease）または遠位手掌皮線（distal palmar crease）との距離（cm）で表示する． | |

# 手関節・手指関節のスポーツ外傷・障害

## 1 骨折

スポーツ外傷，喧嘩などにより発生する．

**①中手骨骨折**

中手骨骨折の中でも頚部の骨折はボクサー骨折とも呼ばれ，手を握って強打する喧嘩などの際に主に第5中手骨に発生する．

**②指基節骨骨折**

骨折線は横骨折のことが多い．

|症 状| 疼痛，腫脹，変形．
|治 療| 整復後副子固定またはギプス固定を行なうが，固定性が悪い場合は手術となる．

## 2 脱臼

スポーツ外傷で多いのは，PIP関節脱臼骨折である．アメリカンフットボールなど捕球時の失敗で長軸方向に外力が加わると発生する．

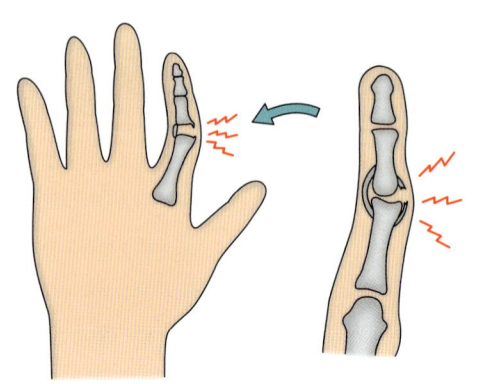

**指節間関節の側副靭帯損傷**

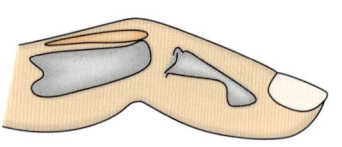

**槌指（マレットフィンガー）** 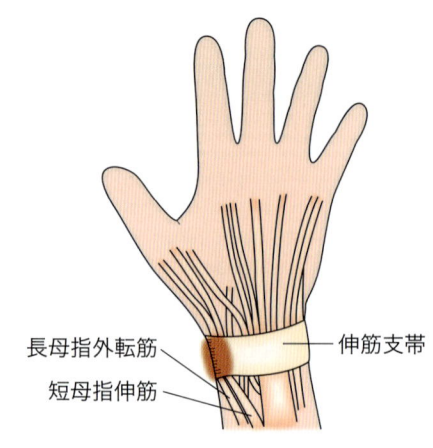
伸筋腱完全断裂
小さい剥離骨片を伴うもの

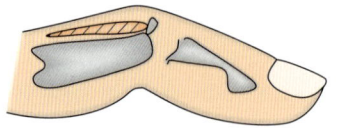

長母指外転筋　伸筋支帯
短母指伸筋
●腱鞘炎の発生頻度の高い部位
**腱鞘炎**

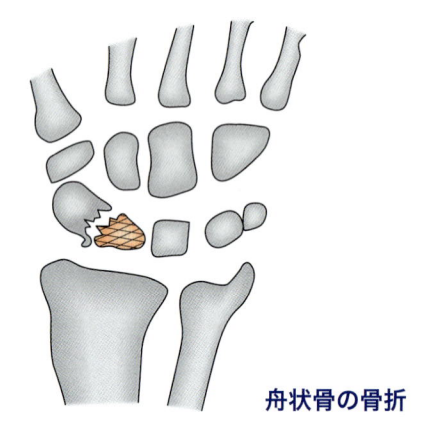

**舟状骨の骨折**

|症　状| 疼痛，腫脹，変形．
|治　療| 整復後，副子固定を行なうが，固定性が悪く再脱臼する場合や骨片の転位が大きい場合は，手術となる．

### 3　靭帯損傷

スキーなどで転倒してストックにより母指に強い外力が加わり，母指MP関節の尺側側副靭帯を損傷することが多い．これをスキーヤー母指（ゲームキーパー母指）と呼ぶ．

|症　状| 疼痛，腫脹，側方への不安定性．
|治　療| 急性期はRICE処置，固定．スキーヤー母指の場合，保存療法では不安定性が残ることが多く，手術（縫合術）の適応となる．

### 4　槌指（マレットフィンガー）

伸筋腱の皮下断裂あるいは付着部の末節骨基部骨折によってDIP関節の屈曲変形をきたしたものである

|症　状| 腫脹，疼痛，DIP関節屈曲変形．
|治　療| DIP関節を軽度伸展位で6週以上固定．その後も4週間は夜間固定が必要である．

### 5　狭窄性腱鞘炎

#### ①ばね指

クラブやラケット，音楽では管楽器（フルートなど）長く握り続けると腱鞘に炎症を起こし，屈筋腱とその腱鞘との相対的なサイズの不均衡により，屈筋腱の滑動障害を起こす．

|症　状| MP関節掌側の圧痛，腱性腫瘤の触知，指の屈伸時のクリックの触知．

#### ②デケルバン（de Quervain）病

第一伸筋区画での狭窄性腱鞘炎（短母指伸筋腱，長母指外転筋腱）である．

|症　状| 短母指伸筋腱に沿った圧痛，腫脹，母指を中心に握らせて尺屈を強制すると激痛が生じる．
|治　療| 安静，副腎皮質ステロイドの腱鞘内注入で症状が改善しなければ，手術（腱鞘切開）を行なう．

### 6　手関節捻挫

スポーツによる手関節捻挫の中に手根不安定症，TFCC（手関節三角線維軟骨複合体）損傷があり，適切な診断が重要である．

|症　状| 運動痛，圧痛，腫脹．
|治　療| 急性期ではRICE処置，固定を行なう．

### 7　手根骨骨折

転倒などで手関節を背屈強制されると，舟状骨骨折を起こすことが多い．

|症　状| 疼痛，圧痛．
|治　療| 母指基節骨まで含めた固定を6週以上行なう．

## 実技編 III-1 手関節・回内方向の制限のテーピング
### 軽度の痛み

前腕を回内させたとき，手関節の橈側に痛みを感じる場合，手掌外側から前腕にかけてテープを巻き，前腕の回内を痛みの感じる一歩手前で制限する技法である．

**固定肢位**
- 自然肢位．

**テープ**
- 粘着非伸縮性テープ 約19mm幅，約38mm幅
- 粘着スプレー

**・ポイント・**
- 回内位方向への制限をより強くするために行なうテープは，痛みの度合によってテープの枚数を決定する．
- 手部に巻くテープが細いのは，握る・つかむなどの動きを妨げないようにするためである．また，テープによる緊縛感を防ぐために，指をひろげて巻く．
- 前腕に巻くテープは筋腹にかからないようにする．これは，運動の際にテープによる筋疲労を防ぐためである．

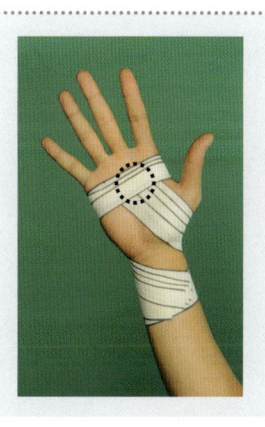

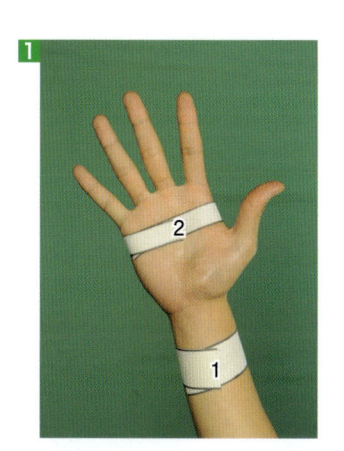

**1** 1・2のアンカーテープを前腕部（手関節から4横指の位置を目安とする）と手部に巻き，貼付する． 普通

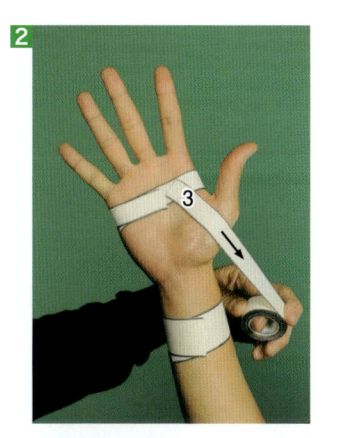

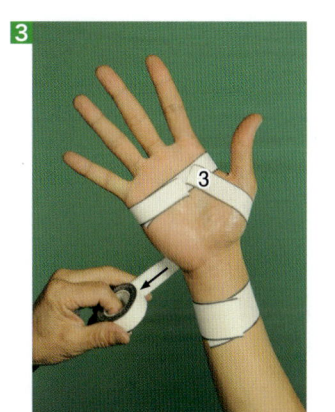

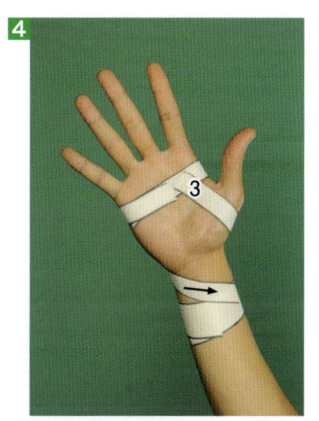

**2 3 4** 3のテーピングは，手関節の回内位方向への動きを制限するために行なうものである（以後，貼付する6のテープまで同様である）．このため，3のテープは2のテープ上（1参照）の掌側から貼り始め，母指球──手背──手関節の尺側──前前腕部──外側前腕部から1のテープ上（1参照）の後面までらせん状に巻き，貼付する．
　　手掌──手背──前腕部
　　やや強く　強く　やや強く

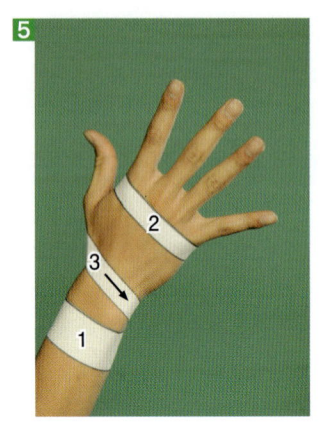

**5** 手背から見た写真．

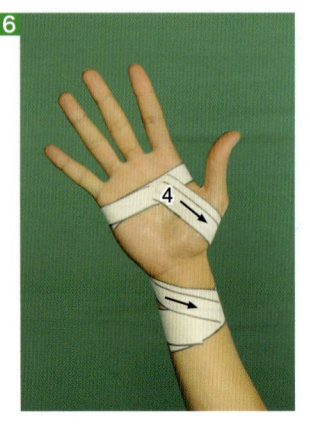

**6** 4 のテープは，3 のテープ上（④参照）にテープ幅の 1/2～1/3 程度を重ねて巻き，貼付する．
　　手掌――手背――前腕部
　　やや強く　強く　やや強く

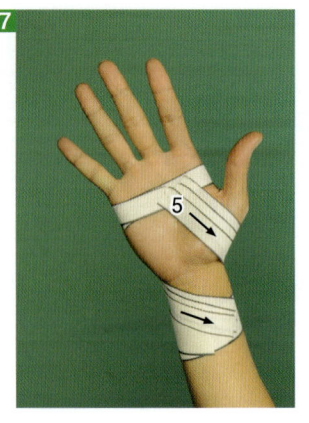

**7** 5 のテープは，4 のテープ上（⑥参照）にテープ幅の 1/2～1/3 程度を重ねて巻き，貼付する．
　　手掌――手背――前腕部
　　やや強く　強く　やや強く

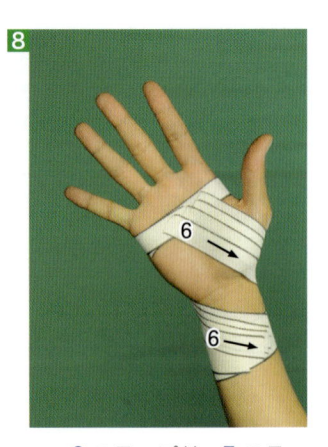

**8** 6 のテープは，5 のテープ上（⑦参照）にテープ幅の 1/2～1/3 程度を重ねて巻き，貼付する．
　　手掌――手背――前腕部
　　やや強く　強く　やや強く

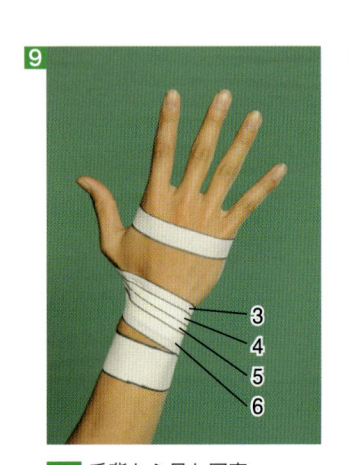

**9** 手背から見た写真．

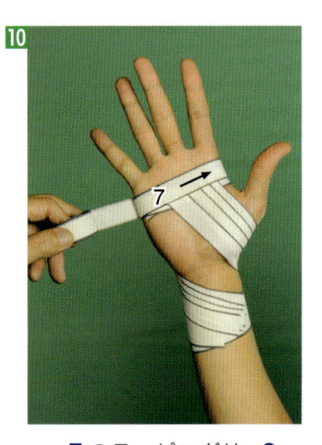

**10** 7 のテーピングは，3～6 のテープ（④～⑧参照）が剝がれないようにするために行なうものである（以後，貼付する 8・9 のテープも同様である）．このため，7 のテープは 2 のテープ上に重ねて巻き，貼付する．　普通

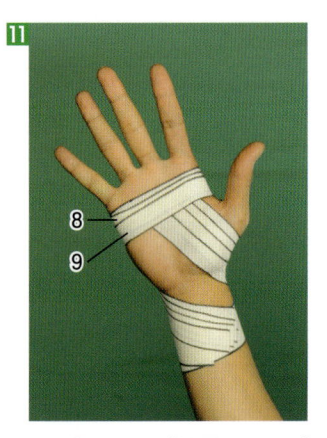

**11** 8 のテープは 7 のテープ上に，9 のテープは 8 のテープ上に，それぞれテープ幅の 1/2～1/3 程度を重ねて巻き，貼付する．　普通

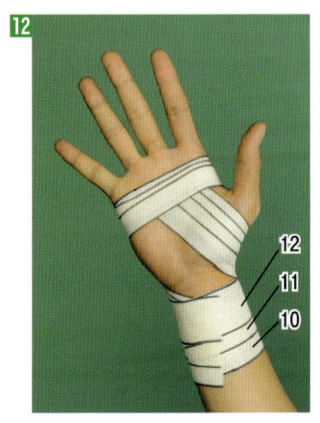

**12** 10～12 のテーピングは，これまでに貼付したテープが剝がれないようにするために行なうもので，前腕部にそれぞれテープ幅の 1/2～1/3 程度を重ねて巻き，貼付する．　普通

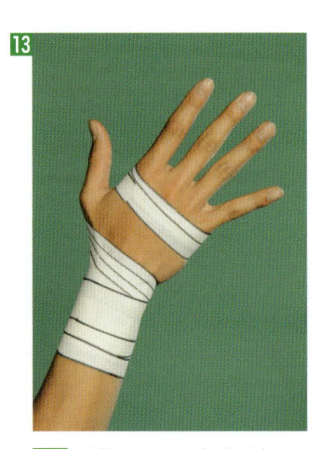

**13** 手背から見た完成写真．

以上で，手関節・回内位方向の制限のテーピングが完了する．

118 ― 実技編

## 実技編 III-2　手関節・回外方向の制限のテーピング
### 軽度の痛み

前腕を回外させたとき手関節の尺側に痛みを感じる場合，手掌内側から前腕にかけてテープを巻き，前腕の回外を痛みの感じる一歩手前で制限する技法である．

**固定肢位**
- 自然肢位．

**テープ**
- 粘着非伸縮性テープ　約19mm幅，約38mm幅
- 粘着スプレー

**・ポイント・**
- 回外位方向への制限をより強くするために行なうテープは，痛みの度合によってテープの枚数を決定する．
- 手部に巻くテープが細いのは，握る・つかむなどの動きを妨げないようにするためである．また，テープによる緊縛感を防ぐために，指をひろげて巻く．
- 前腕に巻くテープは筋腹にかからないようにする．これは，運動の際にテープによる筋疲労を防ぐためである．

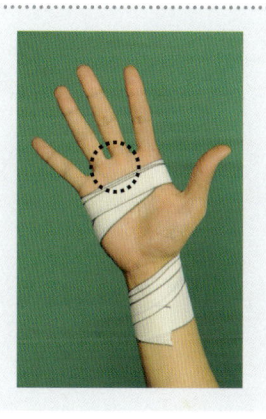

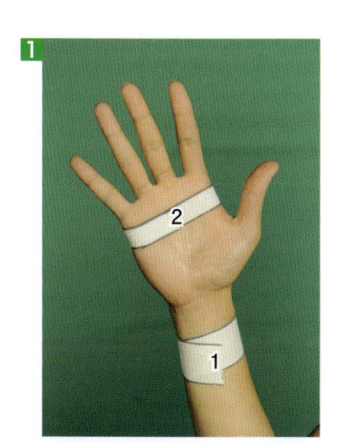

**1** 1・2のアンカーテープを前腕部（手関節から4横指の位置を目安とする）と手部に巻き，貼付する．　`普通`

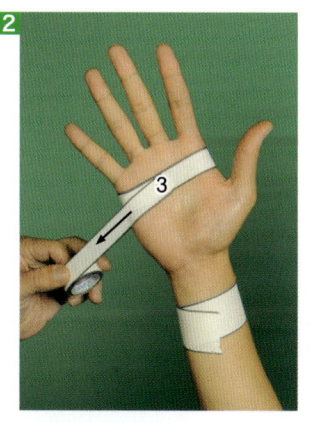

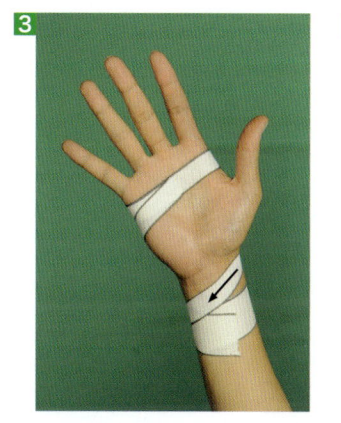

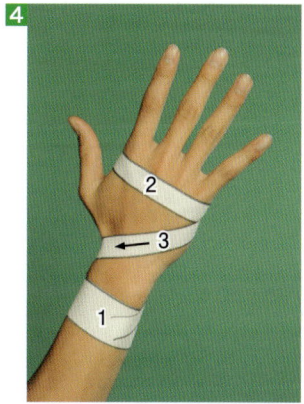

**2 3 4** 3のテーピングは，手関節の回外位方向への動きを制限するために行なうものである（以後，貼付する5のテープまで同様である）．このため，3のテープは2のテープ上（1参照）掌側から貼り始め，手背――手関節橈側――前前腕部から1のテープ上（1参照）後面までらせん状に巻き，貼付する．　4は手背から見た写真．
　　掌側――手背――前腕部
　　`やや強く`　`強く`　`やや強く`

III　手関節・手指関節

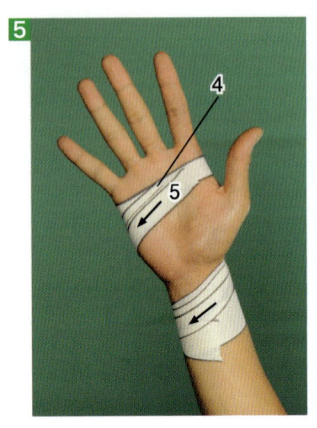

**5** **4**のテープは**3**のテープ上（**3 4**参照）に，**5**のテープは**4**のテープ上に，それぞれテープ幅の1/2〜1/3程度を重ねて巻き，貼付する．
　　手掌──手背──前腕部
**やや強く　強く　やや強く**

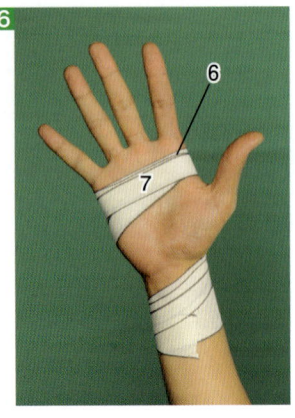

**6** **6**・**7**のテーピングは，**3**〜**5**のテープ（**2**〜**5**参照）が剥がれないようにするために行なうものである．このため，**6**のテープは**2**のテープ上（**1**参照）に重ねて巻き，貼付する．**7**のテープは**6**のテープ上に，テープ幅の1/2〜1/3程度を重ねて巻き，貼付する．**普通**

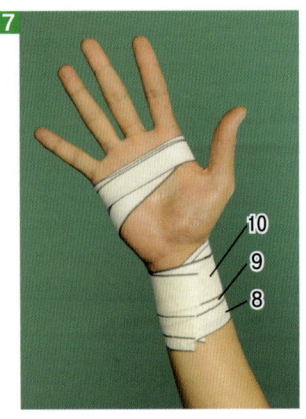

**7** **8**〜**10**のテーピングは，これまでに貼付したテープが剥がれないようにするために行なうもので，前腕部にそれぞれテープ幅の1/2〜1/3程度を重ねて巻き，貼付する．**普通**

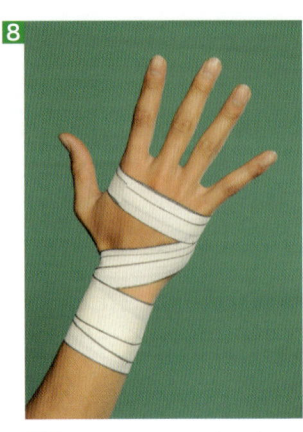

**8** 手背から見た完成写真．

以上で，手関節・回外方向の制限のテーピングが完了する．

実技編 **III-3**

# 手関節・背屈制限のテーピング
## 再発予防・軽度の痛み

手関節を背屈させたときに痛みを感じる場合，手掌から前前腕部にかけて行なう蝶形テーピングによって，背屈を生理的可動域内もしくは痛みを感じる一歩手前に制限する技法である．

**固定肢位**
- 軽背屈位または痛みを感じる一歩手前の背屈位．

**テープ**
- 粘着非伸縮性テープ　約25mm幅，約38mm幅
- 粘着スプレー

**・ポイント・**
- X状に貼付するテープの中心（交差しているところ）が，手関節の前面中央にくるようにする．これは，橈屈・尺屈の動きを妨げずに，背屈の可動域のみを制限するためである．
- 手部に巻くテープは，テープによる緊縛感を防ぐため，指を開かせて貼付する．前腕部に巻くテープは，運動の際にテープによる筋疲労を防ぐため筋腹にかからないようにする（[1]参照）．

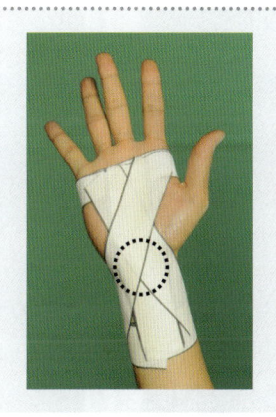

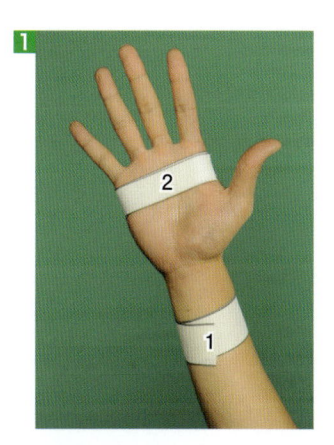

**1** 1・2のアンカーテープを前腕部（手関節から4横指の位置を目安とする）と手部に巻き，貼付する．　普通

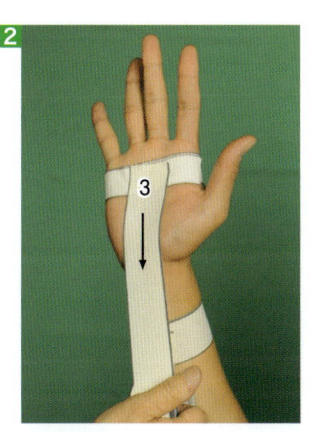

**2 3** 3のテーピングは，手関節の背屈を制限するために行なうものである（以後，貼付する5のテープまで同様である）．このため，3のテープは2のテープ上，手掌中央から貼り始め，1のテープ上の前前腕部中央まで貼付する．　強く

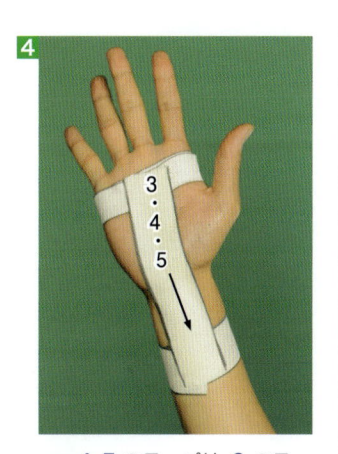

**4** 4・5のテープは，3のテープ上に重ねて貼付する．　強く

III　手関節・手指関節

**5** 6のテープは，手掌（第5中手骨側）から前前腕部橈側まで，3～5のテープ（3 4 参照）と手関節上で交差するように貼付する． 強く

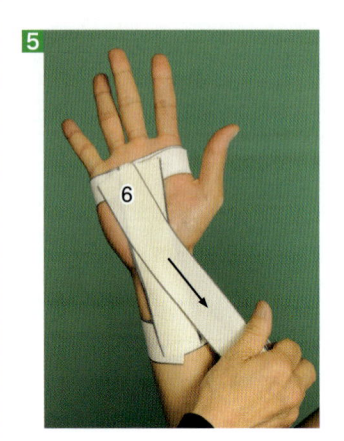

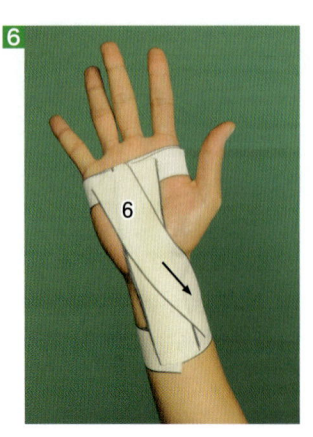

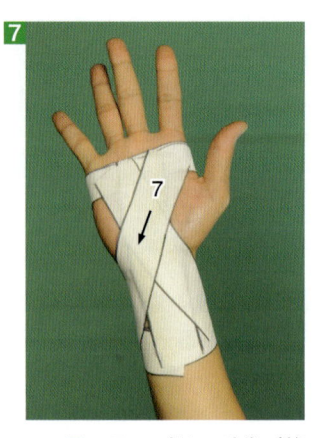

**6** 7のテープは，手掌（第2中手骨側）から前前腕部尺側まで，6のテープ（6 参照）と手関節上でX状に交差するように貼付する．

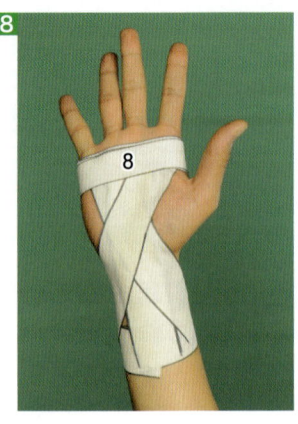

**7** 8のテーピングは，3～7のテープ（3～7 参照）が剥がれないようにするために行なうものである．このため，8のテープは2のテープ上（1 参照）に重ねて貼付する． 普通

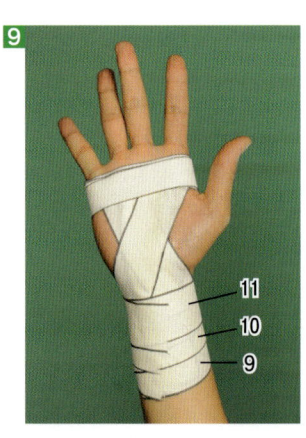

**9** 9～11のテーピングは，これまでに貼付したテープが剥がれないようにするために行なうものである．前腕部にそれぞれテープ幅の1/2～1/3程度を重ねて巻き，貼付する． 普通

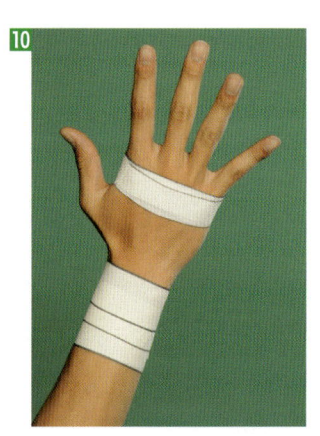

**10** 手背から見た完成写真．

以上で，手関節・背屈制限のテーピングが完了する．

## 実技編 III-4 手関節・掌屈制限のテーピング
### 再発予防・軽度の痛み

手関節を掌屈させたときに痛みを感じる場合，手背から後前腕部にかけて行なう蝶形テーピングによって，掌屈を生理的可動域内もしくは，痛みを感じる一歩手前に制限する技法である．

**固定肢位**
- 軽背屈位．

**テープ**
- 粘着非伸縮性テープ 約25mm幅，約38mm幅
- 粘着スプレー

**・ポイント・**
- X状に貼付するテープの中心が，手関節の背面中央にくるようにする．これは，橈屈・尺屈の動きを妨げずに，掌屈の可動域のみを制限するためである（4参照）．
- 手部に巻くテープは，テープによる緊縛感を防ぐため，指を開かせて貼付する．前腕部に巻くテープは，運動の際にテープによる筋疲労を防ぐため筋腹にかからないようにする．

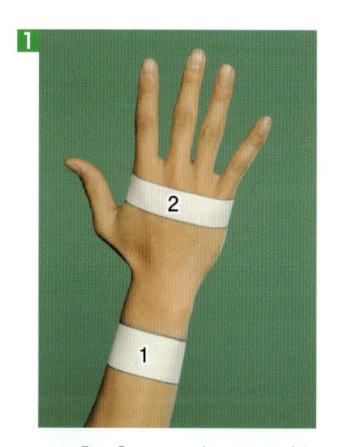

**1** 1・2のアンカーテープを前腕部（手関節から4横指の位置を目安とする）と手部に巻き，貼付する．　普通

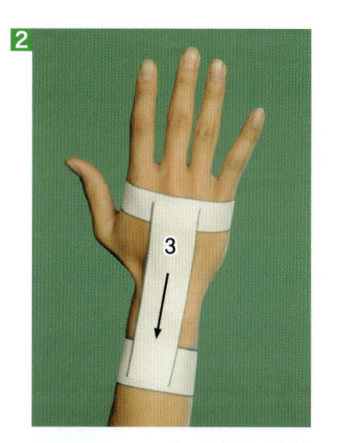

**2** 3のテーピングは，手関節の掌屈を制限するために行なうものである（以後，貼付する7のテープまで同様である）．このため，3のテープは2のテープ上（1参照）の手背中央から貼り始め，1のテープ（1参照）上の後前腕部中央まで貼付する．　強く

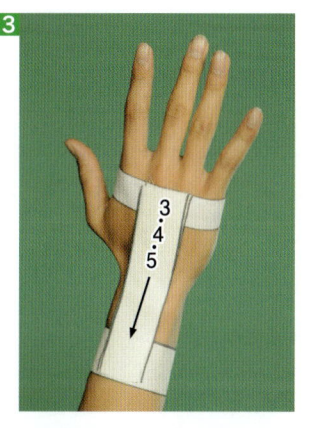

**3** 4・5のテープは，3のテープ上（2参照）に重ねて貼付する．　強く

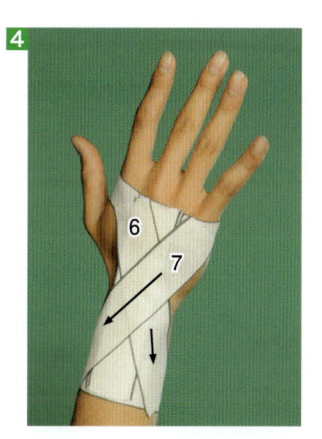

**4** 6・7のテープは，手背から後前腕部までテープをX状に貼付する．　強く

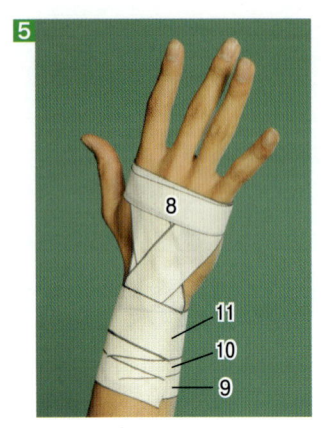

**5** 8〜11のテーピングは，これまでに貼付したテープが剥がれないようにするために行なうものである．このため，8のテープは1のテープ上（1参照）に重ねて巻き，9〜11のテープは前腕部に，それぞれテープ幅の1/2〜1/3程度を重ねて巻き，貼付する． 普通

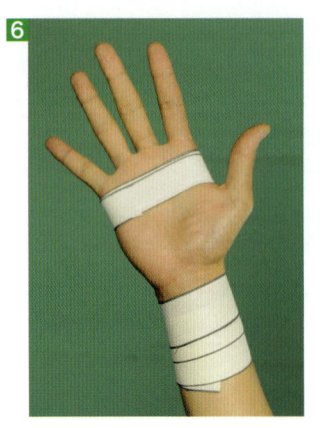

**6** 手掌から見た完成写真．

以上で，手関節・掌屈制限のテーピングが完了する．

## 実技編 III-5 手関節・尺屈制限のテーピング
### 軽度の痛み

手関節を尺屈させたときに痛みを感じる場合，手関節の橈側に行なうテーピングで，痛みを感じる一歩手前で制限する技法である．

**固定肢位**
- 軽橈屈位．

**テープ**
- 粘着非伸縮性テープ 約19mm幅, 約25mm幅, 約38mm幅
- 粘着伸縮性テープ 約50mm幅
- 粘着スプレー

**・ポイント・**
- 粘着伸縮性テープを併用するのは，繰り返し行なわれる尺側方向への運動によってテープが剥がれないようにするためと，フィット感を与えるためである．このとき，テープを軽く引っ張るようにして貼付する．
- 第1指を巻くテープはテープを強く巻き過ぎると，血行障害や神経障害を起こすことがあるので注意する．
- 前腕部に巻くテープは，運動の際，テープによる筋疲労を防ぐため，筋腹にかからないようにする．

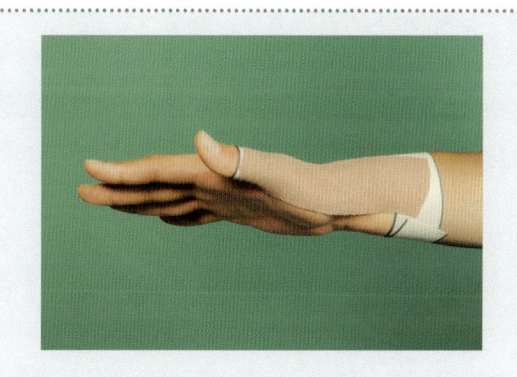

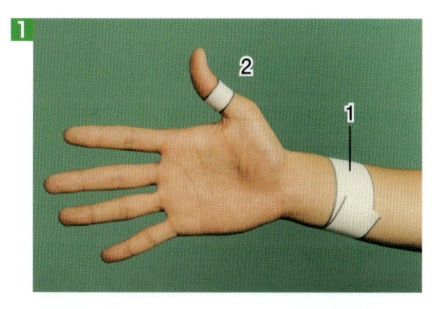

**1** 1・2のアンカーテープを前腕部（手関節より4横指のところを目安とする）と第1指基節骨部に巻き，貼付する． **普通**

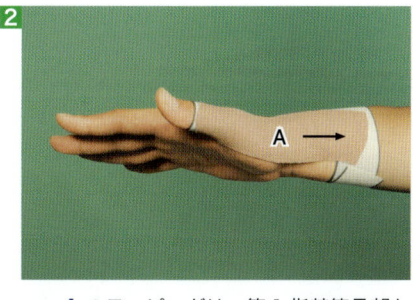

**2** Aのテーピングは，第1指基節骨部から貼り始め，1のテープ（1参照）の橈側まで貼付する． **強く**

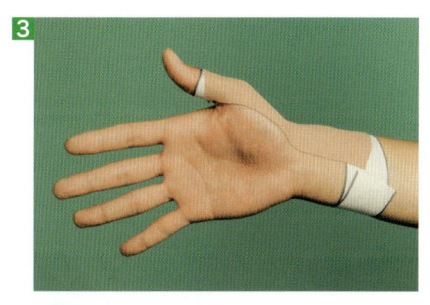

**3** 手掌から見た写真．

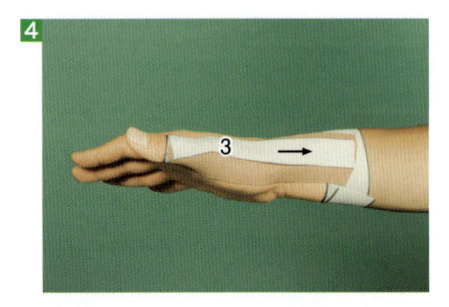

**4** 3のテーピングは，手関節の尺屈をより強く制限するために行なうもので，Aのテープ上に重ねて貼付する． 強く

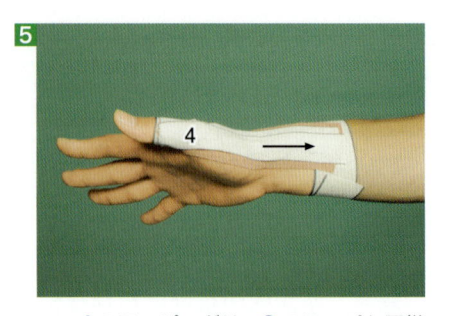

**5** 4のテーピングは，3のテープと同様に手関節の尺屈をより強く制限するために行なうもので，3のテープ上に1/2〜1/3程度を重ねて貼付する． 強く

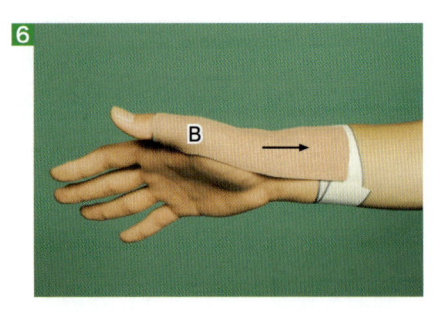

**6** Bのテーピングは，手関節の尺屈をより強く制限するとともに，固定力を持続させるために行なうものである．このため，BのテープはAのテープ上に重ねて貼付する．

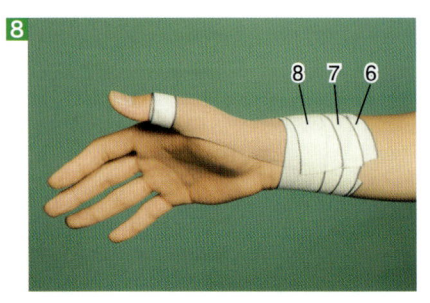

**7 8** 5〜8のテーピングは，これまでに貼付したテープが剥がれないようにするために行なうものである．このため，5のテープは2のテープ上（1参照）第1指基節骨部に，6〜8のテープは前腕部に，それぞれテープ幅の1/2〜1/3程度を重ねて巻き，貼付する． 普通

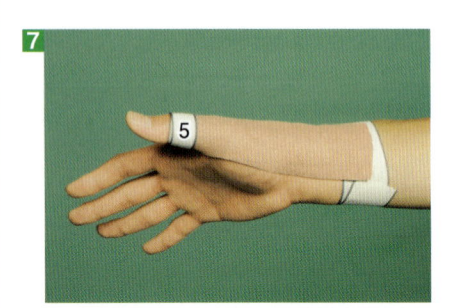

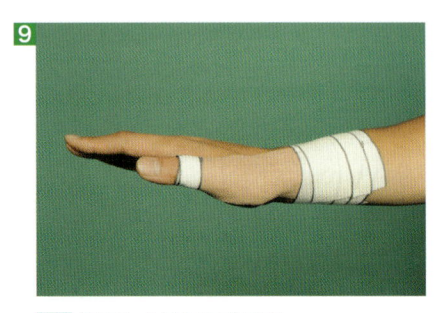

**9** 側面から見た完成写真．

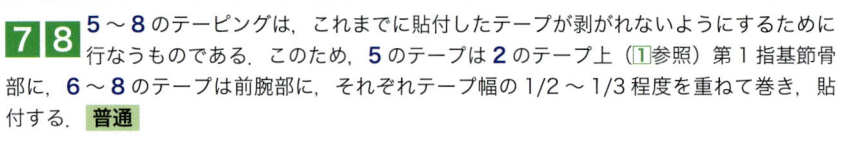

以上で，手関節・尺屈制限のテーピングが完了する．

## 実技編 III-6 手関節・橈屈制限のテーピング
### 軽度の痛み

手関節を橈屈させたときに痛みを感じる場合，手関節の尺側に行なうテーピングによって，痛みを感じる一歩手前で制限する技法である．

**固定肢位**
- 軽尺屈位．

**テープ**
- 粘着非伸縮性テープ　約25mm幅，約38mm幅
- 粘着伸縮性テープ　約50mm幅
- 粘着スプレー

**・ポイント・**
- 手部に巻くテープは，テープによる緊縛感を防ぐために，指を開かせて貼付する（12参照）．
- 前腕部に巻くテープは，運動の際にテープによる筋疲労を防ぐため，筋腹にかからないようにする．

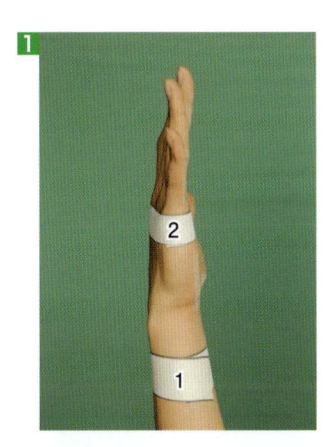

**1** 1・2のアンカーテープを前腕部（手関節より4横指を目安とする）と手部に巻き，貼付する．　普通

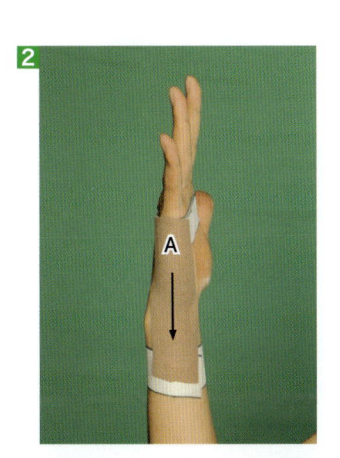

**2** Aのテーピングは，手関節の橈屈を制限するために行なうもので，2のテープ（1参照）の尺側から貼り始め，1のテープ（1参照）の尺側まで引っ張るようにして貼付する．　強く

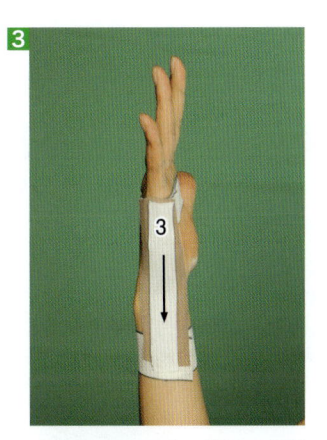

**3** 3のテーピングは，手関節の橈屈をより強く制限するために行なうものである（以後，貼付する6のテープまで同様である）．このため，3のテープはAのテープ上（2参照）に重ねて貼付する．　強く

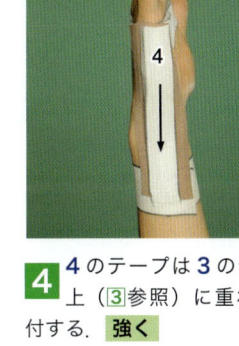

**4** 4のテープは3のテープ上（3参照）に重ねて貼付する．　強く

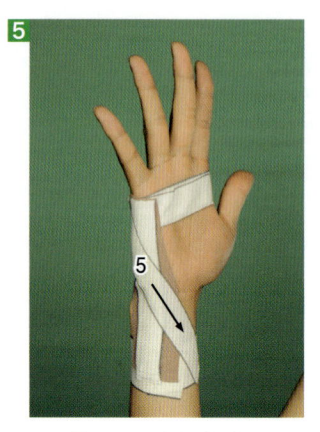

**5** 5のテープは，3・4のテープ（3 4参照）の手背寄りから貼り始め，前前腕部まで貼付する．**強く**

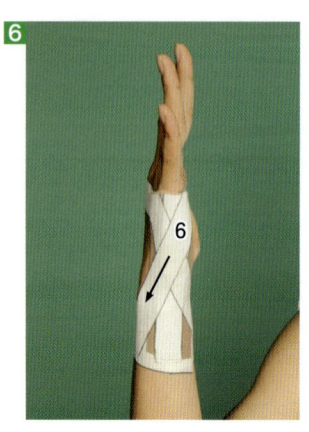

**6 7** 6のテープは，3・4のテープ（3 4参照）の手掌寄りから貼り始め，5のテープと交差させて後前腕部まで貼付する．**強く**

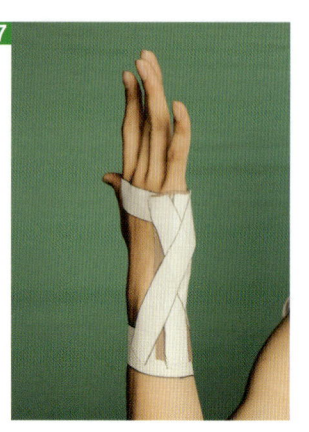

**8** Bのテーピングは，手関節の橈屈をより強く制限するとともに，固定を持続させるために行なうものである．このため，BのテープはAのテープ上に重ねて貼付する．**強く**

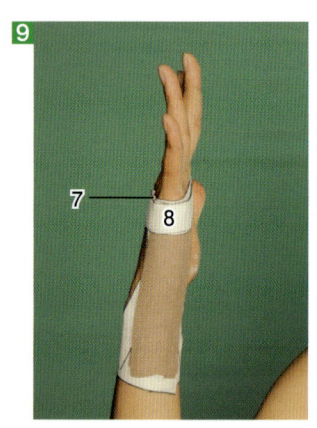

**9 10** 7・8のテーピングは，これまでに貼付したテープが剥がれないようにするために行なうものである．このため，7のテープは2のテープ上（1 参照）に重ねて巻き，貼付する．8のテープは，7のテープ上にテープ幅の1/2～1/3程度を重ねて巻き，貼付する．**普通**

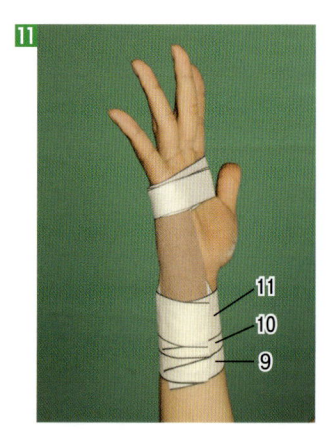

**11** 9～11のテープは前腕部に，それぞれテープ幅の1/2～1/3程度を重ねて巻き，貼付する．**普通**

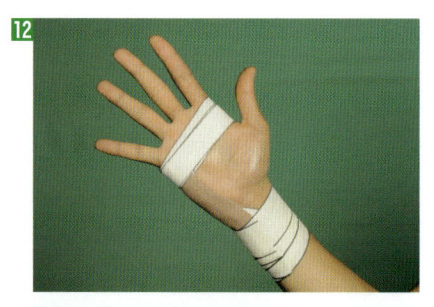

**12** 手掌面から見た完成写真．

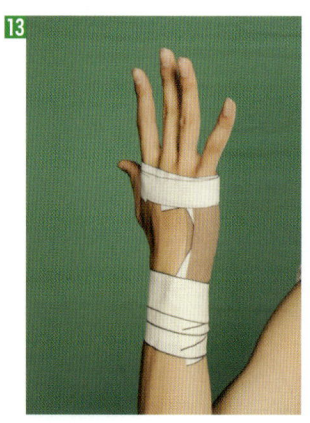

**13** 手背尺側から見た完成写真．

以上で，手関節・橈屈制限のテーピングが完了する．

実技編

## 実技編 III-7 第1指橈側外転制限のテーピング
### 再発予防──その1

第1指の橈側外転を生理的可動域内に制限する技法である．この技法は，第1指の指先を「開けて」あるため，指先の微妙な動きを妨げることがない．

**固定肢位**
- 軽屈曲位．

**テープ**
- 粘着非伸縮性テープ 約19mm幅
- 粘着スプレー

**・ポイント・**
- テープを手掌に貼付する際，第1指の基節部を押さえながら方向を変えると，テープにしわができたり，第1指のテープが剥がれたりするのを防ぐことができる．

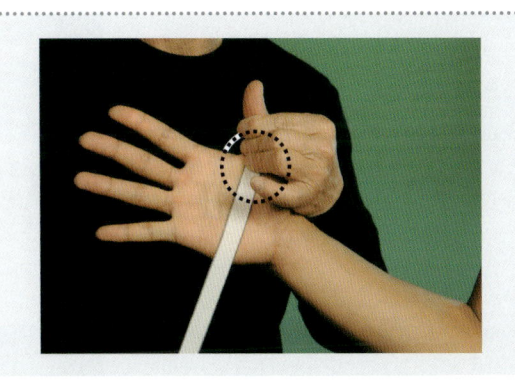

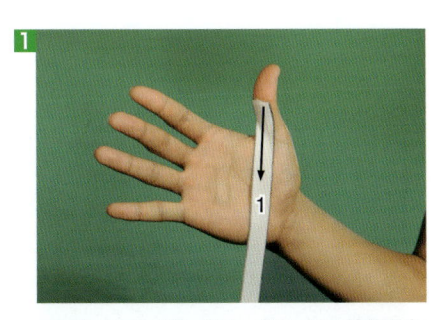

**1** 1のテーピングは，第1指の橈側外転を制限するために行なうものである（以後，貼付する4のテープまで同様である）．

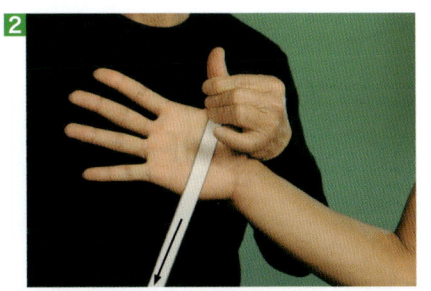

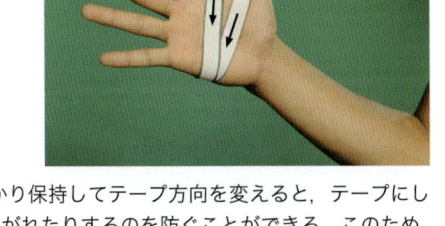

**2 3** 第1指の基節骨部でテープをしっかり保持してテープ方向を変えると，テープにしわができたり，第1指のテープが剥がれたりするのを防ぐことができる．このため，1のテープは第1指の基節部掌側から矢印の方向へと貼り始め，手掌──手背──手掌──手背へと巻き，貼付する．

第1指──手掌──手背──手掌──手背
　　　　　強く　　　　やや強く

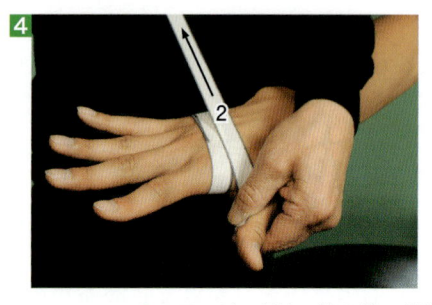

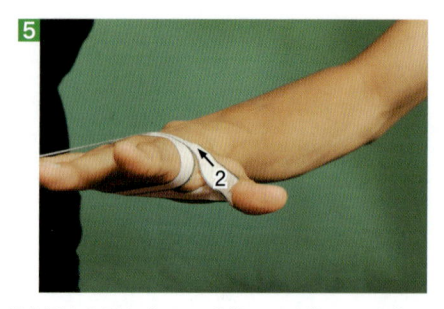

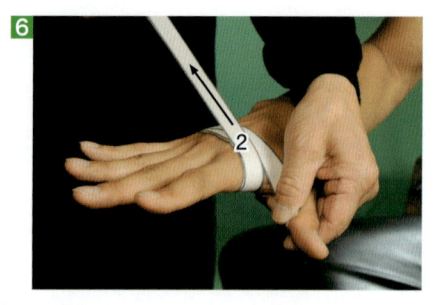

**4～6** 2のテーピングは，第1指の基節部内側から貼り始め，手背——手掌——手背へと巻き，貼付する．1のテープと同様に，第1指の基節骨部でテープをしっかり保持して，テープの方向を変える．

第1指（内側部）——手背——手掌——手背
　　　強く　　　　　やや強く

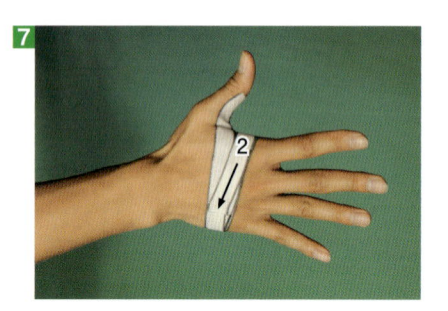

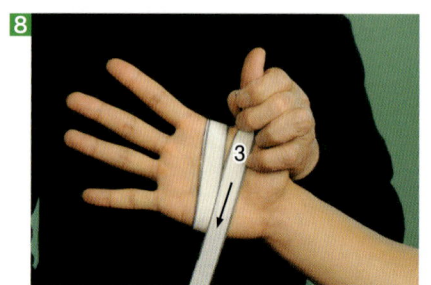

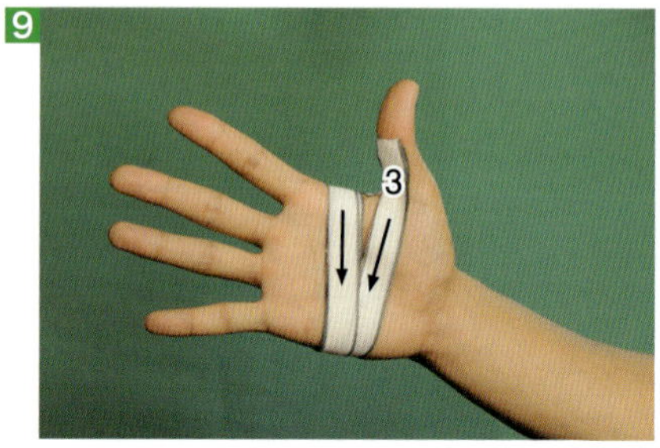

**7** 手背から見た2のテーピング．

**8 9** 3のテーピングは，1のテープ上（3参照）に重ねて巻き，貼付する．
第1指——手掌——手背——手掌——手背
　　強く　　　　　やや強く

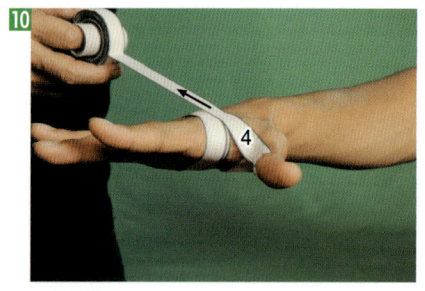

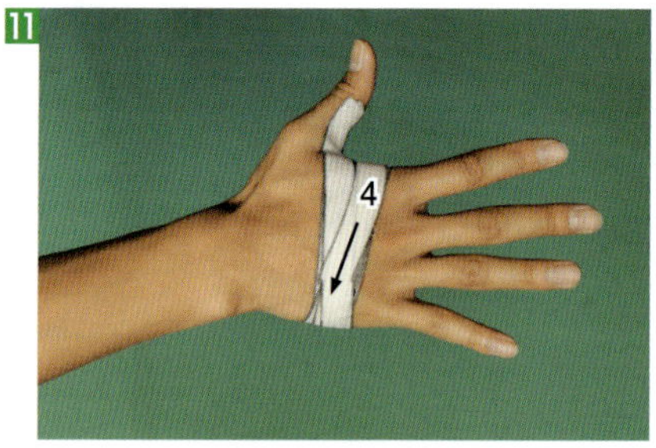

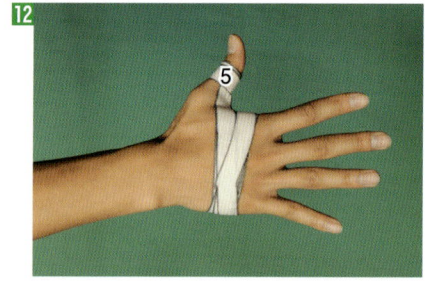

**10 11** 4のテーピングは，2のテープ上（7参照）に重ねて巻き，貼付する．
第1指（内側部）——手背——手掌——手背
　　　強く　　　　　やや強く

**12** 5のテーピングは，これまでに貼付したテープが剥がれないようにするために行なうものである．このため，5のテープは基節骨部の周りに巻き，貼付する．
普通

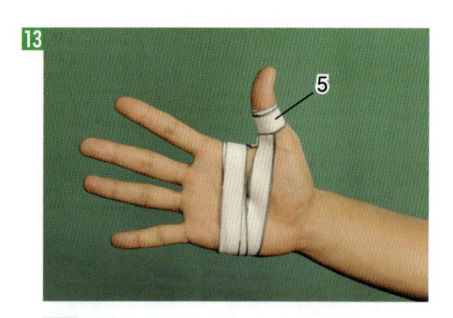

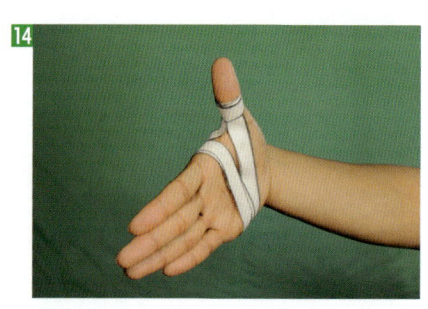

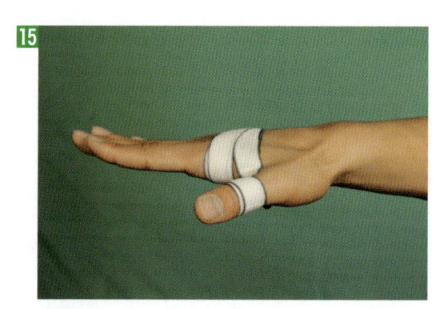

**13** 手掌から見た5のテーピング．

**14** 手掌面前方から見た完成写真．

**15** 側面から見た完成写真．

以上で，第1指橈側外転制限のテーピング—その1が完了する．

実技編 Ⅲ-8

# 第1指橈側外転制限のテーピング
## 再発予防──その2

第1指の橈側外転を生理的可動域内に制限する技法である．この技法は爪を保護しているため，バレーボールなどで使われる．

**固定肢位**
- 軽屈曲位．

**テープ**
- 粘着非伸縮性テープ 約19mm幅
- 脱脂綿
- 粘着スプレー

**・ポイント・**
- 第1指がテープを引っ張る力で曲がらないように，基節部を押さえながらテープの方向を変えると，しわができたり，第1指のテープが剥がれたりするのを防ぐことができる．

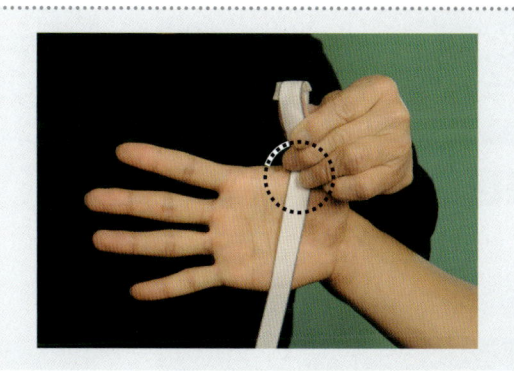

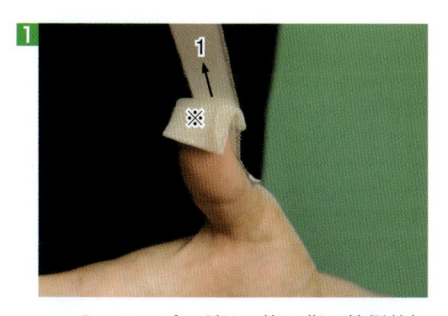

**1** 1のテーピングは，第1指の橈側外転を制限するために行なうものである（以後，貼付する4のテープまで同様である）．このため，1のテープは第1指基節骨部の背側から矢印の方向へ貼り始める．その際，爪を保護するために，脱脂綿（※印）を当てがう．

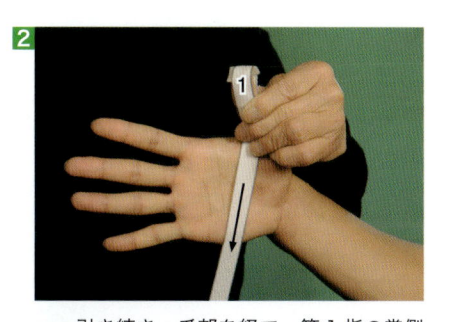

**2** 引き続き，爪部を経て，第1指の掌側部から手掌へと貼付する．
第1指背側──爪部──第1指掌側
やや強く　普通　やや強く

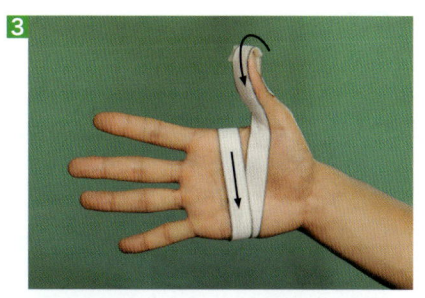

**3** 引き続き，手背──手掌──手背へと巻き，貼付する．やや強く

Ⅲ 手関節・手指関節

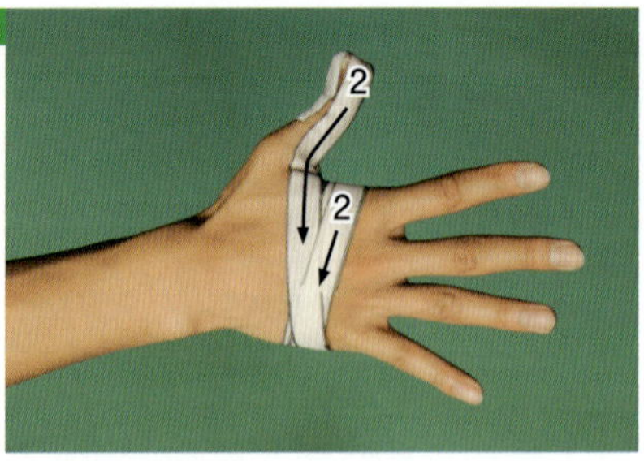

**4** 側面から見た**1**のテーピング．

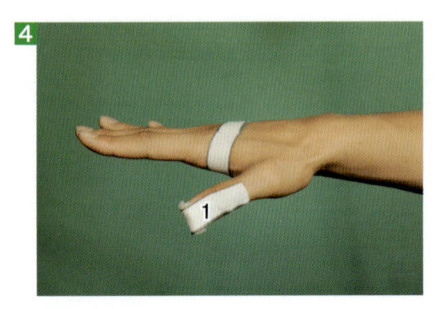

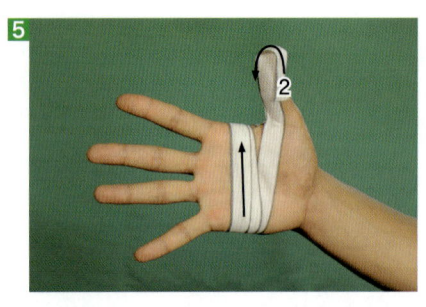

**5 6** **2**のテープは，第1指基節骨部の撓側から貼り始め，爪部を経て第1指尺側——手背——手掌——手背へと巻き，貼付する．
第1指撓側——爪部——第1指尺側——手背——手掌——手背
やや強く　普通　　　やや強く

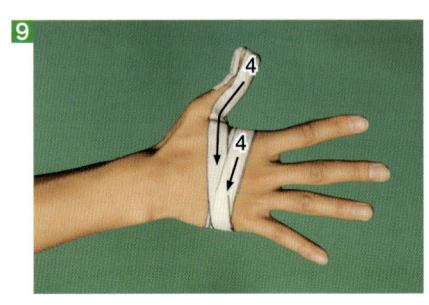

**7 8** **3**のテープは**1**のテープ上に重ねて巻き，貼付する．
第1指——手掌——手背——手掌——手背
やや強く（ただし爪部は普通）

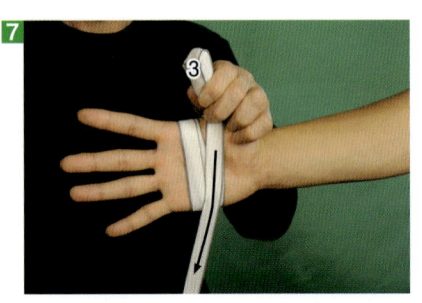

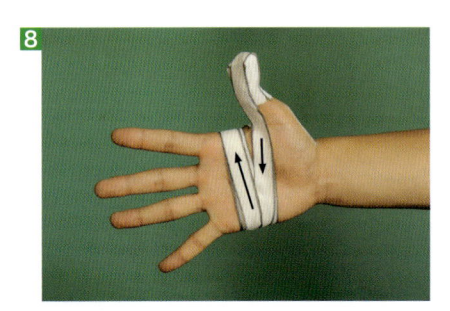

**9** **4**のテープは**2**のテープ上（**6**参照）に重ねて巻き，貼付する．

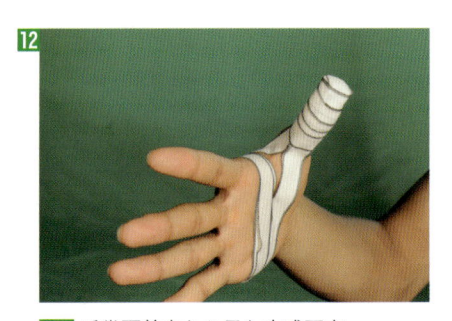

**10 11** **5**のテーピングは，これまでに貼付したテープが剥がれないようにするために行なうものである．このため，**5**のテープは第1指爪部から基節骨部まで，テープを1/2〜1/3程度を重ねながら巻き，貼付する．その際，圧迫し過ぎないように注意する．
普通

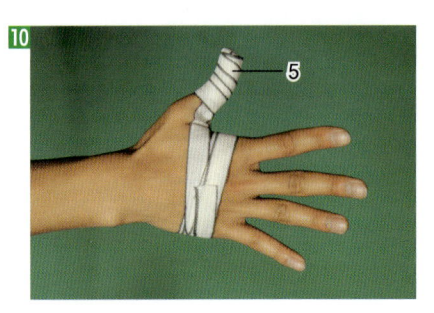

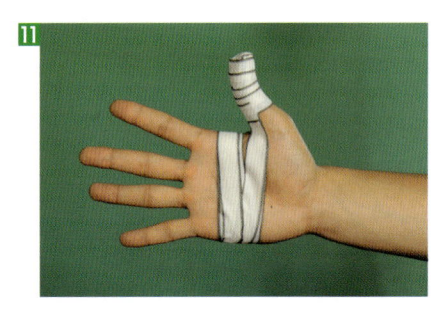

**12** 手掌面前方から見た完成写真．

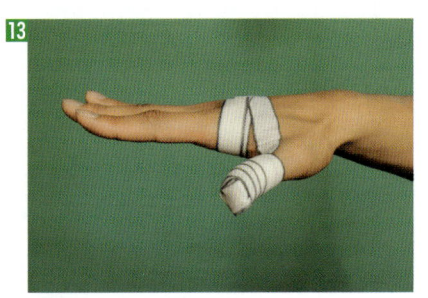

**13** 側面から見た完成写真．

以上で，第1指撓側外転制限のテーピング——その2が完了する．

# 実技編 III-9 第1指中手指節関節のテーピング
## 再発予防

第1指の橈側外転と掌側内転を制限する技法である．指先にテープを巻かないため，指先の感覚を損なわない技法で，特にスキー競技でよく使われている．

**固定肢位**
- 指を開き，軽く屈曲させる．

**テープ**
- 粘着非伸縮性テープ 約19mm幅，約38mm幅

### ・ポイント・
- テープを引っ張る力で第1指が手掌側へ曲がらないように，第1指を指で押さえながら貼付する．

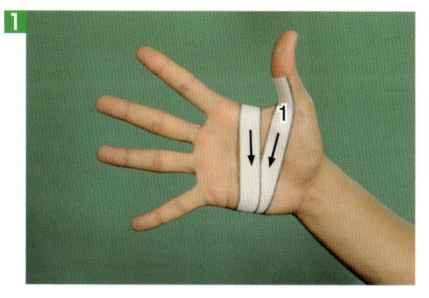

**1** 1のテーピングは，第1指の橈側外転を制限するために行なうものである（以後，貼付する4のテープまで同様である）．このため，1のテープは第1指掌側の基節骨部から貼り始め，手掌――手背――手掌――手背へと巻き，貼付する．
第1指――手掌――手背――手掌――手背
　強く　　　　やや強く

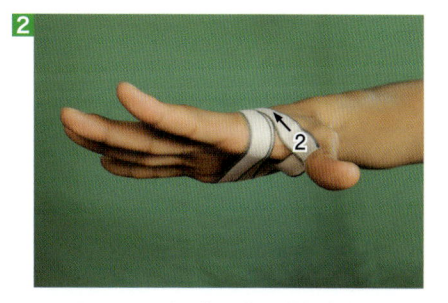

**2** 2のテープは第1指の基節部内側から貼り始め，手背――手掌――手背へと巻き，貼付する．
第1指（内側部）――手背――手掌――手背
　強く　　　　やや強く

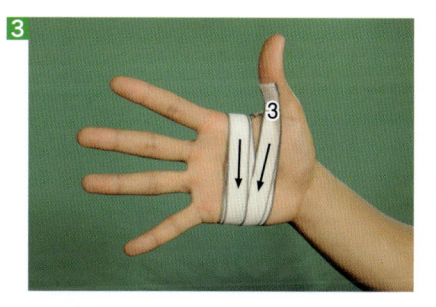

**3** 3のテープは1のテープ上（1参照）に重ねて巻き，貼付する．
第1指――手掌――手背――手掌
　強く　　　やや強く

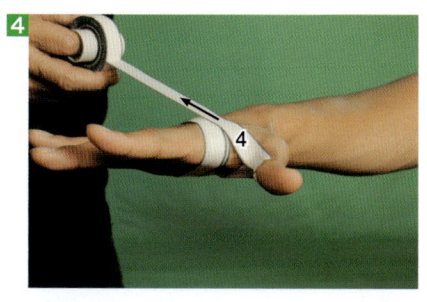

**4** 4のテープは2のテープ上（2参照）に重ねて巻き，貼付する．
第1指（内側部）――手背――手掌――手背
　強く　　　　やや強く

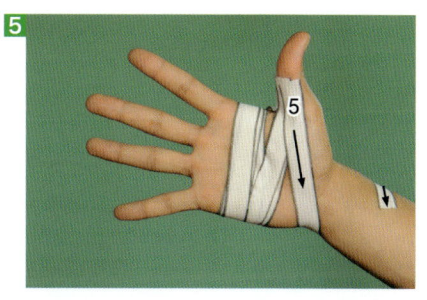

**5** 5のテーピングは，第1指の掌側内転を制限するために行なうものである（以後，貼付する6のテープも同様である）．このため，5のテープは第1基節骨部掌側から貼り始め，母指球――手関節尺側を経て，後前腕部までらせん状に巻き，貼付する．
第1指――前腕部
　強く　　やや強く

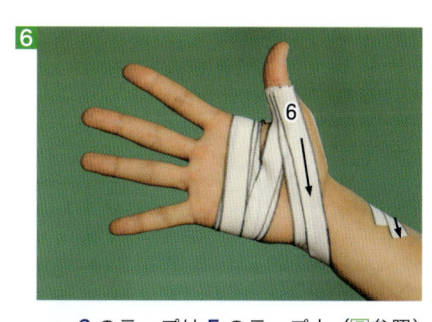

**6** 6のテープは5のテープ上（5参照）に1/2～1/3程度を重ねて巻き，貼付する．
第1指――前腕部
　強く　　やや強く

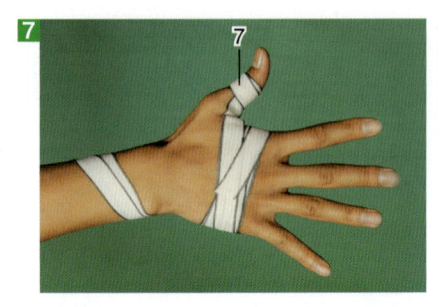

**7** 7のテーピングは，これまでに貼付したテープが剥がれないようにするために行なうものである（以後，貼付する8～11のテープも同様である）．このため，7のテープは第1指基節骨部に巻き，貼付する． 普通

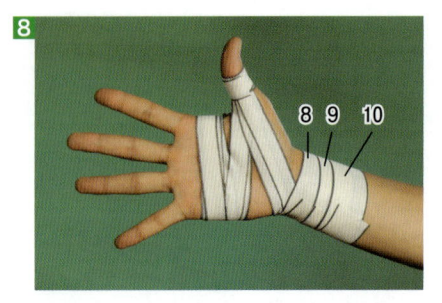

**8** 8～10のテーピングは，前腕部にそれぞれテープ幅の1/2～1/3程度を重ねて巻き，貼付する． 普通

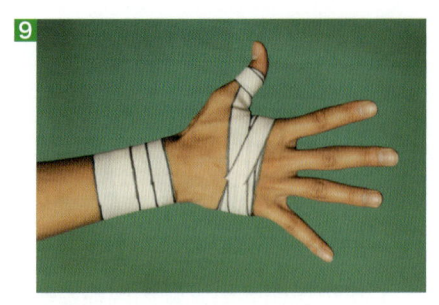

**9** 手背側から見た完成写真．

以上で，第1指中手指節関節・再発予防のテーピングが完了する．

## 実技編 III-10 第1指中手指節関節のテーピング
### 中等度の痛み

第1指を橈側方向へ動かしたときに痛みを感じる場合，第1指全体をテープで覆い，痛みを感じる一歩手前の範囲内に制限し，さらに第1指から手部にかけて巻いたテープによって，第1指の固定と描円運動の制限をする技法である．

**固定肢位**
- 軽屈曲位．

**テープ**
- 粘着非伸縮性テープ 約19mm幅，約38mm幅
- 粘着スプレー

### ・ポイント・

- テープを手掌方向へ貼付する際には，固定肢位が変わらぬよう，第1指を握るようにして押さえながら貼付する．
- ※印のところでテープを三角状に（爪に近い方を頂点にする）につまんで方向を変える．こうすると，しわやねじれがなく目的に合った位置へ方向を変えることができる．一連のテープは手関節にかからないようにする．これは，手関節の掌屈・背屈を妨げないためである．

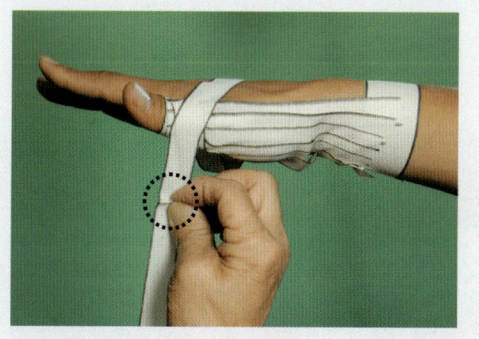

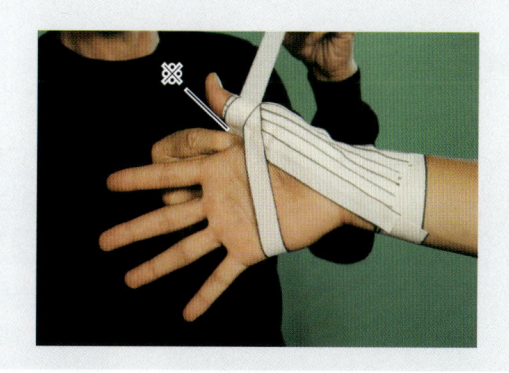

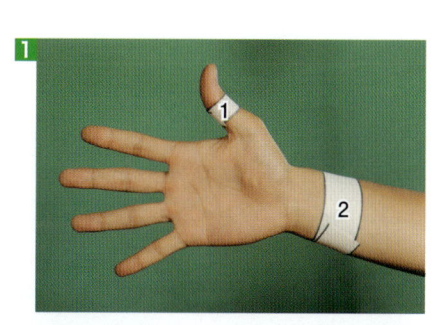

**1** 1・2のアンカーテープを第1指基節骨部と前腕部（手関節から4横指のところを目安とする）に巻き，貼付する．　普通

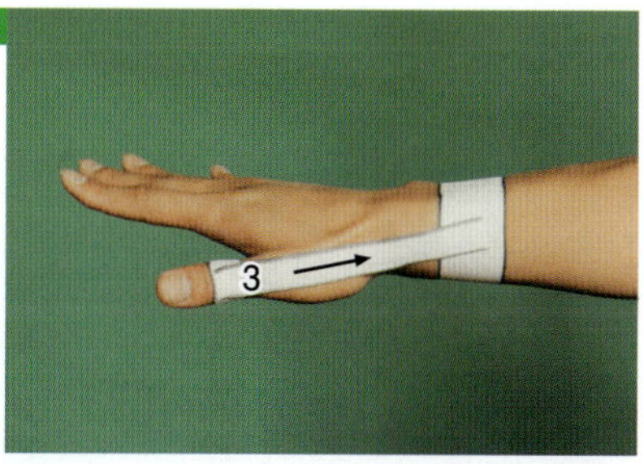

**2** 3のテーピングは，第1指の中手指節関節と手根中手関節の動きを制限するために行なうものである（以後，貼付する7のテープまで同様である）．このため，3のテープは1のテープ上（1参照）の背側から2のテープ上（1参照）の橈側まで貼付する．　強く

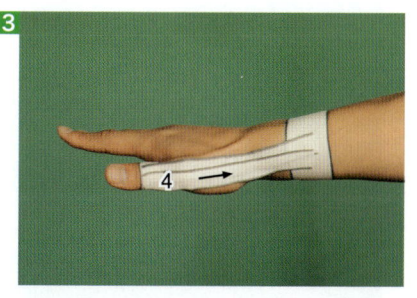

**3** 4のテープは，3のテープ上（2参照）にテープ幅の1/2～1/3程度を重ねて貼付する．　強く

III 手関節・手指関節

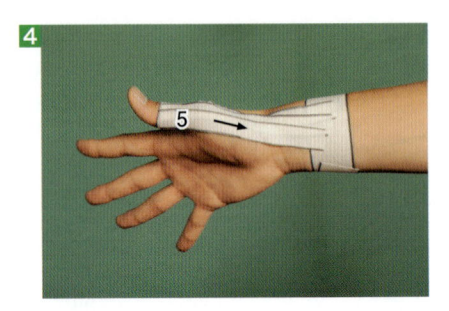

**4** ⑤のテープは，④のテープ上（③参照）にテープ幅の1/2～1/3程度を重ねて貼付する． 強く

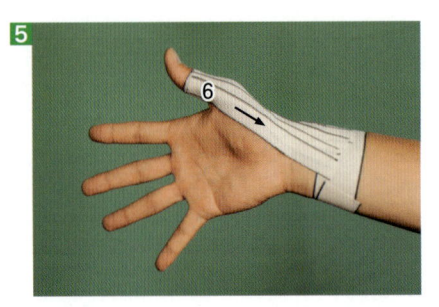

**5** ⑥のテープは，⑤のテープ上（④参照）にテープ幅の1/2～1/3程度を重ねて貼付する． 強く

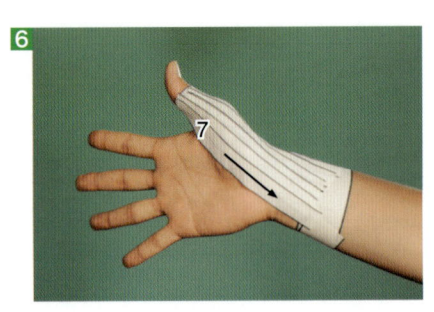

**6** ⑦のテープは，⑥のテープ上（⑤参照）にテープ幅の1/2～1/3程度を重ねて貼付する． 強く

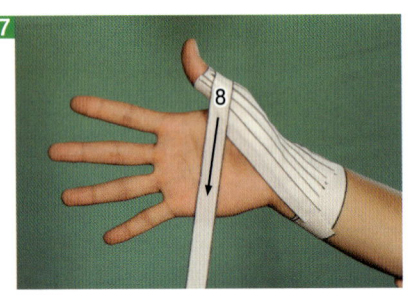

**7** ⑧のテーピングは，第1指を固定するために行なうものである．このため，⑧のテープは第1指の背側から矢印の方向へ貼り始め，以後，⑬まで一連のテーピングを行なう．
第1指――手掌
やや強く　強く

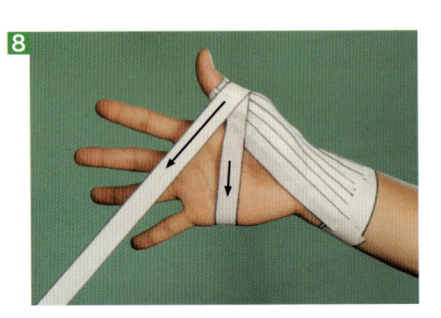

**8** 引き続き，テープを手背から第1指へと貼付する．
手背――第1指
やや強く　やや強く

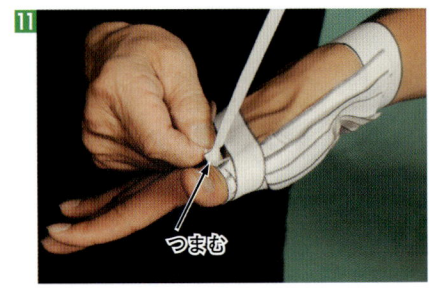

**9** **10** **11** 引き続き第1指に巻くが，第1指に巻く際，テープにしわが寄るので，あらかじめ2～3mm程度を写真のようにつまみ，折り曲げて巻くとよい． やや強く

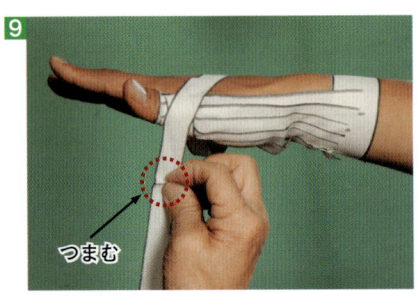

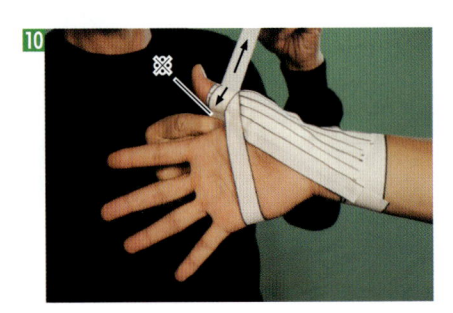

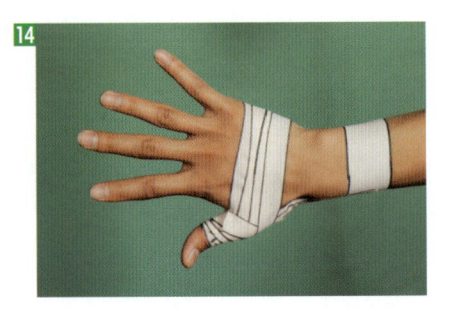

**12** **13** **14** 引き続き，テープを手掌へ貼付する．そして，⑦～⑪と同様の方法で，手関節に近いところまで，それぞれテープ幅の1/2～1/3程度を重ねて巻き，貼付する．⑭は手背から見た写真．
第1指――手掌――手背
やや強く　強く　やや強く

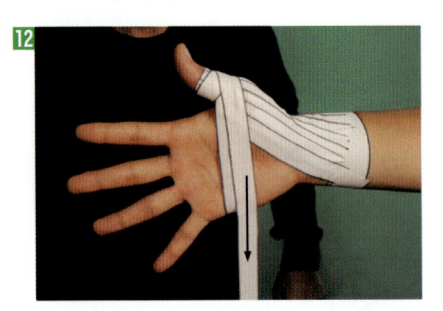

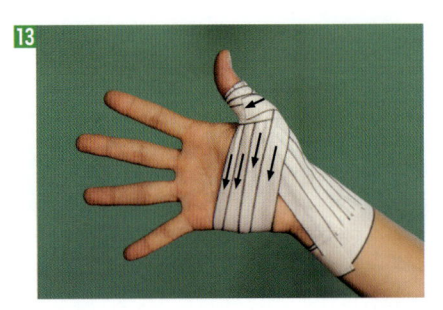

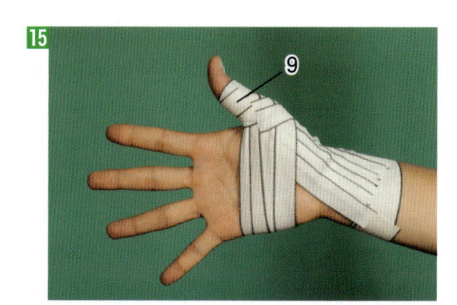

**15** 9のテーピングは，これまでに貼付したテープが剥がれないようにするために行なうものである（以後，貼付する10～12のテーピングも同様である）．このため，9のテープは第1指基節骨部に巻き，貼付する． 普通

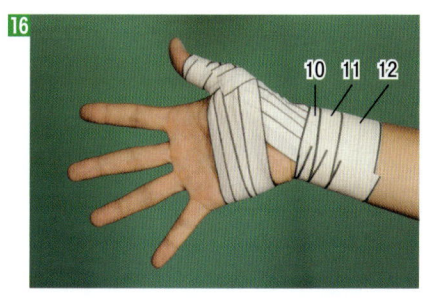

**16** 10～12のテープは，前腕部にそれぞれテープ幅の1/2～1/3程度を重ねて貼付する． 普通

以上で，第1指中手指節関節・中等度の痛みのテーピングが完了する．

Ⅲ 手関節・手指関節

## 実技編 III-11 第3指中手指節関節屈曲制限のテーピング
### 軽度の痛み

第3指の屈曲を，痛みを感じる一歩手前の可動域内に制限する技法である．ボクシング，空手，少林寺拳法などで使われる．

**固定肢位**
- 痛みを感じる一歩手前の屈曲位．

**テープ**
- 粘着非伸縮性テープ 約19mm幅，約38mm幅
- 粘着スプレー

・ポイント・
- 手を握るときの固定肢位（第3指の屈曲）をしっかりと決める．

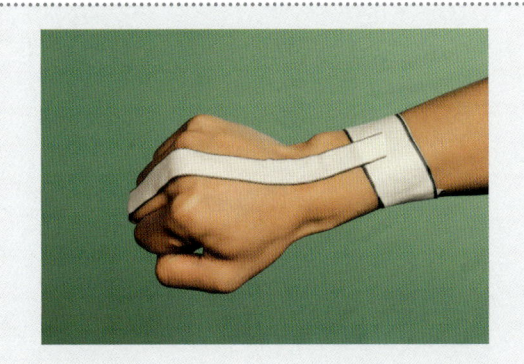

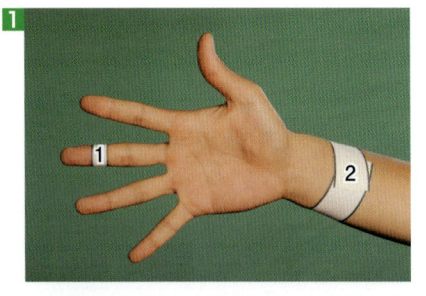

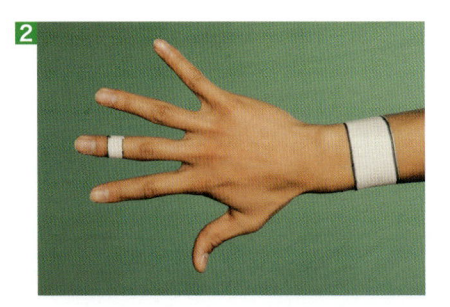

**1 2** 1・2のアンカーテープを第3指中節骨部と前腕部（手関節より4横指のところを目安とする）に巻き，貼付する．　普通

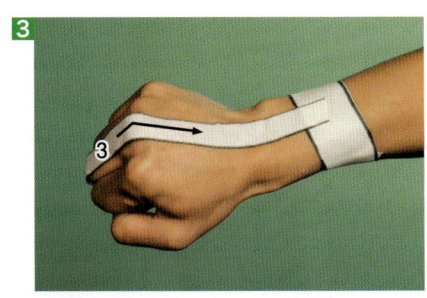

**3** 3のテーピングは，第3指の屈曲を制限するために行なうものである（以後，貼付する5のテープまで同様である）．このため，3のテープは1のテープ上（1参照）の背側面から貼り始め，第3指中手指節関節上から手背を経て，2のテープ上（1参照）まで貼付する．　強く

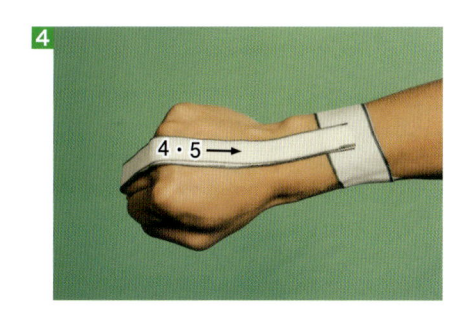

**4** 4・5のテープは，3のテープ上（3参照）に重ねて貼付する． 強く

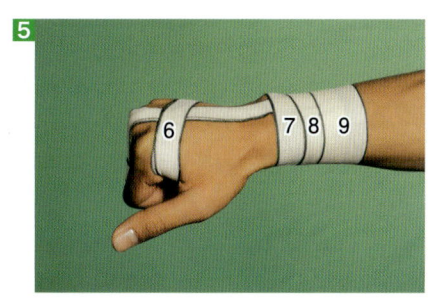

**5** 6〜9のテーピングは，これまでに貼付したテープが剥がれないようにするために行なうものである．このため，6のテープは手部に巻き，貼付する．7〜9のテープは前腕部に，テープ幅の1/2〜1/3程度を重ねて巻き，貼付する． 普通

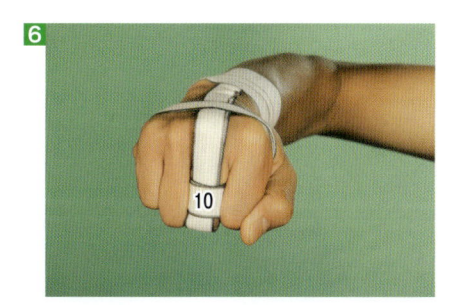

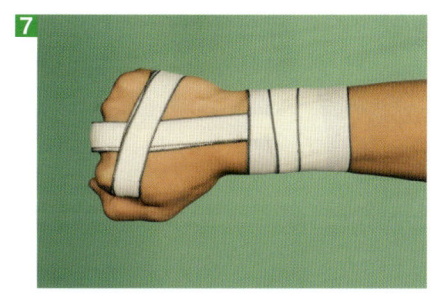

**6 7** 10のテーピングは，これまでに貼付したテープが剥がれないようにするために行なうものである（以後，貼付する11のテープも同様である）．このため，10のテープは基節骨部に巻き，貼付する． 普通

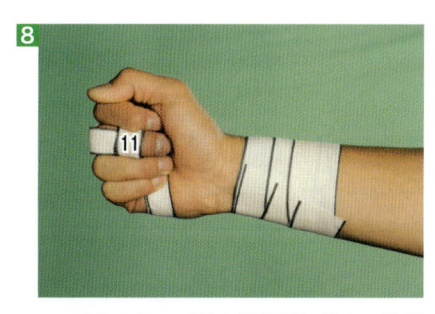

**8** 11のテープは中節骨部に巻き，貼付する． 普通

以上で，第3指中手指節関節屈曲制限のテーピングが完了する．

# 実技編 III-12 第3指中手指節関節過伸展制限のテーピング
## 再発予防・軽度の痛み

テープを第3指の掌側から前前腕部にかけて貼付し，過伸展を制限する技法である．

**固定肢位**
- 軽屈曲位．

**テープ**
- 粘着非伸縮性テープ 約19mm幅，約38mm幅
- 粘着スプレー

### ・ポイント・
- テープは遠位指節間関節にかからないようにする．これは，球技などで必要な指先の感覚（ボールをつかむ・投げるなど）を失わないためと，第3指の屈曲を妨げないようにするために行なうものである．

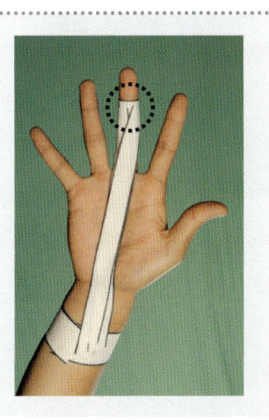

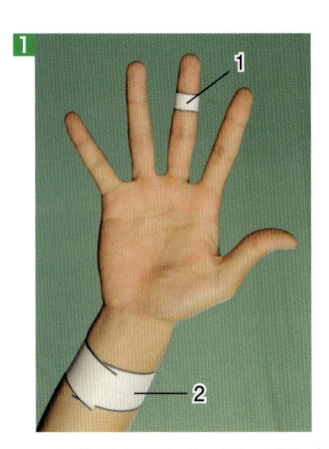

**1** 1・2のアンカーテープを，第3指中節骨部と前腕部（手関節より4横指のところを目安とする）に巻き，貼付する．　普通

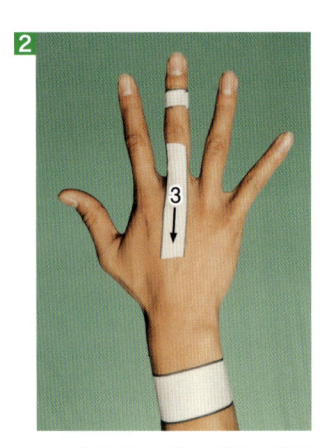

**2** 3のテーピングは，第3指がこの後に掌側面に貼付する5～7のテープによって前傾したり，過度に屈曲するのを防ぐために行なうものである（以後，貼付する4のテープも同様である）．このため，3のテープは第3指背側の基節骨部から貼り始め，手背中央まで貼付する．　強く

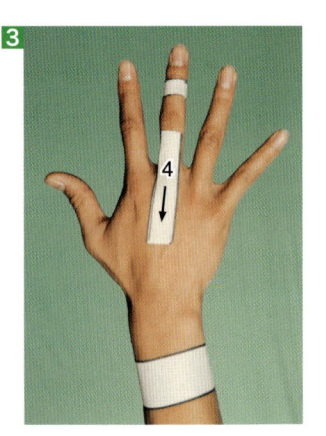

**3** 4のテープは，3のテープ上（2参照）に重ねて貼付する．　強く

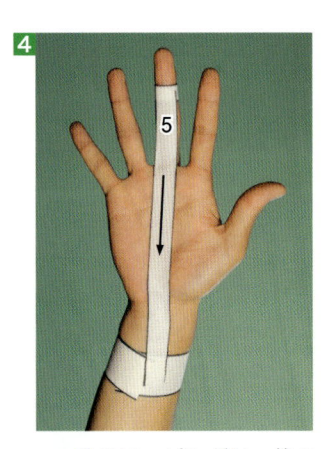

**4** 5のテーピングは，第3指の伸展を制限するために行なうものである（以後，貼付する7のテープまで同様である）．このため，5のテープは第3指掌側の1のテープ上（1参照）から貼り始め，手掌中央を経て前前腕部中央の2のテープ上（1参照）まで貼付する．　強く

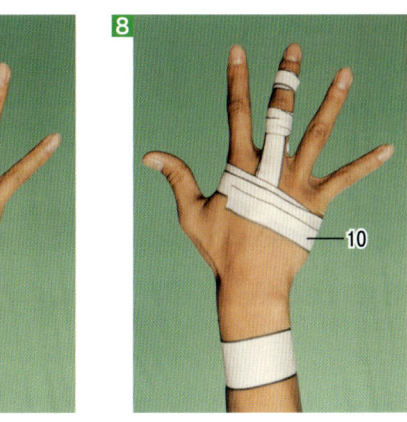

**5** 6・7のテープは，それぞれ5のテープ（ 4 参照）の中節骨部橈側と尺側から貼り始め，中手指節関節上で交差させて前前腕部2のテープ上（ 1 参照）まで貼付する． 強く

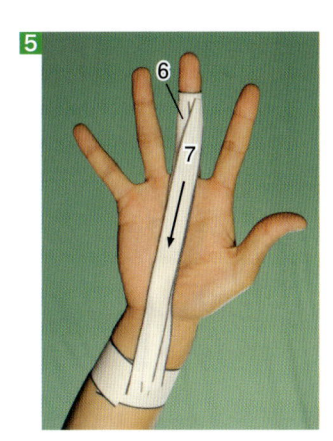

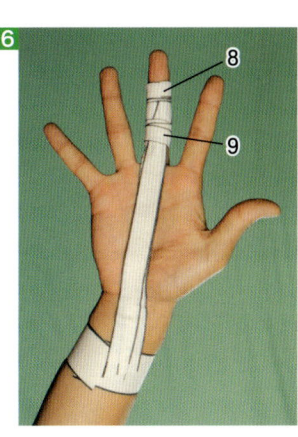

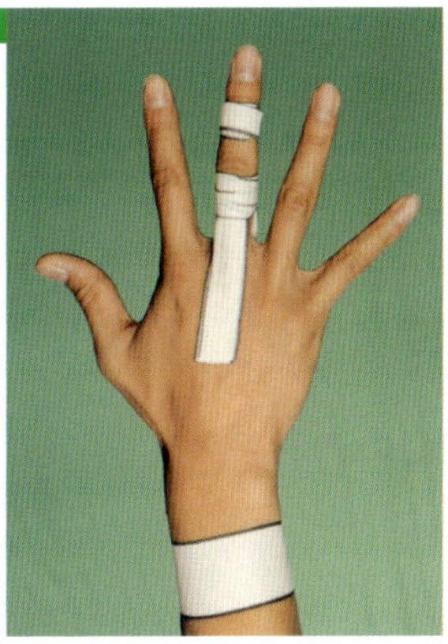

**6 7** 8・9のテーピングは，これまでに貼付したテープが剥がれないようにするために行なうものである（以後，貼付する13のテープまで同様である）．このため，8のテープは中節骨部の1のテープ上（ 1 参照）に重ねて巻き，貼付する．9のテープは基節骨部に巻き，貼付する． 普通

**8** 10のテープは手部に巻き，貼付する．その際，手部をきつく圧迫し過ぎないように注意する． 普通

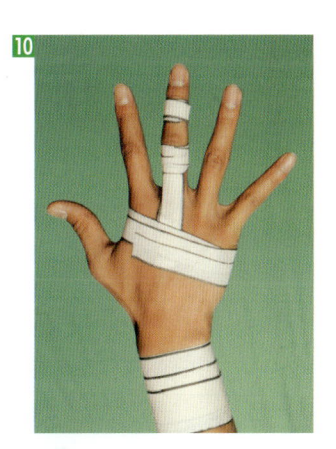

**9** 11〜13のテープは前前腕部に，テープ幅の1/2〜1/3程度を重ねて巻き，貼付する． 普通

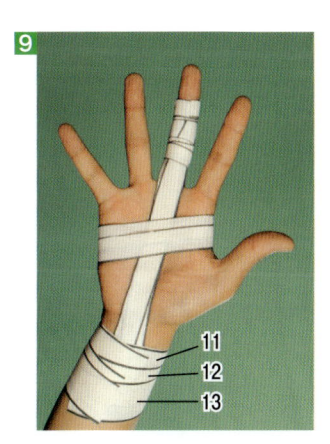

**10** 手背面から見た完成写真．

以上で，第3指中手指節関節過伸展制限のテーピングが完了する．

Ⅲ　手関節・手指関節

## 実技編 III-13 第4指近位指節間関節・内側側副靱帯のテーピング
### 再発予防・軽度の痛み

第4指近位指節間関節の橈側面にテープをX状に貼付して，内側側副靱帯を保護する技法である．

**固定肢位**
- 伸展位．

**テープ**
- 粘着非伸縮性テープ 約13mm幅，約19mm幅
- 粘着スプレー

**・ポイント・**

- 内側側副靱帯に沿ってX状に貼付するテープは，関節の掌側面・背側面にかからないようにする．これは，近位指節間関節の屈曲・伸展運動を妨げないための処置である．もし妨げられると，つかむ・投げるといった技術面においてマイナスの影響を与えるからである．

- 第4指と第3指にかけて巻き貼付するテープは，テープを巻いてから粘着面を合わせるのではなく，巻きながら粘着面を合わせていく．

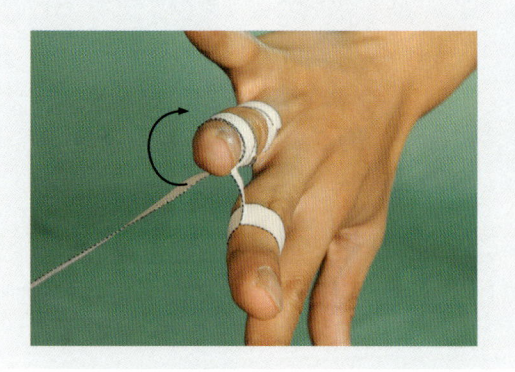

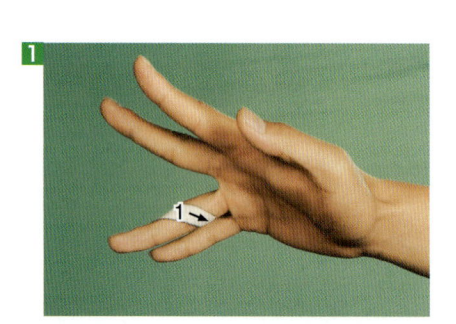

**1** 1のテープは中節骨部の背側面から貼り始め，近位指節間関節内側側副靱帯の上を経て，基節骨部の掌側面へ貼付する． 強く

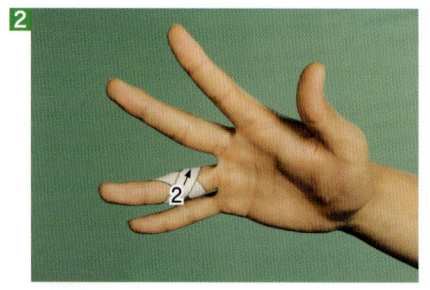

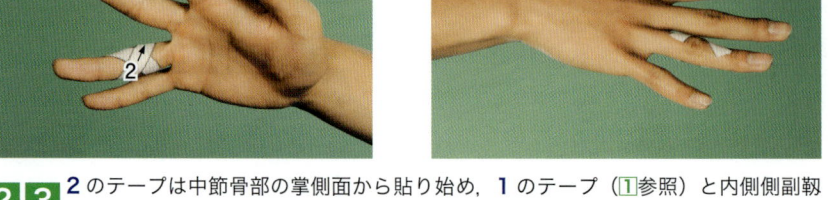

**2 3** 2のテープは中節骨部の掌側面から貼り始め，1のテープ（1参照）と内側側副靱帯上で交差させ，基節骨部の背側面まで貼付する． 強く

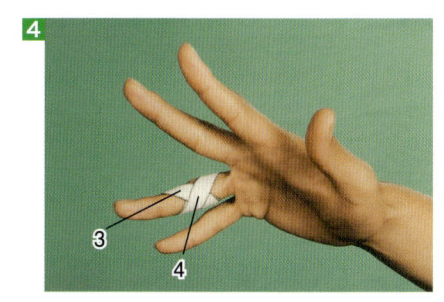

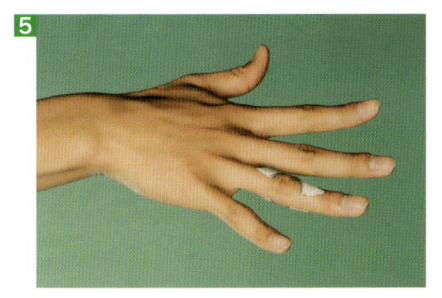

**4 5** **3**のテープは**1**のテープ上（**1**参照）に，**4**のテープは**2**のテープ上（**2**参照）に，重ねて貼付する．　強く

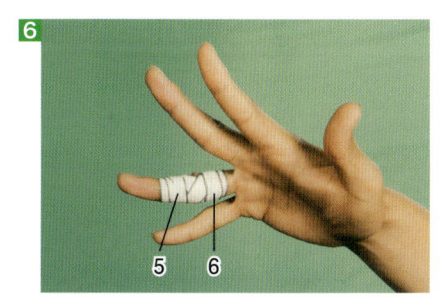

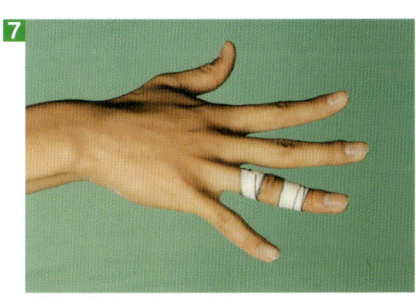

**6 7** **5**・**6**のテーピングは，**1**〜**4**のテープが剥がれないようにするために行なうものである．このため，**5**のテープは中節骨部の周りに，**6**のテープは基節骨部の周りに巻き，貼付する．その際，圧迫し過ぎないように注意する．

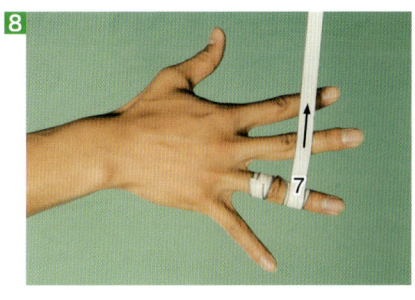

**8** **7**のテーピングは，第4指の可動域を制限するために行なうもので，第3指の中節骨部に「間隔を開けて」巻き，貼付する．　普通

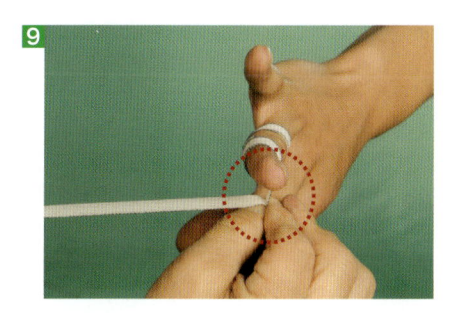

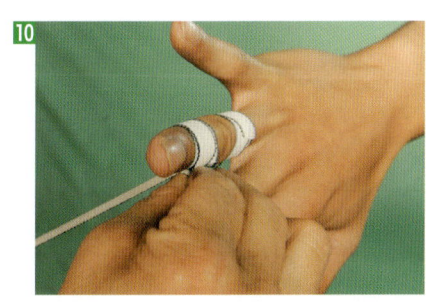

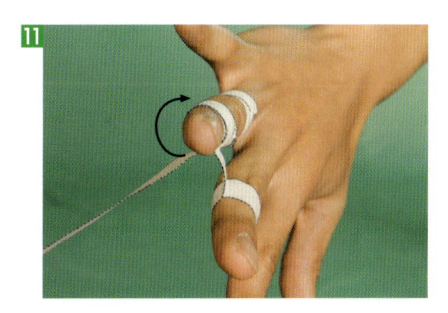

**9 10 11** **7**のテーピングの指の間隔は，スポーツ種目に合わせて決める．貼付するテープの粘着面を合わせ（つまみ）ながら巻くと間隔が狭くならず，うまく貼付できる．

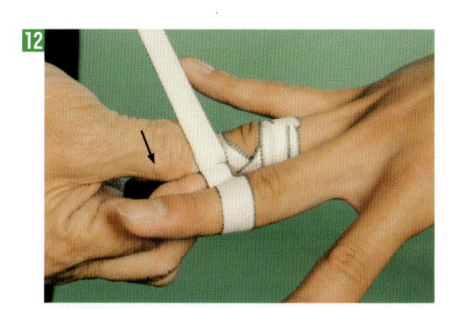

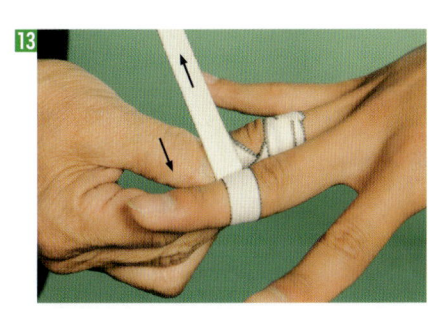

**12 13** より固定力を強めるために，再度重ねて貼付する．

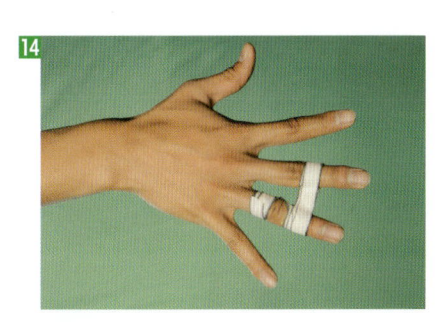

**14** 完了した**7**のテーピング．

III 手関節・手指関節

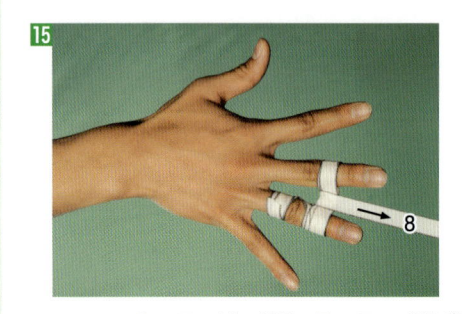

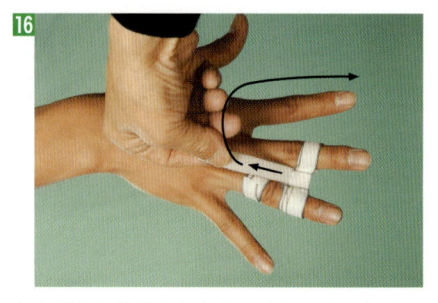

**15 16** 8のテーピングは，7のテープがずれたり指から抜けたりしないようにするために行なうものである．このため，8のテープは7のテープの第3指と第4指の間に巻き，貼付する．その際，1～7のテープより細いテープを使用する．　普通

**17** 手背面から見た完成写真．

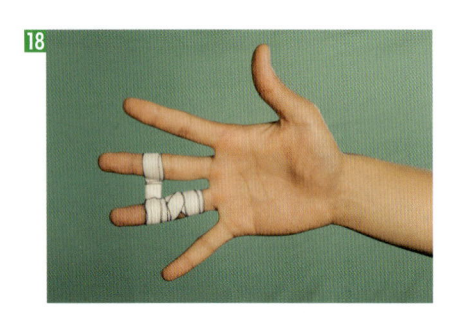

**18** 手掌面から見た完成写真．

> 以上で，第4指近位指節間関節・内側側副靱帯のテーピングが完了する．

## 実技編 III-14 近位指節間関節のテーピング
### 再発予防

内側側副靱帯または外側側副靱帯を保護するためのテーピングである．全ての競技で使える技法である．

**固定肢位**
- 伸展位．

**テープ**
- 粘着非伸縮性テープ　約19mm幅，約13mm幅
- 粘着スプレー

**・ポイント・**
- 第3指と第4指にかけて巻き貼付するテープは，2周・3周と巻く．この際，巻き終えてから粘着面を合わせるのではなく，巻きながら粘着面を合わせていく．

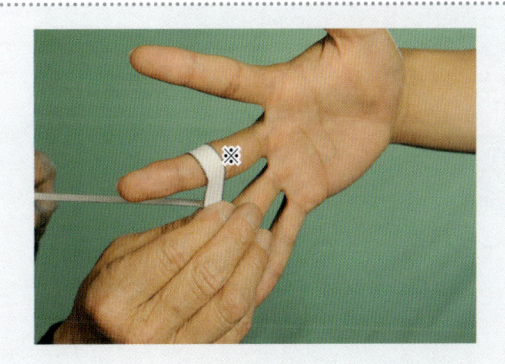

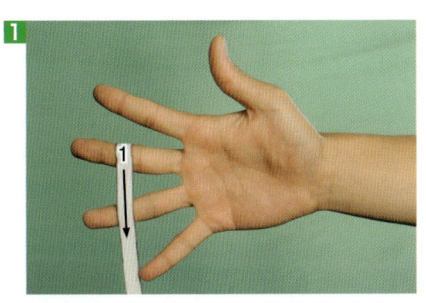

**1** 1のテーピングは，第3指または第4指の靱帯を保護するために行なうものである．このため，1のテープは第3指と第4指の中節骨部に「間隔を開けて」巻き，貼付する． 普通

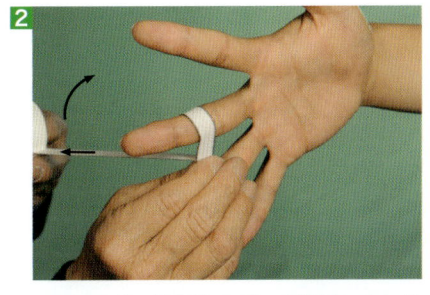

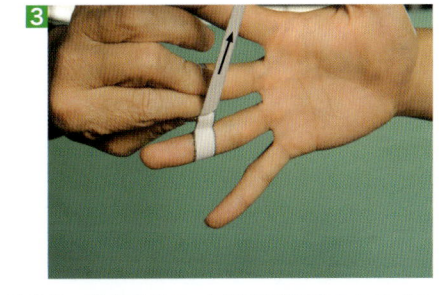

**2 3** 指の間隔をスポーツ種目に合わせて決める．貼付するテープの粘着面を合わせ（つまみ）ながら巻くと間隔が狭くならず，うまく貼付できる．

III　手関節・手指関節

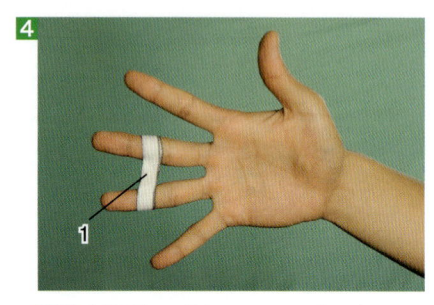

**4** 手掌面から見た 1 のテーピング．

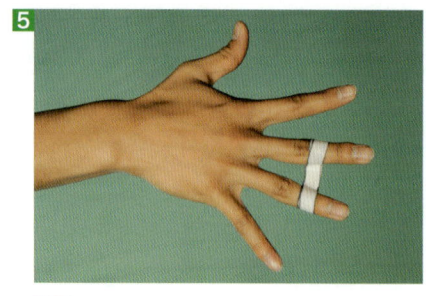

**5** 手背面から見た 1 のテーピング．

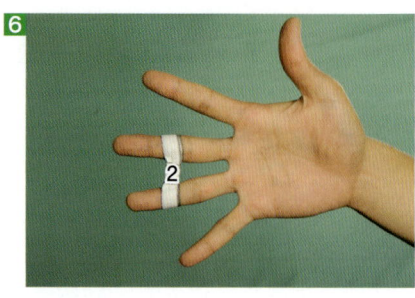

**6** 2 のテーピングは，1 のテーピングがずれたり，指から抜けたりしないようにするために行なうものである．このため，2 のテープは 1 のテープ（**4**参照）の第 3 指と第 4 指の間に巻き，貼付する．その際，1 のテープより細いテープを使用する．

普通

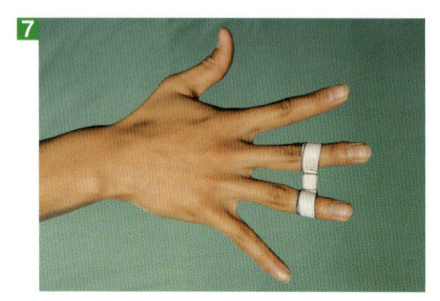

**7** 手背面から見た完成写真．

以上で，近位指節間関節―再発予防のテーピングが完了する．

## 実技編 Ⅲ-15 近位指節間関節のテーピング
### 再発予防・軽度の痛み

突き指などで損傷した指と隣接する指をテープで固定し，近位指節間関節の内側側副靱帯または外側側副靱帯を保護する．この技法は，ボールをつかむ・投げるなどの技術を最も必要とするスポーツには向かない．しかし，柔道のように柔道着をつかむ，相撲でまわしをつかむ，またレスリングで相手の腕・首・足などを引っ掛けるなどの格闘技には使用される．

**固定肢位**
- 伸展位．

**テープ**
- 粘着非伸縮性テープ 約19mm幅
- スポンジラバー
- 粘着スプレー

**・ポイント・**
- テープが関節にかからないようにする．これは，手指の屈曲・伸展運動を妨げないための処置である．

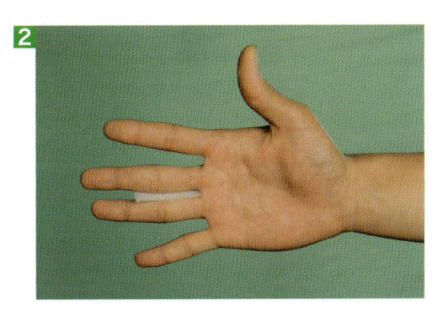

**1 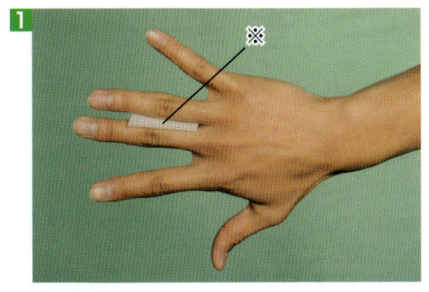 2** 損傷部位を保護するため，第3指と第4指の間にスポンジラバーを当てがう．

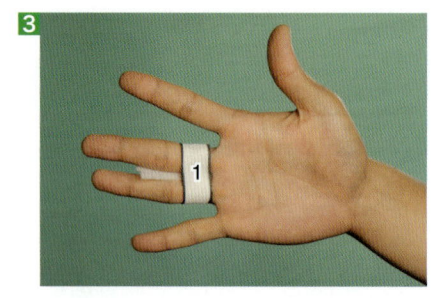

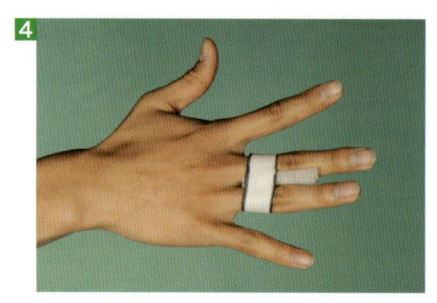

**3 4** 1のテーピングは，第3指と第4指を固定するために行なうものである（以後，貼付する2のテープも同様である）．このため，1のテープは第3指と第4指の基節骨部に巻き，貼付する． やや強く

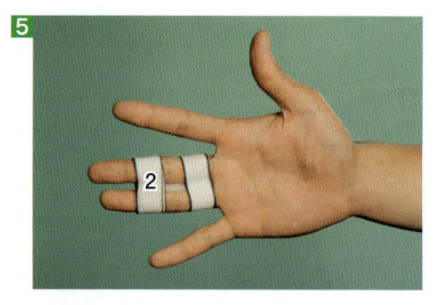

**5** 2のテーピングは，第3指と第4指の中節骨部に巻き，貼付する．
やや強く

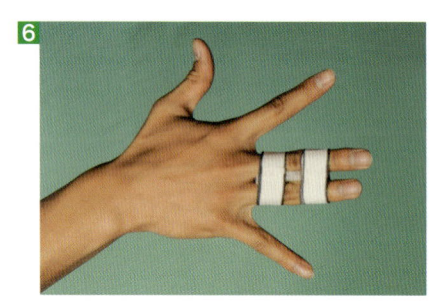

**6** 手背面から見た完成写真．

以上で，近位指節間関節のテーピング―再発予防・軽度の痛みのテーピングが完了する．

## 実技編 Ⅲ-16 爪を保護するテーピング
### 一次傷害発生の予防

指先に脱脂綿を当てがい，爪を保護するテーピングである．

**固定肢位**
- 伸展位．

**テープ**
- 粘着非伸縮性テープ 約19mm幅
- 脱脂綿
- 粘着スプレー

**・ポイント・**
- テープを指先だけでなく基節骨部──指先──基節骨部に貼付するのは，運動の際，テープが抜けるのを防ぐためである．

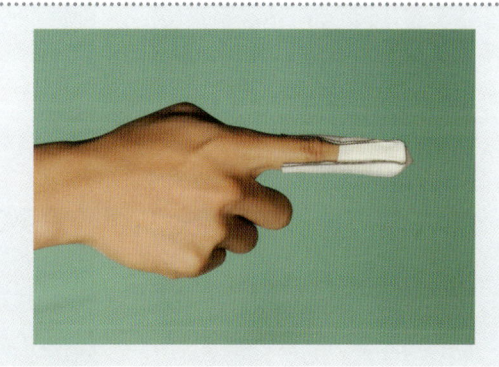

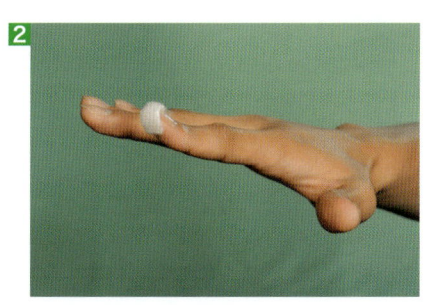

**1 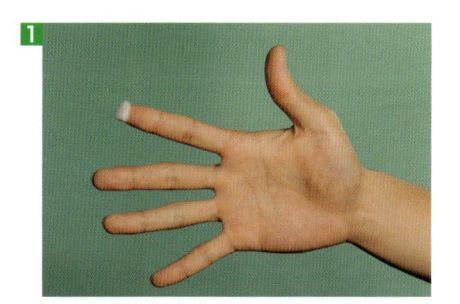 2** 指先にワセリンを塗布した脱脂綿を当てがう．これは，爪に直接テープを巻くと指を曲げる際にテープで引っ張られ，痛みを覚えるためである．

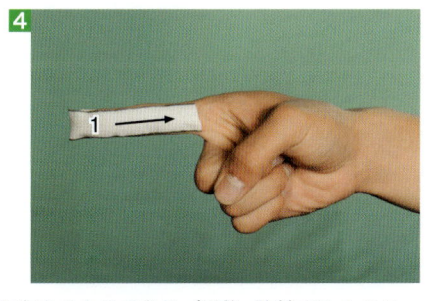

**3 4** 1 のテーピングは，爪を保護するために行なうものである（以後，貼付する 4 のテープまで同様である）．このため，1 のテープは中節骨部の背側面から貼り始め，指先を経て基節骨部の掌側面まで貼付する． やや強く（指先は普通）

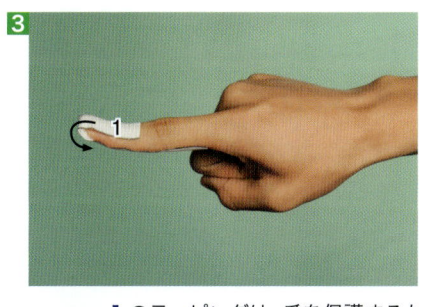

Ⅲ 手関節・手指関節

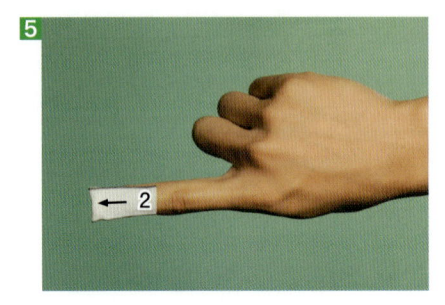

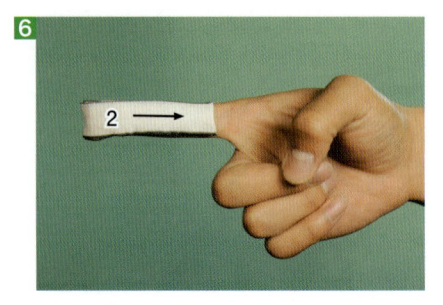

**5 6** ②のテープは，①のテープ上（③④参照）に重ねて貼付する．やや強く（指先は普通）

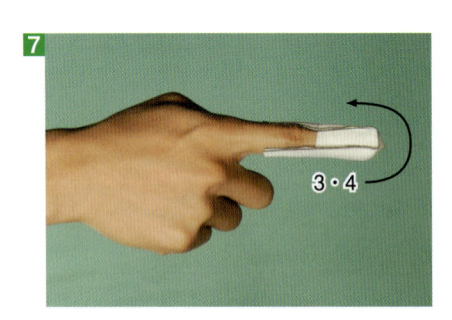

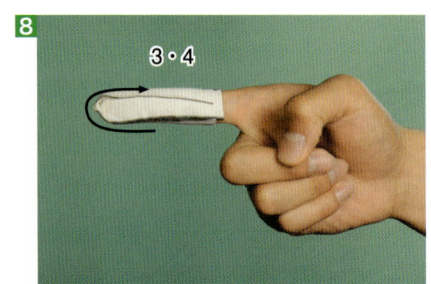

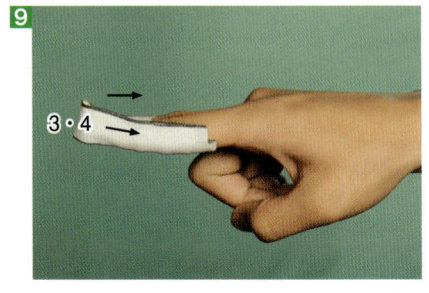

**7 8 9** ③のテープは基節骨部の尺側面から貼り始め，指先を経て，基節骨部の橈側面まで貼付する．④のテープは，③のテープの上に重ねて貼付する．やや強く（指先は普通）

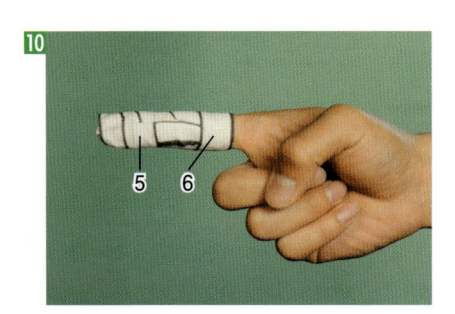

**10** ⑤・⑥のテーピングは，①～④のテープが剥がれないようにするために行なうものである．このため，⑤のテープは指先から巻き始め，末節骨部から中節骨部まで貼付する．⑥のテープは基節骨部に巻き，貼付する．その際，圧迫し過ぎないように注意する．普通

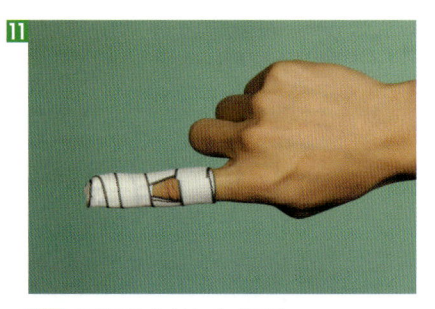

**11** 手背面から見た完成写真．

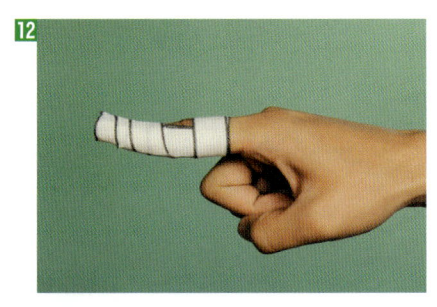

**12** 側面から見た完成写真．

以上で，爪を保護するテーピングが完了する．

# Ⅳ 肘関節・肩・鎖骨

## 肘関節の構造と機能

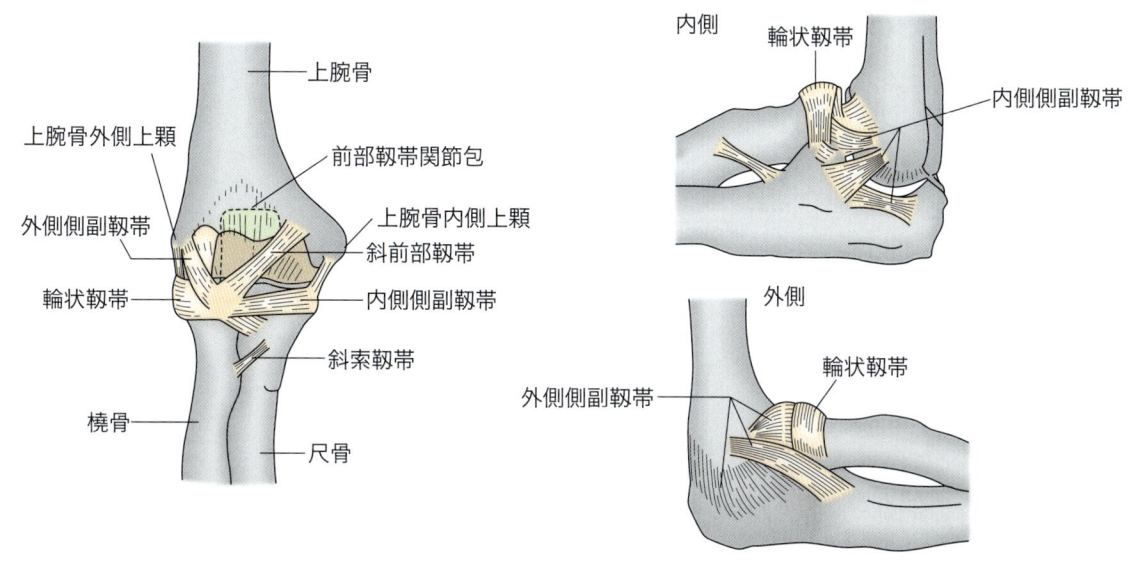

**肘関節の骨・靱帯**

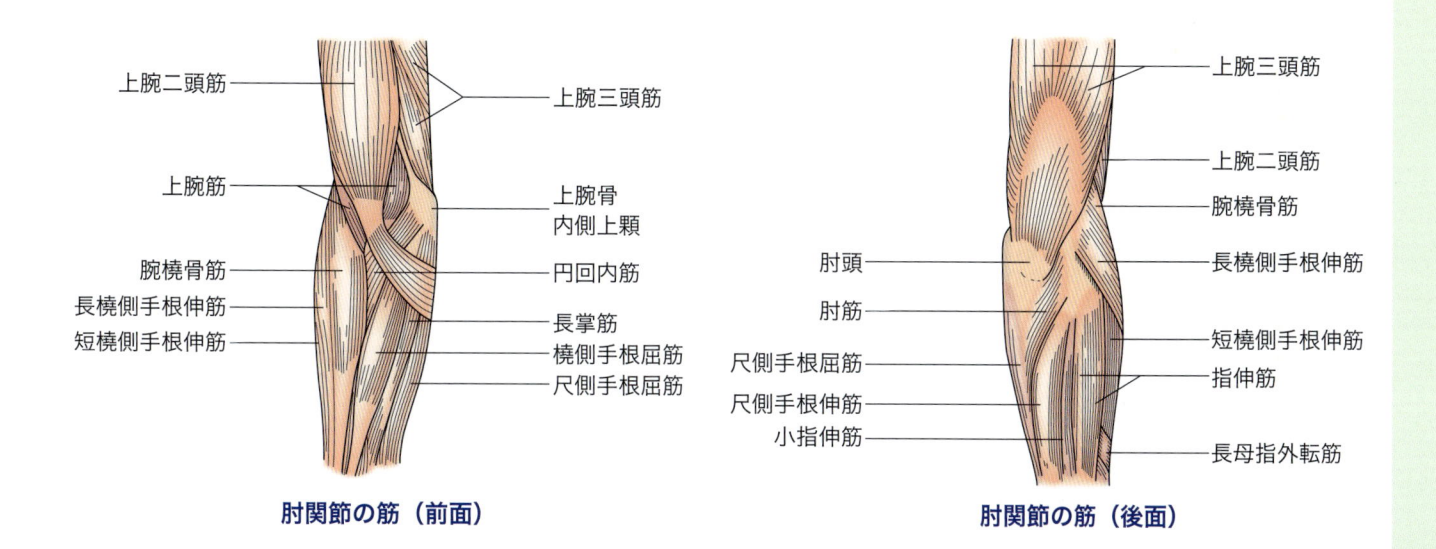

（前面図ラベル）
- 上腕骨
- 上腕骨外側上顆
- 前部靱帯関節包
- 外側側副靱帯
- 上腕骨内側上顆
- 輪状靱帯
- 斜前部靱帯
- 内側側副靱帯
- 斜索靱帯
- 橈骨
- 尺骨

（内側図ラベル）
- 内側
- 輪状靱帯
- 内側側副靱帯

（外側図ラベル）
- 外側
- 外側側副靱帯
- 輪状靱帯

**肘関節の筋（前面）**
- 上腕二頭筋
- 上腕三頭筋
- 上腕筋
- 上腕骨内側上顆
- 腕橈骨筋
- 円回内筋
- 長橈側手根伸筋
- 短橈側手根伸筋
- 長掌筋
- 橈側手根屈筋
- 尺側手根屈筋

**肘関節の筋（後面）**
- 上腕三頭筋
- 上腕二頭筋
- 腕橈骨筋
- 肘頭
- 長橈側手根伸筋
- 肘筋
- 尺側手根屈筋
- 短橈側手根伸筋
- 尺側手根伸筋
- 指伸筋
- 小指伸筋
- 長母指外転筋

# 肩・鎖骨の構造と機能

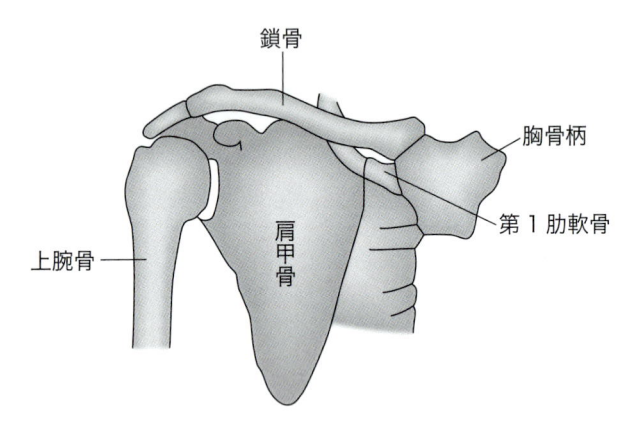

**肩・鎖骨の骨**

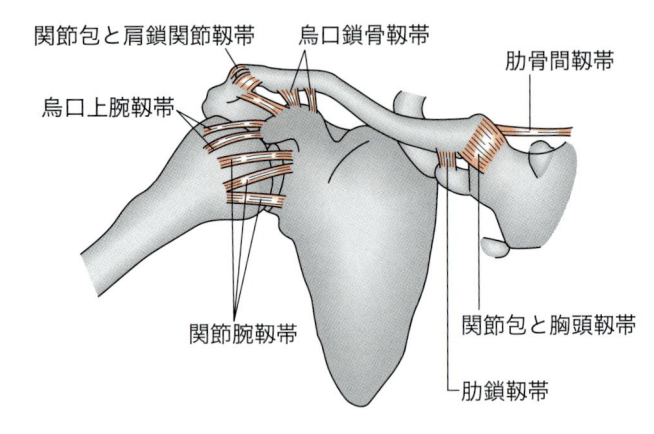

- 鎖骨
- 胸骨柄
- 第1肋軟骨
- 肩甲骨
- 上腕骨

**肩・鎖骨の靱帯**

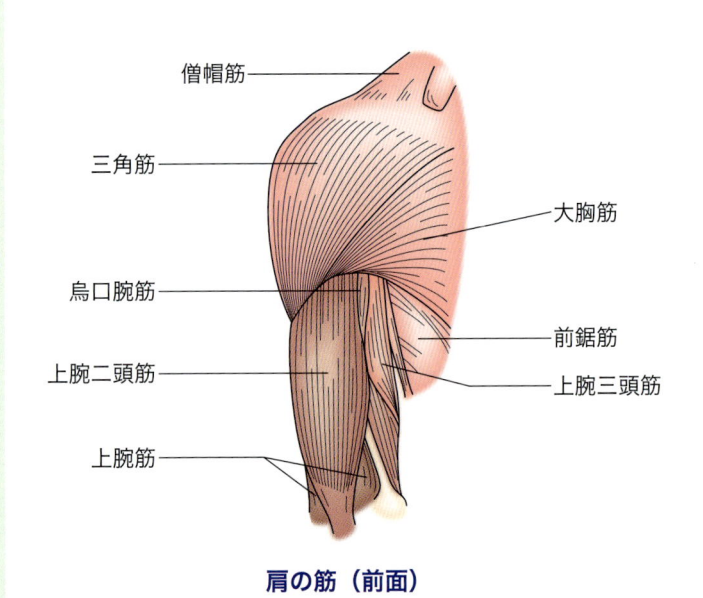

- 関節包と肩鎖関節靱帯
- 烏口鎖骨靱帯
- 肋骨間靱帯
- 烏口上腕靱帯
- 関節腕靱帯
- 関節包と胸頭靱帯
- 肋鎖靱帯

**肩の筋（前面）**

- 僧帽筋
- 三角筋
- 大胸筋
- 烏口腕筋
- 前鋸筋
- 上腕二頭筋
- 上腕三頭筋
- 上腕筋

**肩の筋（後面）**

- 三角筋
- 小円筋
- 上腕三頭筋
- 棘下筋筋膜
- 大円筋
- 広背筋

# 関節可動域の表示と測定法

## 肩甲帯

| 部位名 | 運動方向 | 参考可動域角度 | 基本軸 | 移動軸 | 測定肢位および注意点 | 参考図 |
|---|---|---|---|---|---|---|
| 肩甲帯 shoulder girdle | 屈曲 flexion | 20 | 両側の肩峰を結ぶ線 | 頭頂と肩峰を結ぶ線 | | |
| | 伸展 extension | 20 | | | | |
| | 挙上 elevation | 20 | 両側の肩峰を結ぶ線 | 肩峰と胸骨上縁を結ぶ線 | 前面から測定する | |
| | 引き下げ（下制） depression | 10 | | | | |

## 肩部

| 部位名 | 運動方向 | 参考可動域角度 | 基本軸 | 移動軸 | 測定肢位および注意点 | 参考図 |
|---|---|---|---|---|---|---|
| 肩 shoulder （肩甲帯の動きを含む） | 屈曲（前方挙上） flexion (forward elevation) | 180 | 肩峰を通る床への垂直線（立位または座位） | 上腕骨 | 前腕は中間位とする．体幹が動かないように固定する．脊柱が前後屈しないように注意する． | |
| | 伸展（後方挙上） extension (backward elevation) | 50 | | | | |
| | 外転（側方挙上） abduction (lateral elevation) | 180 | 肩峰を通る床への垂直線（立位または座位） | 上腕骨 | 体幹の側屈が起こらないように90°以上になったら前腕を回外することを原則とする． | |
| | 内転 adduction | 0 | | | | |
| | 外旋 external rotation | 60 | 肘を通る前額面への垂直線 | 尺骨 | 上腕を体幹に接して，肘関節を前方90°に屈曲した肢位で行なう．前腕は中間位とする． | |
| | 内旋 internal rotation | 80 | | | | |
| | 水平屈曲（水平内転） horizontal flexion (horizontal adduction) | 135 | 肩峰を通る矢状面への垂直線 | 上腕骨 | 肩関節を90°外転位とする． | |
| | 水平伸展（水平外転） horizontal extension (horizontal abduction) | 30 | | | | |

**肘――手**

| 部位名 | 運動方向 | 参考可動域角度 | 基本軸 | 移動軸 | 測定肢位および注意点 | 参考図 |
|---|---|---|---|---|---|---|
| 肘 elbow | 屈曲 flexion | 145 | 上腕骨 | 橈骨 | 前腕は回外位とする. | |
| | 伸展 extension | 5 | | | | |
| 前腕 forearm | 回内 pronation | 90 | 上腕骨 | 手指を伸展した手掌面 | 肩の回旋が入らないように肘を90°に屈曲する. | |
| | 回外 supination | 90 | | | | |
| 手 wrist | 屈曲（掌屈） flexion (palmarflexion) | 90 | 橈骨 | 第2中手骨 | 前腕は中間位とする. | |
| | 伸展（背屈） extension (dorsiflexion) | 70 | | | | |
| | 橈屈 radial deviation | 25 | 前腕の中央線 | 第3中手骨 | 前腕を回内位で行なう. | |
| | 尺屈 ulnar deviation | 55 | | | | |

**その他の検査法**

| 部位名 | 運動方向 | 参考可動域角度 | 基本軸 | 移動軸 | 測定肢位および注意点 | 参考図 |
|---|---|---|---|---|---|---|
| 肩 shoulder（肩甲骨の動きを含む） | 外旋 external rotation | 90 | 肘を通る前額面への垂直線 | 尺骨 | 前腕は中間位とする. 肩関節は90°外転し，かつ肘関節は90°屈曲した肢位で行なう. | |
| | 内旋 internal rotation | 70 | | | | |
| | 内転 adduction | 75 | 肩峰を通る床への垂直線 | 上腕骨 | 20°または45°肩関節屈曲位で行なう. 立位で行なう. | |

# 肘関節のスポーツ外傷・障害

## 1 野球肘

投球動作の加速期で肘に外反ストレスが加わり、内側の靱帯は緊張し、外側は骨軟骨が圧迫される。内側型では、成人では内側側副靱帯炎、成長期では内側上顆の骨端線離開が発症する。外側型では、骨軟骨の血流障害が起こり離断性骨軟骨炎を発症する。

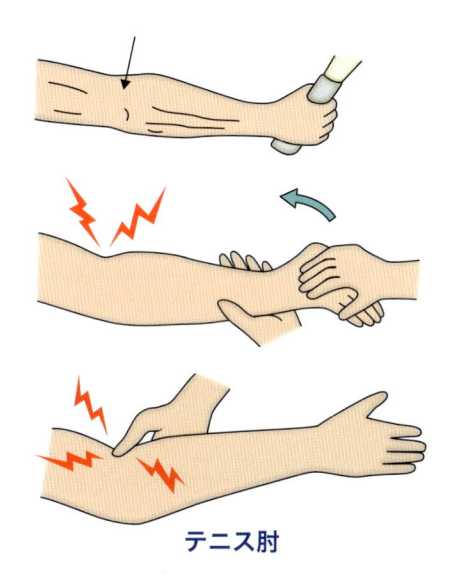

| 症状 | 投球時の痛み、圧痛、可動域制限。 |
| --- | --- |
| 治療 | アイシング、投球禁止。内側型は靱帯の炎症であり、2～3か月の投球禁止で改善がされることが多い。外側型は14歳以下で離断性骨軟骨炎が初期段階であれば、投球禁止のみで治癒することが期待できるが、年齢が高く進行している場合は手術が必要となる。 |

## 2 テニス肘（上腕骨外側上顆炎）

テニスのバックハンドストロークで橈側手根伸筋腱に負荷が加わることによって生じる。上腕骨起始部での腱の変性が原因である。

| 症状 | 運動時痛、圧痛、ストレッチ痛（肘伸展回内位で手関節掌屈）、抵抗下手関節伸展時痛。 |
| --- | --- |
| 治療 | ストレッチ、筋力強化、プレー前の温熱療法と後のアイシング。 |

## 3 肘関節後方脱臼

肘を伸ばした状態で転倒し、手のひらを突いて過伸展強

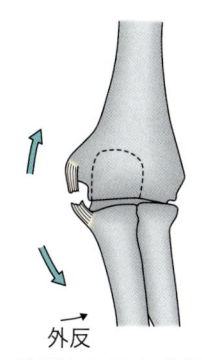

**テニス肘**

**肘関節の前面から見た内側側副靱帯損傷**　　**肘関節の内側側副靱帯損傷**

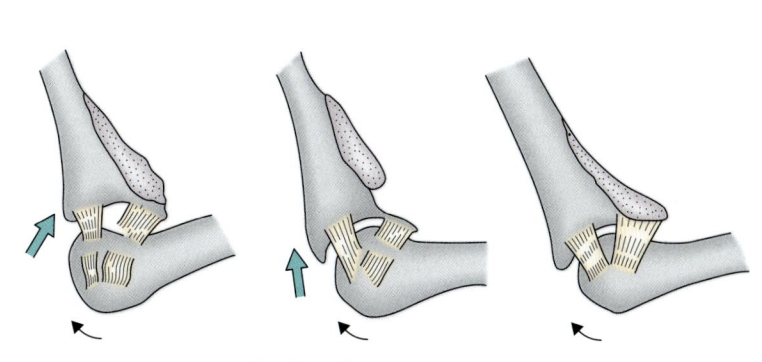

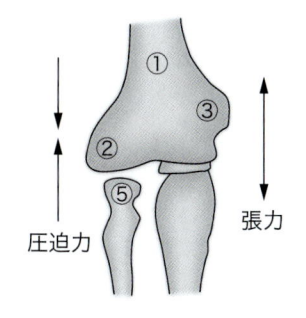

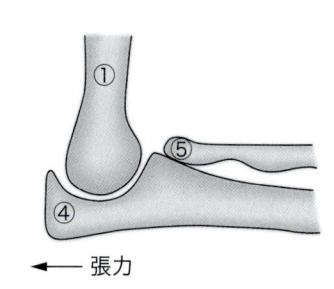

**肘周辺の骨折**

①上腕骨顆上骨折
②上腕骨外顆骨折
③上腕骨内顆骨折
④肘頭（尺骨）骨折
⑤橈骨頭骨折

制により後方に脱臼する．後方脱臼は内側側副靱帯損傷を合併する．

- 症状　腫脹，疼痛，脱臼による変形．
- 治療　応急処置として安静，アイシング，固定．
整復は肘を伸展しながら前腕を引っ張り，徐々に屈曲していくとよい．内側側副靱帯損傷の修復のため2週間の固定後，可動域訓練開始し，12週間で競技復帰．

## 4　肘内側側副靱帯損傷

レスリング，柔道で外反強制を受けた場合や野球肘の内側型の悪化で損傷する．

- 症状　肘内側の疼痛，圧痛，腫脹，外反不安定性．
- 治療　急性期はRICE処置．重度損傷（完全断裂）の場合は，固定または手術（靱帯縫合術）が必要であり，12週間で競技復帰．

## 5　肘周辺の骨折

①上腕骨顆上骨折
②上腕骨外顆骨折
③上腕骨内上顆骨折
④肘頭骨折（疲労骨折）
⑤橈骨骨頭骨折

　③上腕骨内上顆骨折は，野球肘の内側型で外反ストレスにより内側側副靱帯が緊張し，その牽引力で骨折を起こすことがある．小児期で骨端線の閉じていない場合，骨端線の離開が発生することがあり，リトルリーグ肘と呼ぶ．
　④肘頭骨折は，上腕三頭筋の収縮によって発生する．鉄棒の蹴上がりで発生することから，蹴上がり骨折と呼ばれることもある．また投球の繰り返しのストレスで起こる疲労骨折のこともある．

- 症状　疼痛，圧痛，腫脹．
- 治療　急性期はRICE処置．骨折（骨片）の転位が小さい場合は固定，大きい場合は手術を要する．

# 肩・鎖骨のスポーツ外傷・障害

## 1　肩関節脱臼

　肩関節の脱臼には，前方脱臼，後方脱臼があるが，前方脱臼が全体の90％であり，アメリカンフットボールやラグビーのタックルなどで外転，外旋強制を受けたときに発生する．

- 症状　疼痛，圧痛，変形．
- 治療　まずは整復を行なうが，整復法にもいくつかあり．最も愛護的で合併症が少ないのはStimson法である．整復後の固定期間が短いと再脱臼して反復性脱臼に移行しやすいので，初回脱臼は固定期間を充分に（3週程度）とるのがよい．再発（2回目以降）は除痛目的で短期間の固定を行ない，筋力強化（肩の内転，内旋など）を行なう．テーピングは，再発予防に有効である．

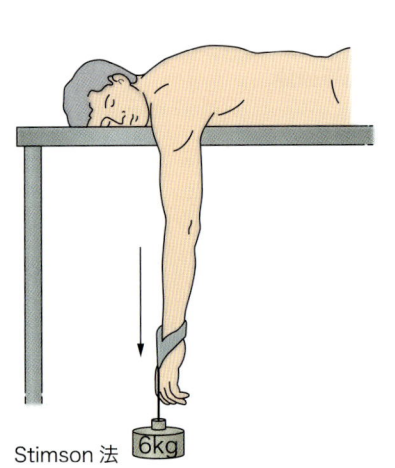

Stimson法 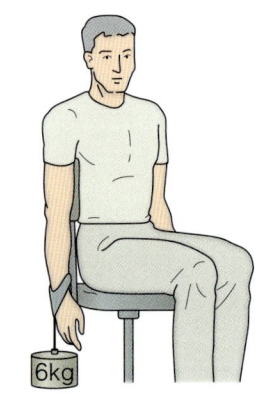　6kg

6kg程度の錘は，握らせると筋肉が緊張して整復しにくくなるので，必ず結びつけること．

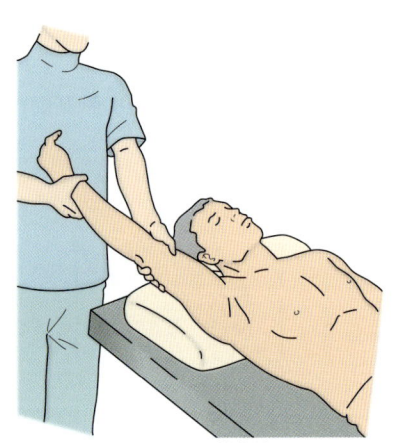

Zero positionによる整復法
徐々に挙上位としながら，牽引を加える．

**肩の脱臼に対応する3つの整復法**

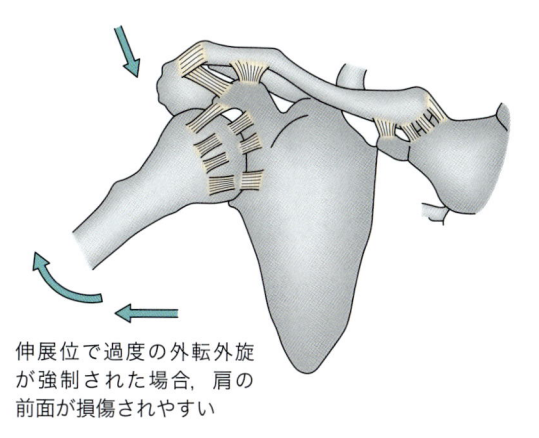

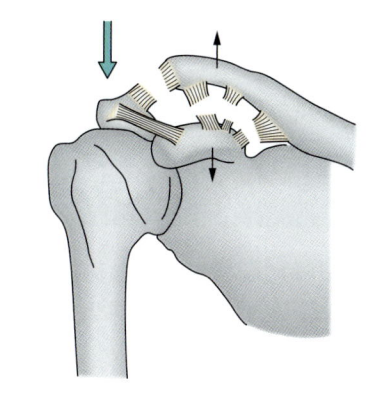

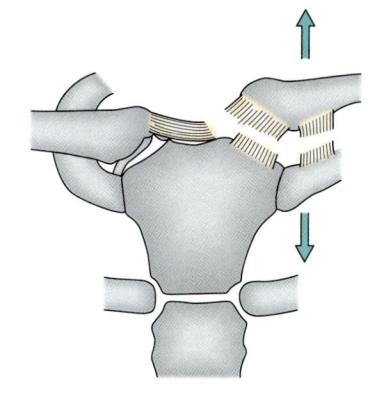

伸展位で過度の外転外旋が強制された場合、肩の前面が損傷されやすい

**肩関節損傷**

**肩鎖関節損傷**

**胸鎖関節損傷**

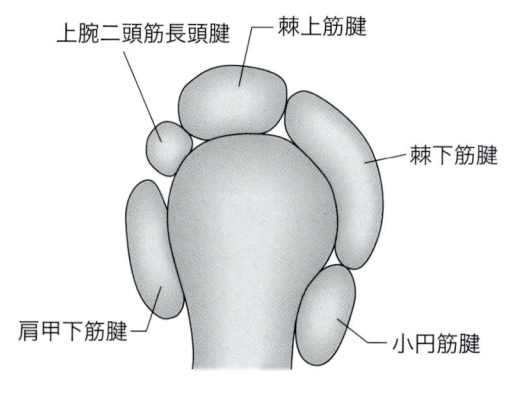

上腕二頭筋長頭腱　棘上筋腱　棘下筋腱　肩甲下筋腱　小円筋腱

**回旋筋腱板**

コッキング期　アクセレーション期　リリース期　フォロースルー期

**投球動作の4つの時期**

## 2　肩鎖関節脱臼

自転車，ラグビー，柔道などで転倒して肩を直接打つ直達外力と，肘伸展位で手を突いたときの介達外力によるものがある．

**症状** 疼痛，圧痛，腫脹，変形（重度損傷の場合）．
**治療** アイシング，三角巾固定．

## 3　胸鎖関節損傷

コンタクトスポーツで起こる．
**症状** 疼痛，圧痛，腫脹，変形（重度の場合）
**治療** RICE処置．

## 4　投球肩障害

投球動作におけるスムーズな運動連鎖の破綻により，肩関節に過剰な負担が加わった状態である．加速期からボールリリース期において関節窩に対する上腕骨頭の求心位がとれていない．筋緊張や筋短縮などの筋機能異常が正常な関節機能を阻害し，腱板関節面断裂や上方関節唇剥離を起こす．

**症状** 疼痛，圧痛，投球時痛．
**治療** ストレッチ，筋力強化．

## 実技編 Ⅳ-1 肘関節・内側側副靱帯のテーピング
### 再発予防・軽度の痛み──その1

肘関節の内側側副靱帯に沿って蝶形テーピングを行なうのは，内側側副靱帯に加わる力を軽減させるためと，前腕の外転方向への動きを防ぐためである．

**固定肢位**
- 競技に合わせた，正しいフォームを保つ（例えば，野球の場合にはボールを投げる瞬間のフォーム．柔道の場合には相手を投げる瞬間のフォームなど）．
- 前腕の固定肢位にも注意する．

**テープ**
- 粘着非伸縮性テープ　約38mm幅
- 粘着伸縮性テープ　約50mm幅
- 粘着スプレー

**・ポイント・**
- アンカーテープに粘着伸縮性テープを使用するのは，運動の際，テープの圧迫による筋疲労を防ぐためである（4参照）．
- 内側側副靱帯に沿って行なう蝶形テーピングには，粘着伸縮性テープを使用する．これは，以後に貼付する粘着非伸縮性テープが食い込むのを防ぐためと，運動の際，肘関節の動きによってテープがすれて，擦過傷を起こさないようにするためである．また，テープが肘頭にかからないようにする．これは，肘関節の屈曲を妨げないようにするためである（5 6参照）．

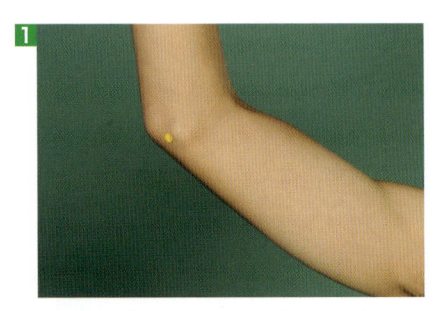

**1** 黄色○印は内側側副靱帯の位置を示す．

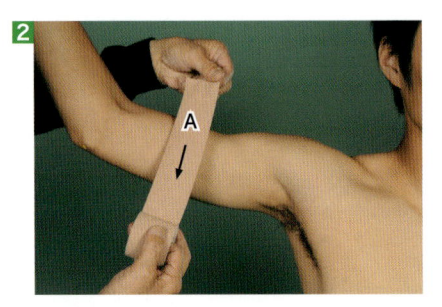

**2** Aのアンカーテープを上腕部に巻き，貼付する．　やや強く

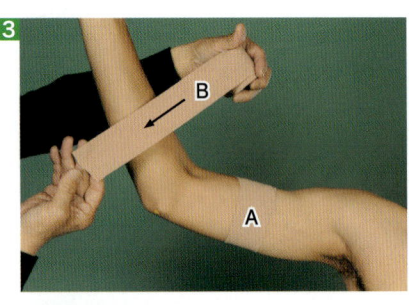

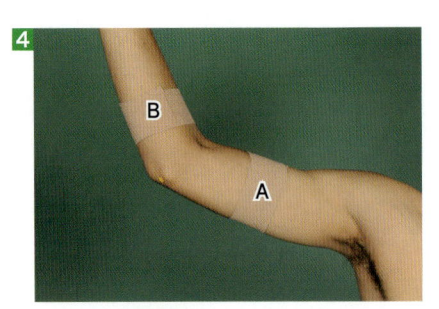

**3 4** Bのアンカーテープを前腕部に巻き，貼付する．　やや強く

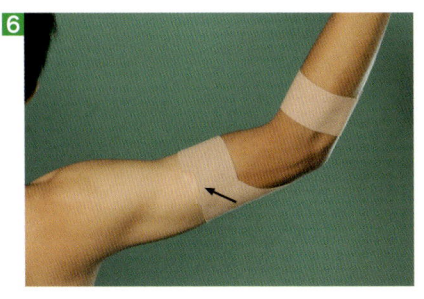

**5 6** Cのテーピングは，肘関節の内側側副靱帯に加わる力を軽減させるためと，前腕が外転方向に伸展するのを防ぐために行なうものである（以後，貼付するD〜F，1〜4のテープまで同様である）．このため，Cのテープは内側前腕部Bのテープ上（4参照）から内側肘部を通り，後上腕部Aのテープ上（4参照）まで貼付する． **強く**

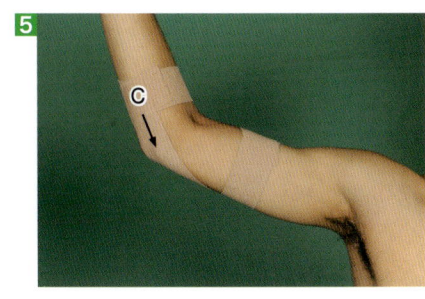

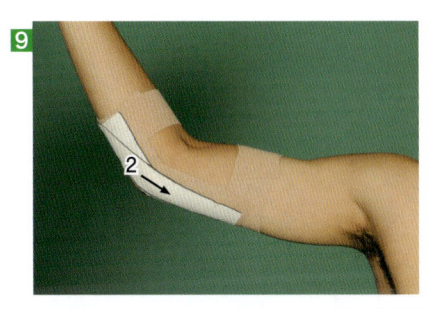

**7** Dのテープは，内側前腕部Bのテープ上（4参照）から内側肘部（黄色🟡印）で，Cのテープ（5 6参照）と交差させて内側上腕部Aのテープ上（4参照）まで貼付する． **強く**

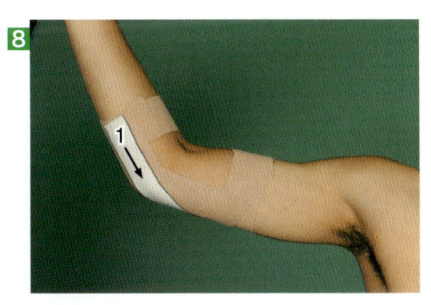

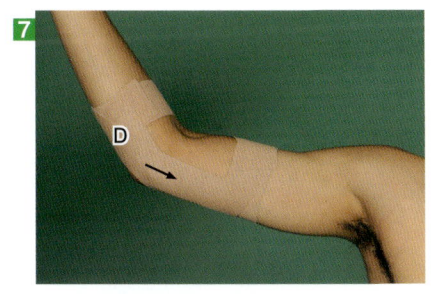

**8** 1のテープは，Cのテープ上（5参照）に重ねて貼付する． **強く**

**9** 2のテープは，C・Dのテープ上（5 7参照）それぞれの両端に重ねて貼付する．

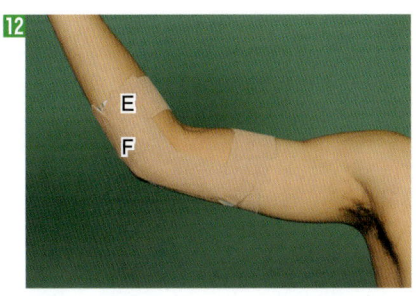

**10** 3のテープは，Dのテープ上（7参照）に重ねて貼付する． **強く**

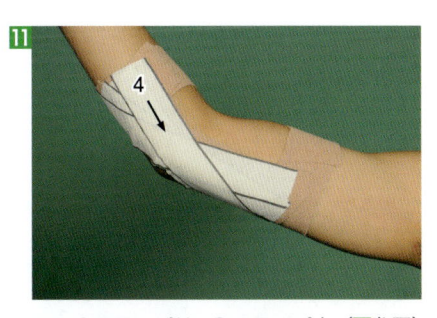

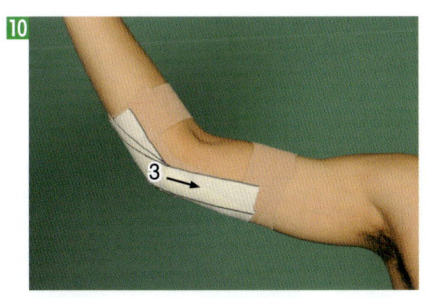

**11** 4のテープは，Cのテープ上（5参照）に重ねて貼付する． **強く**

**12** E・Fのテープは，C・Dのテープ上（5 7参照）に重ねて貼付する． **強く**

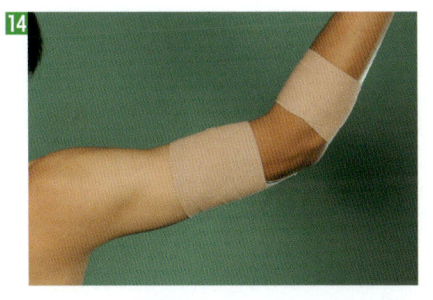

**13 14** G・Hのテーピングは，これまでに貼付したテープが剥がれないようにするために行なうものである．このため，Gのテープは上腕部に，Hのテープは前腕部に巻き，貼付する． **やや強く**

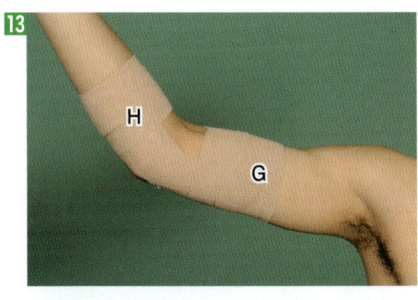

以上で，肘関節・内側側副靱帯のテーピングが完了する．

## 実技編 Ⅳ-2 肘関節・内側側副靱帯のテーピング
### 再発予防・軽度の痛み──その2

**固定肢位**
- 競技に合わせた，正しいフォームを保つ（例えば，野球の場合にはボールを投げる瞬間のフォーム．柔道の場合には相手を投げる瞬間のフォームなど）．
- 前腕の固定肢位にも注意する．

**テープ**
- 粘着非伸縮性テープ　約38mm幅
- 粘着伸縮性テープ　約50mm幅
- 粘着スプレー

**・ポイント・**
- フィギュアエイトのテープが肘頭（◯印）にかからないようにする．これは，肘関節の屈曲を妨げないようにするためである．また，テープがきつくなり過ぎると，テープが肘窩に食い込むため注意する．

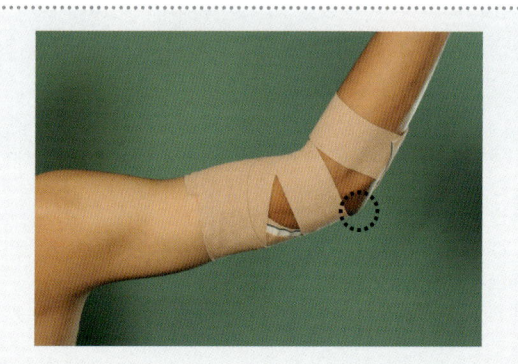

12までのテーピングについての詳細は，Ⅳ-1「肘関節・内側側副靱帯のテーピング　再発予防・軽度の痛み──その1」p.158，159を参照のこと．ここでは，写真を掲載するにとどめる．

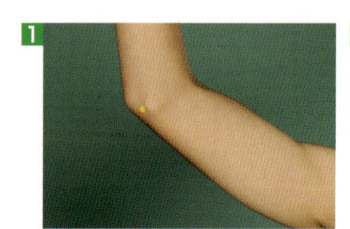

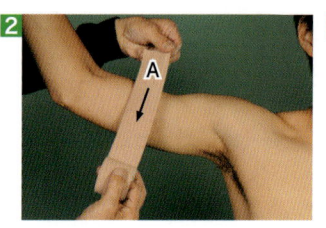

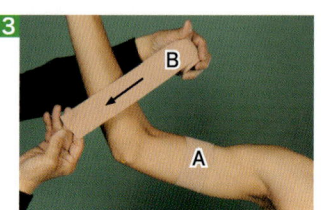

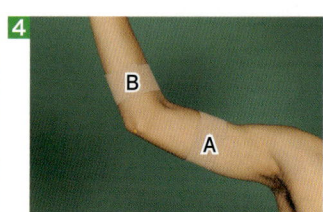

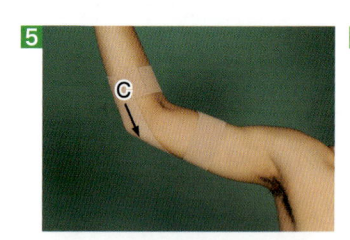

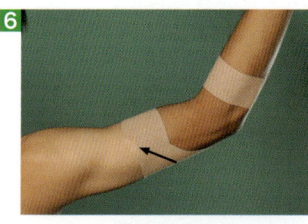

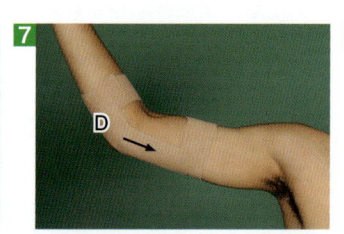

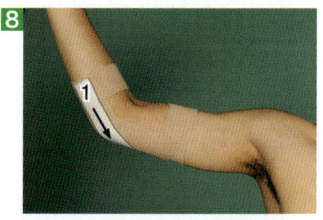

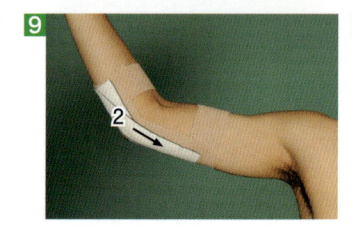

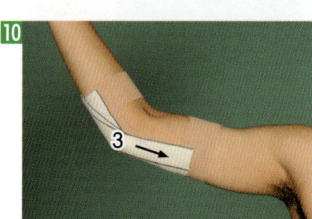

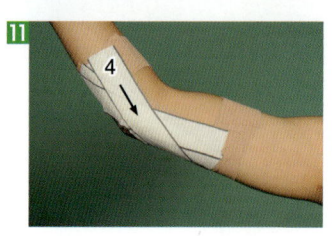

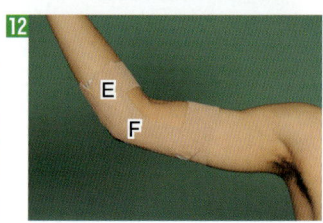

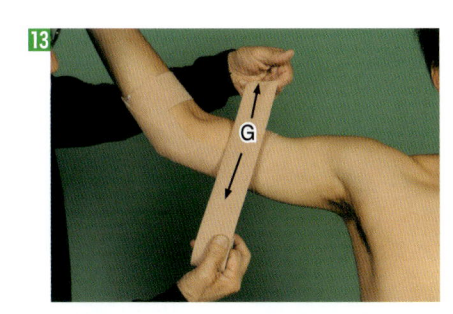

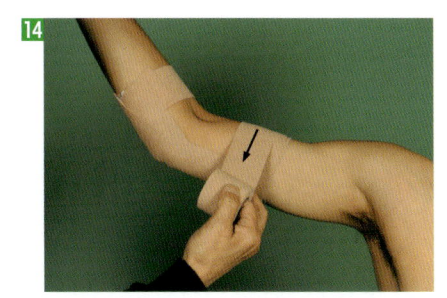

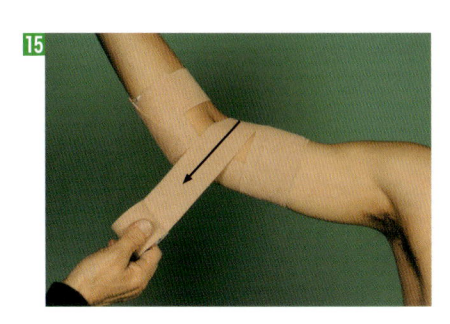

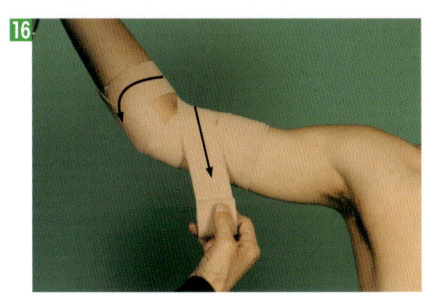

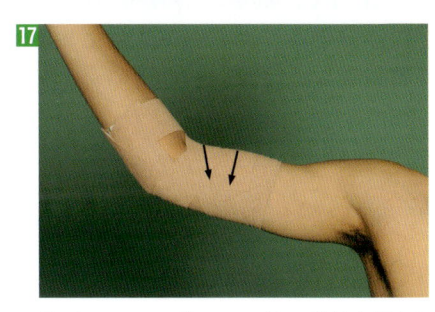

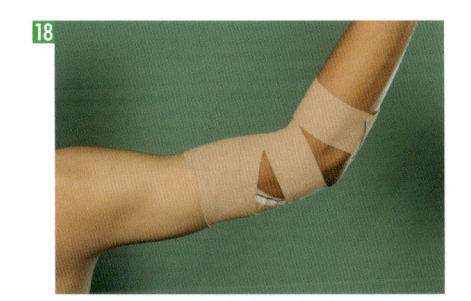

**13〜17** Gのテーピングは，17まで一連のテープによってフィギュアエイトの技法を行なう．このため，Gのテープは上腕部から──肘窩（肘関節前面）──前腕部──肘窩──上腕部へと巻き，貼付する．　やや強く

**18** 背面から見たGのテーピング．

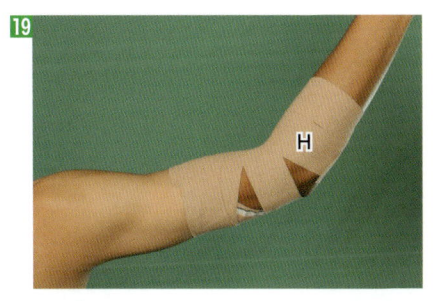

**19** Hのテーピングは，これまでに貼付したテープが剥がれないようにするために行なうものである．このため，Hのテープは前腕部に巻き，貼付する．　やや強く

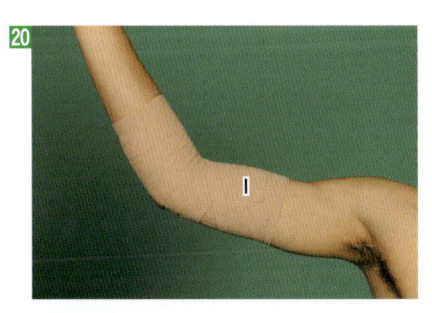

**20** Iのテーピングは，これまでに貼付したテープが剥がれないようにするために行なうものである．このため，Iのテープは上腕部に巻き，貼付する．　やや強く

以上で，肘関節・内側側副靱帯のテーピングが完了する．

## 実技編 IV-3 肘関節・外転位方向・過伸展制限のテーピング
### 中等度の痛み

肘関節の内側と前面に行なうテーピングによって，前腕の外転位方向への動きと伸展を制限し，その際に起こる痛みを軽減させるものである．肘関節の可動域をより強く制限するために，粘着非伸縮性テープのみを使用する．柔道・レスリングなどの格闘技や対人接触の激しい競技に適している．

**固定肢位**
- 肘関節を中間位あるいは痛みを感じる一歩手前の屈曲位．
- 前腕は中間位あるいは軽度回内位（スポーツ種目により選択する）．

**テープ**
- 粘着非伸縮性テープ　約38mm幅
- 粘着伸縮性テープ　約50mm幅
- 粘着スプレー

**・ポイント・**
- 肘関節の外転位方向への動きを制限するテープ群は，肘頭にかからないようにする．これは，肘関節の屈曲を妨げないようにするためである．
- 肘関節の前面に交差させて貼付するテープ群によって，伸展制限はより強くなる．
- 前腕と上腕に巻くテープは，強くなり過ぎないようにする．これは，運動の際，テープの圧迫によって，筋疲労を起こさないようにするためである．

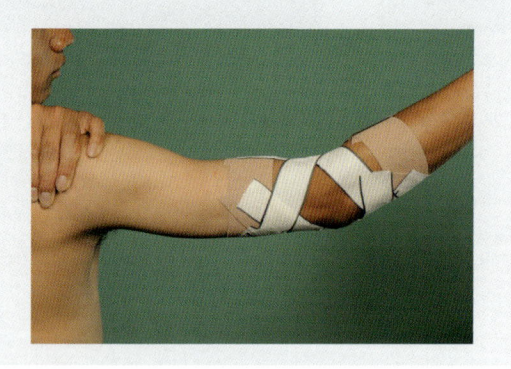

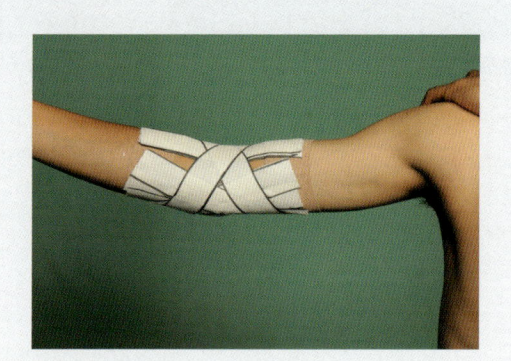

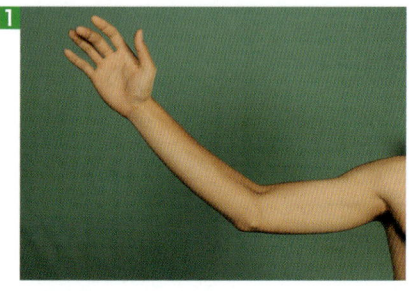

**1** 肘関節を中間位あるいは痛みを感じる一歩手前の屈曲位にさせる（前腕は中間位あるいは軽度回内位とする．スポーツ種目により選択する）．

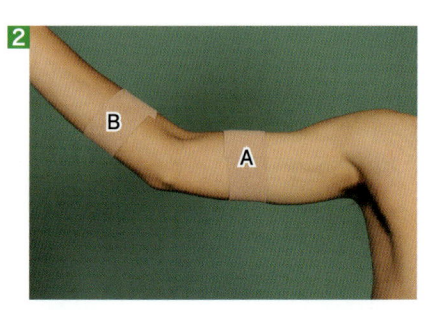

**2** A・Bのアンカーテープを上腕部と前腕部に巻き，貼付する．　やや強く

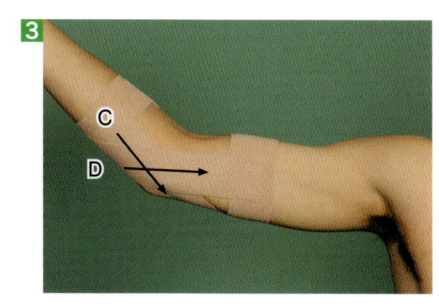

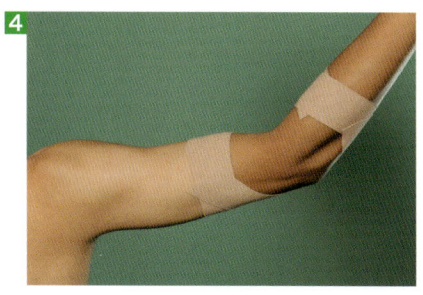

**3 4** Cのテープは，前腕部Bのテープ上（**2**参照）の内側部から貼り始め，内側肘部を通り後上腕部Aのテープ上（**2**参照）まで貼付する．Dのテープは，後前腕部Bのテープ上（**2**参照）から内側肘部を通り，内側上腕部Aのテープ上（**2**参照）まで貼付する．強く

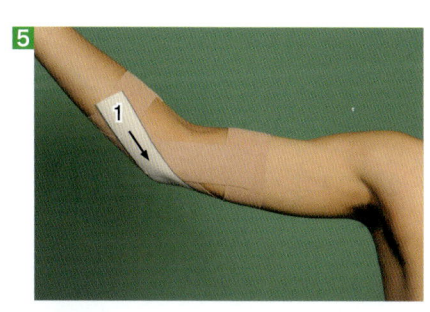

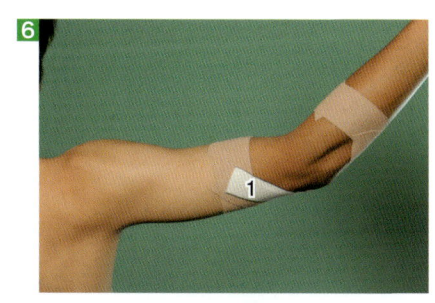

**5 6** 1のテープは，Cのテープ上（**3**参照）に重ねて貼付する．強く

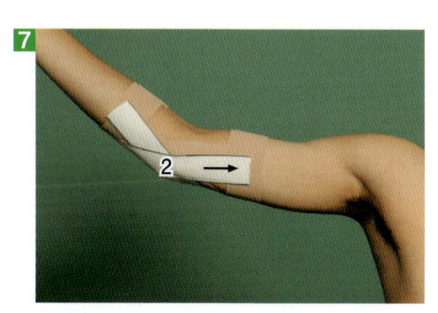

**7** 2のテープは，Dのテープ上（**3**参照）に重ねて貼付する．強く

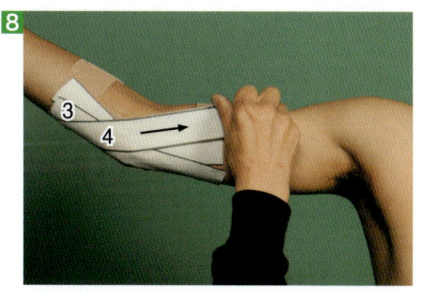

**8 9** 3～5のテープは，内側前腕部Aのテープ上（**2**参照）から内側肘部を通り，内側上腕部Aのテープ上（**2**参照）まで蝶形に貼付する．強く

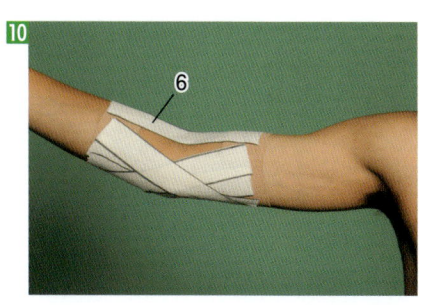

**10** 6～8のテーピングは，肘関節の伸展を制限するために行なうものである．このため，6のテープは前前腕部中央から肘窩を通り，前上腕部の中央まで貼付する．強く

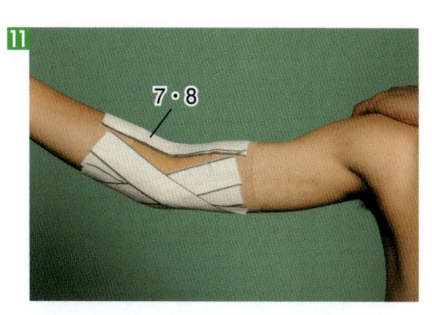

**11** 7・8のテープは，6のテープ上（**10**参照）に重ねて貼付する．強く

IV　肘関節・肩・鎖骨

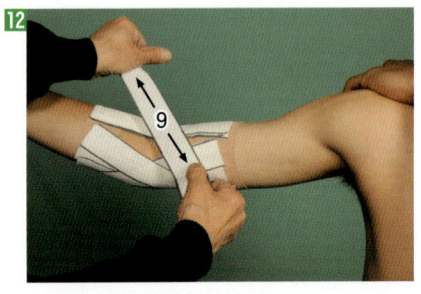

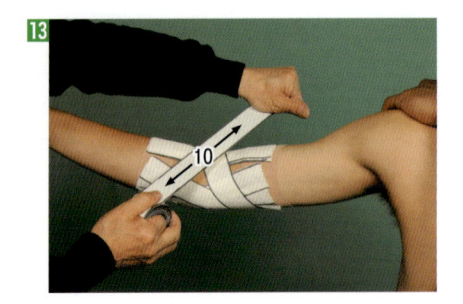

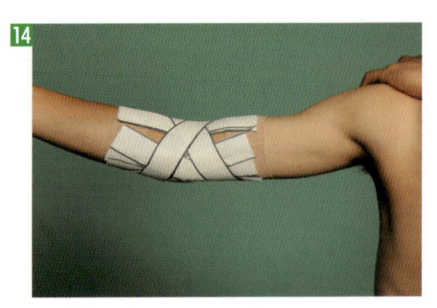

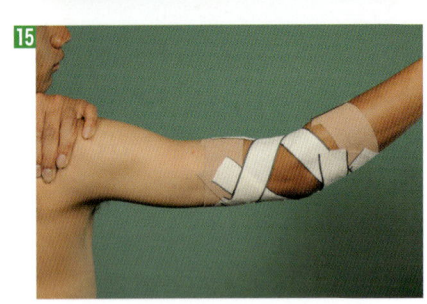

**12〜15** 9・10のテーピングは，肘関節の伸展をより強く制限するためと，6〜8のテープ（10 11参照）の固定力を持続させるために行なうものである．このため，9・10のテープはテープの両端を持ち，肘窩から両矢印の方向へ軽く引っ張るようにして，前腕部と上腕部に貼付する． やや強く

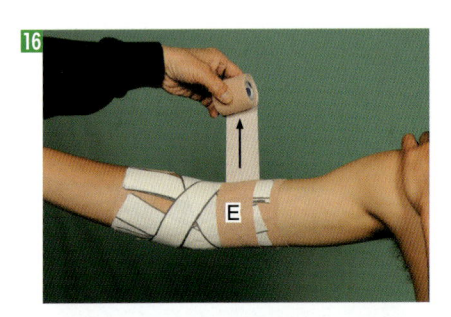

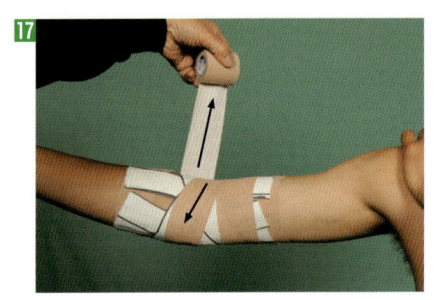

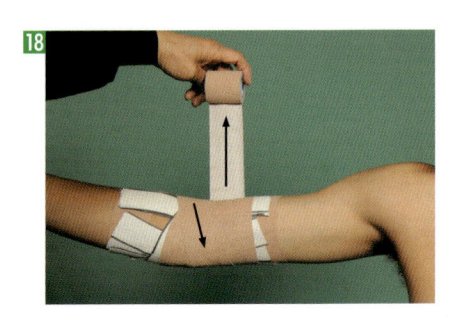

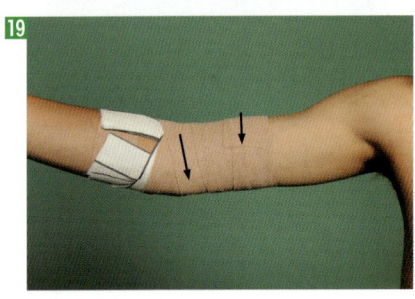

**16〜19** Eのテーピングは，これまでに貼付したテープが剥がれないようにするためと，固定力を持続させるために行なうものである．このため，Eのテープは肘関節にフィギュアエイトの技法で巻き，さらに上腕部を2〜3周巻き，貼付する． やや強く

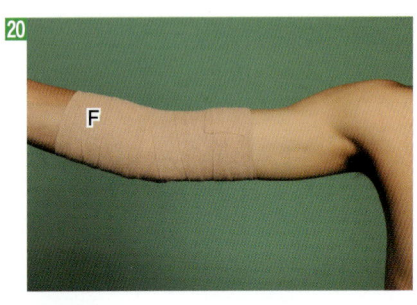

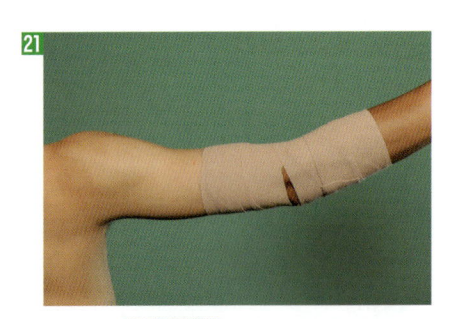

**20 21** Fのテープは前腕部に2〜3周巻き，貼付する． やや強く

以上で，肘関節・外転位方向・過伸展制限のテーピングが完了する．

## 実技編 IV-4 肘関節・過伸展制限のテーピング
### 軽度の痛み

肘関節前面にテープを貼付し，伸展運動を生理的可動域もしくは痛みを感じる一歩手前の可動域内に制限する技法である．

**固定肢位**
- 肘関節は痛みを感じる一歩手前の屈曲位．
- 前腕は中間位あるいは軽回内位（スポーツ種目により選択する）．

**テープ**
- 粘着非伸縮性テープ　約38mm幅
- 粘着伸縮性テープ　50mm幅
- 粘着スプレー

**・ポイント・**
- 肘頭にテープがかからないようにする．これは，肘関節の屈曲を妨げないようにするためである．

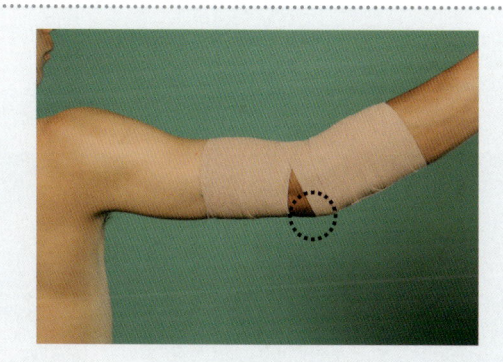

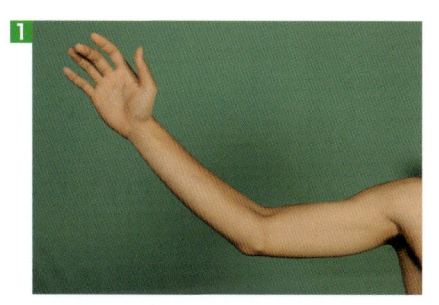

**1** 肘間節を痛む一歩手前の屈曲位に保たせる．

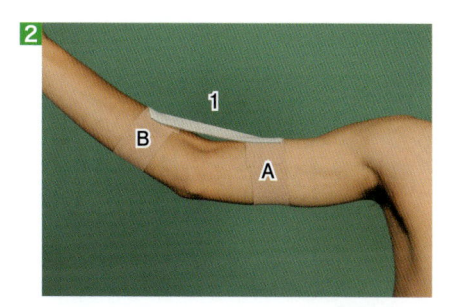

**2** A・Bのアンカーテープを上腕部と前腕部に巻き，貼付する．　やや強く
1 のテーピングは，肘関節の伸展を制限するために行なうものである（以後，貼付する3のテープまで同様である）．このため，1のテープはBのテープ上，前前腕部の中央から肘窩を通り，Aのテープ上，前上腕部の中央まで貼付する．　強く

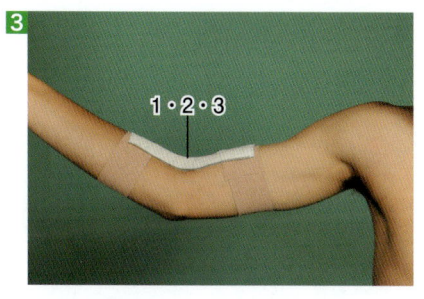

**3** 2・3のテーピングは，1のテープ上（2参照）に重ねて貼付する．　強く

IV　肘関節・肩・鎖骨

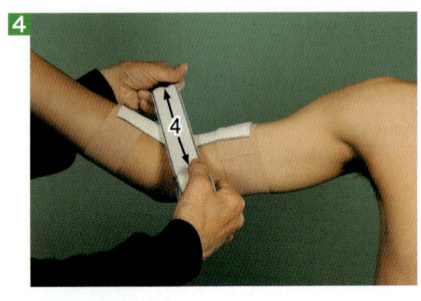

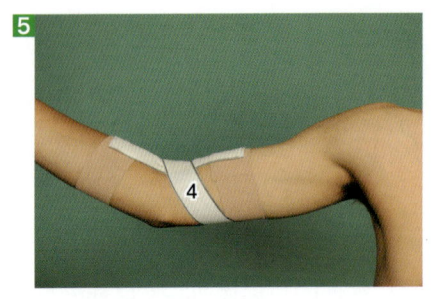

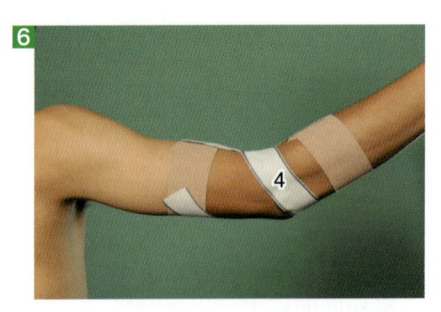

**4〜9** 4・5のテーピングは，肘関節の伸展をより強く制限するためと，1〜3のテープ（2 3参照）の固定力を持続するために行なうものである．このため，4のテープはテープの両端を持ち，肘窩から両矢印の方向へ軽く引っ張るようにして前腕部と上腕部に貼付する． やや強く

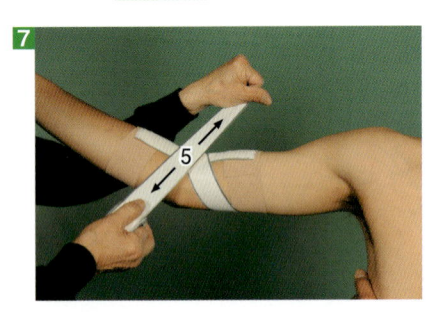

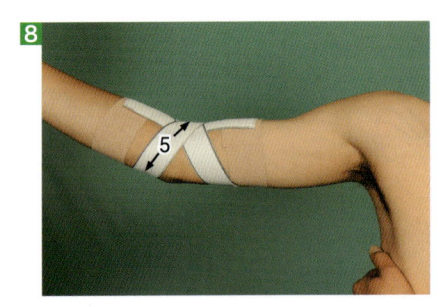

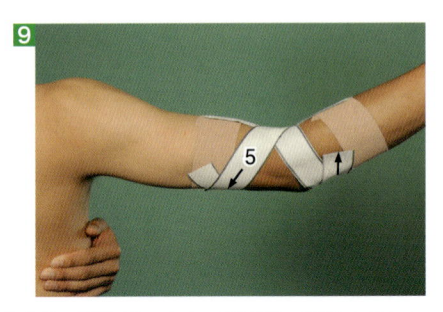

**7 8 9** 5のテープは，4のテープと同様にテープの両端を持ち，肘窩で4のテープと交差させ，両矢印の方向へ軽く引っ張るようにして前腕部と上腕部に貼付する． やや強く

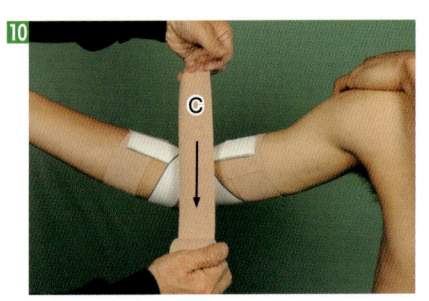

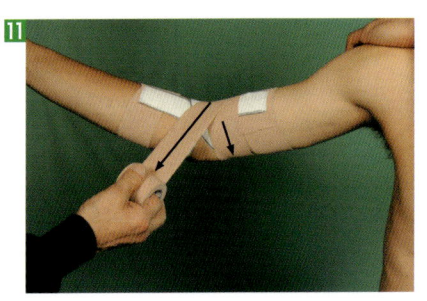

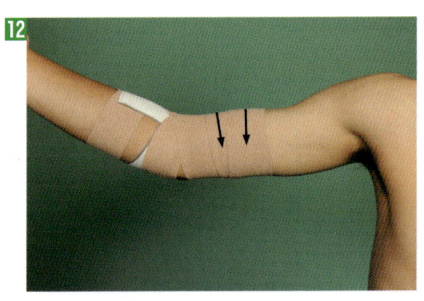

**10 11 12** Cのテーピングは，これまでに貼付したテープが剥がれないようにするためと，固定力を持続させるために行なうものである．このため，Cのテープは肘関節にフィギュアエイトの技法（IV-2 13〜17 フィギュアエイトの技法を参照）で巻き，さらに上腕部を2〜3周巻き，貼付する． やや強く

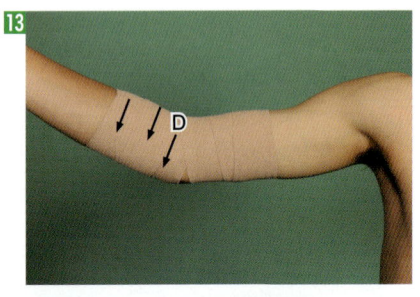

**13** Dのテーピングは前腕部に2〜3周巻き，貼付する． やや強く

以上で肘関節・過伸展制限のテーピングを完了する．

## 実技編 IV-5 肘関節・肘障害（テニス肘・上腕骨外側上顆部）のテーピング
### 再発予防・軽度の痛み

肘関節の外側上顆部（手関節伸筋群の起始部）が痛む場合，痛みの原因となる手関節の尺屈と背屈を制限し，伸筋群に加わる負担を軽減する．また，痛みの生じる外側部を圧迫し，痛みを軽減させる技法である．

**固定肢位**
- 手関節はやや橈屈位．
- 前腕は中間位あるいは軽回内位（スポーツ種目により選択する）．

**テープ**
- 粘着非伸縮性テープ　約19mm幅，約38mm幅
- 粘着伸縮性テープ　約50mm幅
- 粘着スプレー

**・ポイント・**
- 前腕部に貼付するテープに粘着伸縮性テープを使用するのは，フィット感を与えるためである．

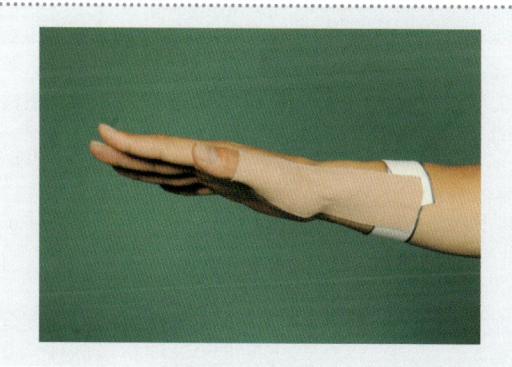

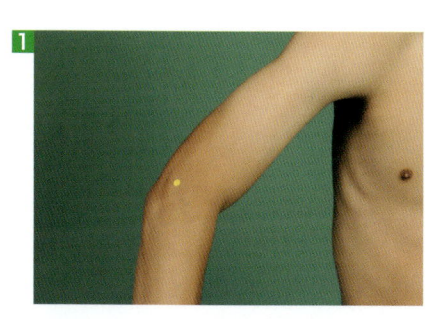

**1** 一般にテニス肘と呼ばれる障害は，上腕骨外側上顆部（黄色◯印）に炎症がみられる．

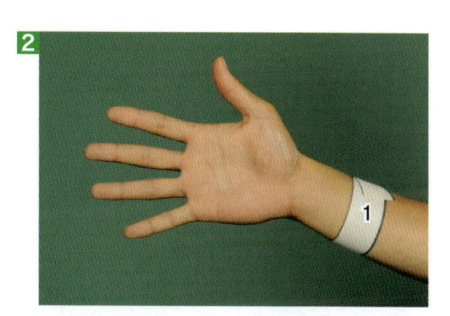

**2** 1のアンカーテープを前腕部（手関節より4横指のところを目安とする）に貼付する．　普通

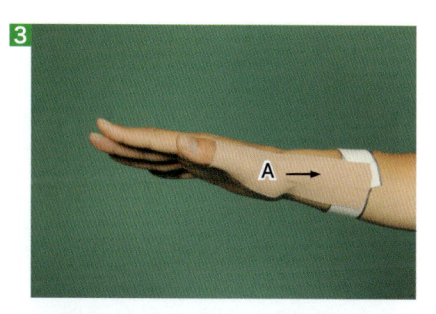

**3** Aのテーピングは，手関節の尺屈と背屈を制限するために行なうものである（以後，貼付するBのテープも同様である）．このため，Aのテープは第1指の指節間関節の手背面橈側寄りから貼り始め，1のテープ上（2参照）まで貼付する．　強く

IV 肘関節・肩・鎖骨

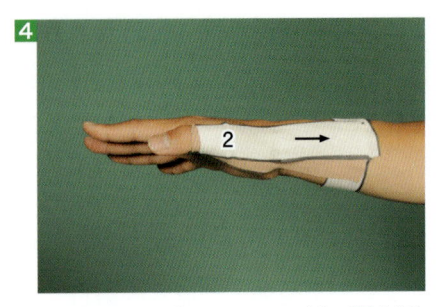

**4** 2のテープはAのテープ上（3参照）に重ねて貼付する． 強く

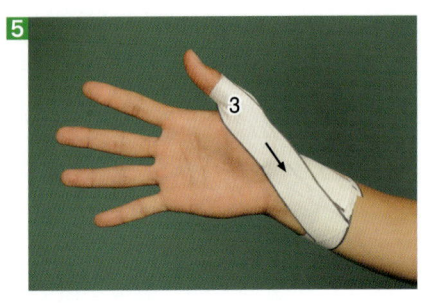

**5** 3のテープは2のテープ上（4参照）の手掌面に，テープ幅の1/2〜1/3程度を重ねて貼付する． 強く

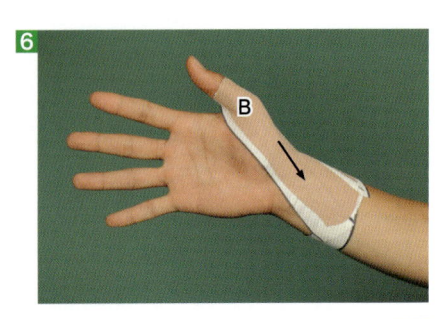

**6** Bのテープは2・3のテープ上（4 5参照）に重ねて貼付する． 強く

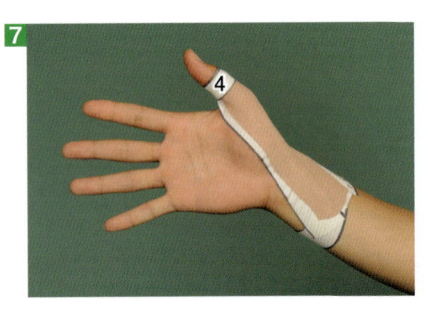

**7** 4のテーピングは，これまでに貼付したテープが剥がれないようにするために行なうものである（以後，貼付する5〜8のテープも同様である）．このため，4のテープは第1指の基節骨部に巻き，貼付する． 普通

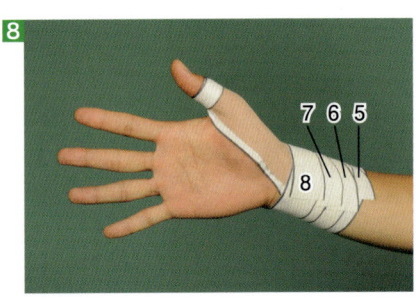

**8** 5のテープは1のテープ上（2参照）に重ねて巻き，貼付する．6のテープは5のテープ上に，7のテープは6のテープ上に，8のテープは7のテープ上に，それぞれテープ幅の1/2〜1/3程度を重ねて貼付する． 普通

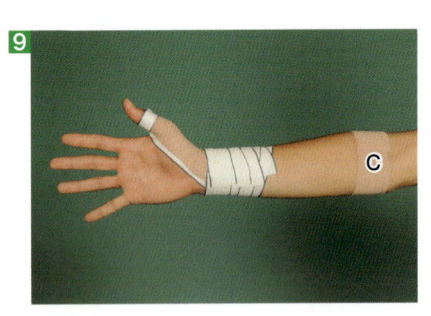

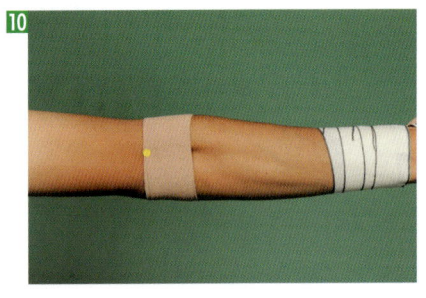

**9 10** Cのテーピングは，腕橈骨筋・長・短橈側手根伸筋の前腕上部を圧迫するために行なうものである（以後，貼付する9のテープも同様である）．このため，Cのテープは前腕上部に巻き，貼付する． やや強く

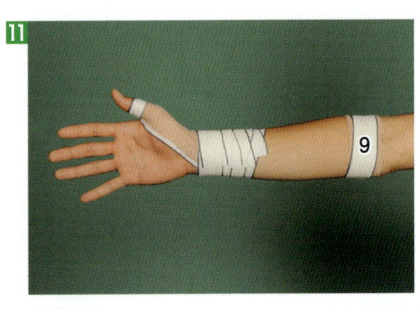

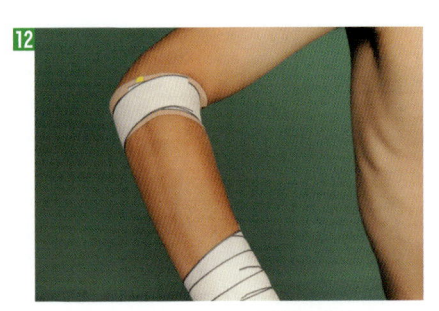

**11 12** 9のテープはCのテープ上（9参照）に重ねて巻き，貼付する． やや強く

以上で，肘関節・肘障害（テニス肘）のテーピングが完了する．

## 実技編 IV-6　肩関節・外旋制限のテーピング
### 再発予防・軽度の痛み

三角筋部を蝶形テーピングで圧迫・固定し，肩関節の外旋を制限する技法である．

**固定肢位**
- 体幹の前面で肘を軽屈曲位に保つ．

**テープ**
- 粘着非伸縮性テープ　約38mm幅
- 弾性包帯
- 粘着スプレー

**・ポイント・**
- 三角筋部を蝶形テーピングで圧迫・固定するのは，肩関節の外旋以外の動きを妨げないためである．
- 前胸部から肩甲部にかけて貼付するテープは，前胸部の第3肋骨のあたりで止まるようにする．もし，テープが前胸部全体にかかると，大胸筋の動きに伴って動くため，テープが剥がれたり，テープと皮膚の摩擦によって擦過傷を起こす恐れがあるので注意する．

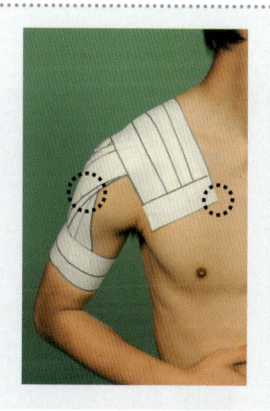

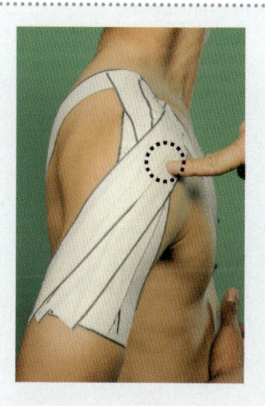

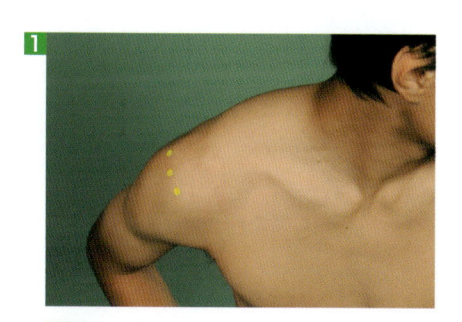

1　黄色◯印が痛みを訴える部分の目安．

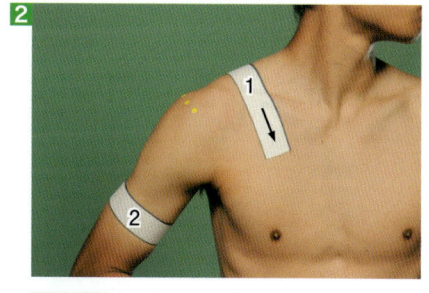

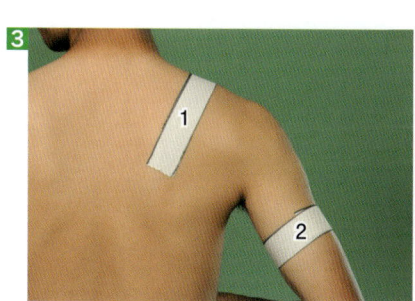

2　3　1・2のアンカーテープを，前胸部から肩甲部にかけてと上腕部に貼付する．　普通

IV　肘関節・肩・鎖骨

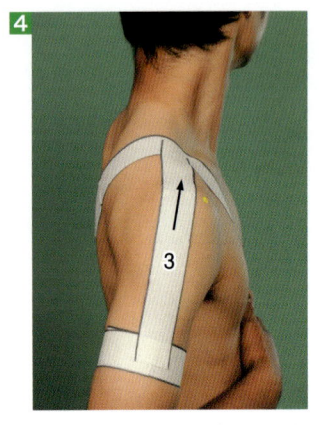

**4** 3のテーピングは，肩関節の外旋を制限するために行なうものである（以後，貼付する10のテープまで同様である）．このため，3のテープは2のテープ上（2参照）から肩峰部を経て，1のテープ上（2参照）の前肩甲部まで貼付する．**強く**

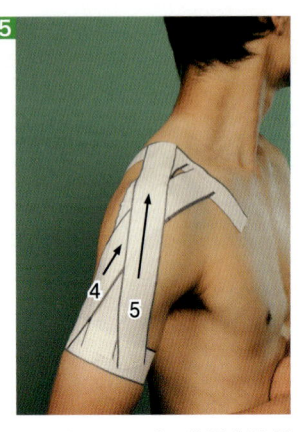

**5** 4のテープは外側上腕部から貼り始め，3のテープ上（4参照）を通り，鎖骨部まで貼付する．5のテープは内側上腕部から貼り始め，4のテープと交差させ，肩甲上部3のテープの後方まで貼付する．**強く**

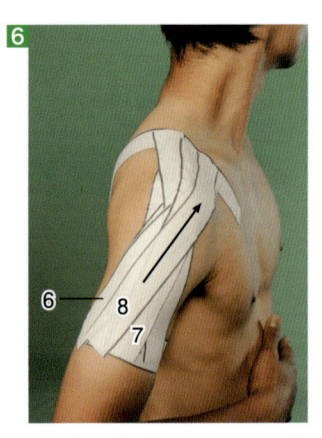

**6** 6～8のテープを，上腕部から前肩甲部および鎖骨部へ蝶形に貼付する．**強く**

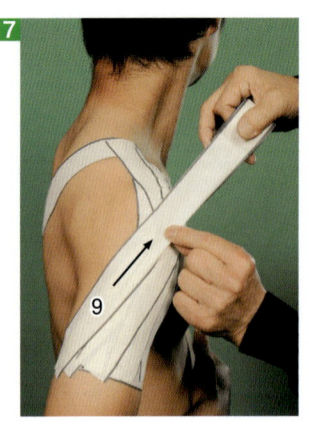

**7** 9のテーピングでは，テープの緊縛効果をより強くするために，三角筋部の前上腕部に近いほうのテープ辺縁部を5mm程度内側へ折り曲げて貼付する．**強く**

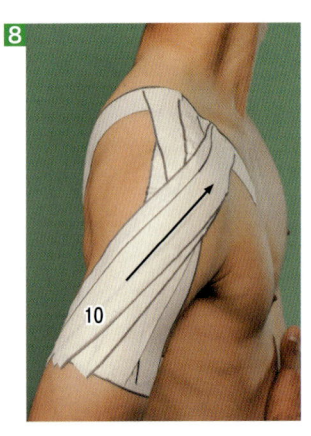

**8** 10のテーピングは，9のテープ（8 9参照）が運動によって剥がれないようにするために行なうものである．このため，10のテープは9のテープ上に重ねて貼付する．**強く**

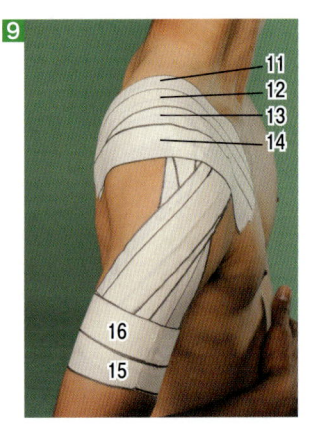

**9** 11～14のテーピングは，これまでに貼付したテープが剥がれないようにするために行なうものである．このため，11のテープは1のテープ上（2参照）に重ねて貼付する．12のテープは11のテープ上に，13のテープは12のテープ上に，14のテープは13のテープ上に，それぞれテープ幅の1/2～1/3程度を重ねて貼付する．15のテープは2のテープ上（2参照）に重ねて貼付する．16のテープは15のテープに，テープ幅の1/2～1/3程度を重ねて貼付する．**普通**

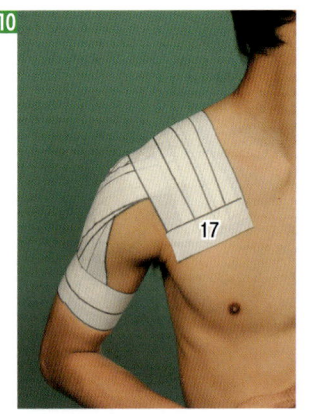

**10 11** 17・18のテーピングは，11～14のテープ（9参照）が剥がれないようにするために行なうものである．このため，17のテープは11～14のテープの前胸部のところに，1/2が皮膚に，1/2がテープにかかるように，18のテープは肩甲部のところに，1/2が皮膚に，1/2がテープにかかるように貼付する．**普通**

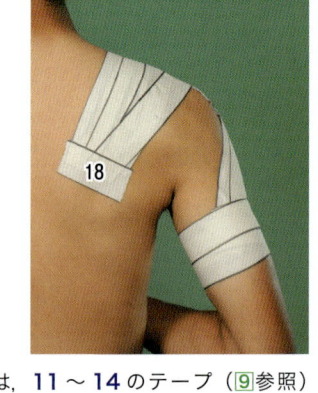

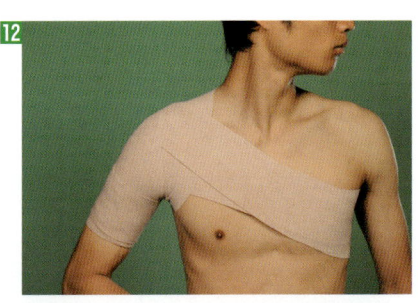

**12** テーピング部位全体を圧迫するために，弾性包帯（IV-8・胸鎖関節のテーピング，肩関節上行麦穂帯法13～20を参照）あるいはサポーターで覆う．

以上で，肩関節・外旋制限のテーピングが完了する．

## 実技編 IV-7 肩関節屈曲・外転・外旋制限のテーピング
### 再発予防・軽度の痛み

腕を振り上げた際に後方へ行き過ぎないよう，粘着伸縮性テープにて上腕部から体幹にかけて一連のテープを貼付し，可動域を制限する技法である．

**固定肢位**
- 腕を挙げ，ボールを投げる，あるいはバレーボールでボールを打つ状態に保つ．

**テープ**
- 粘着非伸縮性テープ 約50mm幅
- 粘着伸縮性テープ 約75mm幅
- 脱脂綿
- 粘着スプレー

**・ポイント・**
- 腕を振り上げた状態でテーピングを行なうのは，運動の際に，皮膚がテープにより引っ張られて痛みを覚えるのを防ぐためである．
- 貼付するテープに粘着伸縮性テープを使用するのは，腕を振り上げたり降ろしたりする運動による筋肉の動きにフィットさせて，テープが剥がれたり，テープと皮膚の摩擦によって起こる擦過傷を防ぐためである．
- 肩関節の屈曲・外転・外旋制限の一連のテープを体幹まで貼付するのは，ボールを投げたり，あるいはバレーボールでボールを打つなど，激しい運動に際して固定力を持続させるためである．

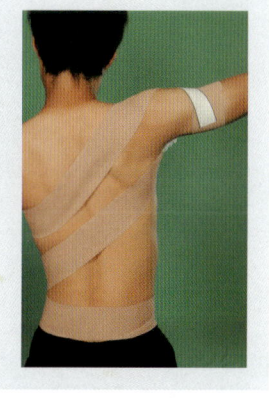

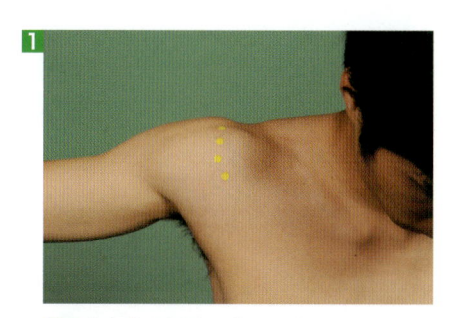

**1** 黄色○印部分に痛みを伴う．

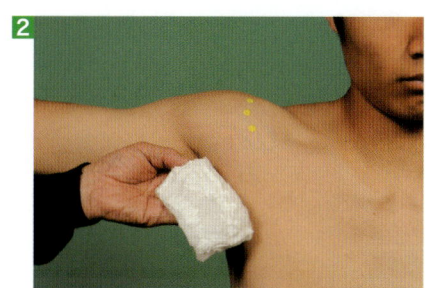

**2** 腕を振り上げてボールを投げる，あるいはバレーボールでボールを打つ状態に保たせる．腋窩部を保護するために，ワセリンを塗布した脱脂綿を当てがう．

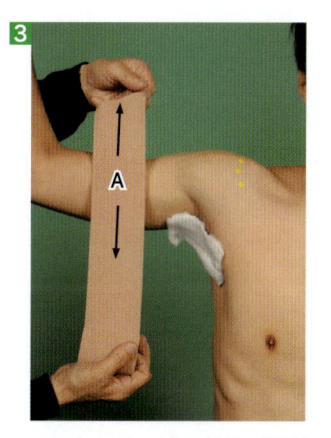

**3** Aのテーピングは，肩関節の屈曲・外転・外旋制限をするために行なうものである．Aのテープは上腕部から貼り始め，上腕部を一周させる．以降6まで強く

IV 肘関節・肩・鎖骨

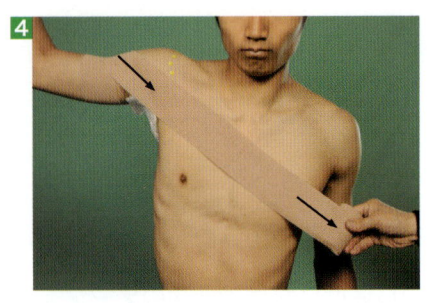

**4** 引き続き，上腕後部から三角筋前部，肩関節前面を経て，左胸部へと貼付する．その際，左乳房を保護するために，ワセリンを塗布した脱脂綿を当てがう．

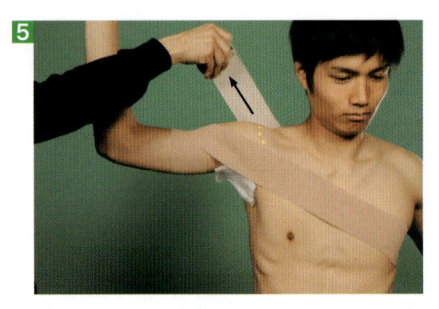

**5** 引き続き，左肩甲骨下部——右肩甲部——右僧帽筋上部へと貼付する．

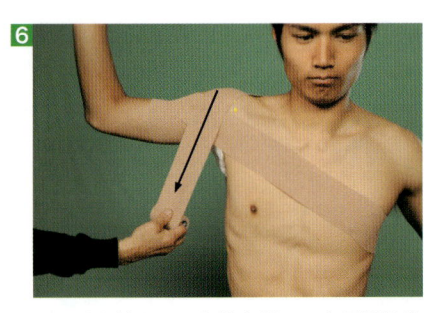

**6** 引き続き，三角筋上部——右肩関節前面——右肋骨側面から左側腹部へと貼付する．

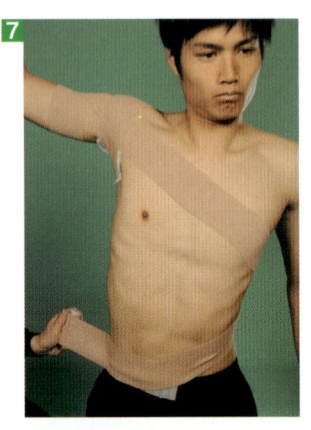

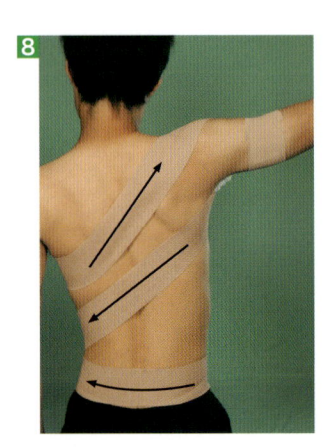

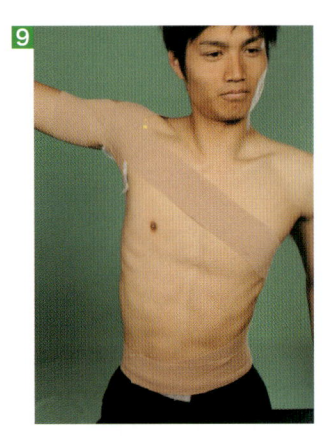

**7 8 9** 引き続き，下腹部——腰部へと巻き，貼付する．このとき，下腹部に体毛のある場合には脱脂綿を当てがう．これは，テープを剥がす際に体毛が引っ張られて痛みを覚えないようにするためである． 普通

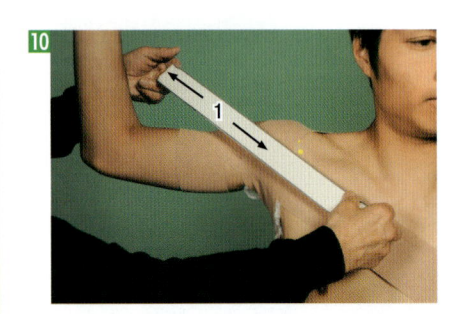

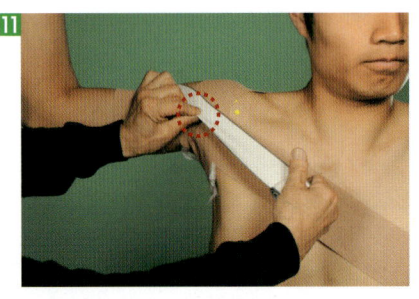

**10 11** 1のテーピングは，外旋制限をより強くするために行なうものである（以後，貼付する3のテープまで同様である）．このため，1のテープはAのテープ上，後上腕部から左胸部まで重ねて貼付する．その際，テープの緊縛効果をより強くするために，右肩関節前面にかかるテープの辺縁部を5mm程度内側へ折り曲げる． 強く

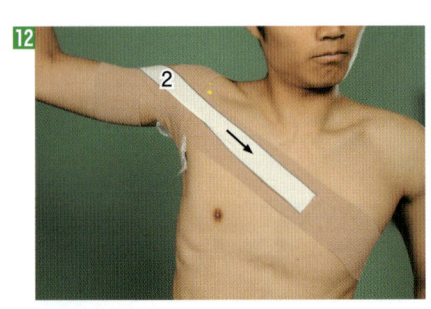

**12** 2のテープは，1のテープ上（10 11参照）に重ねて貼付する． 強く

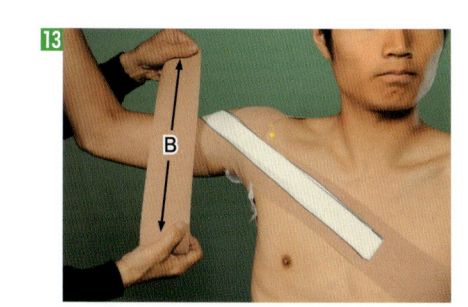

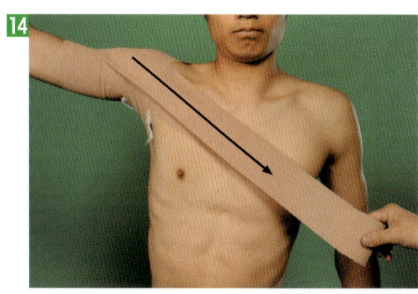

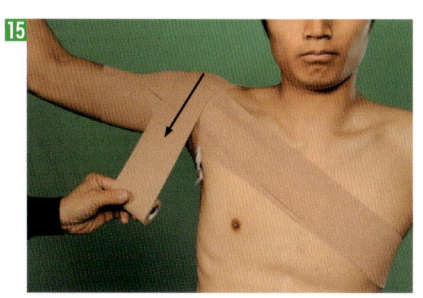

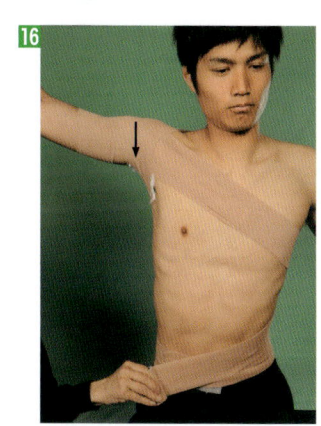

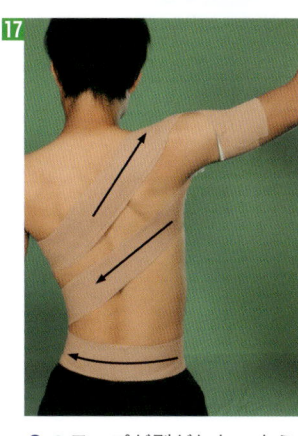

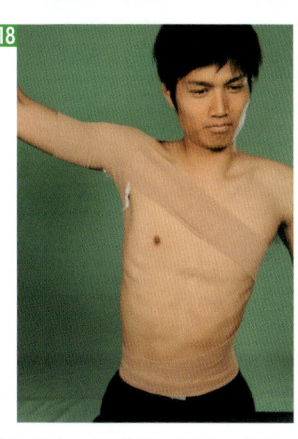

13〜18 Bのテーピングは，1〜3のテープが剥がれないようにするためと，肩関節の屈曲・外転・外旋制限をより強くするために行なうものである．このため，BのテープはAのテープ（3〜9参照）に重ねて巻き，貼付する．　強く（ただし下腹部は普通）

以上で，肩関節屈曲・外転・外旋制限のテーピングが完了する．

IV　肘関節・肩・鎖骨

## 実技編 Ⅳ-8 胸鎖関節のテーピング
### 軽度の痛み

胸鎖関節にスポンジラバーを当てがいテープで圧迫・固定する技法である．

**固定肢位**
- 自然肢位．

**テープ**
- 粘着非伸縮性テープ 約38mm幅
- スポンジラバー
- 粘着スプレー
- 弾性包帯または肩部のサポーター

**・ポイント・**

- 首の動きを妨げないようにするため，テープが首にかからないようにする．
- テープをスポンジラバーの上で交差させ，麦穂型に貼付するのは，胸鎖関節の圧迫をより強くするためである．
- 前胸部に貼付するテープは，大胸筋の胸肋部・第3肋骨より乳房寄りで，小胸筋の起始部にかからないようにする．もし，ここにテープがかかると，肩関節の運動による大胸筋や小胸筋の動きに伴いテープが移動するため，テープが剥がれたり，テープと皮膚の摩擦によって擦過傷を起こす恐れがあるので注意する．

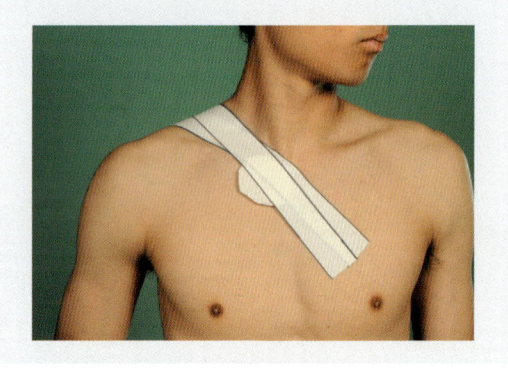

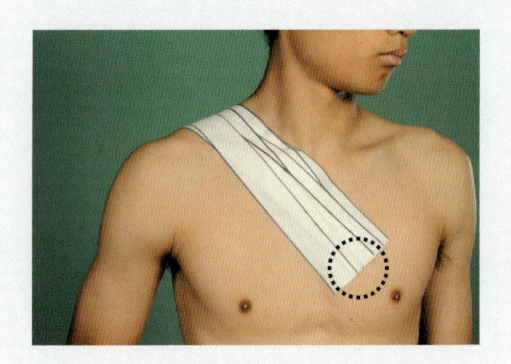

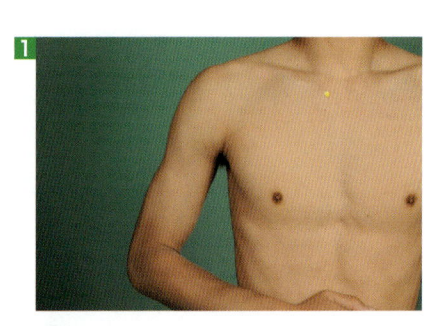

**1** 黄色◯印が胸鎖関節を示す．

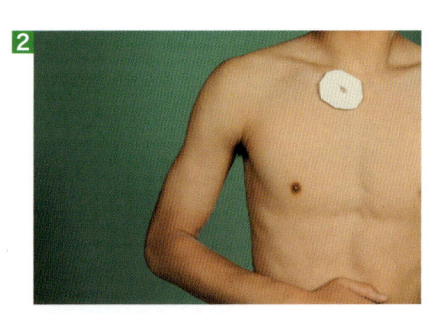

**2** 胸鎖関節を圧迫するために，穴をあけたスポンジラバーを当てがう．

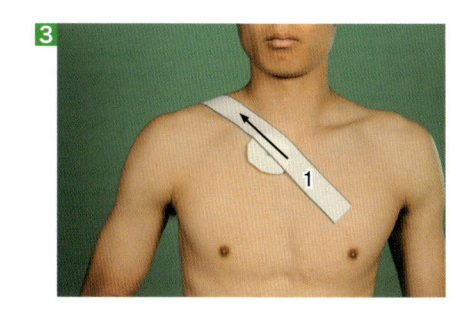

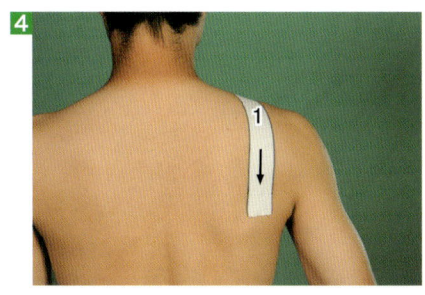

|3|4| 1のテーピングは，胸鎖関節を圧迫・固定するために行なうものである（以後，貼付する8のテープまで同様である）．このため，1のテープは前胸部から貼り始め，スポンジラバーを押さえるようにして肩甲部まで貼付する．　強く

|5|6| 2のテープは，貼り始めを前胸部1のテープ上（3参照）にテープ幅の1/3程度を重ね，スポンジラバーの上で1のテープと交差させ，肩甲部まで貼付する．　強く

|7| 3のテープは1のテープ上（3参照）に，4のテーピングは2のテープ上（5参照）に，それぞれテープ幅の1/2～1/3程度を重ねて貼付する．　強く

|8| 5のテープは4のテープ上（7参照）に，6のテープは5のテープ上に，それぞれテープ幅の1/2～1/3程度を重ねて貼付する．　強く

|9|10| 7・8のテーピングは，これまでに貼付したテープの圧迫を持続させるために行なうものである．このため，7のテープは前胸部の1のテープ上（3参照）から貼り始め，鎖骨部を経て肩峰部から肩甲部まで貼付する．8のテープは前胸部の6のテープ上（8参照）から貼り始め，鎖骨部で7のテープと交差させ，肩甲部まで貼付する．　強く

|11|12| 9・10のテーピングは，これまでに貼付したテープ群が剥がれないようにするために行なうものである．このため，9のテープは前胸部に，1/2が皮膚に，1/2がテープにかかるように貼付する．10のテープは肩甲部に，1/2が皮膚に，1/2がテープにかかるように貼付する．　普通

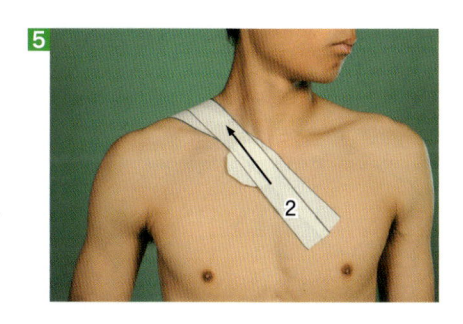

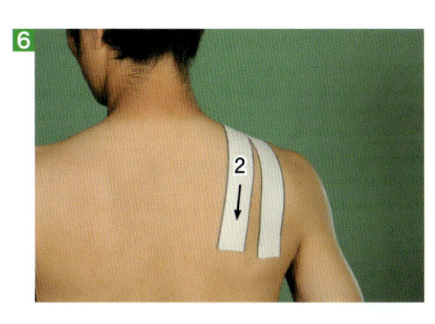

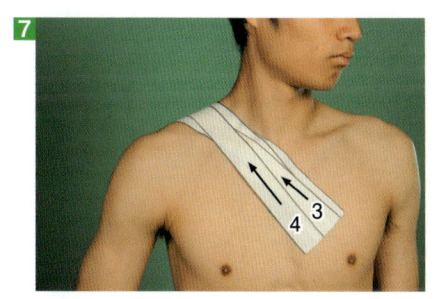

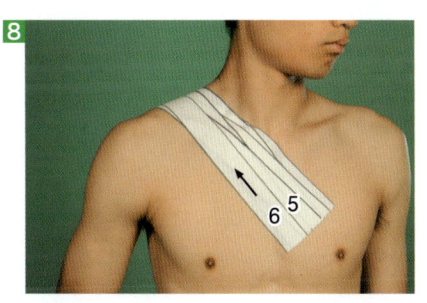

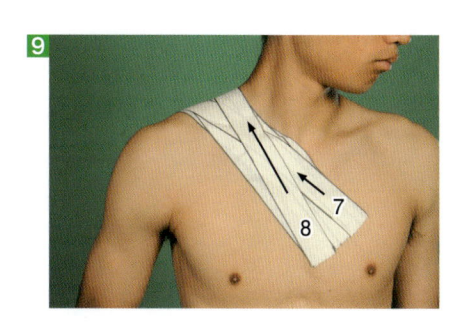

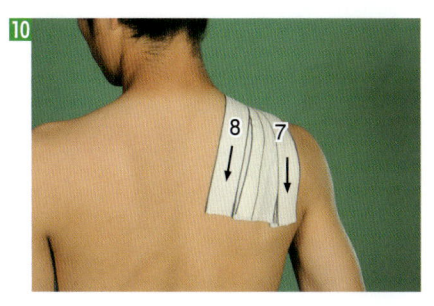

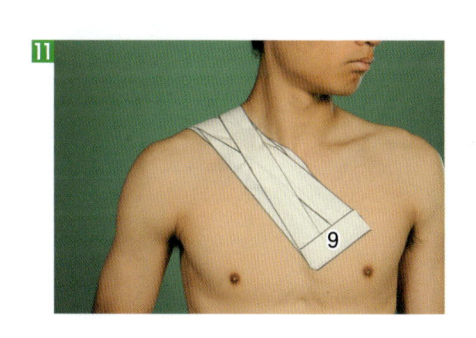

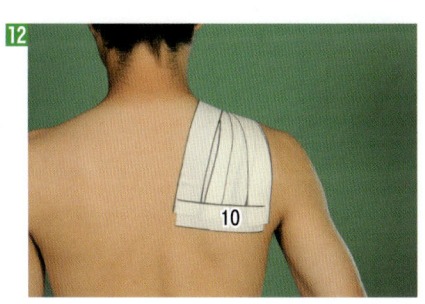

IV　肘関節・肩・鎖骨

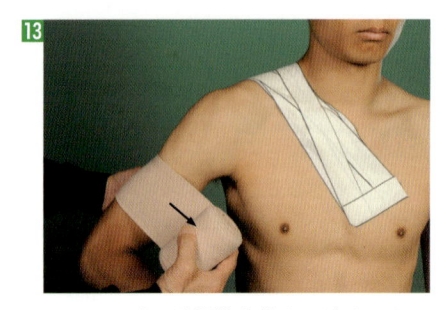

**13** テーピング部位全体を圧迫するためと，胸鎖関節を保護するために，弾性包帯で肩関節上行麦穂法（8の字法）を行なう．

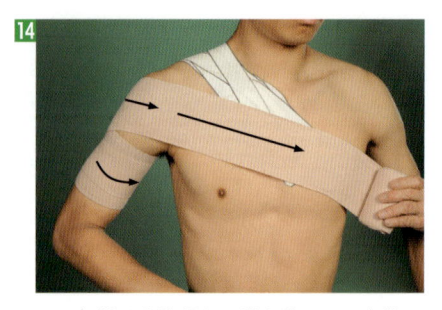

**14** 包帯は上腕部から巻き始め，三角筋——前胸部へと巻く．

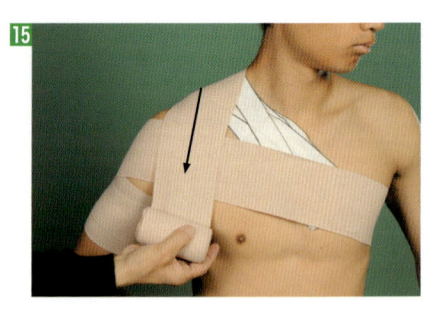

**15** 引き続き，肩甲部——僧帽筋部——三角筋部前面——腋窩部へと巻く．

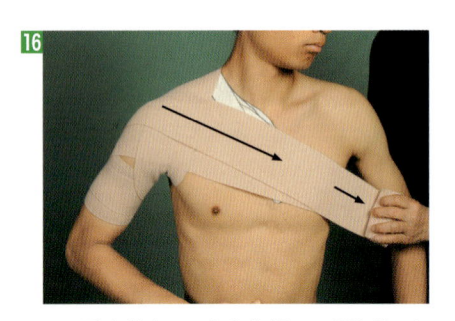

**16** 引き続き，三角筋後部——前胸部へと巻く．

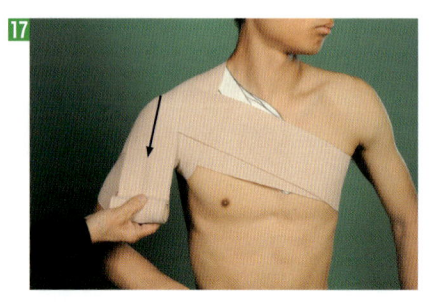

**17** 再び，肩甲部——僧帽筋部——三角筋部前面——腋窩部——上腕部へと巻く．

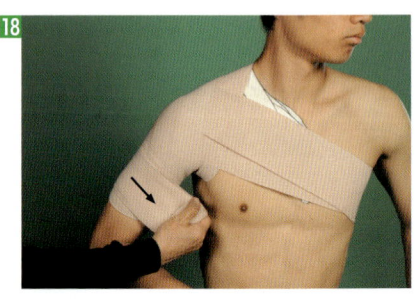

**18** 包帯は上腕部を巻いて止める．弾性包帯の代わりにサポーターで覆ってもよい．

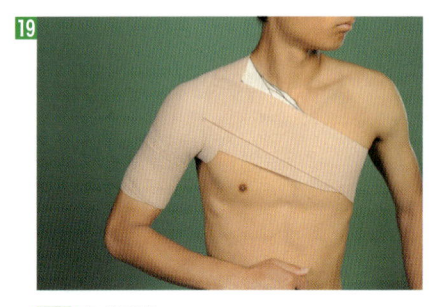

**19** 完成写真．

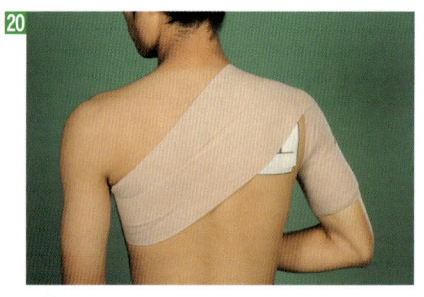

**20** 背面から見た完成写真．

以上で，胸鎖関節のテーピングが完了する．

## 実技編 IV-9 肩鎖関節のテーピング
### 再発予防・軽度の痛み

肩——前腕——肩にかけてテープを貼付し，腕を吊り上げて，肩鎖関節を正常な位置に保つ技法である．

**固定肢位**
- 体幹の前面で肘を屈曲位に保つ．

**テープ**
- 粘着非伸縮性テープ　約38mm幅
- 粘着伸縮性テープ　約50mm幅
- スポンジラバー
- 粘着スプレー
- 弾性包帯または肩部のサポーター

**・ポイント・**

- 肩鎖関節を正常な位置に保つテープは，上腕から肩にテープを貼付するだけでなく，肩——前腕——肩へ吊り上げるようにして貼付し，肘部の上でテープを切り落とす．これは，運動によって固定力が低下しないための処置である．
- 肩鎖関節を正常な位置に保つテープに粘着伸縮性テープを併用するのは，運動の際，腕の振り（屈曲・伸展）を制限しないためである．

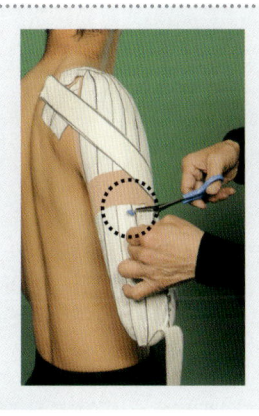

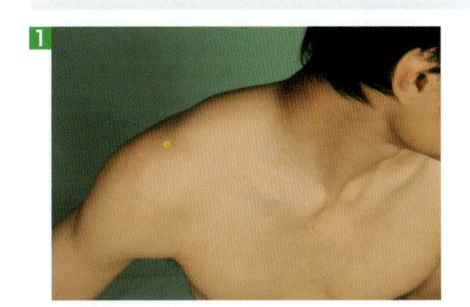

**1** 黄色〇印が肩峰部を示す．

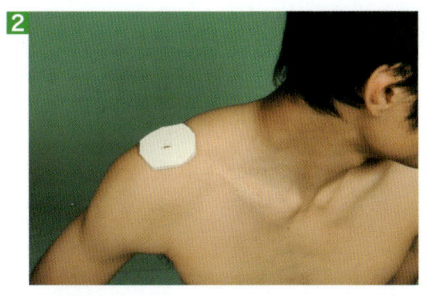

**2** 肩峰部に穴をあけたスポンジラバーを当てがう．これは，肩鎖関節の圧迫を均等にするためである．

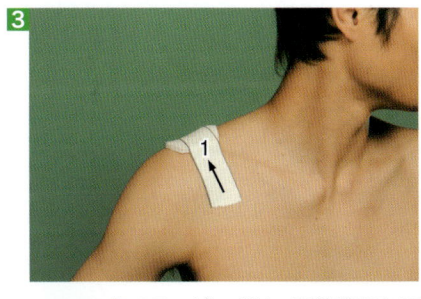

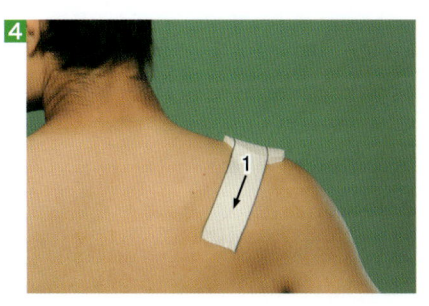

**3 4** 1のテーピングは，肩鎖関節を圧迫固定するために行なうものである（以後，貼付する5のテープまで同様である）．このため，1のテープは鎖骨下部から貼り始め，肩峰部を経て肩甲上部まで貼付する．**強く**

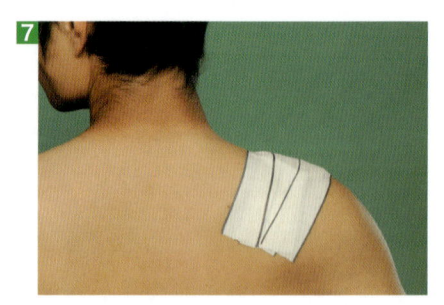

**5** 2のテープは1のテープ上（**3**参照）に，3のテープは2のテープ上に，それぞれテープ幅の1/2〜1/3程度を重ねて貼付する． 強く

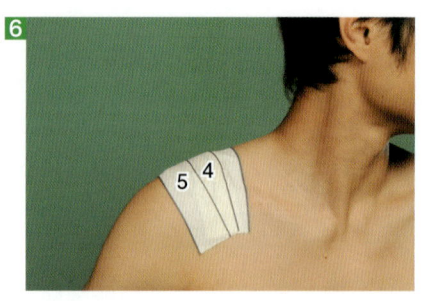

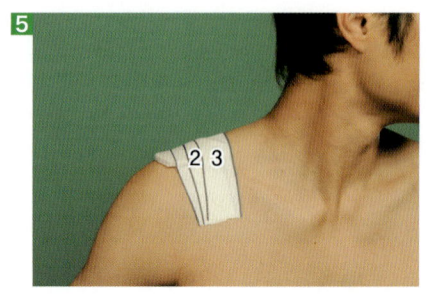

**6 7** 4のテープは3のテープ上（**5**参照）に，5のテープは4のテープ上に，それぞれテープ幅の1/2〜1/3程度を重ねて貼付する．この一連のテープでスポンジラバーを覆い，肩鎖関節を圧迫固定する． 強く

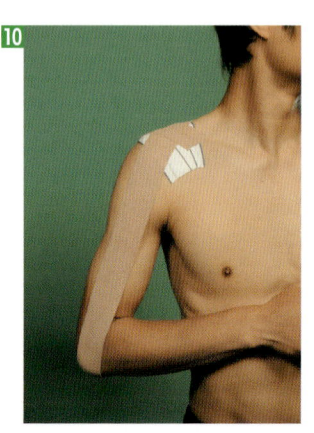

**8 9 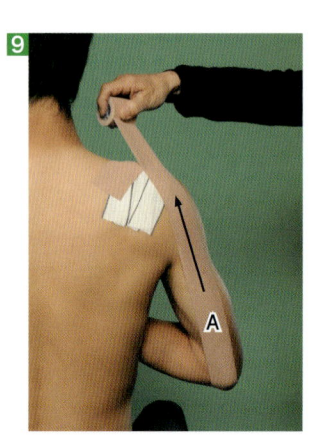 10** Aのテーピングは，上腕を引き上げ肩鎖関節を正常な位置に保持するために行なうものである．このため，Aのテープは肩甲部から貼り始め，前上腕部――肘部――後上腕部を経て肩峰部で交差させ，鎖骨部まで貼付する． やや強く

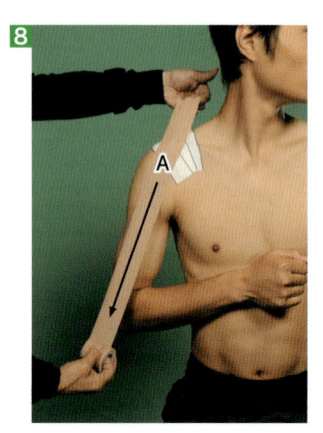

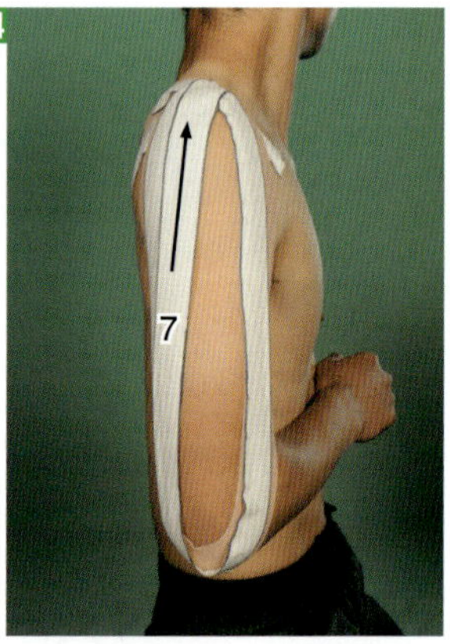

**11 12** 6のテーピングは，肩鎖関節の固定力をより強くするために行なうものである（以後，貼付する10のテープまで同様である）．このため，6のテープはAのテープ上に重ねて貼付する． やや強く

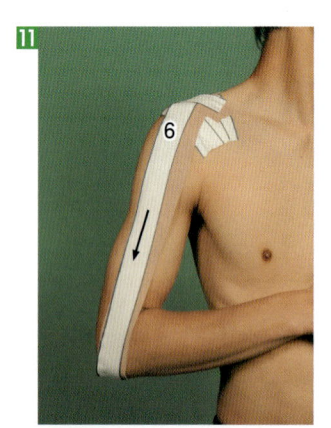

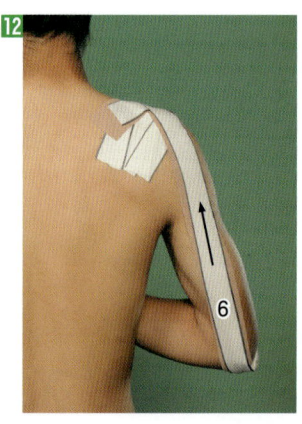

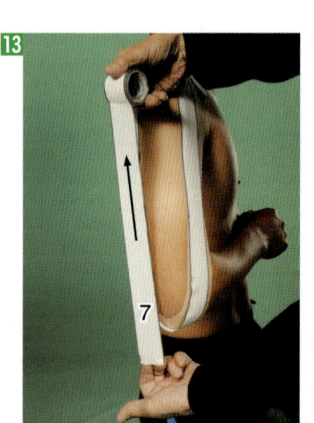

**13 14** 7のテープは肘部から貼り始め，肩峰部を経て鎖骨部まで，6のテープ（**11 12**参照）の上腕部後面のテープ上に，テープ幅の1/2〜1/3程度を重ねて貼付する． 強く

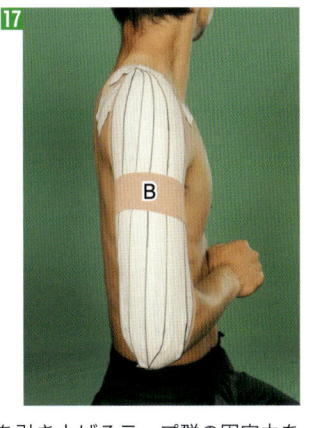

**15** 8のテープは7のテープ上（**14**参照）に，9のテープは8のテープ上に，10のテープは9のテープ上に，それぞれテープ幅の1/2～1/3程度を重ねて貼付する．　強く

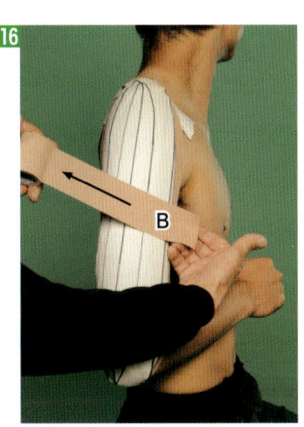

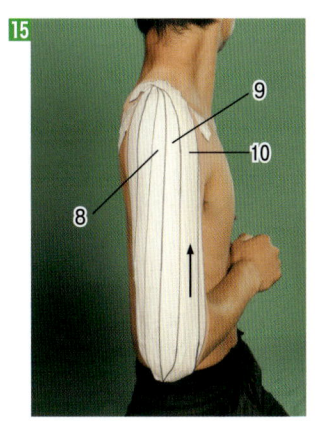

**16 17** Bのテーピングは，上腕を引き上げるテープ群の固定力を持続させるために行なうものである．このため，Bのテープは上腕部に巻き，貼付する．　やや強く

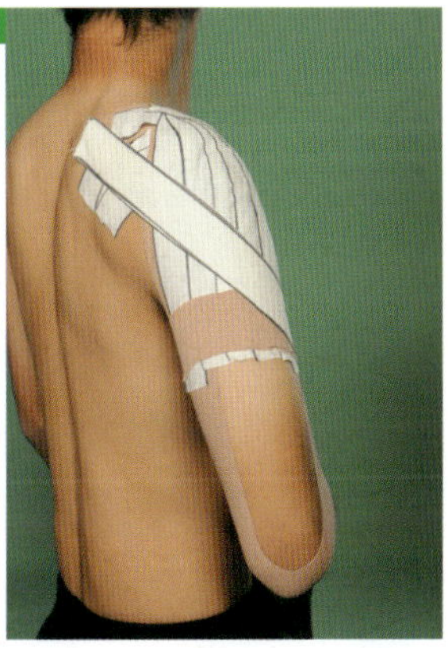

**18 19** 11～13のテーピングは，肩の内旋を制限するために行なうものである．このため，11～13のテープは内側上腕部Bのテープ上（**17**参照）から貼り始め，斜め上方へ，肩甲上部まで貼付する．　強く

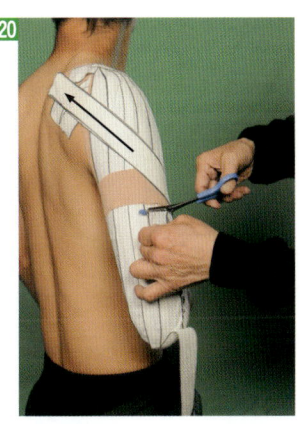

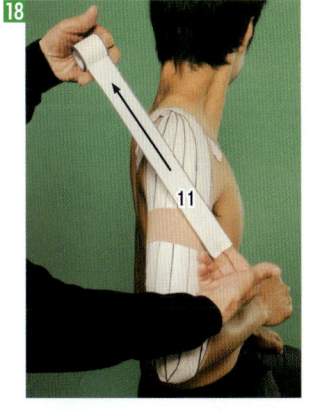

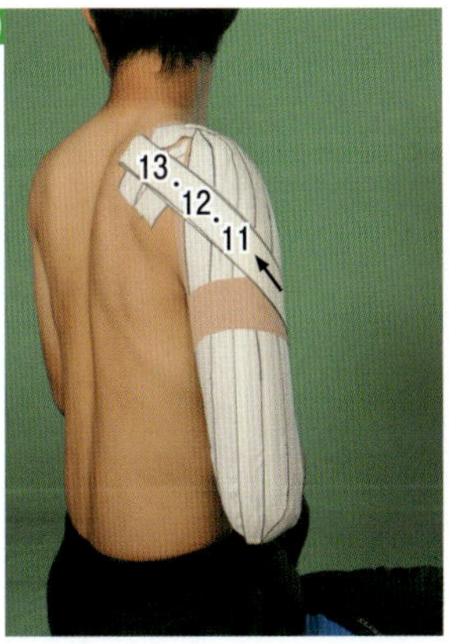

**20 21** Bのテープ（**17**参照）から前腕寄りに貼付した6～10のテープを切り落とす．

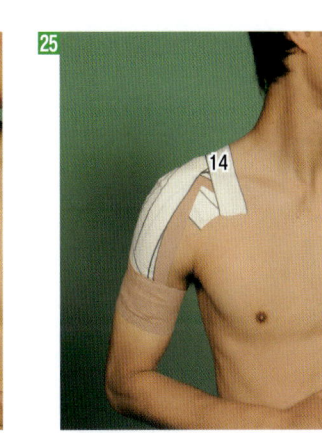

**22** **20**と同様に，Bのテープ（**17**参照）から前腕寄りに貼付したAのテープ（**8**参照）を切り落とす．

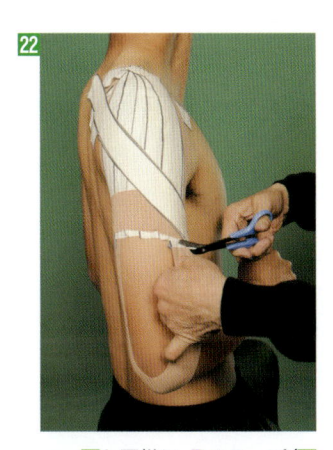

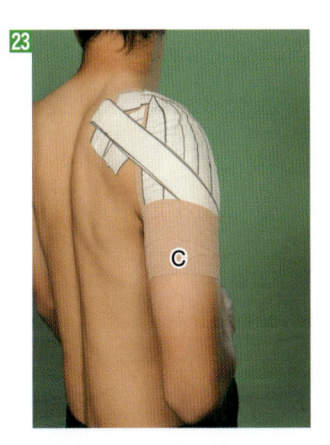

**23** Cのテーピングは，これまでに貼付したテープの固定力を持続させるために行なうものである．このため，CのテープはBのテープ上（**17**参照）に重ねて上腕部に巻き，貼付する．　やや強く

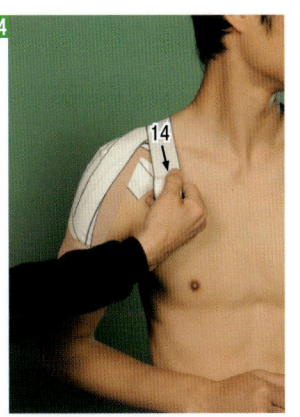

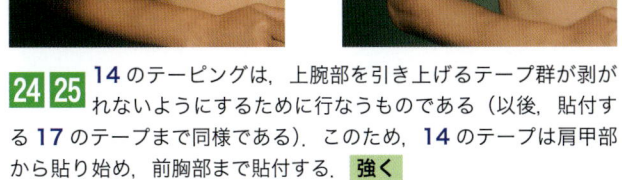

**24 25** 14のテーピングは，上腕部を引き上げるテープ群が剥がれないようにするために行なうものである（以後，貼付する17のテープまで同様である）．このため，14のテープは肩甲部から貼り始め，前胸部まで貼付する．　強く

IV　肘関節・肩・鎖骨

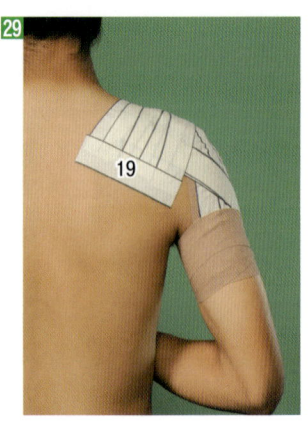

**26** 15のテープは14のテープ上（25参照）に、16のテープは15のテープ上に、17のテープは16のテープ上に、それぞれテープ幅の1/2〜1/3程度を重ねて貼付する。強く

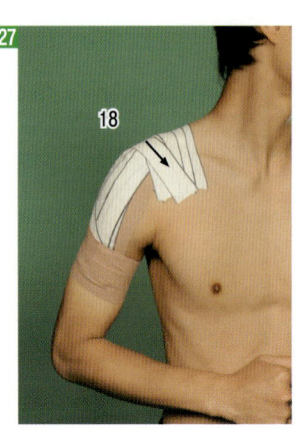

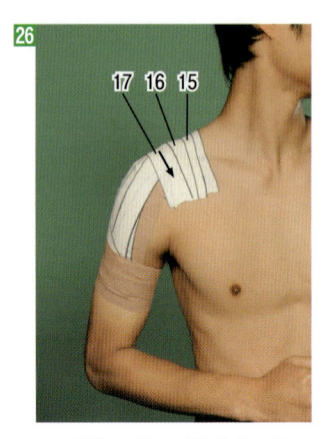

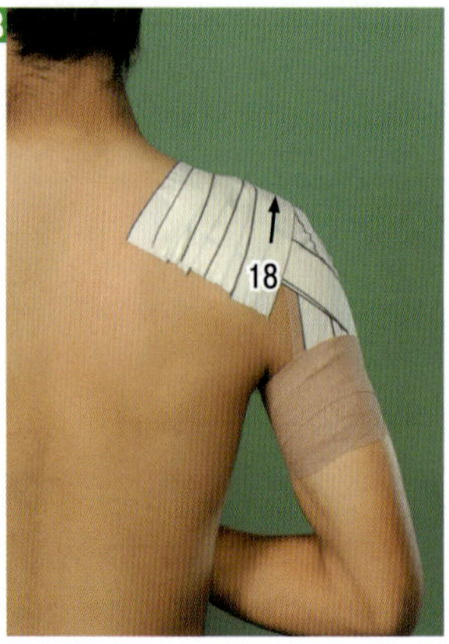

**27 28** 18のテーピングは、14〜17のテープの固定力を持続させるために行なうものである。このため、18のテープは肩甲部17のテープ上から貼り始め、前胸部15のテープ上まで貼付する。強く

**29** 19のテーピングは、14〜18のテープ群が剥がれないようにするために行なうものである（以後、貼付する20のテープも同様である）。このため、19のテープは肩甲部に、1/2が皮膚に、1/2がテープにかかるように貼付する。普通

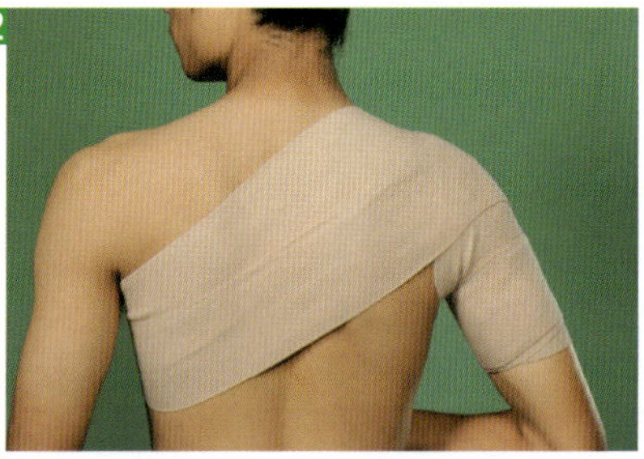

**30** 20のテープは前胸部に、1/2が皮膚に、1/2がテープにかかるように貼付する。普通

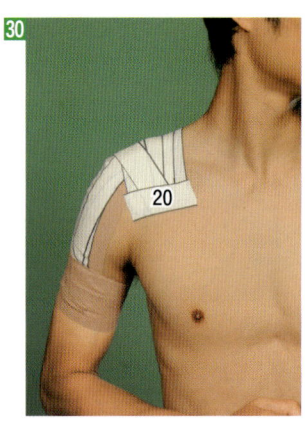

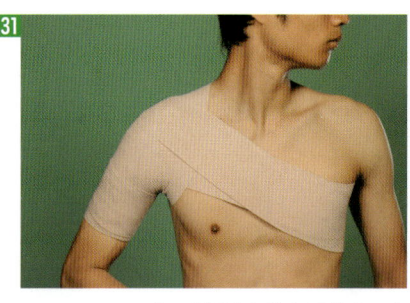

**31 32** テーピング部位全体を圧迫するために、弾性包帯（Ⅳ-8・胸鎖関節のテーピング、肩関節上行麦穂帯法13〜20を参照）あるいはサポーターで覆う。

以上で、肩鎖関節のテーピングが完了する。

# V 股関節・胸部・腰部

## 股関節の構造と機能

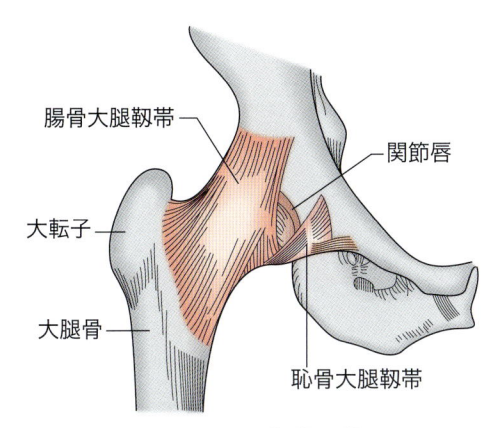

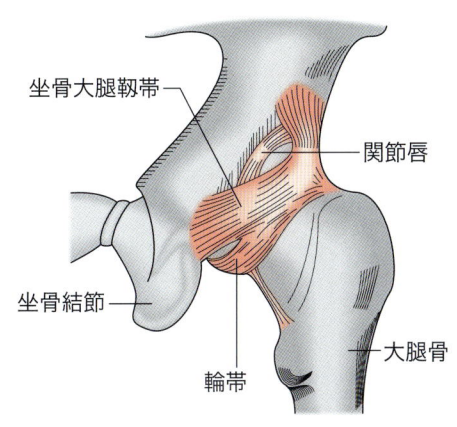

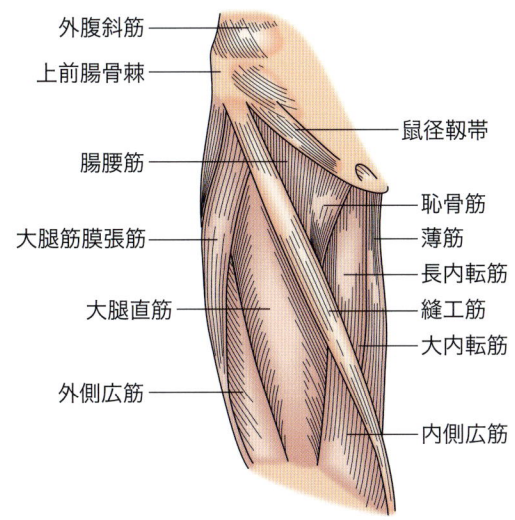

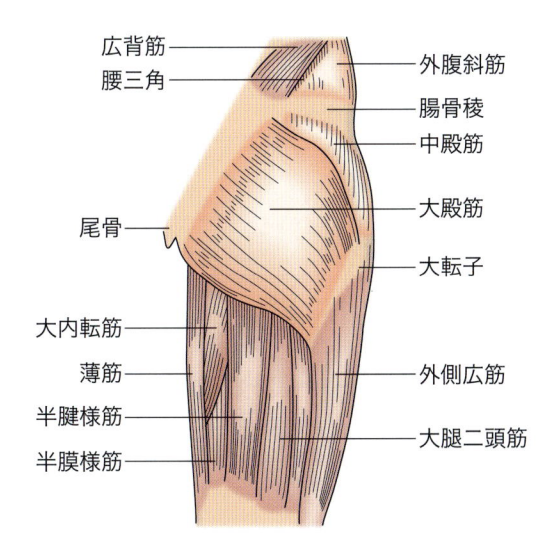

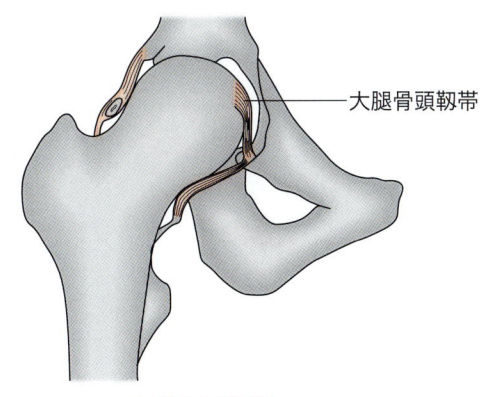

**股関節の骨・靱帯　前面**
- 腸骨大腿靱帯
- 大転子
- 大腿骨
- 関節唇
- 恥骨大腿靱帯

**股関節の骨・靱帯　後面**
- 坐骨大腿靱帯
- 坐骨結節
- 関節唇
- 輪帯
- 大腿骨

**股関節の筋　前面**
- 外腹斜筋
- 上前腸骨棘
- 腸腰筋
- 大腿筋膜張筋
- 大腿直筋
- 外側広筋
- 鼠径靱帯
- 恥骨筋
- 薄筋
- 長内転筋
- 縫工筋
- 大内転筋
- 内側広筋

**股関節の筋　後面**
- 広背筋
- 腰三角
- 尾骨
- 大内転筋
- 薄筋
- 半腱様筋
- 半膜様筋
- 外腹斜筋
- 腸骨稜
- 中殿筋
- 大殿筋
- 大転子
- 外側広筋
- 大腿二頭筋

**大腿骨頭靱帯**

# 腰部の構造と機能

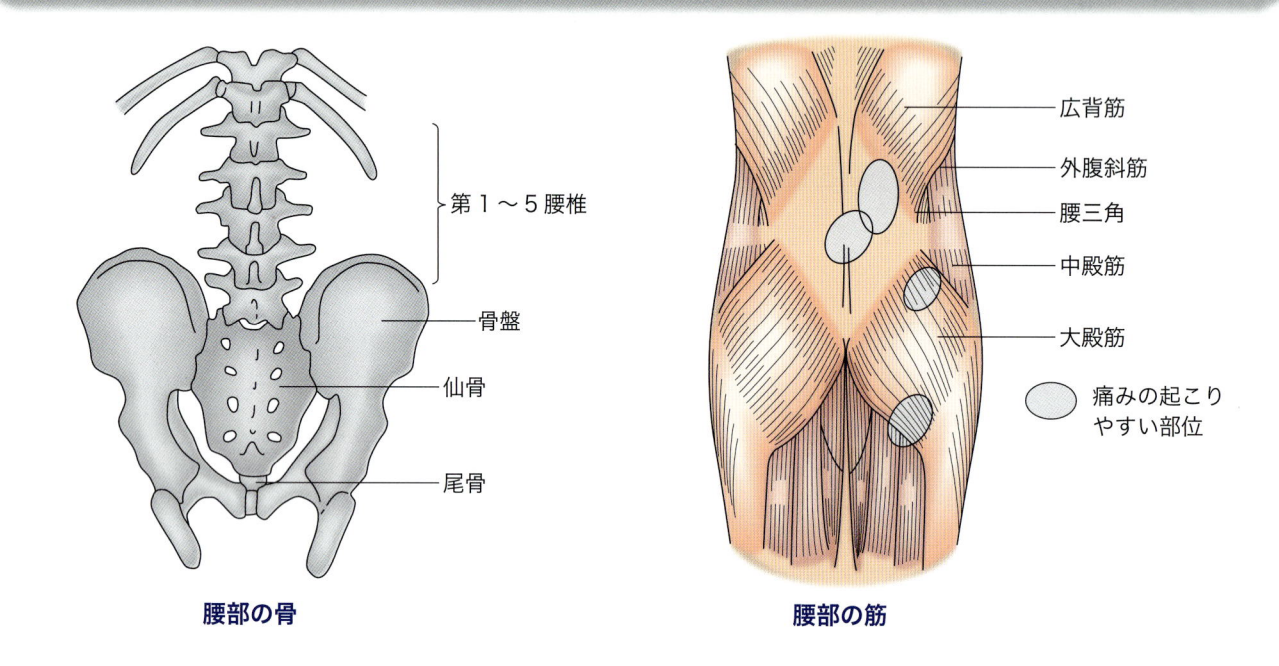

**腰部の骨**
- 第1〜5腰椎
- 骨盤
- 仙骨
- 尾骨

**腰部の筋**
- 広背筋
- 外腹斜筋
- 腰三角
- 中殿筋
- 大殿筋
- ◯ 痛みの起こりやすい部位

# 胸部の構造と機能

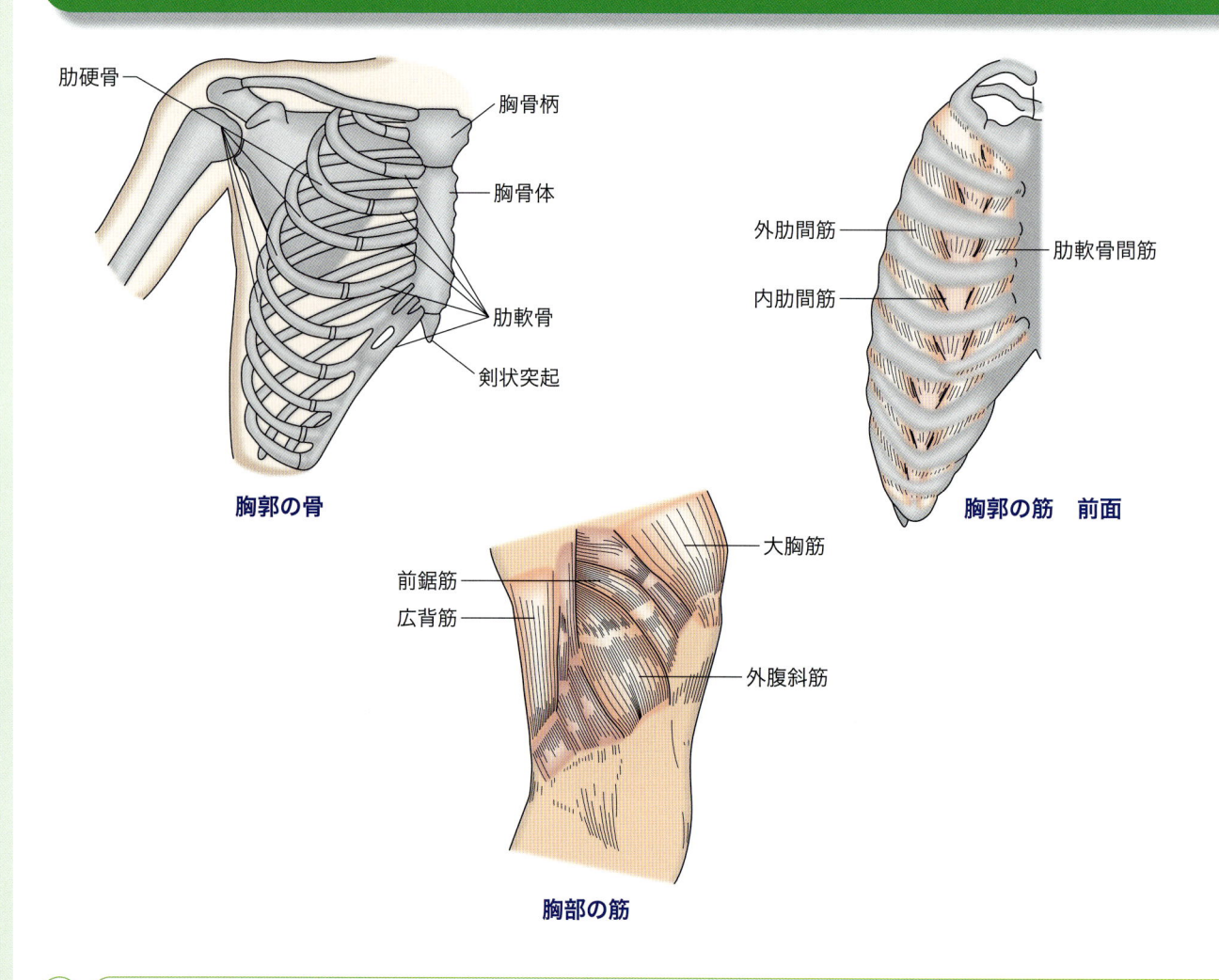

**胸郭の骨**
- 肋硬骨
- 胸骨柄
- 胸骨体
- 肋軟骨
- 剣状突起

**胸郭の筋　前面**
- 外肋間筋
- 内肋間筋
- 肋軟骨間筋

**胸部の筋**
- 前鋸筋
- 広背筋
- 大胸筋
- 外腹斜筋

## 関節可動域の表示と測定法

### 股

| 部位名 | 運動方向 | 参考可動域角度 | 基本軸 | 移動軸 | 測定肢位および注意点 | 参考図 |
|---|---|---|---|---|---|---|
| 股 hip | 屈曲 flexion | 125 | 体幹と平行な線 | 大腿骨（大転子と大腿骨外顆の中心を結ぶ線） | 骨盤と脊柱を十分に固定する．屈曲は背臥位，膝屈曲位で行なう．伸展は腹臥位，膝伸展位で行なう． | |
| | 伸展 extension | 15 | | | | |
| | 外転 abduction | 45 | 両側の上前腸骨棘を結ぶ線への垂直線 | 大腿中央線（上前腸骨棘より膝蓋骨中心を結ぶ線） | 背臥位で骨盤を固定する．下肢は外旋しないようにする．内転の場合は，反対側の下肢を屈曲挙上してその下を通して内転させる． | |
| | 内転 adduction | 20 | | | | |
| | 外旋 external rotation | 45 | 膝蓋骨より下ろした垂直線 | 下腿中央線（膝蓋骨中心より足関節内外果中央を結ぶ線） | 背臥位で，股関節と膝関節を90°屈曲位にして行なう．骨盤の代償を少なくする． | |
| | 内旋 internal rotation | 45 | | | | |

### 頚部

| 部位名 | 運動方向 | | 参考可動域角度 | 基本軸 | 移動軸 | 測定肢位および注意点 | 参考図 |
|---|---|---|---|---|---|---|---|
| 頚部 cervical spines | 屈曲（前屈） flexion | | 60 | 肩峰を通る床への垂直線 | 外耳孔と頭頂を結ぶ線 | 頭部体幹の側面で行なう．原則として腰掛け座位とする． | |
| | 伸展（後屈） extension | | 50 | | | | |
| | 回旋 rotation | 左回旋 | 60 | 両側の肩峰を結ぶ線への垂直線 | 鼻梁と後頭結節を結ぶ線 | 腰掛け座位で行なう． | |
| | | 右回旋 | 60 | | | | |
| | 側屈 lateral bending | 左側屈 | 50 | 第7頚椎棘突起と第1仙椎の棘突起を結ぶ線 | 頭頂と第7頚椎棘突起を結ぶ線 | 体幹の背面で行なう．腰掛け座位とする． | |
| | | 右側屈 | 50 | | | | |

**胸腰部**

| 部位名 | 運動方向 | | 参考可動域角度 | 基本軸 | 移動軸 | 測定肢位および注意点 | 参考図 |
|---|---|---|---|---|---|---|---|
| 胸腰部 thoracic and lumbar spines | 屈曲（前屈）flexion | | 45 | 仙骨後面 | 第1胸椎棘突起と第5腰椎棘突起を結ぶ線 | 体幹側面より行なう．立位，腰掛け座位または側臥位で行なう．股関節の運動が入らないように行なう．⇨［その他の検査法］参照 | |
| | 伸展（後屈）extension | | 30 | | | | |
| | 回旋 rotation | 左回旋 | 40 | 両側の後上腸骨棘を結ぶ線 | 両側の肩峰を結ぶ線 | 座位で骨盤を固定して行なう． | |
| | | 右回旋 | 40 | | | | |
| | 側屈 lateral bending | 左側屈 | 50 | ヤコビー(Jacoby)線の中点に立てた垂直線 | 第1胸椎棘突起と第5腰椎棘突起を結ぶ線 | 体幹の背面で行なう．腰掛け座位または立位で行なう． | |
| | | 右側屈 | 50 | | | | |

**その他の検査法**

| 部位名 | 運動方向 | 参考可動域角度 | 基本軸 | 移動軸 | 測定肢位および注意点 | 参考図 |
|---|---|---|---|---|---|---|
| 胸腰部 thoracic and lumbar spines | 屈曲 flexion | | | | 最大屈曲は，指先と床とのあいだの距離（cm）で表示する． | |

# 股関節のスポーツ外傷・障害

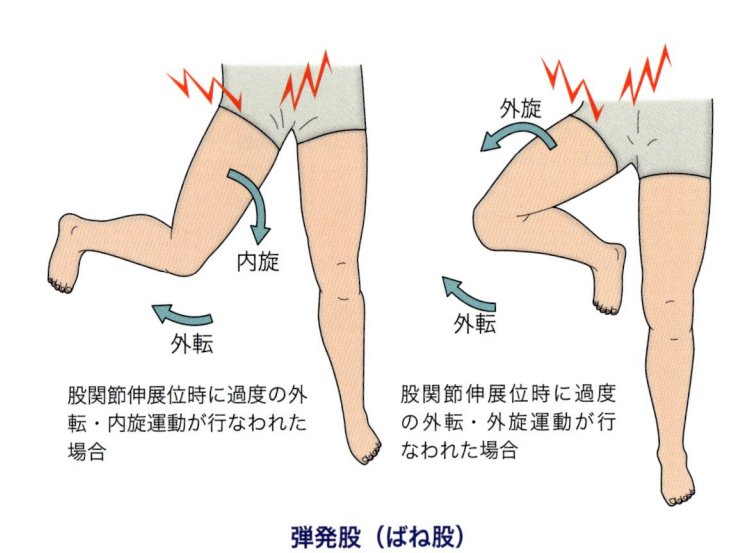

**弾発股（ばね股）**

股関節伸展位時に過度の外転・内旋運動が行なわれた場合

股関節伸展位時に過度の外転・外旋運動が行なわれた場合

**骨盤の筋，起始部，付着部**

①上前腸骨棘
　縫工筋，大腿筋膜張筋

②下前腸骨棘
　大腿直筋

③坐骨結節
　大腿二頭筋長頭，半腱様筋，半膜様筋が起始，付着する．

## 1　骨盤裂離骨折

成長期14〜16歳に多く発生する．

### ①上前腸骨棘裂離骨折

縫工筋および大腿筋膜張筋起始部であり，ダッシュなど股関節伸展位より急速に屈曲するときに発生する．

### ②下前腸骨棘裂離骨折

大腿直筋の起始部であり，サッカーのキックなど急激な膝伸展で発生する．

| 症 状 | 股関節の激痛，圧痛，歩行困難． |
| 治 療 | 急性期はRICE処置．保存療法で治癒することが多く，2〜3か月で競技復帰できる． |

### ③坐骨結節裂離骨折

ハムストリングスの起始部であり，スタートダッシュなど急激な膝屈曲によって発生する．

| 症 状 | 坐骨結節部の激痛，圧痛，歩行困難． |
| 治 療 | 急性期はRICE処置．<br>①②とは異なり，骨癒合は良くないので慎重なリハビリを行なうことが大切で，競技復帰まで5か月以上を要する．転位が大きい場合や遷延治癒例は，手術が必要となる． |

## 2　弾発股（ばね股）

腸脛靱帯が大転子の上を滑動時，または腸腰筋腱が小転子部でsnappingすることが原因である．

| 症 状 | 股関節痛，軋音． |
| 治 療 | ストレッチ，ステロイドの局所注射． |

## 3　鼠径部痛症候群

キックを多用するサッカーに発症する鼠径部痛で，疲労骨折や肉ばなれなどの器質的な障害がないものを鼠径部痛症候群と呼ぶ．

| 症 状 | 鼠径部痛，股関節の拘縮（開排制限），外転筋力の低下． |
| 治 療 | 鼠径部痛を誘発する腹筋や大腿四頭筋の筋力トレーニングの禁止，股関節周囲のストレッチ，強刺激マッサージ，外転筋の強化を行なう．難治性の場合はステロイドの局所注射，手術が必要となる． |

# 腰部のスポーツ外傷・障害

## 1　腰椎捻挫

スポーツ中に腰をねじり，腰椎の靱帯や椎間関節を損傷することで腰痛を発症する．

| 症 状 | 疼痛，圧痛，可動域制限． |
| 治 療 | 安静，アイシング． |

## 2　腰椎椎間板ヘルニア

椎間板が変性する中で，破綻をきたし髄核が後方に脱出して神経根を圧迫する．

| 症 状 | 腰痛，下肢痛，下肢のシビレ，筋力低下，前屈障害． |
| 治 療 | 急性期は安静，コルセット固定をするが，腹筋の筋力低下を避けるため固定は短期間にすることが大切である．症状が改善されない場合は，消炎鎮痛剤の内服やブロック注射を行ない腹筋・背筋の筋力強化を行なう． |

## 3　腰椎分離症

腰椎の突起間部に起こる疲労骨折である．

| 症 状 | 腰痛（後屈で痛みが増強される）． |
| 治 療 | 発症初期で片側性であれば，3〜4か月の安静，コルセット固定で骨癒合が得られる．<br>進行期，終末期では骨癒合はあまり期待できず，固定は短期間とし腹筋の強化と股関節屈曲筋のストレッチを行なう． |

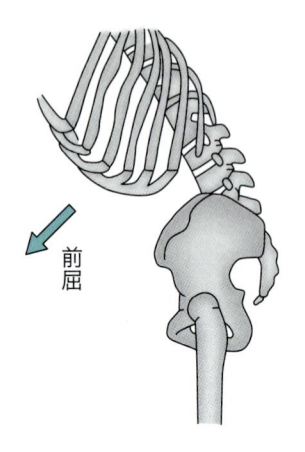

**腰椎の前彎消失** 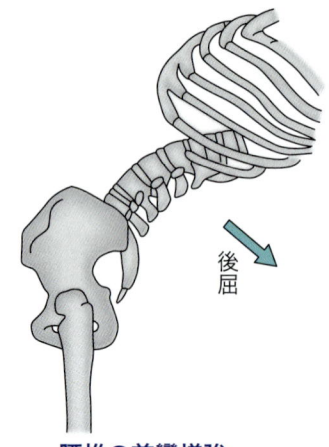　　　　　　　　　**腰椎の前彎増強**

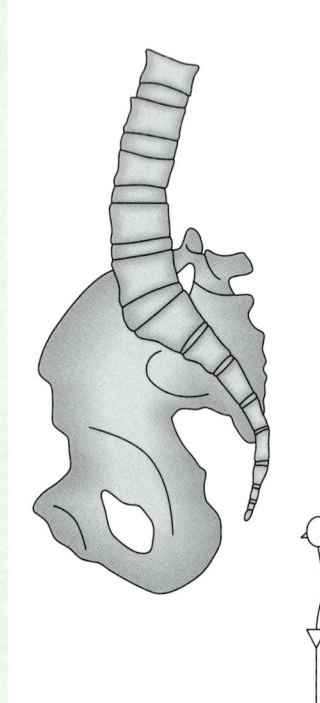

**正常な腰椎**

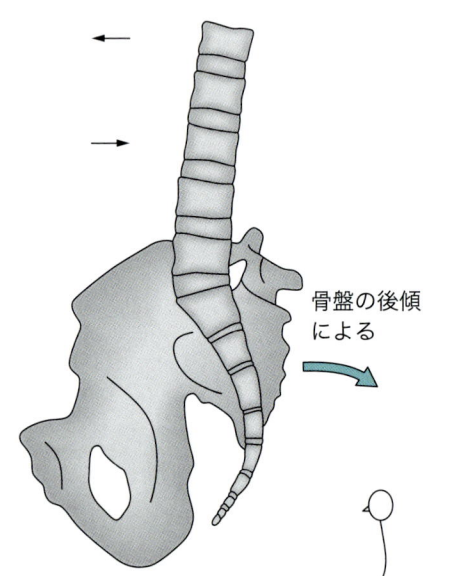

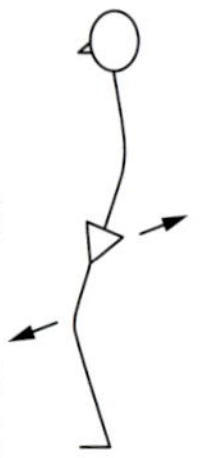

**腰椎の生理的前彎の消失**

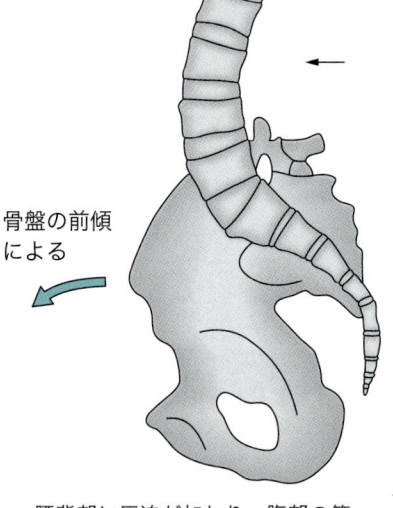

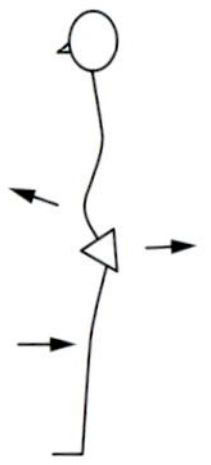

骨盤の後傾による

腰背部の筋が伸ばされたまま（筋力低下）の状態．

前彎が消失した場合，図のように膝が曲がり背中が丸まってくるような姿勢をとってくる．

**腰椎の前彎増強（脊柱変形）**

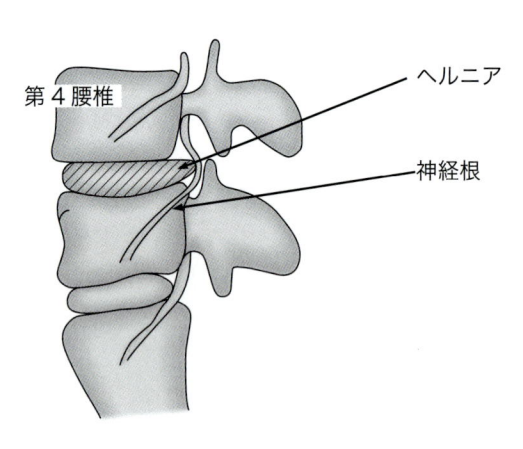

骨盤の前傾による

腰背部に圧迫が加わり，腹部の筋が伸ばされたまま（筋力低下）の状態．

前彎がひどい場合，尻が突き出てくるような姿勢をとってくる．

**腰椎椎間板ヘルニア**

第4腰椎／ヘルニア／神経根

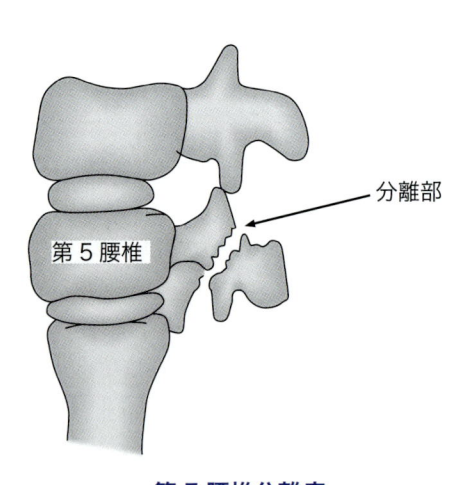

**第5腰椎分離症**

第5腰椎／分離部

# 胸部・頸部のスポーツ外傷・障害

## 1 肋骨骨折

コンタクトスポーツなどの直達外力で起こる．また，ゴルフの初心者に多い肋骨の疲労骨折はゴルフ骨折と呼ばれる．未熟なスイングで一度に多くの球を打つことが発症の原因である．

**症状** 胸部痛（深呼吸で増強する疼痛），圧痛，疲労骨折は利き手と反対側に起こる．

**治療** 安静．

## 2 バーナー症候群

アメリカンフットボールなどのコンタクトで片側上肢に発生する一過性の電撃痛をバーナー症候群と呼ぶ．コンタクトの際に神経根が椎間孔で圧迫されたとき，または神経根が過度に伸ばされて発症する．

**症状** 頸部痛，片側上肢の筋力低下．

**治療** 安静にして，症状が改善してから復帰することが大切である．繰り返すと頸部痛が慢性化するので，注意する必要がある．

## 3 頸髄損傷

アメリカンフットボールのタックル，ラグビーのタックル・スクラム，水泳の飛び込みで水底に頭をぶつけたときなどに頸椎脱臼骨折を発生し，頸髄損傷を起こす．

**症状** 四肢麻痺．

**治療** 頸部の固定，頭ー首ー体を一本の丸太のようにして移動する．搬送時の固定が悪いと症状が悪化することがあるので注意を要する．

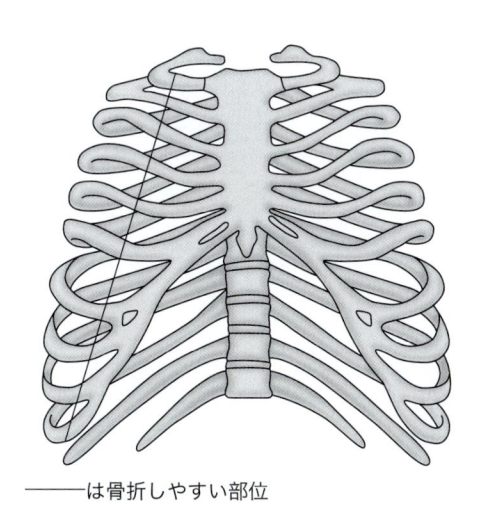

――は骨折しやすい部位
**胸部の吸息位**

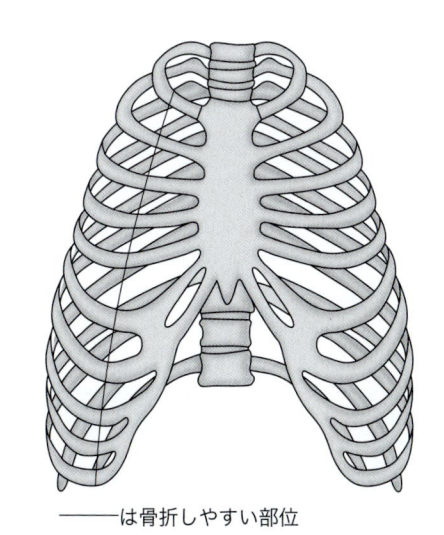

――は骨折しやすい部位
**胸部の呼息位**

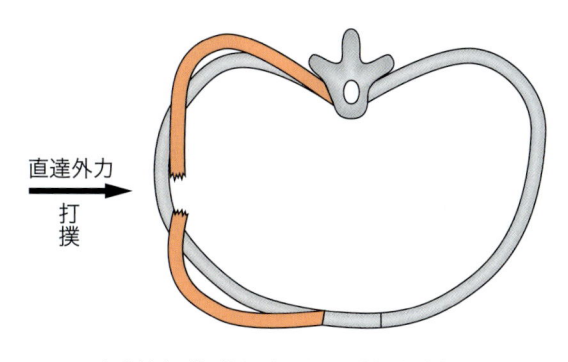

直達外力
打撲

直達外力（打撲などによる骨折の場合）

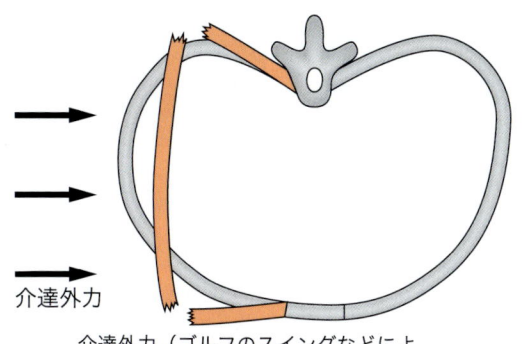

介達外力

介達外力（ゴルフのスイングなどによる疲労骨折）の場合

**肋骨骨折の起こりやすい部位（特に第5肋骨から第8肋骨の発生頻度が高い）**

## 実技編 V-1 股関節過伸展制限のテーピング
### 再発予防

側腹部から外側大腿部にかけて貼付するテープと，腹部から大腿部にかけて行なうフィギュアエイトの技法によって，股関節の圧迫と可動域の制限を行なう．

**固定肢位**
- 軽く足を開いた立位．

**テープ**
- 粘着非伸縮性テープ　約50mm幅
- 粘着伸縮性テープ　約75mm幅
- 弾性包帯
- 粘着スプレー

### ・ポイント・

- 蝶形テーピングの中心が，大転子（股関節を伸展・外旋・外転させる大殿筋・中殿筋・小殿筋の通る，あるいは停止するところ）を圧迫するようにする．これは，以後行なう伸展制限のテーピングの効果をより高めるためである．
- 股関節に行なうフィギュアエイトのテープの交差する位置は，鼠径下部に近いほど可動域が制限される．

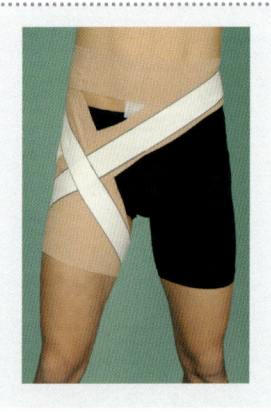

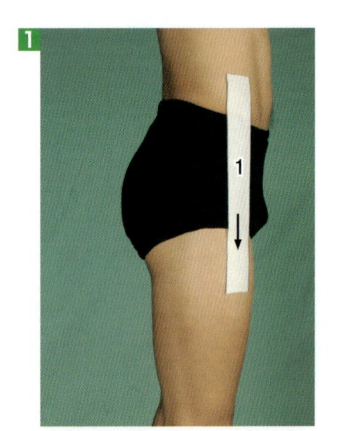

**1** 1のテーピングは，股関節を伸展・外転・外旋させる筋を圧迫するために行なうものである（以後，貼付する6のテープまで同様である）．このため，1のテープは大転子のところを中心に，側腹部と外側大腿部まで貼付する．**強く**

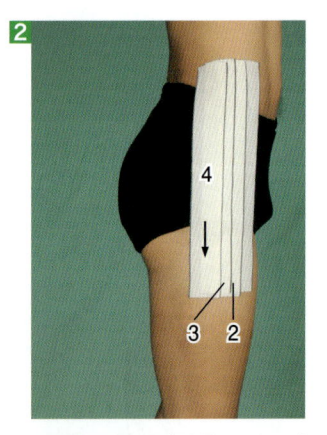

**2** 2のテープは1のテープ上に（1参照）に，3のテープは2のテープ上に，4のテープは3のテープ上に，それぞれテープ幅の1/2〜1/3程度を重ねて貼付する．**強く**

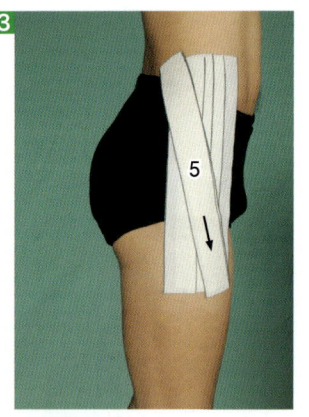

**3 4** 5・6のテーピングは，筋肉の圧迫をより強くするために行なうものである．このため，5・6のテープは1〜4のテープ上（1 2参照）に，大転子のところで交差させて貼付する．**強く**

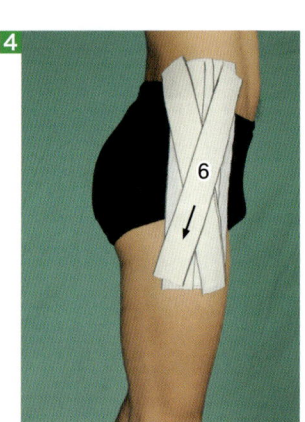

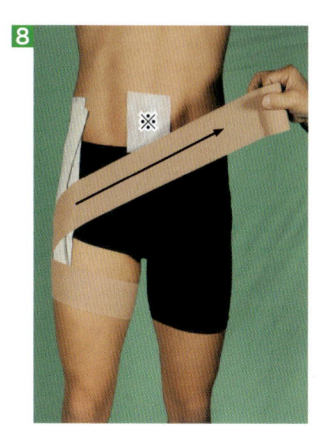

**5 6** Aのテーピングは，股関節の伸展を制限するために行なうもので，⑪まで一連のテープで行なう．Aのテープは内側大腿部から貼り始め，大腿部を1周し，後大腿部から大転子の上を経て，矢印の方向へと貼付する．

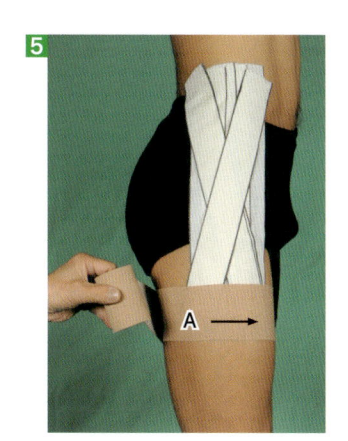

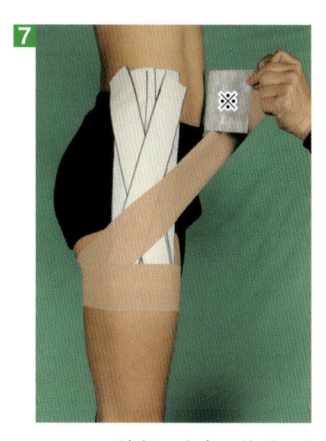

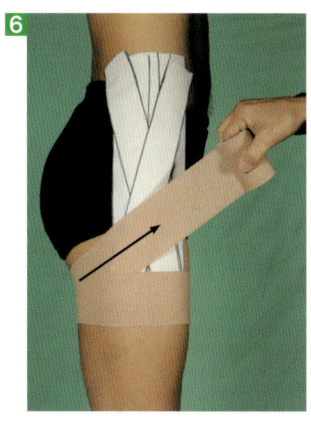

**7 8** 臍部の皮膚・体毛を保護するために，ワセリンを塗布した脱脂綿を下腹部に当てがう．

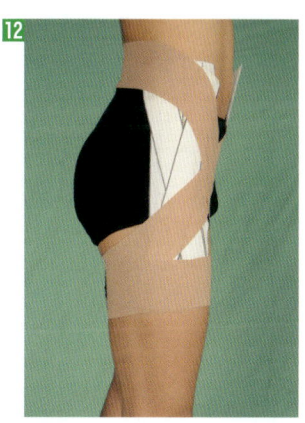

**9 10 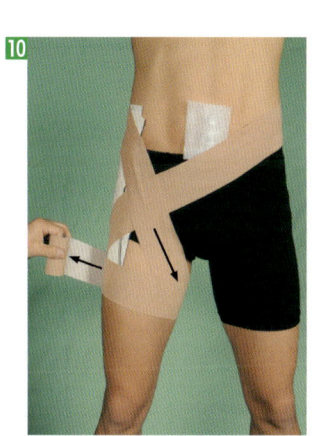 11** 引き続き，Aのテープは下腹部——腰部を経て，鼠径部のところで交差させ，前大腿部——内側大腿部——後大腿部——前大腿部へと巻き，貼付する． やや強く

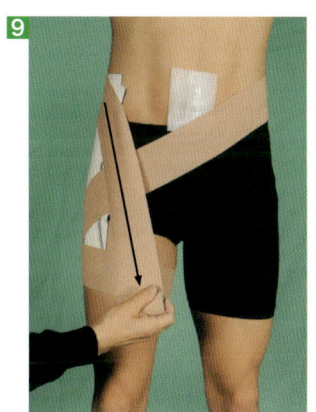

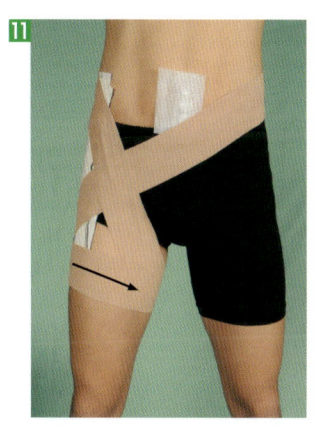

**12** 外側面から見たAのテーピング．

Ⅴ　股関節・胸部・腰部

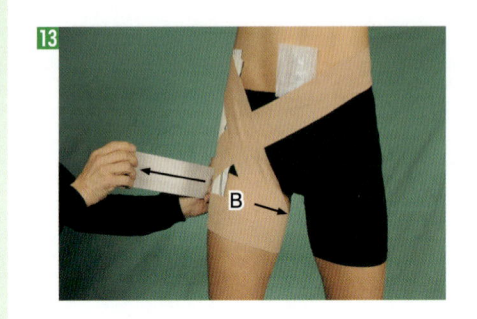

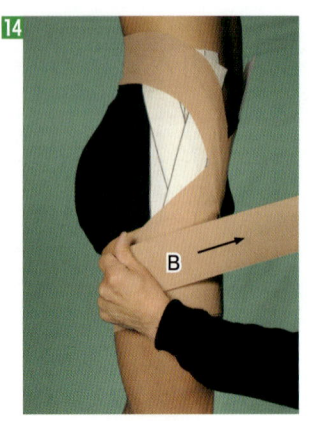

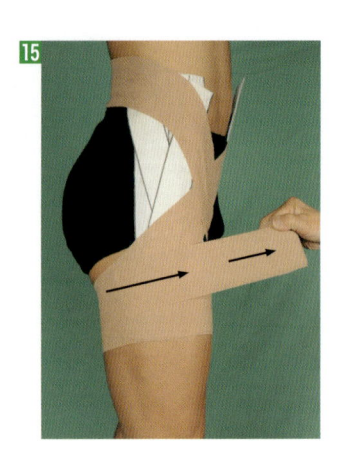

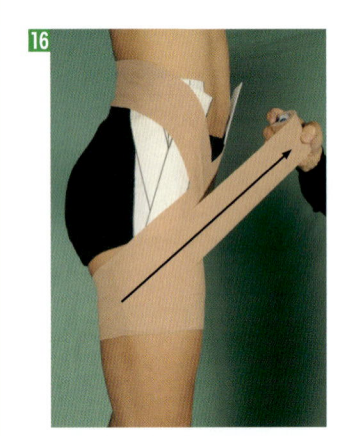

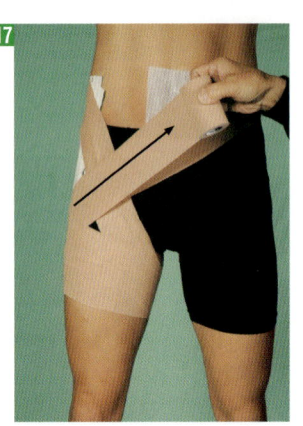

**13～17** Bのテーピングは，Aのテープに引き続き，股関節の伸展をより強く制限するために行なうものである．Bのテープは，大腿部に一周したAのテープ上（**5**参照）からテープ幅の1/2～1/3程度を重ねて貼り始め，大腿部を1周し，大転子上を経て，Aのテープ上に重ねて，鼠径部——下腹部へと巻き，貼付する．　やや強く

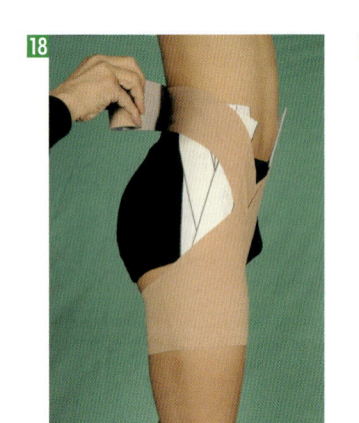

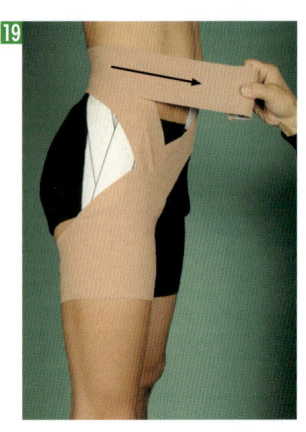

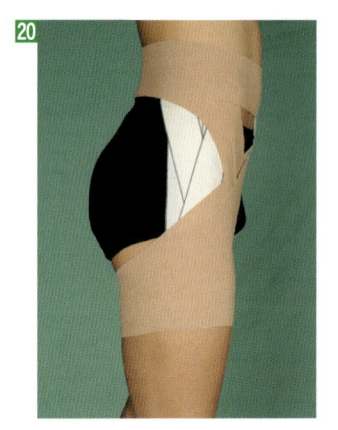

**18 19** 引き続き，これまで貼付したテープの固定力を持続させるために，下腹部——腰部——下腹部——腰部へと巻き，貼付する．　やや強く

**20** 外側面から見た写真．

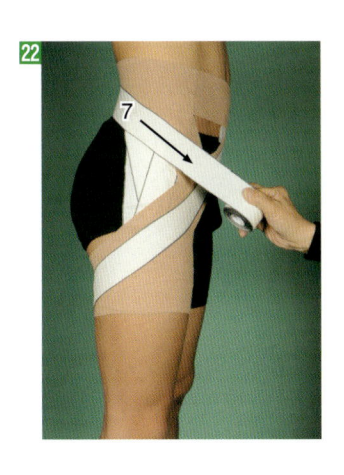

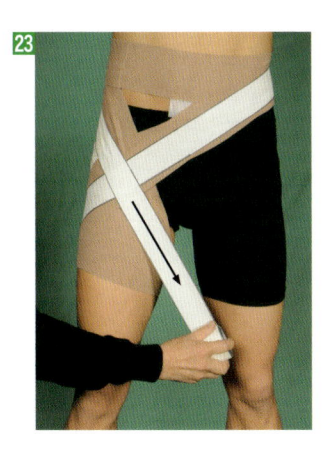

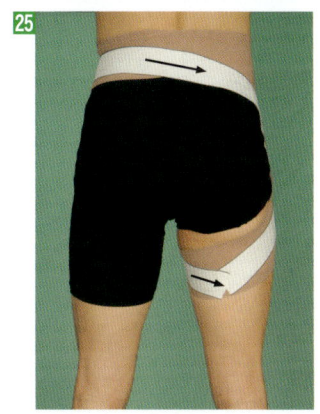

**21**〜**25** 7のテーピングは，股関節の伸展をより強く制限するために行なうもので，**25**まで一連のテープで行なう．このため，7のテープはAのテープ上（**5**〜**11**参照）に巻き貼付するが，後大腿部から貼り始め，外側大腿部から斜め上方へ鼠径下部を通り，寛骨部まで貼付する．引き続き，7のテープは，下腹部から側腹部――腰部を経て鼠径部で交差させ，後大腿部まで貼付する． 普通

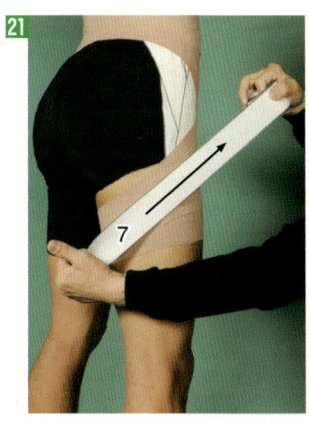

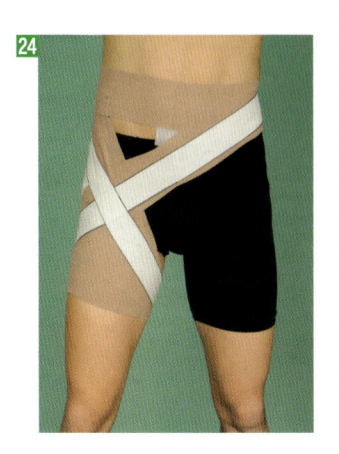

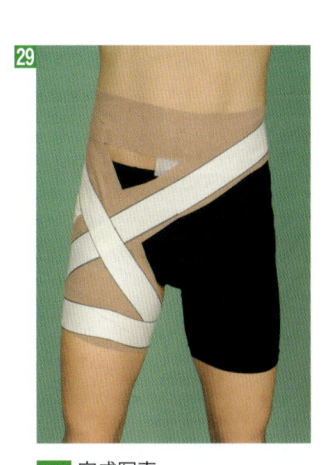

**26** 外側面から見た7のテーピング．

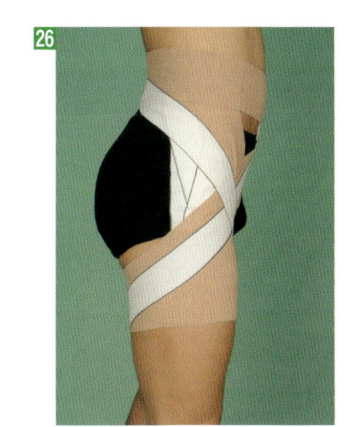

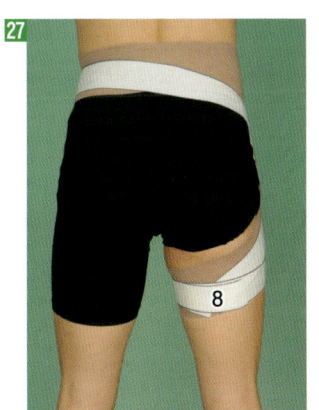

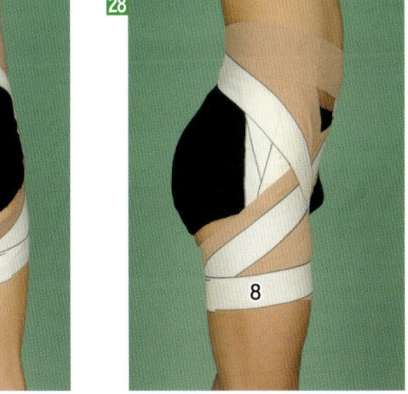

**27** **28** 8のテーピングは，これまで貼付したテープが剥がれないようにするために行なうものである．このため，8のテープは大腿部のAのテープ上（**5**〜**12**参照）に巻き，貼付する． 普通

**29** 完成写真．

以上で，股関節過伸展制限のテーピングが完了する．

## 実技編 V-2 肋骨のテーピング
### 再発予防・軽度の痛み

**固定肢位**
- 腕を挙げ呼息．

**テープ**
- 粘着非伸縮性テープ　約50mm幅
- 粘着伸縮性テープ　約75mm幅
- 脱脂綿
- 粘着スプレー

**・ポイント・**
- 腕を挙げ，息を吐いて胸郭を狭小させた状態でテープを貼付する．これは，テープの圧迫固定をより効果的にするためである．

### A 肋骨のテーピング——その1

呼吸に伴う胸郭の拡大・狭小や体幹をねじることに伴う筋の移行などによって肋骨や周辺の筋に痛みを感じる場合，肋骨部をテープで圧迫・固定し，痛みを和らげる技法である．運動の際には，局所の圧迫・固定では効果がないため広範囲に行なう．

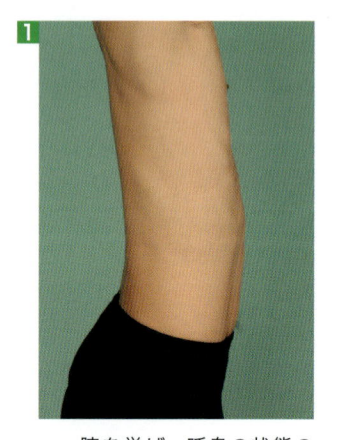

**1** 腕を挙げ，呼息の状態のときに貼付する．

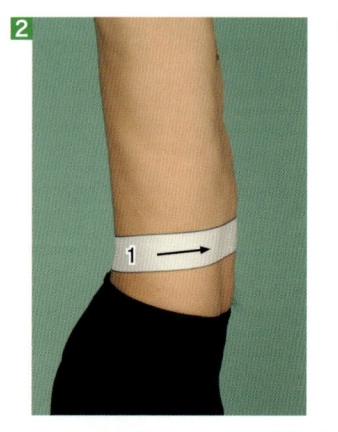

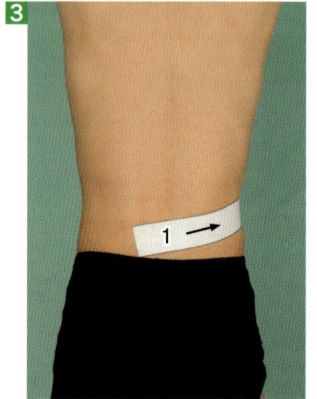

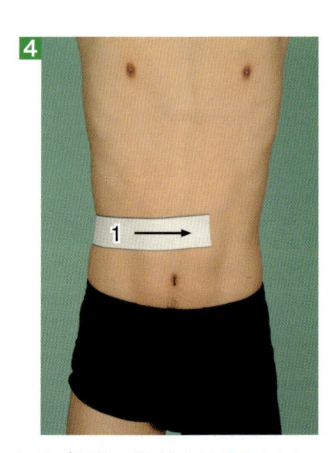

**2～4** 1のテーピングは，肋骨部を圧迫するために行なうものである（以後，貼付する24のテープまで同様である）．このため，1のテープは第12肋骨の位置，体幹後面中央から貼り始め，前面中央まで，やや斜め上方に貼付する．　強く

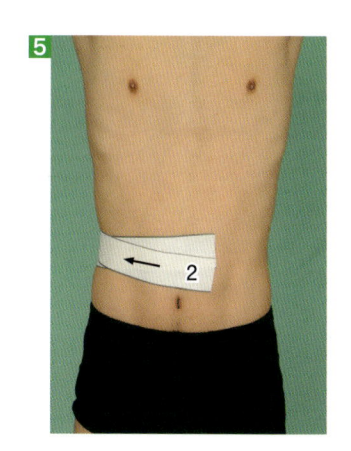

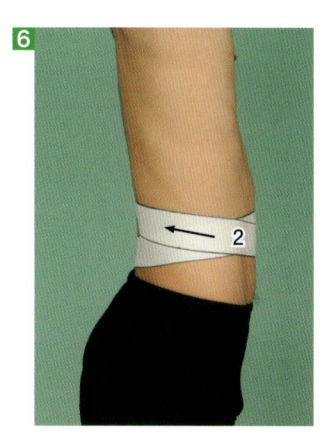

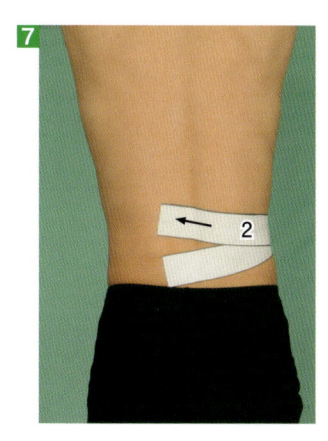

**5 6 7** 2のテープは，第12肋骨の位置，体幹前面中央から貼り始め，後面中央まで，側腹部で1のテープと交差させ，やや斜め上方に貼付する．**強く**

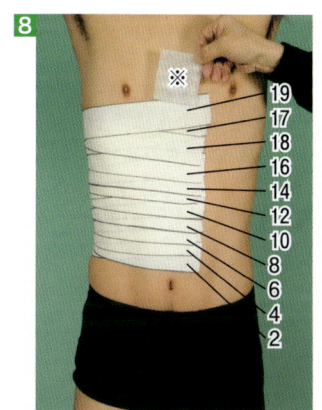

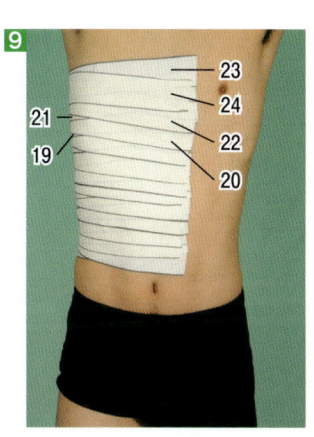

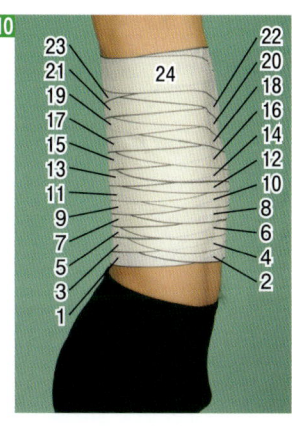

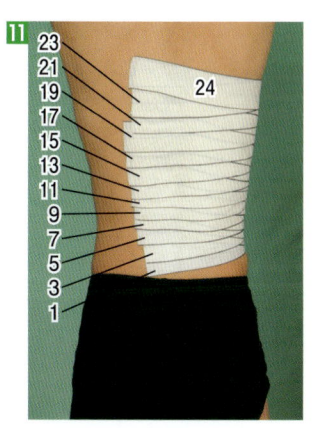

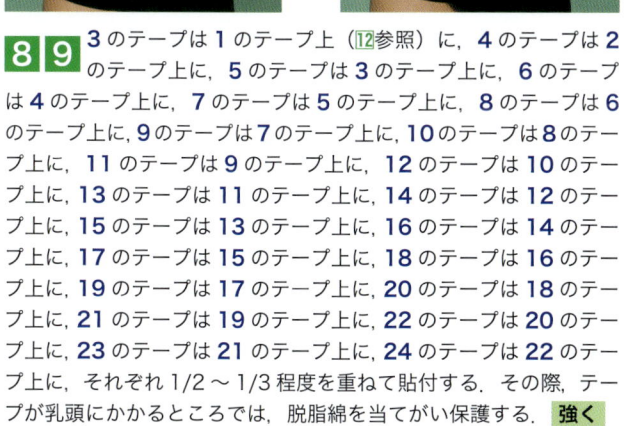

**8 9** 3のテープは1のテープ上（**12**参照）に，4のテープは2のテープ上に，5のテープは3のテープ上に，6のテープは4のテープ上に，7のテープは5のテープ上に，8のテープは6のテープ上に，9のテープは7のテープ上に，10のテープは8のテープ上に，11のテープは9のテープ上に，12のテープは10のテープ上に，13のテープは11のテープ上に，14のテープは12のテープ上に，15のテープは13のテープ上に，16のテープは14のテープ上に，17のテープは15のテープ上に，18のテープは16のテープ上に，19のテープは17のテープ上に，20のテープは18のテープ上に，21のテープは19のテープ上に，22のテープは20のテープ上に，23のテープは21のテープ上に，24のテープは22のテープ上に，それぞれ1/2〜1/3程度を重ねて貼付する．その際，テープが乳頭にかかるところでは，脱脂綿を当てがい保護する．**強く**

**10** 側面から見た写真．

**11** 背面から見た写真．

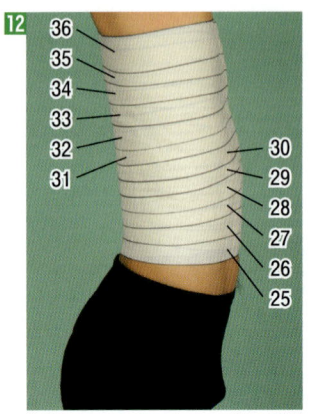

**12** 25のテーピングは，1〜24のテープ（**2**〜**11**参照）の圧迫・固定を持続させるために行なうものである（以後，貼付する36のテープまで同様である）．このため，25のテープは，1・2のテープ上（**2**〜**7**参照）に貼付する．

26のテープは25のテープ上に，27のテープは26のテープ上に，28のテープは27のテープ上に，29のテープは28のテープ上に，30のテープは29のテープ上に，31のテープは30のテープ上に，32のテープは31のテープ上に，33のテープは32のテープ上に，34のテープは33のテープ上に，35のテープは34のテープ上に，36のテープは35のテープ上に，それぞれテープ幅の1/2〜1/3程度を重ねて貼付する． 強く

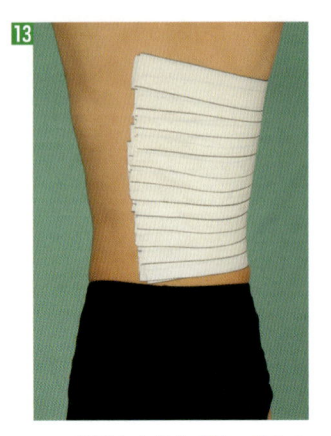

**13** 背面から見た25〜36のテーピング写真．

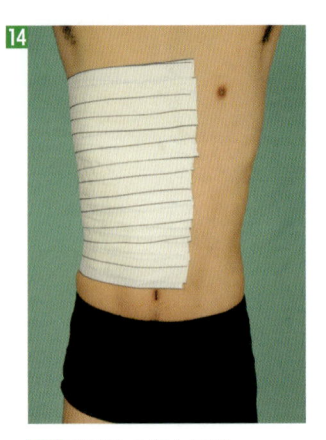

**14** 前面から見た写真．

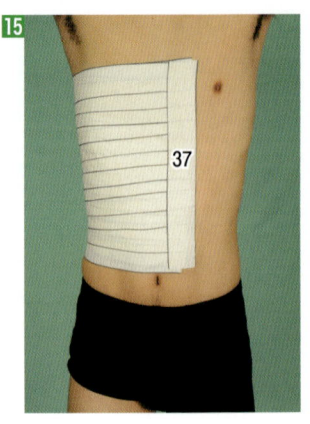

**15** 37のテーピングは，これまでに貼付したテープが剥がれないようにするために行なうものである（以後，貼付する38のテープも同様である）．このため，37のテープは体幹前面のこれまでに貼付したテープ群の端に，1/2が皮膚に，1/2がテープにかかるように貼付する． 普通

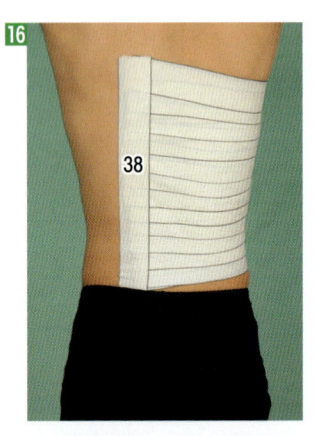

**16** 38のテープは，体幹後面のこれまでに貼付したテープ群の端に，1/2が皮膚に，1/2がテープにかかるように貼付する． 普通

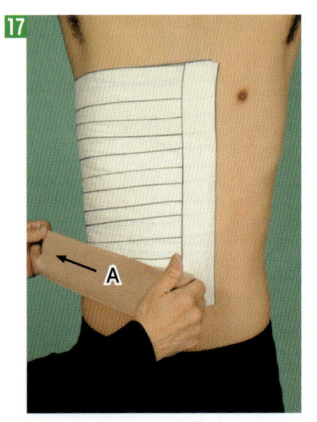

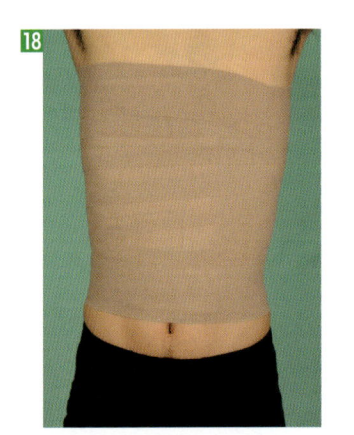

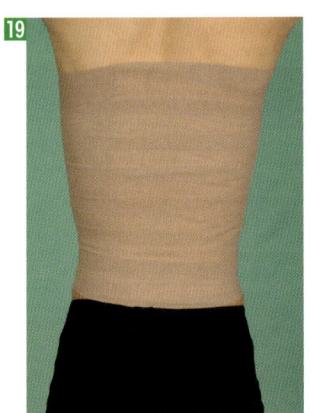

**17 18 19** Aのテーピングは，運動中にこれまでに貼付したテープが剥がれるのを防ぐためと，肋骨全体に適度な圧迫を加えるために行なう．このため，Aのテープは体幹全体に巻き，貼付する．**8**と同様に，テープが乳頭にかかるところでは，ワセリンを塗布した脱脂綿を当てがい，保護する．

以上で，肋骨のテーピング—その1が完了する．

## B 肋骨のテーピング――その2

柔道・レスリングなどの格闘技で，胴をかかえられたりするような競技で使われるこの技法は，Ⓐ肋骨のテーピング――その1（p.194）16 に引き続き行なう．

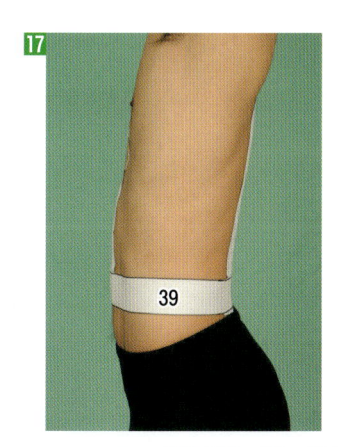

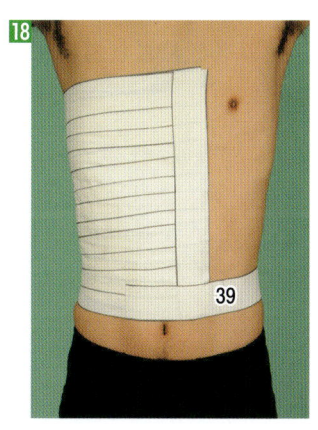

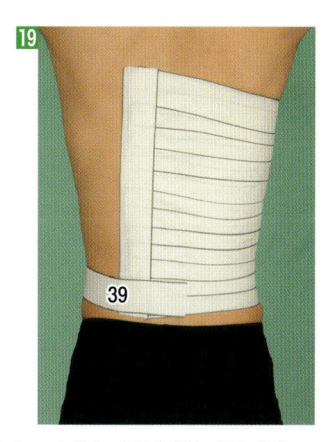

**17 18 19** 39 のテーピングは，これまでに貼付したテープが剥がれないようにするために行なうものである（以後，貼付する 47 のテープまで同様である）．このため，39 のテープは 25 のテープ（12参照）の体幹前面から貼り始め，体幹後面まで貼付する．この際，息を吸い胸部を拡大させた状態を保つ．これは，運動によって呼吸が困難になるのを防ぐためである．　普通

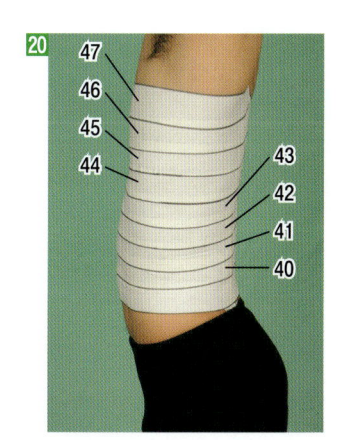

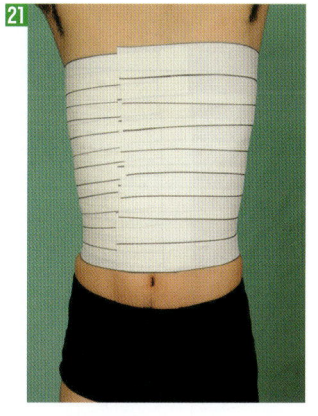

**20 21** 40 のテープは 39 のテープ上（17参照）に，41 のテープは 40 のテープ上に，42 のテープは 41 のテープ上に，43 のテープは 42 のテープ上に，44 のテープは 43 のテープ上に，45 のテープは 44 のテープ上に，46 のテープは 45 のテープ上に，47 のテープは 46 のテープ上に，それぞれテープ幅の 1/2～1/3 程度を重ねて貼付する．その際，8 と同様にテープが乳頭にかかるところでは脱脂綿を当てがい保護する．　普通

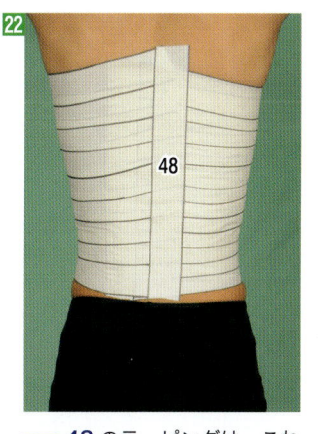

**22** 48 のテーピングは，これまで貼付したテープが剥がれないようにするために行なうものである（以後，貼付する 49 のテープも同様である）．このため，48 のテープは 1/2 が 25～36 テープ上に，1/2 が 39～47 のテープ上にかかるように貼付する．　普通

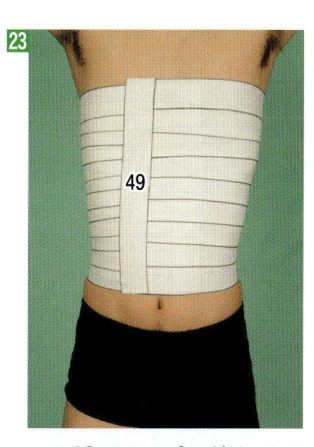

**23** 49 のテーピングは，1/2 が 25～36 のテープ上に，1/2 が 39～47 のテープ上にかかるように貼付する．

以上で，肋骨のテーピング――その2 が完了する．

# 実技編 V-3 腰部のテーピング
## 再発予防・軽度の痛み

腰部をテープで圧迫・固定し，腰部に加わる衝撃を分散し，痛みを軽減させる技法である．

**固定肢位**
- 軽屈曲位（前かがみ）．

**テープ**
- 粘着非伸縮性テープ　約50mm幅
- 粘着伸縮性テープ　約75mm幅
- 脱脂綿
- 粘着スプレー

### ・ポイント・

- 正中部で交差させるテープは，やや斜め上方に軽く引っ張りながら貼付すると，筋肉や皮膚が片寄らずバランス良く圧迫できる．このとき角度を付け過ぎると，テープの枚数が少な過ぎたり，テープの交差する位置がテーピング部位全体の中央に集中してしまい，正しい圧迫ができなくなる．
- 腹部に巻くテープは，臍部より下になるようにする．これは，テープによる圧迫で呼吸が苦しくなるのを防ぐためである．

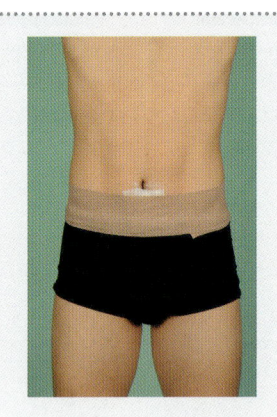

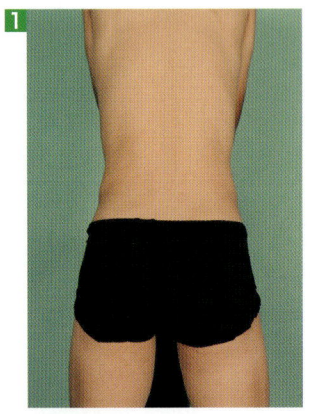

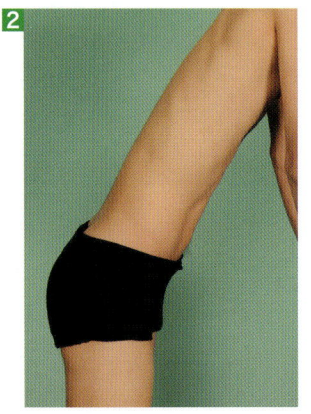

**1 2** 軽屈曲位にて姿勢を保持する．

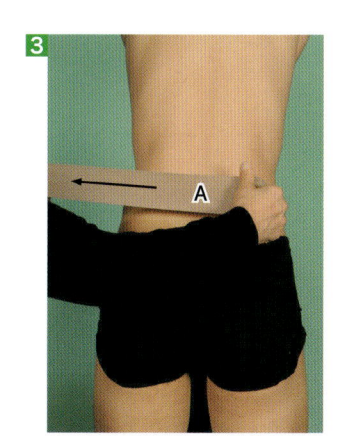

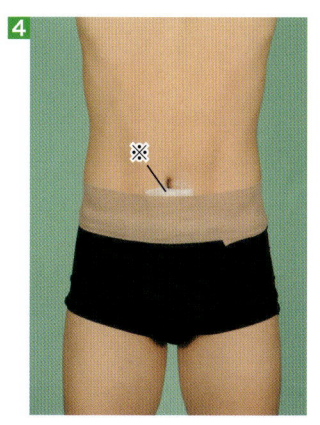

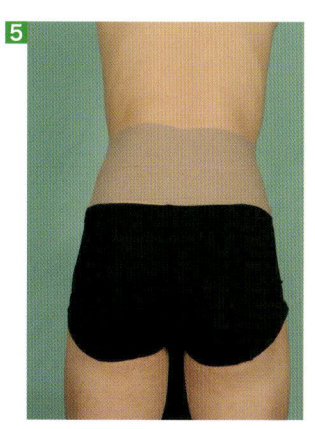

**3 4 5** Aのテーピングは，腰部を圧迫・固定するためにこれから貼付する粘着非伸縮テープの固定力を持続させるためと，フィット感を与えるために行なうものである．このため，Aのテープは腰部──腹部──腰部へと巻き，貼付する．このとき，下腹部に体毛のある場合には脱脂綿を当てがう．これは，テープを剥がす際に体毛が引っ張られて痛みを覚えないようにするためである． やや強く

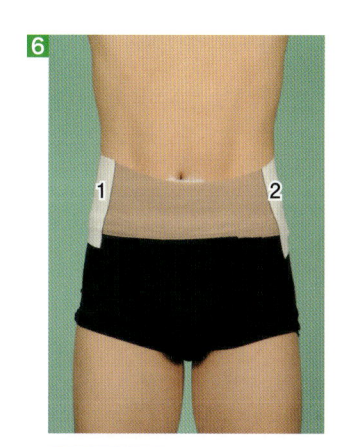

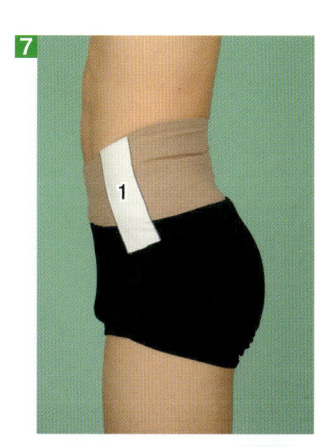

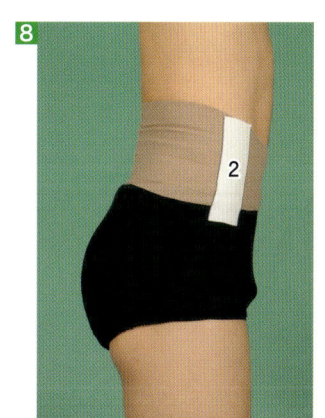

**6 7 8** 1・2のアンカーテープを側腹部に貼付する． 普通

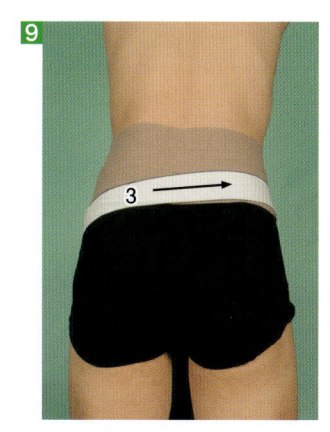

**9** 3のテーピングは，腰部を圧迫・固定するために貼付するものである（以後，貼付する12のテープまで同様である）．このため，3のテープは1のテープ上，左の寛骨部から貼り始め，斜め上方2のテープ上，右の腸骨稜まで貼付する． 強く

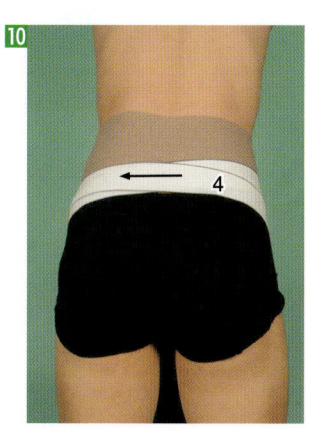

**10** 4のテーピングは，2のテープ上，右の寛骨部から貼り始め，正中線で3のテープ（9参照）と交差させ，斜め上方1のテープ上，左の腸骨稜まで貼付する． 強く

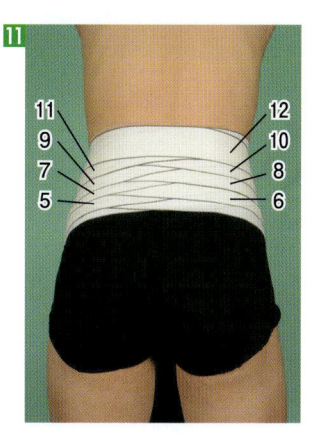

**11** 5のテープは3のテープ上（9参照）に，6のテープは4のテープ上（10参照）に，7のテープは5のテープ上に，8のテープは6のテープ上に，9のテープは7のテープ上に，10のテープは8のテープ上に，11のテープは9のテープ上に，12のテープは10のテープ上に，それぞれテープ幅の1/2〜1/3程度を重ねて貼付する． 強く

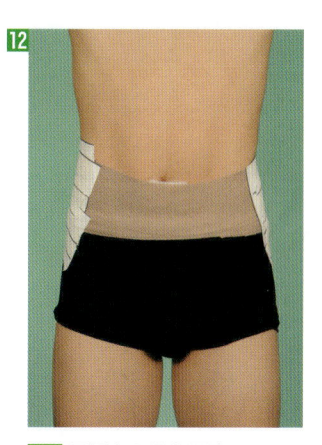

**12** 正面から見た写真．

Ⅴ　股関節・胸部・腰部

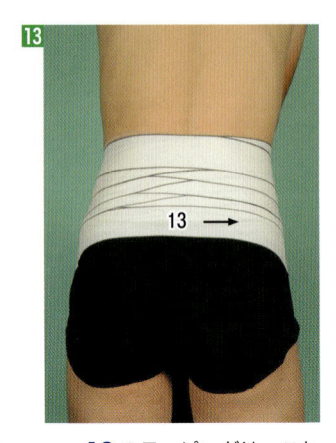

**13** 13のテーピングは，これまでに貼付したテープによる圧迫・固定を持続させるために行なうものである（以後，貼付する17のテープまで同様である）．このため，13のテープは3・4のテープ上（9 10参照）に重ねて貼付する．　強く

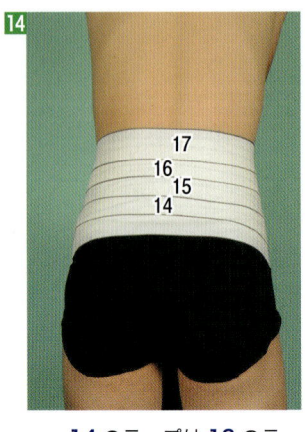

**14** 14のテープは13のテープ上（13参照）に，15のテープは14のテープ上に，16のテープは15のテープ上に，17のテープは16のテープ上に，それぞれテープ幅の1/2〜1/3程度を重ねて貼付する．　強く

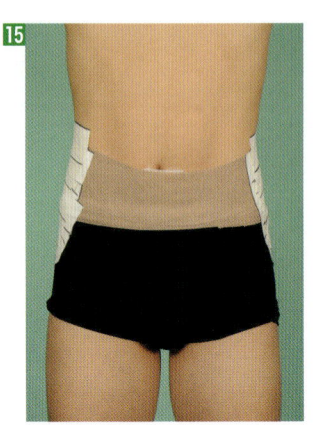

**15** 正面から見た写真．

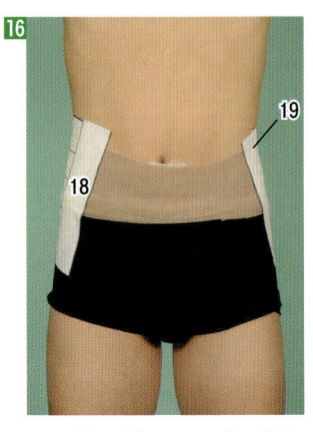

**16** 18・19のテーピングは，これまでに貼付したテープが剥がれないようにするために行なうものである．このため，18のテープは右側腹部に，19のテープは左側腹部に，1/2がAのテープに，1/2が13〜17のテープにかかるように貼付する．　普通

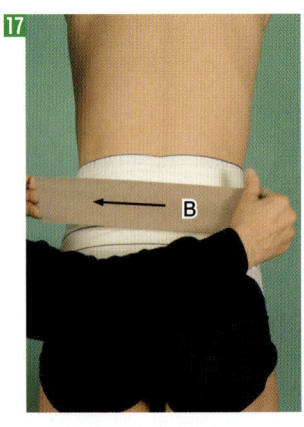

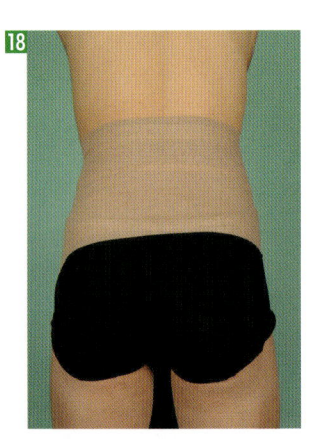

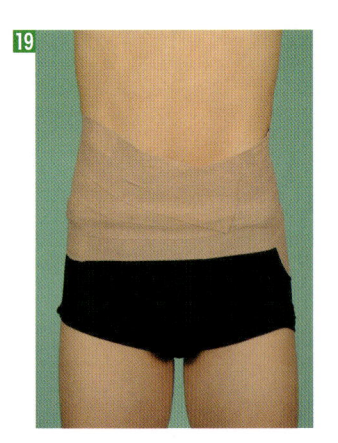

**17 18 19** Bのテーピングは，腰部を圧迫・固定するテープが剥がれないようにするためと，適度な圧迫を加えるために行なうものである．このため，Bのテープは腰部——腹部——腰部へと巻き，貼付する．　やや強く

以上で，腰部のテーピングが完了する．

救急処置と
アスレティック
リハビリテーション

# Ⅰ 救急処置とテーピング

運動時の救急処置としてテープによる圧迫・固定を行なうとき，損傷部に粘着伸縮テープを巻いた上に，粘着非伸縮性テープを貼付する．これは，損傷部の皮膚が，運動による体温の上昇や発汗によって，テープが付きにくい状態になっているためである．そこで粘着伸縮性テープを軽く巻き，その上に粘着非伸縮性テープによる圧迫・固定を行なう．この際，損傷部の血行障害や神経障害を防ぐため，一部を「開けて」貼付する．

テーピング後，損傷部の腫れがひどい場合には，テープの一部を切り，圧迫が強くなり過ぎることを防ぐ（足関節捻挫 p.203 [27]，膝関節損傷（p.207 [18]），肘関節損傷（p.214 [19]），手関節損傷（p.217 [19]）にその例をあげてあるので参考にされたい）．

## 救急処置 Ⅰ-1 足関節内反捻挫の救急処置のテーピング
### 直ちに医師の診察を受けなければならない場合の救急処置

**固定肢位**
- 無理のない肢位．

**テープ**
- 粘着非伸縮性テープ 約38mm幅
- 粘着伸縮性テープ 約50mm幅
- スポンジラバー
- 氷のう
- 弾性包帯

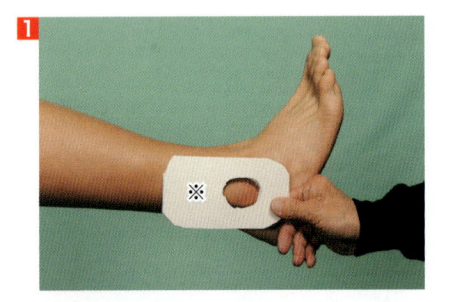

**1** 足首の外側に，写真のような外果部に当たる部分をくり抜いたスポンジラバーを当てがう．この処置は，以後のテーピングにおいて，外果部の下の「足の窪み」の部分をよく圧迫できるようにとの意図によるものである．

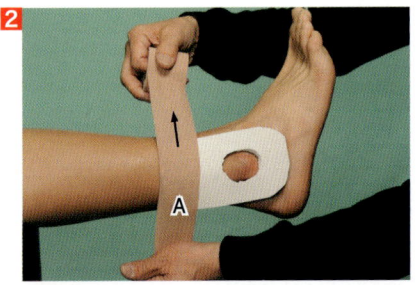

**2 3** この A のテーピングは，[2]～[6]まで一連のテープを使用する．まず下腿部，外果の上方から巻き始め，ヒールロックの技法を行なう．

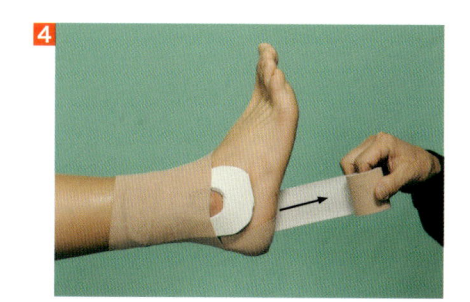

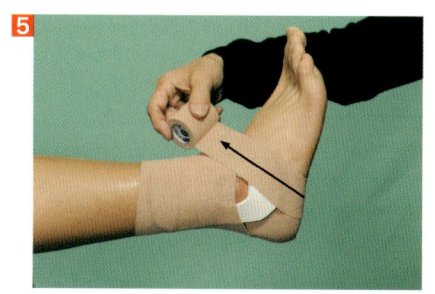

**4 5** 引き続き，**A** のテープは踵部の内側を引っ掛けた後，足底——足背へと貼付する．

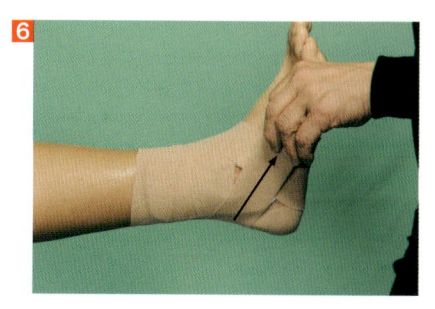

**6** 引き続き，**A** のテープは内側下腿部を通り，アキレス腱部を経て踵部の外側へと貼付する．

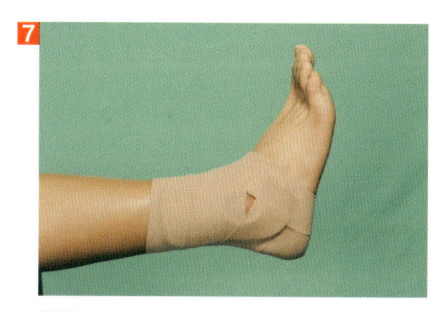

**7** **A** のテーピングの完了写真．

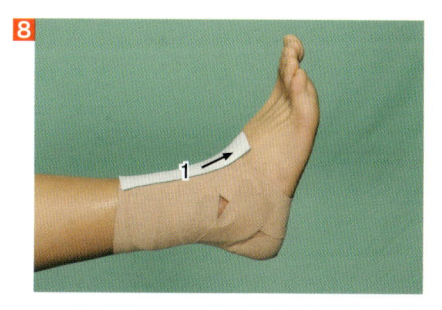

**8** 1 のアンカーテープは **A** のテープ上に，下腿前面から足背——足部前面へと貼付する．　普通

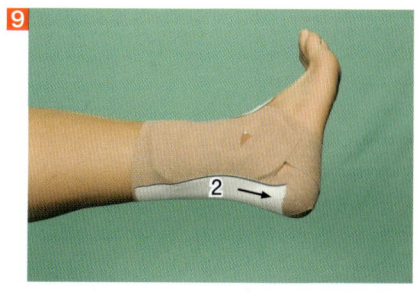

**9** 2 のアンカーテープは **A** のテープ上に，下腿後面からアキレス腱部へ貼付する．　普通

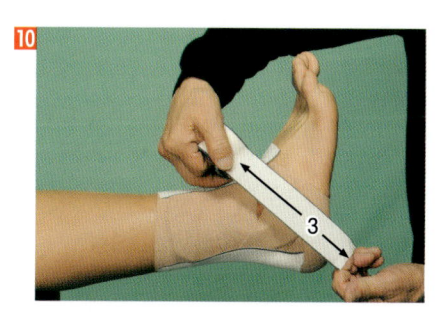

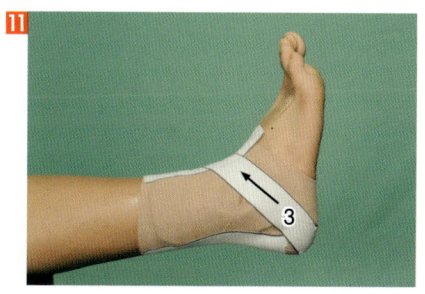

**10 11** 3 のテープは，損傷部を圧迫するために行なうものである（以後，貼付する 10 のテープまで同様である）．このため，3 のテープは両端を両手で引っ張るようにして持ち，そのテープを足底の外側から貼り始め，足部の外側から外果の前方へ持っていき，1 のテープ上，足背まで貼付する．　やや強く

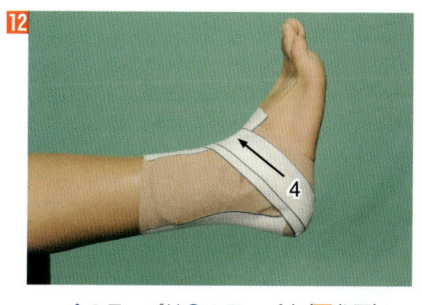

**12** 4 のテープは 3 のテープ上（11 参照）に，テープ幅の 1/2 〜 1/3 程度が重なるようにして，矢印の方向へ貼付する．　やや強く

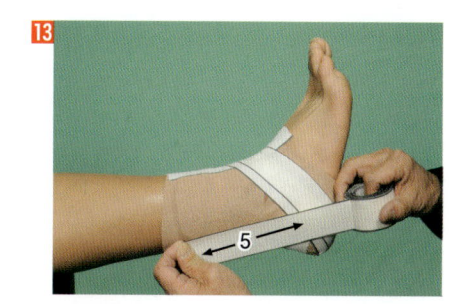

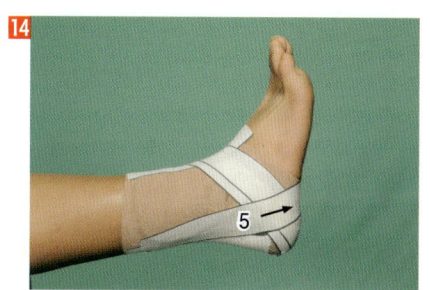

**13 14** 5 のテープは，3 のテープと同様に両端を両手で引っ張るようにして持ち，下腿後面 2 のテープ上から貼り始める．足首の外果下方のところの外側側副靱帯を圧迫するために行なうものである（以後，貼付する 6 のテープも同様である）．このため 3・4 のテープ（11 12 参照）と外果の下で交差させ，足底まで貼付する．　やや強く

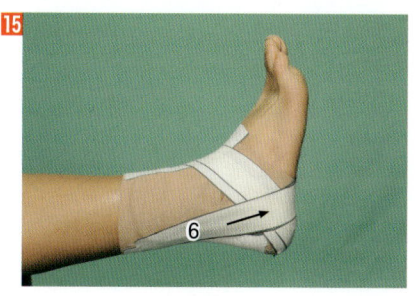

**15** 6 のテープは，5 のテープ上に重ねて貼付する．　やや強く

Ⅰ 救急処置

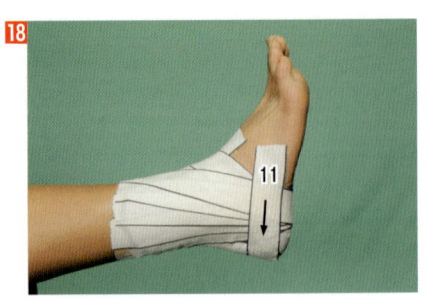

**16 17** 7～10のテーピングは，足首の外側の各靭帯を圧迫するために行なうものである．このため，7～10のテープは，各テープを足底の外側より貼り始め，以後 3～6 のテープ（12～15参照）の交差しているところを通るようにし，写真にみるそれぞれの方向へもって行き貼付する．これらのテープを貼り終った形が足底の外側から足首にかけて，扇を半開きにしたような形になるようにする． やや強く

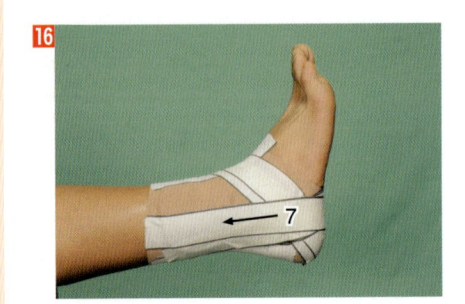

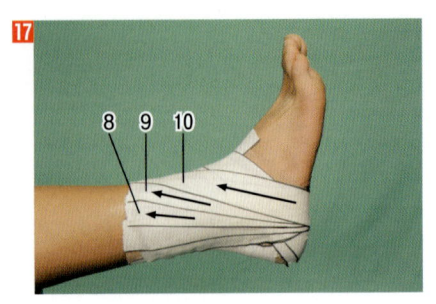

**18** 11 のテーピングは 3～10 のテープが剥がれないようにするためと，足首への圧迫をより強くするために行なうものである．このため，11 のテープは外果の下方に足底と平行に 2 のテープ上（9参照）まで貼付する． やや強く

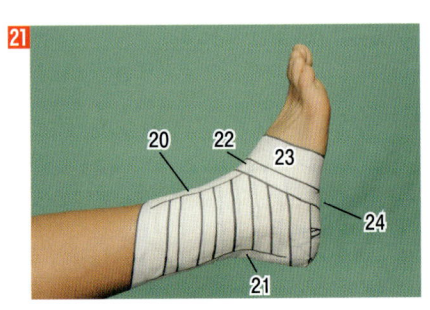

**19** 12 のテープは 11 のテープ上（18参照）に，13 のテープは 12 のテープ上に，14 のテープは 13 のテープ上に，15 のテープは 14 のテープ上に，16 のテープは 15 のテープ上に，17 のテープは 16 のテープ上に，18 のテープは 17 のテープ上に，19 のテープは 18 のテープ上に，それぞれテープ幅の 1/2～1/3 程度が重なるように貼付する． やや強く

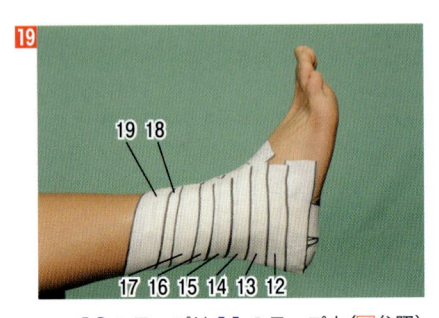

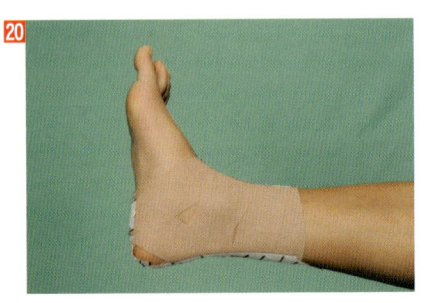

**20** 足の内側にはテープを貼付しない．

**21** 20～24 のテーピングは，これまでに貼付したが剥がれないようにするために行なうものである．このため，20 のテープは 1 のテープ上に，21 のテープは 2 のテープ上に貼付する．22・23 のテープは 11～14 のテープ端の足部に，24 のテープは足底に貼付する． 普通

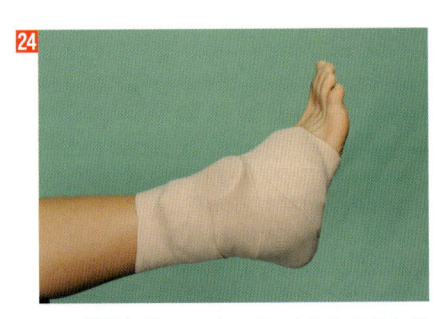

**22** 内側から見た写真．

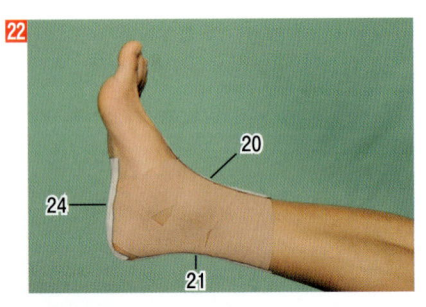

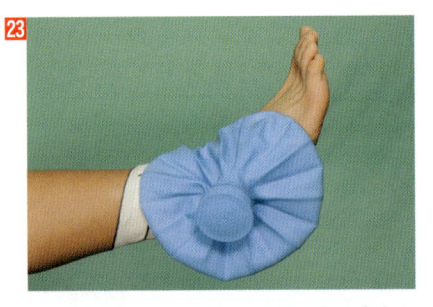

**23** 損傷部をアイスパックや，氷や冷水を入れた氷のうなどで冷やす（これは，捻挫による損傷部の痛みを和らげるためと，血管を収縮させて内出血を少なくするためである）．

**24** 弾性包帯でアイスパックや氷のうなどを損傷部に固定する．

以上で，足関節内反捻挫の救急処置のテーピングが完了する．

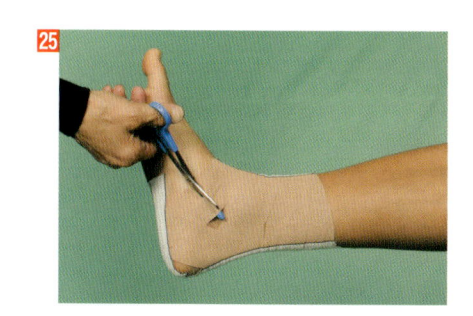

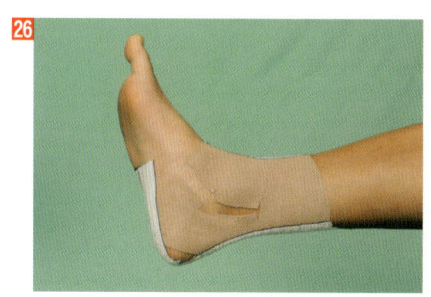

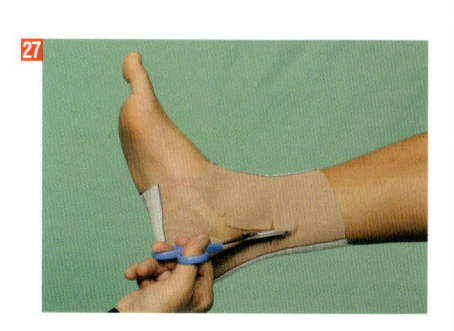

**25～28** もし足首に腫れが見られた場合には，足首の内側の粘着伸縮性テープを図のように切る．テープが剥がれないようにするために，ビニール袋などにテーピング部位を入れて冷やすとよい．寝る前には，血行障害・神経障害を防止するため足首の内側の粘着伸縮性テープを切る処置を行う．

I 救急処置

## 救急処置 I-2　アキレス腱損傷の救急処置のテーピング
### 直ちに医師の診察を受けなければならない場合の救急処置

**固定肢位**
- 最大底屈位．

**テープ**
- 粘着非伸縮性テープ　約38mm幅
- 粘着伸縮性テープ　約50mm幅
- スポンジラバー
- 弾性包帯

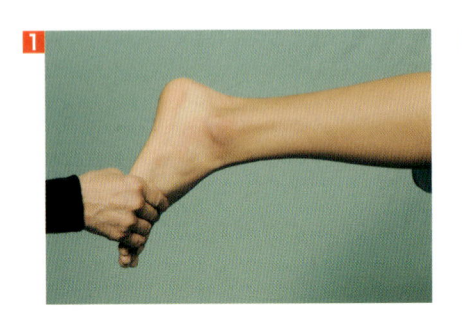

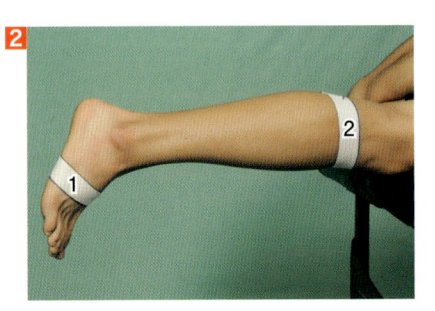

**1** 足首をできるだけ底屈させ，アキレス腱を収縮させる．

**2** 1・2のアンカーテープを足部と下腿部に巻き，貼付する．　普通

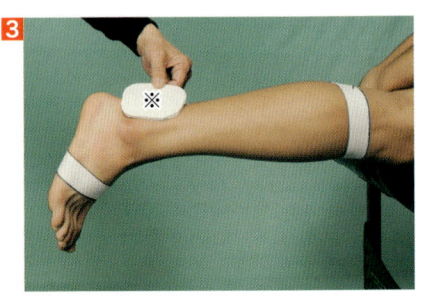

**3** アキレス腱部にスポンジラバーを当てがう．この処置は，以後のテーピングにおいてアキレス腱部をよく圧迫できるようにとの意図によるものである．

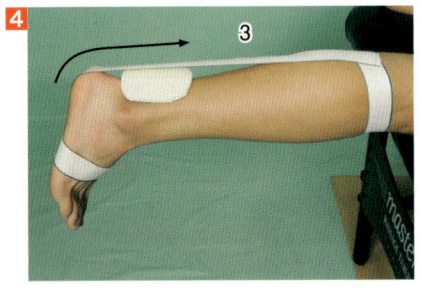

**4** 3のテーピングは，足首の底屈位を保つために行なうものである（以後，貼付する5のテープまで同様である）．このため，3のテープは足底の中央の1のテープ上（2参照）から貼り始め，後下腿部の2のテープ上（2参照）まで貼付する．　やや強く

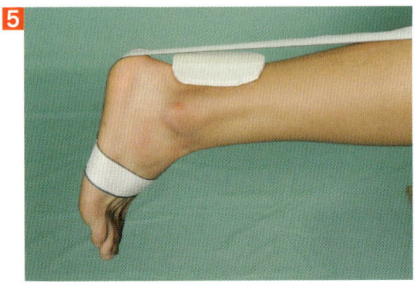

**5** 3のテーピングの拡大写真．

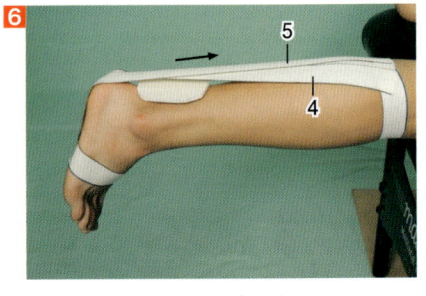

**6** 4のテープは，足底の内側の1のテープ上（2参照）から貼り始め，外側下腿部2のテープ上（2参照）まで貼付する．5のテープは，足底の外側の1のテープ上（2参照）から貼り始め，内側下腿部の2のテープ上（2参照）まで貼付する．　やや強く

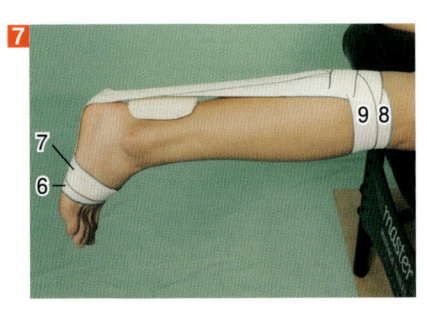

**7** 6〜9のテーピングは，これまでに貼付した3〜5のテープが剥がれないようにするために行なうものである．このため，6・7のテープは足部の1のテープ上に重ねて，8・9のテープは下腿部の2のテープ上に重ねて貼付する．　普通

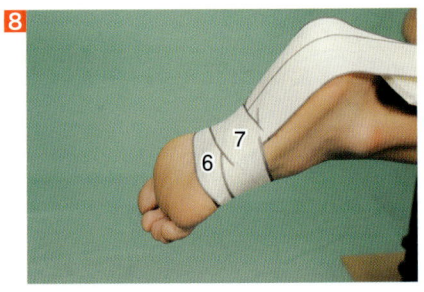

**8** 足底部6・7のテープの拡大写真．

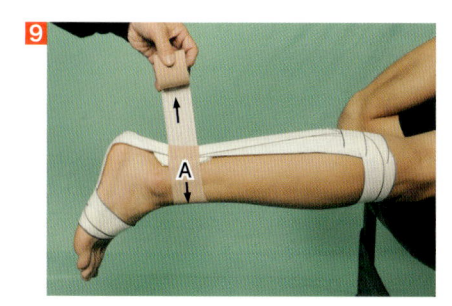

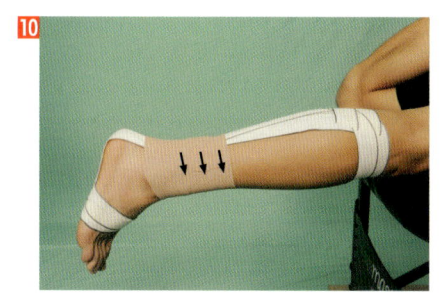

**9 10** A のテーピングはアキレス腱部に巻き，貼付する． 普通

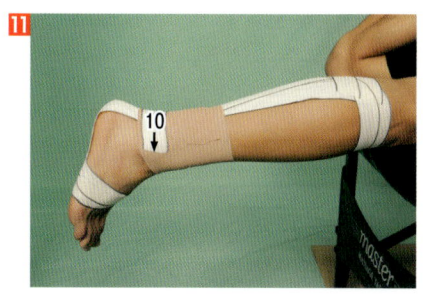

**11** 10 のテーピングは，アキレス腱部を圧迫するために行なうものである（以後，貼付する 15 のテープまで同様である）．このため，10 のテープは内果部のあたりから貼り始め，アキレス腱部を経て，外果部のあたりまで貼付する． やや強く

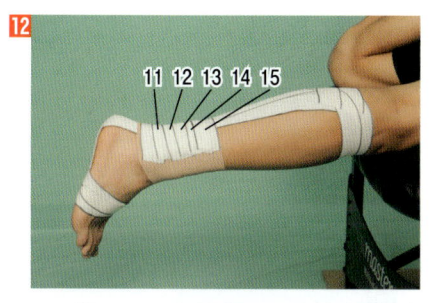

**12** 11 のテープは 10 のテープ上（11 参照）に，12 のテープは 11 のテープ上に，13 のテープは 12 のテープ上に，14 のテープは 13 のテープ上に，15 のテープは 14 のテープ上に，それぞれテープ幅の 1/2 〜 1/3 程度を重ねて貼付する． やや強く

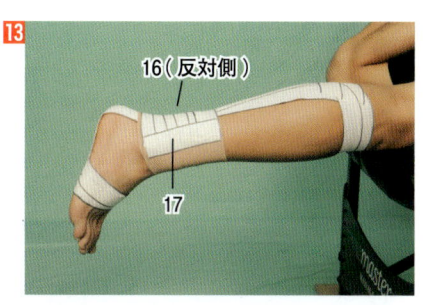

**13** 16・17 のテーピングは，これまでに貼付したテープが剥がれないようにするために行なうものである．このため，16・17 のテープは内側・外側下腿部のテープの端に貼付する． 普通

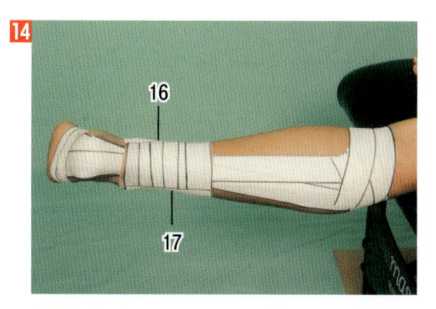

**14** 後方から見た 16・17 のテーピング．

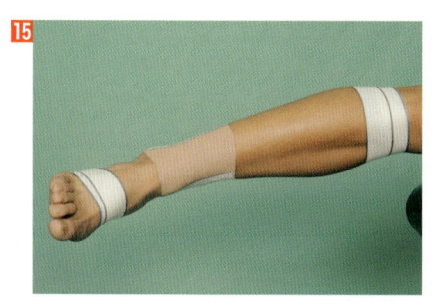

**15** 前方から見た写真．

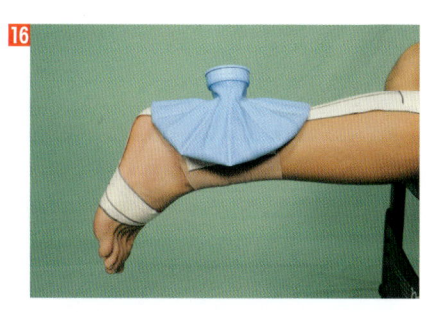

**16** 損傷部をアイスパックや，氷や冷水を入れた氷のうなどで冷やす．

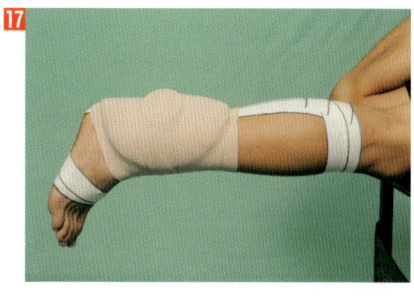

**17** 弾性包帯でアイスパックや氷のうなどを損傷部に固定する．

以上で，アキレス腱損傷の救急処置のテーピングが完了する．

Ⅰ 救急処置　205

## 救急処置 I-3 膝関節損傷の救急処置のテーピング
### 直ちに医師の診察を受けなければならない場合の救急処置

**固定肢位**
- 無理のない肢位．

**テープ**
- 粘着非伸縮性テープ　約50mm幅
- 粘着伸縮性テープ　約75mm幅
- スポンジラバー
- 氷のう
- 弾性包帯

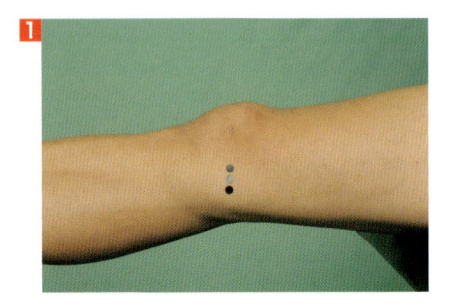

**1** 黒色●印部分が損傷部位．

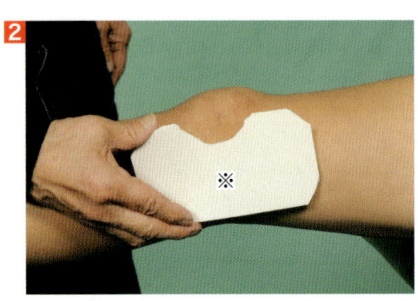

**2 3** 膝関節の内側軟部組織などの損傷が疑われる場合や，選手が膝関節内側に痛みを訴える場合，膝関節内側にスポンジラバーを当てがう．

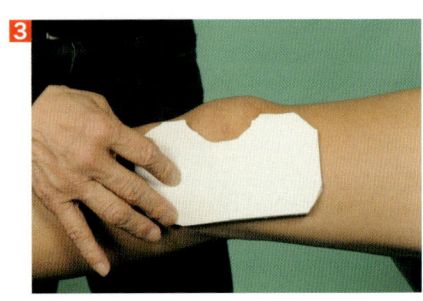

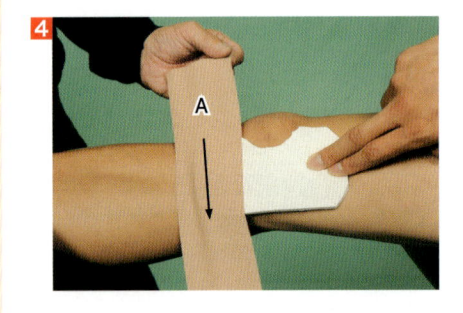

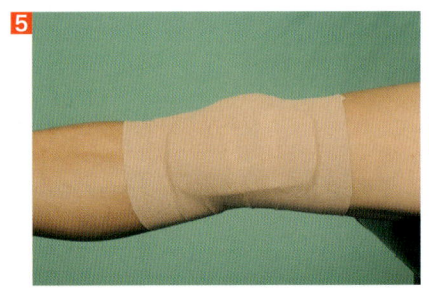

**4 5** Aのテーピングは，スポンジラバーを固定するとともに，後に貼付する粘着非伸縮性テープの固定力を持続させるために行なうものである．このため，Aのテープは下腿から巻き始め，膝関節全体を覆うように大腿部まで巻き，貼付する．　普通

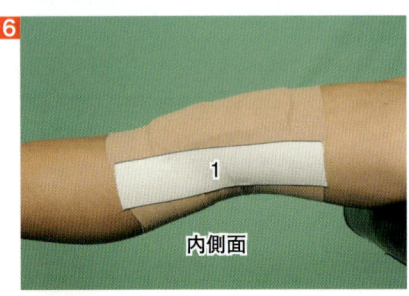

**6 7** 1・2のアンカーテープをAのテープ上の膝部内側と外側に貼付する．　普通

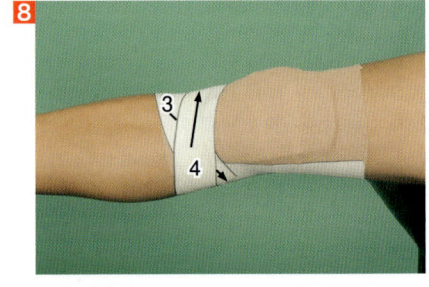

**8** 3・4のテーピングは，損傷部位を圧迫・固定するために行なうものである（以後，貼付する18のテープまで同様である）．このため，3のテープは下腿外側の2のテープ上から貼り始め，下腿内側の1のテープまで貼付する．4のテープは下腿内側の1のテープ上から貼り始め，膝関節内側で3のテープと交差させて下腿外側の2のテープ上まで貼付する．　やや強く

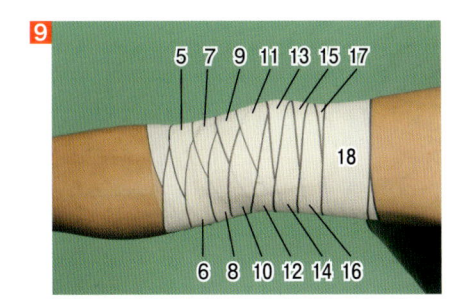

**9** 5のテープは3のテープ上(**8**参照)に，6のテープは4のテープ上(**8**参照)に，7のテープは5のテープ上に，8のテープは6のテープ上に，9のテープは7のテープ上に，10のテープは8のテープ上に，11のテープは9のテープ上に，12のテープは10のテープ上に，13のテープは11のテープ上に，14のテープは12のテープ上に，15のテープは13のテープ上に，16のテープは14のテープ上に，17のテープは15のテープ上に，18のテープは16のテープ上それぞれテープ幅の1/2〜1/3程度を重ねて貼付する． やや強く

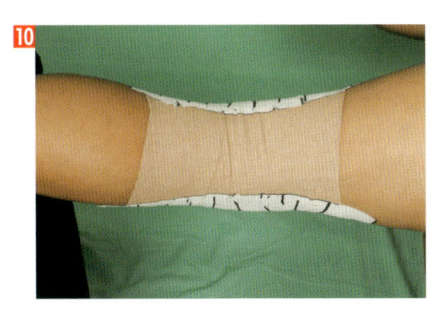

**10** 膝窩側から見た写真．

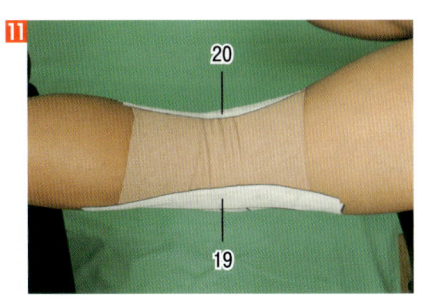

**11** 19・20のテーピングは，膝関節を圧迫・固定するテープが剥がれないようにするために行なうものである．このため，19のテープは膝部の外側に，20のテープは膝部の内側に貼付する． 普通

**12** 損傷部をアイスパックや，氷や冷水を入れた氷のうなどで冷やす．

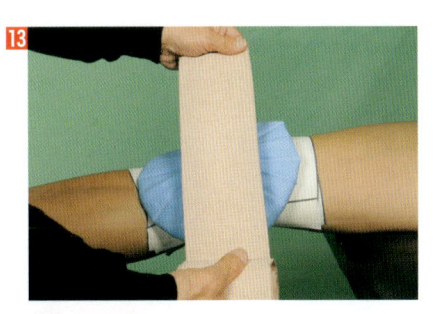

**13 14 15** 弾性包帯でアイスパックや氷のうなどを固定する．

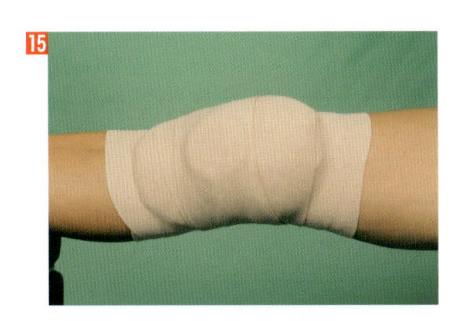

以上で，膝関節損傷の救急処置のテーピングが完了する．

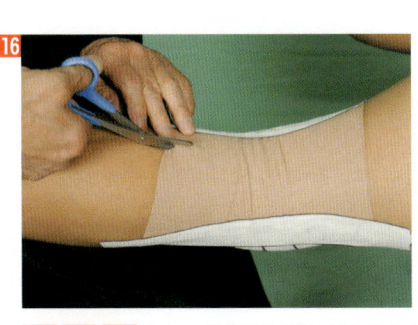

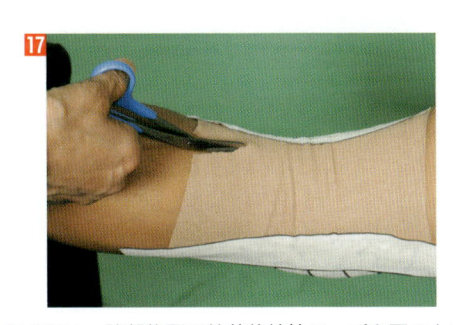

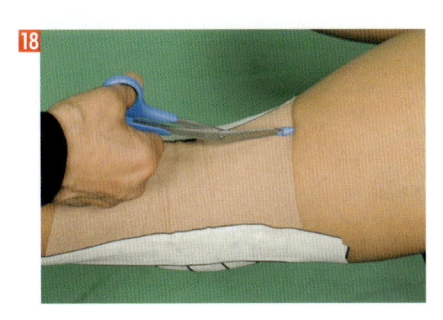

**16 17 18** もし，損傷部に腫れがみられた場合には，膝部後面の粘着伸縮性テープを図のように切る．

I 救急処置

## 救急処置 I-4 肩関節損傷の救急処置のテーピング
### 直ちに医師の診察を受けなければならない場合の救急処置

**固定肢位**
- 無理のない肢位.

**テープ**
- 粘着非伸縮性テープ　約50mm幅
- 粘着伸縮性テープ　約75mm幅
- 脱脂綿
- 氷のう
- 弾性包帯

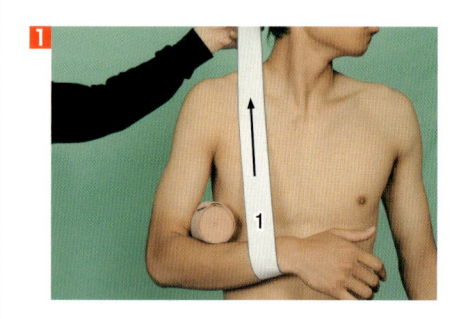

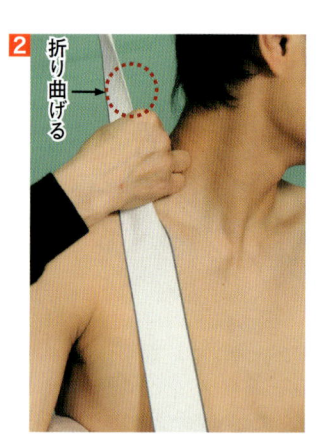

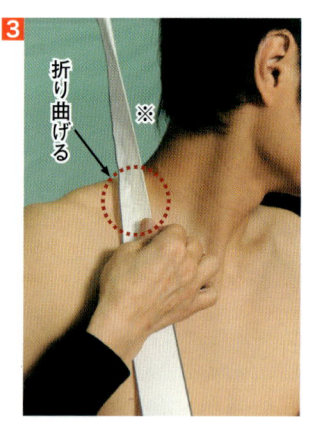

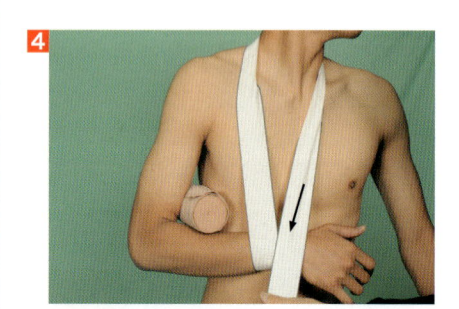

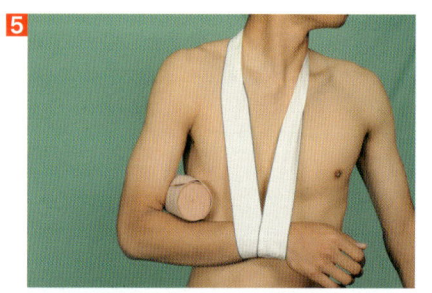

**1 2 3** 腋窩部にタオルなど厚みのあるものを挟み，腕を楽な状態に保たせる．1 のテーピングは，腕を楽な状態に保たせるために行なうものである．このため，1 のテープは手首から矢印の方向へ貼り始める．その際，テープが後頸部にかかるところでは，テープの粘着面をつまみ合わせておく． 普通

**4 5** 引き続き，1 のテープは後頸部を回して手首へと巻き，貼付する． 普通

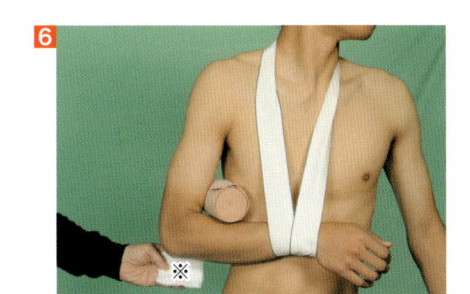

**6** 肘部に痛みを覚えないようにするため脱脂綿を当てがう．

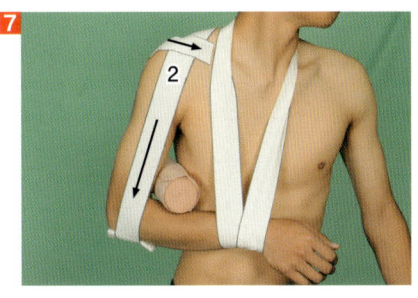

**7** 2のテーピングは，肩関節を固定するために行なうものである（以後，貼付する7のテープまで同様である）．このため，2のテープは肩甲上部から貼り始め，外側上腕部——肘部——内側上腕部——肩峰部——鎖骨部へと貼付する． 普通

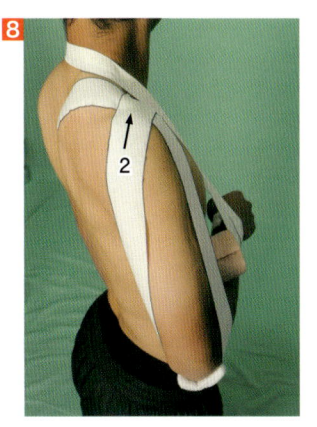

**8** 上方側面から見た2のテーピング．

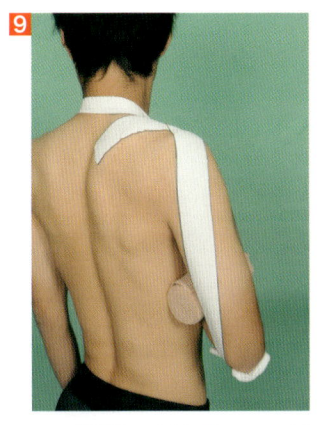

**9** 背面から見た2のテーピング

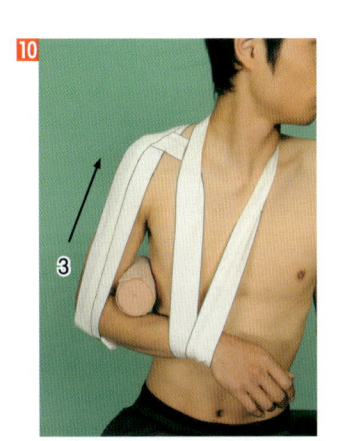

**10** 3のテープは，2のテープ上（7参照）にテープ幅の1/2～1/3程度を重ねて，肘部から肩峰部に向けて貼付する． 普通

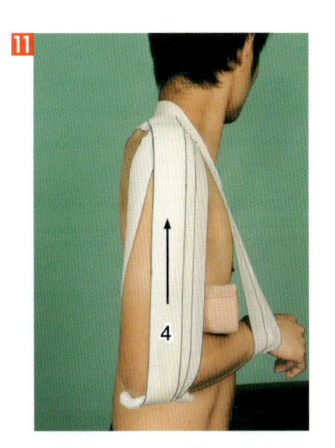

**11** 4のテープは，3のテープ上にテープ幅の1/2～1/3程度を重ねて貼付する． 普通

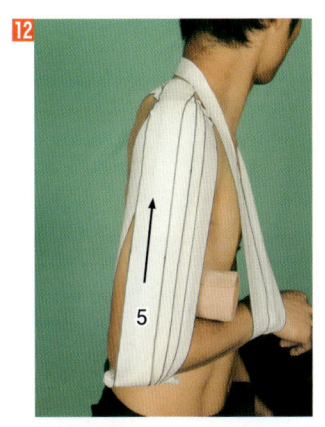

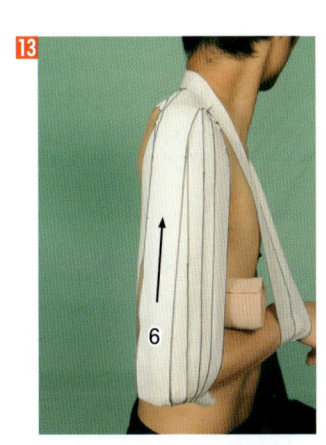

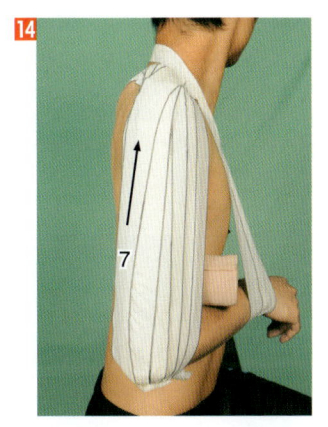

**12 13 14** 5のテープは4のテープ上（11参照）に，6のテープは5のテープ上（12参照）に，7のテープは6のテープ上（13参照）に，それぞれテープ幅の1/2～1/3程度を重ねて貼付し，上腕部全体を覆う． 普通

I 救急処置

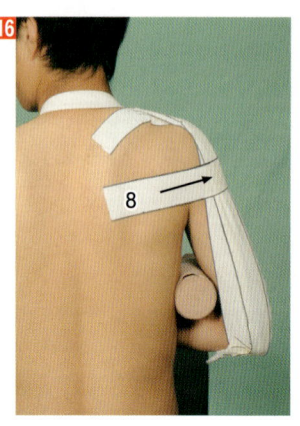

**15 16** 8のテーピングは，肩関節の圧迫・固定のために行なうものである（以後，貼付する13のテープまで同様である）．このため，8のテープは肩甲部から貼り始め，三角筋部を通り前胸部まで貼付する．　普通

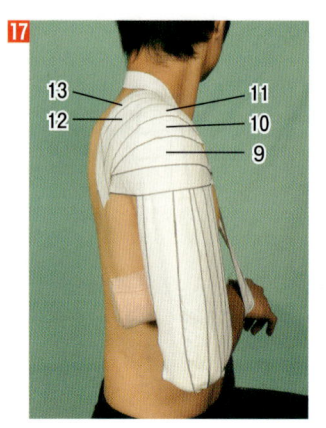

**17** 9のテープは8のテープ上（16参照）に，テープ幅の1/2～1/3程度を重ねて貼付する．10のテープは9のテープ上に，11のテープは10のテープ上に，12のテープは11のテープ上に，13のテープは12のテープ上に，テープ幅の1/2～1/3程度を重ねて扇状に貼付する．　普通

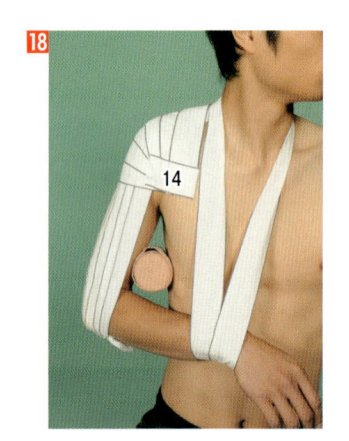

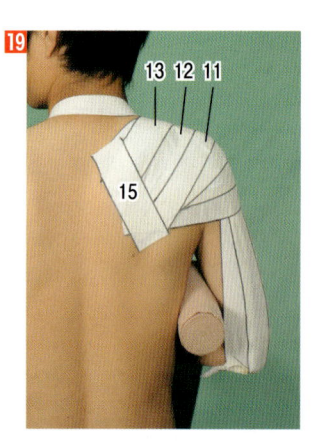

**18 19** 14・15のテーピングは，これまでに貼付した8～13のテープが剥がれないようにするために行なうものである．このため，14のテープは前胸部に，15のテープは肩甲部内側縁に，1/2が皮膚に，1/2がテープにかかるように貼付する．　普通

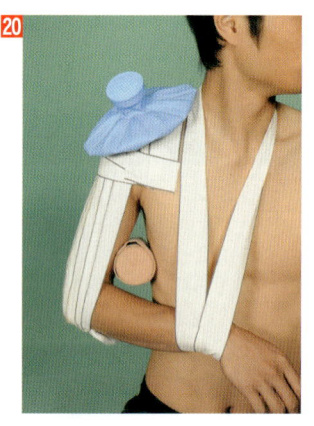

**20** 損傷部をアイパックや，氷や冷水を入れた氷のうなどで冷やす．

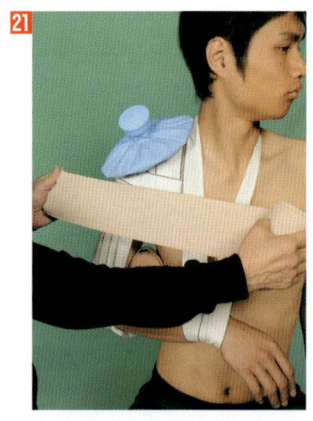

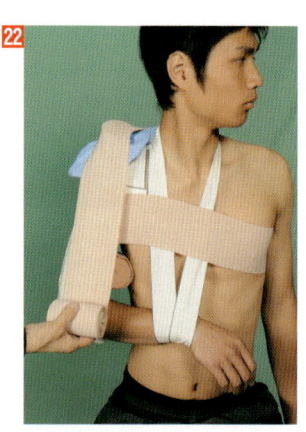

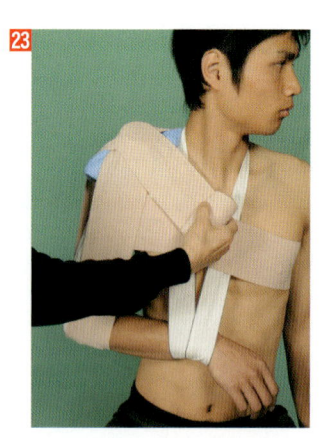

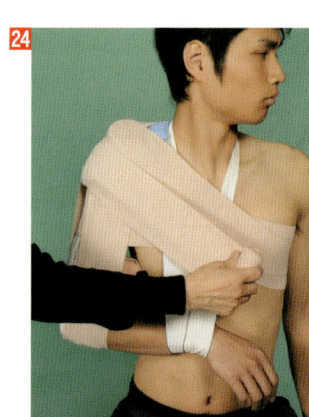

**21～26** 弾性包帯でアイスパックや氷のうなどを損傷部に固定する．

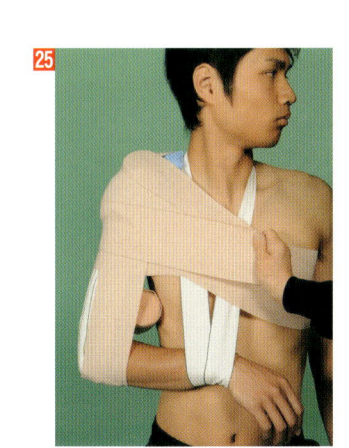

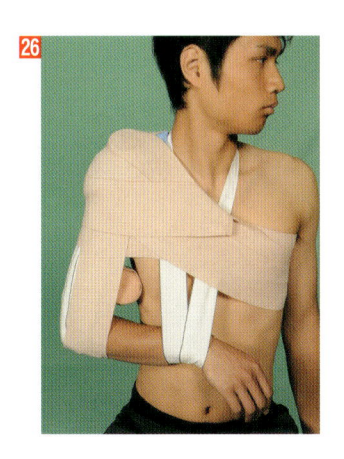

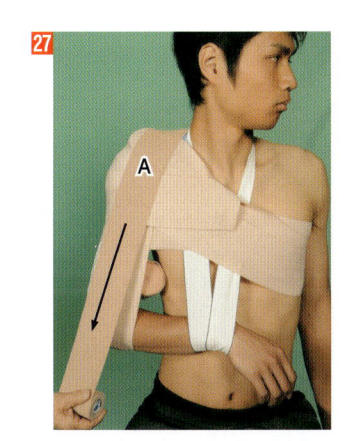

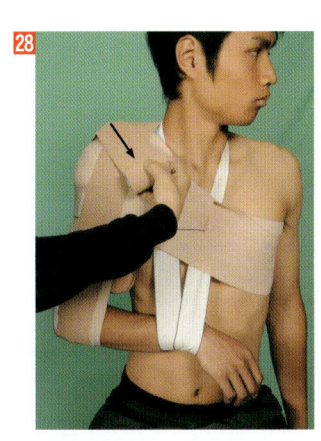

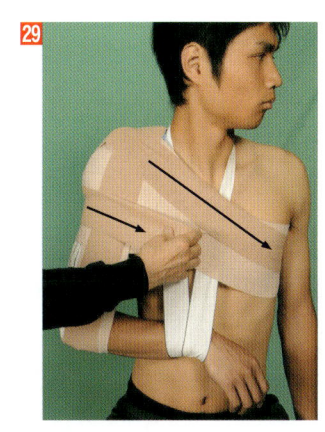

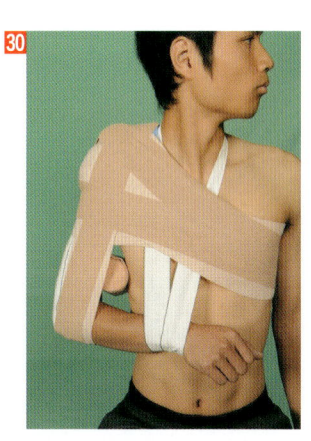

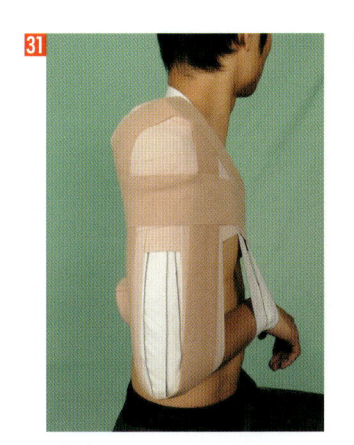

**27～30** Aのテーピングは，弾性包帯がほどけないようにするために行なうものである．このため，Aのテープは肩甲上部――上腕部――肘部――肩甲上部を経て体幹に巻き，貼付する．

**31** 側面から見た完成写真．

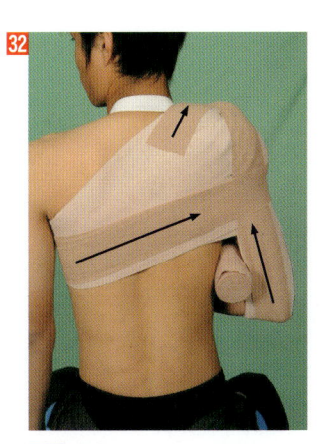

**32** 背面から見た完成写真．

以上で，肩関節損傷の救急処置のテーピングが完了する．

## 救急処置 I-5 肘関節損傷の救急処置のテーピング
### 直ちに医師の診察を受けなければならない場合の救急処置

**固定肢位**
- 無理のない肢位．

**テープ**
- 粘着非伸縮性テープ　約38mm幅
- 粘着伸縮性テープ　約50mm幅
- スポンジラバー
- 氷のう
- 弾性包帯

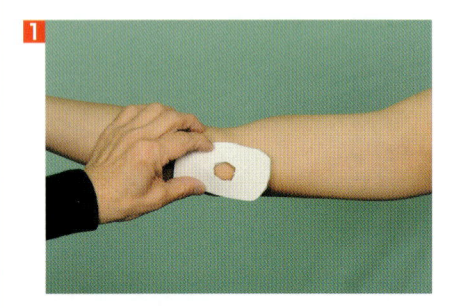

**1** 肘関節の内側に，写真にみるような上腕骨内側上顆に当たる部分をくりぬいたスポンジラバーを当てがう．この処置は，以後のテーピングにおいて，内側肘部をよく圧迫できるようにとの意図によるものである．

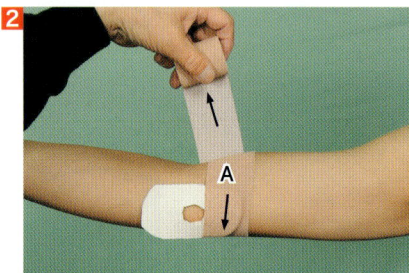

**2〜6** Aのテープは，上腕部から前腕部まで巻き，貼付する．　普通

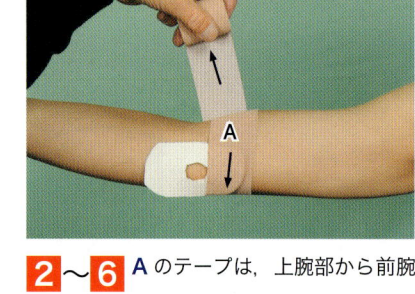

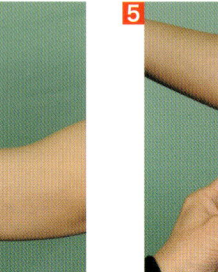

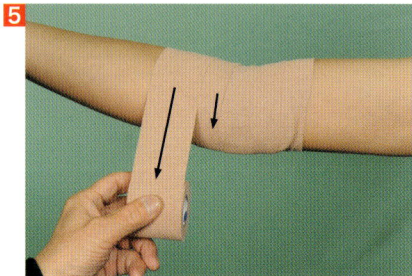

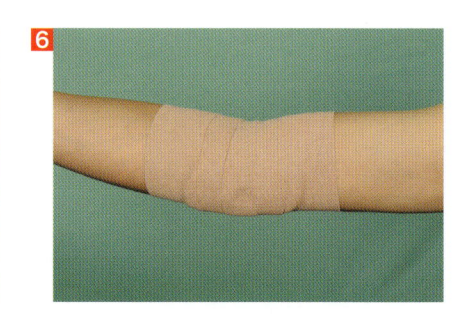

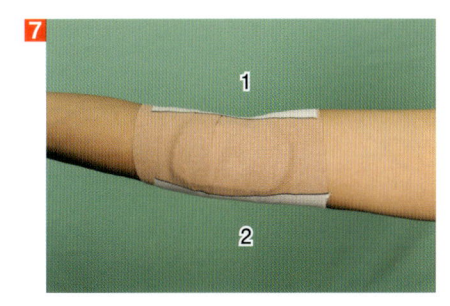

**7** 1・2のアンカーテープをAのテープ上に貼付する．1のテープは前腕から上腕にかけて肘部前面（肘窩）に，2のテープは肘部後面（肘頭）に貼付する．　普通

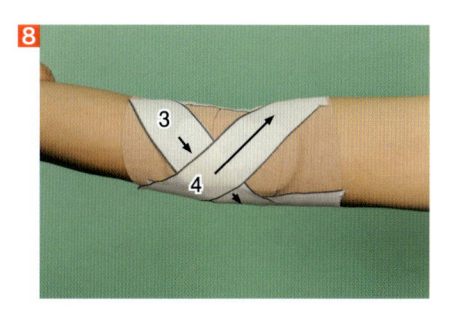

**8** 3・4のテーピングは，損傷部を圧迫するために行なうものである（以後，貼付する8のテープまで同様である）．このため，3のテープは前前腕部の1のテープ上（7参照）から矢印の方向に貼り始め，内側上顆を経て，2のテープ上（7参照）の後上腕部まで貼付する．4のテープは2のテープ上の後前腕部から貼り始め，3のテープと交差させて，1のテープ上の前上腕部まで貼付する．　やや強く

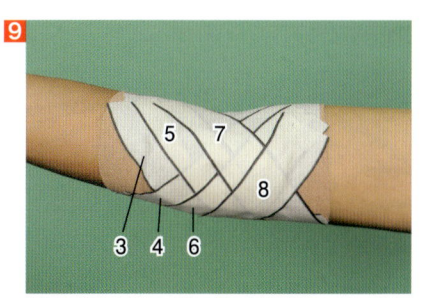

**9** 5のテープは3のテープ上（8参照）に，6のテープは4のテープ上（8参照）に，7のテープは5のテープ上に，8のテープは6のテープ上に，それぞれテープ幅の1/2〜1/3程度を重ねて貼付する．　やや強く

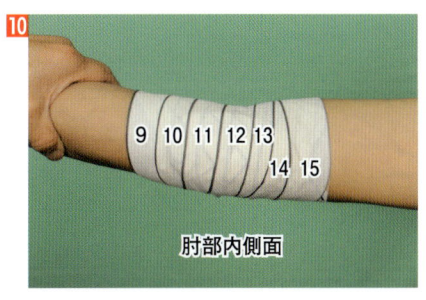

肘部内側面

肘部外側面

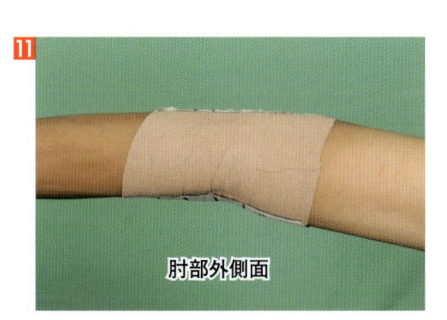

**10 11** 9〜15のテーピングは，3〜8のテープ（8 9参照）が剥がれないようにするためと，肘部内側への圧迫をより強くするために行なうものである．このため，9のテープは1のテープ上（7参照）の前前腕部から貼り始め，内側前腕部を経て，2のテープ上（7参照）の後前腕部まで貼付する．10のテープは9のテープ上に，11のテープは10のテープ上に，12のテープは11のテープ上に，13のテープは12のテープ上に，14のテープは13のテープ上に，15のテープは14のテープ上に，それぞれ1/2〜1/3程度を重ねて貼付する．　やや強く

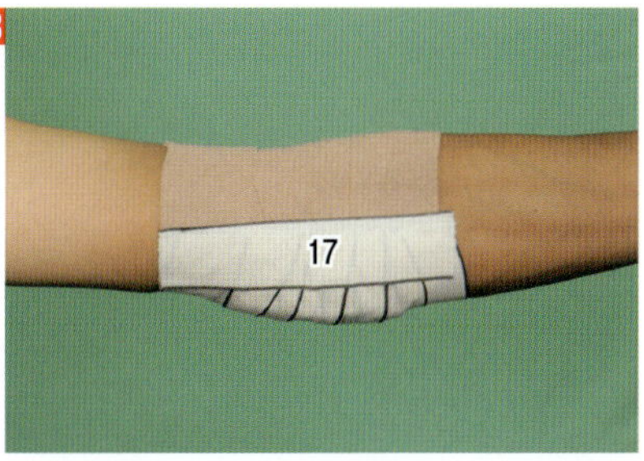

**12 13** 16・17のテーピングは，これまでに貼付したテープが剥がれないようにするために行なうものである．このため，16のテープは肘部前面に，17のテープは肘部後面のテープ端に貼付する．　普通

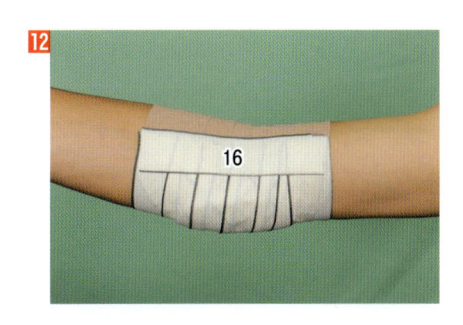

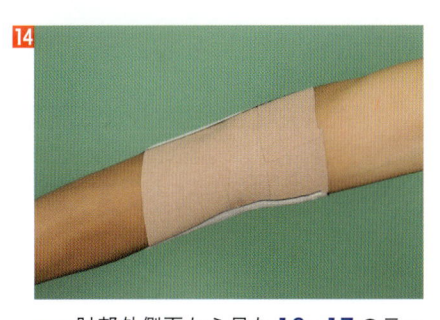

**14** 肘部外側面から見た16・17のテーピング．

**15** 損傷部をアイスパックや，氷や冷水を入れた氷のうなどで冷やす．

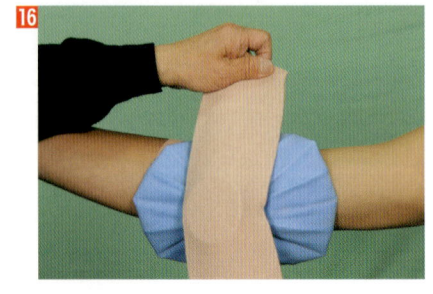

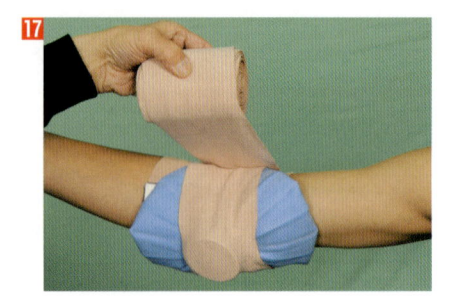

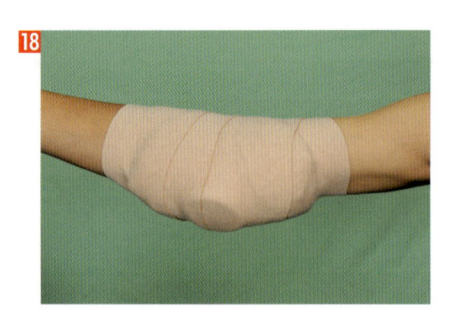

**16 17 18** 弾性包帯でアイスパックや氷のうなどを損傷部に固定する.

以上で，肘関節損傷の救急処置のテーピングが完了する.

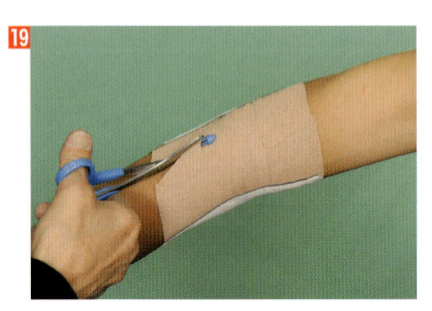

**19** もし，損傷部に腫れがみられた場合には，肘部前面の粘着伸縮性テープを図のように切る.

## 救急処置 I-6　手関節損傷の救急処置のテーピング
### 直ちに医師の診察を受けなければならない場合の救急処置

**固定肢位**
- 無理のない肢位．

**テープ**
- 粘着非伸縮性テープ　約38mm幅
- 粘着伸縮性テープ　約50mm幅
- スポンジラバー
- 氷のう
- 弾性包帯

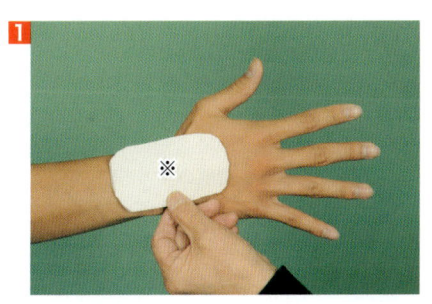

**1** 手背から後前腕部にかけてスポンジラバーを当てがう．この処置は，以後のテーピングにおいて手関節をよく圧迫できるようにとの意図によるものである．

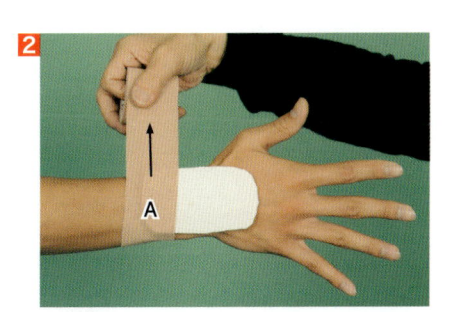

**2 3** A のテープは前腕部から貼り始め，手背——手掌へと貼付する．　普通

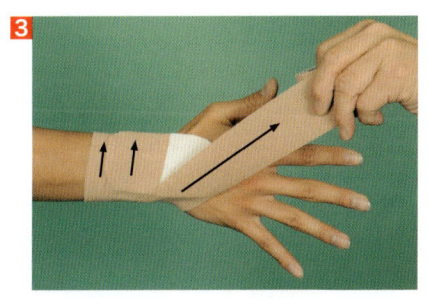

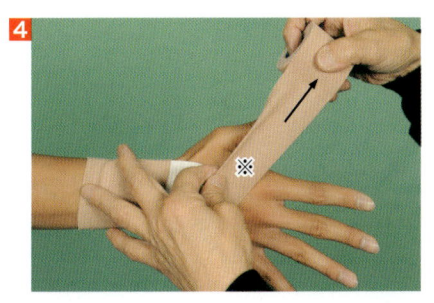

**4** 手背——手掌へと貼付する際，母指に当たるテープの辺縁部を 3〜5mm 程度折り曲げる．

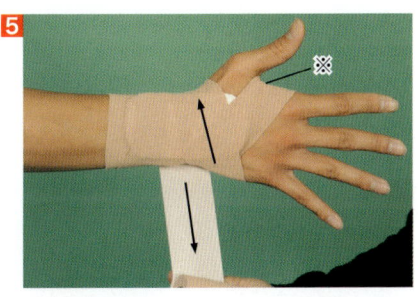

**5** 引き続き，A のテープは手背——手関節部へと巻き，貼付する．　普通

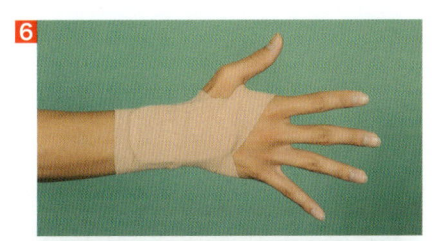

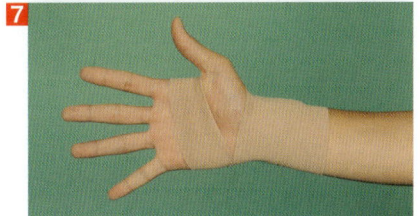

**6 7** 手背側（**6**）と手掌側（**7**）から見た A のテーピング．

I　救急処置

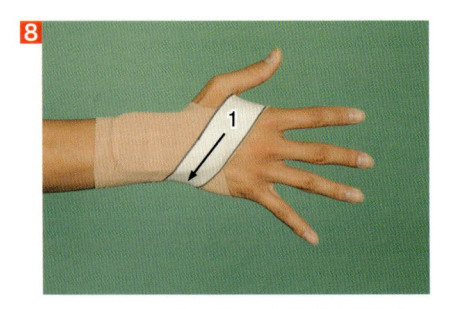

**8** 1のテーピングは，損傷部を圧迫するために行なうものである（以後，貼付する7のテープまで同様である）．このため，1のテープは手背部の第2指の下から貼り始め，手背を矢印の方向へ手関節の尺側面まで貼付する． やや強く

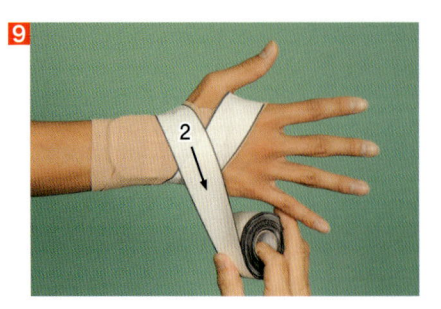

**9** 2のテープは手関節橈側面から貼り始め，手背で1のテープと交差させ，手背部の第5指の下まで貼付する． やや強く

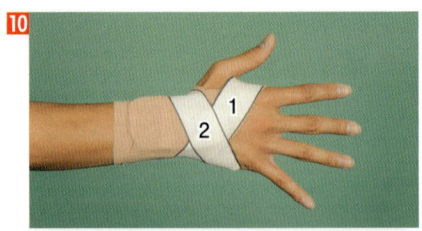

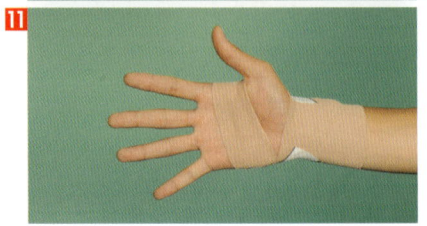

**10 11** 手背側（10）と手掌側（11）から見た1・2のテーピング．

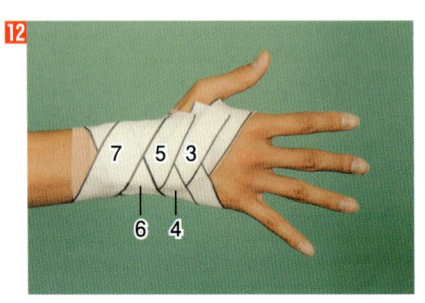

**12** 3のテープは1のテープ上（8参照）に，4のテープは2のテープ上（9参照）に，5のテープは3のテープ上に，6のテープは4のテープ上に，7のテープは5のテープ上に，それぞれテープ幅の1/2～1/3程度を重ねて貼付する． やや強く

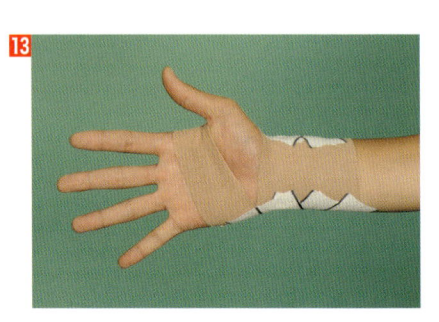

**13** 手掌面から見た3～7のテーピング．

**14** 8～13のテーピングは，1～7のテープ（12参照）が剥がれないようにするためと，手関節背面への圧迫をより強くするために行なうものである．このため，8のテープは手背部の第2指の下から貼り始め，手背を通り手背部の第5指の下まで貼付する．9のテープは8のテープ上に，10のテープは9のテープ上に，11のテープは10のテープ上に，12のテープは11のテープ上に，13のテープは12のテープ上に，それぞれテープ幅の1/2～1/3程度を重ねて貼付する． やや強く

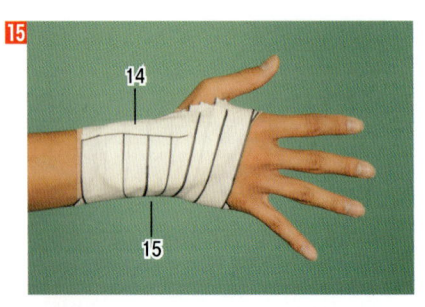

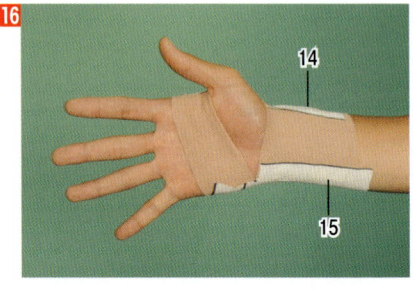

**15 16** 14・15のテーピングは，これまでに貼付したテープが剥がれないようにするために行なうものである．このため，14・15のテープはそれぞれテープの端に貼付する． 普通

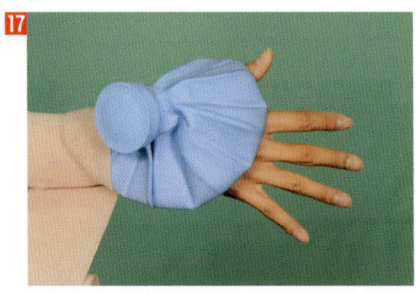

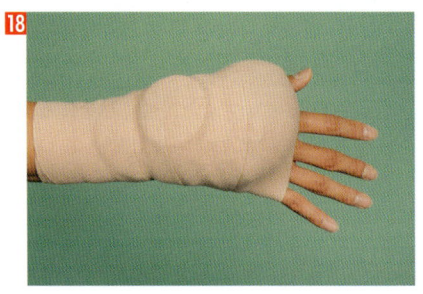

**17 18** 損傷部をアイスパックや，氷や冷水を入れた氷のうなどで冷やす．弾性包帯でアイスパックや氷のうなどを損傷部に固定する．

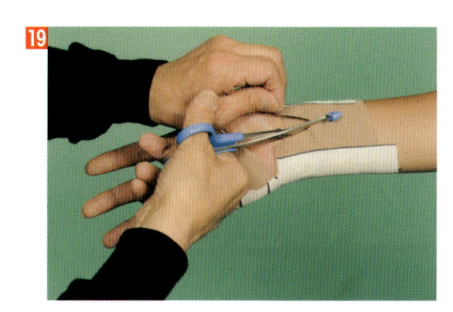

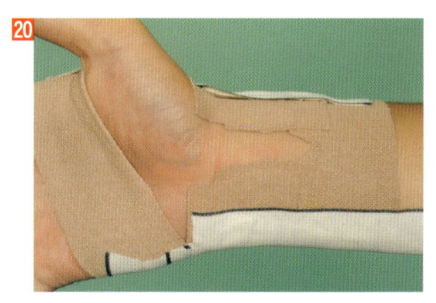

**19 20** もし，損傷部に腫れが見られた場合には，前前腕部の粘着伸縮性テープを図のように切る．

以上で，手関節損傷の救急処置のテーピングが完了する．

I　救急処置

# 救急処置 I-7　腰部損傷の救急処置のテーピング
## 直ちに医師の診察を受けなければならない場合の救急処置

**固定肢位**
- 軽度屈曲位（前かがみ）または無理のない肢位．

**テープ**
- 粘着非伸縮性テープ　約50mm幅
- 粘着伸縮性テープ　約75mm幅
- スポンジラバー
- 弾性包帯
- 氷のう

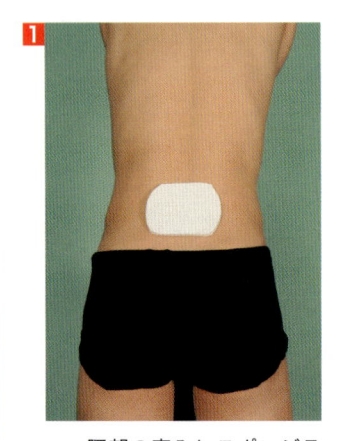

**1** 腰部の窪みにスポンジラバーを当てがう．

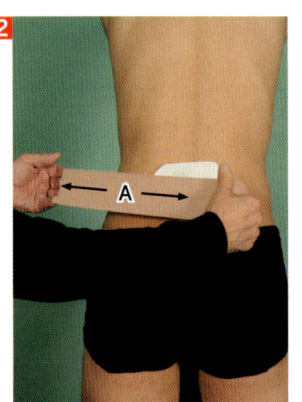

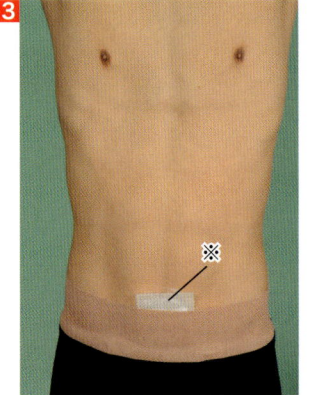

**2 3 4** Aのテープを腰部全体に巻き，貼付する．このとき，下腹部に体毛のある場合には脱脂綿を当てがう．これは，テープを剥がす際に体毛が引っ張られて痛みを覚えないようにするためである（3参照）． 普通

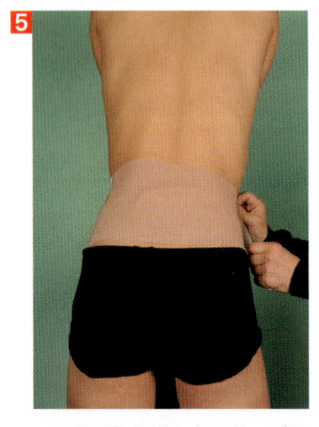

**5** 1・2のアンカーテープをAのテープ上の側腹部に貼付する． 普通

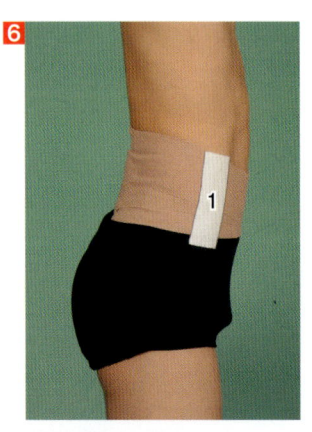

**6** 右側面の写真．

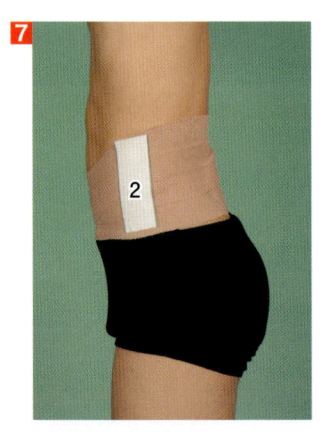

**7** 左側面の写真．

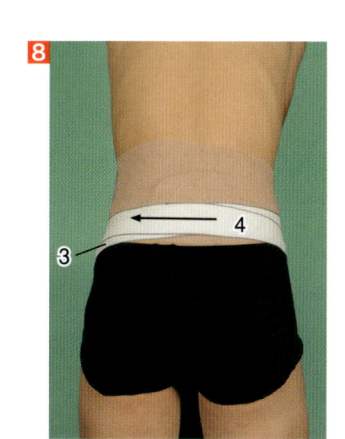

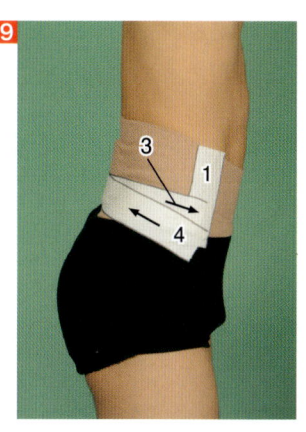

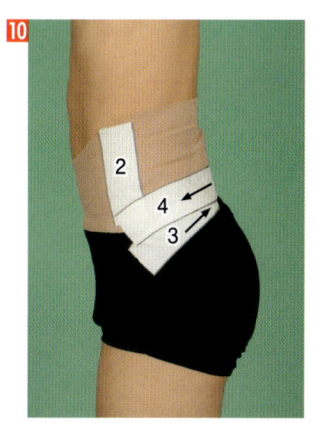

**8 9 10** 3・4のテーピングは，腰部を圧迫・固定するために行なうものである（以後，貼付する12のテープまで同様である）．このため，3のテープは2のテープ上の左側腹部から貼り始め，やや斜め上方の1のテープ上，右側腹部まで貼付する．4のテープは1のテープ上の右側腹部から貼り始め，3のテープと正中部で交差させ，やや斜め上方の2のテープ上，左側腹部まで貼付する．9は右側面，10は左側面から見た写真． やや強く

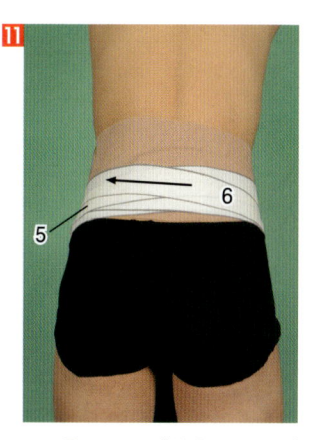

**11** 5のテープは3のテープ上（8参照）に，6のテープは4のテープ上（8参照）に，それぞれテープ幅の1/2〜1/3程度を重ねて貼付する． やや強く

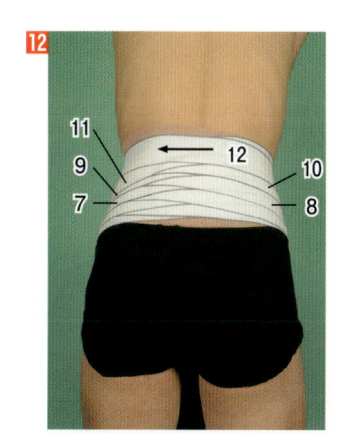

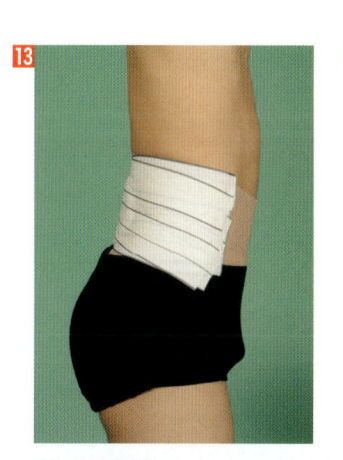

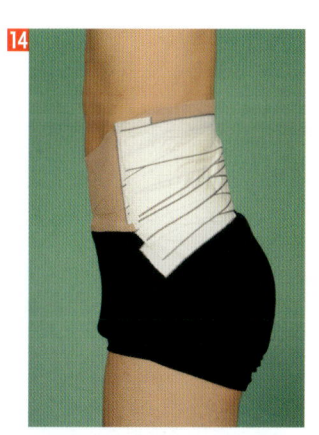

**12 13 14** 7のテープは5のテープ上（11参照）に，8のテープは6のテープ上（11参照）に，9のテープは7のテープ上に，10のテープは8のテープ上に，11のテープは9のテープ上に，12のテープは10のテープ上に，それぞれテープ幅の1/2〜1/3程度を重ねて貼付する．13は右側面，14は左側面から見た写真． やや強く

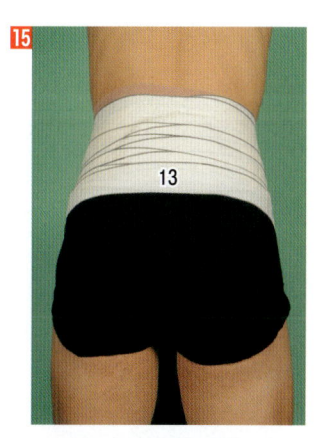

**15** 13のテーピングは，これまでに貼付したテープの圧迫・固定を持続させるために行なうものである（以後，貼付する18のテープまで同様である）．このため，13のテープは3・4のテープ上（8参照）に重ねて貼付する． やや強く

I 救急処置 219

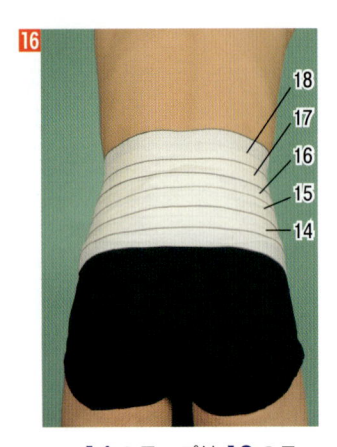

**16** 14のテープは13のテープ上（15参照）に，15のテープは14のテープ上に，16のテープは15のテープ上に，17のテープは16のテープ上に，18のテープは17のテープ上に，それぞれテープ幅の1/2〜1/3程度を重ねて貼付する． やや強く

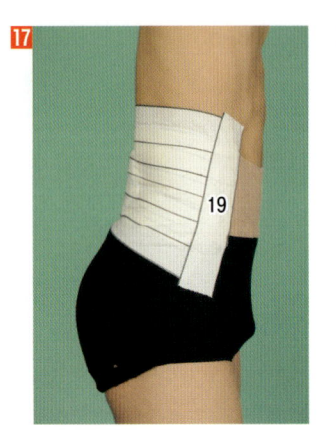

**17 18** 19・20のテーピングは，腰部を圧迫・固定するためのテープが剥がれないようにするために行なうものである．このため，19のテープは右側腹部に，20のテープは左側腹部のテープ群の端にそれぞれ貼付する． 普通

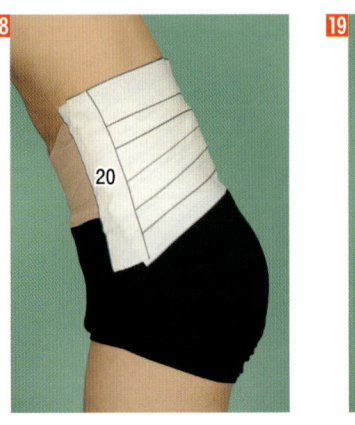

**19** 前面（腹部）から見た19・20のテーピング．

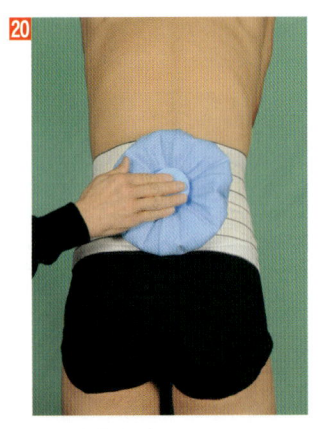

**20** 損傷部をアイスパックや，氷や冷水を入れた氷のうなどで冷やす．

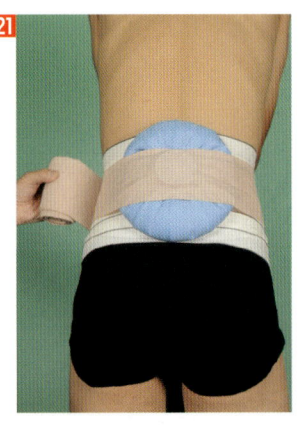

**21 22** 弾性包帯でアイスパックや氷のうなどを損傷部に固定する．

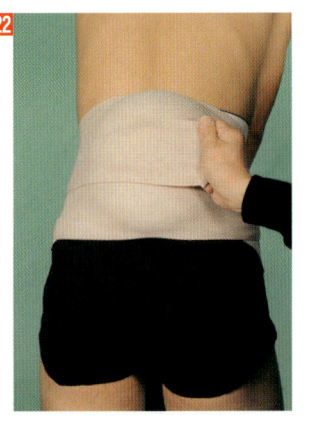

**23** 後面（背部）から見た完成写真．

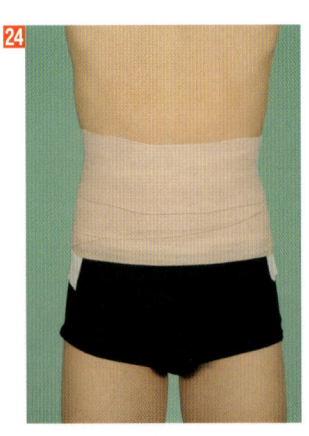

**24** 前面（腹部）から見た完成写真．

以上で，腰部損傷の救急処置のテーピングが完了する．

## 救急処置 I-8　大腿部（ハムストリングス）損傷の救急処置のテーピング
### 直ちに医師の診察を受けなければならない場合の救急処置

**固定肢位**
- 膝関節屈曲位または無理のない肢位．

**テープ**
- 粘着非伸縮性テープ　約50mm幅
- 粘着伸縮性テープ　約75mm幅
- スポンジラバー
- 氷のう
- 弾性包帯

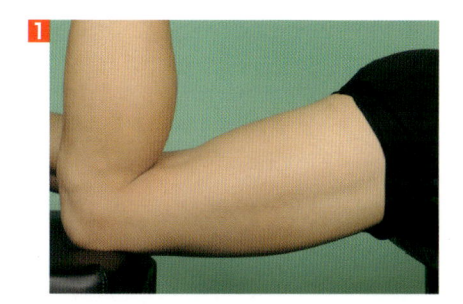

**1** 大腿部損傷は主に筋肉損傷（肉ばなれ）が疑われる．その場合は，写真のように膝関節屈曲位にてハムストリングスの筋の緊張をゆるめ，選手が無理のない肢位にてテープを貼付する．

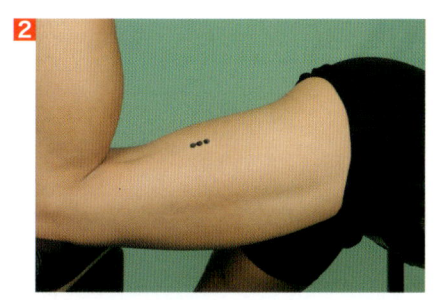

**2** 黒色●印部分が損傷部位．

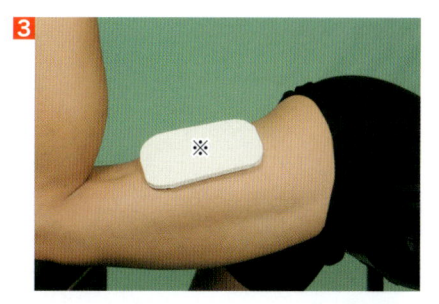

**3** 大腿部にスポンジラバーを当てがう．この処置は，以後のテーピングにおいて損傷部をよく圧迫できるようにとの意図によるものである．

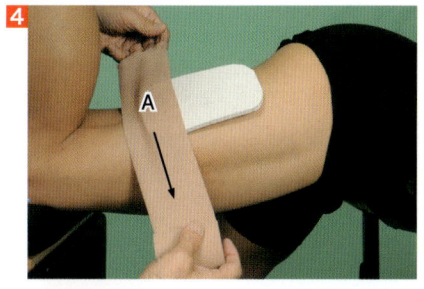

**4 5 6** Aのテープは大腿部全体に巻き，貼付する．　普通

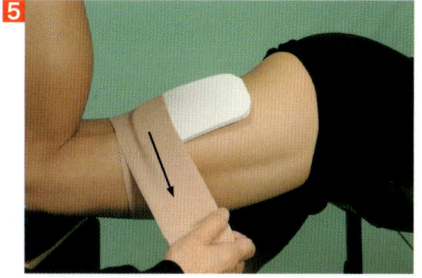

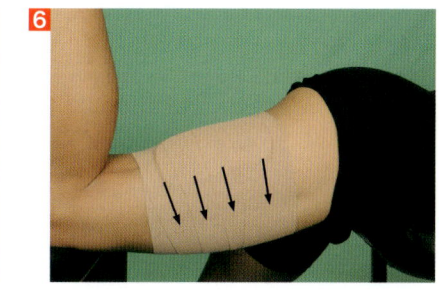

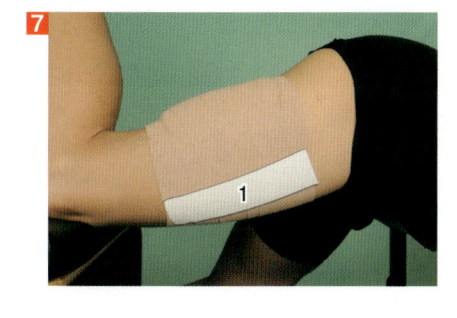

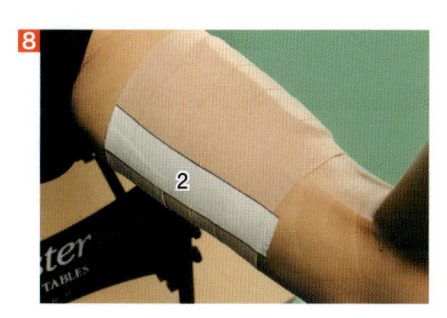

**7 8 9** 1・2のアンカーテープをAのテープ上（6参照），大腿部外側と内側に貼付する．　普通

I　救急処置　221

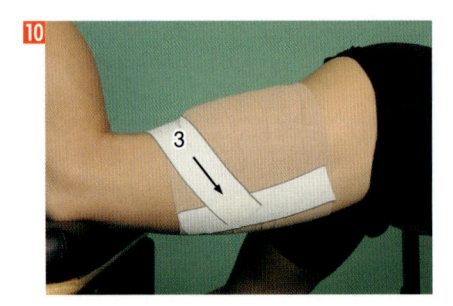

**10** 3のテーピングは，損傷部位を圧迫するために行なうものである（以後，貼付する18のテープまで同様である）．このため，3のテープは大腿部内側2のテープの下端から貼り始め，矢印の方向に後大腿部を経て，大腿部外側1のテープ上まで貼付する．　やや強く

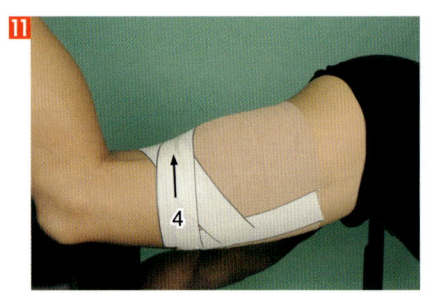

**11** 4のテーピングは，大腿部外側1のテープ上の下端から貼り始め，矢印の方向に後大腿部を経て，3のテープと交差させて大腿部内側2のテープ上まで貼付する．　やや強く

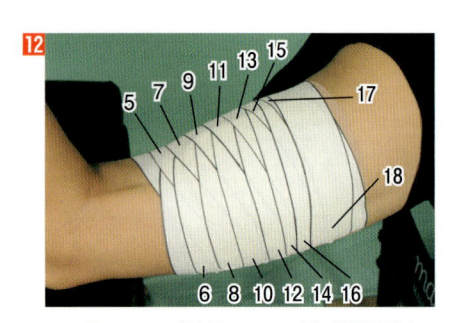

**12** 5のテープは3のテープ上（10参照）に，6のテープは4のテープ上（11参照）に，7のテープは5のテープ上に，8のテープは6のテープ上に，9のテープは7のテープ上に，10のテープは8のテープ上に，11のテープは9のテープ上に，12のテープは10のテープ上に，13のテープは11のテープ上に，14のテープは12のテープ上に，15のテープは13のテープ上に，16のテープは14のテープ上に，17のテープは15のテープ上に，18のテープは16のテープ上に，それぞれテープ幅の1/2〜1/3程度を重ねて貼付する．　やや強く

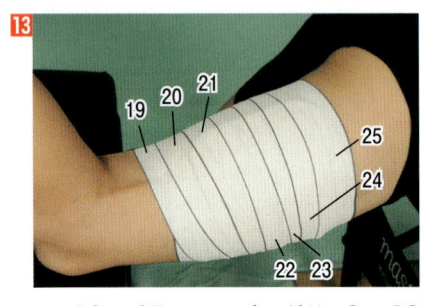

**13** 19〜25のテーピングは，3〜18のテープが剥がれないようにするためと，ハムストリングスへの圧迫をより強くするために行なうものである．このため，19のテープは3・4のテープ上（10 11参照）に重ねて貼付する．20のテープは19のテープ上に，21のテープは20のテープ上に，22のテープは21のテープ上に，23のテープは22のテープ上に，24のテープは23のテープ上に，25のテープは24のテープ上に，それぞれテープ幅の1/2〜1/3程度を重ねて貼付する．　やや強く

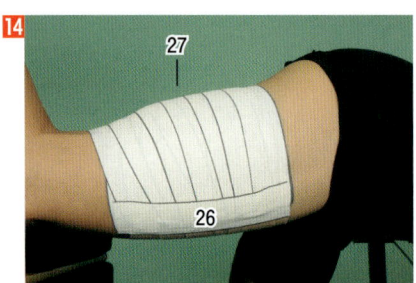

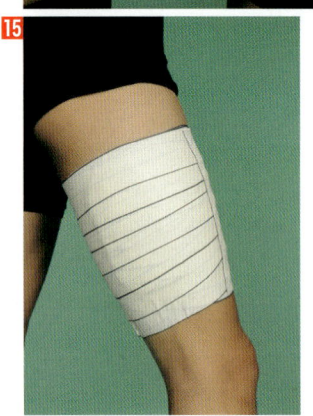

**14 15** 26・27のテーピングは，後大腿部を圧迫するために貼付したテープが剥がれないようにするために行なうものである．このため，26のテープは大腿部外側に，27のテープは大腿部内側に貼付する．　普通

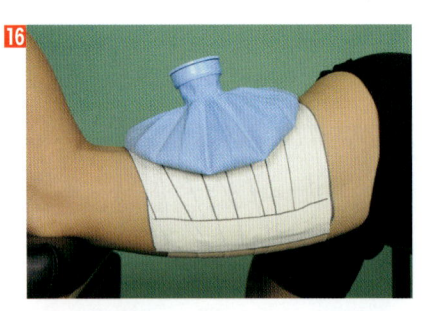

**16** 損傷部をアイスパックや，水や冷水を入れた氷のうなどで冷やす．

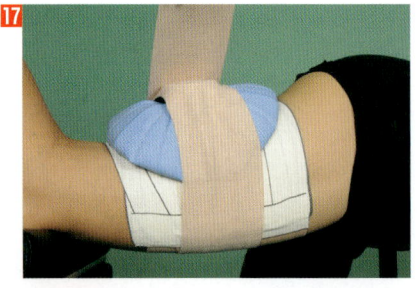

**17 18** 弾性包帯でアイスパックや氷のうなどを損傷部に固定する．

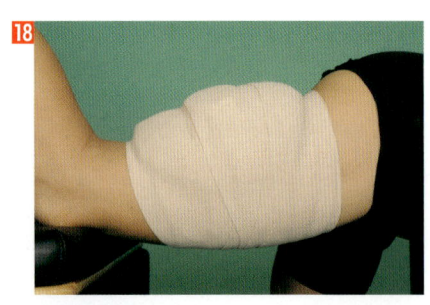

以上で，大腿部（ハムストリングス）損傷の救急処置のテーピングが完了する．

# 救急処置 I-9 裂傷を保護するテーピング

**テープ**
- 粘着非伸縮性テープ 約58mm幅
- 粘着伸縮性テープ 約50mm幅

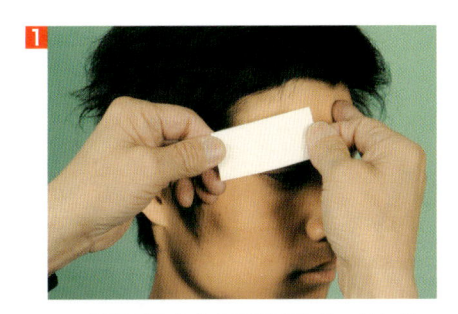

**1** 裂傷部位を救急絆創膏やガーゼなどで保護する．

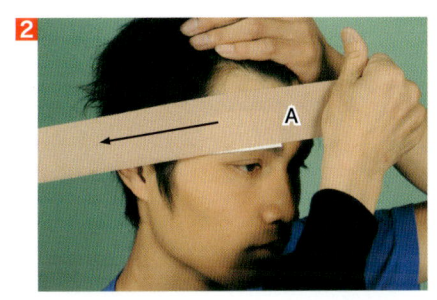

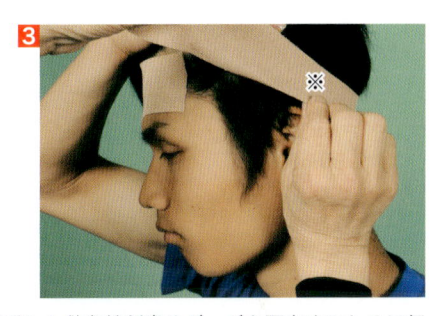

**2〜6** Aのテーピングは，裂傷部位を保護した救急絆創膏やガーゼを固定するために行なうものである．このため，Aのテープは前額部から貼り始め，裂傷部──耳介部（右側頭部）──後頭部──左側頭部──前額部を経て2〜3回巻き，貼付する．左側頭部に貼付する際は，耳にかからないように下縁部を5mm程度折り曲げる（3参照）．
**やや強く**

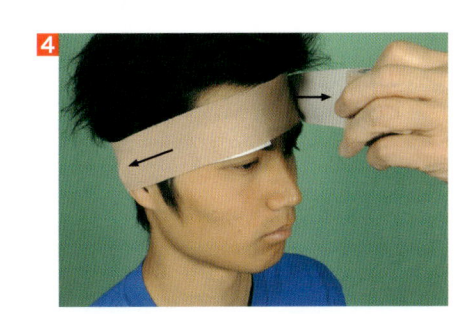

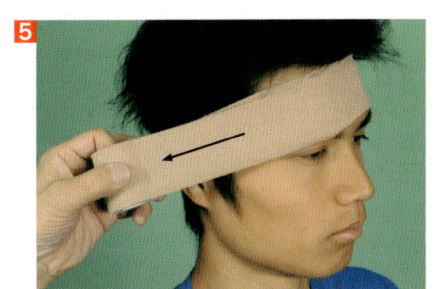

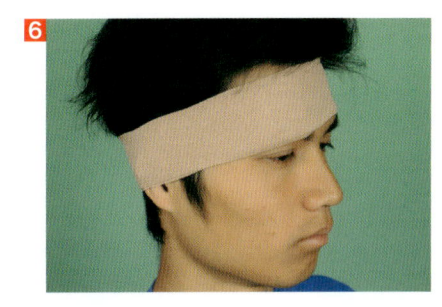

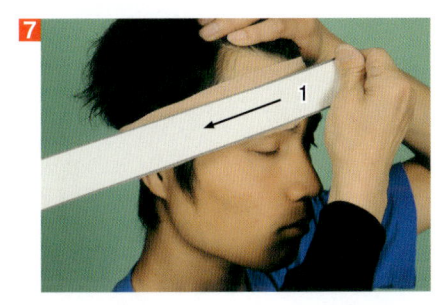

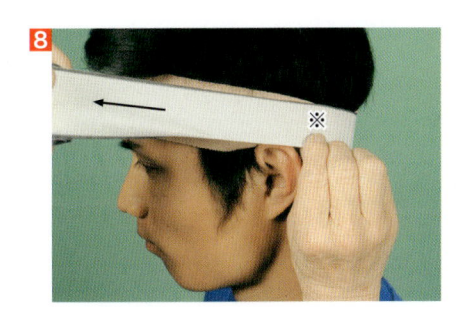

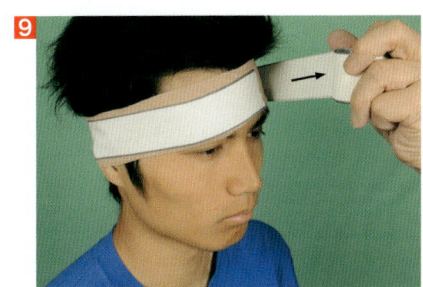

**7〜11** 1のテーピングは，裂傷部位の圧迫とともに，Aのテープがずれたり剥がれたりしないように行なうものである．このため，1のテープはAのテープ上に巻き，貼付する．左側頭部に貼付する際は，耳にかからないように下縁部を2〜3mm程度折り曲げる（8参照）．**普通**

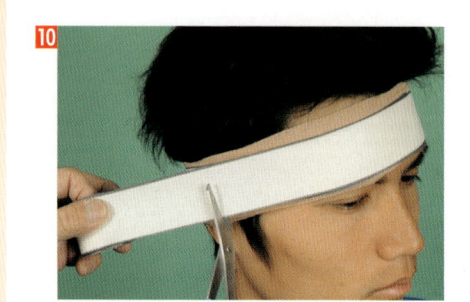

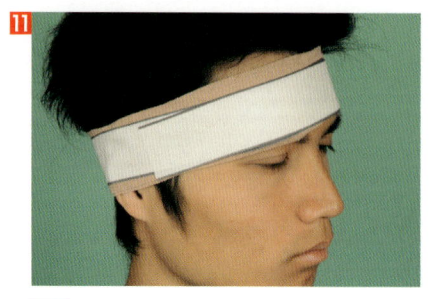

11 完成写真．

以上で，裂傷を保護するテーピングが完了する．

## 救急処置 I-10　耳介血腫を保護するテーピング

レスリングや柔道選手に多い「カリフラワー耳」に対して，耳介全体にテープを貼付し，保護する技法である．

**テープ**
- 粘着非伸縮性テープ　約19mm幅，約38mm幅
- 粘着伸縮性テープ　約50mm幅
- スポンジラバー

**・ポイント・**
- 耳介を圧迫するため頭部にテープを巻く際，粘着伸縮性テープを使用するのは，頭部を締め付け過ぎないようにするためである．
- 圧迫をより効率的にするため，耳甲介腔にスポンジラバーを当てがう．

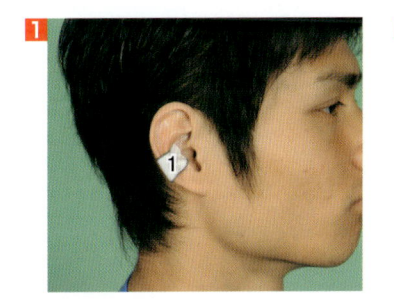

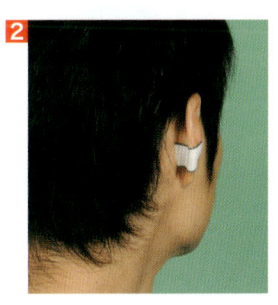

**1 2** 1のテーピングは，耳介を圧迫するために行なうものである（以後，貼付する5のテープまで同様である）．このため，1のテープは耳介をくるむように前から後へ貼付する．　やや強く

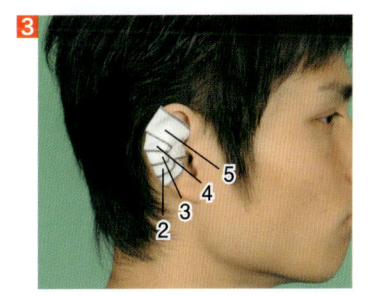

**3 4** 2～5のテープは，1のテープと同様に貼付する．このため，2のテープは1のテープ上（1 2 参照）に，3のテープは2のテープ上に，4のテープは3のテープ上に，5のテープは4のテープ上に，それぞれテープ幅の1/2～1/3程度を重ねて貼付する．この一連のテープで耳介全体を覆う．　やや強く

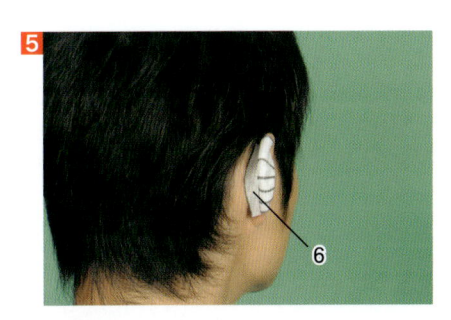

**5** 6のテーピングは，1～5のテープが剥がれないようにするために行なうものである．このため，6のテープは耳介の後面全体に貼付する．　普通

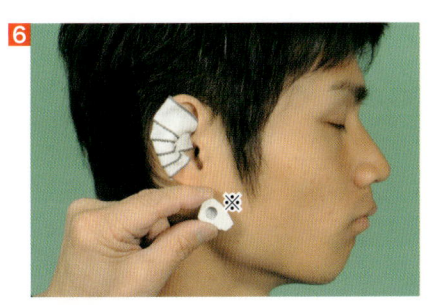

**6 7** 耳甲介腔の大きさに切ったスポンジラバーを当てがう．

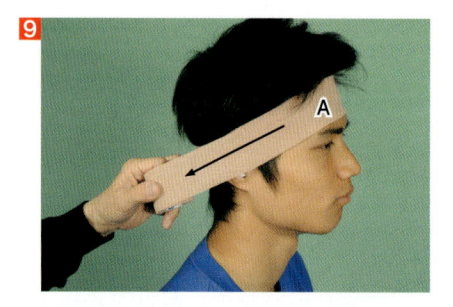

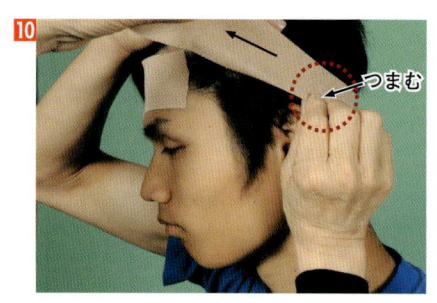

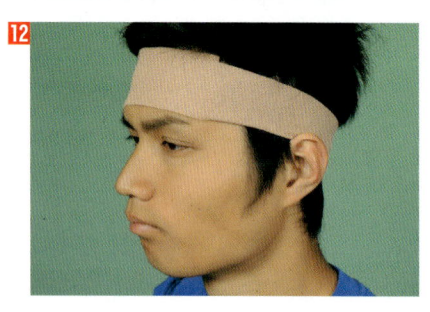

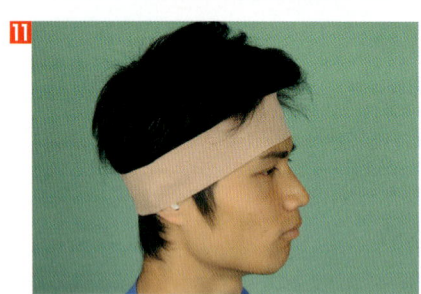

8〜12 **A**のテーピングは耳介を圧迫し，保護するために行なうものである．このため，**A**のテープは頭部に巻き，貼付する．反対側の側頭部に貼付する際は，耳にかからないようにテープ下縁部を5mm程度折り曲げる（10参照）．　やや強く

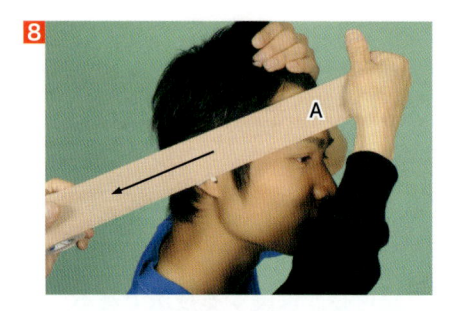

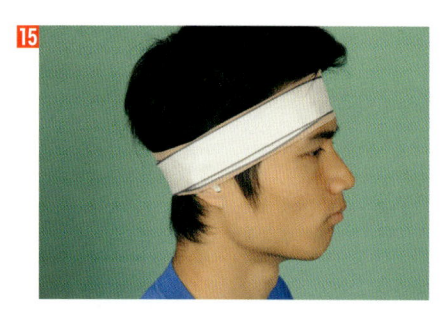

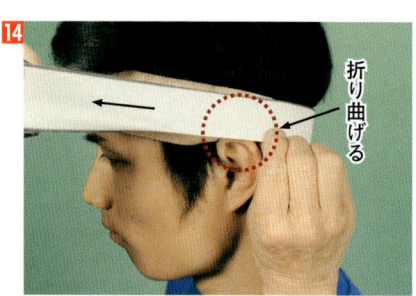

13〜16 7のテーピングは，**A**のテープがずれたり剥がれたりしないようにするために行なうものである．このため，7のテープは**A**のテープ上に重ねて巻き貼付する．反対側の側頭部に貼付する際は，耳にかからないようにテープ下縁部を2〜3mm程度折り曲げる（14参照）．　普通

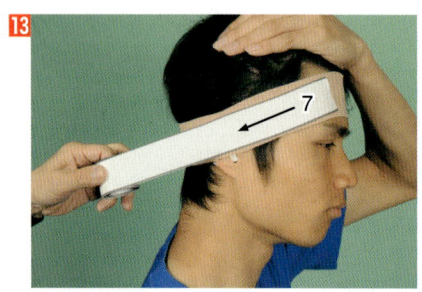

15 右側頭部から見た完成写真．

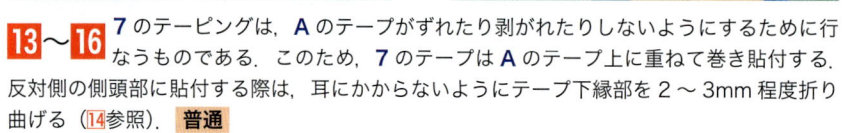

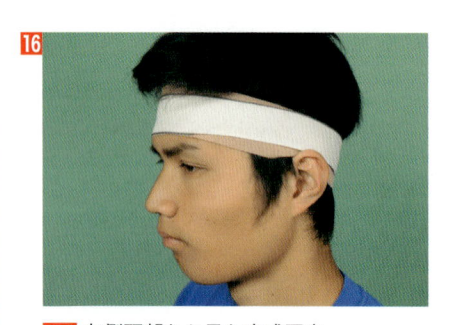

16 左側頭部から見た完成写真．

以上で，耳介血腫を保護するテーピングが完了する．

# II 受傷時に運動を続行する場合のテーピング

**受傷時の運動続行**　「けが」をしても，試合を続行しなければならない場合，体力テストに参加しなければならない場合などに行なうテーピング

## 足関節捻挫の例

「けが」をしたら運動を中止し，ひたすら治療に専念するのがよいのだが，現実には試合続行や体力テストへの参加をしなければならないことがよくある．この場合には，専門医の診断を経た後，所要のテーピングを施して運動に参加する．
　このテーピングは手関節や膝関節や足関節などに対して行なわれるが，本稿ではその中で最も頻度が高い「足首の捻挫に対するテーピング」を紹介する．

**固定肢位**
- 足関節をほぼ直角に保つ．

**テープ**
- 粘着非伸縮性テープ　約38mm幅
- 粘着伸縮性テープ　約50mm幅
- 脱脂綿（ワセリンを塗布したもの）
- 粘着スプレー

**・ポイント・**
- 3本のあぶみ状テープは，足底で狭く，下腿部で広い扇状になるように貼付する．これは，足底でテープが足根中足関節のところにかかると，テープが食い込んで痛みを覚えるためである．そこで，テープが足底を経て外側にかかる際，テープで弧を描くようにして方向を変えると，テープがしわにならずしかも扇状に貼付することができる．

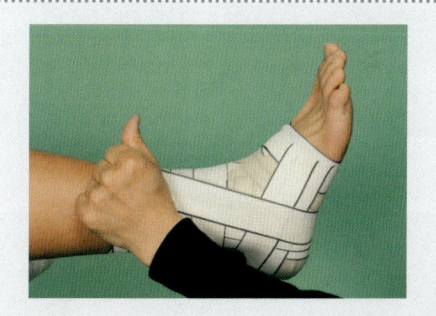

1～22のテーピングの方法についての詳細は，救急処置 I-1 足関節捻挫の救急処置のテーピング（p.200～202）を参照のこと．ここでは写真を掲載しておくにとどめる．

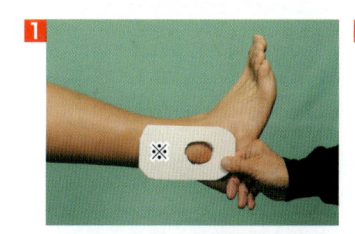

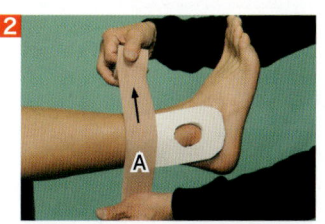

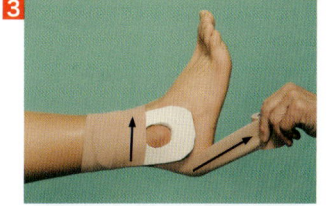

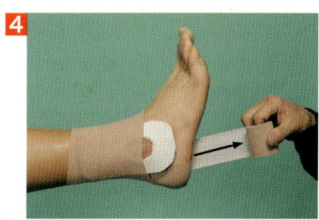

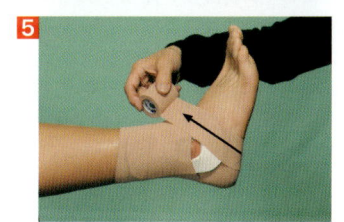

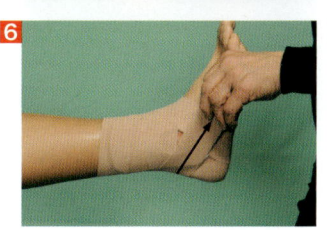

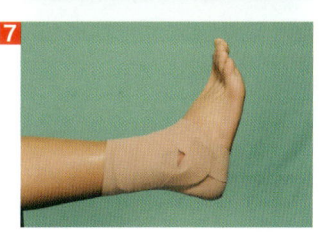

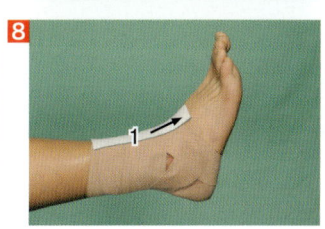

II　受傷時の運動続行

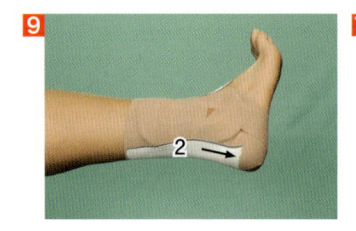

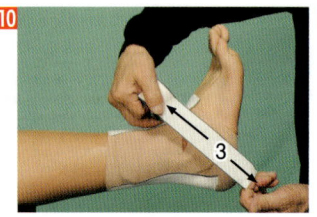

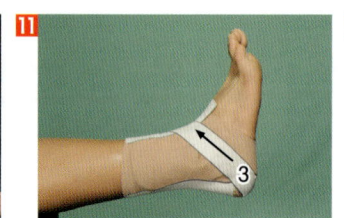

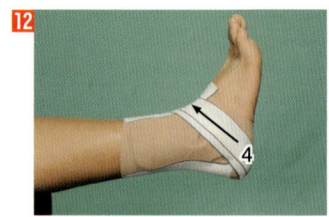

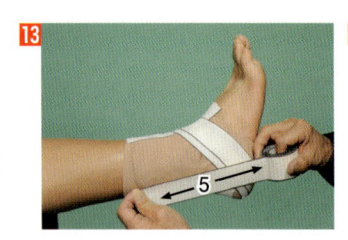

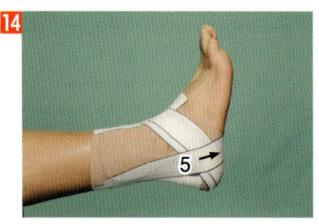

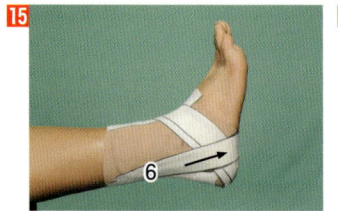

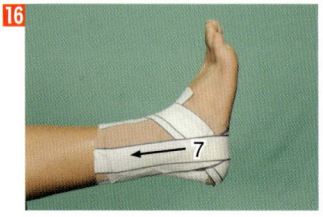

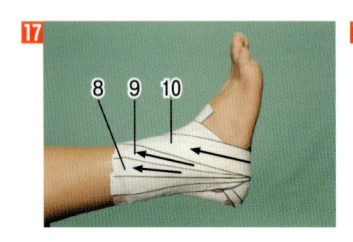

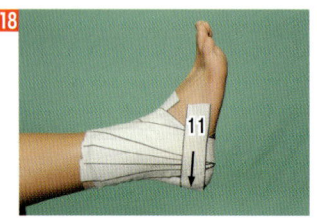

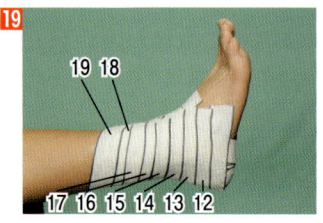

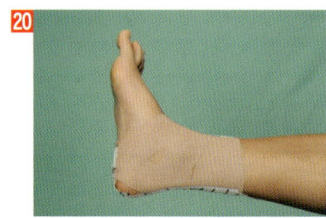

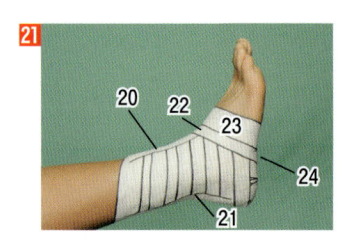

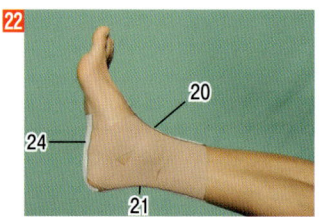

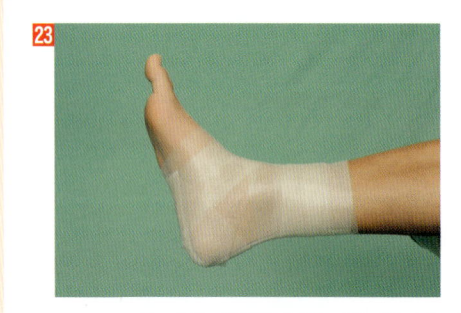

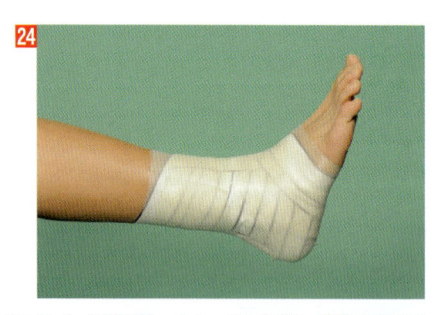

**23 24** テーピング部位全体にアンダーラップを巻く（実技編 p.14，15 参照）．**23** は足関節内側，**24** は外側面から見た写真．
ここでアンダーラップ以降の技法をわかりやすくするために，テープ番号を再び **1** から示す．

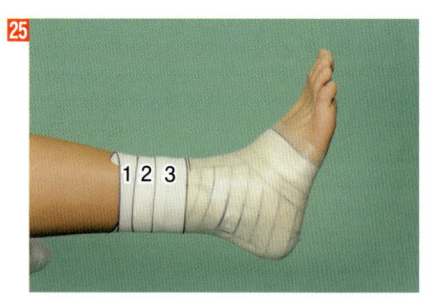

**25** 1〜3 のテーピングは，アンダーラップの脱落防止と，その後に行なうテープの「土台形成」である．このため，1 のテープは腓腹筋の下約 2〜3cm のところに，1/2 が皮膚に，1/2 がアンダーラップにかかるように巻き，貼付する．これは，運動中に起こりやすい腓腹筋の痙攣を防ぐためである．2 のテープは 1 のテープ上に，3 のテープは 2 のテープ上に，それぞれテープ幅の 1/2〜1/3 程度を重ねて巻き，貼付する．　やや強く

228 ─ 救急処置とアスレティック・リハビリテーション

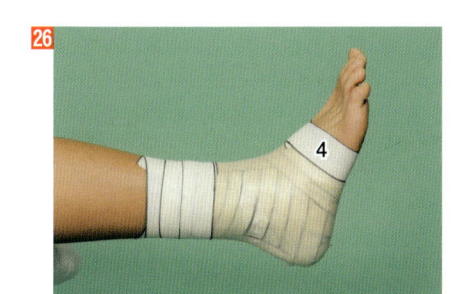

**26** 4のテープは中足骨の周りに，1/2が皮膚に，1/2がアンダーラップにかかるように巻き，貼付する．　やや強く

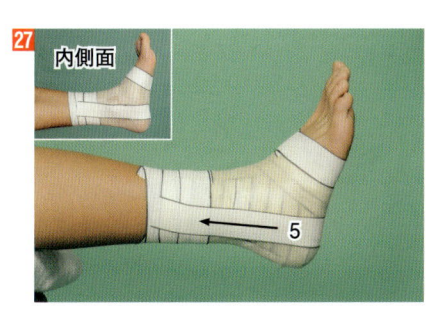

**27** 5のテーピングは，捻挫の原因となる足首の側方向への動きを制限するために行なうものである．このため，5のテープは1のテープ（25参照）の内側部の上縁からアキレス腱に沿い，踵部を経て矢印の方向へ，1のテープの外側部の上縁まで貼付する（以降貼付する8・11のテープも同様である）．このとき，テープが内果および外果の後方の部分を，それぞれ1/3程度が覆うようにする．
強く（ただし，足底はやや強く）

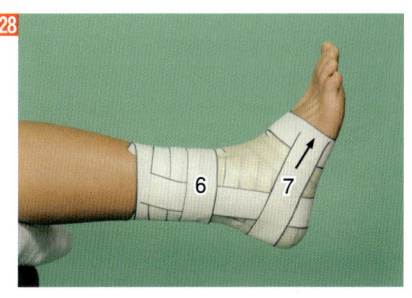

**28** 6・7のテーピングは，5のテープを固定するために行なうものである．このため，6のテープは3のテープ上（25参照）にテープ幅の1/2〜1/3程度を重ねて巻き，貼付する．7のテープは4のテープ（26参照）の内側から貼り始め，踵部を経て4のテープの外側まで貼付する．
やや強く

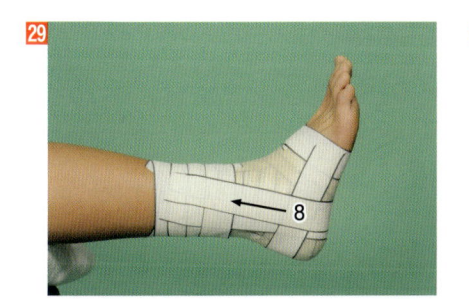

**29** 8のテープは，5のテープ上（27参照）にテープ幅の1/2〜1/3程度を重ねて貼付する．
強く（ただし，足底はやや強く）

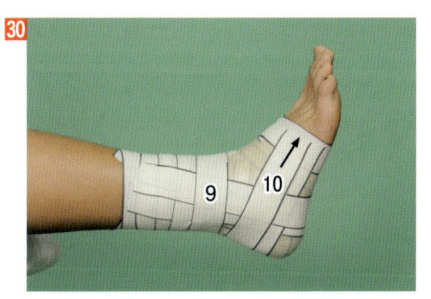

**30** 9・10のテーピングは，8のテープ（29参照）を固定するために行なうものである．このため，9のテープは6のテープ上（28参照）に，10のテープは7のテープ上（28参照）に，それぞれテープ幅の1/2〜1/3程度を重ねて貼付する．
やや強く

II　受傷時の運動続行

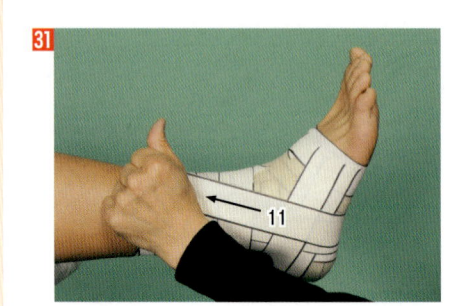

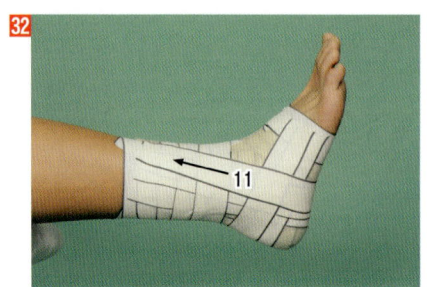

**31 32** 11のテープは8のテープ上（**29**参照）に，テープ幅の1/2〜1/3程度を重ねて貼付する． 強く（ただし，足底はやや強く）

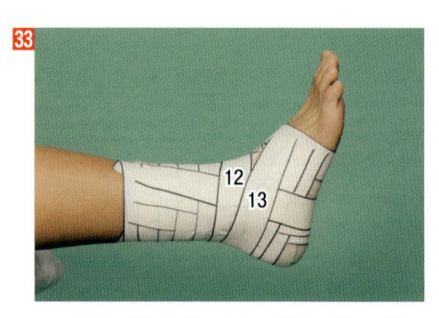

**33** 12・13のテーピングは，11のテープを固定するために行なうものである．このため，12のテープは9のテープ上（**30**参照）に，13のテープは10のテープ上に，それぞれテープ幅の1/2〜1/3程度を重ねて貼付する． やや強く

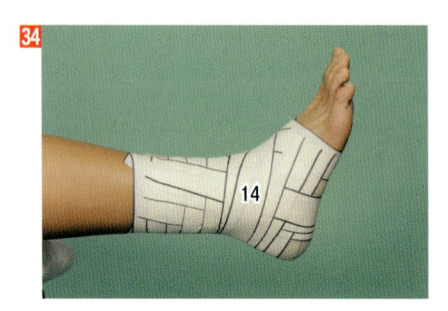

**34** 14のテープは12・13のテープ上（**33**参照）に，テープ幅の1/2〜1/3程度を重ねて貼付する． やや強く

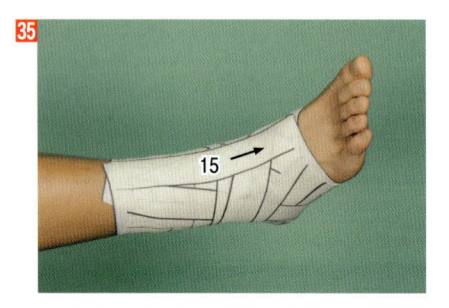

**35** 15のテーピングは，足首の底屈運動をより制限するために行なうものである（以後，貼付する16・17のテープも同様である）．このため，15のテープは前下腿部の中央から足背の中央まで貼付する． やや強く

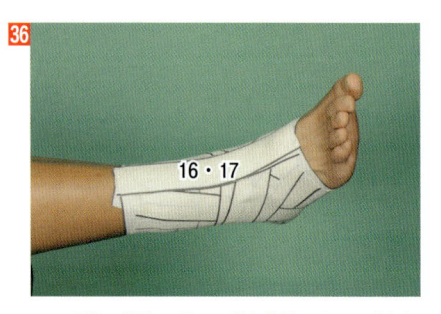

**36** 16・17のテープは15のテープ上に重ねて貼付する． やや強く

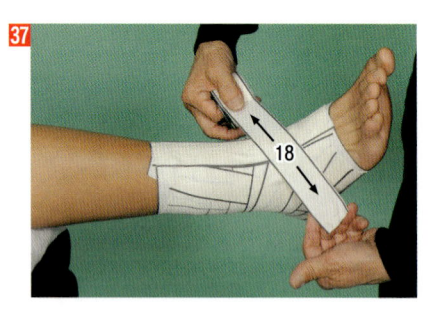

**37** 18のテーピングは，15〜17のテープを固定するために行なうものである（以後，貼付する19のテープも同様である）．このため，18のテープは足背の中央から足部の外側，および内側下腿部へと貼付する． やや強く

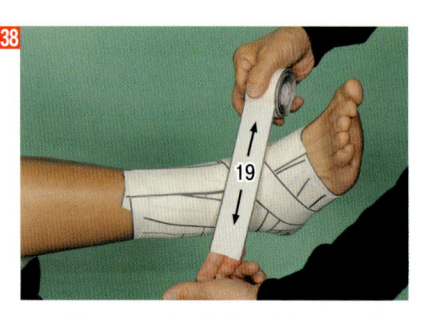

**38** 19のテープは足背の中央から足部の内側，外側下腿部へと，18のテープと交差させて貼付する． やや強く

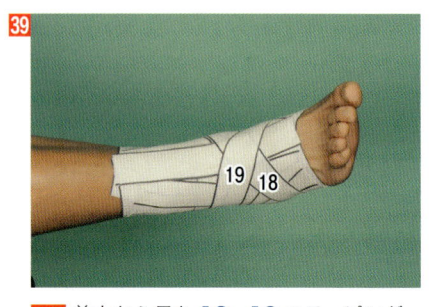

**39** 前方から見た18・19のテーピング．

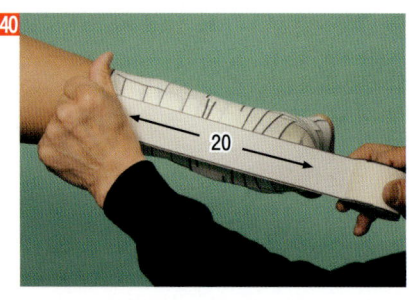

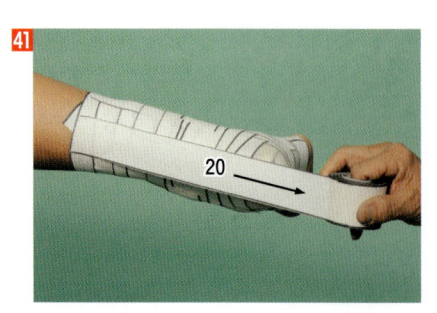

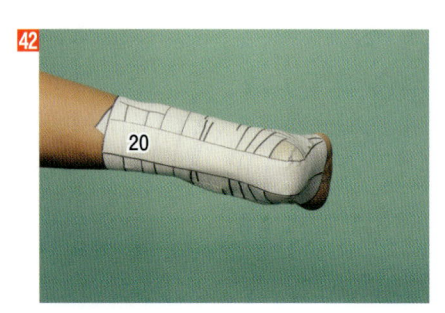

**40 41 42** 20のテーピングは，足首の背屈運動をより制限するために行なうものである．このため，20のテープは1のテープ上（**25**参照）の後下腿部から貼り始め，踵部を経て足底の中央まで貼付する． やや強く

230 ── 救急処置とアスレティック・リハビリテーション

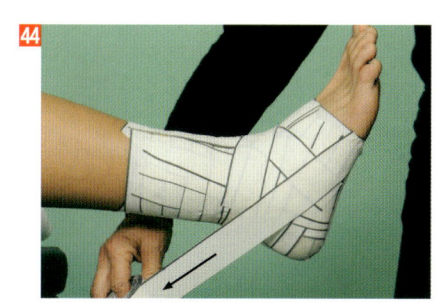

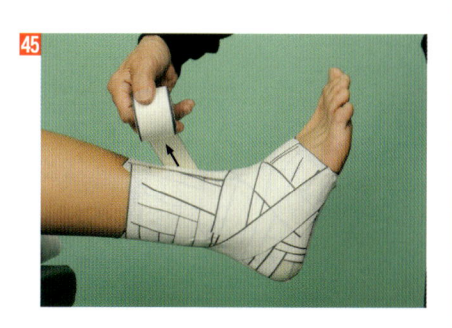

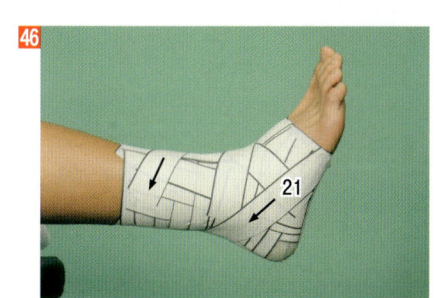

**43〜46** 21 のテーピングは，足首の内反運動をより制限するために行なうものである（以後，貼付する 22・23 のテープも同様である）．このため，21 のテープは足部の外側，第 5 中足骨のところから貼り始め，外果部——アキレス腱部——内側下腿部——前下腿部へと（らせん状に）巻き，貼付する．
足部外側——アキレス腱部——前下腿部
 強く 　　普通　　やや強く

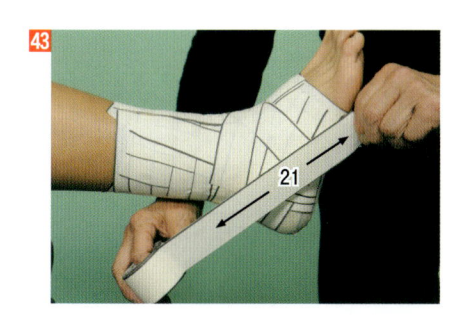

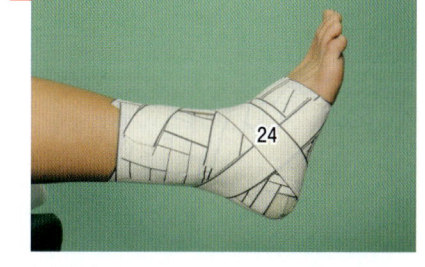

**47** 22 のテープは 21 のテープ上（46参照）に，23 のテープは 22 のテープ上に重ねて貼付する．
足部外側——アキレス腱部——前下腿部
 強く 　　普通　　やや強く

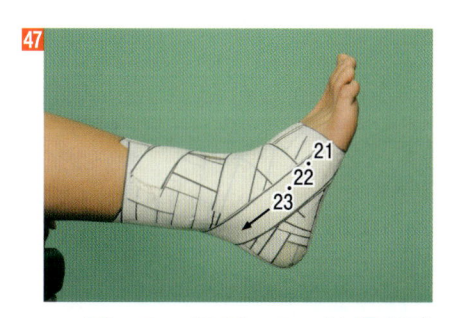

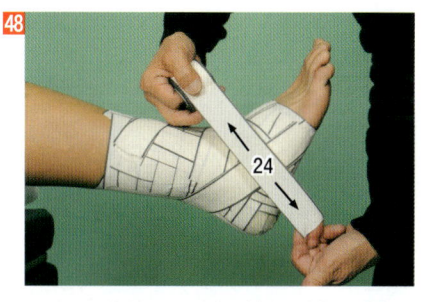

**48 49** 24 のテーピングは，21〜23 のテープが剥がれないようにするために行なうものである．このため，24 のテープは外側踵部——外果前方——足首中央——内側下腿部へと貼付する．　普通

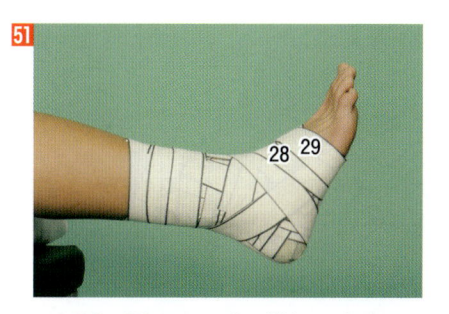

**50** 25〜27 のテーピングは，これまでに貼付したテープが剥がれないようにするために行なうものである．このため，25 のテープは 1 のテープ上（25参照）に重ねて巻き，貼付する．26 のテープは 25 のテープ上に，27 のテープは 26 のテープ上に，それぞれテープ幅の 1/2〜1/3 程度を重ねて巻き，貼付する．　やや強く

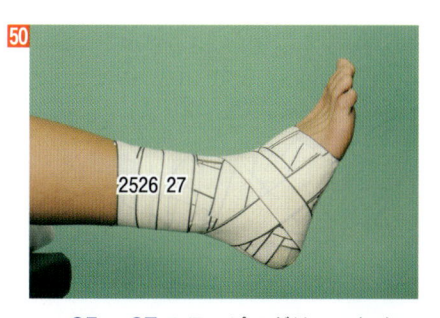

**51** 28・29 のテーピングは，これまでに貼付したテープが剥がれないようにするために行なうものである．このため，28 のテープは 4 のテープ上（26参照）に，29 のテープは 28 のテープ上に，テープ幅の 1/2〜1/3 程度を重ねて巻き貼付する．

以上で，足関節捻挫に対応するテーピングが完了する．競技終了後は，直ちに23〜51までのテーピングを除去し，テープが剥がれないようにするために，ビニール袋などにテーピング部位を入れて冷やす（p.203 参照）．

Ⅱ　受傷時の運動続行

# III アスレティック・リハビリテーションとテーピング

アスレティック・リハビリテーションでのテーピングの技法とテーピングを施しての身体運動

## III-1 足関節捻挫の場合　第1段階〜第4段階

アスレティック・リハビリテーションにおいてテーピングを活用する際は，被施術者の損傷部の症状（その程度）に応じた「テーピングの技法」を採用する．すなわち，足関節捻挫の場合，捻挫の症状を第1段階から第4段階までの4段階に分け，各段階別にそれぞれ「独自のテーピングの技法」を施す．

### A 足関節捻挫の症状「第1段階」でのテーピング

「第1段階」でのテーピングとは，足首を捻挫していて，「足首を動かすと痛い」といった症状の人が，アスレティック・リハビリテーションを行なう際に施すテーピングである（ただし内出血が止まってから行なう）．
このテーピングでは，足首の底屈・背屈・内反の各運動を制限するテープの巻き方や貼り方をする．

・ポイント・

- 底屈運動を制限するための3本のテープは，テープの位置が，足首の中央（足背と前下腿部の境目のところ）になるようにする（35参照）．
- 内反運動を制限するために，らせん状に巻くテープは，外果の中心より下方（足底のほう）に掛かるようにする．これは，テープがアキレス腱に食い込まないようにするためである（15参照）．

1〜32のテーピングの方法についての詳細は，実技編 I-2 全固定のテーピングⒶ基本型(p.17〜20)を参照のこと．ここでは写真を掲載しておくにとどめる．

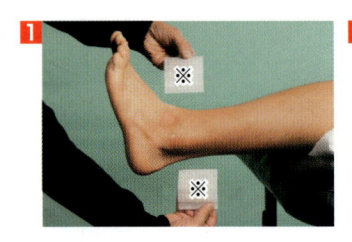

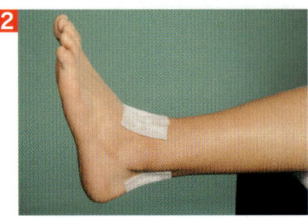

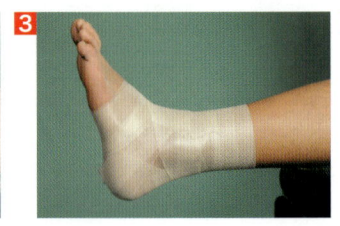

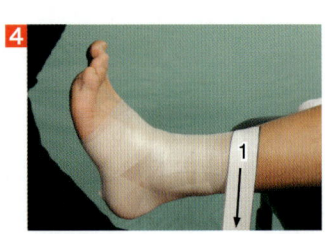

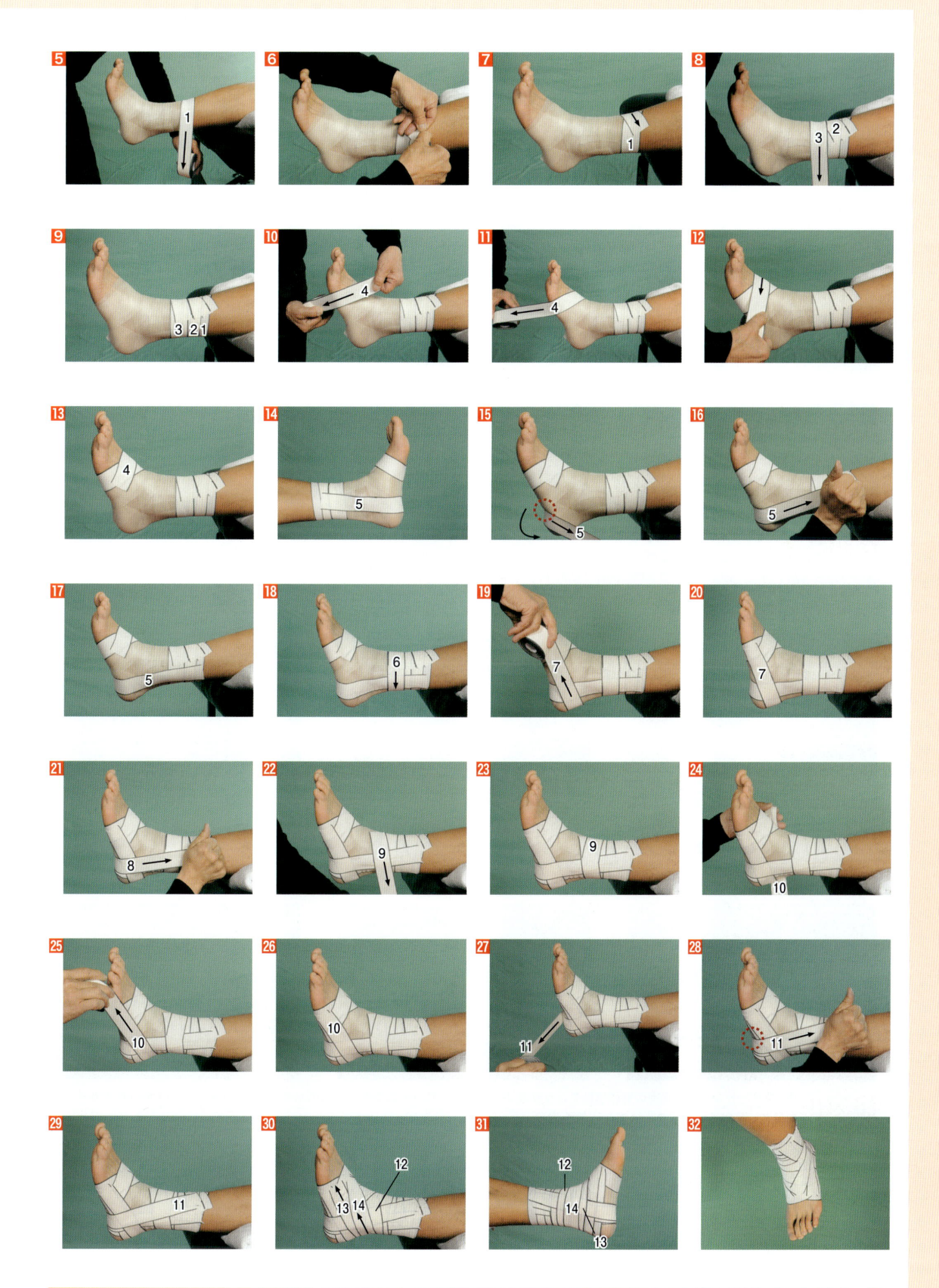

III アスレティック・リハビリテーション

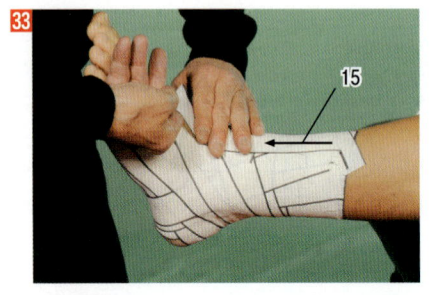

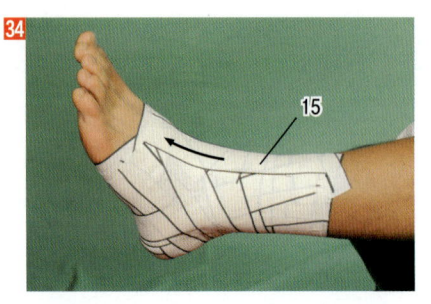

**33 34** 15のテーピングは,足首の底屈運動をより制限するために行なうものである（以後,貼付する17のテープまで同様である）．このため,15のテープは前下腿部中央から足背の中央まで貼付する． やや強く

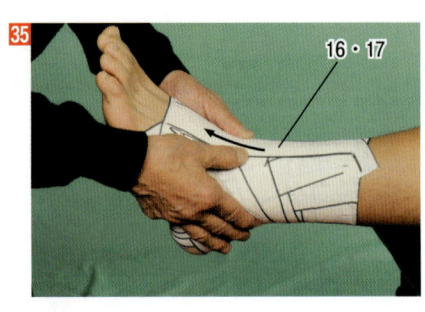

**35** 16のテープは15の上に，17のテープは16のテープ上に重ねて貼付する． やや強く

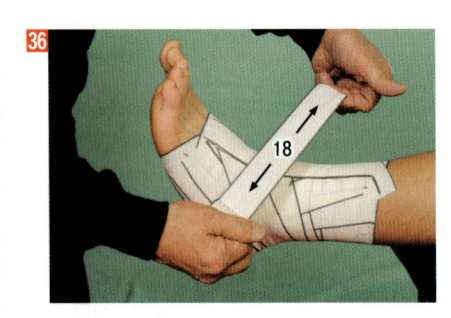

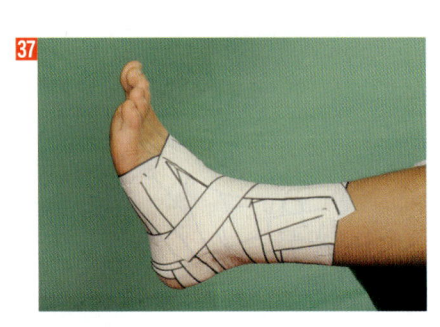

**36 37** 18のテーピングは,15〜17のテープが剥がれないようにするために行なうものである（以後,貼付する19のテープも同様である）．このため,18のテープは足首中央から内側下腿部,および足部の外側に向けて貼付する． やや強く

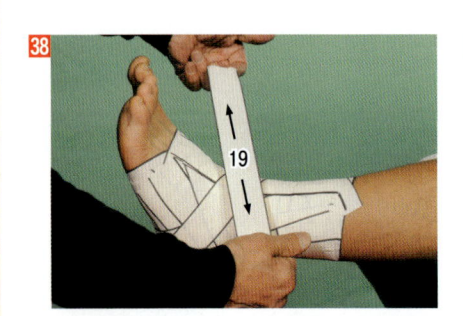

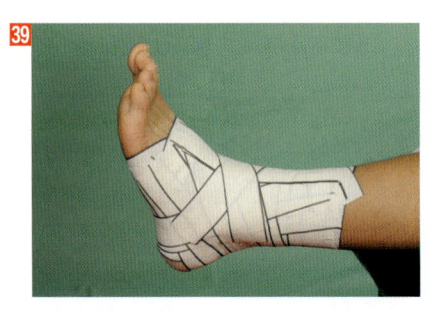

**38 39** 19のテーピングは,18と同様に足首中央より外側下腿部,および足部の内側に向けて貼付する． やや強く

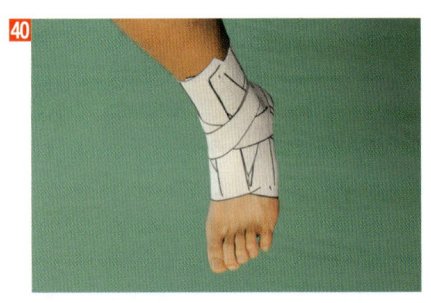

**40** 前方から見た写真．

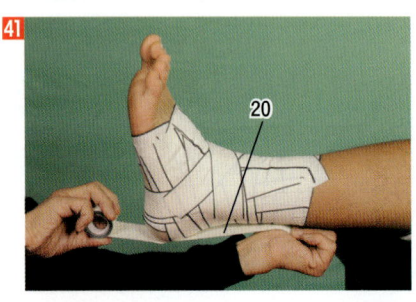

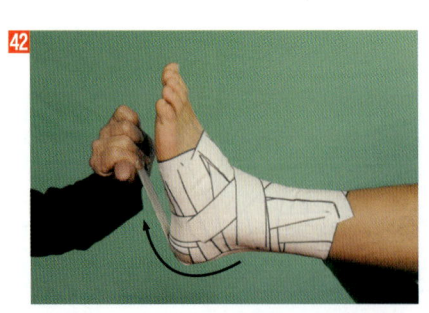

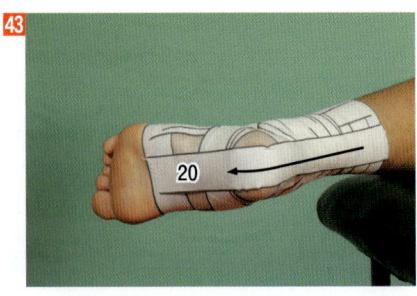

**41 42 43** 20のテーピングは,足首の背屈運動をより制限するために行なうものである．このため,20のテープは後下腿部中央から踵部を経て,足底の中央まで貼付する． やや強く

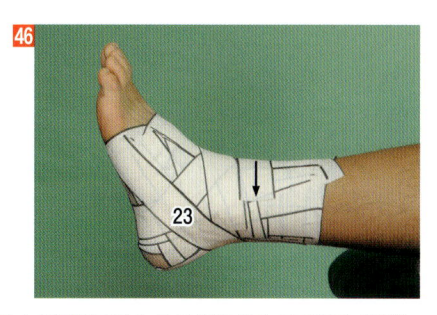

**44** 21のテープは20のテープ上に，22のテープは21のテープ上に重ねて貼付する． やや強く

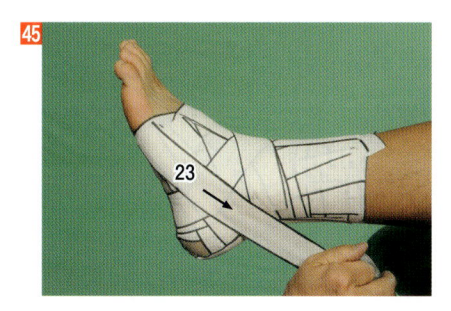

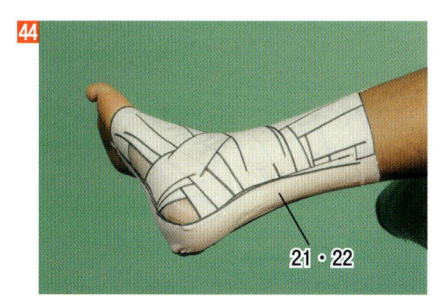

**45 46** 23のテーピングは，足首の内反運動をより制限するために行なうものである（以後，貼付する25のテープまで同様である）．このため，23のテープは足部の外側，第5中足骨のところから貼り始め，外果部——アキレス腱部——内側下腿部——前下腿部へとらせん状に巻き，貼付する．
足部外側——アキレス腱部——前下腿部
強く　　普通　　やや強く

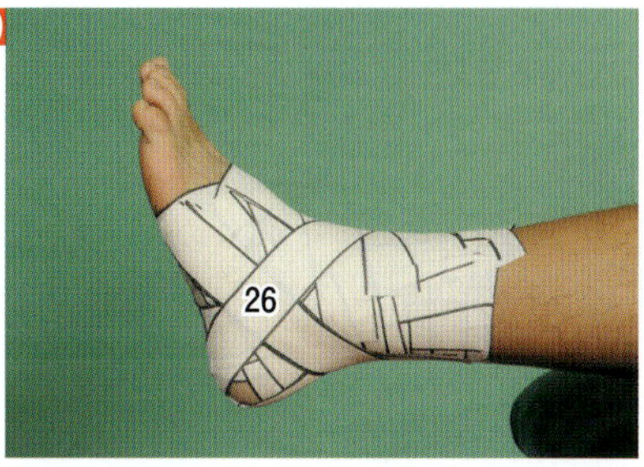

**47** 24のテープは23のテープ上に，25のテープは24のテープ上に重ねて貼付する．
外果部——アキレス腱部——前下腿部
強く　　普通　　やや強く

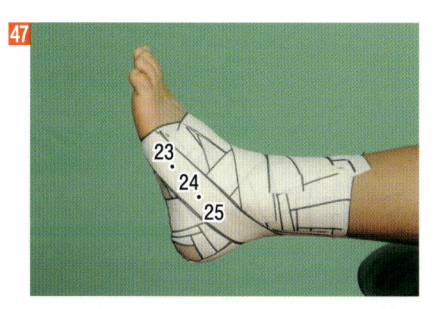

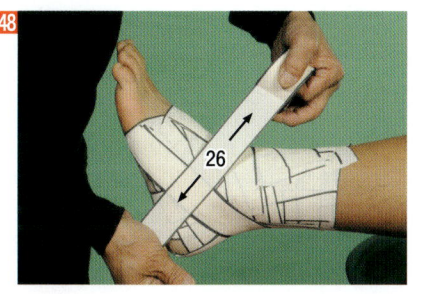

**48 49** 26のテーピングは，23～25のテープが剥がれないようにするために行なうものである．このため，26のテープは外側踵部——外果前方——足首中央——内側下腿部へと貼付する． 普通

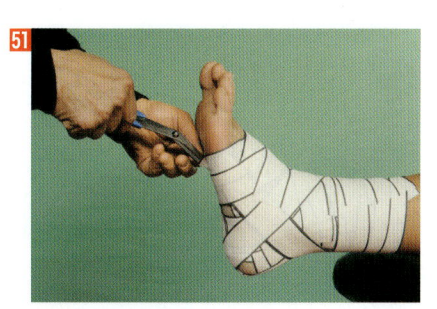

**50** 27～29と30・31のテーピングは，これまで貼付したテープが剥がれないようにするために行なうものである．このため，27のテープは1のテープ上（7参照）に重ねて巻き，貼付する．28のテープは27のテープ上に，29のテープは28のテープ上に，それぞれテープ幅の1/2～1/3程度を重ねて巻き，貼付する．30のテープは4のテープ上（13参照）に，31のテープは30のテープ上に，それぞれ1/2～1/3程度を重ねて巻き，貼付する． 普通

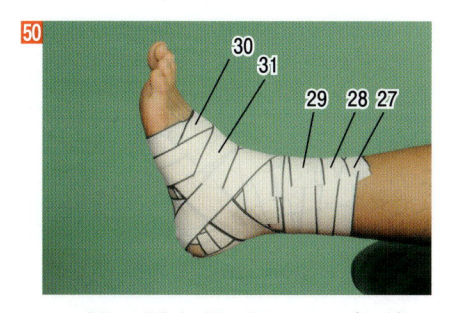

**51** 選手がアスレティック・リハビリテーションを行なう際は，テープによる足部の緊縛を防ぐため，はさみ（シザーズ）にて足底のアンカーテープに切れ目を5mm～1cm程度入れる．

以上で，足関節の捻挫の症状「第1段階」でのテーピングが完了する．
以後は，テーピングをしたままでアイソメトリック・トレーニングを行なうなどして，リハビリテーションに励む．

## B 足関節捻挫の症状「第2段階」でのテーピング

「第2段階」でのテーピングとは,足首の捻挫がいくらかよくなって「足首を底屈させても痛くない」といった症状の人が,アスレティック・リハビリテーションを行なう際に施すテーピングである.このテーピングでは,足首の背屈・内反の各運動は制限するが,底屈運動はできるテープの巻き方や貼り方をする.

まず最初に,Ⓐ第1段階(p.232, 233)の写真 1 ～ 32 に基づいて基本形を行ない,15 ～ 26 のテーピングを行なう.

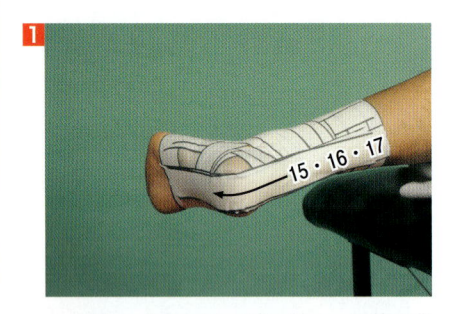

**1** 15 ～ 17 のテーピングは,足首の背屈運動をより制限するために行なうものである.このため,15 のテープは後下腿部中央から踵部を経て,足底の中央まで貼付する.16 のテープは 15 のテープ上に,17 のテープは 16 のテープ上に重ねて貼付する. やや強く

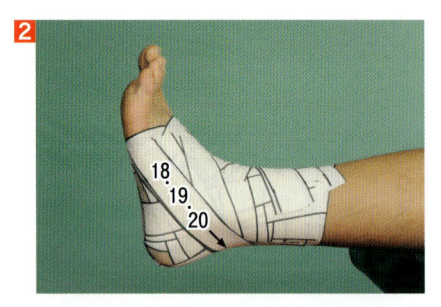

**2** 17 ～ 19 のテーピングは,足首の内反運動をより制限するために行なうものである.このため,17 のテープは足部の外側,第5中足骨のところから貼り始め,外果部――アキレス腱部――内側下腿部――前下腿部へらせん状に巻き,貼付する.18 のテープは 17 のテープ上に,19 のテープは 18 のテープ上に重ねて巻き,貼付する.

足部外側――アキレス腱部――前下腿部
強く　　　普通　　　やや強く

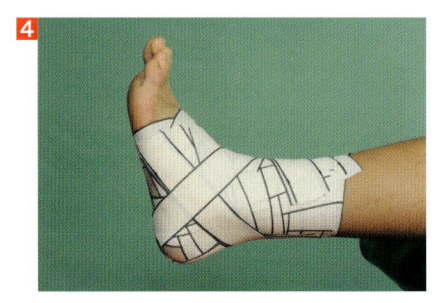

**3 4** 21 のテーピングは,18 ～ 20 のテープが剥がれないようにするために行なうものである.このため,21 のテープは外側踵部――外果前方――足首中央――内側下腿部へと貼付する. 普通

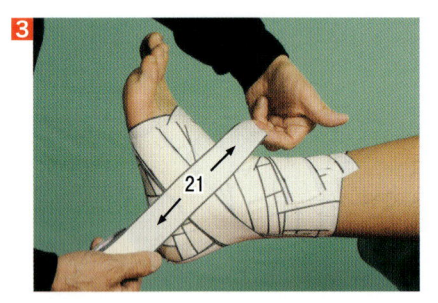

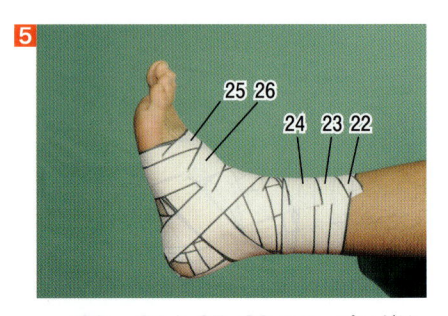

**5** 22 ～ 24 と 25・26 のテーピングは,これまでに貼付したテープが剥がれないようにするために行なうものである.このため,22 のテープは 1 のテープ上(Ⓐ第1段階 7 参照)に重ねて巻き貼付する.23 のテープは 22 のテープ上に,24 のテープは 23 のテープ上に,それぞれテープ幅の1/2 ～ 1/3程度を重ねて巻き,貼付する.25 のテープは 4 のテープ上(Ⓐ第1段階 13 参照)に,26 のテープは 25 のテープ上に,テープ幅の1/2 ～ 1/3程度を重ねて巻き,貼付する.

※質問法(p.247 ③(d)参照)を基に競技の技術を導入する.

> 以上で,足関節の捻挫の症状「第2段階」でのテーピングが完了する.
> 以後は,テーピングをしたままでアイソメトリック・トレーニングと,それに加えてアイソトニック・トレーニングを行なうなどして,リハビリテーションに励む.

## C 足関節捻挫の症状「第3段階」でのテーピング

「第3段階」でのテーピングとは，足首の捻挫がだいぶよくなって，「静かに歩いたり，足を動かすくらいならば痛くない」といった症状の人が，アスレティック・リハビリテーションを行なう際に施すテーピングである．
このテーピングでは，足首の内反運動は制限するが，底屈・背屈の各運動はできるテープの巻き方や貼り方をする．
まず最初に，Ⓐ第1段階（p.232, 233）の写真 1 ～ 32 に基づいて基本形を行ない，さらに 15 ～ 23 のテーピングを行なう．

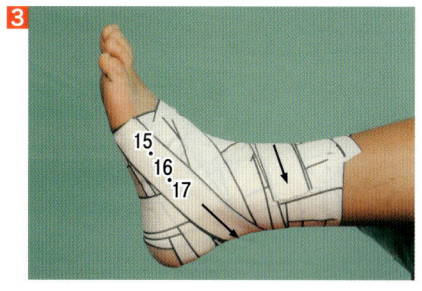

**1 2 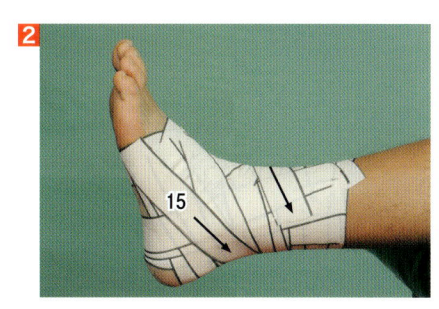 3** 15 ～ 17 のテーピングは，足関節の内反をより強く制限するために行なうものである．このため，15 のテープは足部の外側，第5中足骨のところから貼り始め，外果の上（中心より足底寄り）を通り，アキレス腱部を経て前下腿部までらせん状に巻き，貼付する．16 のテープは 15 のテープ上に，17 のテープは 16 のテープ上に重ねて巻き，貼付する．
足部──アキレス腱部──前下腿部
強く　　普通　　やや強く

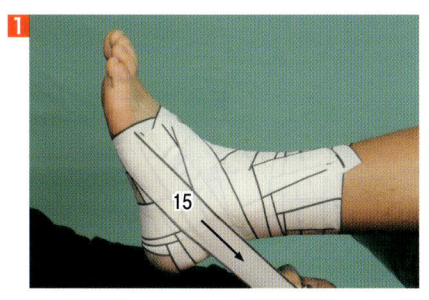

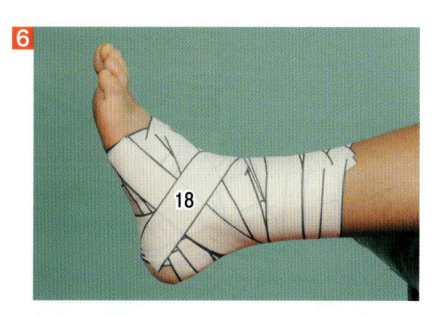

**4 5 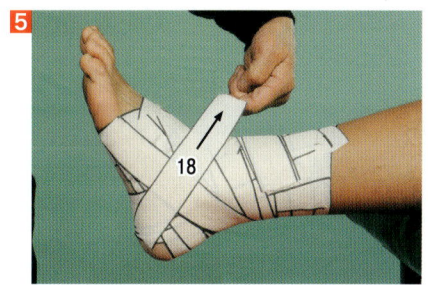 6** 18 のテーピングは，15 ～ 17 のテープが剥がれないようにするために行なうものである．このため，18 のテープは外側踵部──外果前方──足首中央──内側下腿部へと貼付する．　普通

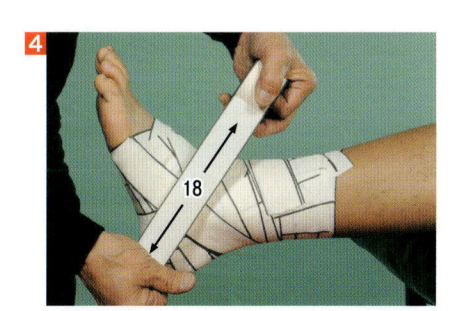

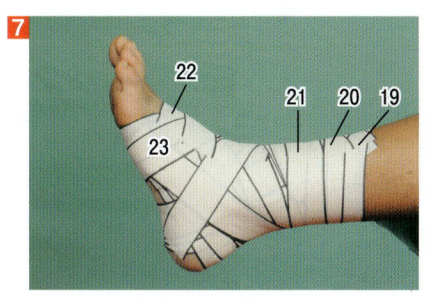

**7** 19 ～ 21 と 22・23 のテーピングは，これまでに貼付したテープが剥がれないようにするために行なうものである．このため，19 のテープは 1 のテープ上（Ⓐ第1段階 7 参照）に重ねて巻き貼付する．20 のテープは 19 のテープ上に，21 のテープは 20 のテープ上に，それぞれテープ幅の 1/2 ～ 1/3 程度を重ねて巻き，貼付する．22 のテープは 4 のテープ上（Ⓐ第1段階 13 参照）に重ねて巻き，貼付する．23 のテープは 22 のテープ上にテープ幅の 1/2 ～ 1/3 程度を重ねて巻き，貼付する．　普通
※質問法（p.247 ③（d）参照）を基に競技の技術を導入する．

以上で，足関節の捻挫の症状「第3段階」でのテーピングが完了する．
以後は，テーピングをしたままで，アイソメトリック・トレーニングとアイソトニック・トレーニングを行なうなどして，リハビリテーションに励む．

Ⅲ　アスレティック・リハビリテーション

## D 足関節捻挫の症状「第4段階」でのテーピング——基本型＋その1

「第4段階」でのテーピングとは，足首の捻挫が一応治り，日常の生活行動には支障ないが，「スポーツなどを行なうには，なお不安がある」といった人が，アスレティック・リハビリテーションをする際に行なうテーピングである．
このテーピングでは，捻挫の原因のなかで最も多い足首の内反運動を制限するテープの巻き方や貼り方をするもので，他の運動は妨げない．
競技種目の特性や選手の回復度合いに応じて，第4段階「その1」「その2」「その3」の技法を選択する．

**テープ**
- 粘着非伸縮性テープ 約38mm幅
- 粘着伸縮性テープ 約50mm幅
- アンダーラップ
- 脱脂綿（ワセリンを塗布したもの）

**・ポイント・**
- 足部に行なうヒールロックでは，踵の外側（または内側）にかけるテープを三角につまみ，方向を変える．

写真①〜⑯のテーピングの方法についての詳細は，I-3 全固定のテーピング（粘着伸縮性を使用した場合）Ⓐ基本型（p.27〜29）参照のこと．ここでは写真を掲載しておくにとどめる．

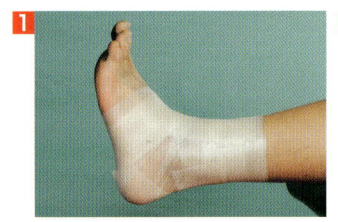

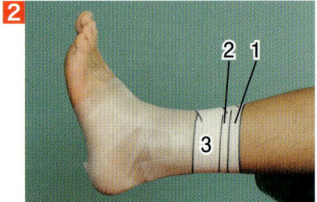

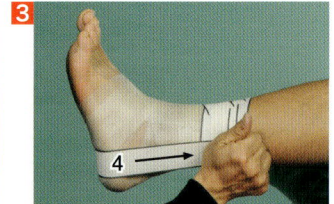

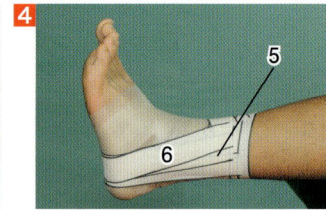

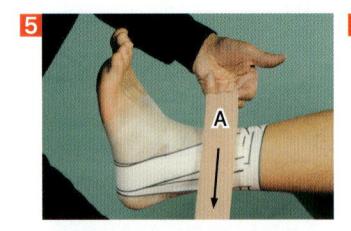

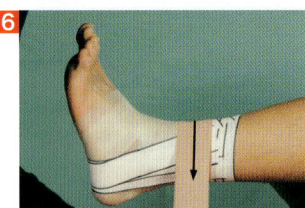

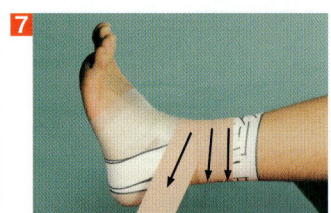

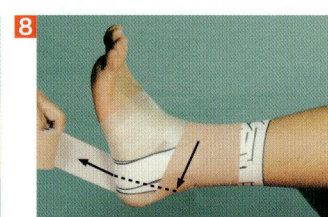

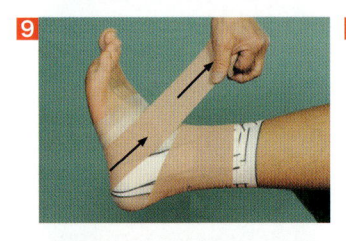

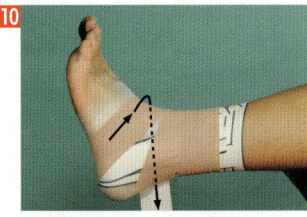

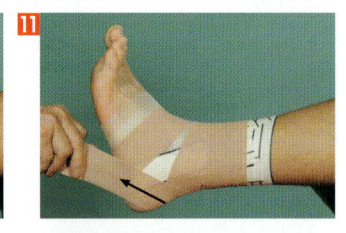

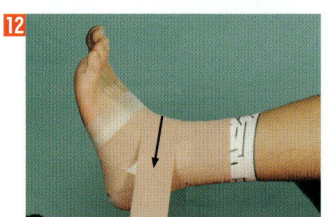

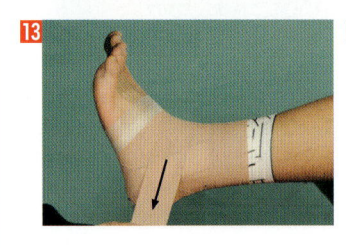

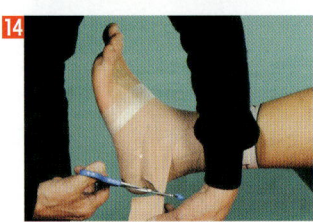

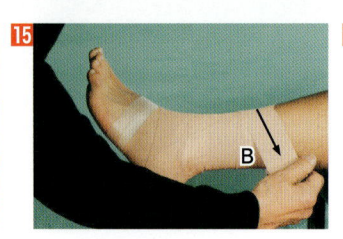

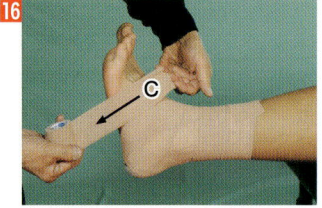

238　救急処置とアスレティック・リハビリテーション

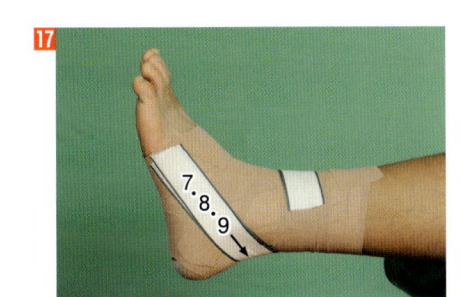

**17** 7〜9のテーピングは，足首の内反運動をより制限するために行なうものである．このため，7のテープは足部の外側，第5中足骨のところから貼り始め，外果部──アキレス腱部──内側下腿部──前下腿部へとらせん状に巻き，貼付する．8のテープは7のテープ上に，9のテープは8のテープ上に重ねて巻き，貼付する．
足部外側──アキレス腱部──前下腿部
強く　　　普通　　　やや強く

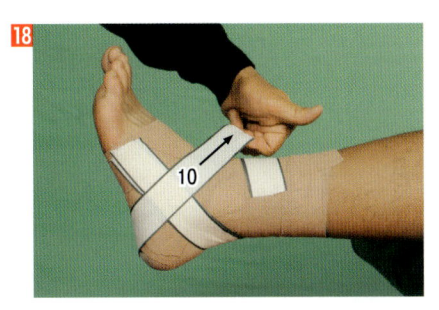

**18** 10のテーピングは，7〜9のテープが剥がれないようにするために行なうものである．このため，10のテープは外側踵部──外果前方──足首中央──内側下腿部へと貼付する．　普通

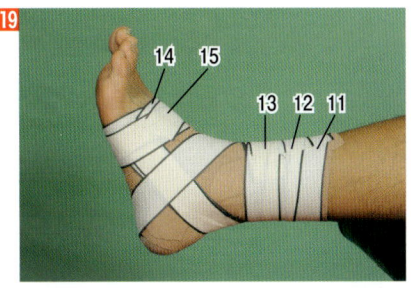

**19** 11〜13と14・15のテーピングは，これまでに貼付したテープが剥がれないようにするために行なうものである．このため，11のテープはBのテープ上（**15**参照）に重ねて巻き，貼付する．12のテープは11のテープ上に，13のテープは12のテープ上に，それぞれテープ幅の1/2〜1/3程度を重ねて巻き，貼付する．14のテープはCのテープ上（**16**参照）に，15のテープは14のテープ上にテープ幅の1/2〜1/3程度を重ねて巻き，貼付する．
普通

※質問法（p.247 ③（d）参照）を基に競技の技術を導入する．

## E 足関節捻挫の症状「第4段階」でのテーピング──その2

まず最初に，前項「D第4段階──基本型＋その1」と同様，写真 1 〜 16 の技法を行ない，さらに 7 〜 13 のテーピングを行なう．

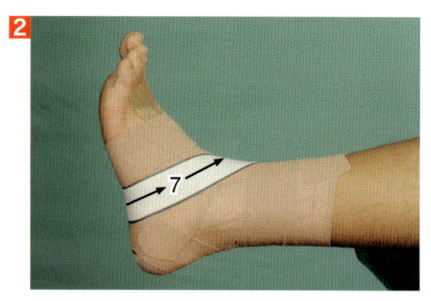

**1 2** 7 のテーピングは，足首の内反をより制限するために行なうものである．このため，7 のテープは B のテープ上（D第4段階──基本形＋その1 15 参照）内側下腿部から貼り始め，内果の上を通り，足底──足部の外側──足背──前下腿部──内側下腿へと巻き，貼付する．強く（ただし足底はやや強く）

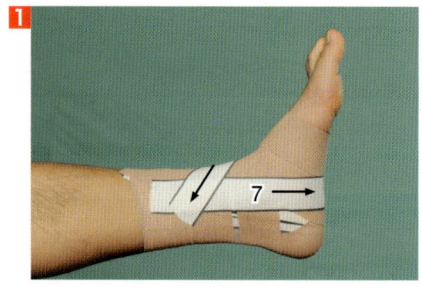

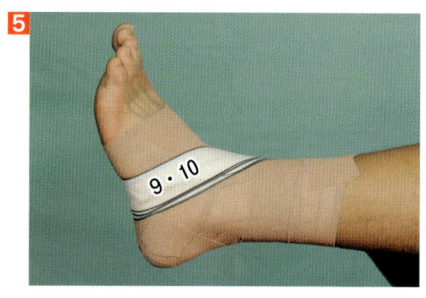

**3 4** 8 のテーピングは，7 のテープの上に重ねて貼付する．その際，より内反制限を強固なものにするため，足部の外側から外果前方までテープをねじりながら貼付する．強く（ただし足底はやや強く）

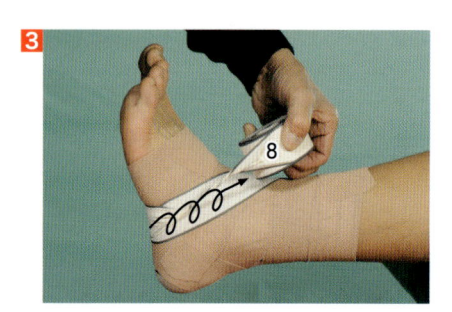

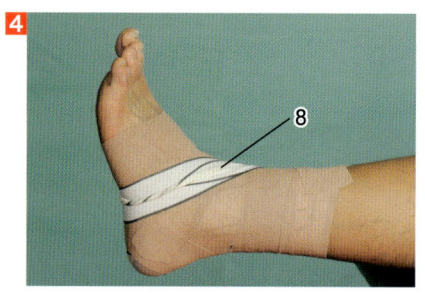

**5** 9 のテープは 8 のテープ上に，10 のテープは 9 のテープの上に重ねて貼付する．強く（ただし足底はやや強く）

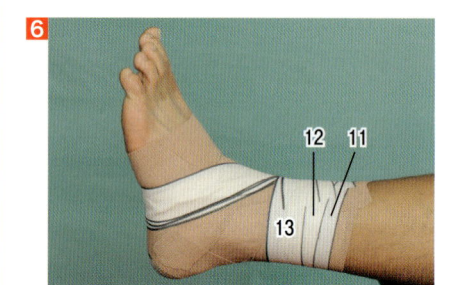

**6** 11 〜 13 のテーピングは，7 〜 10 のテープが剥がれないようにするために行なうものである．このため，11 のテープは B のテープ上（D第4段階──基本形＋その1 15 参照）に重ねて貼付する．12 のテープは 11 のテープ上に，13 のテープは 12 のテープ上に，それぞれテープ幅の 1/2 〜 1/3 程度を重ねて貼付する．普通

※質問法（p.247 ③（d）参照）を基に競技の技術を導入する．

# F 足関節捻挫の症状「第4段階」でのテーピング——その3（ヒールロック）

まず最初に，「D第4段階——基本型＋その1」（p.238）と同様，写真 1〜16 の技法を行なう．そして 7〜8 のヒールロックのテーピングを行なう．

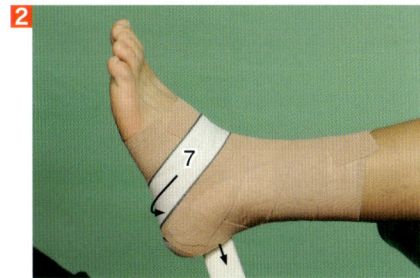

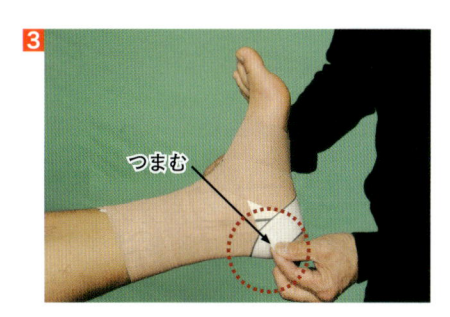

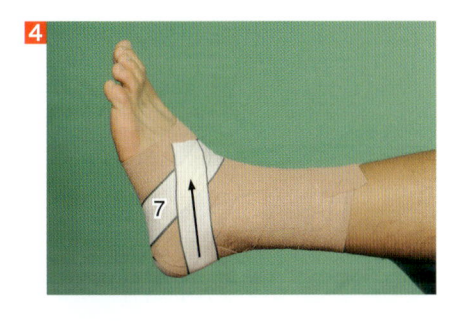

**1**〜**4** 7のテープは，足首の関節および各靱帯を圧迫するために行なうものである（以後，貼付する8のテープも同様である）．このため，7のテープは足背から内側のヒールロックを行なうもので，足部の外側——足底——踵部の内側——アキレス腱部を経て，足背の外側まで貼付する．ヒールロックを行なう際，写真のように踵部内側でテープの方向を変えるために，テープを三角につまみ，方向を変える． **強く**

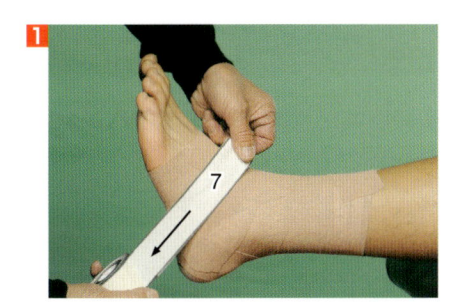

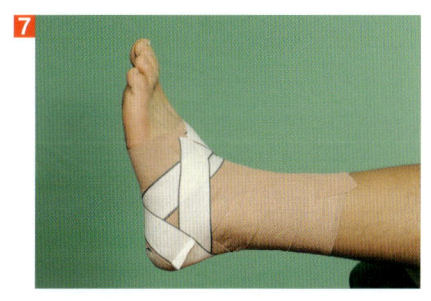

**5 6 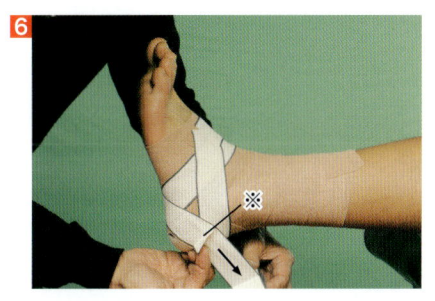 7** 8のテープは，足背から外側のヒールロックを行なうもので，足部の内側——足底——踵部の外側——アキレス腱部を経て，足背の内側まで貼付する． **強く**

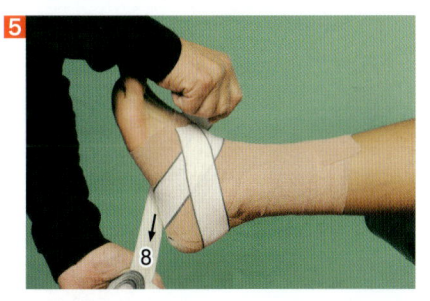

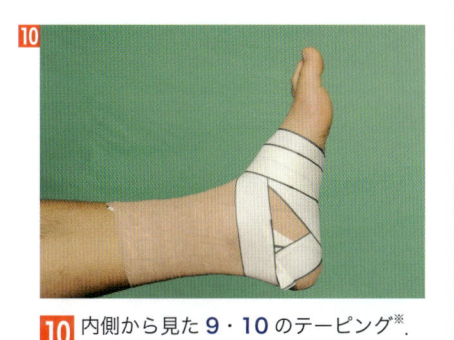

**8 9** 9・10のテープは，内側と外側のヒールロックを行なったテープが剥がれないようにするために行なうものである．このため，9のテープはCのテープ上（D第4段階—基本形＋その1 16 参照）に重ねて巻き，貼付する．10のテープは9のテープ上にテープ幅の1/2〜1/3程度を重ねて巻き，貼付する． **やや強く**

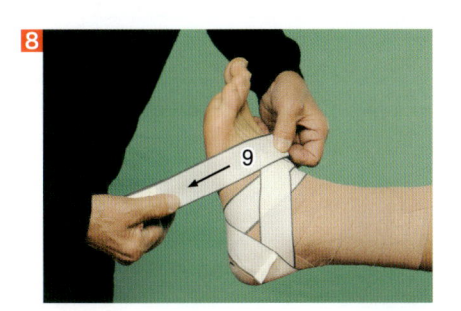

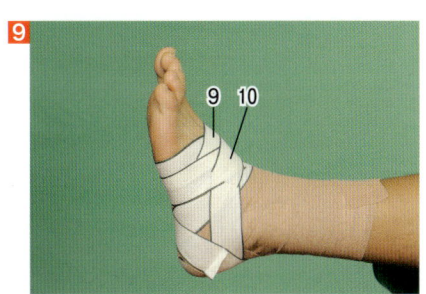

**10** 内側から見た9・10のテーピング※．

※質問法（p.247 ③（d）参照）を基に競技の技術を導入する．

以上で，足関節の捻挫の症状「第4段階・その1〜3」でのテーピングが完了する．
以後は，テーピングをしたままでアイソメトリック・トレーニングやアイソトニック・トレーニングに加え，自分が目指しているスポーツの「運動特性での運動能力」を向上させるようなトレーニングを行ない，リハビリテーションに励む．

# アスレティック・リハビリテーション III-2　膝関節内側側副靱帯の捻挫の場合

## 第1段階・第2段階

膝関節の内側側副靱帯に沿って蝶形テーピングを行なう．これは，内側側副靱帯損傷の原因となる内側へのねじりを防ぐためと，痛みを感じる一歩手前で可動域を制限するための技法である．

### A　膝関節内側側副靱帯捻挫の症状「第1段階」でのテーピング

**固定肢位**
- 膝関節を軽屈曲位に保ち，体重を少しかけて，大腿部と下腿部の筋をある程度緊張させる．

**テープ**
- 粘着非伸縮性テープ　約50mm幅
- 粘着伸縮性テープ　約75mm幅
- 粘着スプレー

**・ポイント・**
- アンカーテープに粘着伸縮性テープを使用するのは，運動の際にテープの圧迫によって筋疲労を起こさないためである．
- 膝関節の前面に貼付するテープに粘着伸縮性テープを使用するのは，膝関節に対し痛みを感じる一歩手前までの屈曲の可動性を持たせるためである．この可動性は，テープの枚数と貼付するときの角度によって調節する．
- 蝶形テーピングの中心が，膝関節の中心線（運動軸）より1cm程度膝蓋骨に寄ったところを通るようにする．もし，蝶形テーピングの中心が膝関節の中心線にかかると，膝関節を屈曲する際にテープが移動して固定力が低下してしまう．また，テープが膝蓋骨にかかると，膝関節の伸展が妨げられてしまうので注意する．

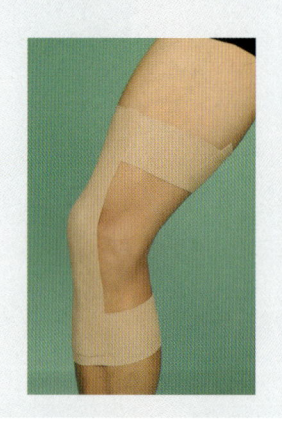

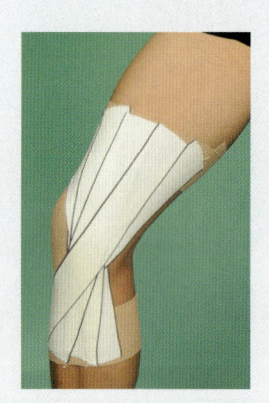

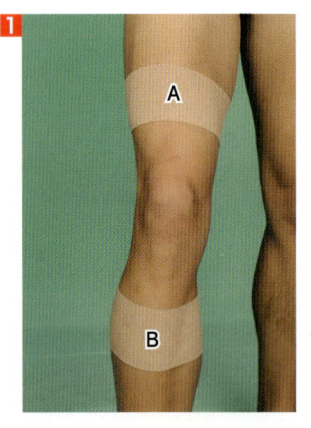

**1** A・Bのアンカーテープを大腿部と下腿部に巻き，貼付する．　やや強く

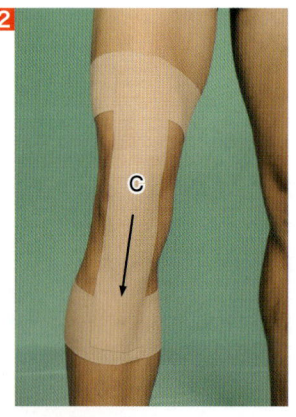

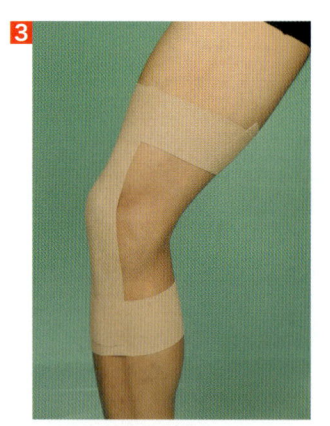

**2 3** Cのテーピングは，膝関節の屈曲を制限するために行なうものである．このため，Cのテープは前大腿部のAのテープ上（1参照）から膝蓋骨の上を通り，前下腿部のBのテープ上（1参照）まで貼付する．　やや強く

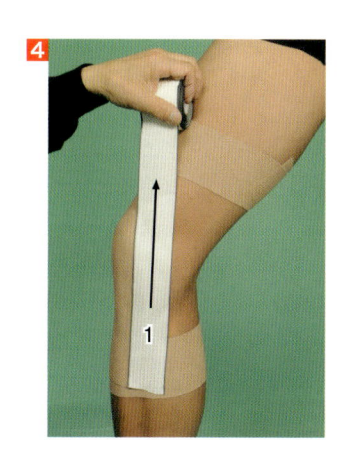

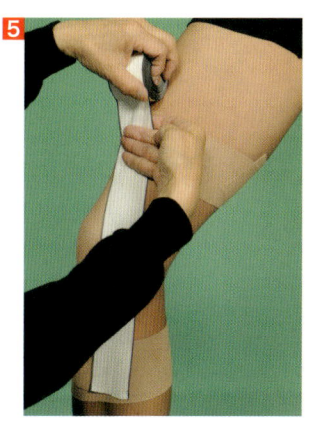

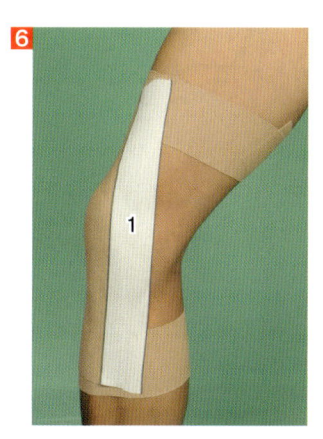

**4 5 6** 1のテーピングは，Bのテープ（[1]参照）の内側下端から矢印の方向へ，Aのテープ（[1]参照）の内側上端まで貼付する．やや強く

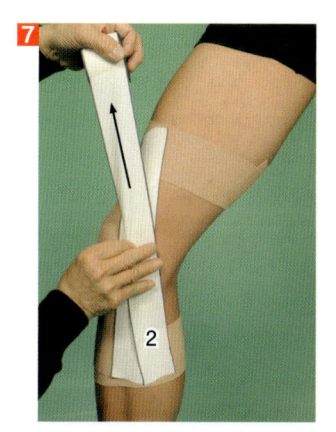

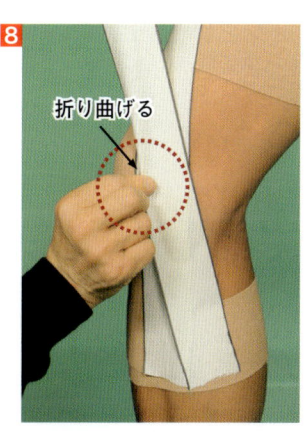

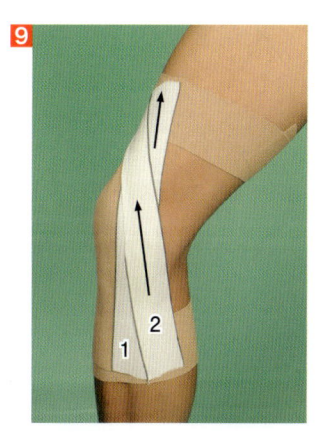

**7 8 9** 2のテーピングは，Bのテープ（[1]参照）の内側下端から内側側副靱帯の上を通り，テープが膝蓋骨にかからないようにしながら，前大腿部Aのテープ（[1]参照）の上端まで貼付する．このとき，テープの緊縛効果を高めるために，膝蓋骨に近いほうの辺縁部を5mm程度内側へ折り曲げる（[8]参照．以後，貼付する3のテープも同様である）．強く

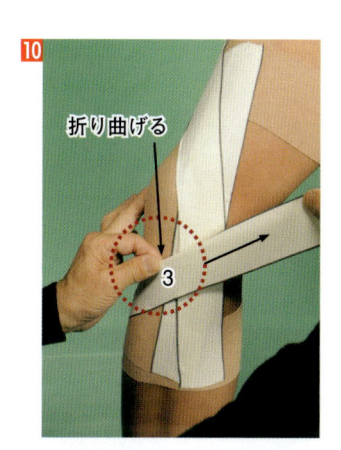

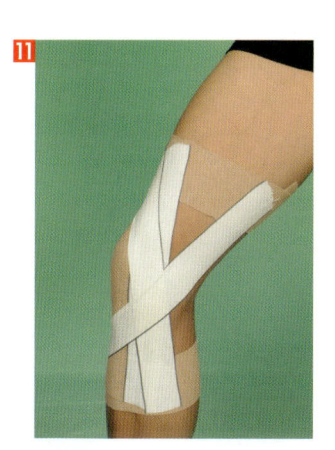

**10 11** 3のテーピングは，前下腿部外側寄りのBのテープ（[1]参照）の下端から貼り始め，膝蓋靱帯の上を通り，Aのテープ（[1]参照）の上端まで貼付する．強く

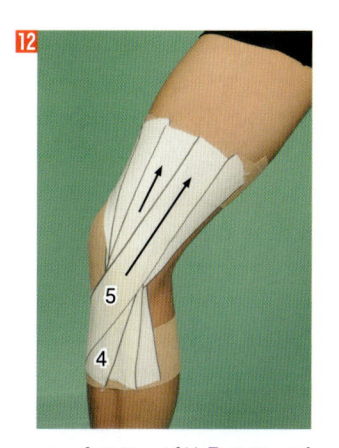

**12** 4のテープはBのテープ（[1]参照）の内側下端からAのテープ（[1]参照）の上端まで貼付する．5のテープは前下腿部外側寄りのBのテープ（[1]参照）の下端から貼り始め，3・4のテープ（[10]参照）にほぼ重ねて，Aのテープ（[1]参照）の上端まで貼付する．強く

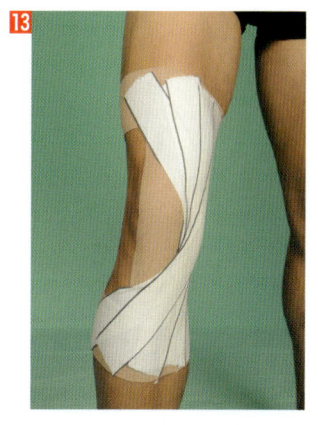

**13** ここまでのテーピングを前面から見た写真．

III　アスレティック・リハビリテーション

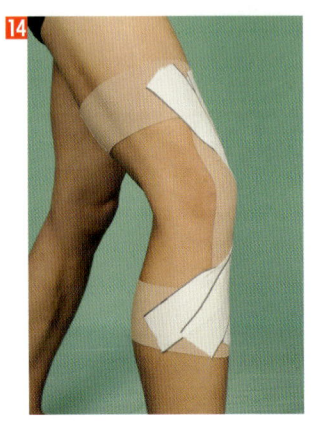

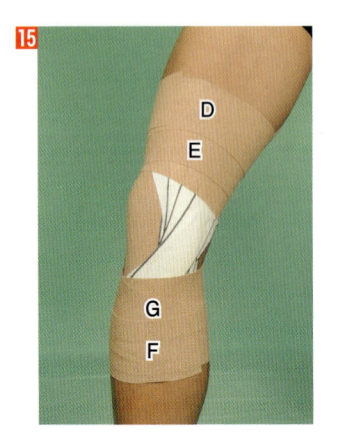

**14** 外側面から見た写真．

**15** D・EとF・Gのテーピングは，これまでに貼付したテープが剥がれないようにするために行なうものである．このため，DのテープはAのテープ上（①参照）に重ねて巻き，貼付する．EのテープはDのテープ上に，テープ幅の1/2〜1/3程度を重ねて巻き，貼付する．FのテープはBのテープ（①参照）に重ねて巻き，貼付する．GのテープはFのテープ上に，テープ幅の1/2〜1/3程度を重ねて巻き，貼付する．　やや強く

以上で，膝関節内側側副靱帯の捻挫に対応する，第1段階でのアスレティック・リハビリテーションの技法が完了する．

## B 捻挫発生後の救急処置とアスレティック・リハビリテーション

### 膝関節捻挫発生から4日間までの処置

軽度の痛み，腫れ，鈍痛に加えて，患側に体重をかけて歩行することが困難で，運動動作の制限が伴う側副靱帯の捻挫の例．

### 第1日目

受傷直後，救急処置のテーピングを施す（p.206，207参照）．
①血腫がチェックされなくとも，圧迫と氷（アイシング）による治療を繰り返す．
②痛めた脚に体重を乗せることを避ける（松葉杖の使用）．
③脚を臀部より高く挙上するよう心がける．
④医師による鎮痛剤および血腫と炎症防止の治療が施される．

### 第2日目

アスレティック・リハビリテーション「第1段階でのテーピング」（p.232～235参照）を施す．
〔午前〕
①初日と同様の処方をする．
〔午後〕
①午前中と同様の処方をする．
②脚部筋肉のためのアイソメトリック・トレーニング（大腿四頭筋）を実施する．しかし，膝の動作は禁じる．

### 第3日目

〔午前〕
もし腫れが収まり滲出液がコントロールされたら，次のことも行なう．
①患部からリンパ系と循環の中枢への刺激のために大腿部に温湿布を当てる．
②次に，滲出液を消散させるために軽いマッサージを心臓とリンパ管へ向かって行なう（スポーツマッサージ）．
③脚部の筋肉群および膝関節軟部組織に活力を促すためのアイソメトリック・トレーニングを行なう．
④自重を患部に乗せないとき，脚は挙上させる．
⑤回復度の指標となる保護的な自重負荷テストをする．
⑥もし患側に体重をかけて歩行することが困難で，痛みがあれば，松葉杖の使用は続ける．
⑦医師の処方した治療は続ける．

〔午後〕
①午前中と同様な処方を用いる．

### 第4日目

痛みと不快感が減少しているときは，滲出液の消散と腫れの縮小および筋肉回復のための大腿四頭筋伸展（レッグエクステンション）のリハビリテーションを行なう（アイソトーニック・トレーニング）．
①脚を20～30分間，渦流浴（バイブラバス）に浸す．

### アスレティック・リハビリテーション

1）リハビリテーション

リハビリテーションは医師の指示により行なう．損傷部の症状に応じて，第1段階から第4段階までの4段階に分け，テーピングを施す．

2）リハビリテーションのねらい
①運動制限の解除
②浮腫・血腫の消散
③損傷部周辺の筋力の補強
④競技の技術の導入

3）リハビリテーションの一般的心得（膝関節の例）
・治療と平行してリハビリテーションを行なう．
・早期回復のための一つとして要な治療法（運動療法）であるので，患部出血，浮腫が抑制されたら直ちに実施すべきである．
・静かにゆっくりと関節の屈伸，捻転，回旋運動を行ない，徐々にその度合いを強めていく．
・氷（アイシング）はどんな運動の後にも浮腫抑制のために用いる．
・痛みと不快感が伴う場合は松葉杖を引き続き使用する．
・大腿四頭筋の筋力回復はいかなる器械を用いた治療よりも効果的である．
・患側の脚が健側の脚と同じ重量でできたとき，治療の最大の効果と正常な強さが戻ったとしてよい．
・以前（健側）と比較して95％回復できれば競技に復帰できる．

4）最大負荷の決定
①選手に同一重量で10回の運動（屈曲または伸展）をするよう指示する．
②軽い負荷から少しずつ（例：1, 2, 3, 4, 5kgずつ）増量していき，最大負荷（同一重量を10回持ちあげることができた最大の重さを最大負荷とする）を決める．

5）運動の処方
①運動は最大負荷の約50％の重さから始め，漸次60％，70％，80％……100％というように増量していく．
②100％の運動負荷でトレーニングを消化したならば新たに最大負荷を決め，50～100％というように漸増していく．

## リハビリテーションの実際例

膝関節のアスレティック・リハビリテーション
　　a）受傷の程度
　　b）治療の経過
　　c）医師の指示
①手術
②手術後，リハビリテーションの開始
　　a）大腿四頭筋の緊張運動
　　b）脚の挙上運動
　　c）ギプスの除去
　　d）渦流浴治療
　　　　イ）リハビリテーションの前は40°の温度
　　　　ロ）リハビリテーションの後は25°の温度

最初の2週間
　アスレティック・リハビリテーション「第1段階でのテーピング」（p.232～235参照）を施す．
①踏台昇降運動（自重により10cm程の高さの台を昇降する）
　　10回×2set
②アイソメトリック運動（筋力の低下をなくすため）
　　4回×4set――3秒～6秒
③両踵部による挙上運動（カーフレイズ）
　　10回×2set
④健側の膝の伸展運動（最大重量）
　　10回×2set

第3・4週目（最大負荷の50～60％）
　アスレティック・リハビリテーション「第2段階でのテーピング」を施す（p.236参照）．

①踏台昇降運動（15～20cm程度の台）
　　10回×2set
②アイソメトリック運動（膝の屈伸が可能な範囲で実施）
　　4回×4set
③カーフレイズ
　　10回×2set
④大腿二頭筋の運動（レッグカール）
　　10回×2set
⑤手の抵抗による内旋運動
　　10回程度（注意）
⑥膝の伸展運動（レッグエクステンション）
　　a）45度の屈曲角度より0度まで行なう．
　　b）ウエイトを用いた運動
　　　　イ）最大負荷の40％――5回×2set
　　　　ロ）最大負荷の50％――5回×2set
　　　　ハ）最大負荷の60％――5回×2set
　　※ウエイトの増量は選手との話し合いにより決定する．

第5・6週目（最大負荷の70％）
①踏台昇降運動（20～30cm程度の台）
　　前方と後方を行なう　　15回×3set
②アイソメトリック運動
　　45度→0度
　　5回×5set
③カーフレイズ
　　15回×3set
④レッグカール
　　10回×3set
⑤膝関節の内旋運動
　　10回×3set
⑥レッグエクステンション
　　a）最大負荷の30％×5回
　　b）最大負荷の40％×5回
　　c）最大負荷の50％×5回
　　d）最大負荷の60％×5回
　　e）最大負荷の70％×5回
　　※ウエイトの増量は選手との話し合いにより決定する．
⑦質問法（p.247③（d）参照）を基に競技の技術を導入する．

第7・8週目（最大負荷の80％）
　膝関節内側側副靱帯・再発予防のテーピング（p.66～72参照）を施す．
①踏台運動（ダンベルを用いて行なう）
　　前方と側方を行なう　　15回×3set

②アイソメトリック運動（角度を適度に増す）
　　4回×4set
③カーフレイズ
　　15回×3set
④レッグカール
　　15回×3set
⑤内旋運動
　　10回×3set
⑥レッグエクステンション
　　a）最大負荷の60％――8回×2set
　　b）最大負荷の70％――8回×2set
　　c）最大負荷の80％――8回×2set
⑦質問法(p.247③(d)参照)を基に競技の技術を導入する．
　※ウエイトの増量は選手との話し合いにより決定する．
〈注意〉
　選手が最大負荷の80％でトレーニングができた場合，ジョギングを開始させる．そのときは1週間に3度負荷を加えた方法で実施させる．リハビリテーションのない日は，長距離のランニングを計画し開始させる．
①ランニング
　　a）3kmのジョギングと歩行運動
　　b）階段登り
　　　　2階から開始し，5階まで発展させる
　　　　×2set
　　c）バックランニング（後方ランニング）
　　　　40m×10set
　　d）100m走（50％のスピード）
　　e）100m走（60～70％のスピード）
　　f）30～40m走（最大でのスピード）
②敏捷性回復のためのランニング
　　a）8の字走
　　b）左右への交叉ランニング
　　c）競技の技術の導入
③膝の回復検査（専門医と相談して実施）
　　a）大腿部の太さを計測（健側，患側）
　　　　関節可動域（健側と患側の比較）
　　b）脚伸展筋力（健側，患側）
　　c）運動能力（垂直跳び，立幅跳び，サイドステップ，100m走）
　　d）質問法
　　　・ランニング
　　　・ランニングストップ
　　　・スタート
　　　・カッティング
　　　・ピボットターン
　　　・ツイスト
　　　・サイドステップ
　　　・サージャントジャンプ

# IV 運動フォーム矯正のためのテーピング

### ・ポイント・

- 蝶形テーピングを行なうテーピングのうち2本のテープは，膝蓋骨に近いほうの辺縁部を5mm程度折り曲げる．これはテープの緊縛効果をより強くするためである．
- 運動フォームの矯正にテーピングがとくに有効なのは，野球のバッティング，ゴルフのスイング，円盤投げなどの場合である．
- これらのフォームの矯正にテーピングを活用すると，該当個所の関節運動が制限されるので，誤ったフォームにならない範囲内で，打つ・投げるなどの動作を繰り返すことができる．この「関節の制限運動」をある期間続けていると，やがてその動きが身に付き，ついにフォームの矯正に成功する．
- 正しいフォームで打ったり投げたりすることは技術の向上につながり，やがては記録の向上に結びつく．

## 運動フォーム矯正 IV-1 野球のバッティングフォームの矯正とテーピング
### 膝の角度の固定

野球のバッティングでは，バットを振り切る強烈な動作により膝が前方へ流れやすい．このため正しいフォームがくずれる．それをテーピングで右膝（左打者は左膝）の角度を固定することによって流れることを防ぎ，そのときのフォームを「体に記憶させ」てフォームを矯正する．

**固定肢位**
- 正しいバッティングフォーム．

**テープ**
- 粘着性非伸縮テープ　約50mm幅
- 粘着性伸縮テープ　約75mm幅
- 粘着スプレー

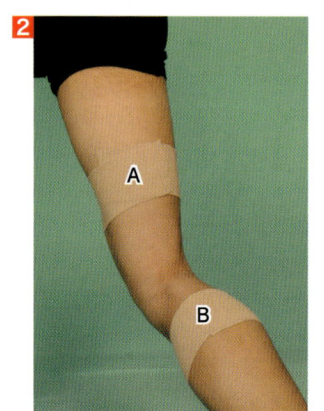

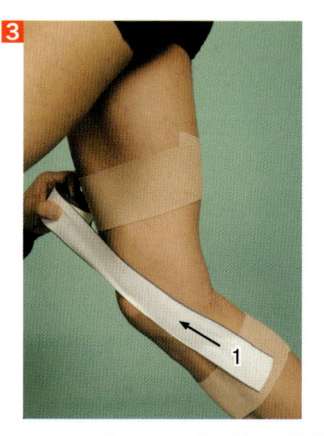

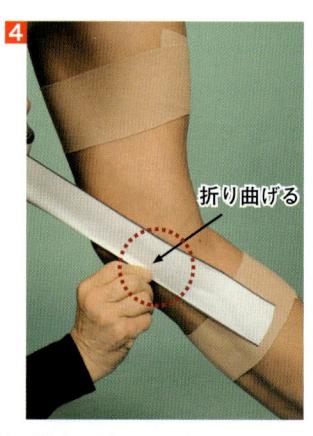

**1** 写真はボールを打つ寸前の正しいバッティングフォームでの両脚の肢位を示したものである．以後行なうテーピングの必要上から，右膝（左打者の場合は左膝）の肢位に注目されたい．

**2** A・Bのアンカーテープを巻き，貼付する．Aのテープを大転子と膝関節の中間部で，膝蓋骨上端からその中間部を大転子の方向へ1/2～1/3程度上ったところで1回転させて巻き，貼付する．Bのテープを，腓腹筋上端部のところに巻き，貼付する．**やや強く**

**3 4** 1のテーピングは，膝関節が前方へ流れるのを防ぐために行なうものである（以後，貼付する4のテープまで同様である）．このため，1のテープはBのテープ上（**2**参照）の内側下腿部から前大腿部のAのテープ上（**2**参照）まで貼付する．その際，膝蓋骨にかからないようにするとともに，膝蓋骨に近い辺縁部を5mm程度内側へ折り曲げる．**強く**

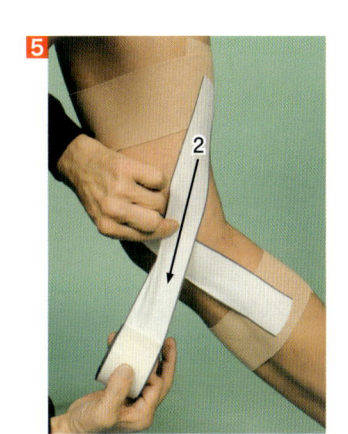

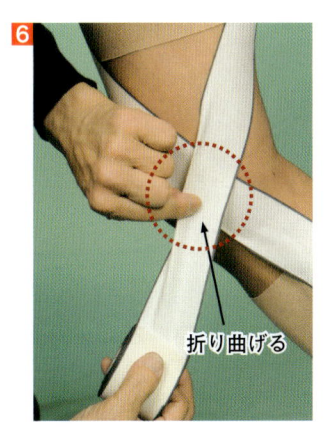

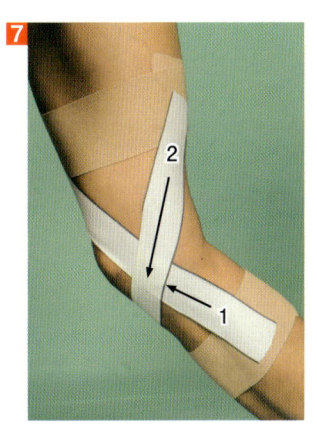

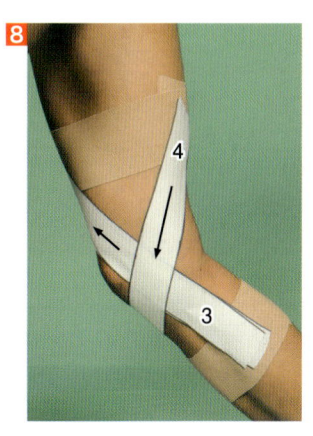

**5 6 7** 2のテーピングは，Aのテープ上（**2**参照）の後内側大腿部から膝内側部で1のテープと交差させて，Bのテープ上（**2**参照）の外側下腿部まで貼付する．その際，膝蓋骨にかからないようにするとともに，膝蓋骨に近い辺縁部を5mm程度内側へ折り曲げる（**6**参照）．　強く

**8** 3のテープは1のテープ上（**3**参照）に，4のテープは2のテープ上（**7**参照）に重ねて貼付する．

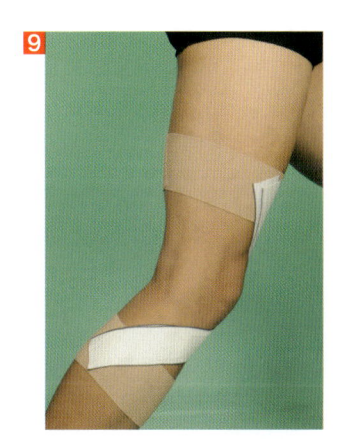

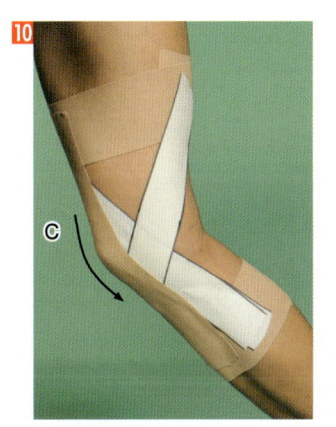

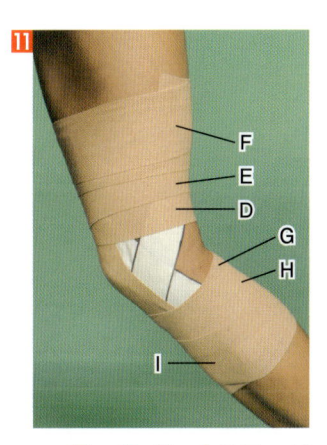

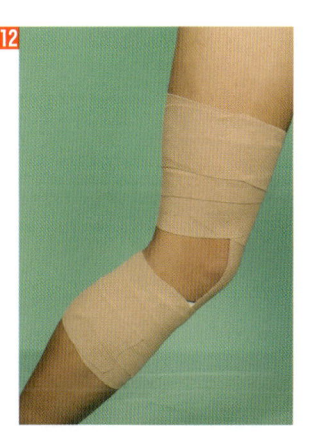

**9** 膝外側面から見た写真．

**10** Cのテーピングは，膝関節が前方へ流れるのを防ぐ1～4のテープをより強くするために行なうものである．このため，CのテープはAのテープの上の前大腿部から膝蓋骨上を経て，Bのテープ上の前下腿部まで貼付する．　やや強く

**11** D～F，G～Iのテーピングは，これまでに貼付したテープが剥がれないようにするために行なうものである．このため，D～Fは大腿部にG～Iは下腿部に巻き，貼付する．　やや強く

**12** 膝外側面から見た完成写真．

以上で，野球のバッティングフォームの矯正のテーピングが完了する．

Ⅳ　運動フォーム矯正　249

## 運動フォーム矯正 IV-2 ゴルフのスイングの矯正とテーピング
### 手首の角度の固定

ゴルフのスイングでは，クラブをボールに当てるとき，手首が背屈や掌屈方向へ返る癖のついていることがある．この場合，クラブがボールの芯に当たらなくなり，ボールが右あるいは左方向へ飛んでしまう．このような癖をなくすため，テープで手首の角度（背屈・掌屈）を固定し，スイングを「体に記憶させ」てフォームの矯正を行なう．

### A 第1段階でのテーピング

**固定肢位**
- 手関節・中間位．

**テープ**
- 粘着性非伸縮テープ 約19mm幅，約38mm幅
- 粘着スプレー

**・ポイント・**
- 手背面と手掌面に貼付する背屈・掌屈制限の蝶形テーピングは，ボールを打つためにクラブを振り降ろしたときの手首の"ぶれ"を防ぐものである．このとき，蝶形テーピングの中心が手関節の中央になるようにする．これは，手関節の尺屈・橈屈を妨げないようにするためである．

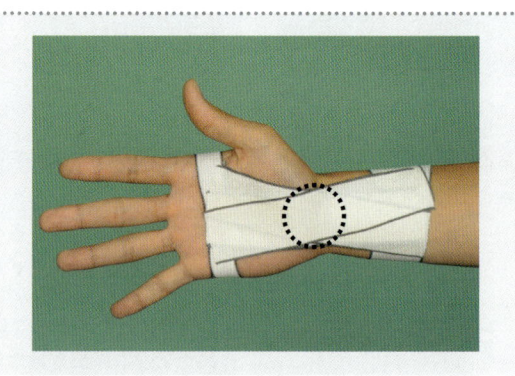

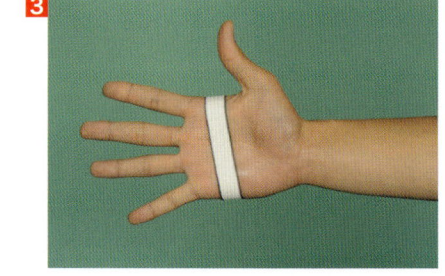

**1** 前腕を中間位，手部はテープの緊縛感を防ぐために指を広げておく．

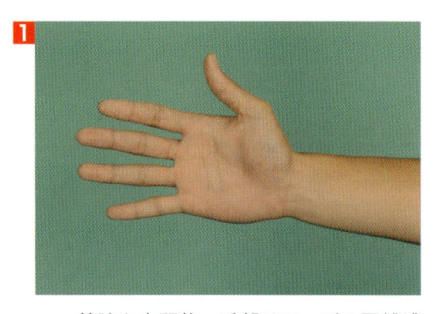

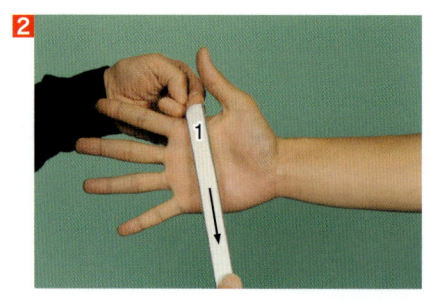

**2 3** 1のアンカーテープを手部に巻き，貼付する．手部に約19mm幅テープを使用するのは，クラブを握りやすくするためである．このとき，テープの緊縛感を防ぐために，指を広げておく．　普通

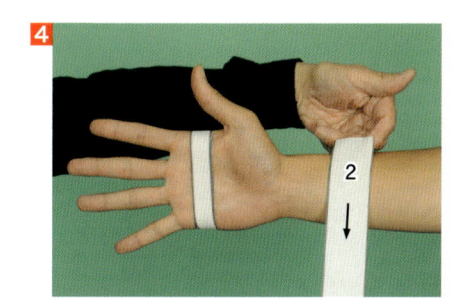

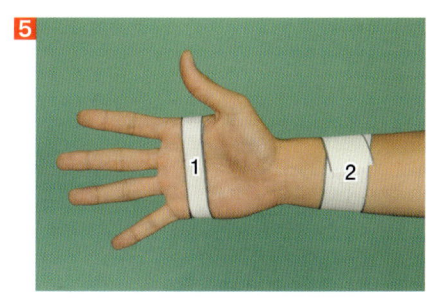

**4・5** 2のアンカーテープを前腕部（手関節より4横指のところ）に巻き，貼付する． 普通

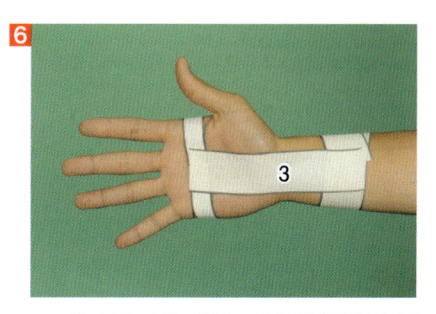

**6** 3のテーピングは，手関節の背屈を制限するために行なうものである（以後，貼付する7のテープまで同様である）．このため，3のテープは1のテープ（5参照）の手掌中央から貼り始め，2のテープ（5参照）の前前腕部中央まで貼付する．テープを手掌中央から貼付するのは，クラブを握ったときの違和感を少なくするためである． 強く

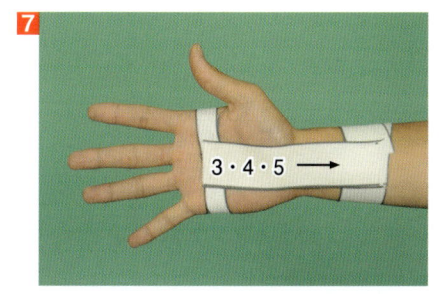

**7** 4のテープは3のテープ上（6参照）に，5のテープは4のテープ上に重ねて貼付する． 強く

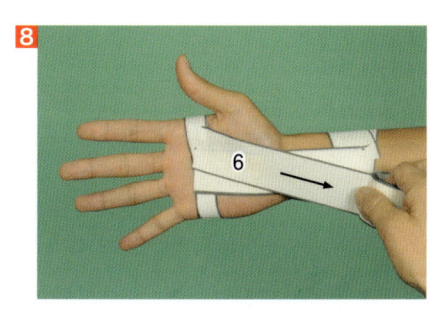

**8** 6のテーピングは，1のテープ上（5参照）の手掌（第2・3指側）から貼り始め，手関節の中央で3〜5のテープと交差させ，2のテープ上（5参照）の尺側まで貼付する． 強く

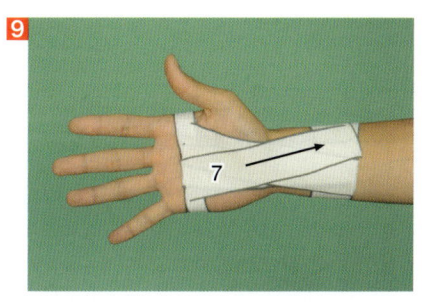

**9** 7のテーピングは，1のテープ上（5参照）の手掌（第4・5指側）から貼り始め，手関節中央で6のテープと交差させ，2のテープ上（5参照）の橈側まで貼付する． 強く

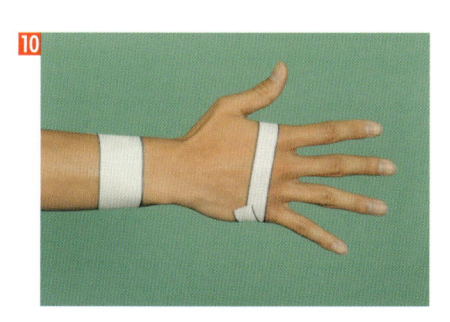

**10** 手背側から見た写真．

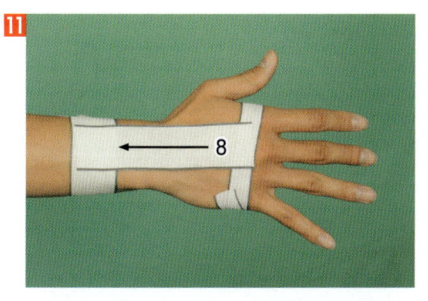

**11** 8のテーピングは，手関節の掌屈を制限するために行なうものである（以後，貼付する12のテープまで同様である）．このため，8のテープは1のテープ上（5参照）の手背中央部から貼り始め，2のテープ上（5参照）の後前腕部中央まで貼付する． 強く

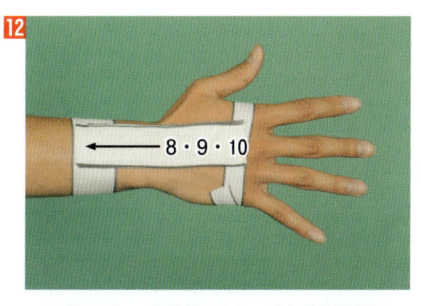

**12** 9のテープは8のテープ上（11参照）に，10のテープは9のテープ上に重ねて貼付する． 強く

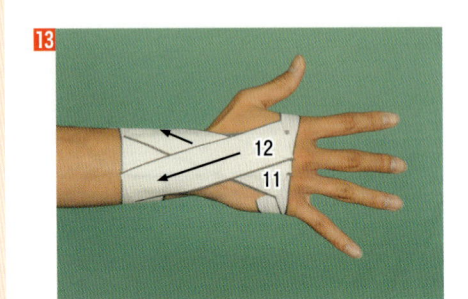

**13** 11のテーピングは，1のテープ上（**5**参照）の手背（第4・5指側）から貼り始め，手関節中央で8～10のテープ（**11 12**参照）と交差させ，2のテープ上（**5**参照）の橈側まで貼付する．12のテープは，1のテープ上（**5**参照）の手背（第2・3指側）から貼り始め，11のテープと手関節中央で交差させ，2のテープ上（**5**参照）の尺側まで貼付する．　強く

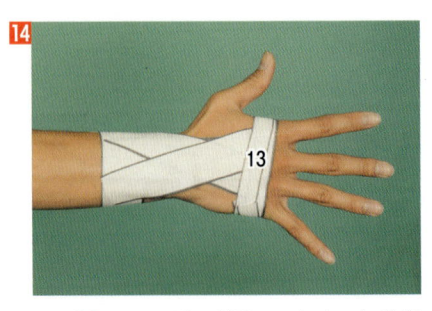

**14** 13のテーピングは，これまでに貼付したテープが剥がれないようにするために行なうものである（以後，貼付する16のテープまで同様である）．このため，13のテープ1のテープ上（**5**参照）に重ねて巻き，貼付する．　普通

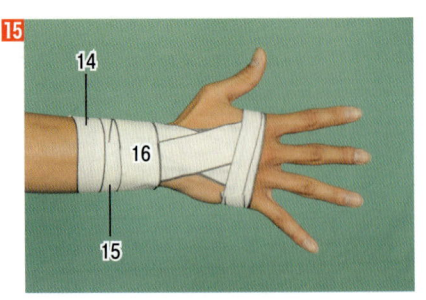

**15** 14のテープは2のテープ上（**5**参照）に，15のテープは14のテープ上に，16のテープは15のテープ上に，それぞれテープ幅の1/2～1/3程度を重ねて貼付する．　普通

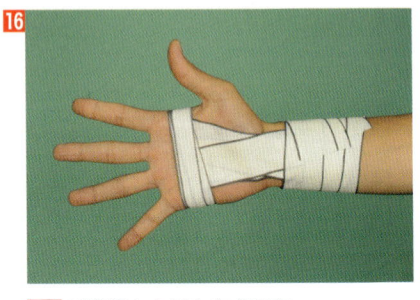

**16** 手掌側から見た完成写真．

以上で，ゴルフのスイングの矯正のテーピング（第1段階）が完了する．

## B 第2段階でのテーピング

第1段階でのフォームが習得できたら，今度は手首の周りをテープで圧迫・固定し，フォームをより安定させる．

**固定肢位**　●手関節・中間位．

**テープ**　●粘着性非伸縮テープ　約19mm幅

**・ポイント・**
●手関節の"ぶれ"を防ぐため，手首の周りを巻いて貼付する．

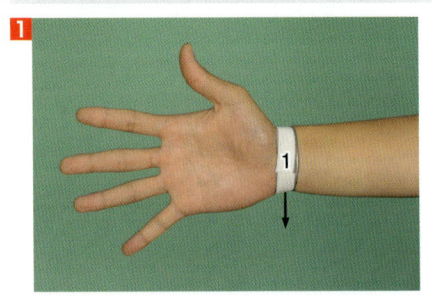

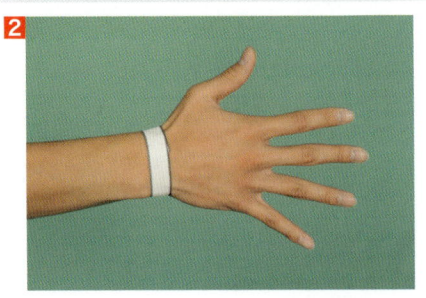

**1 2** 1のテーピングは，手首周りを圧迫・固定することにより，掌屈・背屈を制限するために行なうものである．フォームの習得度合いにより1～3周程度を巻き，貼付する．

以上で，ゴルフのスイングの矯正のテーピング（第2段階）が完了する．

# 実験データ/参考資料

スポーツ外傷・障害の予防・再発予防を目的とするテーピングが競技に必要とされる可動域を制限したり，身体機能・形態に影響をおよぼすことによって，試合などで充分な力を発揮できなかったり，記録の低下をもたらしたのでは，その目的を充分に果たしているとはいえない．

そこで，著者らが，
1) テーピングと筋力発揮の関係
2) テーピングと運動能力発揮との関係
3) テーピングと筋パワー（瞬発力）全身反応時間との関係
4) テーピングと可動域の制限
5) ねじりを加えたテーピングの有効性
6) 長期間テーピング状態でのトレーニングによる身体への影響

について実験・調査し，論文および学会発表を行なったものを以下に述べる．

## 1) テーピングと筋力発揮の関係

図1は，足関節の捻挫をしている者と捻挫をしていない者が，それぞれテーピングをする前の状態（以下テーピングをしない場合と略す）で足底屈筋力を測定した場合と，足関節にテーピングをした状態（以下テーピングをした場合と略す）で足底屈筋力を測定した場合との変化を示したものである．これをみると，

### a) 捻挫をしている者

テーピングをしない場合とテーピングをした場合との足底屈筋力は，前者の平均が115.3±25.8kg，後者の平均値は145.5±33.1kgである．すなわち，テーピングをした場合は，しなかった場合より30.2kg高い値を示し，統計的に0.1％水準で有意性が認められた．

### b) 捻挫をしていない者

テーピングをしない場合とテーピングをした場合との足底屈筋力は，前者の平均値が164.4±33.7kg，後者の平均値は165.1±30.5kgで，その差はあまりなく，統計的に有意性が認められなかった．

## 2) テーピングと運動能力発揮の関係

図2～5は，健康体の者が，テーピングをしないで身体運動をした場合と，足関節にテーピングをして身体運動をした場合との運動能力発揮度合いの測定値を示したものである．これをみると，

### a) 前開きの技法でテーピングをした場合

テーピングをしない場合と前開きの技法でテーピングをした場合との垂直跳び・立幅跳び・1500m走での平均値の比較では，統計的に有意性が認められなかった．しかし，サイドステップでは，テーピングをしないほうに高い値がみられ，統計的に5％水準で有意性が認められた．

### b) 後開きの技法でテーピングをした場合

テーピングをしない場合と，後開きの技法でテーピングをした場合とのサイドステップ，1500m走の平均値の比較では，統計的に5％水準，立幅跳びでは統計的に1％水準で有意性が認められた．

### c) 全固定のテーピングの技法でテーピングをした場合

テーピングをしていない場合と，全固定のテーピングの技法でテーピングをした場合との垂直跳び・立幅跳び・サイドステップ1500m走での平均値の比較では，統計的にすべて1％水準で有意性が認められた．

## 3) テーピングと筋力・筋パワー（瞬発力）発揮および全身反応時間の関係

図6・7は膝関節を損傷している者，図8・9は損傷していない者が，それぞれテーピングをしないで身体運動をした場合と，膝関節にテーピングをして身体運動をした場合との筋力・筋パワー発揮度合い，および図10は，全身反応時間の測定値を示したものである．これをみると，以下の結果が得られた．

### a) 膝関節を損傷している者

テーピングをしない場合とテーピングをした場合との脚筋力は，前者の平均値が55.3±6.24kg，後者の平均値は粘着非伸縮性テープが62.9±5.72，粘着伸縮性テープが64.8±6.05である．すなわち，テーピングをした場合は，しなかった場合より粘着非伸縮性テープの場合で＋

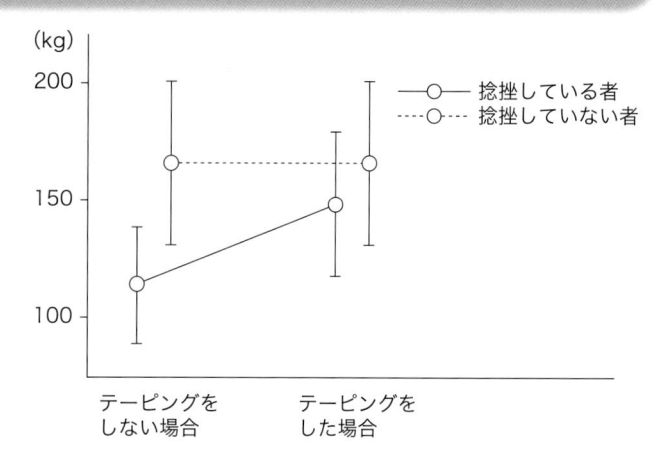

図1 足関節において，捻挫している者と捻挫をしていない者の足底屈筋力の変化

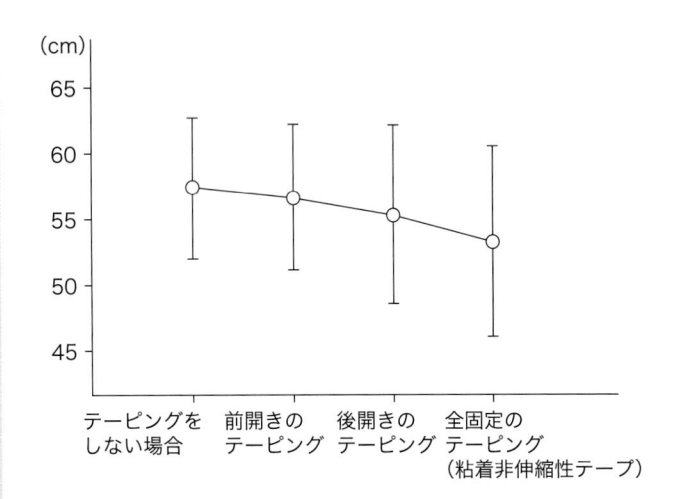

図2　垂直跳び

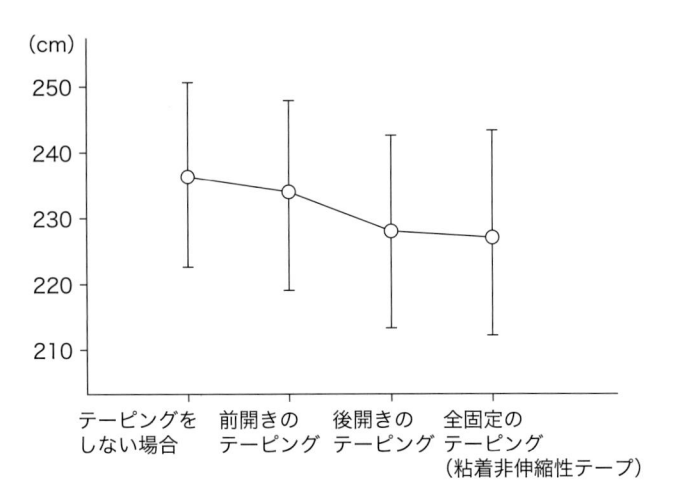

図3　立幅跳び

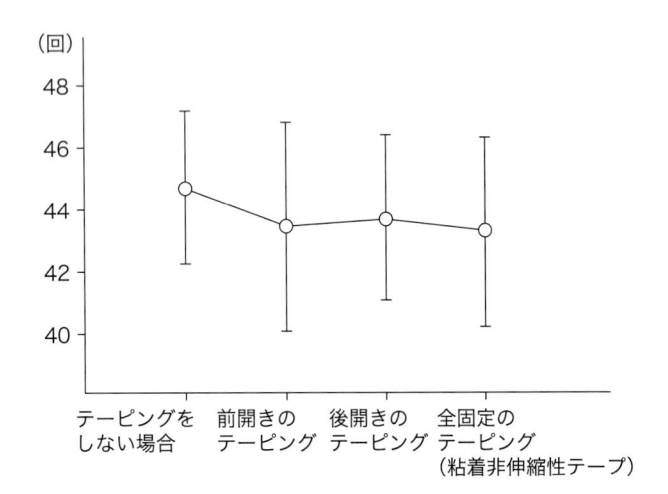

図4　サイドステップ

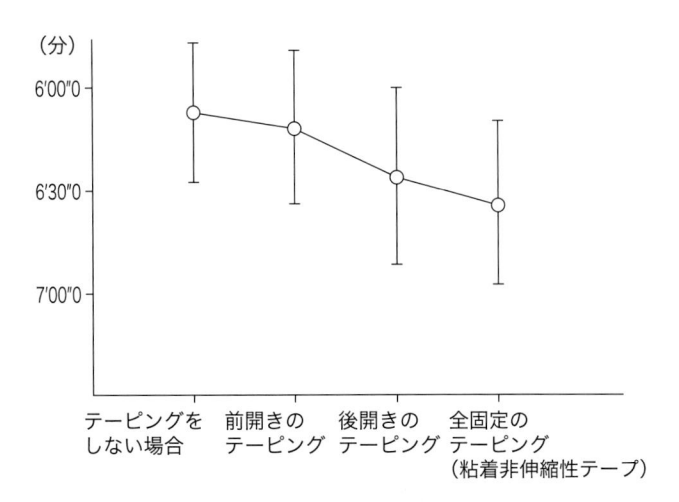

図5　1500m走

7.6kg，粘着伸縮性テープの場合で+9.5kg 高い値を示し，統計的に1％水準の有意性が認められた．

次に，脚パワーでは，前者の平均値は491.8±61.16watt，後者の平均値は粘着非伸縮性テープが569.3±65.08，粘着伸縮性テープが621.9±62.20である．すなわち，テーピングをした場合は，しなかった場合より粘着非伸縮性テープの場合で+77.5watt，粘着伸縮性テープの場合で+130.1watt 高い値を示し，統計的に1％水準で有意性が認められた．

次に，全身反応時間では，前者の平均値は380.7±26.25msec，後者の平均値は粘着非伸縮性テープが368.8±35.15msec，粘着伸縮性テープが345.5±28.11msecである．すなわち，テーピングをした場合は，しなかった場合より粘着非伸縮性テープの場合で−11.9msec，粘着伸縮性の場合で−35.2msec 短縮され，統計的に1％水準で有意性が認められた．

### b) 損傷していない者

テーピングをしない場合とテーピングをした場合との脚筋力は，前者の平均値が右62.9±10.37kg・左61.1±10.16kg，後者の平均値は粘着非伸縮性テープが右61.4±11.38kg・左61.3±11.25kg，粘着伸縮性テープが右69.2±8.99kg・左67.2±10.59kgで，その差はあまりなく統計的に有意性が認められなかった．

次に，脚パワーでは，前者の平均値は右644.0±122.83watt・左669.3±94.02watt，後者の平均値は粘着非伸縮性テープの場合で右655.3±111.73watt・左657.0±111.73watt，粘着伸縮性テープの場合で右712.2±95.14watt・左680.2±88.83wattで，粘着伸縮性テープの場合にわずかに高い値を示したが，統計的に有意性が認められなかった．

次に，全身反応時間では，前者の平均値は346.8±32.31msec，後者の平均値は粘着非伸縮性テープの場合で344.4±31.52msec，粘着伸縮性テープの場合で323.1±35.32msecで，その差はあまりなく統計的に有意性が認められなかった．

## 4）テーピングと可動域の制限

図11～15は，健康体の者がテーピングをしない場合

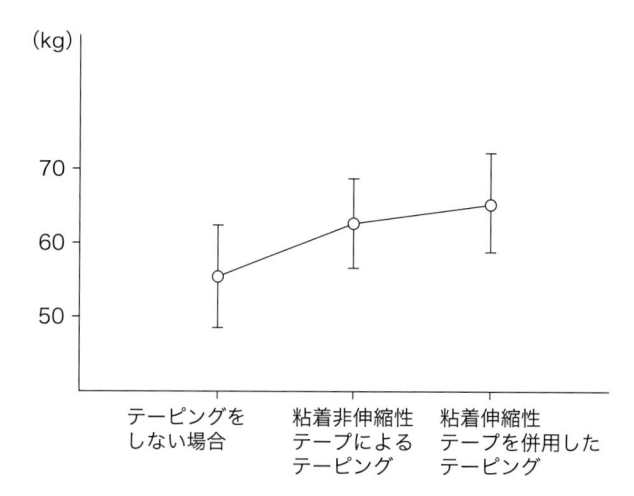

図6　膝関節を損傷している者の脚筋力

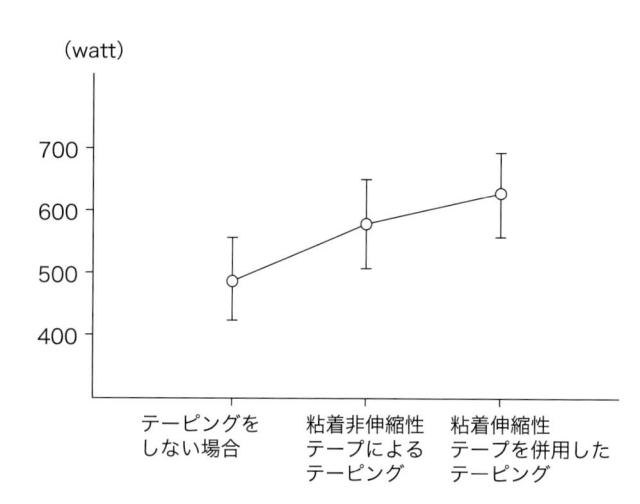

図7　膝関節を損傷している者の脚パワー（瞬発力）

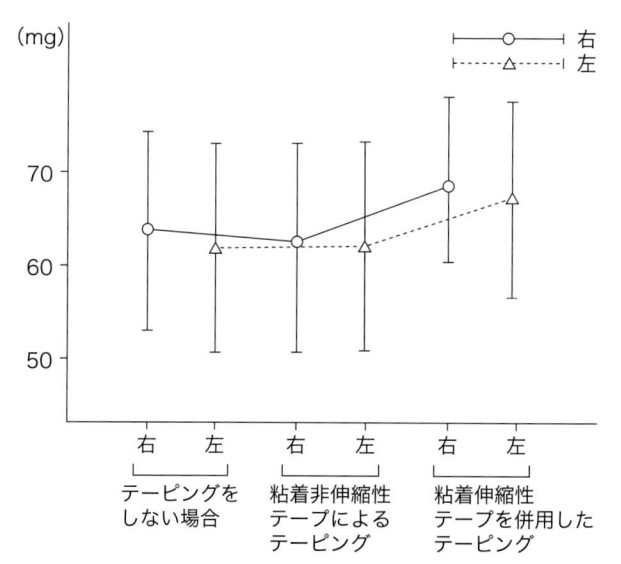

図8　膝関節を損傷していない者の脚筋力

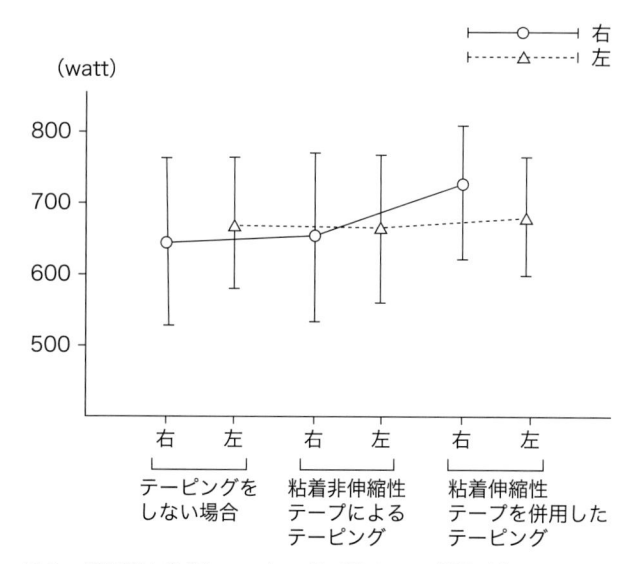

図9　膝関節を損傷していない者の脚パワー（瞬発力）

と，テーピングをして身体運動をする前後の可動域を示したものである．これをみると，

**a）手関節**

図11は，テーピングをしない場合と背屈制限のテーピングをした場合の運動前後の可動域の変化を表したものである．前者の背屈の平均値は70.2±1.65度，後者の背屈平均値は運動前が44.4±6.50度，運動後には57.0±5.83度である．すなわち，テーピングをした場合には，しなかった場合より運動前が15.8度，運動後が13.2度制限されており，運動後ではしなかった場合の約19%制限されていた．

**b）肘関節**

図12は，テーピングをしない場合と過伸展制限のテーピングをした場合の運動前後の可動域の変化を表したものである．前者の伸展の平均値は−1.8±2.68度，後者の伸展の平均値は運動前が12.4±4.04度，運動後が1.0±5.3度である．すなわち，テーピングをした場合には，しなかった場合より運動前が13.2度，運動後が2.8度制限されており，運動後ではしなかった場合の約2%制限がみられた．

**c）膝関節**

図13は，テーピングをしない場合と内側側副靱帯のテーピングをした場合の運動前後の可動域の変化を表したものである．前者の屈曲の平均値は130.2±1.92度，後者の屈曲の平均値は運動前が82.8±8.76度，運動後が100.8±11.48度である．すなわち，テーピングをした場合には，しなかった場合より運動前が47.4度，運動後が29.4度制限されており，運動後ではしなかった場合の約23%の制限がみられた．

**d）足関節**

図14・15は，テーピングをしない場合と全固定のテーピングをした場合の運動前後の可動域の変化を表したものである．底屈の前者の平均値が44.6±1.14度，後者の平

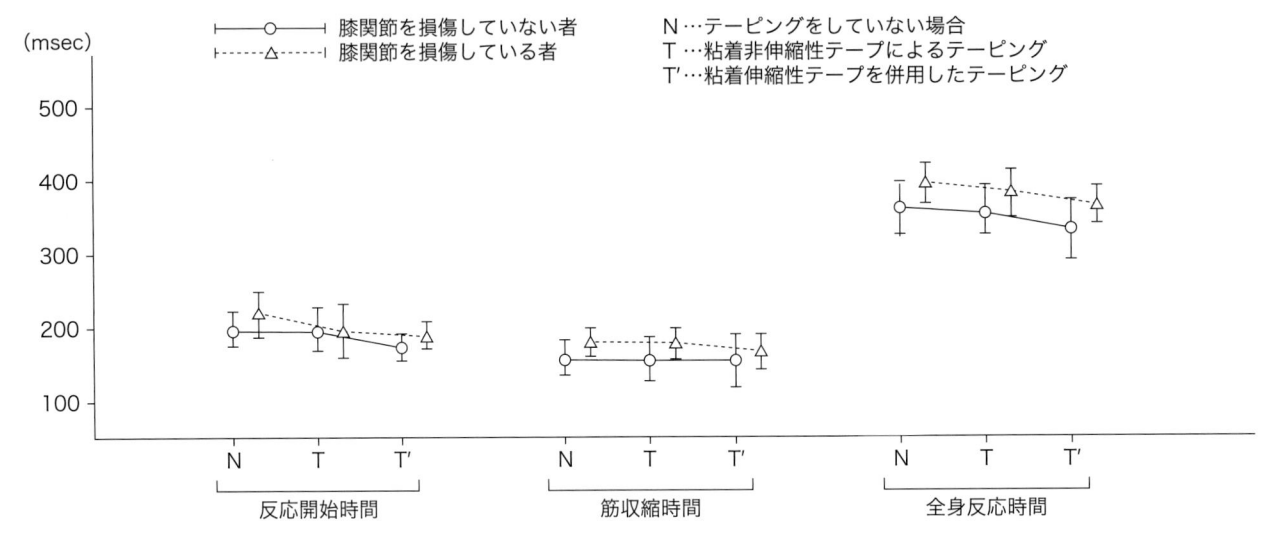

図10　全身反応時間（敏捷性）

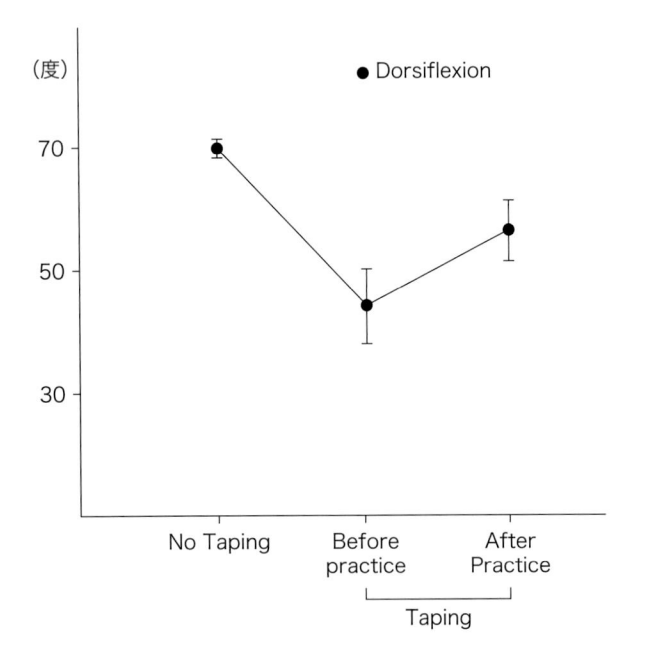

図11　手関節において，テーピングをする以前と，テーピングをした以後での運動前・後の可動域の変化

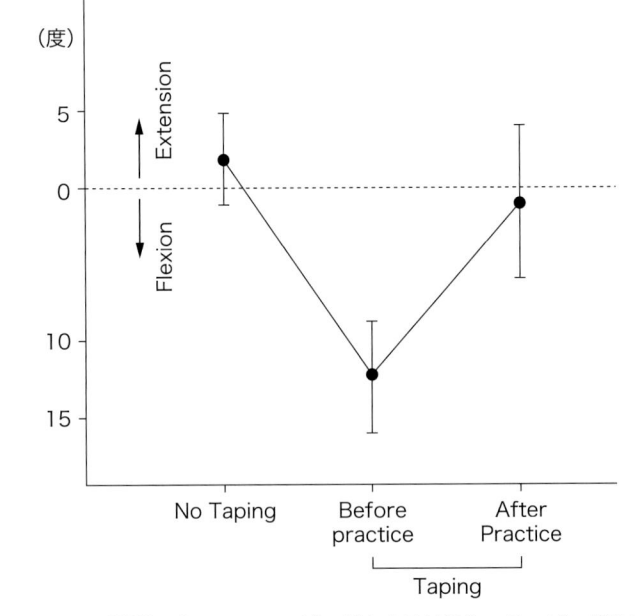

図12　肘関節において，テーピングをする以前と，テーピングをした以後での運動前・後の可動域の変化

均値は運動前が31.4±5.81度，運動後が37.8±5.45度である．すなわち，テーピングをした場合には，しなかった場合より運動前が13.2度，運動後が6.8度制限されており，運動後ではしなかった場合の約15%の制限がみられ，1%水準の有意性が認められた．

次に，背屈の前者の平均値が22.3±1.79度，後者の平均値は運動前が15.8±1.30度，運動後が21.8±2.83度である．すなわち，テーピングをした場合には，しなかった場合より運動前で6.5度，運動後で0.5度の制限がされており，運動後ではしなかった場合の約2%の制限がみられた．

次に，内反の前者の平均値が29.4±1.21度，後者の平均値は運動前が19.8±4.66度，運動後が25.7±4.14度で

ある．すなわち，テーピングをした場合には，しなかった場合より運動前で9.6度，運動後で3.7度の制限がされており，運動後ではしなかった場合の約13%の制限がみられ，0.1%水準の有意性が認められた．

次に，外反の前者の平均値が19.0±1.19度，後者の平均値は運動前が10.3±2.94度，運動後が13.4±2.81度である．すなわち，テーピングをした場合には，しなかった場合より運動前で8.7度，運動後で5.6度の制限がみられ，1%水準の有意性が認められた．

## 5）ねじりを加えたテーピングの有効性

図16は，膝関節に「ねじり」を加えたテーピングの有効性について示したものである．テーピングをしない場合

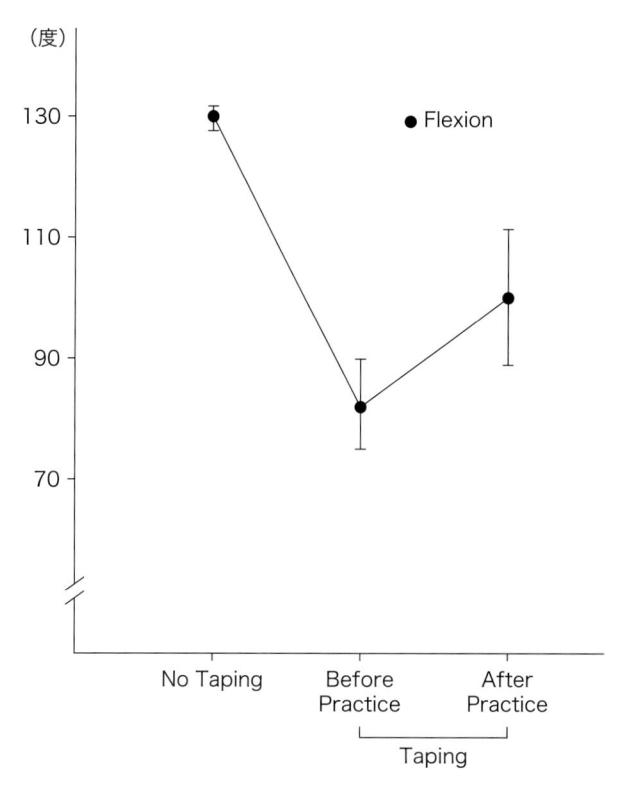

図13 膝関節において，テーピングをする以前と，テーピングをした以後での運動前・後の可動域の変化

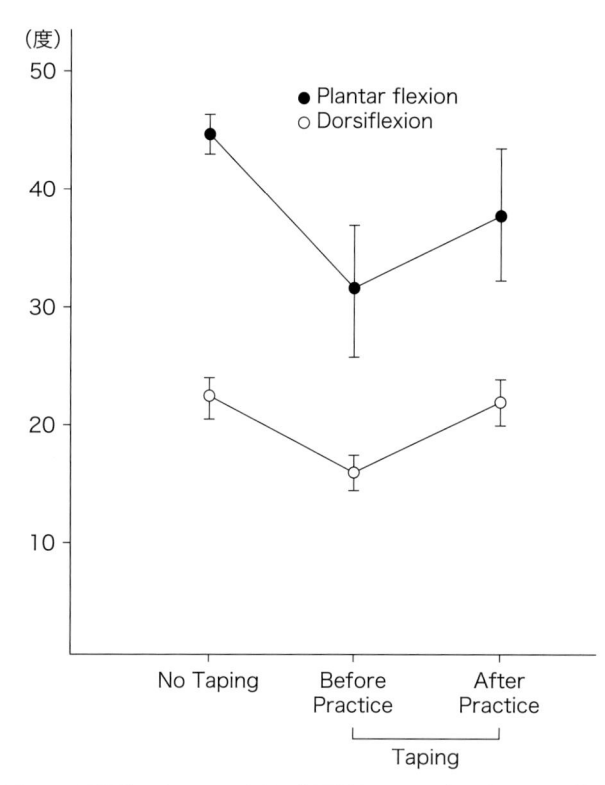

図14 足関節において，底屈・背屈制限のテーピングをする以前と，テーピングをした以後での運動前・後の可動域の変化

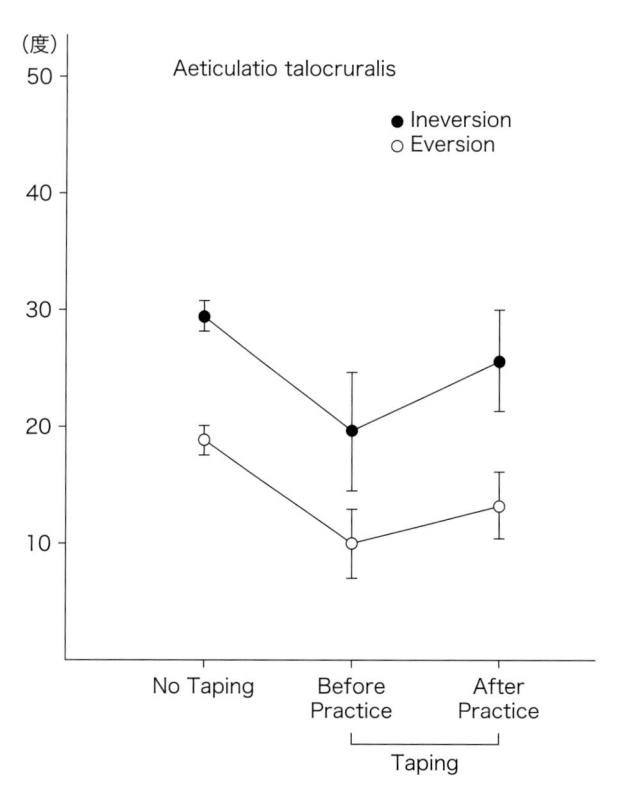

図15 足関節において，内反・外反制限のテーピングをする以前と，テーピングをした以後での運動前・後の可動域の変化

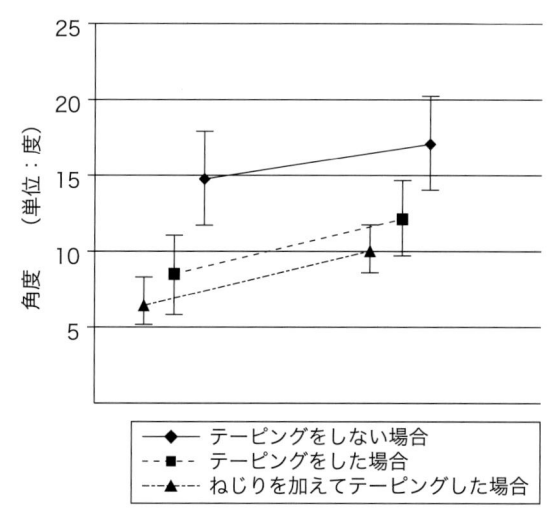

図16 膝関節において，テーピングをしない場合，テーピングをした場合，ねじりを加えてテーピングした場合の平均値からみた可動域の変化

において可動域の平均値は運動前で14.93±3.07度，運動後は17.15±3.63度であった．内側側副靭帯のテーピングをした場合において可動域の平均値は運動前で8.67±2.31

度，運動後は12.37±2.65度であった．

すなわち，テーピングをしない場合とテーピングをした場合の差をみると，運動前では6.26度，約42%制限がみられ0.1%水準以下の有意性が認められた．運動後では4.78度，約28%制限がみられ，0.1%水準以下の有意性が認められた．また，ねじりを加えてテーピングをした状態の可動域の平均値は運動前で6.59±1.05度，運動後は10.41±1.66度で，テーピングをしない場合との差をみると運動前では8.34度，約56%制限がみられ，0.1%水準

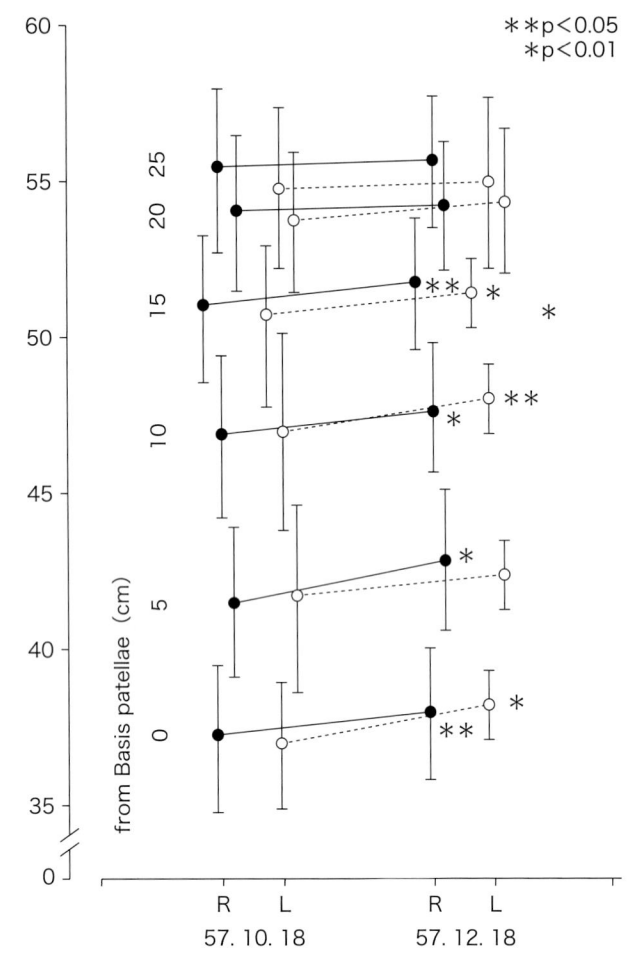

図17 形態の変化（大腿部周径囲）

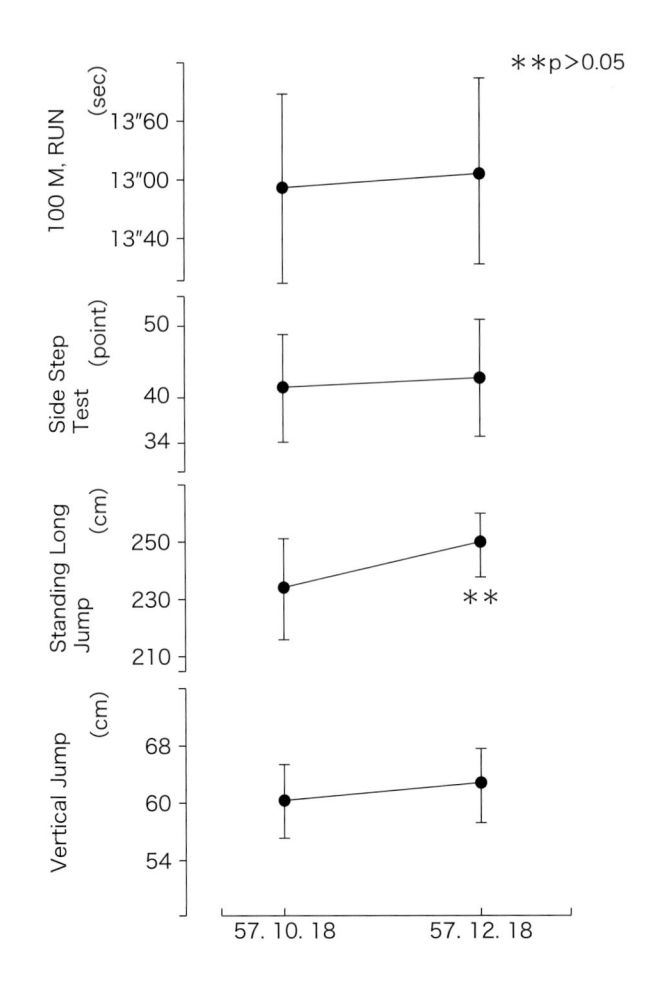

図18 運動能力の変化
（垂直跳び，立幅跳び，サイドステップ，100m走）

以下の有意性が認められた．運動後では4.52度，約30%制限がみられ，0.1%水準以下の有意性が認められた．さらにテーピングをした場合とねじりを加えてテーピングした場合との差をみると運動前では2.08度，約24%制限がみられ，0.1%水準以下の有意性が認められた．運動後では1.96度，約16%制限がみられ，0.1%水準以下の有意性が認められた．

## 6) 長期間テーピング状態でのトレーニングによる身体の影響について

図17～20は，健康体の者が競技や練習のつど，長期間テーピングをして運動を行なった場合，

a) 形態
b) 運動能力
c) 身体機能

にどのような影響を与えるかを明らかにするため，膝関節に対して2か月間の実験をした結果を示したものである．これをみると，以下の結果が得られた．

### a) 形態

図17は，膝蓋骨底（0cm）から大腿部の上方25cmまで5cmごとの周径囲の，実験の開始直前と終了直後の変化を表したものである．

右大腿部周径囲についてみると，実験の開始直前は膝蓋骨底37.1cm，5cmで41.3cm，10cmで46.7cm，15cmで50.9cm，20cmで53.9cm，25cmで55.3cmであったのが，終了直後には膝蓋骨底37.6cm（+0.5cm），5cmで42.5cm（+1.2cm），10cmで47.5cm（+0.8cm），15cmで51.5cm（+0.6cm），20cmで54.1cm（+0.2cm），25cmで55.6cm（+0.3cm）と増加しており，5cmと10cmに1%水準，10cmと15cmに5%水準の有意性が認められた．

左大腿部周径囲についてみると，実験の開始直前は膝蓋骨底36.8cm，5cmで41.5cm，10cmで46.9cm，15cmで50.6cm，20cmで53.7cm，25cmで54.7cmであったのが，終了直後には膝蓋骨底37.8cm（+1.0cm），5cmで42.2cm（+0.7cm），10cmで47.9cm（+1.0cm），15cmで51.4cm（+0.8cm），20cmで54.2cm（+0.5cm），25cmで55.0cm（+0.3cm）と増加しており，膝蓋骨底に1%水準，10cmと15cmに5%水準の有意性が認められた．

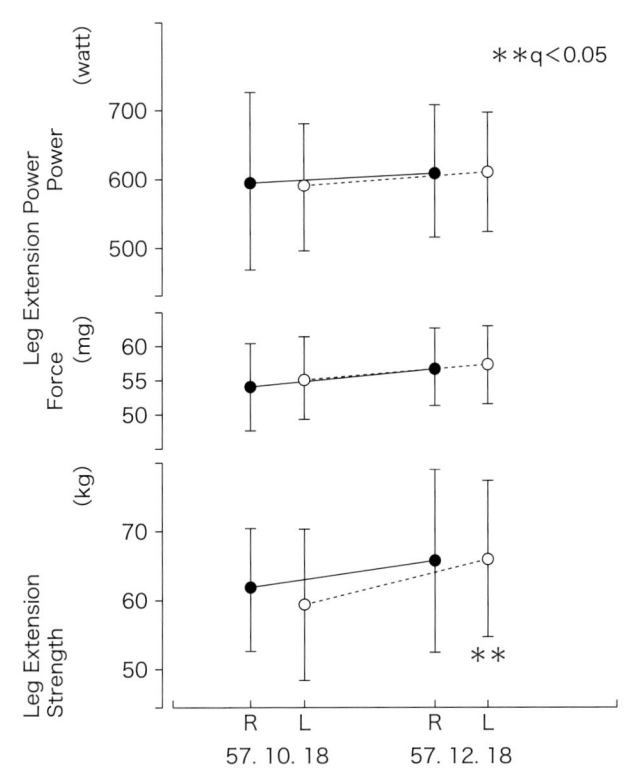

図19　身体機能の変化（脚伸展筋力，脚伸展パワー）

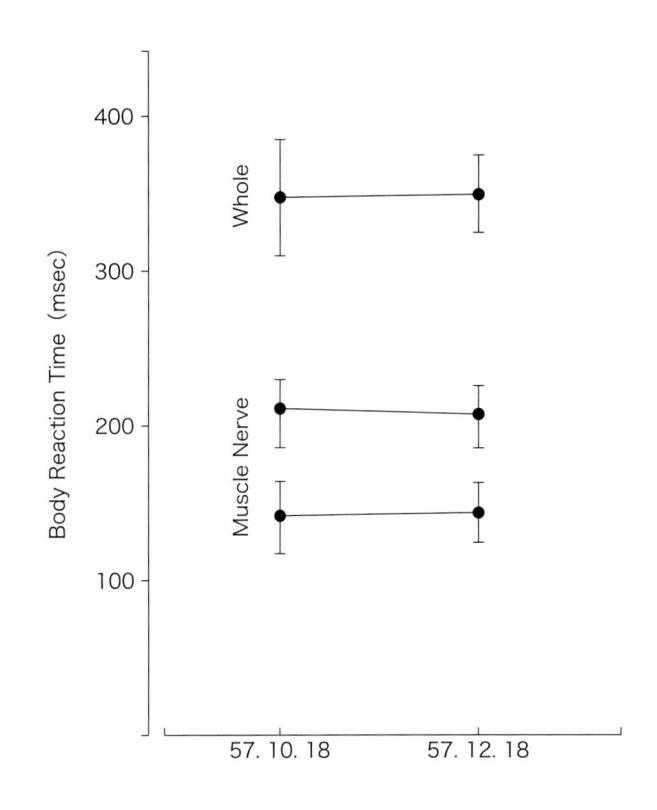

図20　身体機能の変化（全身反応時間）

### b) 運動能力

図18は，垂直跳び，立幅跳び，サイドステップ，100m走の実験の開始直前と終了直後の変化を表したものである．

垂直跳びについてみると，実験の開始直前は59.6cmであったのが，終了直後には61.5cm（＋1.9cm）と増加しているが，有意性は認められなかった．

立幅跳びについてみると，実験の開始直前は233cmであったのが，終了直後には247cm（＋14cm）と増加しており，5％水準の有意性が認められた．

サイドステップについてみると，実験の開始直前は40.5回であったのが，終了直後には41.9回（＋1.4回）と増加しているが，有意性は認められなかった．

100m走についてみると，実験の開始直前は13秒07であったのが，終了直後には12秒98（－0秒09）とほとんど変化がなく，有意性は認められなかった．

### c) 身体機能

図19は，脚伸展筋力，脚伸展パワーの筋力と脚伸展パワーについて，図20は，反応時間の動作開始時間，筋収縮時間，全身反応時期について，実験の開始直前と終了直後の変化を表したものである．

脚伸展筋力についてみると，実験の開始直前は右61.5kg，左59.2kgであったのが，終了直後には右65.1kg（＋3.6kg），左65.3kg（＋6.1kg）と増加しており，左に5％水準の有意性が認められた．

筋力についてみると，実験の開始直前は右53.9kg，左54.6kgであったのが，終了直後には右56.3kg（＋2.4kg），左56.9kg（＋2.3kg）と増加しており，左に5％水準の有意性が認められた．

脚伸展パワーについてみると，実験の開始直前は右597watt，左590wattであったのが，終了直後には右613watt（＋16watt），左613watt（＋23watt）と増加しているが，有意性は認められなかった．

動作開始時間，筋収縮時間，全身反応時間についてみると，実験の開始直前は動作開始時間206msec，筋収縮時間139msec，全身反応時間345msecであったのが，終了直後には動作開始時間205msec（－1msec），筋収縮時間141msec（＋2msec），全身反応時間346msec（＋1msec）とほとんど変化がなく，有意性は認められなかった．

以上の結果，足関節および膝関節のどちらにも，形態，運動能力，身体機能の終了直後の測定値に低下がみられなかった．

運動能力の垂直跳び，立幅跳び，サイドステップ，身体機能の足底屈筋力，脚伸展筋力の終了直後の測定値において増加しており，一部に有意性が認められていた．これは，実験開始から2か月間にわたり毎日行なわれたトレーニングによる効果で，テーピングが妨げにならなかったために増加したものと考えられる．

## 参考文献

- 森崎直木：整形外科学・外傷学，文光堂，1975.
- 寺山和雄，井上駿一，広畑和志：標準整形外科学 第3版，医学書院，1986.
- 上羽康夫：手，その機能と解剖，金芳堂，1970.
- 鈴木良平：足の外科 改訂第2版，金原出版，1985.
- 信原克哉：肩－その機能と臨床，医学書院，1979.
- 三浦孝行：手の外傷－初期治療から機能再建まで，医歯薬出版，1984.
- 杉本侃，小野啓郎，片岡治ら：救急治療シリーズ－腰痛，中外医学社，1985.
- 渡辺好博：手の疾患と外傷のプライマリ・ケア，金原出版，1985.
- 鈴木勝己，渡辺良編：整形外科外傷ハンドブック，南江堂，1982.
- 辻陽雄，高橋栄明編：整形外科診断学，金原出版，1982.
- 山本，河路，榊田，宇田川編：整形外科診療図譜【4】外傷（1），金原出版，1985.
- 伊藤鉄夫編：股関節外科学 第2版，金芳堂，1983.
- Arthur J. Helfet 編：膝の整形外科，協同医書出版，1986.
- S. Hoppenfeld 著，野島元雄（監訳）：四肢と脊椎の診かた，医歯薬出版，1984.
- P. Decoulx, J. P. Razemom：運動器の外傷診断学，医歯薬出版，1977.
- 黒田善雄監：臨床スポーツ医学，メディカル葵出版，1985.
- 中嶋寛之編：スポーツ外傷と障害，文光堂，1983.
- V. W. Kahle, H. Leonhardt, W. Platzer 著，越智淳三訳：解剖学アトラス，文光堂，1981.
- R. M. H. McMinn, R. T. Hutchings：人体解剖カラーアトラス，南江堂，1984.
- 藤田恒太郎：人体解剖学，南江堂，1964.
- 星野一正：臨床に役立つ生体の観察－体表解剖と局所解剖－改訂第2版，医歯薬出版，1984.
- J. W. Roken，横地千仞：解剖学カラーアトラス，医学書院，1985.
- 岩原寅緒，片山良亮監：新整形外科学【上・下巻】，医学書院，1984.
- 伊丹康人，西尾篤人編：整形外科MOOK No. 6～12，金原出版，1978.
- Watson-Jones：骨・関節の外傷【第2巻】，医学書院，1983.
- 若松英吉，小野啓郎編：新臨床整形外科全書【第4巻～11巻】，金原出版，1983.
- 池田，西尾，津山監：図説臨床整形外科講座【第1巻～8巻】，メジカルビュー，1984.
- Rene Cailliet：CAILLIETの（痛み）シリーズ，医歯薬出版，1979.
- 金子丑之助：日本人体解剖学【第1巻・3巻】，南江堂，1973.
- 藤田恒太郎：生体観察，南山堂，1964.
- 森於菟，小川鼎三ら：表面解剖と代謝運動，医歯薬出版，1976.
- 岡本道雄編：図説人体解剖学，医学書院，1974.
- John H. Warfel 著，矢谷令子，小川恵子訳：図説 筋の機能解剖，医学書院，1972.
- 寺田春永，藤田恒夫：解剖実習の手びき，南山堂，1972.
- 伊東一郎：解剖生理学知識の整理，医歯薬出版，1980.
- 山田英智監訳，石川春律，廣澤一成訳：図解解剖学辞典，医学書院，1976.
- 佐藤宏：スポーツ障害，杏林書院，1974.
- 荻島秀男：リハビリテーション処方学，医歯薬出版，1968.
- 清川誠一：図説スポーツ傷害と処置，新思潮社，1977.
- 児玉俊夫，猪飼道夫ら：スポーツ医学入門，南江堂，1967.
- 小池文英訳：リハビリテーション医学，医歯薬出版，1968.
- J. G. P. Williams 著，中嶋寛之訳：スポーツ外傷カラーアトラス，南江堂，1980.
- 小松日出雄：運動障害とその処置，体育の科学社，1969.
- 草野磐：脱臼と捻挫，南江堂，1979.
- 田坂定孝，三木威勇治：主要症状からみた各科救急療法，南江堂，1974.
- 大中弘，赤井知雄：各科救急処置の実際，南江堂，1976.
- S. H. リヒト著，天児民和監，城戸正明訳：運動療法，医歯薬出版，1972.
- 福島英夫，山本郁栄ら：柔整学基礎編，不昧堂出版，1983.
- Dwayne Spike Dixon 編，大和真，山本郁栄ら訳：競技者のためのテーピング，東印，1976.
- 福島英夫，山本郁栄：テーピングの理論と実際，不昧堂，1978.
- 栗山節郎，藤巻悦夫：テーピングの実際，南江堂，1984.
- (財)日体スワローテーピング研究会編：Athletic TAPING 初級，(財)日体スワロー，1980.
- 山本郁栄，木場本弘治ら：「テーピングの理論と実際」整形外科，南江堂，718～726，1979.
- 金子公宥：スポーツ・バイオメカニクス入門，杏林書院，1982.
- 中村隆一：基礎運動学，医歯薬出版，1976.
- 山本郁栄，諸岡稔ら：テーピングと筋力に関する一考察，（その1）日本体育学会第26回大会号，1975.
- 山本郁栄，安藤勝英ら：テーピングが関節可動域にどのような影響をおよぼすかについての一考察，第31回日本体力医学会総会報告書，1975.
- 山本郁栄，木場本弘治ら：テーピング技法に関する研究，スポーツトレーニングセンター年報，日本体育大学，第3号，1977.
- 山本郁栄，木場本弘治ら：長期間テーピング状態でのトレーニングによる身体への影響，日本体育大学紀要，14巻2号，1985.
- 槇野均，山本郁栄ら：テーピングが筋パワーにどのような影響をおよぼすかについての一考察（膝関節），日本体育学会第31回大会号，1980.
- 小島正行，山本郁栄ら：テーピングが筋力にどのような影響をおよぼすかについての一考察(膝関節)，日本体育学会第31回大会号，1981.
- 山本郁栄，鈴木昭彦ら：Tapingが身体機能にどのような影響をおよぼすかについての一考察（膝関節），日本体育学会第32回大会号，1981.
- 山本郁栄，野田哲由ら：身体機能からみたテーピングの効果，日本体育学会第33回大会号，1982.
- Klafs, C. E. Arnheim, D. D.：*Modern Principles of Athletic Training*, 1977.
- David O., Matthews, E. D., Richard A., Thompson, D. O.：*Athletic Injuries*, 1963.
- Morehouse, L. E., Rasch, P. J.：*Sports Medicine for Trainers*, 1963.
- Dohn O'Donoghue, M. D.：*Treatment of injuries to athletes*, 1970.
- Rudolf Birkner M. D.：*Normal Radiologic Patterns and Variances of the Human Skeleton*, 1978.
- Bdf Beierdorf：*Modern Sports Strapping and Techniques*, 1979.
- 山本郁栄，木場本弘治ら：テーピングにおける関節可動城に関する一考察，日本体育大学紀要，15巻2号，1986.
- 山本隆文，山本郁栄：ねじりを加えたテーピングの有効性について－膝関節の場合－，日本柔整復接骨医学会総会，160，2001.
- スポーツに関するテーピングの実際（その例）スポーツ外傷と障害，文光堂，1983.
- 柔整学基礎編－観察検査と固定－，不昧堂出版，1983.
- TAPING技法シリーズ前・後期（全8巻）～ビデオ，ベースボールマガジン社，1984.
- スポーツ外傷・障害の基礎知識，アスレチック・テーピング，スポーツ外傷・障害，南江堂，1987.

# 索引

## あ

アイスパック 8
アキレス腱 10
 ──炎，周囲炎 12
 ──損傷の救急処置のテーピング 204
 ──断裂 12
 ──・底屈制限のテーピング 59
 ──・背屈制限のテーピング 51,55
アーチ（土ふまず）のテーピング 39
圧迫 2
後開きの技法 253
後開きのテーピング 36
アンダーラップ 8
 ──の脱着防止 25
 ──の巻き方 14

## う

烏口鎖骨靱帯 152
烏口上腕靱帯 152
烏口腕筋 152
内返し（内反）捻挫 12
運動しないとき（日常生活など）の技法 25
運動フォームの矯正とテーピング 5

## え

腋窩部 171
エラスコット 8
エラスチコン 8
遠位指節間関節 113
円回内筋 151

## お

オスグッド・シュラッター病 62,63,64

## か

外果 10
回旋筋腱板 157
外側 151
 ──距踵靱帯 10
 ──広筋 62,181
 ──側副靱帯 62,151
 ──側副靱帯損傷 62
 ──側副靱帯のテーピング 73
 ──側副靱帯（LCL） 63
 ──大腿部 86
 ──半月板 62
 ──半月板損傷 62
外反制限 22,31
外反母趾 13
外腹斜筋 181,182
外肋間筋 182
踵 43
過伸展制限のテーピング 79
下前腸骨棘大腿直筋 184
下前腸骨棘裂離骨折 185
鵞足炎 62
下腿三頭筋肉ばなれのテーピング 103,106
下腿内側の痛み（Shin splints）のテーピング 109
関節運動の制限 2
関節唇 181
関節の固定 2
関節包 113
 ──と胸頭靱帯 152
 ──と肩鎖関節靱帯 152
関節腕靱帯 152

## き

基節骨 10,113
胸骨体 182
胸骨柄 152,182
胸鎖関節損傷 157
胸鎖関節のテーピング 174
狭窄性腱鞘炎 116
棘下筋筋膜 152
棘上筋腱 157
距骨 10
 ──下関節 10
棘下筋腱 157
近位指節間関節 113
 ──のテーピング 145,147

## く

屈筋支帯 113

## け

脛骨 10,62
 ──粗面の痛み（オスグッド・シュラッター病）のテーピング 88
頸髄損傷 187
「けが」をしても，試合を続行しなければならない場合 227
月状骨 113
肩関節屈曲・外転・外旋制限のテーピング 171
肩関節前面 172
肩関節損傷の救急処置のテーピング 208
肩関節脱臼 156
肩関節の屈曲・外転・外旋制限 171,173
肩関節・外旋制限のテーピング 169
肩甲下筋腱 157
肩甲骨 152
肩鎖関節脱臼 157
肩鎖関節のテーピング 177
剣状突起 182

## こ

後距踵靱帯 10
後距腓靱帯 10
後脛腓靱帯 10
後十字靱帯（PCL） 62,63
 ──損傷 64
後上腕部から左胸部 172
後大腿部肉ばなれ（下方）のテーピング 98
後大腿部肉ばなれ（上方）のテーピング 95
後大腿部（ハムストリングス）肉ばなれのテーピング 90,93
広背筋 152,181,182
股関節過伸展制限のテーピング 188
骨間距踵靱帯 10
骨折 115
コットンテープ 8
骨盤 182
 ──裂離骨折 185
コールドスプレー 8
コールドパック 8
ゴルフのスイングの矯正とテーピング 250

## さ

鎖骨　152
坐骨結節　181, 184
　　──裂離骨折　185
坐骨大腿靱帯　181
擦過傷　171
三角筋　152
　　──上部　172
　　──前部　172
三角骨　113

## し

耳介血腫を保護するテーピング　225
指基節骨骨折　115
シザーズ　8
指伸筋　113, 151
趾節骨間関節　10
膝窩　62
膝蓋骨　62, 63
　　──底　86
　　──辺縁　86
膝蓋靱帯　62, 63
　　──炎(ジャンパー膝)　64
　　──(ジャンパー膝)のテーピング　85
膝蓋前滑液包炎　63
膝外側側副靱帯損傷　64
膝関節　253, 255
　　──内側側副靱帯の捻挫の場合　242
膝骨粗面　86
膝内側側副靱帯損傷　64
尺骨　113, 151
尺側手根屈筋　113, 151
尺側手根伸筋　113, 151
斜索靱帯　151
斜前部靱帯　151
ジャンパー膝　62, 63
舟状骨　10, 113
手関節　255
　　──損傷の救急処置のテーピング　215
　　──捻挫　116
　　──・回外方向の制限のテーピング　119
　　──・回内方向の制限のテーピング　117
　　──・尺屈制限のテーピング　125
　　──・掌屈制限のテーピング　123
　　──・橈屈制限のテーピング　127
　　──・背屈制限のテーピング　121
手根骨骨折　116
手根中手関節　113
種子骨障害　13

小円筋　152
　　──腱　157
踵骨　10
小指外転筋　113
小指伸筋　113, 151
上前腸骨棘　181, 184
　　──裂離骨折　185
掌側靱帯　113
掌側板　113
踵腓靱帯　10
踵部のテーピング　42
小菱形骨　113
上腕筋　151, 152
上腕骨　151, 152
　　──外顆骨折　155, 156
　　──外側上顆　151
　　──顆上骨折　155, 156
　　──内顆骨折　155
　　──内上顆骨折　156
　　──内側上顆　151
上腕三頭筋　151, 152
上腕二頭筋　151, 152
　　──長頭腱　157
ショパール関節　10
伸筋支帯　113
シンスプリント(脛骨過労性骨膜炎)　65
靱帯損傷　116

## す

スポンジラバー　8

## せ

前鋸筋　152, 182
前距腓靱帯　10
前脛骨筋　10, 62
前脛腓靱帯　10
仙骨　182
全固定のテーピング　17, 27
　　──の技法　253
浅指屈筋　113
　　──の腱　113
前十字靱帯(ACL)　62, 63
　　──損傷　63
　　──のテーピング　81
前大腿部(大腿四頭筋)肉ばなれのテーピング　101
前部靱帯関節包　151

## そ

僧帽筋　152
足関節　255
　　──内反捻挫の救急処置のテーピング　200
　　──捻挫　12
　　──　　の場合　232
足根洞　10
足趾の外傷，障害　13
足趾(第2～5趾)のテーピング　48
側副靱帯　113
鼠径靱帯　181
鼠径部痛症候群　185
外返し(外反)捻挫　12

## た

第1楔状骨　10
第1指中手指節関節のテーピング　133, 135
第1指橈側外転制限のテーピング　129, 131
第1趾のテーピング　44, 47
第1中手骨　113
第1中足骨　10
第1肋軟骨　152
大円筋　152
大胸筋　152, 182
第5中足骨　10
第5腰椎分離症　186
第3楔状骨　10
第3指中手指節関節過伸展制限のテーピング　140
第3指中手指節関節屈曲制限のテーピング　138
大腿筋膜張筋　62, 181, 184
大腿屈筋群　62
大腿骨　63, 181
　　──頭靱帯　181
大腿四頭筋　62, 63
大腿直筋　62, 181
大腿二頭筋　181
　　──短頭　62
　　──長頭　62, 184
大腿部(ハムストリングス)損傷の救急処置のテーピング　221
大殿筋　181, 182
大転子　181
大内転筋　62, 181
第2楔状骨　10
第4指近位指節間関節・内側側副靱帯のテーピング　142
大菱形骨　113
体力テストに参加しなければならない場合　227
脱臼　115
短小指屈筋　113

短橈側手根伸筋　113, 151
弾発股(ばね股)　185
短腓骨筋　10, 62
短母指外転筋　113
短母指屈筋　113
短母指伸筋　113

## ち

恥骨筋　181
恥骨大腿靱帯　181
肘関節　255
　　——損傷の救急処置のテーピング　212
　　——・外転位方向・過伸展制限のテーピング　162
　　——・過伸展制限のテーピング　165
　　——・肘障害(テニス肘・上腕骨外側上顆部)のテーピング　167
　　——・内側側副靱帯のテーピング　158, 160
肘筋　113, 151
中手骨　113
　　——骨折　115
中手指節関節　113
中節骨　10, 113
中足骨骨折　13
中足骨のテーピング　39
中足骨疲労骨折　13
中足趾節関節　10
中殿筋　181, 182
肘頭　151
　　——骨折(疲労骨折)　156
　　——(尺骨)骨折　155
肘内側側副靱帯損傷　156
虫様筋　113
長期間テーピング状態でのトレーニング　258
腸骨大腿靱帯　181
腸骨稜　181
長趾伸筋　10, 62
長掌筋　113, 151
長足底靱帯　10
長橈側手根伸筋　113, 151
長内転筋　181
長腓骨筋　10, 62
長母指外転筋　113, 151
長母指屈筋　113
長母指趾伸筋　10
長母指伸筋　113
腸腰筋　181

## つ

爪を保護するテーピング　149

槌指(マレットフィンガー)　116

## て

底側踵舟靱帯　10
底側踵立方靱帯　10
デケルバン(de Quervain)病　116
テニス肘(上腕骨外側上顆炎)　155
テーピング後の確認　7
テーピングと運動　7
　　——能力発揮の関係　253
テーピングと可動域の制限　254
テーピングと筋力発揮の関係　253
テーピングと筋力・筋パワー(瞬発力)発揮および全身反応時間の関係　253
テーピングの一般的心得　5
テーピングの原理　2
テーピングの目的　3
テーピング前の診断　5
テーピング用品　8
テープおよびテーピング用品　7
テープカッター　8
テープの扱い方　6
テープの種類とその性質・保管ついて　7
テープの保管　8
テープの巻き替えと除去　7

## と

投球肩障害　157
橈骨　113, 151
　　——骨頭骨折　156
　　——頭骨折　155
豆状骨　113
橈側手根屈筋　113, 151
土台形成　25

## な

内果　10
内側　151
　　——距踵靱帯　10
　　——広筋　62, 181
　　——側副靱帯　62, 151
　　——側副靱帯損傷　62
　　——側副靱帯のテーピング　66, 68, 71
　　——側副靱帯(MCL)　63
　　——側副(三角)靱帯　10
　　——大腿部　86
　　——半月板　62
　　——半月板損傷　62
　　——・外側半月のテーピング　76
内反制限　20, 29, 30
内肋間筋　182

## に

肉ばなれ　64

## ね

ねじり　256
　　——を加えたテーピングの有効性　256
捻挫　253
粘着伸縮性テープ　8
粘着スプレー　8
粘着非伸縮性テープ　8

## は

背側距舟靱帯　10
背側骨間筋　113
薄筋　62, 181
はさみ　8
バーナー症候群　187
ばね指　116
ハムストリングス　62
半月板損傷　64
半腱様筋　62, 181, 184
半膜様筋　62, 181

## ひ

腓骨　10
尾骨　181, 182
腓骨筋腱脱臼　12
膝関節損傷の救急処置のテーピング　206
肘関節後方脱臼　155
肘周辺の骨折　156
左肩甲骨下部　172
左側腹部　172
腓腹筋　10, 62
ヒラメ筋　10, 62
ヒールロック　23
疲労骨折　65

## ほ

縫工筋　62, 181, 184
母指指節間関節　113
母指内転筋　113
ホワイトテープ　8

## ま

前開きの技法　253
前開きのテーピング　33
末節骨　10, 113

## み

右肩関節前面　172
右肩甲部　172

右僧帽筋上部　172
右肋骨側面　172

## や

野球のバッティングフォームの矯正とテーピング　248
野球肘　155

## ゆ

有鉤骨　113
有痛性外脛骨　13
有頭骨　113

## よ

腰三角　181, 182
腰椎椎間板ヘルニア　185, 186
腰椎捻挫　185
腰椎分離症　185
腰部損傷の救急処置のテーピング　218
腰部のテーピング　196

## ら

ランナー膝　62

## り

リスフラン関節　10
立方骨　10
リムーバースプレー　8
輪状靱帯　151
輪帯　181

## れ

裂傷を保護するテーピング　223

## ろ

肋鎖靱帯　152
肋硬骨　182
肋骨間靱帯　152
肋骨骨折　187
肋骨のテーピング　192
肋軟骨　182
　──間筋　182

## わ

ワセリン　8
腕橈骨筋　113, 151

## ● 著者略歴 ●

### 山本　郁榮（やまもと　いくえい）

日本体育大学教授　スポーツ医学研究室
1968〜69年　アメリカ東ミシガン州立大学教育学部留学
柔道整復師　資格取得1977年
(財)日本アマチュアレスリング協会強化委員会委員
　　　　　　　　　　　　　　（1973〜1992年）
日本オリンピック委員会強化スタッフスポーツコーチ
　　　　　　　　　　　　　　（1993〜2005年）

1972年　ミュンヘンオリンピック大会
　　　　グレコローマンスタイル　57kg級7位
1976年　モントリオールオリンピック大会コーチ
1982年　ロスアンゼルスオリンピック大会強化コーチ
1986年　ソウルアジア大会コーチ
1988年　ソウルオリンピック大会コーチ
1992年　バルセロナオリンピック大会コーチ

・主な著書（自著，共著）
1) 運動解剖からみたテーピングの実技と理論，文光堂，1987．
2) スポーツに関するテーピングの実際（その例）スポーツ外傷と障害，文光堂，1983．
3) 柔整学基礎編−観察検査と固定−，不昧堂出版，1983．
4) TAPING技法シリーズ前・後期(全8巻) 〜ビデオ，ベースボールマガジン社，1984．
5) スポーツ外傷・障害の基礎知識，アスレチック・テーピング，スポーツ外傷・障害，南江堂，1987．
6) スポーツ医学関連手技，テーピング，スポーツ指導者のためのスポーツ医学，南江堂，2000．

### 野田　哲由（のだ　てつよし）

了徳寺大学教授，元日本体育大学スポーツ医学研究室非常勤講師
柔道整復師　資格取得1985年
あん摩マッサージ指圧師　資格取得1987年
鍼師・灸師　資格取得1988年

1984年　ロスアンゼルスオリンピック大会レスリング競技トレーナー
1988年　ソウルオリンピック大会レスリング競技トレーナー
1992年　Jリーグサンフレッチェ広島チーフトレーナー
　　　　その間，日本サッカー協会代表トレーナーとして2001年ワールドユースアルゼンチン大会（現U-21ワールドカップ大会）U-17世界選手権トリニダードトバゴ大会（現U-17ワールドカップ大会）等に参加
1999年〜2003年　Jリーグアスレティックトレーナー会　会長
2003年　Jリーグアビスパ福岡チーフトレーナー
2006年　学校法人高梁学園　吉備国際大学社会学部スポーツ社会学科専任講師

### 平沼　憲治（ひらぬま　けんじ）

日本体育大学教授　スポーツ医学研究室および大学院博士課程

1985年　産業医科大学医学部卒業，医師免許証取得
　　　　産業医科大学整形外科教室入局
　　　　関東労災病院整形外科研修医
1992年　日本整形外科医学会整形外科専門医
1994年　日本整形外科学会認定スポーツ医
1995年　日本体育協会公認スポーツドクター
　　　　医学博士
1996年　関東労災病院スポーツ整形外科
1996〜2006年　Jリーグ横浜F・マリノスチームドクター
2006年　第9回秩父宮記念スポーツ医科学賞奨励賞受賞
2008年　日本整形外科スポーツ医学会評議員

|検印省略|

---

スポーツ外傷障害からみた
## テーピングの実技と理論
定価（本体 4,500円＋税）

---

| 1987年 3月31日 | 第1版 | 第1刷発行 |
| 1992年 2月 3日 | 第2版 | 第1刷発行 |
| 1993年 4月 1日 | 第3版 | 第1刷発行 |
| 1997年 3月18日 | 第4版 | 第1刷発行 |
| 2010年 3月15日 | 第5版 | 第1刷発行 |
| 2021年 7月27日 | 同 | 第6刷発行 |

著　者　山本　郁榮・野田　哲由・平沼　憲治
発行者　浅井　麻紀
発行所　株式会社 文光堂
　　　　〒113-0033　東京都文京区本郷7-2-7
　　　　TEL（03）3813-5478（営業）
　　　　　（03）3813-5411（編集）

Ⓒ山本郁榮，野田哲由，平沼憲治，2010　　　印刷・製本：広研印刷

ISBN978-4-8306-5155-7　　　　　　　　　　Printed in Japan

・本書の複製権，翻訳権・翻案権，上映権，譲渡権，公衆送信権（送信可能化権を含む），二次的著作物の利用に関する原著作者の権利は，株式会社文光堂が保有します．
・本書を無断で複製する行為（コピー，スキャン，デジタルデータ化など）は，私的使用のための複製など著作権法上の限られた例外を除き禁じられています．大学，病院，企業などにおいて，業務上使用する目的で上記の行為を行うことは，使用範囲が内部に限られるものであっても私的使用には該当せず，違法です．また私的使用に該当する場合であっても，代行業者等の第三者に依頼して上記の行為を行うことは違法となります．
・JCOPY〈出版者著作権管理機構 委託出版物〉
本書を複製される場合は，そのつど事前に出版者著作権管理機構（電話 03-5244-5088，FAX 03-5244-5089，e-mail：info@jcopy.or.jp）の許諾を得てください．